동양 문인의 예술적 삶과 철학

이 저서는 2018년 대한민국 교육부와 한국연구재단의 지원을 받아 수행된 연구임
(NRF-2018S1A6A3A01023515)

.

예술철학총서 5

동양 문인의 예술적 삶과 철학
The Artistic Life and Philosophy of Oriental Literati

지은이 조민환
펴낸이 오정혜
펴낸곳 예문서원

편집 유미희
인쇄 및 제책 주) 상지사 P&B

초판 1쇄   2022년 12월 16일
초판 2쇄   2023년 9월 25일

출판등록   1993년 1월 7일(제2023-000015호)
주소   서울시 동대문구 왕산로 239, 101동 935호(청량리동)
전화   925-5914 | 팩스   929-2285
전자우편   yemoonsw@empas.com

ISBN 978-89-7646-476-7   93150
© 曺玟煥 2022 *Printed in Seoul, Korea*

YEMOONSEOWON 101-935, 239 Wangsan-ro, Dongdaemun-Gu, Seoul, KOREA 02489
Tel) 02-925-5914 | Fax) 02-929-2285

값 43,000원

예술철학총서 5

동양 문인의 예술적 삶과 철학

조민환 지음

예문서원

책머리에

1.

문화와 예술에 초점을 맞춘다면, 동양—주로 한국과 중국을 말한다—은 '문인의 나라였다'라는 말을 하곤 한다. 동양에서의 문인들은 오늘날 우리가 흔히 말하는 소설가 등과 같이 문학 차원에서 단순 글을 쓰는 인물이 아니다. 원래는 인품을 갖춘 도덕적으로 존경받는 인물이면서 사회적으로 반향을 줄 수 있는 글을 쓴 학문적 역량이 있는 인물들이었다. 한대 왕충王充이 공자孔子를 주周나라 문인으로 본 것이 그 하나의 예다.

송대 이전부터 있었던 다양한 의미를 지닌 '사士'는 송대에 사대부士大夫라는 용어를 통해 유가 차원의 사를 말하곤 한다. 이런 점에 비해 문인은 사보다는 보다 더 넓은 의미의 지식인이란 의미를 지녔다. 중국 문화와 예술사에서 시와 서예에 탁월한 능력을 보였던 조조曹操는 문인이지만 사는 아니었다. 조조는 환관의 양자였기 때문에 '사 계층'은 아니었다는 것이다. 명대부터는 문인들의 세속화 현상이 일어나 이전과 다른 면모가 나타나기는 하지만, 여전히 문인들은 그 시대의 문화와 예술을 지배하는 계층이었다. 서양에서는 황실문화가 귀족 등에게 영향을 주었지만, 동양에서는 도리어 문인문화가 황실문화에 영향을 주었을 정도로 문인문화의 영향력은 컸다.

중국 현대 철학자 탕쥔이(唐君毅)는 중국의 전통적인 문인을 유가의 인문정신에 감화되어 성정이 돈독하고 진지하면서 기상氣象과 풍골風骨에서 뛰어남을 보인 '고전문인古典文人'과 도가의 '도법자연道法自然'정신에 감화되어 의취意趣가 쇄락灑落하고 자재自在하여 신사神思와 운미韻味에 뛰어남을 보인 '낭만문인浪漫文人'으로 구분한다. 이 같은 고전문인과 낭만문인들에 의해 동양문화는 삶에 윤기가 있고 예술적으로 풍부해질 수 있었다. 이런 점은 구체적으로 서예, 회화 등을 비롯한 다양한 예술장르에서뿐만 아니라 문인들의 일상적인 삶에서 사용한 다양한 기물 등을 통해 확인할 수 있다.

이 책은 동양의 문인들이 추구한 예술적 삶을 유가와 도가 철학에서 접근하여 분석한 것이다. 이런 분석을 통해 과거 동양의 문인들이 어떤 철학을 근간으로 하여 무엇을 아름답게 여겼고 아울러 무엇을 운치 있고 고상한 삶으로 여겼는가를 알 수 있다.

2.

중국 역사를 보면 역사에 남는 인물들 가운데 사상가, 문장가, 서예가, 화가, 금 연주자, 다茶 전문가 등과 같이 다양한 분야에 장기를 보인 인물들을 발견할 수 있다. 소식蘇軾, 북송 휘종 황제(趙佶) 등과 같은 인물이 그들이다. 이처럼 다양한 분야에 장기를 보인 인물들의 철학 및 문예를 총체적으로 이해하려면 본 책에서 기술하고 있는 다양한 주제들에 대한 포괄적인 이해가 선행되어야 한다. 이에 이 책의 내용에 대해 간단히 기술하고자 한다.

먼저 1장에서는 '놀이와 문인문화'를 동양 문인들의 '인문기물人文器物'에 초점을 맞추어 규명하였다. 문인들이 추구한 놀이문화는 유가의 방내方內 차원의 놀이문화와 도가의 방외方外 차원의 놀이문화, 이 두 가지로 구분할 수 있다. 유가는 '완물상지玩物喪志' 차원의 놀이문화는 비판하지만 '완물적정玩物適情' 차원의 놀이문화는 긍정하였고, 그것은 기본적으로 '우아함을 숭상'(崇雅)하는 놀이문화로 나타났다. 이런 점은 문방사우文房四友를 포함한 다양한 '인문기물人文

器物'들을 통해 표현되었는데, 특히 회화를 묵희墨戱라고 여긴 것은 이런 점을 잘 반영한다. 도가는 인간과 자연이 하나가 되는 물아일체物我一體 차원의 놀이 문화, 조물주와 함께 노니는 차원의 형이상학적 놀이문화를 즐겼다. '포정해우 庖丁解牛' 우언寓言에서 보듯 도道의 경지에 오른 노동은 즐거운 유희 차원의 놀이로 변하였다.

2장에서는 동양문화에서 시詩가 갖는 위상을 다루었다. 중국 문인문화를 이해할 때 가장 기본이 되는 것은 공자가 "시에서 자신의 감흥을 일으키고, 예에 맞게 자신의 행동을 취하고, 악에서 자신을 완성한다"(興於詩, 立於禮, 成於樂)라는 사유다. 이것은 공자가 군자라면 갖추어야 할 문화적 소양과 자질 함양을 층차적으로 말한 것인데, 공자는 무엇보다도 시를 강조하였다. 시가 무엇인지와 어떤 효용성이 있는지를 제대로 알지 못하면 '처한 상황에 맞는 적절한 말을 할 수 없다'(無以言)고 한 것이 그것이다. 시에는 정치, 철학, 예술, 윤리 등을 포함한 다양한 내용이 내포되어 있다는 점에서 공자는 『시경詩經』을 매우 중시하였다. 결과적으로 『시경』에 담긴 다양한 시의 내용과 중화中和에 입각한 적절한 감정 표현은 사회적 관계를 이루고 사는 인간들에게 지혜를 주었다.

3장에서는 문인문화에서 예禮가 갖는 위상을 다루었다. 동양은 흔히 '예의 나라였다'라는 말을 하는데, 예송禮訟 논쟁에서 보듯 조선조는 더욱 그러하였다. 공자는 예가 무엇인지를 제대로 알지 못하면 '처한 상황에 맞는 적절한 행위를 할 수 없다'(無以立)고 말한 적이 있다. 동양 사회의 모든 구성체는 예를 모르고 예법에 맞는 행위를 하지 못하면 한 집단에서 제대로 운신할 수 없었다. 군자와 소인의 구별은 바로 예를 아느냐 모르느냐에 있었다. 인간의 조야한 충동을 예를 통해 도야함으로써 진정한 인간으로 형성될 수 있었고, 이에 예는 인간과 인간의 관계를 생동적으로 살려내기 위한 인간 고유의 형식이 되었다.

4장에서는 문인문화에서 효孝가 갖는 위상을 다루었다. 과거나 오늘날 공통적으로 불효자로 낙인찍히면 사회 구성체로서 운신의 폭이 좁아지는 경우가 발생한다. 과거 봉건사회는 종법宗法제도와 '가국동체家國同體' 기제를 통해 천자부터 서인까지 하나의 통일체로 이해하였는데 그 중심에 효가 있었다. 효의 효용성은 종교, 윤리, 정치, 교육, 예술 등 인간이 삶을 영위하는 모든 영역에 영향을 끼쳤다. 인간과 짐승의 구별은 효의 실천 여부에 있었다. 이에 유가의 효 관념을 심층적으로 이해하는 것은 봉건사회 및 문인문화를 이해하는 핵심이 된다.

5장에서는 제사에서 초상화가 갖는 위상을 다루었다. 효의 실천과 관련하여 제사 지내는 것을 가장 중시하였는데, 그 과정에서 조상을 상징하는 초상화가 매우 중요한 기물로 등장하였다. 특히 조선조는 효사상을 기반으로 한 추원보본追遠報本 관념을 중시한 결과 향사享祀에 쓰일 초상화 수요, 즉 사대부상士大夫像의 득세라는 현상이 일어났다. 이에 초상화는 효 관념과 연계되어 성물聖物로서 자리매김된다. 주목할 것은 조선조 사대부 초상화는 한결같이 고요히 한곳을 응시한 절제된 표정과 엄숙단정嚴肅端正한 공수拱手 자세로 그려져 있다는 것이다. 이런 점은 유가의 신독愼獨과 경외敬畏 차원에서 접근할 수 있는 몸가짐으로서, 대월상제對越上帝 의식이 깃들어 있다.

6장에서는 문인문화에서 독특한 위상을 갖는 정자亭子문화를 다루었다. '정亭' 자字에는 '머무르다(停)'라는 의미가 담겨 있는데, 사관귀은辭官歸隱 정황의 은일 지향적 삶에서 정자에 관심을 가졌다. 정자는 산수에 정을 기탁하는 매개물로서, 문인들이 지향한 철학과 미학이 담긴 '인문예술 차원의 건물' 혹은 '철학 차원의 건물'이 되었다. '등고망원登高望遠'의 심미적 경험을 누릴 수 있는 정자에 가서 쉬면 공자의 '요산요수樂山樂水', 주돈이周敦頤의 '음풍농월吟風弄月', 증점曾點의 '욕기영귀浴沂詠歸'의 정취를 누릴 수 있다. 특히 정자에 걸린 편액扁額은 역사적으로 유명한 인물이나 혹은 서예가들이 글씨를 썼다는 점에서 서예문화 측면에서 매우 중요한 의미를 지닌다.

7장에서는 조선조 유학자들의 신선처럼 사는 삶이 갖는 의미를 다루었다. 낳은 것은 반드시 죽는다는 실리實理에 입각해 천도天道를 이해하는 유학자들은 불로장생의 신선을 부정하지만 '신선처럼 사는 것'은 도리어 긍정하였다. 도성都城 혹은 인경人境에 살아도 마음먹기에 따라 신선처럼 산다고 여긴 '마음의 신선'(心仙)의 경지를 추구하였다. 이에 마음을 깨끗이 하고 욕심을 적게 갖는 것이 신선 되는 근본이라 여기면서 신선처럼 살 수 있는 신선경은 궁벽한 산수 공간일 필요가 없다고 여겼다. 이런 점은 결과적으로 '선경은 사람에게 멀리 있지 않다'(仙境不遠人)는 사유로 나타났다.

8장에서는 문인들에게 바다는 어떤 철학적 의미가 있는가를 다루었다. 노자는 유약겸하柔弱謙下와 해납백천海納百川이 상징하는 정치적 차원의 바다 및 도의 상징으로서의 바다, 장자는 대지大知 혹은 참된 진리 인식과 관련된 철학적 차원의 바다, 유가는 성인聖人의 드넓은 학문 세계와 성인이 되고자 하는 학문 공부 차원의 바다 및 위기지학爲己之學을 실천하는 윤리적 차원의 바다라고 여겼다. 때론 은둔의 공간 및 신선이 사는 유토피아적 공간 등으로 여겨졌다. 동양 문인들에게 바다는 진정한 도道가 무엇인지, 어떤 삶이 올바른 삶인지와 관련된 지혜를 주는 인문학적 바다였다.

9장에서는 문인들이 시간이 나면 즐겨 했던 서예와 회화가 어떤 관계성을 갖고 있는가를 서화동원론 입장에서 다루었다. 서예는 전통적으로 '마음의 그림'(心畵)이라고 여겼는데, 송대 이후 회화에 이 같은 서예의 기법이 적용되어야 한다고 여겼다. 이런 사유는 조맹부趙孟頫의 서화동원론으로 귀결되었다. 이 같은 서화동원론에는 서예와 회화의 발전 내력이 담겨 있다. 아울러 문인사대부들이 그림을 그리는 데 어떤 기법을 통해 표현하는 것이 문인들이 지향하는 우아함과 천취天趣 및 신운神韻을 표현할 수 있는가 하는 미학적 질문이 담겨 있다.

10장에서는 일상생활에서 사용된 도자기가 갖는 철학, 미학적 의미를 다루었다. 신분제 사회에서 그릇의 재질과 장식, 형태 등은 신분을 드러내는 중요한 요소였다. 이에 도자기는 실용성을 넘어 철학과 미학이 표현된 기물이란 점에서 '마음의 자기'(心磁)였다. '심자'로서 도자기는 제작을 요구한 지배층의 철학 및 미학과 밀접한 관련이 있다. 중국 도자기의 변천에 초점을 맞추면, 송대 주자학의 '성즉리性卽理'(理와 性 중시 철학)에서 명대 양명학의 '심즉리心卽理'(氣 긍정, 情 중시 철학)로의 철학의 변천이 도자기에 나타났다. 철학의 변천에 따른 문인들의 기물에 대한 애호도가 달라졌음을 확인할 수 있다.

11장에서는 동양 악기의 황제라고 일컬어지는 금琴이 갖는 의미를 서상영徐上瀛의 『계산금황谿山琴況』을 통해 규명하였다. 동양 문인들은 책과 더불어 항상 금을 곁에 놓고 살았다. '금琴'을 '금禁'으로 해석하면서 단순 악기라는 점을 넘어 수양론 차원에서 이해하였기 때문이다. 서상영은 『계산금황』의 '이십사금황二十四琴況'을 각각 금운琴韻으로서의 정신경지精神境地, 금음琴音으로서의 음향경지音響境地, 금기琴技로서의 기술경지技術境地 세 부분으로 나누어 말하면서 문인음악의 핵심인 우아함을 강조하고 있다.

12장에서는 중국 문인들의 일상생활에서 빼놓을 수 없는 다문화茶文化를 마가선馬嘉善의 「이십사다품二十四茶品」을 중심으로 하여 살펴보되, 인품을 제일 먼저 거론한 것이 갖는 의미에 대해 다루었다. 문인들은 자신들이 추구한 우아하고 담박하면서도 탈속적 삶을 상징하는 '문화상징체'로서의 다의 특수성이 무엇인가를 규명하였고 그 결과 명대에는 '문인다도'라는 의식으로 나타났다. 인품을 강조하는 사유는 다茶를 군자로 여겼고, 이처럼 다를 인간화하고 비덕比德화하는 것을 통해 문인들은 그것을 자신들이 추구한 우아하고 담박하면서 탈속적인 맑은 삶(淸)을 대변하는 문화 식품으로서 이해했다.

13장에서는 동양의 신화에 등장한 여신 중에 미인으로 일컬어지는 서왕모西

王母를 음양론 차원에서 규명하고자 하였다. 서왕모는 반인반수半人半獸로 여신 혹은 도道를 체득한 인물 등으로 규정되다가, 주목왕周穆王부터 시작하여 한무제漢武帝 때 오면 여선女仙으로 변모한다. 이 과정에서 절대미인이면서 예술적 재능을 가진 여선으로 묘사된다. 이 같은 절대미인이면서 예술적 재능을 가진 서왕모에 대한 인식에는 음양론 차원에서 이해된 여인상 및 가부장제 사회에서 남성이 바라는 여인상에 대한 바람이 담겨 있다.

14장에서는 과거 유학자들이 득세한 조선조에서 잡과에 분류되어 폄하되었던 풍수, 명리, 한의학이 AI시대가 도래됨에 따라 어떤 식으로 대처해야 할 것인지를 살펴보았다. 최근 인간의 마지막 보루로 여겨졌던 예술 분야마저 AI 예술가가 등장해 위협하고 있는 현실에서 다양한 데이터 집적을 통해 자신들의 학문 영역을 확보한 풍수, 명리, 한의학의 경우 만약 AI 풍수가, AI 명리가, AI 한의사가 등장한다면 자칫 존재 근거가 문제시될 수 있다. 이에 다가올 미래에 풍수, 명리, 한의학이 자신들의 존재 이유를 확보하려면 어떤 노력을 해야 할 것인지를 철학화하는 모색이 필요하다는 것과 더불어 '독만권서讀萬卷書, 행만리로行萬里路'가 갖는 궁리窮理에 대해 의미를 부여하였다.

이 책에서는 이상과 같은 다양한 주제를 통해 과거 동양 문인들이 추구한 예술적 삶과 그 예술적 삶에 깃든 철학의 면모를 살펴보았다.

3.

이 책의 내용은 주로 '유가와 도가' 철학을 기반한 잡학식 공부의 결과물에 해당한다. 좋게 보면 융복합의 군자불기君子不器식 학문 방법인데, 어느 한 분야의 주제도 다루기가 쉽지 않았다. 하지만 각각의 주제들이 나의 지적 호기심을 충족시켜 준다는 점에서 즐거운 마음으로 작업하였다. 동양의 다양한 예술 장르에 철학이 주는 일이관지一以貫之 사유는 이 책의 다양한 주제를 기술하는

10

데 도움을 주었다. 서화를 기본으로 한 탁월한 능력을 가진 과거 문인들의 예술적 삶은 엄청난 부러움으로 다가왔다. 그들의 예술적 삶은 바쁜 일상을 살아가는 현대인에게 윤기 있는 삶, 향기 있는 삶이란 무엇인지를 보여 줄 수 있다고 여겼다.

이 책이 나오기까지 물심양면으로 도움을 준 분들에게 감사의 말씀을 올린다. 먼저 학문하는 일에 있어서 어느 한 분야에만 얽매이지 말고 자유롭게 폭넓게 공부하라고 하신 상허 안병주 교수님께 감사 말씀을 올린다. 내가 잡학식으로 이것저것 공부할 수 있었던 것은 교수님의 열린 사고 덕분이다. 요즘 코로나 및 당신 몸이 불편한 관계로 자주 뵙지는 못하지만 교수님의 왕성한 독서력의 한 귀퉁이는 나에게는 매번 몇 개의 논문 주제가 되곤 하였다. 항상 격려해 주시는 우산 송하경 교수님, 이기동 교수님, 물심양면으로 도움을 주시는 강화도 해든미술관 박춘순 관장님께도 감사 말씀을 올린다. 당연히 인문학 분야의 출판 사정이 어려운데도 불구하고 책을 내 주신 예문서원 오정혜 사장님과 난삽한 원고를 꼼꼼히 정리해 준 출판사 관계자분들에게도 감사를 드려야 하겠다.

2022년 龍洞 就閑齊에서

曺玫煥 謹識

1장

놀이와 문인문화: 동양 문인들의 인문기물人文器物

1. 들어가는 말

'완물상지玩物喪志'라는 말이 상징하듯 유학자들은 때론 완물의 결과로서 상지를 부정적으로 보기도 하였지만 서書·화畵·금琴 등과 같은 다양한 인문기물人文器物을 통한 '완물'에는 동양 문인들이 추구한 고상하고 우아한 놀이문화가 담겨 있다. 중국문화를 보면 많은 문인[1]들이 숭아崇雅 차원의 놀이문화를 통해 유가가 지향하는 계신공구戒愼恐懼하면서 신독愼獨의 자세를 요구하는 경외敬畏적 삶에서 잠시 벗어나 향기가 있고 윤기가 있는 삶을 보낸 것을 알 수 있다. '완물상지'를 부정적으로 보면서도 자신의 우아함과 고상함을 담아 표현할 수 있는 절제된 감정 표현, 이른바 '완물적정玩物適情'을 말하는 이유다. 특히 이 같은 삶은 은일隱逸 지향의 삶과 매우 밀접한 관련이 있다는 점에서 동양 문인문화의 한 특징을 보여 준다.

일단 문인들이 즐겼던 놀이문화에 대한 대강을 여러 전적을 통해 살펴보자.

명대 도륭陶隆은 『고반여사考槃餘事』(은일적 삶을 살면서 남는 시간에 즐기는 것)에서

---

1) 士이면서 문인이 될 수 있지만 문인은 신분적으로 사가 될 수 없는 점이 있다. 예를 들면 환관의 양자로 들어간 曹操가 그 예다. 조조는 문인이지 사는 아니다. 이런 점에서 사와 문인은 구분되는데, 문예 차원의 예술성 측면에서 보거나 삶의 지향점과 관련하여 볼 때는 관료 예비군 즉 과거를 통해 관료 되기를 꿈꾸는 사보다는 문인이 더 적합한 경우가 많다. 이런 점에서 본고는 편의상 문인이란 용어를 사용하여 논지를 전개하고자 한다.

屠隆,『考槃餘事』,「序」.
도륭은『考槃餘事』「序」에서 "사람이 세상을 살면서 좋아하는 것이 없을 수 없는데, 술을 좋아하는 자는 술독에 빠져 덕을 잃고, 재화를 좋아하는 자는 재물을 탐하다 행실이 추잡해진다. 만일 좋아하는 것이 있으면 반드시 인간을 얽어매는 문제가 발생하는데, 좋아하는 것을 구하지만 인간을 얽어맴이 없는 것은 아마도 문방을 즐기는 것이 아닌가"(人之在世, 不能無好, 好酒者, 以沈湎喪德, 好貨者, 以貪婪汚行. 苟有所好, 必有累焉, 求其所好而無累者, 其惟文房之玩歟)라고 하여 우아하게 은일적 삶을 살면서 여유롭게 文房四譜를 통한 예술적 삶을 즐길 것을 말하고 있다.

일상적 삶의 공간에서 즐길 수 있는 16가지 놀이문화를 언급한다. 「서전書箋」, 「첩전帖箋」, 「화전畫箋」, 「지전紙箋」, 「묵전墨箋」, 「필전筆箋」, 「연전硯箋」, 「금전琴箋」, 「향전香箋」, 「다전茶箋」, 「분완전盆玩箋」, 「어학전魚鶴箋」, 「산재전山齋箋」, 「기거기복전起居器服箋」, 「문방기구전文房器具箋」, 「유구전遊具箋」 등이 그것이다. 이런 자료를 통해 문인들이 항상 접하는 16가지 종류의 기물, 도구 등에 대한 감상과 품평 및 선택에 매우 까다롭고 엄정한 기준을 제시한 것과 고상하고 운치 있는 놀이를 추구했음을 알 수 있다.[2]

'고반여사考槃餘事'에서 '고반'은『시경詩經』「위풍衛風·고반考槃」의 "산골 개울가에 오두막 짓고 사니, 석인의 너그러운 마음이다"(考槃在澗, 碩人之寬)라는 것에서 온 것이다. 고考는 두드린다(扣)는 말이요, 반槃(盤으로도 풀이한다)은 악기로서, '고반'은 동이와 질그릇을 두드리면서 즐긴다는 의미로 푼다.[3] 고반을 '반환盤桓'한다고 풀이하기도 한다. 이런 해석을 취하면 '고반재간考槃在澗'은 악기(木盤을 의미한다)를 타며 물가가 있는 산골 개울가[4]에 살고 있다는 의미고, '석인지관碩人之寬'은 석인의 흉회胸懷가 넓고 크다는 말이다. 요

---

2) 이 밖에 골동품(古董) 감상도 추가된다.
3) 朱熹,『詩集傳』, "陳氏曰, 考, 扣也. 槃, 器名. 蓋扣之以節歌, 如鼓盆拊缶之爲樂也." 이 밖에 "考, 成也. 槃, 盤桓之意. 言成其隱處之室也……二說未知孰是"라고 하여 朱熹도 명확하게 考槃의 의미를 확증하지 않고 있다.
4) 朱熹,『詩集傳』, "山夾水曰澗."

컨대 '고반재간考槃在澗'은 피세避世하여 은거隱居하는 삶을 말한 것이라는 것이다. '여사餘事'는 여가 시간에 하는 취미를 말한다. 『고반여사』에서 기재하고 있는 16가지 '전箋' 가운데에서 「서전」, 「첩전」, 「화전」, 「지전」, 「묵전」, 「필전」, 「연전」 등을 큰 틀에서는 서화와 연관하여 묶을 수 있다면, 문인문화에서 서화가 차지하는 비중이 높다고 할 수 있다.

文震衡,『長物志』.
『長物志』에서 '長物'은 '餘分의 물건을 뜻한다. 문진형은 沈春澤에게 서문을 부탁하는데, 심춘택은 서문에서 장물이란 '일상용품으로 끼고 있는 것들인데 추워도 입을 수 없고, 배가 고파도 먹을 수 없는 기물(挾日用, 寒不可衣, 饑不可食之器)과 같이 비실용적인 것들이지만, 명대 문인들은 이런 장물을 통해 자신들이 추구한 문화가 세속인과 구별된다는 이른바 '구별짓기'(distinction) 사유를 보여 주고자 하였다고 하였다.

문진형文震衡의 『장물지長物志』5)에서는 문인들이 추구한 우아한 삶에 대한 실질적인 내용을 보다 다양하게 다루고 있다. 「수석水石」에서는 중국 원림에 빠지지 않는 태호석太湖石으로 상징되는 돌에 관한 독특한 심미 취미를 엿볼 수 있다. 「서화」 부분에서는 서화비평을 포함하여 감상, 소장 등 문인들이 서화와 관련하여 갖추어야 할 전반적인 것을 매우 상세하게 논하고 있다. 『사고전서四庫全書』(子部)에 실린 송대 조희곡趙希鵠의 『동천청록洞天淸錄』6)에는 금琴을 포함하여 서화 및 석石에 대한 다양한 취향이 담겨 있다. 특히 태호석으로 상징되는 석石에 대한 관심에 주목할 필요가 있다. 돌을 비덕比德의 차원에서 의미를 부여하는 것은 동양 문인의 독특한 심미의식에 속하기

---

5) 「室廬」, 「花木」, 「水石」, 「禽魚」, 「書畵」, 「几榻」, 「器具」, 「衣飾」, 「舟車」, 「位置」, 「蔬果」, 「香茗」 등 12卷에 269개 항목이 수록되어 있다.
6) 「古琴辨」, 「古硯辨」, 「古鍾鼎彝器辨」, 「怪石辨」, 「硏屛辨」, 「笔格辨」, 「水滴辨」, 「古翰墨眞迹辨」, 「古今石刻辨」, 「紙花印色辨」, 「古畵辨」 수록. 김지선, 『長物志』에 나타난 明末 사대부의 내면세계」, 『중국학논총』 42집(고려대학교 중국학연구소, 2013) 참조.

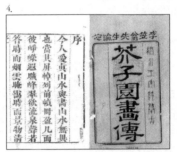

1. 高濂, 『遵生八牋』, 「原敍」. 『遵生八牋』은 양생 전문서로서, 8종의 주제를 다루고 있다. 즉 '스스로 마음을 닦는 법', '계절과 기후에 따른 調攝', '주거와 安逸', '건강장수 비법', '음식과 금기법', '취미와 여가생활', '祕方과 經驗方類', '옛 선인들의 양생 고사'를 기술하고 있다.
2. 李漁, 『閒情偶寄』, 「序」. 이어는 이 같은 책을 써 많은 돈을 번다. 이런 현상은 당시 문인들의 사치스러우면서도 그 사치에 깃든 우아함을 추구하고자 하는 문화 현상의 한 측면을 반영하고 있다.
3. 李漁, 「自畫像」. '雜劇作者湖上笠翁先生肖照'에서 '笠翁'은 청의 저명한 희곡이론가이면서 소설가인 李漁의 字다. 이어는 南京에 '芥子園'이란 별장을 세웠는데, 그 '개자원'을 따서 지은 『芥子園畫傳』은 중국뿐만 아니라 조선조 화가들에게도 많은 영향을 주었다.
4. 『芥子園畫傳』.

때문이다. 현대 중국학자 주량즈(朱良志)는 미불米芾 등 많은 중국 예술가들이 수척함(瘦), 뚫림(漏), 투명함(透), 주름짐(皴) 등으로 규정한 태호석 등과 같은 돌덩어리에서 통함과 살아 있음, 생명, 자기 자신, 중국문화의 위대한 지혜를 보았고, 이에 돌덩어리를 자신의 심령과 밀접한 관계를 맺은 벗으로 봤다는 점에서 중국 예술이론을 음미하는 것은 태호석 하나를 감상하는 것과 같다는 말을 한다.[7]

명대 조소曹昭의 『격고요론格古要論』8) · 장응문張應文의 『청비장清秘藏』9) 등도 중국 문인들이 추구한 청아清雅한 문화에 대한 대략을 보여 준다. 이 같은 저서의 제목에서 '청清' 자를 사용하여 말하고자 하는 것에 주목할 필요가 있다. 즉 문인들이 추구한 우아한 문화는 바로 이 은일과 탈속을 지향하는 '청' 자에 담겨 있다는 것이다. 구체적인 내용 기술과 관련된 항목에서 '고古' 자를 사용하는 것도 마찬가지다. '고' 자는 '아雅' 자와 통하고 '속俗' 자와 반대되는 의미를 지닌다. 즉 우아하고 고상한 취향을 '청과 고 자를 사용하여 기술하고 있다는 것이다. 이 밖에 고렴高濂의 『준생팔전遵生八箋』10)과 이어李漁의 『한정우기閒情偶寄』11)는 명대 문인들이 지향한 주거환경 및 양생 등을 이해하는 데 도움을 준다.12) 이 같은 서적들은 조선조 후기 문인들 문화에도 많은 영향을 준다.

'다茶를 반쯤 마셨을 때 향을 처음 사른다'(茶半香初)라는 말이 있다. 「향전」, 「다전」에서 보듯 향과 다茶는 항상 같이 논의되면서 중국 문인들의 삶에서 빠질 수 없는 재료에 해당한다. 중국 문인들이 추구한 향문화는 조선조 문인들이 추구한 문화와 일정 정도 차이가 나는데, 이런 점은 주거환경의 다름이나 기후 등과 같은 것이 영향을 끼친 것으로 이해된다. 이 같은 중국 문인들의

---

7) 朱良志, 『曲院風荷: 中國藝術論十講』(北京: 中華書局, 2014)의 「引子」 부분 참조.

8) 「古銅器」, 「古畫」, 「古墨跡」, 「古碑法帖四論」, 「古琴」, 「古硯」, 「珍奇」, 「金鐵四論」, 「古窯器」, 「古漆器」, 「錦綺」, 「異木」, 「異石五論」 수록.

9) 上卷, 二十門: 「玉」, 「古銅器」, 「法書」, 「名畫」, 「石刻」, 「窯器」, 「晉漢印章」, 「異石」, 「硯」, 「珠寶」, 「琴劍」, 「名香」, 「水晶瑪瑙琥珀」, 「墨」, 「紙」, 「宋刻書冊」, 「宋繡刻絲」, 「雕刻」, 「古紙絹素」, 「裝褫收藏」; 下卷, 十門: 「爲敘」, 「賞鑒家」, 「書畫印識」, 「法帖源委」, 「臨摹名手」, 「奇寶」, 「斫琴名手」, 「唐宋錦繡」, 「造墨名手」, 「古今名論目」 수록.

10) 「淸修妙論箋」, 「四時調攝箋」, 「却病延年箋」, 「起居安樂箋」, 「飲饌服食箋」, 「靈秘丹藥箋」, 「燕閑淸賞箋」, 「塵外遐擧箋」 등 수록.

11) 「詞曲部」, 「演習部」, 「聲容部」, 「居室部」, 「器玩部」, 「飲饌部」, 「種植部」, 「頤養部」를 통해 '戲曲, 歌舞, 服飾, 修容, 園林, 建築, 花卉, 器玩, 頤養, 飲食' 등 藝術과 生活의 각종 현상을 기술하고 있다.

12) 관련된 자세한 것은 황정연, 「19세기 조선의 書畫收藏과 중국서화의 유입」, 『奎章閣』 38집(서울대학교 규장각한국학연구원, 2011)을 참조할 것.

「鬪茶圖」 부분.
송대에 와서 茶에 대한 수요가 많게 되자, 어떤 다가 色·香·味를 고루 갖춘 좋은 다인지 하는 것과 관련된 다툼(鬪茶)이 일어난다. 투다 행위는 놀이지만 이 투다에서 우승한 다는 높은 가격에 팔렸다는 점에서 치열한 경쟁이 벌어졌다. 이 그림은 이런 정경을 그린 것이다.

문화는 북방보다는 주로 강과 호수가 많고 아울러 송대 이후 문인문화가 잘 발달한 남방에 주로 적용된 것으로 보인다.[13) 악기 중의 황제라고 일컬어지는 금琴은 '금禁' 자와 통하는 것으로 보는데, '금서琴書'라는 말이 상징하듯 '유고有故'의 경우가 아니면 선비가 책과 더불어 항상 곁에 두고 있어야 하는 대표적인 악기다. 아울러 문인들은 함께하는 친구 선택도 유별났던 것에 주목할 필요가 있다. 동양 문인들은 사람만을 친구로 삼지 않았다. 윤선도尹善道가 「오우가五友歌」에서 읊은 '다섯 친구'(水·石·松·竹·月)가 상징하듯 자연물을 친구로 삼기도 하였다. 또 '어려운 시절의 세 친구'(歲寒三友: 松·竹·梅)도 있고, 문방사우文房四友(紙·筆·墨·硯)도 있었다. 이런 점은 동양 문인 문화에 나타난 심미적 삶의 독특한 면을 보여 주는 대목이며, 동시에 동양 문인들의 놀이문화의 핵심을 보여 준다.

문인들이 이런 친구들과 놀면서 어떤 즐거움을 누렸고 또 무슨 놀이를 하면서 하루를 보냈는지는 한말漢末 중장통仲長統의 '내 뜻에 맞는 삶을 살면서 즐긴다'(樂志論)라는 것과 남송南宋 나대경羅大經의 '고요한 산속, 늦봄 긴 날의 하루'(山靜日長) 등을 통해 알 수 있다. 그 대강을 정리하면 대강 다음과 같다.

첫째, 「낙지론」: 낮과 밤에 행한 놀이에 대해 말하고 있다.
— 낮의 놀이: 산수 공간에서 산보하고 바람 쐬면서 한가롭게 노닒.

---

13) 주목할 것은 야외놀이문화와 관련된 「유구전」의 배를 타는 것이나 낚시하는 것과 관련된 내용인데, 이런 점에 대한 구체적인 논의는 아래에서 하기로 한다.

李慶胤의 「濯足圖」 부분.
불룩 나온 배는 이 인물이 과거에 부귀한 삶을 살았음
을 상징한다.

金喜謙의 「山靜日長圖」.
은사가 낮잠을 자고 있는 시점을 그린 것이다.

◀「樂志論」, 文徵明 行書.
仲長統의 「낙지론」은 풍요로운 삶을 살아가는 은일자
의 삶을 기렸다는 점에서 이후 빈한한 삶을 사는 은일자
의 삶과 구별되는 점이 있다.

탁족濯足. 낚시와 사냥. '무우대舞雩臺에서 바람 쐬고 집으로 흥얼거
리면서 돌아오기(詠而歸).'

— 밤의 놀이: 악기 연주를 통한 예술 향유적 삶. 노자의 현허玄虛세계
탐색, 양생을 통한 지인至人 경지 추구, 마음 맞는 친구들과 도를
논하면서 마음을 우주 밖에서 소요하기.

둘째, 「산정일장」: 낮부터 해질 무렵까지의 놀이에 대해 말하고 있다.

　　　— 낮잠(午睡), 텍스트에 구애받지 않는 자유로운 독서, 서화 향유, 음
　　　　다(飮茶), 산보, 산속 친구들과 수다 떨기, 저녁노을 감상.

「낙지론」에서는 밤의 놀이까지 말하여 총체적으로 은일적 삶을 사는 은사들이 무엇을 하면서 하루를 지냈는가를 보여 준다. 「산정일장」에서는 송대 문인들의 놀이에 서화가 첨가된 것을 통해 송대 문인들의 변화된 문화 정황을 보여 준다. 이상 거론한 것에서, 낮에 행한 것을 유가 차원의 '방내(方內) 놀이문화로, 밤에 행한 것을 도가 차원의 '방외(方外)' 놀이문화로 나누어 살펴보기로 한다.

2. '방내(方內)'와 '방외(方外)'의 놀이문화

1) 유가: 숭아(崇雅) 추구의 방내적 놀이

유가처럼 입신양명을 추구하면서 '천하를 (천자와 더불어) 자신의 책임으로 여긴다'(以天下爲己任)는 삶에는 한가로운 놀이문화가 들어갈 여지가 별로 없다. 아울러 항상 예법을 준수하고 자신의 욕망 표출을 부정적으로 여기면서 타인의 시선을 염두에 둔 '홀로 있는 것을 삼가는 것(愼獨)과 경외(敬畏)적 삶에서의 놀이문화는 매우 제한적이다. 물론 이런 정황은 송대 사대부들이 명도구세(明道救世)라는 사명감을 띤 채 적극적으로 입세 문화를 강조한 것과 관련이 있다.

이 같은 정황에서 탈출구를 마련해 준 사유가 나타난다. 곽상(郭象)이 『장자(莊子)』 「소요유(逍遙遊)」의 '신인(神人)'을 '성인(聖人)'으로 풀이하면서 "성인은 몸이 나라의 정치판(廟堂)에 있더라도, 그 마음은 산림 가운데에 있다"[14]라고 한 사유가

나타난 것이 그것이다. 이에 후대 이른바 유가와 도가가 상호 공존하는 삶, 예를 들면 조정에 있을 때는 유가, 퇴근 이후에는 도가라는 이른바 '유도호보儒道互補'를 추구하는 삶으로 나타난다. 이 같은 유도호보적 삶에 국한하지 않더라도 유가가 즐긴 대표적인 놀이문화가 있다. 낮의

仇英, 「梧竹書堂圖」 부분.
구영이 은일적 삶을 추구하는 선비가 '樂山樂水' 할 수 있는 공간에서 독서하다가 비스듬히 의자에 기대앉아 편안하게 때를 보내고 있는 모습을 그린 것이다. 이 그림에 대해 乾隆은 "石泉窈以淸, 梧竹復脩翠, 誅茅爲小楹, 延得靑山致, 幽人兀然坐, 開卷默而識, 仿佛沂水風, 吾與點也意[乾隆 己未 中伏 御題]"라는 화제를 쓴다. 즉 曾點의 '浴沂詠歸'의 풍모를 느낄 수 있다고 평하고 있다.

놀이문화의 상징인 증점曾點의 욕기영귀浴沂詠歸와 밤의 문화의 상징인 주돈이周敦頤의 '음풍농월吟風弄月'로 상징하는 쇄락灑落 차원의 놀이문화가 그것이다.

◎ 야외의 놀이문화 1: '욕기영귀浴沂詠歸'

중장통이 「낙지론」에서 말한 놀이 가운데 '무우대舞雩臺에서 바람 쐬고 집으로 흥얼거리면서 돌아오기(詠而歸)'라는 것은 내력이 있는데, 이런 놀이는 특히 유학자들이 추구한 대표적인 놀이문화로 자리매김된다. 전통적으로 음력 삼월三月 상사일上巳日—양력으로는 사월 초인데, 북쪽은 여전히 춥지만, 이때쯤 되면 남쪽 지역의 경우 제법 따사로운 느낌을 느낄 수 있다—에 물가가 있는 야외에 나가 봄맞이 계불禊祓 행사를 거행한다. 이 같은 봄맞이 계불 행사는 서성書聖으로 평가받는 왕희지王羲之의 '난정蘭亭 모임'으로 유명해지는데, 이 같은 봄맞이 계불 행사는 이후

---

14) 郭象이 『莊子』, 「逍遙遊」, "藐姑射之山, 有神人居焉"의 神人을 聖人이라고 해석하면서 "此皆寄言耳, 夫神人則今所謂聖人也. 夫聖人雖在廟堂之上, 然其心無異於山林之中, 世豈識之哉"라고 한 것 참조.

鄭敾의「杏壇鼓瑟圖」.
화면 맨 앞에 악기(瑟)를 무릎에 놓고 있는 인
물이 曾點이고, 나무 밑에 관을 쓰고 있는 인물
이 孔子이다.

봄이면 소풍 가는 근거가 된다. 이런 계불
행사와 관련된 보다 구체적인 근거는 공자
문하의 이른바 광사狂士로 일컬어지는 증
점曾點이 말한 봄맞이 계불에 해당하는 이
른바 '기수에서 욕하고 흥얼거리면서 돌아
오겠다'(浴沂詠歸)라는 고사다.

증점은 말하기를 "세 사람이 가진 뜻과는
다릅니다" 하였다. 공자가 말하기를 "무
엇이 문제가 되겠느냐? 또한 각기 자기의
포부를 말한 것이다" 하자, 증점이 대답
하기를 "늦봄에 봄옷이 이미 이루어지면

관을 쓴 어른 5~6명과 동자 6~7명과 함께 '기수沂水에서 목욕'하고 '무우대舞
雩臺에서 봄바람을 쐬다가' '노래하면서 돌아오겠습니다(詠而歸)'라고 하였다.
공자께서 아! 하고 감탄하시며, "나는 증점이 하고자 한 것을 허여許與한다"
하였다.15)

흔히 증점의 '욕기영귀浴沂詠歸' 또는 '영이귀詠而歸'로 알려진 유명한 이야기
의 전모다. 공자는 요산요수樂山樂水를 말하여 산수 공간에서의 친자연적인 삶을
'비덕比德' 차원에서 말한 적이 있는데, 유가가 지향한 쇄락 차원의 즐거움은
증점이 말한 욕기영귀가 대표한다. 이 같은 증점의 욕기영귀는 유학자들이
늦봄에 하루를 즐기는 유쾌한 놀이─쉽게 생각하면 봄 소풍을 연상하면 된다─를 대표
하게 된다.

15) 『論語』,「先進」, "(子路曾晳冉有公西華侍坐)……對曰, 異乎三者之撰. 子曰, 何傷乎, 亦各言
其志也. 曰, 莫春者, 春服旣成, 冠者五六人, 童子六七人, 浴乎沂, 風乎舞雩, 詠而歸. 夫子喟
然嘆曰, 吾與點也."

산과 물이 없어 직접적으로 '요산요
수樂山樂水'를 누릴 수 없는 상황에서도 중
국 문인들에게 그와 유사한 쇄락한 즐거
움을 누리게 한 것은 '욕기영귀'의 기상과
풍취였다. 철학적 차원에서 볼 때, 늦봄에
펼쳐진 자연의 변화에 담긴 이치 즉 천리
天理의 유행을 체득할 수 있는 욕기영귀는
유학자들에게는 단순 봄맞이 야외 행사
혹은 야외 소풍이란 의미 이상으로 다가
왔다. 넓은 평지에 살았던 중국 문인들은

蘇州 拙政園의 假山.
졸정원은 16세기 명나라 正德帝 때 어사를 지낸
獻臣이 조성한 강남의 대표적인 원림이다. 이
졸정원에는 借景 차원에서 만든 12개의 假山이
있다.

산수 공간에 직접 누대나 정자를 지을 수 없을 경우 차경借景을 통한 인위적
원림을 꾸며 그런 즐거움을 누리고자 하였다. 이런 점은 중국의 강남지역16)에
있는 '졸정원拙政園', '사자림獅子林', '유원留園', '창랑정滄浪亭' 등과 같은 대원림에
서 볼 수 있다. 제한된 공간이지만 기암괴석으로 가산假山을 축조하여 조그마한
폭포를 만들고 아울러 연못을 파서 누대를 지어 '요산요수'와 '욕기영귀'의 풍취
를 누리기도 하였다. 조선조 유학자들도 실제 산수 풍광이 좋은 곳에 거처할
수 없었던 경우라도 증점의 '욕기영귀' 관련 시 하나 짓지 않으면 우아한 풍류를
누리는 선비 행세를 할 수 없을 정도로 많은 인물들이 '욕기영귀'의 풍취風趣와
기상을 누리고자 하였다.17)

그런데 '욕기영귀'는 경제적 상황이나 신분에 따라 자주 만끽할 수 있는
것이 아닌 '제한된 놀이'에 해당한다. 따라서 가능하다면 멋진 하루를 유쾌하게

---

16) 흔히 長江 이남의 江蘇省, 浙江省, 上海 지역을 말한다.
17) 이와 관련된 자세한 내용은 조민환, 『동양의 광기와 예술』(성균관대 출판부, 2020)
참조

보낼 수 있는 '욕기영귀'를 오늘 한 번만이 아니라 내일도 하고 싶다. 이런 점에서 "자연에 나갔다가 다시 현실적 삶으로 돌아온다"(往而歸)를 기본으로 하는 '욕기영귀'는 유가와 도가가 공존하는 경지에 속하기도 하는데, 이 같은 '욕기영귀'는 문인들로 하여금 자꾸만 자연과 함께하면서 노니라고 유혹한다. 이에 '욕기영귀'와 관련하여 직접 야외의 물가에 나갈 수 없는 경우 자신이 사는 공간 주변에 '욕기영귀'를 상징하는 '영귀대詠歸臺', '영귀정詠歸亭', '풍욕루風浴樓' 등과 같은 건축물을 지어 놓고 제한된 풍취와 운치를 즐기고자 하였던 것이다. 이언적李彦迪(1491~1553)이 '독락당獨樂堂' 옆에 있는 반석에 '영귀대詠歸臺'라 명명한 것은 이런 점을 잘 말해 준다.

동진東晉시대 서성書聖 왕희지王羲之를 비롯한 명사들이 회계산會稽山 아래 '굽이져 흘러가는 물에 술잔을 띄운다'(流觴曲水)라는 것으로 상징되는 '난정蘭亭에서의 아회雅會'는 실질적으로 욕기영귀를 아집雅集 형식으로 행한 것에 해당한다. '굽이져 흘러가는 물에 술잔을 띄운다'라는 풍류는 우리나라 경주의 포석정鮑石亭에서 확인할 수 있다. 이 같은 모임 형태는 이후 '우아한 모임'(雅集) 혹은 '시를 통한 모임'(詩會) 형식으로 이어지는데, 송대에 소식蘇軾을 비롯한 당대 최고의 학자, 예술가들의 우아한 모임인 '서원아집西園雅集'이 그 대표적인 예다. 밤에는 이백李白의 「달 아래에서 홀로 잔을 기운다」(月下獨酌)라는 시에서 보듯 혼자 술을 마시면서 둥근달을 희롱하는 놀이를 즐기기도 하였는데, 이런 모임과 놀이를 통해 잠시나마 문인들은 일탈의 경계적 유희를 즐기곤 하였다.

이처럼 야외에 나가 '욕호기浴乎沂' 하고 '풍호무우風乎舞雩' 하는 행위는 예법과 신독愼獨이 지배하는 일상적 삶의 틀 혹은 유가적 삶의 영역 등과 잠시나마 일정한 거리두기를 시도하는 '자연으로 감'(往)의 행위와 매우 밀접한 관련이 있다. 야외로 나가 봄날을 만끽하는 봄 소풍의 유래다.

1. 舞沂蓮塘. 함안군 칠원읍 무기리에 있는 조선 후기의 연못. 李麟佐가 반란을 일으켰을 때 함안 일대에서 의병을 모집하여 공을 세운 의병장 周辛成을 기리기 위하여 건립한 것이다. 연못가에는 후대에 지은 風浴樓와 何換亭이 있고, 연못 주위에는 담장을 쌓고 일각문을 내어 詠歸門을 지었다. 증점의 '욕기영귀'하고자 하는 바람이 담긴 공간이다.
2. 玉山書院 뒤쪽 계곡의 암반 위에 단아하게 지어진 獨樂堂의 부속건물이다. 독락당이 자리 잡고 있는 이곳의 동편에는 옥류를 끼고 燈心臺, 灌纓臺, 觀漁臺, 詠歸臺, 洗心臺 등의 반석이 있다.
3. 文徵明의 「蘭亭修禊圖」. 流觴曲水의 정황을 볼 수 있다. 정자 가운데 앉은 인물이 王羲之이다.
4. 경주의 鮑石亭.
5. 김홍도, 「西園雅集圖」, 6폭 병풍 中 5폭. 국립중앙박물관. '서원아집'은 중국 북송대 英宗의 부마였던 王詵이 수도 開封에 있던 자기 집 정원인 西園에서 당시의 유명한 문인과 묵객들을 초청하여 베풀었던 雅會 장면을 담은 그림이다. 烏帽를 쓰고 누런 도복에 붓을 잡고 글씨를 쓰는 이는 蘇軾이다. 서원아집의 성격에 대한 글을 쓰고 있는 것으로 추측된다. 仙桃巾에 자주색 갖옷을 입고 앉아 보는 이는 西園의 주인인 王詵(王晉卿)이다(蘇軾 왼쪽에 앉아 있는 인물).

◎ 야외의 놀이문화 2: 낚시와 뱃놀이

좀 더 시간적인 여유가 있는 경우에는 낚시와 뱃놀이를 통한 놀이를 즐기곤
하였다.

동양문화에서 은일적 삶의 상징 중에 하나가 바로 어부로서 삶을 사는
것이다. 물론 이때의 어부로서의 삶은 고기 잡는 것이 고된 노동에 해당하는
것이나 고기 잡은 것의 과다에 따라 애락이 결정되는 직업적 어부의 삶이 아니
라는 점에 대한 이해가 필요하다. 이 같은 어부로서의 삶은 입신양명과 관료
지향적 삶을 포기한 상태에서 주로 행하는 문인들의 한가하면서도 우아한 놀이
문화에 속한다. 도륭은 『고반여사』 「유구전遊具箋」에서 노는 도구에 대한 글을
쓴 적이 있다. 어부로서의 은일적 삶을 즐긴 구체적인 것을 '낚싯대'(漁竿)와
'배'(舟)에 관한 것을 통해 보자. 먼저 낚시질이 갖는 의미를 보자.

「유구전」, 어간漁竿

강가에 도롱이 하나를 걸치고 낚시를 드리우는 것은 즐거운 일이다.…… 이
른바 (明德馬皇后가 읊은) "낚싯바늘로 푸른 물결 속에 잠긴 달을 당겨, 천추
의 만고심을 낚아 올린다"(一鉤製動滄浪月, 釣出千秋萬古心)고 한 것은 그 '즐거운
뜻'(樂志)을 표현한 말이다. 뜻은 고기에 있지 않다. 때로는 홍요화 핀 여울
가에서, 때로는 푸른 수풀에 둘러싸인 오래된 언덕에 있거나, 혹은 서풍이 얼
굴 때리는 것을 만나거나, 혹은 머리에 흩날리는 눈을 맞을 때, 깃으로 만든
도롱이와 삿갓을 쓴 채로 안개가 피어오른 물에 낚싯대를 드리면 미불米芾의
「한강독조도寒江獨釣圖」 속에 있는 듯하다. 엄릉嚴陵이나 위수(주나라 呂尙太公
望이 낚시하던 곳)에서 했던 낚시에 견주어 본다 해도 또한 고상한 일이 아니겠
는가?18)

___

18) 屠隆, 『考槃餘事』, 「遊具箋」, '漁竿', "江上一簑釣爲樂事.……所謂一鉤製動滄浪月, 釣出千秋
萬古心, 是樂志也. 意不在魚. 或於紅蓼灘頭, 或在靑林古岸, 或値西風撲面, 或敎飛雪打頭, 于
是披羽簑頂羽笠, 執竿烟水儼在, 米芾寒江獨釣圖中. 比之嚴陵渭水, 不亦高哉."

강가에 도롱이 하나를 걸치고 낚시를 드리우는 것은 즐거운 일이라는 것이 과연 그러한지를 따져 보자. 도롱이 하나 걸친다는 것은 현재 상태가 경제적 측면에서 보면 빈한하다는 것을 의미한다. 그런데 뜻은 고기 잡는 것에 있지 않다고 한다. 당연히 고기를 잡아 생계를 유지하는 낚시꾼이 아님을 의미한다. 이런 낚시 정황이 즐거운 것은, 낚싯바늘로 푸른 물결 속에 잠긴 달을 당겨 천추의 만고심을 낚아 올리는 낚시하는 행위가 실제 고기를 얼마나 잡아야 나의 삶에 도움이 되는가 하는 식의 낚시하는 것과 전혀 관계가 없기 때문이다. 즉 낚시를 통해 얻고자 한 흥취는 엄릉嚴陵(嚴子陵＝嚴光)이나 바늘코가 없는 낚시를 했던 여상呂尙(太公望) 등이 낚시질을 통해 누리고자 한 것에 있었지, 처음부터 고기를 낚고자 한 것은 아니었다. 엄릉은 동한 광무제 유수劉秀

吳鎭의 「洞庭漁隱圖」.
화제에는 '낚시하는 것이 농어를 낚는 것이지 이름을 낚는 것이 아니다(只釣鱸魚不釣名)라는 글이 있다.

의 절친한 친구로, 유수가 군사를 일으켰을 때 그를 도왔는데, 유수가 황제에 즉위하자 이름을 바꾸고 부춘산富春山에서 낚시질을 하면서 은거한 것으로 유명하다.[19] 엄릉의 낚시질 핵심은 세속적인 권력욕과 명예욕에 연연하지 않는 것을 상징한다. 여상呂尙은 흔히 '강태공姜太公'으로 일컬어지는 인물로서, 바늘

---

19) 관련된 자세한 내용은 『後漢書』, 「高士傳」, 卷下, 「嚴光」 부분 기사, "嚴光, 字子陵……少有高名, 同光武遊學. 及帝卽位, 光乃變易姓名, 隱逝不見. 帝思其賢, 乃物色求之, 後齊國上言, 有一男子披羊裘, 釣澤中……除爲諫議大夫, 不屈, 乃耕於富春山. 後人名其釣處爲嚴陵瀨焉." 참조.

코가 없이 낚시한 것으로 유명하다. 아울러 낚시를 통해 고기를 잡으려면 고기가 많이 모이는 곳에서 해야 한다. 그런데 홍요화 핀 여울 가, 푸른 수풀에 둘러싸인 오래된 언덕, 서풍이 얼굴 때리는 것을 만날 때, 머리에 흩날리는 눈을 맞을 때, 깃으로 만든 도롱이와 삿갓을 쓴 채로 안개가 피어오를 때 낚싯대를 드리운다는 것은 그 고기가 많고 적은 것과 전혀 상관없다. 다만 낚시하기 좋은 분위기만을 강조한 것에 속한다. 은사가 낚시를 한다는 것은 알고 보면 낚시하는 것을 통해 즐거움을 얻고 자연의 변화에 따른 정취를 흠뻑 누린다는 차원에 불과하다.

다음은 배를 타면서 노니는 즐거움과 관련된 것을 보자.

「유구전」, 주舟

따로 나뭇잎 같은 작은 배 하나를 버드나무 그늘진 곳에 매어 놓고서 때로 한가로우면 낚싯대를 잡고서 강 중간으로 나간다. 눈이 멎고 달이 밝은 때나 복사꽃 붉고 버들가지가 멋들어지게 휠 때에 배를 저어 여울에 나간다. 퉁소(紫簫)나 젓대(鐵笛)를 불어 소리가 대자연에 울려 퍼지면 외로운 학 한 마리가 바람 타고 하늘에서 운다. 이때 혹 뱃전을 두들기며 노래하고 마음껏 풍월에 취하였다가 뱃머리를 돌린다. 벼슬을 관두고 돌아와 솔 창에 누웠으니, 한 세상을 소요하는 정이야말로 그 얼마나 즐거운 일인가?[20]

배를 노는 기구의 하나로 여긴다는 것은 직업 어부의 배와 다른 용도로 사용한다는 의미가 있다. 따라서 큰 배일 필요가 없다. 흔히 소식蘇軾이 「적벽부赤壁賦」에서 읊은 바가 있는 일엽편주―葉片舟[21] 정도면 된다. 직업 어부의 용도가

---

20) 屠隆,『考槃餘事』,「遊具箋」, '舟', "別置一小船如葉, 繫於柳根陰處, 時而閑暇, 執竿把釣, 放乎中流, 或於雪霽月明, 桃紅柳媚之時, 放舟當溜. 吹紫簫鐵笛, 以動天籟, 孤鶴乘風唳空. 或扣船而歌, 飽浪風月, 回舟反掉. 歸臥松窓, 逍遙一世之情, 何其樂也."

21) 蘇軾,「赤壁賦」, "壬戌之秋, 七月旣望, 蘇子與客, 泛舟遊於赤壁之下……少焉, 月出於東山之

아닌 '시간을 보내기 위한 배'이기 때문에 평상시에는 버드나무 그늘진 곳에 매어 놓으면 된다. 나가는 때도 일정치 않다. 강가로 나가는 때도 날씨가 자신의 운치와 정취에 맞는 때에 나간다. 이런 삶에서 가장 기본은 한가로운 때를 틈타 즐긴다는 점인데, 관료적 삶에서는 제대로 음미할 수 없는 놀이에 해당한다. 운치 있는 때는, 겨울에는 눈이 멎고 달이 밝은 때이거나 봄에는 복사꽃 붉고 버들가지 멋들어지게 흰 때다. 겨울의 정경은 온통 희고 밝은 빛이다. 눈의 흼과 달의 밝음은 세속의 탁하고 어두운 마음을 깨끗하게 제거해 준다. 봄의 복사꽃의 붉음과 버들가지가 멋들어지게 흰 정경은 대지에 가득한 봄빛과 그 생명성을 온몸으로 즐기게 한다. 한 폭의 그림을 연상케 하는 정경들이다. 배를 탔지만 고기 잡는 것에 목적이 있는 것이 아니라 어떻게 하면 즐거운 시간을 보낼 것인 가에 초점이 맞추어져 있다. 낚시질하는 것을 통해 고기를 잡는 것보다는 퉁소나 젓대를 불면서 현재 자신의 삶에 깃든 흥취를 맘껏 즐긴다는 것은 이런 점을 보다 더 구체적으로 말해 준다. 알고 보면 이런 즐거움과 한가로움에 깃든 정취는 아무나 누릴 수 있는 것은 아니다.

낚시하는 것이 고기를 낚는 것에 있지 않다는 발언, 낚시하는 것에서 고상함을 따지는 것, 벼슬을 내던지고 배를 타면서 소요하는 은일이 주는 즐김을 논하는 것에는 어부를 직업으로 하는 것과 차별화된 문인의 탈속적이면서 향기가 있는 삶에 대한 자긍심이 묻어 있다. 이 밖에 「취옹정기醉翁亭記」를 쓴 구양수歐陽脩는 평생 좋아하는 것 다섯 가지(책·금석문·거문고·바둑판·술)에다 '자기 자신'을 추가하여 호를 '육일거사六一居士'22)라 한 적도 있다. 이상 말한 놀이를

___

上, 徘徊於斗牛之間, 白露橫江, 水光接天, 縱一葦之所如, 凌萬頃之茫然.……賀一葉之扁舟, 擧匏樽而相屬, 寄蜉蝣於天地, 渺滄海之一粟, 哀吾生之須臾." 참조.

22) 歐陽脩, 『歐陽文忠公文集』, 「六一居士傳」, "六一居士初謫滁山, 自號醉翁. 旣老而衰且病, 將退休於潁水之上, 則又更號六一居士. 客有問日, 六一, 何謂也. 居士曰, 吾家藏書一萬卷, 集錄三代以來金石遺文一千卷, 有琴一張, 有棋一局, 而常置酒一壺. 客日, 是爲五一爾, 奈何. 居士歐陽脩,「醉翁亭記」. 文徵明 小楷.
'醉翁'이란 말이 상징하듯 중국 문인문화
에는 痛飮의 전통이 있다.

통한 방내적 차원의 즐거운 놀이는 문인이라
면 누구나 추구하고자 했던 숭아 관념이 깃
든 놀이였다.

2) 도가: 경계 허물기의 방외적 놀이

앞서 중장통이 「낙지론」에서 말한 밤에
시간을 보내면서 노자의 현허玄虛세계 탐색,
양생을 통한 지인至人 경지 추구, 마음 맞는
친구들과 도를 논하면서 마음을 우주 밖에서
소요하기 등을 통한 놀이에는 도가 차원의
방외적 놀이가 담겨 있다. 이런 놀이에 대한
것은 『장자』에 잘 나타난다.

장자는 100번 이상의 '유游'(혹은 遊) 자를 통해 심신을 얽매이게 하는 각종
제도와 제한된 앎에서 벗어나는 경계 허물기 놀이를 추구하고자 한다. 구체적
으로 지인至人, 신인神人을 비롯한 이상적인 인간 및 광성자廣成子, 자상호子桑戶,
접여接輿 등 다양한 인간상을 통해 무극지야無極之野, '무궁無窮에서 노니는 것'을
비롯하여 '사해의 밖', '진구塵垢의 밖', '육합六合의 밖', '무하유지향無何有之鄕' 등
에서 노니는 이른바 '방외의 노닒'을 말한다.23) 아울러 혜시惠施와 호량濠梁 가의

日, 以吾一翁, 老於此五物之間, 是豈不爲六一乎." 참조.
23) 대략을 거론하면 다음과 같다. 『莊子』,「在宥」, "廣成子曰, 今夫百昌皆生於土而反於土.
故余將去女, 入無窮之門, 以游無極之野.";『莊子』,「應帝王」, "予方將與造物者爲人, 厭則又
乘夫莽眇之鳥, 以出六極之外, 而遊無何有之鄕, 以處壙埌之野. 汝又何帛以治天下感予之心
爲.";『莊子』,「齊物論」, "瞿鵲子問乎長梧子曰: 吾聞諸夫子, 聖人不從事於務, 不就利, 不違
害, 不喜求, 不緣道, 無謂有謂, 有謂無謂, 而遊乎塵垢之外.";『莊子』,「大宗師」, "孔子曰, 彼
遊方之外者也, 而丘游方之內者也. 外內不相及, 而丘使女往弔之, 丘則陋矣. 彼方且與造物者

34   동양 문인의 예술적 삶과 철학

대화에서 '물고기의 즐거움을 안다'(知魚樂)24)는 노닒을 통해 사물과 사물의 경계 허물기 및 시간과 공간의 제약을 벗어난 물아일체의 놀이 경지를 말한다.

친구도 인간 이외의 친구를 사귄다. 조물주와 더불어 노닐고 자연의 변화를 친구로 삼고자 한다. 「천지」에서 "홀로 천지의 정신과 더불어 왕래하며 만물을 내려다보는 태도를 취하지 않고, 옳고 그른 것을 따지지 않고 세속에 순응하여 살아간다. 위로는 조물주와 더불어 노닐고, 아래로는 죽음과 삶을 도외시하며 처음도 끝도 없는 자와 친구한다"25)라고 한 것이 그것이다. 이런 놀이에는 종교가 들어설 여지가 없다.

장자의 이런 노닒은 총체적으로 '소요유逍遙遊'라는 용어로 귀결되는데, 장자는 궁극적으로 '우물 안의 개구리'(井底之蛙)26)가 상징하는 소지小知에서 벗어나 구만리 창공을 날아가는 붕새의 비상을 통한 대지大知 추구의 노닒을 전개한다.27)

이 같은 '소요유'가 상징하는 방외 차원의 놀이는 '부분'(一曲)이 아닌 '이도관지以道觀之'의 방법을 통해 전체를 통관하는 눈을 가지고28) 세계를 재인식하는 철학적 놀이를 대표한다. 장자의 방외적 놀이문화는 이후 죽림칠현竹林七賢이 청담淸談을 즐기는 현학적 놀이문화의 소재가 되었고, 아울러 많은 문학 소재가

爲人, 而遊乎天地之一氣."
24) 『莊子』, 「秋水」, "莊子與惠子遊於濠梁之上. 莊子曰, 儵魚出遊從容, 是魚樂也."
25) 『莊子』, 「天下」, "獨與天地精神往來, 而不敖倪於萬物, 不譴是非, 以與世俗處. 上與造物者遊, 而下與外死生无終始者爲友."
26) 『莊子』, 「天下」, "子獨不聞夫坎井之䵷乎. 謂東海之鼈曰, 吾樂與. 出跳梁乎井干之上, 入休乎缺甃之崖. 赴水則接腋持頤, 蹶泥則沒足滅跗. 還虷蟹與科斗, 莫吾能若也. 且夫擅一壑之水, 而跨跱埳井之樂, 此亦至矣. 夫子奚不時來入觀." 참조.
27) 『莊子』, 「逍遙遊」, "湯窮髮之北有冥海者, 天池也. 有魚焉, 其廣數千里, 未有知其修者, 其名爲鯤. 有鳥焉, 其名爲鵬, 背若太山, 翼若垂天之雲, 搏扶搖羊角而上者九萬里, 絶雲氣, 負靑天, 然後圖南, 且適南冥也. 斥鴳笑之曰, 彼且奚適也. 我騰躍而上, 不過數仞而下, 翔蓬蒿之間, 此亦飛之至也. 而彼且奚適也. 此小大之辯也." 참조.
28) 『莊子』, 「秋水」, "河伯曰, 若物之外, 若物之內, 惡至而倪貴賤, 惡至而倪小大. 北海若曰, 以道觀之, 物無貴賤." 참조.

朱權, 『活人心』, 「序」.
『活人心』은 명 太祖 朱元璋의 아들인 朱權(호 臞仙)의 저술로서, 退溪 李滉이 보면서 자신의 건강을 챙긴 『活人心方』이 바로 이것이다.

되었다. 명대 주권朱權은 다茶를 마시면서 "현허함을 탐구하며 조화에 참여하고, 심신을 맑게 하고 세속을 벗어난다"29)라고 하여 다茶에도 방외적 놀이문화를 가미하고 있다.

그런데 노장의 놀이문화에는 일과 놀이 경계의 모호성이 담겨 있다는 특징이 있다. 이런 점에서 노장의 놀이문화는 매우 현학적이다. 노자는 '일삼는 것이 없는 것을 일삼아'(事無事)30)라고 한다. 명사名詞로서의 '일삼는 것(事)은 관료적 삶을 살면서 부귀영화를 추구하는 삶이다. 그런데 이처럼 관료적 삶을 통한 부귀 추구의 행위(有事)는 인간의 심신에 피곤함과 스트레스를 주고 더 나아가 자칫하면 생명의 안위에 문제가 발생할 수 있다고 본다. 따라서 노자는 이런 점에서 자연에 순응하는 차원에서 '일삼는 것이 없는 것'(無事)을 일삼을 것을 말한다. 이런 점은 양생과 보신 차원에서 '일'(일삼을 것)이 주는 문제점을 제시한 것인데, 노자가 말한 '무사를 일삼을 것'과 관련된 삶은 은일 지향의 삶을 추구하는 문인들의 화두였다. 정호程顥가 「어느 가을날 우연히 읊은 것」(秋日偶成)에서 읊은 "한가롭게 일삼는 것이 없으니 삶이 조용하지 않은가"(閑來無事不從容)라는 부귀에 얽매이지 않고 사는 호웅豪雄의 삶31)은 이런 점을 잘 말해 준다.

『장자』「양생주養生主」에는 소 잡는 장정(庖丁)이 소를 해체하는 장면(解牛)이

---

29) 朱權, 『茶譜』, "探虛玄而參造化, 淸心神而出塵表." 참조.
30) 『老子』64章에 나오는 말이다.
31) 程顥, 『明道先生文集』, 「秋日偶成」, "閑來無事不從容, 萬物靜觀皆自得. 道通天地有形外, 富貴不淫貧賤樂. 睡覺東窓日已紅, 四時佳興與人同. 思入風雲變態中, 男兒到此是豪雄." 참조.

나오는데, 직업으로 하는 소 잡는 행위가 '도의 경자'에 오른 칼놀림의 기교에 의해 득의만만한 놀이로 변하게 된다. 소 잡는 힘든 노동이 소의 몸속 구조(天理)를 다 알고서[32] 마치 우아한 춤을 추듯 거대한 악단을 지휘하는 칼을 놀리는 포정에게는 즐거운 놀이로 변하게 된다.[33] 이런 점을 통해 운용하는 기교의 경지가 어떤 경지냐에 따라 일과 놀이의 경계가 모호해지는 것을 알 수 있다. 도의 경지에 오른 기교는 노동이 아니라 즐거운 놀이에 해당한다는 것이다.

회화 쪽에 적용하면, 송대 이후 문인화가 발달하는 과정에서 유가사상과 도가사상에 훈도薰陶를 받은 문인화가들은 때론 경제성이나 상품성과 관련이 없는 '먹 장난'(墨戲)을 통한 사의寫意적 심화心畵 차원의 서화 창작을 즐기기도 하였다. 이런 놀이는 일과 놀이의 경계가 모호한 것에 속한다. 왜냐하면 이 같은 묵희 차원의 예술 창작에는 창작에서의 우연성이 담겼다는 점에서 그 묵희의 결과물이 예술미학적 차원에서 긍정적으로 평가되고, 때론 경제적으로 도움을 주기도 하였기 때문이다.

이같이 노장이 말하는 기교의 탁월함이 주는 차원에서의 일, 무사를 추구하는 일, 즐거움을 동반하는 일, 자유를 느낄 수 있게 하는 놀이, 예술화된 우아한 삶에는 일과 놀이의 경계가 모호해지는 것을 알 수 있다. 문예 차원에서 동양의 놀이문화가 갖는 독특한 점이다.

---

32) 『莊子』, 「養生主」, "釋刀對曰, 臣之所好者道也, 進乎技矣. 始臣之解牛之時, 所見无非全牛者. 三年之後, 未嘗見全牛也. 方今之時, 臣以神遇而不以目視, 官知之而神欲行. 依乎天理, 批大卻, 導大窾因其固然. 技經肯綮之未嘗微礙, 而況大軱乎.……謋然已解, 如土委地. 提刀而立, 爲之四顧, 爲之躊躇滿志, 善刀而藏之." 참조.
33) 『莊子』, 「養生主」, "庖丁爲文惠君解牛. 手之所觸, 肩之所倚, 足之所履, 膝之所踦, 砉然嚮然, 奏刀騞然, 莫不中音. 合於桑林之舞, 乃中經首之會."

3. 자연을 친구 삼은 '물아일체物我一體'

북송대 화가이면서 서예가인 미불米芾(1051~1107)은 생명력이 없는 태호석太湖石과 같은 '괴석怪石'에게 '형님' 하면서 절했다(米芾拜石)고 한다. 보기에 따라 미친 듯한 행동으로 여길 수 있는데, 이런 현상을 제대로 이해하는 것은 동양의 자연관과 미의식을 이해하는 핵심에 속한다.

『화어록畵語錄』에서 '하나의 획'(一劃)을 긋는 행위가 회화 차원에서 어떤 의미인지를 밝힌 석도石濤(1642~1707)는 "황산은 나의 스승이고, 나는 황산의 친구이다"(黃山是我師, 我是黃山友)라 하여 산까지 친구로 여긴다. 여기서 서양인들도

陳洪綬,「米芾拜石圖」.
괴석에 절을 하는 미불의 행위에는 比德 차원에서 괴석과 인간을 동일시하는 사유가 담겨 있다.

윤선도가 친구로 삼은 오우(水·石·松·竹·月) 등과 같은 자연물을 친구로 삼았는가 하는 질문을 던져 보자. 만약 그렇지 않다면 서양인들과 달리 동양의 문인들은 무슨 근거를 가지고 자연물을 친구로 삼았을까? 맹자는 '만물은 모두 나에게 갖추어져 있다(萬物皆備於我)[34]는 것을 통한 즐거움을 말하고, 주희朱熹(1130~1200)는 인간의 내적 덕성인 인仁을 천도론·본체론적 차원으로 확장시켜 인간과 천지만물의 관계를 말한다.

천지는 만물을 낳는 것을 마음으로 삼는다. 사람과 만물이 생겨날 때 각기 이 천지의 마음을 받아 자기의 마음으로 삼는다. 따라서 마음의 덕을 말하자면 그것이 모든 것을 총괄적으로 통섭하고 관통하여

---

34) 『孟子』,「盡心上」, "萬物皆備於我矣. 反身而誠, 樂莫大焉. 強恕而行, 求仁莫近焉." 참조.

갖추지 않음이 없는데, 한마디로 말해 인仁일 뿐이다.35)

'마음이 곧 이치'(心卽理)를 주장한 왕수인王守仁(1472~1529)은 인간은 '천지의
마음'(天地之心)을 가지고 있다고 하면서 '천지만물 일체 사상'에 대해 보다 구체
적으로 말한다.

천지만물과 인간은 본래 한 몸이다. 이러한 생각을 처음 시작하는 기관 중에
서 최고로 정밀한 곳은 바로 사람의 마음뿐이니, 이곳이야말로 영험하고 밝
은 곳이다. 바람, 비, 번개, 이슬이나, 태양, 달, 별, 별자리나, 새, 짐승, 풀,
나무나, 산, 시내, 흙, 돌은 인간과 더불어 본래 한 몸이다. 그러므로 오곡과
금수 부류가 모두 사람을 기를 수 있고, 약과 침의 부류가 모두 질병을 치료
할 수 있다. 단지 이 하나의 기운을 공유하기 때문에 서로 통할 수 있다.36)

천지만물 일체라는 이 사유는 동양 한의학에서 식물을 통해 약을 지어
질병을 치료하는 것의 근거를 철학 차원에서 규명한 글이기도 하다. '천지가
만물을 낳는 마음을 인간이 자신의 마음으로 삼는다'는 주희의 사유와 '천지만
물과 인간은 본래 한 몸'이라는 왕수인의 사유는 동일하지 않다. 하지만 자연은
인간과 소통하는 존재이면서 유기적 관계를 이루고 있다는 점은 동일하고,
이것은 동양에서 인간과 자연물의 관계를 규정하는 기본 사유에 해당한다.
한 걸음 더 나아가, 장자는 '자연에 존재하는 모든 사물에는 무차별적인
도가 있다'(道無所不在)37)라고 하여 모든 사물의 동일한 가치를 인정한다. 아울러

---

35) 『朱子大全』, 卷67, 「仁說」, "天地以生物爲心者也, 而人物之生, 又各得天地之心以爲心者也.
　　故語心之德, 雖其總攝貫通, 無所不備. 然一言以蔽之, 則曰仁而已矣."
36) 王守仁, 『傳習錄』 下, 「黃省曾錄」, 274조목, "蓋天地萬物與人原是一體, 其發竅之最精處, 是
　　人心一點靈明, 風雨露雷, 日月星辰, 禽獸草木, 山川土石, 與人原只一體, 故五穀禽獸之類, 皆
　　可以養人, 藥石之類, 皆可以療疾, 只爲同此一氣, 故能相通耳."
37) 『莊子』, 「知北遊」, "東郭子問於莊子曰, 所謂道惡乎在. 莊子曰, 無所不在. 東郭子曰, 期而後

'도는 통하여 하나가 된다'(道通爲一)38)라는 사유에 입각해『장자』「제물론濟物論」
에서는 '장자(莊周)가 나비가 되고 나비가 장자가 된다'라는 '물화物化'를 말하
고,39) 앞서 본 바와 같이『장자』「추수秋水」에서 장자는 물고기가 아니나 호량濠
梁 가에서 노니는 물고기가 즐겁다는 것을 안다고 말한다. 이것은 모두 인간과
자연물의 경계가 무너진 '물아일체'를 말한 것이다. 이런 사유에는 형이상학적
놀이문화가 담겨 있다.

유학자들은 특히 군자상에 적합한 자연물을 '비덕比德' 차원에서 취사선택해
그것을 인간과 동일시하는 사유를 펼친다. 자연물을 의인화擬人化하여 그것들의
생태적 속성을 인간의 도덕으로 환원해서 의미 부여하는 것을 '비덕'이라고
하는데, 이런 비덕 사유에는 천지만물 일체 사유가 담겨 있다. 비덕 차원에서
선택된 식물들은 기본적으로 '힘든 시련이 닥쳐도 지조와 절개를 지킨다'(固窮節)
라는 군자의 면모와 관련이 있다. 군자의 면모와 관련하여 유학자들의 눈에
들어왔던 대표적인 것은 '사군자'라고 일컬어지는 매·난·국·죽인데, 이 밖에
'군자는 옥과 같다'(君子如玉)는 옥, '세한歲寒'의 소나무, 주돈이周敦頤(1017~1073)가
「애련설愛蓮說」에서 말한 진흙 속에서 향기를 풍기는 '향원익청香遠益淸'으로 일
컬어지는 연蓮을 비롯하여40) 태호석으로 상징되는 괴석 등도 모두 비덕의 차원
에서 이해된 것들이다.

유학자들에게 비덕 차원에서 이해된 자연물은 군자가 지향하는 삶과 세계
관의 또 다른 상징이다. 군자는 세상이 혼탁하면 혼탁할수록 군자의 지향점과

可. 莊子曰, 在螻蟻. 曰, 何其下邪. 曰, 在稊稗. 曰, 何其愈下邪. 曰, 在瓦甓. 曰, 何其愈甚邪.
曰, 在屎溺." 참조.
38)『莊子』,「齊物論」, "故爲是擧莛與楹, 厲與西施, 恢恑憰怪, 道通爲一." 참조.
39)『莊子』,「齊物論」, "昔者莊周夢爲胡蝶, 栩栩然胡蝶也, 自喩適志與, 不知周也. 俄然覺, 則蘧蘧
然周也. 不知周之夢爲胡蝶與, 胡蝶之夢爲周與. 周與胡蝶, 則必有分矣. 此之謂物化." 참조.
40) 周敦頤,「愛蓮說」, "予獨愛蓮之出於泥而不染, 濯淸漣而不夭. 中通外直不蔓不枝, 香遠益淸,
亭亭淨植, 可遠觀而不可褻翫焉." 참조.

인생관이 더욱 뚜렷하게 드러
난다. 군자는 힘든 고난의 시
절을 보낼 수밖에 없기에 몸
과 마음에 상처가 나게 된다.
이런 점이 회화 차원에서 형
상화된 예는, 김정희의 「세한
도」에 보이는 꺾이고 패인 형

金正喜, 「歲寒圖」.
군자가 겪는 고통과 시련의 상징은 잘리고, 꺾이고, 파이고, 휘
는 등의 형상으로 나타난다. 나라를 잃은 경우에는 뿌리가 드러
나는 형상(露根)으로 나타난다.

상의 '세한'의 소나무다. 이에 동양예술에서는 형태적으로 '추하면 추할수록
미의 극치'[41]라는 독특한 미의식이 나타난다. 서양과 구별되는 동양의 미적
인식이 드러나는 대목이다.

　비덕 차원에서 이해된 자연물을 친구로 하는 것에는 문인들이 도연명陶淵明
(365~427)이 추구한 심원心遠의 삶과 은일적 삶을 지향하는 의미가 담겨 있다.
윤선도가 수·석·송·죽·월을 친구로 삼은 것은 부조리한 인간 현실에 대한
비판과 더불어 차 한 잔 제대로 할 시간이 없는 바쁜 삶, 예법에 의한 관계망이
주는 긴장된 삶, 끝없이 권력·명예·재물을 추구하는 욕망적 삶, 성과지상주의
에 매몰된 '피로사회' 식의 삶 등에서 벗어나고자 하는 바람이 담겨 있다. 이런
정황에서 다茶 한 잔의 여유로움이 갖는 의미를 제대로 알려면 그동안 타인과
경쟁하면서 치열하게 삶았던 삶에 대한 이해가 선행되어야 한다. 즉 동양에서
'나이 듦(老境)의 미학'을 강조하는 것을 상기할 필요가 있다.

　문인들이 천지만물 일체 사상에 입각하여 이해한 비덕 차원의 자연물은
회화뿐만 아니라 다양한 기물에 표현되곤 하였는데, 이런 기물들을 바라보면서
항시 자신을 단속하고 수양하고자 하였다. 그들 삶의 공간에 서화 작품은 물론

---

41) 劉熙載, 『藝槪』, 「書槪」, "怪石以醜爲美, 醜到極處, 便是美到極處." 참조.

백자를 비롯한 다양한 도자기, 자사호紫沙壺와 같은 다호茶壺를 비롯하여 벼루, 연적 등의 기물에 새겨진 비덕 차원의 자연물을 볼 수 있는 이유다. 더불어 산수 공간이 새겨진 '인문기물人文器物' 등을 통해 잠시 일탈의 꿈을 꾸기도 하였다. 이처럼 인문기물을 통한 완물에 깃든 삶은 문인들의 우아한 놀이문화의 핵심을 이루었다. 처음부터 관료적 삶에 눈을 두지 않고 결혼하지 않았지만 '처자'(梅妻鶴子)가 있었던 북송대 임포林逋(968~1028) 같은 은사, 「귀거래사歸去來辭」를 읊으면서 권력·명예·재물 등과 같은 세속적인 것으로부터 마음을 멀리한 '심원心遠'42)의 삶을 지향한 도연명 등을 그 예로 들 수 있다. 심원의 마음이면 아무리 번잡한 도시에 있어도 산간벽지에 사는 것처럼 조용하고 한가롭게 살 수 있다는 장점이 있다.

자연 산수를 사랑하면서 은일 지향의 삶을 추구하면 무엇이 좋은가 하는 점에 대해 북송대 화가이면서 이론가인 곽희郭熙(1023~1085)가 『임천고치林泉高致』(숲과 샘이 있는 자연에서 고상한 운치를 추구하는 것)란 책에서 군자가 산수를 사랑하는 이유에 대해 말한 것을 보자.

군자가 산수를 사랑한다는 그 뜻은 어디에 있는가? 항상 마음이 두는 것은 언덕 동산에서 인간의 본성을 기르는 것이고, 늘 즐기는 것은 아주 아름다운 풍경인 천석泉石에서 휘파람 불며 노니는 것이고, 늘 힘쓰는 것은 고기 잡고 땔나무하며 세상을 피해 숨어 사는 것이고, 늘 가까이하는 것은 우짖는 원숭이와 하늘을 나는 학이다. 온갖 더러운 것이 난무하는 세속에 얽매이는 것은 인정이 항상 싫어하는 바요, 자연에서 신선, 성인과 같이 사는 삶은 인정이 항상 원하는 것이나 얻을 수는 없다.43)

---

42) 陶淵明, 「飮酒」 五首, "結廬在人境, 而無車馬喧. 問君何能爾, 心遠地自偏." 참조.
43) 郭熙, 『林泉高致』, 「山水訓」, "君子之所以愛夫山水者, 其旨安在. 丘園, 養素所常處也, 泉石, 嘯傲所常樂也, 漁樵, 隱逸所常適也, 猿鶴飛鳴所常親也. 塵囂繮鎖, 此人情所常厭也. 烟霞仙聖, 此人情所常愿而不得見也."

과거 점잖은 선비들이 불량끼(?)가 있다고 여긴 휘파람(嘯)44), 어부와 나무꾼, 우리 주변에 원숭이가 없는 정황에서는 좀 낯선 것이지만 원숭이와 학(江湖의 경우는 갈매기) 등은 은일 지향의 삶을 보여 주는 상징물이다. 문인화에 이상 거론한 것들이 그려지는 이유이고, 그것을 즐긴 이유다. 군자가 자연을 사랑하는 것은 심신을 피곤하게 하는 욕

崔北,「空山無人」.
봄날 자연에 펼쳐진 '空山無人, 水流花開'의 정경을 담은 이 그림은 禪味가 가득한 작품이다.

망 지향의 세속적 삶에서 벗어나 신선이나 성인의 삶을 추구하고자 하는 것과 관련이 있다. 그런데 어디 그렇게 하는 것이 쉬운 것인가? 이 점은 북송대 문인들이 관료적 삶을 살았던 상황에서 역설적으로 산수화가 유행한 이유이기도 하다.

만약 마음을 비운 허정한 상태에서 은일적 삶을 사는 것을 다른 차원에서 접근하면, 이전과 다른 눈으로 자연에 존재하는 사물들을 찬찬히 관찰할 수 있는 기회가 생기고, 이에 눈앞에 펼쳐진 현상에 담긴 현묘한 이치를 깨닫는 순간이 오게 된다. 동양 문인 특유의 놀이문화의 새 장이 여리는 순간이다. 그 하나의 예로 소식蘇軾(1037~1101)이 말한 선미禪味가 짙은 '빈산 사람 없고, 물이 흐르고 꽃이 핀다'(空山無人, 水流花開)가 있다.

소식이 말한 선미가 짙은 '빈산 사람 없고, 물이 흐르고 꽃이 핀다'라는 것에서 '공산무인'은 정적이고, '수류화개'는 동적이다. 하지만 대자연에서는

---

44) 휘파람(嘯)은 동양문화에서 독특한 의미를 지닌다. 成公綏,「嘯賦」(『文選』, 卷18), "曲既終而響絶, 餘遺玩而未已, 良自然之至音, 非絲竹之所擬. 是故聲不假器, 用不借物, 近取諸身, 役心禦氣. 動脣有曲, 發口成音, 觸類感物, 因歌隨吟." 참조.

동적이지만 정적이고, 실하지만 허하다. 산에는 콸콸거리면서 흘러 내려오는 계곡물을 비롯하여 바람에 의해 흔들리는 나무 소리, 들짐승과 날짐승이 뛰고 날면서 내는 소리 등 많은 소리가 있다.

이에 '산이 비었다'는 것은 산에 아무것도 없다는 것이 아니라 그만큼 고요하고 적막하다는 것을 의미한다. 보다 중요한 것은, 산이 비었다는 것은 그 산을 바라보는 인물의 마음이 비었다는 것이다. 인간이 없다는 것도 단순히 없다는 것이 아니다. 인간적 인위적 흔적이 없다는 것이다. 하지만 인간의 흔적이 없다는 그곳에서 때론 속세와 인연을 끊고 자연과 더불어 유유자적하게 살아가는 구도자를 만날 수 있다. 그런데 그 구도자는 바로 자신이다. 이제 마음을 비운 고요한 상태에서 귀를 기울이면 이전에 듣지 못한 소리를 들을 수 있다. 귀를 기울이고 잘 들어보면, 나비가 날개를 우아하게 살랑거리면서 나는 소리를 비롯하여 꽃망울이 '툭' 하고 터지는 생명의 소리를 들을 수 있다. 그런데 이런 생명의 약동은 누가 시켜서 그런 것인가 아니면 저절로 그런 것인가?

꽃은 영원히 피어 있는 것이 아니라 피면 반드시 지는 것이 자연의 이법理法이다. 꽃의 핌을 존재론적으로 어떻게 이해할 수 있을까? 꽃은 그냥 피는 것이 아니다. 하늘에서 내리쬐는 햇빛을 받고, 뿌리를 통한 대지의 자양분을 흡수하고, 하늘에서 내려 땅속에 고인 빗물을 뽑아 올리는 복합적인 작용을 통해 피어난다. 『주역』의 사유로 말하면, 하늘과 땅의 기운의 교감이 있기 때문에 꽃이 핀다는 것으로 일종의 천지감응 사유를 보여 준다. 꽃은 인간세계와 전혀 상관없이 스스로 피어나서 자신의 존재를 우리에게 현존시킨다.

좀 더 넓게 생각해 보면, 꽃이 피어 있을 때에는 생명의 환희를 맛볼 수 있지만 그 꽃핌 속에는 다시 사라짐을 예고하는, 이른바 『노자』 16장에서 말하는 복귀 철학45)도 담겨 있다. 꽃이 핀 것을 자연의 이치에 적용해 보자. 자연현상에는 음과 양의 갈마듦에 담긴 밝음과 어둠, 나타남과 숨어 있음, 생명과 죽음의 이중성이 전제되어 있지만 누가 인위적으로 주재하여 일어나는 현상은 아니다. 봄철에 겨우내 얼었던 얼음이 녹아 계곡이나 냇가에 물이 흐르는 것도 마찬가지다.

쇄락灑落적 삶과 은일적 삶을 추구하는 과정에서 꽃이 피는 것을 보고 물이 흐르는 소리를 듣는다는 것은 그만큼 마음이 허정하고 한가하다는 것인데, 도의 기미는 이처럼 마음이 허정하고 한가할 때만 느낄 수 있다. 봄이 되어 '물 흐르고 꽃이 핀다'는 것은 우리가 항상 보고 마주치는 현상이지만, 이처럼 자연이 살아 숨 쉬는 현상 속에 도道가, 진리가 담겨 있다. 화가나 시인들에게 인간의 의지와 상관없이 목적이 없는, 의지가 없는, 계획이 없이 진행되는 현상 이면에 내재 된 '스스로 생하고 스스로 화하는'(自生自化) 이치와 도를 예술적 형상과 시어詩語로 표현할 것을 요구한다. 문제는 소리도 없고 냄새도 없어(無聲無臭) 인식 불가능한 무형無形인 형이상학적 도, 이치를 어떤 형상을 통해 표현할 것인가이다. 회화 차원에서 볼 때 문인들의 고상하고 우아한 놀이문화에 깃든 철학적 담론이다.

4. '인문기물人文器物'과 '도'의 상징인 예술

예술 창작과 관련하였을 때 이런 놀이문화를 어떤 예술적 형상으로 표현한 것인가 하는 점이 문제가 된다. 전통문화에서 유가가 지향하는 인위의 세계는 '선을 택하여 그것을 불변의 진리로 고집한다'(擇善固執)라는 사유, 즉 분별지를 통해 도덕적인 것과 부도덕적인 것, 아름다운 것과 추한 것, 옳은 것과 그른

---

45) 『老子』 16章, "致虛極, 守靜篤, 萬物竝作, 吾以觀復. 夫物芸芸, 各復歸其根."

것을 구분하여 택한 것을 불변의 진리라 강조하고, 아울러 자신을 평가하는 남의 시선을 의식하면서 항상 몸을 단속하는 경외敬畏적 몸가짐을 강조한다. 그것은 날마다 성인의 말씀에 대한 학습을 쌓아가는 것을 통해 가능하다고 본다.

노자의 표현을 빌려 말하면, 배움을 통해 얻은 분별지를 날마다 더한다는 '위학일익爲學日益'을 주장한 것이다. 이 '위학일익'은 공자가 말한 '배우고 때로 익힌다'(學而時習之)라는 사유의 다른 표현이다. 그런데 더해 쌓는 것이 갖는 긍정적인 것도 있지만 부정적인 것도 있다. 예를 들면 쌓인 분별지를 통해 시비 판단을 내린 결과로 나타난 차별화 심화 현상, 앎에 바탕한 총명함 때문에 도리어 삶이 질곡에 빠지는 것 등이 그것이다.

이에 반해 무위자연의 경지를 지향하는 노자는 학습을 통해 습득한 분별지를 날마다 덜어내고 덜어내어 궁극적으로는 무위에 이르러야 한다46)는, 이른바 '무위자연의 도를 체득한다는 것은 날마다 분별지를 덜어내는 것이다'(爲道日損)라는 것을 강조한다. '덜어냄'이야말로 자연의 원리에 맞는 행위다. '위도일손'을 통한 무위자연이 실현되는 경지에 오르면 불변의 기준을 통해 시비와 미추를 분별하는, 장자가 말하는 '우물 안의 개구리 식의 소지小知'의 세계에서 벗어날 수 있다. 이런 '위도일손'의 사유를 예술 차원에서 적용하면, 화려한 색을 버리고 기교를 버리고 형상을 버린다는 것으로 나타난다. 마음 비우기와 관련된 허심虛心을 통한 소요자재逍遙自在적인 놀이문화 및 자연과 합일하는 놀이문화가 전개되는 순간이다.

동양의 수묵산수화는 음양론적 우주론을 기반으로 해서 전개된다. 따라서 그려진 산수는 우주론 차원의 음양론이 담겨 있다는 점에서 시각 차원의 서양

---

46) 『老子』 48章, "爲學日益, 爲道日損. 損之又損, 以至於無爲, 無爲而無不爲."

풍경화와 다르다. "예술가는 허환虛幻적 경상景象을 창조하여 우주와 인생의 진체眞諦를 상징한다"는 쫑바이화(宗白華. 1897~1986)의 발언은 중국 예술이 지향하는 핵심에 속한다. 동기창董其昌(1555~1636)은 "그림의 도란 이른바 우주가 손에 있는 것이니, 눈앞에 생기生機가 없는 것은 없다"[47]는 것을 말한다.

동양회화사를 보면, 이 같은 우주론적 생기를 기운이 생동하게 표현했느냐의 여부에 따라 기예 차원이 아닌 도의 차원에서의 '진짜 그림'(眞畵)이란 사유[48]도 나타난다. 동양에서는 '진짜 그림'(眞畵)과 '가짜 그림'(假畵)을 구분하고 '문인화'를 '화원화'와 구별하고, 더 나아가 최고 기교 차원에 해당하는 신품神品보다 '붓놀림은 간단하여 별다른 형상이 없지만 표현하고자 하는 모든 형상을 갖추고 있다'(筆簡形具)는 것을 강조하는 득의망상得意忘象 차원의 무위자연적 일격逸格, 일품逸品[49]을 더 중시하는 사유가 있는데, 이런 점들은 '진화'와 '가화' 논쟁과 무관하지 않다. 동양예술의 이런 사유들은 서양 회화와 다름을 보여 준다.

'가짜 그림'이 그림이 아니라는 것은 아니다. 그림이 담아내야 할 궁극적인 것을 제대로 표현하지 못했다는 차원에서 우열을 논한 것으로, 화가가 대자연의 순환 속에 내재된 원리(道, 理)를 체득했느냐의 여부에 의한 판단이다. 이런 점에서 동양예술의 위대한 예술가는 조물주와 동일한 경지에 이를 것을 요구한다.

필굉畢宏이 '진화' 차원의 그림을 그렸다고 평가받는 당대 화가인 장조張璪(?~?)에게 회화의 요결要訣이 무엇인가를 묻자, 장조는 "밖으로는 조화를 스승으로 삼고, 안으로는 마음의 근원을 얻는다"(外師造化, 中得心源)라고 대답한다. '외사조

---

47) 董其昌, 『畵禪室隨筆』, "畵之道, 所謂宇宙在乎手者, 眼前無非生機."
48) 符載 撰, 「觀張員外畵松石序」, "是時坐客聲聞士凡二十四人, 在其左右, 皆岌立注視而觀之. 員外居中, 箕坐鼓氣, 神機始發. 其駭人也, 若流電激空, 驚飆戾天. 摧挫斡掣, 撝霍瞥列. 毫飛墨噴, 捽掌如裂. 離合恍恍, 忽生怪狀. 及其終也, 則松鱗皴, 石矗岩, 水湛湛, 雲窈渺. 投筆而起, 爲主四顧, 若雷雨之澄霽, 見萬物之情性. 觀夫張公之藝, 非畵也, 眞道也." 참조.
49) 黃休復, 『益州名畵錄』, "畵之逸格, 最難其儔. 拙規矩於方圓, 鄙精硏於彩繪. 筆簡形具, 得之自然." 참조.

화'는 허정한 상태에서 객관 사물을 관조하면서 자연의 생명 본체를 파악하는 것이고, '중득심원'은 마음속 근원에서 체득한 만물의 형상을 의상意象화한다는 것이다. 이에 진화 차원의 회화는 마음속에 체득한 것을 뜻에 담아 의상화하는 예술, 즉 '사의화寫意畵'가 된다.

이처럼 예술작품이 담아내고 표현해야 할 근본적인 것으로 천지자연의 조화, '리' 및 일음일양하는 '도'와 관련된 생기生機를 거론하기 때문에 위대한 예술가는 천지를 스승으로 삼을 것을 강조하고,50) 이에 이런 원리와 법칙을 마음으로 체득한 이후에 구체적 형상으로 표현하라고 한다.51) 예술은 도의 형상화인 셈이다.52) 문제는 노자가 말하는 무형의 '대상大象'이나 장자가 말하는 '상망象罔'53) 등이 상징하는 도를 고정된 이미지로 형상화 시킨다든지 혹은 언어로 표현하고 지시할 수 없다는 것이다.

그렇다고 '대상'과 '상망'을 이미지화할 수 없다는 것은 아니다. '대상'과 '상망'을 구체적인 형상으로 이미지화시켰을 때 실상實相을 온전히 표현할 수 없다는 자각 하에 예술 창작에 임하면 된다. 이에 하나의 상을 통해 그 뜻을 표현했다고 여기면 그 상에서 벗어날 것(得意忘象)54)을 요구한다. 즉 '득의망상'을 실현할 수 있는 방법은 '위도일손' 정신을 예술창작에 적용하는 것이다. 도의 껍데기를 표현할 수밖에 없는 인위적 기교, 화려한 색상, 구체적인 형상 등을

---

50) 董其昌, 『畵禪室隨筆』, "畵家以古人爲師, 已是上乘, 進此當以天地爲師."
51) 龔賢, 『乙輝編』, "古人之書畵, 與造化同根, 陰陽同候.……心窮萬物之源, 目盡山川之勢, 取證於晉唐宋人, 則得之矣."
52) 劉熙載, 『藝槪』, "藝者, 道之形也."
53) 『莊子』, 「天地」, "黃帝游乎赤水之北, 登乎昆崙之丘而南望, 還歸, 遺其玄珠. 使知索之而不得, 使離珠索之而不得, 使喫索之而不得也. 乃使象罔, 象罔得之. 黃帝曰, 異哉. 象罔乃可以得之乎." 참조.
54) 王弼, 『老子指略』, 「明象」, "盡意莫若象, 盡象莫若言. 言生於象, 故可尋言以觀象. 象生於意, 故可尋象以觀意. 意以象盡, 象以言著. 故言者所以明象, 得象而忘言. 象者, 所以存意, 得意而忘象." 참조.

덜어내어 궁극적으로는 무無가 표현된 예술, 무위자연의 원리가 담긴 예술작품으로 탄생시키면 된다. 무위자연이 실현된 '일격逸格'에 오른 경지와 관련하여 '필간형구筆簡形具'를 강조하는 이유다. 묵희墨戲 차원에서 '필간형구'가 갖는 놀이성이다.

소식은 "문장을 짓는데 필세가 험준하고 문투가 현란한 것이 점점 노숙해지면 평담에 이르게 된다"[55]는 것과 "간결하고 예스러운 것에 섬세하고 화려한 것을 담고, 담백한 것에 지극한 맛을 담았다"[56]라는 것을 말하여 '담박淡泊'에 대하여 말한 적이 있다. '인위적 차원의 현란함의 극치는 결국 담박한 것으로 귀결된다'는 이런 사유의 최고 경지는 『노자』 63장에서 말하는 '무미를 맛보라'(味無味)라는 사유다. '무미'는 맛이 없다는 것이 아니라 그 어떤 구체적인 하나의 맛으로 규정될 수 없는 도道의 담박한 맛이다.[57] 무미나 담박함은 '위도일손'에 의한 결과물이다. '위도일손' 결과에 의한 작품은 형상이 주는 제한된 인식에서 벗어나 도를 체득한, 진리를 표현한 작품이 된다. 오늘날에도 노장의 '위도일손' 및 '득의망상' 사유와 유사한 창작 정신을 표현한 작품을 발견할 수 있다. 예를 들면 단색화 화풍의 창작 경향이 그것이다.

'위도일손'에 담긴 '비움 철학'과 '존천리存天理, 거인욕去人欲'에 담긴 수양론 차원의 '제거 철학'은 다르다. 도의 체득과 관련된 비움은 채운 것이 갖는 문제점을 인식하고 그것을 하나하나 덜어내는 것이다. 더 이상 덜어낼 것이 없는 상태에 이르면 바로 사물의 본질을 체득할 수 있다. 비움이 갖는 진리 차원의 도에 대한 인식은 '득의망상'의 예술정신과 관련이 있다. 현란함이 극치에 이르렀을 때 그 인위적 현란함을 제거하고 담박함을 표현하는 것을 최고로 여기는

---

55) 蘇軾, 「與二郎侄書」, "凡文字, 少小時須令氣象崢嶸, 采色絢爛, 漸老漸熟, 乃造平淡. 其實不是平淡, 絢爛之極也."
56) 蘇軾, 「書黃子思詩集後」, "菫應物柳宗元, 發纖穠於簡古, 寄至味於淡泊." 참조.
57) 『老子』 35章, "道之出口, 淡乎其無味. 視之不足見, 聽之不足聞, 用之不足旣."

'위도일손' 정신에 의한 예술작품을 감상할 수 있을 때 동양예술의 진수를 맛볼 수 있다. 오늘날 우리들이 과거 '도'의 상징인 다양한 '인문기물' 가운데 명품이라고 일컬어지는 작품들을 제대로 감상할 수 없는 이유이기도 하다.

유학자들은 '주일무적主一無適'의 경敬을 통한 정좌正坐 자세를 주문한다. 정좌는 신독 차원에서 나의 몸가짐이 남의 시선에 어떻게 평가될 것인가 염두에 둔 자세다. 몸가짐의 흐트러짐은 마음이 해이해짐이다. 이런 정황에서는 놀이문화가 스며들 공간이 없다. 문제는 항상 정좌의 자세로만 살 수는 없다는 것이다. 때론 산수 공간에 나가 잠시 심신을 옥죄인 예법 차원의 옷을 벗고 시원한 바람을 쐬고 싶은 것이 인지상정이다. 이 시점에 동양의 산수미학이 스며들게 된다. 최초의 산수화론으로 일컬어지는 「화산수서畵山水序」58)에서 산수화를 그린다는 것은 창신暢神이라고 규정한 종병宗炳의 말을 빌리면, 그동안 가 본 산수에 더 이상 갈 수 없을 때 그곳의 경치를 그린 작품을 '누워서 보면서 노니라'(臥遊)59)고 한다. 와유를 '누워서 감상하는 것'(臥看)이라고 하는데, 편안하게 누워서 산수화를 감상하는 것은 실제 산수 공간에 가서 즐기는 삶을 간접적으로 누리게 하는 효과가 있다. 산수화 감상을 통한 놀이문화의 정수에 해당하는 발언이다.

이처럼 동양 문인들은 이른바 '인문기물'을 통한 의미 있는 '맑은 놀이'(淸玩)를 추구하고자 하였고, 회화창작과 관련해서는 '묵희' 차원의 놀이문화, 감상 차원에서는 '와유'라는 놀이문화로 나타났다. 그 놀이문화를 통해 자연과 합일하는 경지를 추구하였던 것이다.

---

58) 宗炳, 「畵山水序」, "聖人含道暎物, 賢者澄懷味像. 至於山水, 質有而趣靈.……山水以形媚道, 而仁者樂, 不亦幾乎.……聖賢暎於絶代, 萬趣融其神思. 餘複何爲哉, 暢神而已. 神之所暢, 孰有先焉." 참조.

59) 宗炳의 臥遊와 관련된 자세한 내용은 조송식, 「臥遊 사상의 형성과 그 예술적 실현: 六朝時代에서 北宋時代에 이르기까지 예술론을 중심으로」(서울대 박사논문, 1998) 참조.

5. 나오는 말

전반적으로 숭아崇雅 관념을 근간으로 하여 일상생활의 심미화를 추구한 송대 문인은 학자, 관료, 문사文士였다는 점에서 삼위일체적 복합형 인재에 속한다. 동양문화를 이해하는 데 이상과 같은 성향의 인재상은 매우 중요한 의미를 지닌다. 이들은 유가와 도가가 상호 공존하는 삶을 추구하면서 즐긴 다양한 놀이문화가 있었다. 그들은 시심詩心, 사의詞意, 악정樂情, 다운茶韻, 서취書趣, 화경畵境 등이 어우러진 '심원心園' 차원의 원림을 조성하고, 그 공간에서 발묵潑墨으로 회호揮毫하고, 글씨를 평하고, 그림에 화제를 쓰고, 거문고를 뜯고, 바둑을 두고, 다茶를 끓여 마시고, 시를 읊고, 금석문과 비첩碑帖을 감상하는 것 등을 통한 우아함이 깃든 시간을 보내곤 하였다. 좀 더 시간적 여유가 있으면 산에 올라가 유관遊觀하는 아화雅化적 삶을 누리고자 하였다. 이런 삶은 '현실적 삶의 영역'(方內)에 속하는 놀이문화에 속한다. 때론 '담선논도談禪論道'를 하면서 즐거운 시간을 보내기도 하였다. 이런 점은 '현실적 삶의 영역을 벗어난'(方外) 놀이문화와 관련이 있다.

유가는 군자에게 '도로써 욕망을 제어한다'(以道制欲)[60]라는 욕망 절제를 강조하면서, '인에 의하고 예에 노닌다'(依仁游藝)[61]라는 것을 통해 '사물을 완상하다가 뜻을 잃는다'(玩物喪志)라는 차원이 아닌 '사물을 완상하는데 자신의 감정을 적정선에서 조절한다'(玩物適情)[62]라는 경지에 해당하는 놀이를 긍정하였다. 이

---

60) 『禮記』, 「樂記」, "君子樂得其道, 小人樂得其欲. 以道制欲, 則樂而不亂, 以欲忘道, 則惑而不樂." 참조.
61) 『論語』, 「述而」, "志於道, 據於德, 依於仁, 游於藝."
62) 『論語』, 「述而」, "游於藝"에 대한 朱熹의 注, "游者, 玩物適情之謂. 藝, 則禮樂之文, 射, 御, 書, 數之法, 皆至理所寓, 而日用之不可闕者也. 朝夕游焉, 以博其義理之趣, 則應務有餘, 而心亦無所放矣." 참조.

런 점에서 볼 때 위진시대 죽림칠현竹林七賢들이 유가의 예법에 얽매이지 않고 제멋대로 즐긴 '임탄任誕' 차원의 놀이[63]를 제외하면 동양 문인들은 이른바 '인물기물'을 통한 의미 있는 '맑은 놀이'(淸玩)를 추구하고자 한 것을 알 수 있다.

경제성 추구와 같은 세속적인 것에서 벗어나는 '청완淸玩'으로 상징되는 동양 문인들의 운치 있는 놀이문화에는 '고상하고 우아하면서 세속적인 것을 떠난(高雅絶俗) 취향', '그윽한 흥취'(幽趣), '맑은 바람이 주는 우아한 흥취'(淸風雅趣), '속세를 떠난 특별한 풍취'(物外風趣)를 추구하는 사유가 담겨 있다. 이처럼 아와 속을 구분하면서 '속된 것을 제거하고 우아한 것을 숭상한다'(去俗崇雅)는 놀이에는 타인과 차별화되는 신분, 인품, 학식 등이 담겨 있다는 점에서 피에르 부르디외(Pierre Bourdieu)가 말하는 이른바 '구별짓기'(distinction)가 작동하고 있다.

---

63) 관련된 자세한 내용은 劉義慶, 『世說新語』, 「任誕」 부분 참조.

▌2장
시詩와 문인문화: 『시경』이 주는 메시지

1. 들어가는 말

　『시경』에는 300여 편의 시가 있지만 국풍國風에 있는 「주남周南」과 「소남召南」(흔히 二南이라 한다)을 가장 중시한다. 공자는 자기 아들에게 「주남」과 「소남」을 배우지 않으면 사람으로서 담장 앞에 서 있는 것과 같다고 하였다.[1]

　『시경』의 내용에 관한 이해에는 크게 두 가지 관점이 있다. 하나는 미자설美刺說과 관련된 것이다. '미자설'은 모든 시의 내용이 정치 풍자(刺)와 찬미의 내용(美)을 담고 있다는 것으로, 시를 예의禮義에 맞추어 구분한 것이다. 주희는 이런 미자설에 반대하였는데, 『시경』에는 당시의 정치·사회 현상을 노래한 시만 있는 것이 아니라 개인의 감정과 생각을 읊은 시도 있으며, 이에 따라 『시경』의 시들이 모두 예의禮義의 기준에 부합되는 것이 아니라고 하였다. 즉 주희는 시에는 예의의 규범에서 일탈한 남녀 간의 애정을 읊은 음란淫亂한 시 이른바 '음분시淫奔詩'가 있다고 주장하였다. 이상과 같은 시에 대한 해석들은 주로 윤리적 측면에서 『시경』의 시를 해석하는 입장이다.

　다른 하나는 프랑스의 중국학자인 마르셀 그라네(Marcel Granet)가 『중국의 고대 축제와 가요』[2]라는 책에서 취한 해석이다. 『시경』은 도덕 교과서나 정치

---

[1] 『論語』, 「陽貨」, "子謂伯魚曰, 女爲周南召南矣乎. 人而不爲周南召南, 其猶正牆面而立也與."
[2] 마르셀 그라네 저, 신하령 등 역, 『중국의 고대 축제와 가요』(살림출판사, 2005) 참조.

적 교훈을 주는 책이 아니라 고대인들의 생활을 전반적으로 보여 주는 시가문학, 민속학, 문화사, 종교사, 생활사를 아우르는 종합 텍스트라는 것이다. 특히 사회학적 방법으로 국풍國風을 분석하여, 『시경』의 가요를 고대 농경사회의 계절제와 노동 생활에서 나온 농요, 노동요, 민요, 연애가로 본다.

동양 문인의 문화에서 시가 차지하는 위상을 공자의 자식에 대한 교육관을 통해 알아보자. 『논어』 「계씨季氏」에는 공자가 어느 날 아들 리鯉에게 시를 배웠느냐고 질문하고, 아직 배우지 않았다고 답변하는 아들에게 '시를 배우지 않으면 상황에 맞는 적절한 말을 할 수 없다'[3]고 말한다. 여기서 공자가 말하는 '말할 수 없다'(無以言)는 것은 시를 배우지 않으면 대화를 할 때 처한 상황과 문제에 대해 가장 합리적이고 적절한 표현을 할 수 없다는 것이다.

이런 점에서 동양의 위대한 인물들의 문집 편찬 순서를 보면 시가 제일 먼저 나오는 것에 주목할 필요가 있다. 주희朱熹나 이황李滉 같은 인물들은 시가 거의 천여 수를 넘나든다. 이들은 사상가 이전에 시인이었다. 이처럼 과거 문인들의 경우 시를 알지 못하거나 혹은 제대로 짓지 못하면 상황에 맞는 시의 적절한 대화를 할 수 없고 자신이 말하고자 하는 것을 제대로 표현할 수 없었기 때문에, 이에 지성인으로서 대접을 받지 못했던 것이 현실이었다. 이처럼 시는 동양 문인문화에서 문인들이 습득해야 할 가장 기본적인 것에 속하였다.

시를 알면 어떤 이로움이 있는가 하는 점에 대해서 공자는 다음과 같이 매우 구체적으로 말하고 있다.

제자들아 왜 시를 배우지 않느냐? 시를 배우면 자신의 뜻하고자 한 것을 펼칠 수 있고, 사물을 봤을 때 그것의 좋고 나쁜 것을 알 수 있고, 다른 사람과

---

3) 『論語』, 「季氏」, "陳亢問於伯魚曰, 子亦有異聞乎. 對曰, 未也. 嘗獨立, 鯉趨而過庭. 曰, 學詩乎. 對曰, 未也. 不學詩, 無以言. 鯉退而學詩." 참조.

조화를 이루면서 적절한 관계를 맺을 수 있고, 원망하는 마음이 있지만 화내지 않을 수 있고, 가까이는 부모를 섬기는 일과 멀리로는 군주를 섬기는 등의 인륜의 도를 다할 수 있고, 뿐만 아니라 조수와 초목에 관한 이름도 많이 알 수 있는데 말이다.[4]

이처럼 시를 배우면 자신의 감정을 상황에 따라 적절하게 표현할 수 있고, 더 나아가 인간의 일상적 삶 속에서 요구되는 풍부한 지식과 바람직한 행동거지를 실천할 수 있기 때문에 무엇보다도 시를 배우는 것이 필요하다는 것이다. 이런 점에서 공자는 시를 배우지 않으면 자신이 말하고자 하는 것을 제대로 표현할 수 없다(無以言)고 말한 것이다.

공자는 『시경』의 전체적인 내용에 대해 '생각함에 사특함이 없다'(思無邪)[5]고 규정한다. '사무사'란 인간관계에서 자신의 욕망과 감정 드러냄을 상황에 맞게 적절하게 절제하여 드러내고, 아울러 공공선을 실천하는 인간으로 살아가라는 것을 의미한다. 주희는 시를 읽는 사람은 『시경』의 내용을 통해 선한 것은 법으로 삼고 악한 것은 경계로 삼는다고 하였다. 즉 '시 삼백 편을 한마디로 요약했을 때 사악함이 없다'는 것은 『시경』의 내용에 사악한 것이 없다는 것이 아니라, 『시경』의 내용에 음분淫奔함과 사악함이 있다 하더라도 독자가 그것으로 경계 삼아 '사무사'하게 된다는 것이다.

'사무사'에 대해서는 여러 가지 해석이 있지만, 유학은 결과적으로 시의 습득을 통해 자신의 감정과 욕망 드러냄을 상황에 맞게 적절하게 절제하여 드러낼 것을 요구한다. 『중용』에서 말하는 이른바 중화中和미학의 발현으로서의 시를 요구한다. 이런 중화미학에 입각해 시를 논할 때는 "정을 통해 자신의

---

4) 『論語』, 「陽貨」, "子曰, 小子莫學夫詩, 詩可以興, 可以觀, 可以群, 可以怨, 邇之事父, 遠之事君, 多識於鳥獸草木之名."
5) 『論語』, 「爲政」, "子曰, 詩三百, 一言以蔽之曰. 思無邪."

감정을 드러냄은 인간의 바람직한 관계 맺음과 예의에 맞아야 한다"(發乎情, 止乎禮義)[6]라는 것을 강조한다. 이런 점에서 시의 가르침이란 '온유돈후溫柔敦厚' 함을 실현하게 하는 것이고, 따라서 바람직한 시란 인간의 올바른 성정을 드러내야 한다고 강조한다. 이 같은 사유를 총체적으로 시는 '공공성을 지향하는 뜻을 말한 것이다'(詩言志)라고 규정한다. '시언지'의 '지'에는 유가 성현들이 지향하는 '세상을 구하고 성인의 도를 밝힌다'는 이른바 명도구세明道救世의 의미가 담겨 있다. 따라서 『시경』에서는 윤리적 선의 실천과 관련된 것을 무엇보다도 강조한다.

그런데 『시경』에는 인간의 절제된 감정을 통한 윤리적 선 실천과 관련된 시만 있는 것이 아니다. 때론 자신의 감정을 절제하지 못하고 직설적으로 표현하는 시도 있다. 이런 시를 특히 남녀 간의 애정에 맞추어 말할 때는 '남녀상열지사男女相悅之詞'라고 말한다. 이런 시를 주희는 '음분시淫奔詩'라고 말하는데, 유학자들은 이런 음분시에 대해서 부정적으로 이해하고 그것을 배척해야 한다고 하였다. 이른바 공자는 "바람직한 음악은 순임금의 공덕을 기린 '소韶'라는 음악이어야 한다. 이런 점에서 '정나라 소리(鄭聲)는 음란하기 때문에 내쳐야 한다'"고 말한다.[7] 아울러 '아악雅樂을 어지럽힌다'는 점에서 배척해야 한다[8]고 말한다. 이 같은 두 가지 입장을 대변할 수 있는 시들을 거론해 보자.

---

6) 毛亨 傳, 鄭玄 箋, 孔穎達 疏, 『毛詩正義』, "達於事變而懷其舊俗者也. 故變風發乎情, 止乎禮義."
7) 『論語』, 「衛靈公」"子曰, 樂則韶舞. 放鄭聲……鄭聲淫."
8) 『論語』, 「季氏」, "子曰, 惡鄭聲之亂雅樂也."

2. 어떤 사랑이 아름다운 사랑인가?

『시경』의 맨 처음에 나오는 시는 「관저關雎」로서, 흔히 주나라를 세운 문왕文王과 그 부인인 태사太姒의 사랑 이야기의 전모를 읊은 시라고 한다. 공자는 이 시에 대해 '즐겁지만 그 즐거움이 지나쳐 바른 것을 잃지 않고, 슬프지만 그 슬픔이 조화로움을 해치지 않는다'(樂而不淫, 哀而不傷)라 평가한다. 즉 절제된 감정을 통해 중화미학을 가장 잘 표현한 시가 바로 「관저」다.

꾸안꾸안 사랑 표현을 하면서 노래하는 물수리 두 마리가 황하 모래톱에 놀고 있네요. 그윽하고 아리따운 요조숙녀는 군자가 일편단심 기다리는 이 몸의 배필이지요.
들쭉날쭉 돋아 있는 마름풀들은 이리저리 헤치면서 찾아가듯이 그윽하고 아리따운 요조숙녀를 자나 깨나 그리워하며 찾아봅니다. 아무리 찾아봐도 찾을 수 없어 자나 깨나 애태우며 생각합니다. 요조숙녀만을 생각하며 잠 아니 오는 긴 밤을 이리저리 뒤척이며 지새웁니다.
들쭉날쭉 돋아 있는 저 마름풀을 이리저리 헤치다가 뜯어오듯이 이제야 요조숙녀님을 만나서 금과 슬을 뜯으면서 벗이 됩니다. 들쭉날쭉 돋아 있는 저 마름풀을 이리저리 다듬어서 삶듯이 요조숙녀를 얻어 함께하기에 즐거워서 종을 치고 북을 쳐 혼인을 맺습니다.[9]

이 시는 우리가 남녀 간의 사랑과 관련하여 일상적으로 사용하는 '요조숙녀', '오매불망', '전전반측', '금슬' 등과 같은 고사가 나온 시다. 이 시의 첫머리에 나오는 '저구'라는 새, 이른바 '물수리'는 강가에 둥지를 틀거나 혹은 모래톱

---

9) 『詩經』, 「周南·關雎」, "關關雎鳩, 在河之洲, 窈窕淑女, 君子好逑. 參差荇菜, 左右流之, 窈窕淑女, 寤寐求之, 求之不得, 寤寐思服, 悠哉悠哉, 輾轉反側. 參差荇菜, 左右采之, 窈窕淑女, 琴瑟友之, 參差荇菜, 左右芼之, 窈窕淑女, 鐘鼓樂之."

鄭敾, 「杏湖觀漁圖」, 絹本 채색, 29.2×23.0cm, 간송미술관.
杏湖는 고양 사람들이 한강물이 행주산성의 덕양산 앞에 이르러 강폭이 넓어져 강이 마치 호수와 같다 해서 부르던 이름이다. 강에 있는 모래톱 주변에는 물고기가 많이 모이기 때문에 배들이 진을 쳐 늦봄에는 황복어(河腹), 초여름에는 웅어(葦魚)를 잡았다고 한다. 李秉淵의 제사: 늦봄이니 복어국이요, 초여름이니 웅어회라. 복사꽃 가득 떠내려 오면, 행주 앞 강에는 그물 치기 바쁘네.(春晚河腹羹, 夏初葦魚膾, 桃花作漲來, 網逸杏湖外)

물가에 자리 잡은 물수리 한 쌍. 물수리는 육식동물 중 단독 사냥 성공률이 가장 높다고 알려져 있는데, 강, 호수, 바다 등지에서 서식한다. 잉어, 송어, 연어, 누치, 가물치, 붕어, 가자미 등 중대형 물고기를 잡아먹는다고 한다. 물수리는 짝을 맺으면 금슬이 매우 좋다고 한다.

에 둥지를 트는데, 그것은 물고기를 잡기가 수월하고 새끼들은 양육하는 데 편리하기 때문이다. 즉 독수리는 주로 숲에서 살지만 이처럼 물가에 사는 독수리도 있다는 것이고, 그 물가에 사는 독수리가 물수리다.

'꾸안꾸안'(關關)은 암수가 서로 응하는 온화한 소리를 형용한 것이다. 예를 들면 수컷이 암컷에게 예를 갖춘 경박하지 않은 몸가짐으로 점잖게 "나는 당신을 사랑합니다"(꾸앤關) 하면 암컷이 수줍어하면서 "저도 그렇습니다"(꾸앤關) 하고 화답하는 것을 소리로 형용한 것이다. 이 두 마리의 사랑 표현은 어느 하나 음란한 것이 없다. 시인은 이런 물수리의 생태적 속성을 덕이 있는 군자와 요조한 숙녀의 사랑 이야기에 비유한다. '저구(雎鳩)' 즉 물 근처에 사는 독수리인 물수리는 날 때부터 정해진 짝이 있어서 한 번 인연을 맺으면 그 짝을 갈지 않고 항상 함께 놀면서도 서로 허투루 대하지 않는다고 한다.[10] 물수리들은

---

10) '雎鳩'라는 새는 물수리가 아니고 물오리라는 견해도 있다. 문왕 같은 점잖은 분은 독수리같이 다른 새를 잡아먹는 새와 잘 어울리지 않는다는 것이다. 하지만 중국 역사에서 위대한 성인으로 추앙받으면서 아울러 용맹스럽고 후덕한 인품을 갖춘 문왕

감정 표현이나 행동거지에서 항상 절제됨과 바른 자세를 유지한다. 암수 물수리에 이런 분별이 있고 서로 일편단심으로 사랑하는 마음을 체득해 흥을 일으킨 시인은 그 사랑을 군자와 요조한 숙녀의 만남에 비유하여 노래한다.

물가에 보면 여기저기 수면에 흩어져 있는 마름을 볼 수 있다. 이런 마름은 식용으로 사용된다. 단순한 식물이 아니라 식용으로 쓰일 가치가 있는 것이 마름인데, 모든 마름을 식용으로 사용할 수 있는 것은 아니다. 그 중에서 식용에 적합한 마름을 골라야 한다. 따라서 마름을 캐는 사람은 물에 따라 이리저리 왔다 갔다 하는 마름 가운데 어떤 마름이 좋은지를 고르기 위해 이것저것 뒤척여 본다. 이런 정경을 본 시인은 흥을 일으켜 군자가 어떤 여인이 자신의 배필에 적합한지를 고르는 것으로 비유한다. 이리저리 물 위에서 떠다니는 마름들은 많은 숙녀들을 상징한다. 요조한 숙녀와 그냥 말하는 '착한 여자'(淑女)는 차이가 난다. 요조한 숙녀는 얼굴이 예쁘면서 몸가짐도 바르고 학식과 인품을 갖춘 매력적인 여자를 상징한다. 때론 키도 커야 한다. 이런 요조한 숙녀만이 군자의 짝이 될 수 있다. 즉 마름을 이리저리 헤치는 것은 군자가 요조숙녀를 선택하는 행위에 해당한다.

행동거지가 바르면서 의젓하고 아울러 세상을 올바른 방향으로 이끌어 갈 사명감을 지닌 군자는 아무 여자나 자신의 배필로 삼지 않는다. 자신의 신분과 처지에 맞는 요조한 숙녀이어야 한다. 왜냐하면 군자가 선택한 여자는 집안을 잘 다스려야 하는 임무를 수행해야 하기 때문이다. '가화만사성家和萬事成'의 핵심 요소 중의 하나는 부인이다. 더군다나 한 나라의 군주가 될 문왕은 이런 점에서 누가 자신에게 맞는 요조한 숙녀인지 더욱 고르고 고른다. 하지만 그런 요조한 숙녀는 아무 데나 있고 아무 때나 구할 수 있는 것이 아니다.

의 이미지와 더 잘 어울리는 것은 물오리보다는 물수리라고 본다.

따라서 군자는 요조숙녀를 행여 얻지 못할까 자나 깨나 엎치락뒤치락하면서 항상 그리워하며 구하고자 한다.

그런데 요조한 숙녀를 자나 깨나 엎치락뒤치락하면서 그리워하나 그것이 지나쳐 몸을 상하거나 혹은 일상적 삶의 패턴이 깨지는 상황에까지 가지는 않는다. 이런 상황은 공자가 말한 '낙이불음, 애이불상'에서 '애이불상'에 해당한다. 즉 요조숙녀를 구하고자 했지만 구하지 못한 상황은 슬픈 상황에 해당한다. 그렇다고 군자는 그 슬픔을 견디지 못해 몸과 마음을 상하는 상태에까지는 빠지지 않는다. 다만 전전반측하면서 그 슬픔을 절제하는 이런 상황이 '불상'에 해당한다.

이제 먹을 수 있는 마름을 뜯으러 간 인물은 자신이 어떤 마름이 좋은지를 결정하고 그것을 여러 마름 가운데 헤치면서 따온다. 그리고 신중하게 선택한 그 마름을 삶아서 먹는다. 이런 상황을 보고 시인은 흥을 일으켜 군자가 자신에게 맞는 배필 즉 요조숙녀를 구하다가 드디어 자신에게 맞는 배필을 구한 다음, 그 이후에 그 배필과 친구처럼 화합하면서 지내다가 최종적으로 결혼하고 즐거운 삶을 사는 것으로 비유한다. 이 상황은 공자가 말한 '낙이불음, 애이불상'에서 '낙이불음'에 해당한다. 금과 슬을 켜면서 친구처럼 지내는 것을 이미 결혼한 상태라고 이해하기도 한다. 그런 점에서 후대에 부부간에 사이가 좋고 화목한 것을 흔히 금슬이 좋다고 한다.

군자와 숙녀가 즐거움을 함께하는 도구는 금과 슬이다. 주로 실내에서 사용하는 악기다. 상대적으로 비유하여 말하면, 금은 5현 혹은 7현으로 조금 묵직한 소리를 낸다는 점에서 남성적인 악기이고, 슬은 25현으로 상대적으로 금에 비해 맑고 경쾌한 소리를 낸다는 점에서 여성적인 악기에 해당한다. 즉 군자와 요조숙녀 간의 사랑을 금과 슬의 연주에 비유한다. 군자가 먼저 금의 '둥' 하는 묵직한 음에 담아 애정을 표현하면, 요조숙녀는 그 금 소리에 맞추어 '땅' 하는 경쾌한 음을 내어 화답하면서 자신도 군자를 사랑한다는 마음을 조용히 표현한다. 두 소리는 서로 조화를 이룬다. 어느 소리 하나 지나치거나 모자라는 것 없이 잘 조화를 이룬다.

이제 마름을 뜯은 사람이 마름을 삶아서 먹는다는 것은 마름을 캔 사람과 그 마름이 하나가 됨을 상징한다. 이제 친구처럼 지내는 군자와 숙녀는 결혼을 하여 부부가 된다. 종鐘은 금속 악기에 속하고 고鼓는 가죽으로 만든 타악기로 두 가지 모두 악기 중에서는 큰 것인데, 종과 북을 울리면서 즐겁게 지낸다는 의미는 두 가지로 해석할 수 있다. 하나는 '금슬우지'처럼 군자가 큰 종을 '댕'하고 쳐서 자신의 사랑을 표현할 때 요조숙녀가 큰 북을 '두둥' 하고 치며 조화를 이루면서 즐겁게 화답하는 상황으로 이해하는 것이다. 다른 하나는 큰 종과 큰 북은 금슬 같이 실내에서 사용하는 악기라기보다는 야외에서 결혼식 등과 특별한 큰 행사 혹은 의례를 진행할 때 주로 사용하는 악기로서, 이 두 사람의 결혼을 축하는 큰 종과 큰 북의 연주가 매우 화합하는 소리를 연출한다는 식으로 이해한다는 것이다. 어느 상황이든지 모두 큰 종과 큰 북의 연주가 지나치거나 모자란 것이 없이 화음을 이룬다. 이 상황은 '낙이불음'의 '불음'에 해당한다.

이처럼 군자와 요조숙녀 간의 사랑 이야기는 어느 것 하나 지나치거나 모자란 것이 없이 절제된 상황에서 아름답게 화합을 이루고 있다. 중화미학이 완벽하게 실현된 모습이다. 공자는 「관저」의 이런 감정의 절제를 높이 평가하여 '낙이불음, 애이불상'이라고 평가한 것이다. 주희는 다음과 같이 이 시를 주석한다.

공자가 말씀하시기를, "관저關雎는 즐겁지만 그 즐거움이 지나쳐 바른 것을 잃지 않고, 슬프지만 그 슬픔이 조화로움을 해치지 않는다"라고 하였다. 내가 생각해 보니, 이 말씀은 이 시를 지은 자가 그 '성정性情의 바름'과 '목소리와

안색의 조화로움'을 얻은 것을 말씀하신 것이다. 대개 덕德이 물수리와 같아
'두터우면서도 분별이 있다'면 부분적으로 진실로 왕비의 성정의 바름을 볼
수 있고, 오매반측하고 금슬과 종고를 연주하여 그 '애락을 극진히 하나 그
법칙을 넘지 않는다'면 전체적으로 시인의 성정의 바른 것도 볼 수 있다. 학
자가 우선 그 말에 나아가서 그 이치를 음미하고 찾아서 마음을 기른다면
또한 가히 시를 배우는 근본을 얻을 것이다.[11]

주희는 공자가 말한 '낙이불음, 애이불상'을 성정의 바름과 목소리와 안색의
조화로움이 법칙을 넘어서지 않은 것이라 이해하는데, 주희의 이런 평가는
'시언지詩言志'라는 것을 가장 상징적으로 표현한 것에 해당한다. 이상 본 바와
같은 「관저」에 나타난 군자와 요조숙녀의 사랑 이야기는 이후 유가가 지향한
중화미학의 전형을 가장 잘 보여 준 것으로 평가한다.

3. 배척해야 할 '남녀상열지사男女相悅之詞'

공자가 '정나라 소리를 내쳐라'(放鄭聲)라고 말하는 것은 바로 정나라 소리가
자신의 감정을 절제함이 없이 그냥 직설적으로 드러내는 가운데 때론 감정이
과도하게 표현된다는 점을 문제 삼은 것이다.[12] 특히 유학자들은 남성보다도
여성의 과도한 애정 표현을 더욱 문제시하였는데, 이런 문제시한 시들은 「정풍

---

11) 『詩經』, 「周南·關雎」에 대한 朱熹의 注, "孔子曰, 關雎樂而不淫, 哀而不傷. 愚謂此言爲此
   詩者, 得其性情之正, 聲氣之和也. 蓋德如關雎, 摯而有別則后妃性情之正, 固可以見其一端矣.
   至於寤寐反側琴瑟鍾鼓, 極其哀樂而皆不過其則焉, 則詩人性情之正, 又可以見其全體也. 獨其
   聲氣之和, 有不可得而聞者, 雖若可恨, 然學者姑卽其詞而玩其理, 以養心焉, 則亦可以得學詩
   之本矣."
12) 공자의 '정나라 소라'에 대한 이런 견해는 고려가요 「雙花店」 같은 경우를 남녀상열지
   사라 하여 배척한 것을 떠올리면 된다.

鄭風」에 주로 나온다. 과거 전통사회에서 남성의 과도한 애정 표현은 보는 관점에 따라 호방하다고 평가하기도 한 점을 참조하면, 여성의 애정 표현에 대한 부정적인 시각이 담긴 점도 확인할 수 있다.

공자가 정성鄭聲을 배척하고 싫어했는지를 구체적으로 「장중자將仲子」와 「건상褰裳」이란 시를 통해 알아보자.

> 부탁드립니다, 둘째 도령님. 우리 마을을 넘나들지 마시옵소서. 내가 심은 버드나무를 꺾지 마소서. 버드나무가 아까운 것이 아니랍니다. 범 같은 우리 부모 무섭습니다. 둘째 도령님이 그립지만 부모님의 말씀이 너무 무섭습니다.
> 부탁드립니다, 둘째 도령님. 우리 담장을 넘지 마세요. 내가 심은 뽕나무를 꺾지 마세요. 뽕나무가 아까운 게 아니랍니다. 범 같은 우리 오빠 무섭습니다. 둘째 도령님이 그립지만 오빠들의 말씀이 너무 무섭습니다.
> 부탁드립니다, 둘째 도령님. 우리 집 정원을 넘지 마소서. 내가 심은 박달나무를 꺾지 마세요. 박달나무가 아까운 것이 아니랍니다. 말 많은 사람들이 무섭습니다. 둘째 도령님이 그립지만 동네 사람들의 말 많은 것이 너무 무섭습니다.13)

과거 남녀가 서로 연애할 경우 여자가 자신의 마음을 직설적으로 드러내는 것은 제대로 집안 교육을 받은 요조숙녀로서 자격이 없다고 여겼다. 때로는 그런 여자를 음란하다고 여겼다. 이런 점에서 볼 때 이 시의 주인공인 여자는 요조숙녀와는 거리가 멀다고 할 수 있다. 이 시의 여자는 부모님 몰래 건넛마을에 사는 박력 있는 남자를 사귀었다. 문제는 그 남자가 조금 과격한 남자라는

---

13) 『詩經』,「鄭風·將仲子」, "將仲子兮, 無踰我里, 無折我樹杞, 豈敢愛之, 畏我父母, 仲可懷也, 父母之言, 亦可畏也. 將仲子兮, 無踰我牆, 無折我樹桑, 豈敢愛之, 畏我諸兄, 仲可懷也, 諸兄之言, 亦可畏也. 將仲子兮, 無踰我園, 無折我樹檀, 豈敢愛之, 畏人之多言, 仲可懷也, 人之多言, 亦可畏也."

「將仲子」에 나오는 도령님이 담장을 넘는 정황을 그린 것이다.

것이다. 흔히 과거 일정한 신분의 여자들이 중매를 통해 결혼한 것을 참조하면, 이 시의 여자는 건넛마을 남자를 부모님 몰래 사귄 것이다. 그것은 남녀를 유별하다고 여겨 구분하는 유가 윤리적 측면에서 볼 때 예법에 어긋난 음란한 행위에 속한다. 요조한 숙녀의 몸가짐은 아니다. 아마

이 여자는 버드나무가 심어진 물가에 갔다가 혹은 뽕잎을 따러 갔다가 우연히 둘째 도령을 만났고 사랑에 빠졌는지 모른다. 그 후 가족 몰래 두 사람만의 은밀한 사랑을 키웠을 것이다.

이런 점을 이해하기 위해서는 『예기』 「악기」에 나오는 "뽕나무 사이에서 이루어진 음악과 복수 가에서 이루어진 음악은 망국의 음악이다"[14]라는 것을 참조할 필요가 있다. '상간복상桑間濮上'은 위나라에 있는 음란한 풍기가 성행한 지방으로서, 그곳에서 남녀가 서로 은밀한 만남을 자주 했다고 한다. 즉 고대사회에서 뽕나무가 심어진 곳이나 마을에서 떨어진 물가에서 남녀가 만나 연애를 하고 그런 연애의 즐거움을 읊은 노래는 음란한 가사가 주로 담겨 있고, 이런 음은 결국 나라의 풍기를 해쳐 나라를 망하게 한다는 것이다. 흔히 하는 '님도 보고 뽕도 딴다'는 말도 더불어 참조가 될 만하다. 여기서 건넛마을 도령과 사귄다는 것에서 과거 족외혼族外婚의 풍습도 엿볼 수 있다.

이 시의 여자는 부모와 형제 몰래 사귄 건넛마을에 사는 남자에게 자신의 마음을 솔직하게 표현하는데, 두려워하는 것은 그 남자가 자신을 만나고자

---

14) 『禮記』, 「樂記」, "桑間濮上之音, 亡國之音也."

하는 과정에서 나타날 수 있는 과격한 행태를 걱정하는 정도다. 아마 여자는 버드나무를 심은 물가나 뽕나무밭에서 만나자고 하면 남에게 발각되지도 않고 은밀한 만남이 가능하고, 마찬가지로 담장 근처에 와서 왔다는 신호를 하면 만날 수 있다고 생각했을지도 모른다. 사랑에 눈이 먼 둘째 도령은 이런 점을 무시한 채 자신의 흔적을 남기는 과격한 행동, 이른바 나무를 꺾고 담장을 넘는 행위를 한다. 이것은 점잖은 군자가 해서는 안 되는 행위로서, 자신의 감정을 적절하게 조절하지 못한 부정적인 측면에 해당한다.

이처럼 여자가 사랑하는 건넛마을 둘째 도령이 마을을 넘어서고 한 걸음 더 마을 경계 지역 물가에 있는 버드나무를 꺾는 행위를 하면서 여자를 찾아온다. 이런 행위는 「관저」에서 본 전전반측하면서 '애이불상'하는 군자의 행위와는 전혀 반대되는 행위에 속한다. 그런 과정에서 두 사람의 관계는 자연스럽게 부모님에게 발각되고 당사자인 여자는 자신의 부모님에게 혼쭐날 것이 두렵다. 그 다음 단계로 둘째 도령은 마을 경계를 넘은 다음 여자 집의 담장을 넘고자 하며 아울러 그 담장 아래에 심은 뽕나무를 꺾고 한 걸음 더 접근한다. 이런 상황에서 두 사람의 관계는 오빠들에게 발각되고 여자는 그 오빠들에게도 혼쭐이 날까 두렵다. 급기야 둘째 도령은 여자가 사는 집 정원에까지 들어오고 박달나무를 꺾기까지 한다. 사랑하는 감정을 도저히 주체하지 못하는 상황이다. 이런 상황이면 이제 두 사람의 관계는 마을 사람 대부분이 알게 될 것이고, 마을 사람들은 자기에게 몸 처신을 잘못한 음탕한 여자라는 비난을 할 것이 뻔하다. 이건 더욱 두려운 상황이다.

그런데 부모 형제 더 나아가 마을 사람들에게 두 사람의 관계가 알려질지라도 여자는 여전히 둘째 도령을 사랑한다는 것을 피력하고 있다. 여기서 문제가 되는 것은 여자가 어떻게 처신했으면 둘째 도령이 이처럼 남의 눈을 전혀 신경 쓰지 않고 정도를 넘어선 과감한 행동을 하는가 하는 것이다. 그 과감한 행동은

결국 자신의 사랑하는 감정을 상황에 따라 적절하게 제어하지 못한 결과물이다. 전체적으로 이 시에 나오는 남자의 행동과 마음 씀씀이는 「관저」의 '낙이불음, 애이불상'하는 것과 전혀 반대의 상황이다. 유학자들은 이런 점에서 전통적으로 이 시는 음분한 자의 시라고 규정하고 배척한다. 때론 부

「褰裳」의 전반적인 이미지를 그린 그림이다. 자신의 러브콜을 무시하는 남자(狂童)에 대한 여자의 마음이 뭔가 불만스러운 눈매와 손을 모은 모습에 표현되어 있다.

모의 반대 때문에 사랑의 결실을 이루지 못하고 있는 여인의 불행을 읊은 시라고도 해석한다.

다음에 볼 시는 「치마를 걷고서 강을 건너가겠다」(褰裳)라는 시인데, 이 시의 주인공인 여자는 앞서 본 「장중자」 시보다 남자에 대해 더 격하게 자신의 감정을 드러낸다. 그럼 정풍에 나타난 또 다른 음란시로 말해지는 「건상」이란 시를 보자.

그대가 나(여자)를 사랑하고 사모한다면, 나는 치마 걷고서 진(溱)수를 건널 수 있어. 그대가 나를 사랑하지 않는다면 나에게는 다른 남자들이 얼마든지 있지. 이런 사정을 모르는 그대는 정신 나간 놈이야.
그대가 정말 나를 사랑하고 사모한다면 나는 치마 걷고 유(洧)수를 건널 수 있어. 그대가 나를 사랑하지 않는다면 나에게는 다른 사내들 얼마든지 있지. 이런 사정을 모르는 그대는 미치광이 같은 놈이야.[15]

---

15) 『詩經』, 「鄭風・褰裳」, "子惠思我, 褰裳涉溱, 子不我思, 豈無他人, 狂童之狂也且. 子惠思我, 褰裳涉洧, 子不我思, 豈無他士, 狂童之狂也且."

이 시는 어떤 처녀가 자신을 쳐다보지 않는 한 남자에게 자신의 사랑을 호소하지만 전혀 반응이 없는 것에 대한 정황을 읊은 것이다. 하지만 그런 남자의 행위에 대해 여자는 끙끙 속을 앓기보다는 적극적으로 자신의 감정을 표현하고 있다. 이 시에서 여인이 치마를 걷고 진수와 유수를 건넌다는 행위는 "공이여 물을 건너지 마소서"라고 호소하는 「공무도하가公無渡河歌」를 참조하여 이해하면 좋다.

> 임이여 물을 건너지 마오, 임은 결국 물을 건너시네. 물에 빠져 죽었으니, 장차 임을 어이할꼬.[16]

특별한 경우가 아니면 농경사회에서는 물을 건널 상황이 없다. 과거나 지금 모두 물을 건넌다는 것은 목숨을 담보하는 일이다. 배를 타 본 경험이 없는 경우라면 배가 조금만 흔들려도 멀미하거나 목숨이 위태롭다고 여긴다. 『삼국지연의三國志演義』에 나오는 '적벽赤壁' 대전에서 주로 육지에서 전투했던 조조曹操의 군대가 적벽강에서 배에 올라타 전투를 벌이고자 했을 때 전투력이 현저하게 떨어진 것도 이런 점을 입증한다. 옛날 과거 『토정비결土亭秘訣』을 보면 항상 나오는 말이 '음력 6월과 7월 달에는 물가에 가지 말라'는 말이 나온다. 이처럼 과거 농경사회에서 물은 죽음이나 심각한 위험과 관련하여 이해하곤 한다.

특별한 상황이 아니면 물을 건널 상황에 살지 않았던 고대 중국문화에서 전통적으로 강은 생명을 위협하는 것을 상징한다. 남자도 마찬가지이지만 더욱 수영을 배울 상황이 아니었던 여자로서 강을 건넌다는 것은 평생에 걸쳐 매우 특별한 경우가 아니면 있을 수 없는 일에 속한다. 이 시의 주인공인 여자도 우연히 강 건넛마을의 남자를 사귄 모양이다. 그런데 자기가 생각하는 것처럼

---

16) "公無渡河, 公竟渡河. 墮河而死, 將奈公何."

그 남자는 사랑한다는 '러브콜'을 보내지 않는다. 안달이 난 여자는 만약 남자가 자신을 사랑한다고 말한다면 진수와 유수를 건너겠다는 사인을 보낸다. 문제는 배를 타고 건넌다는 것이 아니라는 것이다. 남자가 사랑한다는 말 한마디만 하면 죽을지도 모르지만 그냥 치마를 걷고 건너겠다는 것이다. '치마를 걷고 건너가겠다'는 것은 그만큼 남자를 보고픈 마음이 강렬하기에 배를 타고 자시고 할 겨를이 없다는 것이다.

하지만 남자가 이런 여자의 애정 표현에 전혀 관심이 없다는 것이 문제다. 이에 여자는 자신의 사랑이 받아들여지지 않는다고 자포자기하는 것이 아니다. 너 말고 다른 남자, 사내가 있다고 당당하게 남자를 향해 말한다. 즉 현재 네가 나를 무시하고 쳐다보지 않지만 나에게는 너 말고 다른 남자들이 내가 좋다고 줄을 서 있을 정도의 나름 멋진 여자라는 식으로 자존심을 내건다. 후렴의 '정신 나간 놈', '미치광이 같은 놈'이라고 하는 것은 이런 잘난 나를 알아주지 못하는 남자에 대한 독설에 해당한다. 이런 독설이 나온 것은 정황상 자신이 이처럼 잘난 여자라는 것을 말해도 남자는 못 본 체하기 때문에 한 것이 아닌가 한다. 하지만 여자의 이런 독설은 역설적으로 여자가 그만큼 남자를 사랑한다는 것도 반증한다.

이 시는 이처럼 주위 환경을 살피지 않고 치마를 걷고 물을 건너는 무모한 행동을 할 정도로 여자가 남자를 강렬하게 사랑한다는 것을 직설적으로 표현한 시로서, 특히 비록 이루어지기 힘든 상황이지만 여자가 적극적인 애정을 표현했다는 점에 특징이 있다. 이처럼 정나라 소리는 남녀 간의 애정 표현이 직설적이고 절제된 맛이 없는 내용이 많기 때문에, 정나라 소리를 음분시라고 말하고, 전통적으로 유학자들은 배척해야 할 시로 여겼다. 특히 여성의 입장에서 애정 표현한 것이기에 더욱 문제 삼았다. 하지만 오늘날 페미니즘 입장에서 보면 매우 적극적인 여성상을 표현한 것에 해당한다.

4. 얼굴보다 마음이 더 고운 미인

전통적으로 중국문화에서 미인을 말할 때 사용하는 용어들이 많다. 우윳빛 피부의 엉긴 기름(凝脂), 방정한 매미 이마와 초승달 모양처럼 길게 굽은 누에 눈썹(蠑首蛾眉), 붉은 입술과 흰 이(丹脣皓齒)라는 것 등이 그것이다. 이런 점을 「석인碩人」에 나타난 미인상을 통해 알아보자. 다만 이 시를 이해할 때 먼저 생각해야 할 것은 키가 적당히 크고 얼굴만 예쁘다고 해서 진정한 미인이라고 여기지 않았다는 것이다. 진정한 미인이 되려면 기본적으로는 외적 형식 차원에서 몸매가 갖추어지고 얼굴이 예뻐야 하지만, 보다 더 근본적인 것은 내적 내용 차원에서 마음이 고와야 한다는 것을 강조한다. 그 마음이 곱다는 것은 학식과 인품이 동시에 갖추어진 것을 의미한다.

「석인」의 미인상은 공자가 말한 '그림 그리는 일은 흰 바탕이 있고 난 이후의 일이다'라는 '회사후소繪事後素' 정신과 매우 밀접한 관련이 있다. 「석인」에서 말하고 있는 미인에 대한 다양한 표현을 살펴보자.

늘씬하신 우리 마님 비단옷에 홑옷 입으셨네. 제후의 딸이고 위후의 부인이며 동궁의 누이요 형후의 처제이니라. 담나라 공자님을 형부라 하네. 삘기의 하얀 새싹같이 고운 손에, 기름 엉긴 것이 눈 같은 살결. 희고 긴 굼벵이 같은 목덜미에, 가지런한 박씨 같은 흰 이. 매미 같은 방정한 이마에 초생달 같은 나비 눈썹. 어여쁜 웃음에 오목 보조개, 아름다운 눈매에 검은 눈동자.[17]

『시경』에는 '석인'이란 표현이 자주 나온다. 말 그대로 하면 석인은 '클

---

17) 『詩經』, 「衛風·碩人」, "碩人其頎, 衣錦褧衣, 諸侯之子, 衛侯之妻, 東宮之妹, 邢侯之姨, 譚公維私. 手如柔荑, 膚如凝脂, 領如蝤蠐, 齒如瓠犀, 蠑首蛾眉, 巧笑倩兮, 美目盼兮."

석'(碩) 자에 '사람 안'(人) 자로서 큰 사람이다. 『시경』에 나오는 '석안'이란 용어는 자신이 존경하는 큰 인물, 은일의 삶을 살아가는 은일자 혹은 아름다운 미인을 상징하기도 하는 등 다양한 의미로 사용된다. 전반적으로는 군자나 요조숙녀 등과 같이 긍정적인 인간상의 하나를 상징한다. 이 시의 주인공인 여자는 귀부인 중의 귀부인으로서 요즘 말로 하면 '초금수저'에 해당한다. 이같은 '초금수저'에 해당하는 석인의 아름다움을 자연에 존재하는 다양한 동식물을 통해 비유하고 있다.

먼저 석인의 옷차림부터 보기로 하자. 석인은 비단옷을 입고 겉에 얇은 홑옷을 덧입었다. 왜 이런 식으로 옷을 입었을까? 일단 비단옷은 아무나 입는 옷이 아닌 부귀를 상징하는 옷차림이다. 때론 특별한 날에만 입는 예복이다. 그런 비단옷을 입고 밖에 얇은 홑옷을 덧입었다는 것은 바로 비단옷의 화려함이 밖으로 직설적으로 다 드러나는 것을 싫어해서이다. 비단옷의 반짝거림과 화려함은 자칫하면 자극적이고 감각적인 것으로 이어질 수 있다. 따라서 행동거지가 점잖고 품위가 있는 군자나 요조숙녀는 이런 비단옷의 반짝거림과 화려함이 직설적으로 드러나는 것을 싫어하고, 그것을 은은하게 드러나게 하기 위해 위에 얇은 겉옷을 입는다. 이렇게 되면 비단옷의 화려함과 반짝거림은 적절하게 제어되어 아름다운 빛을 발하게 된다. 이른바 지나치거나 모자람이 없는 '빛깔의 중용'에 처하게 된다. 『중용』 33장에서는 군자의 옷차림과 관련해 '비단옷을 입고 얇은 홑옷 덧입는다'(衣錦尙絅)는 말을 통해 군자의 담박한 삶과 연계하여 이해한다. 석인이 비단옷을 입고 그 위에 홑옷을 덧입는다는 것은 옷차림에 있어서 품위가 있고 우아한 이른바 '옷차림의 중용'에 해당한다. 이처럼 외적 형식의 품위 있는 옷차림은 내적인 정신상태와 수양된 마음을 상징한다.

이제 삘기의 하얀 새싹같이 고운 손에서의 '삘기'의 의미, 기름 엉긴 것이 눈 같은 살결에서 '기름이 엉긴 갓'의 의미, 희고 긴 굼벵이 같은 목덜미에서 희고 긴 '굼벵이'의 의미, 가지런한 박씨 같은 흰 이에서 '박씨'의 의미, 매미 같은 방정한 이마에 초생달 같은 나비 눈썹에 서의 '매미'와 '나비'의 의미, 매력적이면서 어여쁜 미소에 오목 보조개 아름다운 눈매에 검은 눈동자에 대한 의미를 살펴보자. 「석인」에서 동식물을 통해 말하고자 한 미학적 의미에 대해서는 주희가 주석한 것을 참조하자.

錢選, 「貴妃上馬圖」 부분. 시녀들의 부축을 받아 말을 타려고 하는 여인이 楊貴妃(楊玉環)다. '資質豐豔'으로 알려진 양귀비는 凝脂 미인으로 유명하다. 李白은 그를 활짝 핀 모란에 비유했고, 白居易는 양귀비와 현종과의 비극적인 사랑을 소재로 한 「長恨歌」를 지었다.

띠풀이 처음 난 것을 삘기(荑)라 하는데, 그 형태와 색깔이 부드럽고 흰 것을 말한 것이다. 엉긴 기름(凝脂)은 기름이 차가운 기운에 엉긴 것이니, 또한 흰 것을 말한 것이다. 굼벵이(蝤蠐)는 나무 벌레로, 희고 긴 것이다. 호서瓠犀는 박 중에서 작은 것이니, 방정方正하고 결백潔白하며 씨가 나란하여 정제整齊된 것이다. 진螓은 작은 매미인데, 그 이마가 넓고 방정方正하다. 아蛾는 누에이니, 그 눈썹이 가늘고 길며 구부러졌다. 천倩은 보조개가 아름다운 것이요, 빈盼은 눈동자의 흑백이 분명한 것이다.[18]

'엉긴 기름'(凝脂)은 쉽게 말해 소고기 부위에서 흔히 꽃등심이란 것을 상상하면 된다. 꽃등심을 보면 기름이 엉긴 부분은 흰색을 띤다. 엉긴 기름 같은 피부라는 것은 피부가 하얗고 매끈하며 윤기가 난다는 말이다. 전형적인 피부 미인이다. 중국 미인의 대명사로 말해지는 인물 중 하나인 양귀비楊貴妃(楊玉環)는

---

18) 『詩經』, 「衛風·碩人」에 대한 朱熹의 注, "茅之始生曰荑, 言柔而白也. 凝脂, 脂寒而凝者, 亦言白也. 領, 頸也. 蝤蠐, 木蟲之白而長者. 瓠犀, 瓠中之子, 方正潔白而比次整齊也. 螓, 如蟬而小, 其額廣而方正. 蛾, 蠶蛾也, 其眉細而長曲. 倩, 口輔之美也. 盼, 黑白分明也."

우윳빛 피부를 자랑하는데, 바로 응지 미인을 대표한다. 백거이白居易는 이런 점을 「장한가長恨歌」19)에서 읊은 적이 있다.

이 시에 나오는 미인을 색깔로 보면 흰색과 관련되어 있음에 주목할 필요가 있다. 손, 피부, 얼굴의 흰색은 그 흰색이 주는 맑고 밝고 순수한 아름다움이란 의미도 있지만, 그 흰색은 기본적으로 여자가 귀한 신분임을 상징하는 의미도 있다. 흰색과 상대되는 검은색은 상대적으로 천한 신분을 상징한다. 과거 밭에 나가 노동하면서 자연스럽게 햇볕에 검게 탄 얼굴을 노예나 천민 등에 비유한 것을 연상하면 된다.

이상 논해진 미인의 신체적 아름다움을 미학적 차원에서 접근하면, 모양은 균형감이 있고 정제되고 방정한 것이 대부분이다. 곡선적인 것도 좌우 균형이 맞는 우아한 곡선이다. 거론하고 있는 동식물의 형태나 형상이 모두 어느 하나 삐뚤어짐이 없다는 점에서 전체적으로 유가 중화미학이 여인상에 적용된 예에 해당한다. 그런데 이 시를 통해 심층적으로 알아야 할 것은 석인의 이런 외적 아름다움보다 더 중요한 것은 석인의 내적인 아름다움이란 것이다. 이런 점은 『논어』 「팔일八佾」에 이 시와 관련된 공자와 자하子夏의 문답을 통해 알 수가 있다.

자하가 공자에게 "어여쁜 웃음에 오목 보조개, 아름다운 눈매에 검은 눈동자. 흰색으로 현람함을 삼는 것이다"라는 시가 무엇을 말한 것인지를 묻자, 공자는 "그림 그리는 일은 자질로서 흰 바탕이 있고 난 이후에 하는 것"(繪事後素)이라고 대답한다. 그러자 자하는 그 "먼저 공경하는 마음을 품고 있는 상태에서 예에 맞는 행위를 뒤에 하는 것입니까" 하는 식으로 회사후소를 이해한다. 그러자 공자는 자하의 그런 이해와 답변에 대해 '나를 일깨워 주는 자는 자하이

---

19) 白居易가 「長恨歌」에서 楊玉環의 아름다움을 읊은 "迴眸一笑百媚生, 六宮粉黛無顔色. 春寒賜浴華淸池, 溫泉水滑洗凝脂." 참조.

며, 이제 더불어 시를 함께 논할 수 있다'고 말한다.[20]

자하는 공자가 말한 '회사후소'는 예를 행하더라도 그 예를 행하고 있는 인물이 먼저 내적으로 상대방에 대한 공경하는 마음이 있어야 외적으로 예를 행한 것이 진정한 의미를 지닌다는 말로 이해한다. 이런 점을 「석인」의 시에 적용하면, 여자가 아무리 예쁜 얼굴과 맑은 눈동자를 가지고 보조개가 들어가는 매력적인 어여쁜 미소를 짓더라도, 진정 그 미소가 아름다울 수 있으려면 바로 그 미소를 짓는 인물이 내적으로 먼저 자신을 올바른 인간으로 수양했다는 것이 담겨 있어야 한다는 것이다. '어여쁜 웃음' 즉 '교소巧笑'는 웃음을 웃어도 최대한 절제된 상태에서 매력적으로 웃음을 웃는다는 의미가 담겨 있다. 매우 세련되면서도 우아한 웃음을 짓는 석인의 웃음 하나에도 석인의 내적 차원의 인간 됨됨이와 수양 정도가 담겨 있다. 즐거우면 깔깔대면서 웃을 수 있지만, 석인의 매력적인 미소는 마치 화려한 비단옷에 엷은 홑옷을 입는 것과 동일한 차원에서 이해될 수 있다.

공자의 회사후소 정신이 말하는 것처럼 외적 형식 차원의 외모의 아름다움보다도 인간 됨됨이와 관련된 내적인 인품과 학식을 더욱 강조하는 사유는 '예술가 이전에 먼저 인간이 되어야 한다'라는 인품론 사유로도 연결된다. 이런 사유는 동양에서 바람직한 인간과 예술가를 이해하는 데 매우 중요한 역할을 한다. 예를 들면 아무리 기교적으로 뛰어난 예술가라도 그 예술가의 평소 행동거지가 공공성 차원에서 문제가 된다든지 혹은 예술가의 인간 됨됨이가 문제가 있을 경우 그 예술성이 평가받지 못한다는 것이 그것이다.

이런 예는 동양예술사에서 많이 접할 수 있다. 당대의 안진경顔眞卿은 서예가로 유명한데, 사실 그의 글씨는 보기에 따라 매우 거칠고 추한 형상이 많다.

---

20) 『論語』, 「八佾」, "子夏問曰, 巧笑倩兮, 美目盼兮, 素以爲絢兮. 何謂也. 子曰, 繪事後素. 曰, 禮後乎. 子曰, 起予者商也. 始可與言詩已矣." 참조.

◀ 顔眞卿, 「多寶佛塔感應碑」.
▼ 李完用, 「天下太平春」.

하지만 송대 이후 유가적 사유에 훈도된 인물들은 안진경의 서예 작품을 최고로 평가하곤 한다. 그것은 다름 아닌 안진경이 애국 충절지사忠節志士였기 때문이다.[21] 안진경의 인품이 바로 그의 예술작품의 모든 것을 결정하게 만든 것이다. 안진경의 이런 평가에 비해 매국노 이완용李完用(1858~1926)은 당대 가장 뛰어난 서예가이었지만 그의 매국 행위 때문에 그의 서예는 제대로 평가받지 못한다.

이처럼 「석인」에서 말하고 있는 진정한 미인상은 단순히 형식미 차원에서 무엇이 미인인가 하는 그 자체에만 적용되어 이해되지 않고 이후 바람직한 인간상으로 확장되어 이해되었다. 과거 남자나 여자 모두 이상적 아름다움은 내적 차원의 인품과 학식을 갖춘 상태에서 외적 차원의 형식적 아름다움을 갖추는 것이라고 여겼다. 이런 사유는 유가가 지향하는 내적으로는 아름다운 자질을 가지고 외적으로는 형식 차원에서 예법에 맞는 문채 나는 행동을 겸비할 것을 요구한 이른바 '문질빈빈文質彬彬'[22]을 강조하는 사유와 유사하다.

---

21) 歐陽脩, 『集古錄跋尾』, "顔公書如忠臣烈士, 道德君子, 其端嚴尊重, 人初見而畏之, 然愈久而愈可愛也. 其見寶於世者有必多, 然雖多而不厭也." 참조.
22) 『論語』, 「雍也」, "子曰, 質勝文則野, 文勝質則史. 文質彬彬, 然後君子."

5. 화목한 가정과 바람직한 여성상

유학은 기본적으로 수기 이후에 치인을 추구하는 철학이다. 수기치인과 관련된 구체적인 내용은 『대학』에서 잘 말해 주고 있다. 이른바 대학의 도는 '밝은 덕을 밝히는 것(明明德)', '백성을 친하게 대하는 것(親民) 혹은 새롭게 만드는 것(新民)', '지극한 선에 머문다(止於至善)는 것'23)에 있다는 이른바 삼강령三綱領과 격물格物, 치지致知, 성의誠意, 정신正心 한 이후에 수신, 제가하고 치국, 평천하를 이룬다는 팔조목八條目24)이 그것이다. 『시경』에는 팔조목 가운데 수신 이후의 제가 및 평천하와 관련하여 읊은 시가 많다.

한 여자가 시집을 가서 시집 사람들과 화목하게 잘 지낸다는 것을 읊은 「도요桃夭」라는 시, 형제간의 화락함과 우애를 읊은 「상체常棣」라는 시, 절차탁마하듯 자신을 완성된 인간으로 만들 것을 말하는 「기욱淇奧」이란 시, 문왕이 천하를 통일한 위대한 공업을 그린 「문왕文王」이란 시가 바로 그것이다. 먼저 수신제가와 관련된 내용을 「도요」와 「상체」를 통해 보자.

> 싱싱하고 파릇한 복숭아나무, 그 꽃이 활짝 피었네. 우리 아씨 시집가네, 남편과 집안사람들을 화목하게 하소서.
> 싱싱하고 파릇한 복숭아나무, 탐스러운 열매 열렸네. 우리 아씨 시집가네, 집안사람들과 남편을 화목하게 하소서.
> 싱싱하고 파릇한 복숭아나무, 그 잎이 무성하구나. 우리 아씨 시집가네, 그 집안사람들을 화목하게 하소서.25)

---

23) 『大學』 1章, "大學之道, 在明明德, 在新民, 在止於至善."
24) 『大學』 1章, "古之欲明明德於天下者. 先治其國. 欲治其國者, 先齊其家. 欲齊其家者, 先修其身. 欲修其身者, 先正其心. 欲正其心者, 先誠其意. 欲誠其意者, 先致其知."
25) 『詩經』, 「周南·桃夭」, "桃之夭夭, 灼灼其華, 之子于歸, 宜其室家. 桃之夭夭, 有蕡其實, 之子于歸, 宜其家室. 桃之夭夭, 其葉蓁蓁, 之子于歸, 宜其室人."

봄철 따사로운 봄기운을 듬뿍 받고 자라난 복숭아나무의 아름다운 꽃잎과 이파리가 무성한 것을 바라보면 무엇을 연상할 수 있을까? 중국 고대 시인들은 시집갈 나이에 접어든 교양 있고 어여쁜 처녀의 이미지를 상상하였다. 흔히 불그레한 얼굴에 아름다운 젊은 여인을 '어여쁜 복숭아와 농염한 오얏(天桃濃李) 등으로 말한 것이 그것이다.

봄이란 계절은 자연의 모든 생명체가 생을 시작하는 계절인데, 탄생과 부활이라는 봄의 은유는 결혼의 본질과 잘 어울린다. 그리고 봄은 생리적 차원으로 볼 때, 남성보다는 여성이 더욱 마음이 설레는 계절이다. '봄이 오니 동네 처녀 바람났다'고 하는 유행가 가사도 나름 타당한 과학적 근거가 있다고 한다. 『주례周禮』에는 '양력 3월 달(仲春)에 남녀를 모이게 한다'(仲春月會男女)[26]라는 말이 나온다. 그렇다면 복사꽃이 필 때는 바로 여자가 결혼하기에 적합한 계절이라는 것이다. 이런 점을 담고 있는 시가 「도요」다.

『예기』「내칙內則」에는 "남자는 삼십이 되면 가정을 이루어 비로소 남자로서 일을 처리한다"[27]라는 말이 나온다. 실室은 남편과 함께 사는 공간을 의미하고, 가家는 남편 집안 식구들 전체를 뜻한다. 전통적으로 '여자가 시집가는 것을 돌아간다'(女嫁曰歸)고 했다. 이런 사유는 일종의 남성 위주의 사유로서, 과거에는 여자가 시집가면 '출가외인出嫁外人'이라 말을 한 것도 그것을 말해 준다.[28] 과거에 여자는 태어나면 자신 집안의 족보에는 오르지 못하고 결혼한 뒤 남편 집안의 족보에 올랐던 것도 이런 사실을 입증한다.

복숭아는 생김새나 색깔 등이 여성의 둔부 혹은 피부를 연상시킨다고 해서 유학자들은 과일 중에 음란한 과일로 여기기도 하였다. 즉 복숭아는 여성적인

---

26) 『周禮』, 「地官司徒」, "仲春之月, 令會男女, 於是時也, 奔者不禁."(중춘의 계절에 남녀를 만나게 하였는데 이때에는 분하는 것도 금지하지 않았다.) 참조.

27) 『禮記』, 「內則」, "三十而有室, 始理男事."

28) 『詩經』, 「鄘風 · 蝃蝀」, "蝃蝀在東, 莫之敢指. 女子有行, 遠父母兄弟." 참조.

과일에 속한다고 할 수 있다. 자식子息의 '자子' 자는 후대에는 주로 아들을 뜻하는 것으로 여겼지만 고대에는 남녀의 구분 없이 사용하였고, 그 글자가 시집간다는 '귀歸' 자와 연결되면 딸이란 의미로 풀이가 된다. 이 시는 이런 점을 엿볼 수 있는 시다. 잎이 무성한 것은 여자의 신체가 건강하다는 것을 상징하고, 열매가 많이 달렸다는 것은 다산多産과도 연결하여 이해할 수 있다.

이처럼 인간사회에서 또 다른 한 생명의 탄생은 남녀의 결혼을 통해 가능한데, 복사꽃이 피는 봄은 처녀가 시집가기 좋은 계절이라고 여겼다. 이런 점에서 복사꽃이 화사하게 폈고 아울러 잎이 무성하게 자라고 열매를 맺는 상황을 통해 막 시집가기 딱 좋은 시절에 처한 처녀의 외모와 상태를 상징하고 있다. 주희는 이 시를 문왕의 교화가 집으로부터 나라에까지 미쳐서 남녀가 바루어지고 혼인을 때에 맞게 하였다고 하여 정치적으로 해석하는데, 굳이 이런 해석에 얽매일 필요는 없다. 한 집안에 어떤 여자가 며느리로 들어오느냐에 따라 그 집안의 분위기와 화목 여부는 달라질 수 있다. 이상적인 며느리는 자기 집안에서 교육을 잘 받은 교양 있는 요조숙녀로서, 남자 집에 시집을 온 뒤 집안 구성원을 화목하게 만들 수 있는 여자이어야 한다는 것을 읊은 시가 「도요」라는 시다.

다음 형제간의 화목을 그린 「상체」라는 시를 보자.

뒷동산에 아가위 풀 울긋불긋 피지 않았나? 세상 사람 있어도 형제 같은 사람 없지.
죽을 고비에서도 서로 형제 생각하고, 들판과 습지 등 송장 깔린 곳이라도 형제는 서로 찾아간다네.
집안에서 서로 싸우더라도 밖에서는 모욕 함께 막아 주네, 매번 좋은 벗이 있지마는 정말이지 급할 때는 도움이 안 돼.
세상의 죽음과 무질서 등 어려운 일 해결되어 편안하고 안정되면, 비록 형제 있다 하나 벗들만 못해 보이는 것이 사실이지.

맛있는 음식을 차려 손님을 불러 놓고 술을 진탕 마시며 즐긴다 해도, 형제가 모두 모여야 아이들처럼 서로 화락하고 즐겁다네.

처자가 화합하여 슬을 뜯고 금을 뜯어도, 형제간에 우애 있어야 그 더욱 즐거울 수 있단다.

그대 집안을 화목하게 하고 그대의 처자를 즐겁게 하라. 그렇게 하려고 애를 쓴다면 정말로 그렇게 될 수 있을 것이다.[29]

'가화만사성家和萬事成'이란 말이 있다. 집안이 화목하다는 것은 무엇보다도 중요한데, 한 집안이 잘되려면 특히 형제간의 화목함과 우애가 더욱 중요하다. 이같이 형제간의 화목함과 우애를 읊은 시가 「상체常棣」다. 흔히 아가위 꽃이라고 불리는 상체라는 식물은 꽃을 피우는데 서로 뭉쳐서 꽃을 피운다. 난해하기

常棣꽃.
상체꽃이 다닥다닥 함께 모여 피는 것을 형제가 함께 모여 살면서 형제 애를 돈독하게 나누는 것으로 비유한다.

로 유명한 마르셀 프루스트의 『잃어버린 시간을 찾아서』라는 소설에서 아가위 풀은 주인공의 삶의 일부분이면서 주인공의 추억을 되새겨 주는 꽃으로도 나온다. 시인은 아가위 꽃이 다닥다닥 무더기로 붙어서 피어나는 생태적 속성을 보고 많은 형제들이 서로 힘을 합하여 화목한 집안을 이룬 것을 비유한다.

형제들이 서로 한 집안에서 살다 보면 여러 가지 상황에 접하게 된다. 인간은 살아가는 동안 좋은 일, 나쁜 일을 겪는다. 좋은 일이 있을 때는

---

29) 『詩經』, 「鹿鳴・常棣」, "常棣之華, 鄂不韡韡, 凡今之人, 莫如兄弟. 死喪之威, 兄弟孔懷, 原隰
裒矣, 兄弟求矣. 兄弟鬩于牆, 外禦其務, 每有良朋, 烝也無戎. 喪亂旣平, 旣安且寧, 雖有兄弟,
不如友生. 儐爾籩豆, 飲酒之飫, 兄弟旣具, 和樂且孺. 妻子好合, 如鼓瑟琴, 兄弟旣翕, 和樂且
湛. 宜爾室家, 樂爾妻帑, 是究是圖, 亶其然乎."

별다른 문제가 없지만, 죽을 고비를 겪는 나쁜 일일 경우 무엇보다도 자신을 도와주는 사람이 필요하다. 그때 자신을 도와주는 사람은 형제밖에 없다. 아울러 형제들은 살다 보면 크고 작은 일에 사사건건 의견이 대립하여 서로 싸우는 때가 많다. 이런 때 형제 사이는 친한 친구들과 친하게 지내는 것만 못한다. 하지만 이렇게 집안에서 싸우는 형제들이 외부 사람들과 싸울 때는 다른 상황에 처한다. 즉 형제간에 서로 힘을 합하여 외부 사람들과 싸운다는 것이다. 이런 경우에 친한 친구들은 아무런 도움을 주지 못한다. 따라서 집안이 화목할 때는 친구가 더 가까운 것 같지만 집안이 외부 사람들과 문제가 발생하였을 때에는 믿을 것은 형제들뿐이라는 것이다.

이런 과정을 거쳐 가면서 집안의 형제들은 서로가 화목한 가정을 이룬다. 때론 좋은 일이 있어 손님을 불러 큰 잔치를 베풀더라도 형제들이 모여야 그 잔치가 진정으로 즐겁다는 것이다. 형제들이 모여서 어린아이처럼 즐거운 시간을 갖는다는 것은 형제들이 마치 어린아이 시절로 돌아간 것처럼 왁자지껄하면서 즐겁게 논다는 것을 의미한다. 이렇게 남자 형제간에 화합하고 우애가 있으면 당연히 처자식들도 화합하고 즐겁게 지낼 수 있게 된다. 그렇게 하고자 노력하면 얼마든지 가능하게 된다는 것을 말하고 있다. 처자식의 화합을 금과 슬을 뜯어 화음을 맞추는 것에 비유하는 것은 『시경』에서 종종 나오는 표현으로, 「관저」에서 이미 그것을 확인한 바 있다. 이 시는 이처럼 형제들이 삶을 살아가면서 여러 가지 우여곡절을 겪고 난 이후에 서로 화목하면서 즐겁게 잔치하는 것을 읊고 있다. 이같이 형제간에 우애하고 화목한 삶은 바로 유가가 지향하는 수신 이후의 제가의 모습이다.

이상 「도요」라는 시와 「상체」라는 시를 통해 한 집안의 화목과 안정에 좋은 며느리를 맞는 것과 형제간의 화목이 무엇보다 중요하다는 것을 살펴보았다.

6. '절차탁마切磋琢磨'하는 군자상

『시경』에는 수많은 인물에 대한 찬가가 있다. 그 중 중요한 칭송의 대상은 각 지방의 훌륭한 업적을 남긴 좋은 신하(良臣)와 위대한 장군(名將)들이다. 선진 시대 중국인들은 끊임없이 통일국가를 이루어 평화스럽고 안락한 생활에 대한 염원을 드러냈다. 극심한 혼란기에 일반 서민들은 자기들의 염원을 성군聖君과 위대한 장군들이 실현해 주기를 바랐다. 백성들이 찬미하는 대상들이나 사건은 실제로는 그들이 염원하고 있는 희망을 향한 의사의 표현이기도 했다. 「기욱淇奧」이라는 시는 바로 그와 같은 사회 현상을 표현한 대표적인 시가다.

이 시의 주인공 즉 군자로 일컬어지는 인물은 주周나라가 동쪽으로 천도할 때 공을 세운 위무공衛武公이며, 이 시는 이 위무공을 찬양한 시이다. 이 시에서 먼저 주목할 것은 대나무를 통해 위무공의 공덕을 찬양하고 있다는 점이다.

> 저 기수의 세찬 물굽이를 바라보니 푸른 대나무 아름답게 우거졌네. 문채가 빛나는 군자여! 자른 듯 다듬은 듯, 쪼는 듯 같은 듯, 엄숙하고 너그러우며 빛나고 의젓하니, 문채가 빛나는 군자여! 끝내 잊지 못하겠네.
> 저 기수의 세찬 물굽이를 바라보니 푸른 대나무 무성하게 우거졌네. 문채가 빛나는 군자여! 옥귀거리가 찬란하고 관의 장식은 별처럼 반짝이네. 엄숙하고 너그러우며, 빛나고 의젓하니, 문채가 빛나는 군자여! 끝내 잊지 못하겠네.
> 저 기수의 세찬 물굽이를 바라보니 푸른 대나무 왕성하게 우거졌네. 문채가 빛나는 군자여! 금인 듯 주석인 듯, 규옥인 듯 벽옥인 듯, 너그러우며 넉넉한 그대, 수레 각(較) 대에 기대어, 농담과 재미있는 말을 하지만 지나치지는 않네.[30]

---

30) 『詩經』, 「衛風·淇奧」, "瞻彼淇奧, 綠竹猗猗, 有匪君子, 如切如磋, 如琢如磨, 瑟兮僴兮 赫兮咺兮, 有匪君子, 終不可諼兮. 瞻彼淇奧, 綠竹靑靑, 有匪君子, 充耳琇瑩, 會弁如星, 瑟兮僴兮, 赫兮咺兮, 有匪君子, 終不可諼兮. 瞻彼淇奧, 綠竹如簀, 有匪君子, 如金如錫, 如圭如璧, 寬兮

주희는 각각의 시어가 어떤 의미가 있는지를 다음과 같이 규명하고 있다. 첫 번째 시어는, 위나라 사람들이 위무공의 덕을 찬미하는데, 죽순이 돋아나기 시작해서 아름답게 무성하게 자라는 것으로 흥을 일으켜 위무공이 스스로 닦은 학문이 더욱 진전되었음을 보인 것이다.[31] 두 번째 시어는, 대나무가 견강堅剛하고 무성한 모습을 그 복식이 존엄하고 흥성한 것으로 흥을 일으켜 위무공의 덕에 걸맞음을 보인 것이다.[32] 세 번째 시어는, 대나무가 무성한 모습을 보고 위무공이 덕을 크게 베푼 것으로 흥을 일으켜 위무공이 관후寬厚하고 화이和易하면서 절도에 맞는 모습을 보인 것이다.[33]

이상은 '비덕比德' 차원에서 위무공의 몸가짐과 행동거지 및 마음 씀씀이를 대나무의 생태적 속성과 외적 형상에 적용하여 의미를 부여한 것이다. 중국문화에는 전통적으로 인간의 덕성을 자연계의 사물에 비유하여 그것을 군자와 동일한 차원으로 여기는 이른바 '비덕'이란 사유가 있다. 대표적인 것은 바로 매화, 난, 국화, 대나무를 '사군자四君子'라고 일컫는 것이 그것이다. 이런 사군자 중에 일찍부터 군자로 비유된 것은 대나무였다. 군자로 일컬어지는 것은 흔히 풍상風霜으로 말해지는 어려운 시절과 고통을 겪지만 군자의 풍모와 절개를 잃지 않는다는 의미가 있다. '군자는 진실로 궁하다'는 이른바 '고궁固窮'[34]이란 공자의 유명한 말이 있다. 고통과 시련을 겪을 때 군자의 진정한 모습이 드러난다. 이런 점들은 봄, 여름, 가을, 겨울을 상징하는 매화, 난, 국화, 대나무에

綽兮, 猗重較兮, 善戲謔兮, 不爲謔兮."
31) 『詩經』, 「衛風・淇奧」에 대한 朱熹의 注, "衛人, 美武公之德, 而以綠竹始生之美盛, 興其學問自修之進益也." 참조.
32) 『詩經』, 「衛風・淇奧」에 대한 朱熹의 注, "以竹之堅剛茂盛, 興其服飾之尊嚴, 而見其德之稱也." 참조.
33) 『詩經』, 「衛風・淇奧」에 대한 朱熹의 注, "以竹之至盛, 興其德之成就, 而又言其寬廣而自如, 和易而中節也." 참조.
34) 『論語』, 「衛靈公」, "在陳絶糧, 從者病, 莫能興. 子路慍見曰, 君子亦有窮乎. 子曰, 君子固窮, 小人窮斯濫矣."

각각 적용되는데, 대나무에 비하면 상대적으로 매화, 난, 국화는 일정 정도 계절적인 한계가 있다.

매화는 한겨울의 매서운 추위를 이기고 봄에 꽃을 피우면서 은은한 향기를 풍기지만 시간이 지나면 꽃이 떨어지는 계절적 한계가 있다. 난은 깊은 산속에서 남이 보지 않아도 꽃을 피우면서 향기를 풍기지만 역시 계절적 한계가 있다. 국화는 '가을에 내리는 서리를 무시하고 홀로 고고하게 꽃을 피운다'(傲霜孤節)라고 하는데, 가을에 서리가 내려 모든 사물이 조락할 때 그 서리를 이기고 꽃을 피우지만 역시 계절의 한계가 있다. 이런 점들에 비해 대나무는 사시사철 푸름을 자랑하면서 굳이 계절의 제한을 받지 않는다. 이 때문에 대나무는 다른 식물보다 일찍부터 군자로 일컬어졌다. 특히 겨울에 그 푸름이 눈에 띤다는 점에서 허신許愼은 『설문해자說文解字』에서 '겨울에도 사는 풀'(冬生艸也)이라 규정한다.

서예의 성인聖人으로 일컬어지는 왕희지王羲之의 다섯 째 아들인 왕휘지王徽之는 집을 떠나 어디를 가더라도 반드시 자신이 묶는 숙소 앞에 대나무를 심으면서 "이 친구(此君=대나무) 없이 어찌 하루라도 살겠는가"(何可一日無此君)[35]라고 하며 대나무를 친구로 여기며 사랑했다. 대나무 없는 곳에서는 잠도 잘 수 없기 때문에 타지에 가서 거처하는 곳에 대나무가 없으면 반드시 옮겨 심은 다음에야 잠을 이룰 수가 있었다고 한다. 이후 '차군'은 대나무의 대명사로 여겨졌는데, 왕휘지는 대나무를 하나의 인격체로 여겼음을 알 수 있다. 대나무의 생태적 속성을 군자에 비유하여 말한 것 가운데 백거이白居易가 「양죽기養竹記」에서 네 가지 덕을 말한 것이 유명하다.

---

35) 전후 문맥은 劉義慶, 『世說新語』, 「任誕」, "王子猷嘗暫寄人空宅住, 便令種竹. 或問, 暫住何 煩爾. 王嘯詠良久, 直指竹曰, 何可一日無此君." 참조.

대나무는 어진 이와 같다. 무엇 때문인가? 대나무 뿌리는 견고하다.(竹本固) 견고한 것으로써 덕을 심으니 군자는 뿌리를 보고서 잘 뽑히지 않을 것을 생각한다. 대나무 성질은 곧다.(竹性直) 곧은 것으로써 몸을 세우니 군자가 그 성질을 보면 중립中立해서 기대지 않을 것을 생각한다. 대나무 심지는 비었다.(竹心空) 비운 것으로써 도를 체득하니 군자는 그 심지를 보고서 마음을 비워 받아들일 것을 생각한다. 대나무 마디는 곧다.(竹節貞) 곧은 것으로써 뜻을 세우니 군자는 그 마디를 보고서 이름과 행실을 다듬어서 평탄함과 험함이 일치할 것을 생각한다.36)

대나무 이외에 위무공의 외적 모습을 '금인 듯 주석인 듯, 규옥인 듯 벽옥인 듯'이라 하여 언급한 것도 모두 비덕 사유다. 특히 비덕 사유에서 출발하여 '군자는 옥과 같다'(君子如玉)고 하여 옥도 군자의 표상으로 이해하였다. 흔히 옥의 오덕五德을 말하는데, 광택이 온화함은 인仁을 상징하고, 속의 빛깔의 결이 내비쳐 투명함은 사리가 분명하니 의義를 상징하고, 두드렸을 때 소리가 맑고 깊으니 지智를 상징하고, 깨어지더라도 절대 굽히지 않으니 용勇을 상징하고, 예리하지만 어떤 것이라도 상하게 하지 않으니 이를 결潔이라고 하는 것이 그것이다. 『시경』「진풍秦風・소융少戎」에서는 '늘 군자의 성품을 말하노니, 온난하기가 옥과 같다'(言念君子, 溫其如玉)라는 말이 나온다. 옥의 비덕 사유에 대해서는 『순자荀子』「법행法行」에도 잘 나와 있다.37)

이 같은 절차탁마하듯 덕을 닦은 군자의 엄숙하고 위엄 있으면서 꿋꿋한

---

36) 白居易, 「養竹記」, "竹似賢何哉. 竹本固, 固以樹德, 君子見其本, 則思善建不拔者. 竹性直, 直以立身. 君子見其性, 則思中立不倚者. 竹心空, 空以體道. 君子見其心, 則思應用虛受者. 竹節貞, 貞以立志. 君子見其節, 則思砥礪名行, 夷險一致者."

37) 『荀子』, 「法行」, "子貢問於孔子曰, 君子之所以貴玉而賤珉者, 何也. 爲夫玉之少而珉之多邪. 孔子曰, 惡, 賜. 是何言也. 夫君子豈多而賤之, 少而貴之哉. 夫玉者, 君子比德焉. 溫潤而澤, 仁也. 栗而理, 知也.; 堅剛而不屈, 義也. 廉而不劌, 行也. 折而不撓, 勇也. 瑕適並見, 情也. 扣之, 其聲淸揚而遠聞, 其止輟然, 辭也. 故雖有珉之雕雕, 不若玉之章章. 詩曰, 言念君子, 溫其如玉, 此之謂也."

모습 및 후덕한 모습을 각각 대나무와 옥 등에 비유하여 읊은 시가 기수의 물굽이라는 시(「기욱」)이다. 이 시에서 먼저 주목할 것은 절차탁마라는 말이다. 이 말이 가진 정확한 뜻을 알려면 고대 중국에서 뼈나 옥을 다듬던 과정을 먼저 알아야 한다. 옥을 다듬는 과정은 네 단계로 나눌 수 있다. 먼저 옥 원석을 모양대로 자르는 '절切', 옥돌에서 필요 없는 부분을 줄로 없애는 '차磋', 끌로 쪼아 원하는 모양대로 만드는 '탁琢', 윤이 나도록 숫돌로 갈고 닦는 '마磨'이다. 하나의 아름다운 옥이 탄생하려면 이 같은 순차적인 과정을 거쳐야 한다. 이와 같은 절차탁마하는 과정을 군자가 덕德을 닦는 데 그침이 없고 나아감만 있어야 함을 비유하여 말한 것이다.

『대학』 3장에서는 절차는 학문을 닦는 태도를 말한 것이고, 탁마란 스스로를 연마한 것을 말한 것이라 한다.[38] 『논어』 「학이」에는 공자와 자공이 이런 절차탁마를 통해 인간의 바람직한 삶과 경지가 무엇인가를 토론한 글이 나온다.

> (어느 날) 공자의 제자 자공이 물었다. 사람이 가난해도 아첨하지 않으며, 부유해도 교만하지 않으면 어떻습니까? 그것도 좋다. 그러나 가난하되 배움을 즐길 줄 알며, 부유하되 예법을 좋아하는 사람보다 못하느니라. 『시경』에 '절차탁마'라는 구절이 나오는데, 선생님 말씀은 바로 이를 말하는 것입니까? 자공의 말에 공자가 감탄하며 말했다. 자공아, 이제야 너와 더불어 『시경』을 논할 수 있구나. 하나를 들으면 열을 알듯, 지나간 것을 알려 주었더니 앞으로 올 것까지 아는구나.[39]

주희는 자공의 발언에 대해 "자공은 스스로 아첨함이 없고 교만함이 없음을

---

38) 『大學』 3章, "詩云, 瞻彼淇澳, 菉竹猗猗. 有斐君子, 如切如磋, 如琢如磨. 瑟兮僩兮, 赫兮喧兮. 有斐君子, 終不可諠兮. 如切如磋者, 道學也. 如琢如磨者, 自脩也." 참조.
39) 『論語』, 「學而」, "子貢曰, 貧而無諂, 富而無驕, 何如. 子曰, 可也. 未若貧而樂, 富而好禮者也. 子貢曰, 詩云, 如切如磋, 如琢如磨, 其斯之謂與. 子曰, 賜也, 始可與言詩已矣. 告諸往而知來者."

지극하다고 여겼는데, 공자의 말씀을 듣고는 또 의리가 무궁하여 비록 얻음이 있으나 대번에 스스로 만족할 수 없음을 알았기에 '절차탁마'라는 이 시를 인용하여 밝힌 것이다"40)라고 주석하였다. 자공의 말을 통해 진정한 군자가 되기 위한 절차탁마와 관련된 유가 수양론의 핵심을 볼 수 있다.

다음 이 시에서 주목할 것은 위무공衛武公의 인간 됨됨이에 대해 "농담과 재미있는 말을 하지만 지나치지는 않네"라는 것이다. 이것은 성품이 쾌활하면서도 절도가 있음을 말한 것인데, 이 같은 인간상은 유가가 지향하는 중화 기상氣象에 해당한다. 예를 들면『논어』「술이述而」에서 공자가 두 가지 성품을 다 갖춘 것을 중화 기상으로 보면서 이상적으로 본 것이 그것이다.

> 공자는 온화하면서 엄숙하시며, 위엄이 있으면서도 사납지 않으시며, 공손하
> 면서도 편안하셨다.41)

주희는 이런 공자의 중화 기상에 대해 다음과 같이 주석한다.

> 사람의 덕성은 본래 갖추어지지 않은 것이 없으나 타고난 기질이 편벽되지
> 않은 자가 드물다. 오직 성인만은 전체가 완전히 보존되고 강하고 부드러운
> 덕이 합한다. 그러므로 중화의 기상이 용모에 나타나는 것이 이와 같다.42)

주희의 이 같은 해석은『서경』「요전堯典」에서 요임금이 '기夔'라는 관료에게 음악을 담당하게 하고 맏아들을 중화의 덕을 가질 수 있게 교육하라고 하는

---

40) 『論語』, 「學而」 앞의 문장에 대한 朱熹의 注, "子貢自以無諂無驕爲至矣. 聞夫子之言, 又知
義理之無窮, 雖有得焉, 而未可遽自足也, 故引是詩以明之."
41) 『論語』, 「述而」, "子, 溫而厲, 威而不猛, 恭而安."
42) 『論語』, 「述而」 앞의 문장에 대한 朱熹의 注, "人之德性本無不備, 而氣質所賦, 鮮有不偏,
惟聖人全體渾然, 陰陽合德, 故其中和之氣見於容貌之間者如此."

사유와 관련이 있다.

요임금이 말씀하시기를, 기야 너에게 악을 담당하도록 명하노니, 맏아들을
가르쳐라. (내 아들이) 곧으면서도 온화하며, 너그러우면서도 엄하며, 강하되
사나움이 없으며, 간략하되 오만함이 없는 인간으로 만들어라.[43]

이상 언급한 것은 모두 유가가 지향하는 중화 기상에 해당한다. 위무공의
"농담과 재미있는 말을 하지만 지나치지는 않네"라는 것은 유가의 중화 기상과
일정 정도 통하는 점이 있다. 주희는 위무공의 이런 기상에 대해 다음과 같이
말한다.

농담과 재미있는 말을 한다는 것은 성정이 사납지 않다는 말로 평상심으로
가볍게 대하지만 상황을 보고 반드시 절제해야 할 것이 있다면 가는 곳마다
예의가 있게 한다는 것이다.……『예기禮記』「잡기하雜記下」에 "조이기만 하
고 풀어 주지 않는다면 문왕·무왕도 다스릴 수 없었고, 풀어 주기만 하고
조이지 않는다면 문왕·무왕도 어찌할 수 없다. 한 번 조이고 한 번 풀어 준
것이 문왕과 무왕의 도다"라 했으니 이를 이른 것이다.[44]

이 말은 어느 한 인물의 자질이 어느 한쪽으로 치우쳤을 때 문제가 발생하
고, 서로 다른 두 가지 성질을 적절하게 조화를 이룬 상태에서 중용에 맞게
행위하면 긍정적 결과가 나타난다는 것이다. 이런 점에서 앞서 본 바와 같이
유가는 전통적으로 중화 기상을 품고 있는 인간상을 요구하였는데, 이 시의
주인공인 위무공이 그것에 근접한 인물이었고, 이런 위무공을 대나무의 생태적

---

43) 『書經』, 「堯典」, "帝曰, 夔, 命汝典樂, 教冑子, 直而溫, 寬而栗, 剛而無虐, 簡而無傲."
44) 『詩經』, 「衛風·淇奧」에 대한 朱熹의 注, "善戱謔而不爲虐者, 言其樂易而有節也.……禮曰,
　　張而不弛, 文武不能也. 弛而不張, 文武不爲也. 一張一弛, 文武之道也."

속성에 비유하여 칭송하고 있다.

이 시는 중국문화에서 인간의 덕을 자연물에 비유하여 의미를 부여한 이른바 비덕이란 사유를 엿볼 수 있는 시이면서, 군자란 잠시도 쉬지 않고 더 나은 인간이 되기 위해 수양해야 한다는 것을 절차탁마라는 말을 통해 비유적으로 말한 것에 속한다.

7. 이상적인 정치로서의 덕치德治

유학의 입장에서 볼 때 중국 역사와 철학사에서 은나라가 주나라로 교체되는 이른바 은주殷周교체기는 매우 중요한 의미를 지닌다. 왜냐하면 하늘의 명을 받은 인물이 하늘을 대신하여 천자가 되어 백성을 다스린다는 이른바 '천명정치사상'이란 틀에서 이상적인 정치란 무엇인가를 덕이란 개념과 관련하여 이해하고, 아울러 '경천애인敬天愛人'이란 사유를 통해 이전과 다른 인간 이해를 하기 때문이다. 이번에는 「문왕」이란 시를 통해 은주교체기에 나타난 다양한 의미를 문왕의 위대한 업적을 통해 알아보자.

저 위에 계시는 문왕이시여 하늘에서 찬란히 빛난다. 주나라는 오래된 나라이지만 그 천명을 받은 것은 오직 새롭구나. 찬란하지 아니한가, 주나라의 덕. 때 맞지 아니한가, 상제의 명. 문왕께선 하늘을 오르내리며 언제나 상제 곁에 계시네.
근엄하고 거룩하신 문왕이시여, 아! 계속해서 밝으시며 경건하시네. 참으로 위대한 천명이시여, 상나라의 자손에게 내리셨도다. 상나라의 자손들이 적지 않아서 그 수효가 수십만을 헤아리건만, 상제가 이렇게 명령하시니 모두가 주나라에 복종을 하네.

모두가 주나라에 복종을 하네, 상제의 명령은 일정치 않네. 은나라를 대표하
는 큰 선비들이 주나라 서울에서 제사 일 돕네. 그렇게 제사 일을 돕고 있을
때 언제나 은나라 갓 쓰고 있구나. 충성스러운 주나라(成王)의 신하 됐으니
그대들의 조상(文王)을 생각하지 않을 수 있겠는가.
그대들의 조상을 생각하지 않을 수 있는가, 오로지 덕을 닦는 생각만 하세.
영원히 상제와 함께하여 스스로 많은 복을 구할지어다. 은나라가 민심을 잃
지 않았을 땐 잘도 상제 말 따랐었지. 마땅히 은나라를 거울삼아라. 상제 뜻
따르기란 쉽지 않다.
상제 뜻 따르기란 쉽지 않으니, 그대의 몸에서 끝내면 안 돼. 명예로운 소문
일랑 널리 펼치자. 생각하자 은의 멸망 하늘 뜻임을. 하늘이 행하는 일이란
소리도 없고 냄새도 없으니, 애오라지 문왕을 본받자, 그래야 이 세상에 평화
가 오지.45)

천명정치사상은 은주교체기에만 있었던 것은 아니지만 은주교체기에 더욱
강조된다. 이런 천명정치사상의 핵심은 덕이 있는 자가 천명을 받아 천자가
되고, 덕을 없애는 멸덕滅德의 정치를 하는 군주는 그 천명이 떠나간다는 것이
다. 천명을 받는 유무는 백성이 많고 적음이 문제가 아니다. 백성들은 덕이
있는 인물에게 복종하는데, 그것은 덕이 있는 인물이 천명을 받았기 때문이다.
천하를 소유하느냐의 여부는 모두 위정자의 덕의 유무에 있다는 것이다.
이 시는 기본적으로 주공周公이 문왕의 덕을 좇아 서술하여 주나라 왕실이
천명을 받아 상商나라를 대신하게 이유가 무엇인지를 밝혀서 무왕의 아들인
성왕成王에게 경계하도록 한 것이다. 무왕은 문왕의 아들인데, 성왕은 나이가

---

45) 『詩經』, 「大雅‧文王」, "文王在上, 於昭于天, 周雖舊邦, 其命維新, 有周不顯, 帝命不時, 文王
陟降, 在帝左右. 穆穆文王, 於緝熙敬止, 假哉天命, 有商孫子, 商之孫子, 其麗不億, 上帝旣命,
侯于周服. 侯于周服, 天命靡常, 殷士膚敏, 祼將于京, 厥作祼將, 常服黼冔, 王之藎臣, 無念爾
祖. 無念爾祖, 聿修厥德, 永言配命, 自求多福, 殷之未喪師, 克配上帝, 宜鑒于殷, 駿命不易.
命之不易, 無遏爾躬, 宣昭義問, 有虞殷自天, 上天之載, 無聲無臭, 儀刑文王, 萬邦作孚."

어린 상태에서 왕위에 올랐고 이에 주공이 일정 정도 섭정攝政을 한다. 이에 주공은 성왕이 어떻게 정치를 해야 주나라가 번성할 수 있는지를 문왕의 업적을 통해 말하고 있다. 먼저 주공은 문왕은 이미 죽었지만 신령神靈은 하늘에 위에 있고, 이 때문에 주나라는 비록 후직后稷이 처음 분봉分封된 이후로 천여 년이지만 그 천명을 받은 것은 지금부터 시작되는 것임을 말한다. 그리고 이런 문왕 때문에 그 자손들이 복을 받고 은택을 입는다는 것을 말한다. 이어서 이후 왜 은나라가 망했고 주나라가 번성하게 되었는지를 각각 덕과 관련하여 말한다.

다음 은나라가 망한 이후의 상황과 왜 은나라가 망했는지 그 이유를 밝히고 있다. 먼저 볼 것은 왜 문왕이 은나라를 정벌하였는가 하는 것이다. 이런 사정은 『서경』「태서중泰誓中」의 문왕의 말에 잘 나와 있다.

> 수受(은나라 마지막 임금인 紂의 이름)는 억조의 보통 사람이 있으나 마음이 이반되고 덕이 이반되었다. 하지만 나는 난을 다스리는 신하 10인이 있는데, 마음이 같고 덕이 같으니 (受가) 비록 지극히 친한 친척들이 있더라도 나의 인자한 사람만 못하다. 하늘의 봄이 우리 백성의 봄으로부터 하시며 하늘의 들음이 우리 백성의 들음으로부터 하시니, 백성들이 책망함이 나 한 사람에게 있다. 이제 짐은 반드시 쳐서 바르게 하러 가리라.[46]

주나라에 망한 은나라도 당연히 이전에 천명을 받은 나라다. 그런 천명을 받은 은나라가 망한 이유는 다른 것이 아니다. 덕이 있는 정치를 한 것이 아니라 폭정을 했기 때문이다. 이런 이유 때문에 백성들의 마음이 군주에게서 떠났고, 그 군주가 학정한 것은 바로 하늘에게 전해져 하늘의 명이 은나라를 떠나 주나라에게 주어졌다는 것이다. 이런 정황에 대해 『서경』「고요모皐陶謨」에서는 다

---

46) 『書經』, 「泰誓中」, "受有億兆夷人, 離心離德, 予有亂臣十人, 同心同德, 雖有周親, 不如仁人. 天視自我民視, 天聽自我民聽. 百姓有過, 在予一人, 今朕必往."

음과 같이 말하고 있다.

> 하늘이 듣고 봄이 우리 백성이 듣고 봄으로부터 하며, 하늘이 선한 자를 밝혀
> 주고 악한 자를 두렵게 함이 우리 백성을 밝혀 주고 두렵게 하는 것으로부터
> 해야 합니다. 그리하여 상하에 통달하니, 공경할지어다, 땅을 소유한 군주들
> 이여.[47]

사실 알고 보면 하나라와 상나라가 망한 이유는 똑같다. 『서경』 「탕고^{湯誥}」
에서는 하가 망한 이유에 대해 다음과 같이 말하고 있다.

> 하나라 왕(桀)이 덕을 멸하고 위엄을 부리면서 너희 만방의 백성들에게 사나
> 움을 펴니, 너의 만방의 백성들이 그 흉해에 걸려서 도독을 참지 못하여 모두
> 죄가 없음을 상하의 신에게 하소연하였다.[48]

하나라와 은나라 모두 '덕을 멸하고 위엄을 부리는 정치'를 행했기 때문에
결국 망하게 되었다는 것이다. 그런데 이처럼 은나라는 망했지만 그 유민들은
현재 은나라 관을 쓴 채 주나라 제사를 돕고 있다. 그것도 다 문왕의 덕이지만
보다 근본적인 것은 천명이 은나라를 떠나 주나라에 갔기 때문이다. 이런 점에
서 천명은 항상 변한다고 한 것이다. 즉 은나라는 사람도 많고 천명을 받은
나라지만 군주가 덕이 없는 정치를 한 결과 망했고, 이에 주나라가 세워진
이 시점에서 수없이 많은 은나라 유민들은 새로운 천명을 받은 주나라 제사에
봉사하고 있다는 것이다. 주공은 이같이 은나라가 망한 상태에서 주나라를

---

47) 『書經』, 「皐陶謨」, "天聰明, 自我民聰明, 天明畏自我民明威. 達于上下, 敬哉有土."
48) 『書經』, 「湯誥」, "夏王滅德作威, 以敷虐于爾萬方百姓. 爾萬方百姓, 罹其凶害, 弗忍荼毒, 並
告無辜于上下神祇."

세운 위정자들도 왜 은나라가 망했는가를 분명히 알고 그것을 교훈 삼아 덕이 있는 정치를 해야 함을 강조하고 있다.

주나라 위정자들이 돌이켜 보니 은나라가 망한 것은 시기적으로 얼마 되지 않은 것을 알았다. 따라서 은나라가 망한 것을 거울삼아 주나라도 정치를 제대로 해야 한다는 점에서 강조된 것이 은나라 거울이 멀리 있지 않다는 이른바 '은감불원殷鑑不遠'이다. 이 은감불원의 핵심은 바로 덕이 있는 정치를 행할 것을 요구하는 것이다. 이렇게 본다면 은의 멸망은 상제의 뜻이다. 그런데 이런 상제의 뜻을 알고 받들기는 쉽지 않다. 왜냐하면 상제의 뜻이나 하늘의 일은 소리도 냄새도 없어 알아차리기 어렵기 때문이다. 이처럼 냄새도 없고 소리도 없는 하늘은 실질적으로 우리들 눈앞에 왕조 교체라는 현상을 보여 주고 있는데, 그 모든 것은 모두 하늘의 일이라는 것이다.

「문왕」이란 시는 이상과 같이 은주교체기에 은나라가 왜 망했는지를 덕의 유무로 귀결짓고, 아울러 주나라 위정자는 은나라가 망한 원인을 거울삼아 은나라의 잘못된 전철을 밟지 않아야 함을 말하고 있다. 이런 과정에서 천명정치사상을 내세워 주나라를 세운 문왕의 위대함과 그 문왕이 행한 정치를 잘 본받아 만세토록 주나라를 유지하기를 바라는 마음을 담고 있다. 이런 점에서 이 시는 바람직한 군주상과 이후 유가가 지향하는 덕치정치의 전형을 보여 준다는 점에서 의의가 있다. 이상 문왕의 위대함을 읊은 이 시에서 사용된 문왕의 위대한 공덕을 기린 몇몇 시어는 유가의 경전에서 수신·제가·치국·평천하를 말하고 있는 곳에서 단장취의 형식을 통해 자주 인용되고 있다. 『대학』 2장에서 신민을 해석할 때 "주나라는 오래된 나라이지만 그 천명을 받은 것은 오직 새롭구나"[49]라는 것을 인용한 것이나, 『중용』 33장에서 "하늘이 행하는

---

49) 『大學』 2章, "周雖舊邦, 其命惟新."

일이란 소리도 없고 냄새도 없다"[50]라는 것을 인용한 것이 그것이다.

이상 본 바와 같이 중국 정치사상에는 이른바 천명정치사상이 있다. 그것은 하늘이 인간 세상을 다스리는데, 하늘이 직접 인간 세상을 다스릴 수 없기 때문에 인간 가운데 덕이 있는 인물을 선택해 하늘이 그에게 명하여 대신 인간 세상을 다스리게 한다는 것이다. 이 과정에서 천명을 받은 인물이 바로 천자가 되는데, 이런 천자는 자신이 어떤 마음으로 정치를 하느냐에 따라 하늘의 명이 달라진다. 즉 천명은 일정하지 않고 항상 변한다는 것으로, 천명의 유무는 천자가 덕 있는 정치를 했는가의 여부와 관련이 있다. 이런 천명정치사상이 가장 분명하게 드러난 시기가 바로 은주교체기인데, 은주교체기의 가장 핵심적인 인물은 주나라를 건국한 문왕이다. 「문왕」은 이 같은 문왕의 덕을 기리고 아울러 은의 멸망 원인을 거울삼아 주나라가 영원하기를 바란 시다.

8. 은일자의 '독락獨樂'과 자유로움

과거 중국 고대 역사를 보면 백이伯夷와 숙제叔弟로 상징되는 은일적 삶을 산 인물들이 있었다. 과거 왕조시대의 '모든 땅이 왕의 땅이 없는 것이 없다'(莫非王土)라는 것과 '모든 신하가 왕의 신하가 아닌 것이 없다'(莫非王臣)[51]라는 상황 속에서도 많은 인물들이 왕후王侯를 섬기지 않고 자신의 몸을 온전히 보전하면서 은일적 삶을 살고자 했다. 이런 은일적 삶은 주로 시대가 어지러울 때 많이 나타난다. 한나라 말기 환관들이 정치를 전횡한 결과 야기된 혼란한 상황에서 은일풍이 유행한 것은 이런 점을 대변한다.

---

50) 『中庸』 33章, "上天之載, 無聲無臭."
51) 『詩經』, 「小雅·北山之什·北山」, "普天之下, 莫非王土, 率土之濱, 莫非王臣." 참조.

범엽范曄이 『후한서後漢書』 「일민열전逸民列傳」을 제작한 이후 역대 중국 정사正史 중에는 은일과 관련된 항목이 많이 보인다. 『후한서』 「일민열전」, 『진서晉書』 「은일열전隱逸列傳」, 『남제서南齊書』 「고일열전高逸列傳」, 『양서梁書』 「처사열전處士列傳」, 『위서魏書』 「일사열전逸士列傳」 등은 은일을 일컫는 용어는 달라도 모두 은사의 은일적 삶을 살고자 했던 인물들을 다루고 있다. 이처럼 역사가 흐를수록 다양한 은자와 은일적 삶이 나타나는데, 『시경』도 일찍부터 이런 은일적 삶을 산 인물을 읊고 있다. 이런 은일자가 누릴 수 있는 최대한의 행복은 권력, 명예, 재물 등 세속적인 어떤 것에도 얽매임이 없는 자유로움이다. 이번에는 은일적 삶을 산 석인의 일상이 어떤 삶인지를 「고반考槃」이란 시를 통해 알아보자.

산 너머 개울가의 작은 움막집, 석인의 넉넉한 보금자리라. 홀로 자고 홀로 · 깨며 혼자 말하네, 이 즐거움 영원토록 잊지를 말자.
언덕 너머 자리 잡은 작은 토담집, 석인의 넉넉한 안식처라오. 홀로 자고 홀로 깨며 노래를 하네, 이 즐거움 영원토록 넘지를 말자.
산기슭에 자리 잡은 작은 오두막, 석인의 편안한 터전이라오. 홀로 자다 잠이 깨어 누워서 있네, 이 즐거움 남에게 이야기를 말자.[52]

부귀가 보장되는 관료적 삶을 포기하고 은일적 삶을 선택할 경우 경제적으로는 일정 정도 힘든 상황에 처한다. 이런 점에 비해 관료가 되면 부귀영화를 누릴 수 있는 기회가 많아진다는 장점이 있다. 그런데 이런 장점만 있는 것이 아니라 단점도 있다. 일단 관료적 삶은 바쁘고 업무는 많은 스트레스를 준다. 더욱 큰 문제는 군주의 총애를 받는 경우는 문제가 없지만 상황 변화에 따라 그 총애는 오히려 총애를 받는 만큼 큰 욕됨으로 되돌아온다는 것이다. 즉

---

52) 『詩經』, 「衛風·考槃」, "考槃在澗, 碩人之寬, 獨寐寤言, 永矢弗諼. 考槃在阿, 碩人之薖, 獨寐寤歌, 永矢弗過. 考槃在陸, 碩人之軸, 獨寐寤宿, 永矢弗告."

정치적 상황에 따라 하루아침에 패가망신할 수 있는 위험도 있다. 대부분의 인물들은 이런 패가망신의 위험성이 있음에도 불구하고 관료적 삶을 살기를 원한다. 문인들은 은일을 꿈꾸나 현실에서는 경제적 이유 등 여러 가지 이유 때문에 은일을 실천하지 못한다는 점에서 중국 역사에서는 실질적으로 은일적 삶을 산 은자는 존경받기도 하였다.

이 시의 주인공인 은사는 은일의 공간으로 산기슭 계곡이 흐르는 곳에 자리 잡았다. 그곳은 비록 좁은 공간이고 사는 집은 누추하지만 그곳에서 생활하는 것에는 전혀 부족함이 없다. 도리어 이런 생활이 즐거울 뿐이다. 특별하게 그 이상 원하는 것이 없기 때문이다. 이렇게 은일적 삶을 산다는 것은 관료적 삶을 포기했다는 것인데, 이처럼 관료적 삶을 포기하고 은일적 삶을 살면 남는 것은 시간밖에 없다. 아침 일찍 조정에 출근할 일도 없고 무엇인가 해결해야 할 공무도 없다. 따라서 해가 중천에 뜰 때 일어나도 별문제가 없고, 잠에서 깨어났지만 특별하게 할 일이 없기 때문에 다시 잠들어도 상관없다. 관료 생활을 할 때 언제 이렇게 늦잠을 실컷 자 본 적이 있던가 하면서 다시 잔다. 자다 깨다 하다 보면 어느덧 하루가 간다. 이처럼 방에서 할 일 없이 뒹굴다가 마음이 내키면 때론 밖으로 나가 산보하면서 이리저리 돌아다니기도 한다. 남는 것은 시간밖에 없는 한가롭고 여유로운 하루가 지나간다.

이런 은일자 삶의 특징은 타자와 관계를 끊고 '홀로' 은일적 삶을 산다는 것이다. 따라서 은일자 삶의 특징을 말해 주는 대표적인 단어는 '홀로 독'(獨)자이다. 이런 홀로 된 삶을 살아가는데 무엇인가 방해하는 것은 없다. 중요한 것은 이런 은일적 삶을 자신이 자발적으로 선택했다는 것이다. 따라서 좁은 공간에 넉넉하지 못한 삶이지만 전혀 불편하다고 여기지 않고 도리어 그런 삶에서 즐거움을 느낀다. 이런 즐거움은 다른 사람이 알 수 없다. 굳이 알릴 필요도 없다. 혼자만이 이런 즐거움을 누리고자 영원히 즐기고자 한다. 이

鄭燮,「柱石圖」.
정섭이 도연명이 허리를 굽히지 않은 것을 우뚝 선 주석 형상으로 표현한 것이다.
이런 점은 다음과 같은 화제를 보면 알 수 있다.
누구와 더불어 휑한 집에서 고요하게 지낼꼬.　　　　誰與荒齋伴寂寥
한 주석이 하늘을 뚫고 서 있네.　　　　　　　　一枝柱石上雲霄
우뚝한 것이 바로 도원량(＝陶潛. 陶淵明)이구나.　挺然直是陶元亮
오두미에 어찌 내 허리를 굽힐쏘냐.　　　　　　五斗何能折我腰

같은 은일적 삶을 보여 주는 또 다른 용어는 바로 즐겁다는 '락樂'이다. 이처럼 이 시에서는 이 같은 은일적 삶을 유지하면서 그 은일적 삶이 주는 '독락'의 경지를 죽을 때까지 버리지 않겠다는 것을 강조하고 있다.

　이 시에서 말한 은일적 삶은 이후 중국문화에 나타난 은사문화의 전형이 된다. 즉 이상과 같이 자발적으로 은사의 소박한 삶을 선택한 인물의 하루 삶과 홀로 즐김을 읊은 시는 이후 동양 문인들에게 많은 영향을 준다. 중국 역사를 보면 이런 관료적 삶을 지양하고 은일적 삶을 꿈꾸나 실질적으로 그것을 실현한 인물들은 많지 않다. 이런 점에서 실질적으로 은일적 삶을 선택한 인물들은 역사적으로 기림을 받는데, 그 대표적인 인물 중의 하나가 「귀거래사歸去來辭」를 쓴 도연명陶淵明이다. 도연명은 「귀거래사」를 지어, 자신의 관료 봉급인 오두미五斗米에 얽매인 현실에 속박되어 사느니 차라리 벼슬을 버리고 자연으로 돌아가 세속에 구애됨이 없이 살고자 하는 마음을 표현하였다.[53] 도연명은 '술을 먹고 지은 시'(飮酒)에서 마음이 세속적인 권력·명예·재물 등에서 멀어지니 그 삶이 한가롭고 여유가 있다

---

53) 『宋書』, 卷93, 「列傳53·隱逸」, "陶潛, 字淵明, 或云淵明, 字元亮, 尋陽柴桑人也.……郡遣督郵至, 縣吏白應束帶見之. 潛嘆曰, 我不能爲五斗米, 折腰向鄕里小人. 卽日解印綬去職, 賦歸去來." 참조.

는 심원心遠을 말한다.[54] 도연명이 말한 '심원'의 사유는 송대 이후 문인들이 희구한 삶의 한 전형이 되기도 한다. 명대 도륭屠隆이 『고반여사考槃餘事』라는 책을 통해 문인들의 한가로운 시간에 아취雅趣를 얻을 수 있는 다양한 품목에 대해 읊은 것도 「고반」의 영향이다.

9. 나오는 말

공자는 "시에서 자신의 감흥을 일으키고, 예에 맞게 자신의 행동을 취하고, 악樂에서 자신을 완성한다"[55]라 하여 유가 문인들이 갖추어야 할 문화적 소양과 자질 함양에 대해 층차적으로 말한 적이 있다. 시를 알지 못하면 처한 상황에 제대로 말할 수 없다고 할 정도로 동양 문인문화에서 시는 매우 중요한 위상이 있었다.

이상 『시경』의 몇몇 시들을 살펴보고 다양한 인간의 삶에 대해 알아보았는데, 『시경』의 많은 시에서 언급한 용어들은 여전히 우리들의 현재의 삶에도 그대로 적용되고 있다. 앞서 본 바와 같이 부부간 사이가 좋은 것을 상징하는 '금슬琴瑟'을 비롯하여 사랑하는 남녀가 만나지 못하는 상황에서 쓰이는 '오매불망寤寐不忘', '전전반측輾轉反側', 동양의 이상적 여인상을 나타내는 '요조숙녀窈窕淑女', 군자 되기 위한 유가 수양론의 핵심인 '절차탁마切磋琢磨'를 비롯하여, 형제간의 우애를 상징하는 '훈지상화壎篪相和'[56]와 '일취월장日就月將'[57], '타산지석他山之

---

54) 陶淵明, 「飮酒」(五首), "結廬在人境, 而無車馬喧. 問君何能爾, 心遠地自偏. 採菊東籬下, 悠然見南山. 山氣日夕佳, 飛鳥相與還. 此中有眞意, 欲辨已忘言."

55) 『論語』, 「泰伯」, "興於詩, 立於禮, 成於樂."

56) 형이 壎이라는 악기를 불면 아우는 篪라는 악기를 불어 화답한다는 뜻으로, 형제간의 화목함을 비유적으로 이르는 말이다. 『詩經』, 「小雅·何人斯」, "伯氏吹壎, 仲氏吹篪."

石⁵⁸⁾ 같은 사자성어는 모두『시경』에서 나온 것이다.

景福宮 勤政殿

조선이 건국된 다음 지어진 핵심 궁궐 중 하나인 '경복궁'의 '경복'이란 말도『시경』에 나온다. 이성계가 조선을 건국한 뒤 오늘날 경복궁이라고 불리는 궁궐에서 신하들에게 술자리를 베푼다. 술이 거나하게 취한 이성계는 이 궁궐의 이름을 무엇으로 하면 좋은가 하고 정도전鄭道傳에게 질문한다. 정도전은 다음과 같은 시를 읊으면서 그 연회 자리를 축하하고 아울러 질문에 답한다.

이미 술에 취하고 이미 덕에 배불렀어라. 임이시여, 만 년 동안 큰 복을 누리소서.⁵⁹⁾

여기서 경景은 크다(大)는 의미로서, '경복'은 큰 복이란 뜻이다. '자손만대로 큰 복을 누리는 궁궐' 즉 '경복궁'이 탄생되는 순간이다.

이처럼『시경』은 우리가 쉽게 접할 수 없는 경전이지만, 알고 보면 우리가 사용하는 일상용어 혹은 사자성어가『시경』에서 나온 것이 많다는 점에서『시경』은 우리 곁에 멀리 있지 않음을 알 수 있다.

---

57)『詩經』,「周頌·敬之」, "維予小子, 不聰敬止. 日就月將, 學有緝熙于光明, 佛時仔肩, 示我顯德行." 참조.

58)『詩經』,「小雅·鶴鳴」, "他山之石, 可以攻玉."

59) "旣醉以酒, 旣飽以德. 君子萬年, 介爾景福."『詩經』,「大雅·生民」의「旣醉」.

3장

예禮와 문인문화: 예와 인간됨의 전제조건

1. 들어가는 말

　『예기禮記』에서 다루고 있는 다양한 주제 및 사상과 관련된 발언 등은 유가의 어떤 경전보다도 우리의 일상에서 많이 사용되고 있다. 일반인들이 『예기』란 책자가 있는지는 몰라도, 엄격하게 남녀를 구별하는 '남녀칠세부동석'이란 말은 다 들어 봤을 것이다. 이 말은 남녀가 일곱 살이 되면 "같은 자리에 앉지 않는다"는 『예기』 「내칙內則」[1]에 나오는 말이다.

　조선조 역사에 대해 약간의 지식이 있는 사람들은 조선조를 흔들었던 사건 중의 하나가 예송禮訟 논쟁이었다는 것을 알고 있다. 조선조 양반사회에서 '예가 없는(無禮) 놈'이라고 하는 욕은 상대방을 모욕하는 큰 욕이었다. '무례하다는 것'을 극단적으로 말하면, 짐승이나 다름없다는 말이다. 조선이야말로 알고 보면 예에 의해 죽고 살았던 나라였다. 예에 어떤 의미가 있었기에 이처럼 우리들의 삶에서 대단한 위상을 갖고 있었던 것일까?

　허버트 핑가레트는 『공자의 철학』이란 책에서 "공자가 말한 예는 인간과 인간의 관계를 생동적으로 살려내기 위한 인간 고유의 형식이다"라며 예를 재해석한다. 허버트 핑가레트는 공자 이전의 예가 단지 거룩한 예식, 신성한

---

[1] 『禮記』, 「內則」, "七年, 男女不同席, 不共食." 참조. "한 이불에 같이 잠재우지 않는다"는 뜻으로 풀이하기도 한다.

의식이라는 그저 일상적인 의미였던 것이라면, 공자는 이런 예를 인간 고유의 자기 계시적인 의미로서 이해했다고 본다. 말하자면 전통과 관습을 배워 익힌 인간 고유의 존재적 측면으로 바라봤다는 것이다. 아울러 공자는 예에 따라 행동하는 능력과 예에 복종하는 의지가 바로 인간을 인간이게 할 수 있는 완전하고도 특유한 인간의 덕 또는 힘이라 규정했다고 한다. 즉 인간이 조야한 충동을 예에 의해 도야함으로써 인간은 진정한 인간으로 형성되었다는 것이다. 이처럼 예는 인간적 충동의 완성, 즉 충동의 문명적 표현이지 결코 형식주의적인 비인간화가 아니라는 점에서, 예는 인간과 인간의 관계를 생동적으로 살려내기 위한 인간 고유의 형식이라고 규정한다. 더 나아가 예는 사회적 형식의 조화와 아름다움, 인간 상호 관계의 내재적이고 궁극적인 존엄성만을 강하게 나타내 주는 것이 아니라, 동등한 존엄성을 가진 타인과 함께 예 안에서 무리와 충돌 없이 자유스럽게 공동으로 참여하여 활동함으로써 자신의 목적을 이루어 내는데, 그 과정에서 암묵적으로 함축되는 도덕의 완성을 본다고 규정한다.[2]

허버트 핑가레트가 공자가 신성한 예식을 형상화하여 인간 존재의 모든 측면을 통합하고 그것을 구석구석까지 주입했다고 본 것은 『예기』에 담긴 예의 다양한 의미를 재해석했다는 의의가 있는데, 이런 측면에서 예를 이해한다면 여전히 예는 오늘날에도 의의가 있다고 본다.

2. '예禮' 자 해석 및 예의 적용 범위

허신許愼은 『설문해자說文解字』에서 '예' 자를 다음과 같이 풀이한다.

---

2) 관련된 자세한 것은 허버트 핑가레트 저, 송영배 역, 『공자의 철학: 서양에서 바라본 예에 대한 새로운 이해』(Confucius: the Secular as Sacred, 서광사, 1991) 참조.

예는 시행한다는 것이다. 신을 섬겨 복이 이르도록 하는 것이니, (땅 귀신) '시' 자를 따르고 (풍년들) '풍' 자를 따른다.3)

예식을 통해 제사를 지내는 목적은 신령에 대한 존숭尊崇을 표시하며 아울러 신의 보우保佑를 구하는 것에 있다. 따라서 예에서 가장 중시하는 것은 천지와 조상에 대한 제사인데, 점차 조상에 대한 제사라는 의미를 넘어 정치적 의미가 담기게 된다. 이에 예는 시대가 흐름에 따라 단순히 귀신을 섬기는 영역에서 사람을 섬기는 영역으로 확장되게 된다. 즉 예가 하나의 체제를 갖추게 되었을 땐 조상에 대한 제사에서 진일보하여 길례吉禮, 흉례凶禮, 빈례賓禮, 군례軍禮, 가례嘉禮 등 이른바 '오례五禮'를 통해 갖가지 의식제도로 확장되게 된다. 이런 과정을 거치면서 예는 정치, 윤리, 예술 등 인간 사회생활에 전면적으로 간여하기 시작한다.

주희朱熹는 예를 철학적으로, '천지의 절문이요, 인사의 의칙이다'(天理之節文, 人事之儀則)4)라고 규정한다. 이런 점을 예의 형이상학적 발생 근거와 관련하여 살펴보면, 사계절의 기운이 봄·여름·가을·겨울 각각의 계절 기운에 맞게 그 기운을 절도 있게 펼치면서(이것이 이른바 '마디 절[節]의 의미다) 우리 눈앞에 낳고(生) 자라고(長) 거두어들이고(收) 저장하는(藏) 작용(이것이 이른바 文의 의미이다) 을 보여 준다는 것이다. 여기서 핵심은 한 계절 기운이 극에 이르면 한 마디(節) 를 지우면서 다음 계절로 넘어간다는 의미를 갖는 '절節'이다. 형이하의 측면에 서 보면 이 같은 천도로서 이해된 예에 대한 사유는 인간이 행동해야 할 당위 규범으로 작용한다. 즉 인간은 대자연이 절도에 맞게 작용하는 것을 본받아

---

3) 許愼, 『說文解字』, "禮者, 履也. 事神致福, 從示從豊."
4) 『論語』, 「學而」, "有子曰, 禮之用, 和爲貴. 先王之道斯爲美, 小大由之"에 대한 朱熹의 注, "禮者, 天理之節文, 人事之儀則也." 참조.

자신이 행할 행동의 당위 규범(이것이 儀則이다)으로 삼는다는 것이다. 『예기』에서
는 이 같은 예를 인간의 다양한 삶의 현장에 적용한다.

도덕과 인의도 예가 아니면 이루어지지 않는다. 교화를 세워 백성을 가르쳐
서 풍속을 바로잡는 일도 예가 아니면 완비되지 않는다. 분쟁을 해결하고 소
송을 판결하는 일도 예가 아니면 결정될 수가 없다. 임금과 신하, 윗사람과
아랫사람, 아버지와 아들, 형과 아우의 분수도 예가 아니면 정해질 수가 없다.
벼슬하고 배우는 데 있어 스승을 섬기는 일도 예가 아니면 친애할 수 없다.
조정에 반열하며 군대를 다스리며, 벼슬에 임하고 법을 시행하는 일도 예가
아니면 위엄이 서지 않는다. 기도하고 제사하며 귀신에게 공급하는 일도 예
가 아니면 정성스럽지 않고 단정하지 않다. 그런 까닭에 군자는 공경하고 절
도를 알맞게 하며 사양하고 겸손하는 행동을 통해 예를 밝히는 것이다.[5]

이상의 언급을 참조하면 인간의 바람직한 행동양식과 규범, 정치행태, 조상
에 대한 제사 등 인간이 삶을 영위하는 어떤 경우에도 예가 적용되지 않음이
없음을 알 수 있다. 이상 말한 것 중에서 맨 마지막 군자의 행동거지와 관련된
한두 가지 예를 들어 그 구체적인 내용을 살펴보자. 먼저 『예기禮記』「옥조玉藻」
에서 말하는 이른바 군자의 외적 행동거지 및 용모를 규정한 '아홉 가지 용태'(九
容)를 들 수 있다.

걸음걸이는 무겁게 하라. 손가짐을 공손히 하라. 눈의 모양은 단정히 하라.
입은 가만히 다물라. 말소리는 조용히 하라. 머리 모양은 똑바로 두라. 숨쉬
기를 정숙히 하라. 서 있는 모습은 덕스럽게 하라. 안색은 장중하게 하라.[6]

---

5) 『禮記』, 「曲禮上」, "道德仁義, 非禮不成, 教訓正俗, 非禮不備. 分爭辨訟, 非禮不決. 君臣上
下父子兄弟, 非禮不定. 宦學事師, 非禮不親. 班朝治軍, 涖官行法, 非禮威嚴不行. 禱祠祭祀,
供給鬼神, 非禮不誠不莊. 是以君子恭敬撙節退讓以明禮."

이런 점에서 특히 '밖을 수양하는 것'(修外)과 '안을 수양하는 것'(修內)을 꾀하는 예와 악樂은 교육적 측면에서 제대로 된 귀족 혹은 군자가 되기에 중요한 의미를 지닌 것으로도 보았다.[7] 이처럼 군자가 되려면 언행과 일거수일투족이 모두 예법의 규범에 맞아야 했다. 다음 『예기』 「소의少儀」에서 언급한 것을 보기로 하자.

언어의 아름다움은 뜻이 심원하고 기세가 높은 데 있고, 조정의 아름다움은 행동거지가 일정하고 법도에 합치되는 데 있고, 제사의 아름다움은 삼가고 정성스러우며 두려워하고 조심하는 데 있고, 거마의 아름다움은 움직임이 신속하고 멈추지 않은 데 있고, 수레가 달릴 때 난새 모양의 방울(鸞鈴)의 화합하는 소리의 아름다움은 맑고도 조화를 이루는 데 있다.[8]

군자의 엄숙 단정한 모습, 조정, 제사, 거마 등과 같은 각각의 상황에 따른 예제 실천에는 사회적 등급의 숭고한 권위가 담겨 있다. 공자는 『예기』 「중니연거仲尼燕居」에서 "예는 이치를 따지는 것이고, 악은 절제하는 것이다. 군자는 이치가 아니면 움직이지 않고, 절제가 아니면 작동하지 않는다"[9]라는 것을 말한 적이 있는데, 공자의 이런 발언은 앞서 말한 것을 압축적으로 표현한 것이다.

이상 말한 내용을 가장 압축적이면서 상징적으로 표현한 것은, 공자가 '극기

---

6) 『禮記』, 「玉藻」, "君子之容舒遲, 見所尊者齊遫. 足容重, 手容恭, 目容端, 口容止, 聲容靜, 頭容直, 氣容肅, 立容德, 色容莊."

7) 『禮記』, 「文王世子」, "凡三王教世子, 必以禮樂. 樂所以修內也, 禮所以修外也." 및 『周禮』, 「春官宗伯第三・大司樂」, "大司樂掌成均之法, 以治建國之學政, 而合國之子弟焉, ……以樂德教國子, 中和祗庸孝友, 以樂語教國子, 興道諷誦言語, 以樂舞教國子." 등 참조.

8) 『禮記』, 「少儀」, "言語之美, 穆穆皇皇, 朝廷之美, 濟濟翔翔, 祭祀之美, 齊齊皇皇, 車馬之美, 匪匪翼翼, 鸞和之美, 肅肅雍雍."

9) 『禮記』, 「仲尼燕居」, "禮也者, 理也. 樂也者, 節也. 君子無理不動, 無節不作."

程頤, 「四勿箴」 중 「視箴」, 「聽箴」, 「言箴」. 沈度 楷書.

복례가 바로 예라고 하면서 말한 '네 가지를 하지 말라'(이른바 四勿)는 것이다. 즉 "예가 아니면 보지도 말고, 예가 아니면 듣지도 말며, 예가 아니면 말하지도 말고, 예가 아니면 움직이지도 말라"[10]는 것이다. 이 같은 공자의 '사물四勿'에 대해 북송의 유학자인 정이程頤는 예에 맞지 않는 '네 가지를 하지 말라는 것과 관련된 잠언인 「사물잠四勿箴」[11]을 지어 유학자들이 실현해야 하는 행동거지와 마음 단속을 매우 철학적으로 규명한 바가 있다.

이상 본 바와 같이 예는 인간이 신은 물론 타인과 관계를 맺고 살아가는 데 적용되지 않은 곳이 없을 정도로 광범위하게 영향을 주고 있다. 아울러 그런 예제를 실천하느냐 하지 못하느냐 하는 것은 결국 천하가 다스려지거나

---

10) 『論語』, 「顔淵」, "非禮不視, 非禮不聽, 非禮不言, 非禮不動."
11) 程頤, 「四勿箴」, "其視箴曰, 心兮本虛, 應物無迹. 操之有要, 視爲之則. 蔽交於前, 其中則遷. 制之於外, 以安其內. 克己復禮, 久而誠矣. 其聽箴曰, 人有秉彝, 本乎天性. 知誘物化, 遂亡其正. 卓彼先覺, 知止有定. 閑邪存誠, 非禮勿聽. 其言箴曰, 人心之動, 因言以宣. 發禁躁妄, 內斯靜專. 矧是樞機, 興戎出好, 吉凶榮辱, 惟其所召. 傷易則誕, 傷煩則支, 己肆物忤, 出悖來違. 非法不道, 欽哉訓辭. 其動箴曰, 哲人知幾, 誠之於思. 志士勵行, 守之於爲. 順理則裕, 從欲惟危. 造次克念, 戰兢自持. 習與性成, 聖賢同歸."

혼란이 야기된다는 것으로 이어진다. 이런 점에서 동양에서는 무엇보다도 예를 중시하였다.

3. 예의 발생과 예의 기원

예의 발생에 대해 심각하게 고민한 사상가는 순자다. 『순자』 「예론禮論」에서는 자문자답의 형식을 빌려 예의 기원을 따진다. 순자는 먼저 "예의 기원은 어디에 있는가?"라고 질문한 뒤 다음과 같이 답한다.

> 사람은 나면서부터 욕망을 가지고 태어난다. 욕망이 충족되지 못하면 그것을 추구하지 않을 수 없다. 그러나 욕망을 추구함에 있어서 일정한 제한이 없다면 다툼이 일어나게 된다. 다툼이 일어나면 사회는 혼란하게 되고, 혼란하게 되면 사회가 막다른 상황에 처하게 된다. 옛 선왕이 이러한 혼란을 방지하기 위하여 예의를 세워서 분별을 두었다. 사람의 욕구를 기르고, 그 욕구를 충족시키되 욕망이 반드시 물질적인 것에 한정되거나 물질이 욕망을 위해서만 존재하는 일이 없도록 함으로써 양자가 균형 있게 발전하도록 하였다. 이것이 예禮의 기원이다. 그러므로 예란 기르는 것(養)이다.12)

인간은 사적 욕망을 추구하는 존재라는 점에서 성악설을 개진한 순자의 예론은 한정된 재화와 무한한 인간 욕망 사이에서 어떻게 하면 예를 통해 두 가지를 잘 조화롭게 하여 사회의 안정을 이룰 수 있게 하는가에 초점이 맞추어

---

12) 『荀子』, 「禮論」, "禮起於何也. 曰, 人生而有欲, 欲而不得, 則不能無求. 求而無度量分界, 則不能不爭. 爭則亂, 亂則窮, 先王惡其亂也. 故制禮義以分之, 以養人之欲, 給人之求, 使欲必不窮乎物, 物必不屈於欲, 兩者相持而長, 是禮之所起也. 故禮者養也."

져 있다. 즉 인간이 무리를 이루고 살면서 서로 간에 안정적인 관계를 이루려면 재화와 욕망의 적절한 조화가 요구된다는 것인데, 그 욕망을 적절하게 드러낼 수 있게 하는 '기른다'(養)는 차원의 예가 필요하다는 논리다.

한정된 재화와 무한한 인간 욕망을 조정하는 상황에서 무조건 인간의 자연 본능적인 욕망을 부정할 수만은 없다. 이런 점에서 순자는 예를 통해서 자신의 자연 본능적인 욕망을 자신의 분수에 맞게 절제(즉 節情)하고, 그 절제를 통해 인간의 욕망을 올바른 방향으로 나아가게 할 것(즉 養欲)을 말한다. 예의를 세워 분별을 규정하고 그것을 통해 욕망과 재화의 적절한 조화를 꾀하여 최종적으로 사회의 혼란을 방지하고자 한 순자의 예론은 사회이론에 해당한다고 평가한다. 즉 순자는 예가 갖는 예의 사회 제도와 규범이란 점을 강조한다. 인간관계와 관련된 예의 발생에 대한 것은 『중용』 20장의 언급을 통해 알 수 있다.

인자함이란 인간의 본질인데, 그 실질은 친한 이를 친하게 대접하는 것이 가장 크고, 의로움이란 마땅함이란 점에서 덕이 있고 현자를 존경하는 것이 가장 크다. 이런 점에서 친한 이를 친한 이답게 대접하되 친소 관계에 따라 차별적으로 사랑을 베풀고, 덕이 있는 현자를 존경하되 그 신분에 따라 차등을 두는 것이 바로 예가 생겨난 이유다.[13]

『중용』에서 말한 예의 발생에 대한 언급은 혈연관계의 친소에 따른 차등과 신분에 따른 차등을 공고화한 것에 속한다. 특히 『예기』에서는 중국 정치의 특색인 가족식 종법 정치와 관련지어 이해하는 발언을 많이 접할 수 있다.

고대 중국에서 왜 그렇게 예를 중시하는가 하는 물음에 대한 답은 그들이 살았던 농경적 삶과 연계하여 이해할 수 있다. 고대 중국인은 토지가 비옥하고

---

13) 『中庸』 20章, "仁者, 人也, 親親爲大; 義者, 宜也, 尊賢爲大. 親親之殺, 尊賢之等, 禮所生也."

강우량이 풍부하며 기후가 온화한 황하와 장강이 준 우월한 자연조건 아래에서 자신들의 삶의 터전을 마련하였다. 그들은 생산력을 획득하고 증진하기 위해 원만한 사회관계의 유지와 사회진화의 방식에 집중하였다. 그 결과 중국철학은 시작부터 사회관계와 직접 상관된 정치적이고 윤리적인 것에 초점을 맞추는 것으로 나타났다. 즉 전통적으로 중국철학에서 중점을 둔 것은 현실 인륜에서 요구된 안정적인 사회관계였다. 특히 가정을 단위로 하는 자급자족의 농업생산을 통해 삶을 영위하면서 어떻게 하면 안정적인 생산과 생활방식을 유지할 수 있는지를 학습하게 되었다. 그 결과 일가일호一家一戶의 소단위 사회조직으로도 생존의 필요를 충족시킬 수 있었다.14)

이런 상황에서 농업이 일정 정도로 발전되자 "남자는 경작하고 여자는 베를 짠다"라는 '남경여직男耕女織'이 상징하듯 남자의 노동력을 주체로 한 부계가장제父系家長制가 기본적인 사회 생산 조직으로 형성되었다. 아울러 가족을 생산 단위로 삼는 사회 구조와 형식이 장기적으로 요구되었다. 그 결과 고대중국에서는 가정 혈연관계의 종법이 더 나아가 국가의 종법이 되게 된다. 가정에서 부모·형제·남녀의 존비尊卑 관계를 알아야 국가에서 군신과 상하 간의 존비 관계를 알게 된다는 것이다.

이런 점과 관련해 『예기』 「문왕세자文王世子」에서는 "사람의 자식 됨을 알고 난 연후에야 사람의 부모가 될 수 있다. 사람의 신하되는 도리를 알고 난 연후에야 사람의 임금이 될 수 있다. 사람 섬기는 도리를 알고 난 연후에야 사람을 부릴 수 있다"15)라고 말한다. 집안의 효가 국가의 충으로 연결되는 대목이다. 개인마다 자기의 인생을 살아가면서 이런 근본적인 도리를 알아야 비로소 국가

---

14) 예의 이런 점과 관련된 자세한 것은 柳肅, 『禮的精神: 禮樂文化與中國政治』(吉林教育出版社, 1990) 참조. 번역본으로는 류수 저, 홍희 역, 『예의 정신』(동문선, 2012).

15) 『禮記』, 「文王世子」, "是故知爲人子, 然後可以爲人父. 知爲人臣, 然後可以爲人君. 知事人, 然後能使人."

를 다스릴 수 있는 도리를 이해할 수 있다고 여겼다. 이에 예제를 중심으로 한 종법 윤리가 형성되게 된다.

예의 근본정신은 상하와 존비의 등급 관계를 구별하는 데 있다. 상하관계의 안정된 질서를 유지하는 것은 종법제 국가정치의 근본이 되는 도에 해당한다. 세자(嫡長子)가 대를 잇는 가족의 혈연관계를 근거로 하여 세워진 종법제 국가는 그 나라 조정의 군신과 상하의 순서가 우선 먼저 가족 내부의 부자, 형제, 장유의 순서에서부터 온다고 여겼다. 그 관계를 규정하는 것이 바로 예다. 결국 예제가 제대로 실현되면 집안은 물론 국가도 안정되게 된다는 믿음이 있고, 이런 점에서 무엇보다도 정치적 측면은 물론 윤리적 측면에서도 예가 중요하다는 것을 강조하고 있다.

이처럼 중국의 봉건정치는 본질적으로는 등급을 구분하는 정치로서, 상하 존비의 등급 질서의 유지와 보호를 치세의 근본으로 삼고 있었는데, 이상과 같은 사유에는 분별을 본질로 하는 예제가 작동하고 있음을 확인할 수 있다. 공자는 『예기』 「경해經解」에서 이런 점과 관련해 "예로 국가를 바르게 하는 것은 저울로 경중을 다는 것과 같고, 먹줄로 굽고 곧은 것을 바로 하고, 곱자와 그림쇠로 네모와 원을 그리는 것과 같다.…… 그러므로 예로써 종묘를 받드는 데 경건하여야 하며, 예로써 조정에 들어가면 귀천에 따라 자리가 있고, 예로써 가정에서 처하면 부자가 서로 친하고, 형제가 서로 화목하여야 하고, 예로써 고을 안에 처하면 장유와 질서가 있게 마련이다"[16]라고 하고 있다. 공자는 결론적으로 "위정자가 편안하게 백성을 다스리는 것으로는 예보다 뛰어난 것이 없다"[17]고 한다.

---

16) 『禮記』, 「經解」, "禮之於正國也, 猶衡之於輕重也, 繩墨之於曲直也, 規矩之於方圜也.……故 以奉宗廟則敬, 以入朝廷則貴賤有位, 以處室家, 則父子親兄弟和, 以處鄕里則長幼有序."
17) 『禮記』, 「經解」, "孔子曰, 安上治民莫善於禮, 此之謂也."

결국 예는 사회정치의 기점을 개인의 내심 수양 위에 놓고 있으면서 궁극적으로는 천하의 난을 다스리는 것을 목표로 하고 있다. 이런 사유를 확장하여 하층민인 피통치자에 초점을 맞추어 말한다면, 예를 닦는 것은 윗사람을 범하여 난을 일으키지 않는 것을 목표로 한다. 상층부인 통치자에 초점을 맞추어 말한다면, 먼저 자기 자신을 수양하고 난 뒤에 비로소 집안을 다스리고 나아가 나라를 다스려 천하를 평안하게 하는 것을 목표로 한다. 즉 유학에서는 사물의 본말과 시종의 선후관계를 명백하게 하고 나서야 기본적으로 치세의 도를 파악할 수 있다고 보았는데, 이른바 『대학』에서 말하는 수신 · 제가 · 치국 · 평천하라는 사유는 이런 점을 잘 보여 준다.

이처럼 예는 가정을 다스리는 것에서부터 출발하여 국가를 다스리는 근본 방법이고 표준이 되었다. 아울러 위정자가 편안하게 백성을 다스리는 방법의 핵심이 되었다. 이런 점을 참조하면 수신 · 제가 · 치국 · 평천하를 추구하는 유가의 정치는 바로 예의 정치였다고 할 수 있는데, 그것이 실질적인 현상으로 드러난 것은 바로 제사다.

4. '보본반시報本反始'와 제사 목적

중국 고대 유학에서는 전면적으로 예의 제도를 제정하여 현실적인 정치 및 윤리 관계를 유지하는 데 적용하였다. 아울러 사람과 사람 사이의 원만한 화해 관계를 추구하는 것을 예의 정신으로 삼았다. 이와 같은 것을 상징적으로 드러내는 것이 바로 제사다. 제사는 예의 시초이며 발단에 해당한다. 예의 제도 중에서 가례나 국례를 막론하고 제사는 줄곧 가장 융숭한 예에 해당한다. 이 같은 제사는 가례와 국례에서 동일하게 적용되었다. 중국정치문화에서 가례와 국례는 외재적으로 구별하나 내재적인 연계를 지었다. 왜냐하면 중국 고대 특히 주나라의 경우 집안을 다스리는 것(治家)에서 나아가 나라를 다스리는 것(治國)에 이르는 예의 정치는 근본적으로 말하면 일종의 혈연 정치적 속성을 띠고 있기 때문이다. 『예기』 「제통祭統」에서는 제사의 의미에 대해 다음과 같이 말한다.

> 무릇 사람을 다스리는 도리는 예보다 급한 것이 없고, 예에는 오경五經(吉禮, 凶禮, 軍禮, 賓禮, 嘉禮)이 있으나 제사보다 중요한 것은 없다. 무릇 제사란 것은 물건이 아니고 밖에서 오는 것이 아니다. 속에서 나와 마음에서 생기는 것이다. 마음이 슬퍼서 예로써 받들기 때문에 오직 어진 사람이라야 제사의 의미를 다 할 수 있다.[18]

제사의 의미는 아무나 알 수 있는 것이 아니라는 것은 그만큼 제사가 담고 있는 범주가 크다는 것을 의미한다. 이 같은 제사는 인간에게만 행한 것이 아니라 하늘의 신, 땅의 신, 인간의 귀신에게 적용되어 실시되었다. 공자는 『예기』 「예운禮運」에서 이런 점과 관련해 다음과 같이 말한다.

> 그런 까닭에 성인이 천지의 법칙을 참찬參贊하고 귀신의 일을 아울러서 정사를 다스리는 것이다. 천지와 귀신이 있는 곳에 처하여 그들은 제사하는 것은 예의 차례다. 천지와 귀신이 즐겨하는 것을 완미하는 것은 바로 백성을 다스리는 일이다.[19]

결론적으로 『예기』 「예기禮器」에서는 "천지의 제사, 종묘의 일, 부자의 도,

---

18) 『禮記』, 「祭統」, "凡治人之道, 莫急於禮. 禮有五經, 莫重於祭. 夫祭者, 非物自外至者也. 自中出生於心也. 心怵而奉之以禮, 是故唯賢者, 能盡祭之義."

19) 『禮記』, 「禮運」, "故聖人參於天地, 並於鬼神, 以治政也. 處其所存, 禮之序也. 玩其所樂, 民之治也."

군신의 도가 윤리이다"[20]라고 말한다. 이처럼 제사의 범위는 천지와 선조를 모두 포함하고 하는데, 이런 제사는 고대인의 원시적인 희망을 상징하는 것일 뿐만 아니라 현실적 필요에서 시작되었다. 즉 제사는 하늘의 신(天神), 땅의 신(地祇), 사람의 귀신(人鬼)을 기쁘게 하여 환심을 구하고 그것을 통해 백성을 다스리고자 한다. 제사가 치국으로 연결되는 대목이다. 제사가 갖는 효용성 때문에 후손들이 행하는 여러 종류의 제사 의식은 곧 개인뿐만 아니라 국가의 중요한 전례가 되었다. 이런 제사는 기본적으로 '근본에 보답하고 처음으로 되돌아간다'(報本反始)라는 사유가 담겨 있다. 그럼 '보본반시'와 관련된 사유를 알아보자.

인간은 어떤 존재인가 하는 점에 대한 다양한 언급이 있다. 이런 점을 『예기』 「예운」에서는 "사람은 천지의 덕과 음양의 교합이고, 귀신의 회합이며, 오행의 빼어난 기운이다"[21]라고 한다. 일종의 천인합일 사유에서 인간을 규정하는데, 이런 사유는 기본적으로 '천지는 생의 근본'이라는 점으로 이어진다. 중국 고대 인들은 이 같은 천지에 대한 존숭을 제사라는 형식을 통해 실현하고자 한다. 『순자』 「예론禮論」에서는 예의 근본으로 천지, 선조, 임금과 스승을 꼽는다.

> 천지는 생生의 근본이며, 선조先祖는 후손의 근본이고, 임금과 스승은 치도治 道의 근본이다. 천지가 없다면 생이 있을 수 없고, 선조가 없다면 태어날 수 없고, 임금과 스승이 없다면 치도할 수가 없다. 따라서 이 세 가지 중 하나만 없어도 사람은 안존安存할 수가 없다. 그러므로 예란 위로는 하늘을 섬기고, 아래로는 땅을 섬기며, 선조를 존경하고, 임금과 스승을 높이는 것이 예의 세 가지 근본이다.[22]

---

20) 『禮記』, 「禮器」, "天地之祭, 宗廟之事, 父子之道, 君臣之義, 倫也."
21) 『禮記』, 「禮運」, "故人者, 其天地之德, 陰陽之交, 鬼神之會, 五行之秀氣也."
22) 『荀子』, 「禮論」, "禮有三本, 天地者, 生之本也. 先祖者, 類之本也. 君師者, 治之本也. 無天地,

하늘은 최고의 본체이고 만물의 시초다. 땅은 만물을 이어받아 발육하니 현실적인 존재의 뿌리가 된다. 예의 종지는 이렇게 인류와 자연의 근본에 대한 은덕에 감사드리는 것이다. 이상과 같은 천지와 선조에 관한 섬김이 예의 측면 에서는 '보본반시' 사유로 귀결된다. '보본반시報本反始'에서 '보'란 근본에 예로 보답하는 것이고, '반反(=返)'이란 근본을 마음으로 되돌려 좇는 것이다. 이런 점을 『예기』 「교특생郊特牲」에서는 다음과 같이 구체적으로 말한다.

토지신(社)에 대한 제사는 대지의 신을 존중하는 것이다. 땅은 만물을 기를 수 있고, 하늘은 일월성신을 드리워 인간에게 법칙을 보인다. 인류는 땅에서 필요한 물건을 취하고, 하늘에서는 법칙을 취한다. 이런 점 때문에 하늘을 존경하고 땅을 친애한다. 그러므로 사람들에게 천지에 완전하게 보답하도록 가르친다. 토지신에 제사 지낼 때 구승丘乘 구역 사람들이 그 고장에서 생산 한 물건을 제사에 올리니, 이는 대지가 사람들을 양육한 근본에 보답하고 자 기가 태어난 땅으로 돌아간다는 행위다.[23]

땅은 인간사회에 사용되는 물질을 제공하는 기초다. 그러므로 인간이 반드 시 존중해야 할 대상이다. 땅은 근본에 해당하나 하늘은 한 단계 더 높은 근본에 해당한다. 그러므로 하늘에 지내는 제사를 '크게 보본반시하는 것'(大保本反始)이 라 한다. 이렇게 하늘에 대한 제사를 더 높이는 것은 만물이 비록 땅에서 양육되 나 그것은 반드시 하늘에서 법을 취해야 하기 때문이다. 다음과 같은 발언은 이런 점을 보여 준다.

惡生. 無先祖. 惡出. 無君師. 惡治. 三者偏亡, 焉無安人. 故禮, 上事天, 下事地, 尊先祖, 而隆 君師. 是禮之三本也."
23) 『禮記』, 「郊特牲」, "社所以神地之道也. 地載萬物, 天垂象. 取財於地, 取法於天, 是以尊天而 親地也. 故敎民美報焉. 唯社丘乘共粢盛, 所以報本反始也."

만물은 하늘에 근본을 두고 있다. 사람은 조상에 근본을 두고 있다. 그러므로 조상신인 상제에게 배향하는 것이다. 하늘에 대한 제사(郊)는 크게 보답하고 시초로 돌아가려는 것이다.[24]

『예기』「악기樂記」에서는 보본반시와 관련해 "악은 베푸는 것이다. 예는 갚는 것이다. 악은 그 낳는 것을 즐거워하고, 예는 그 처음으로 돌아가는 것이다.…… 악은 덕을 밝히는 것이고, 예는 정에 보답하고 처음으로 돌아가는 것이다"[25]라고 말한다. 이런 점을 볼 때 인간을 있게 한 근본에 대한 경애로움과 그 처음으로 돌아갈 것을 말하는 제사의 핵심인 '보본반시'는 예의 핵심 내용에 해당한다.

이상 본 바와 같이 천지와 조상에 대한 제사는 예제에서 가장 중요한 위치를 차지하는데, 고대인들이 제사를 통해 천지조상을 숭배하고 은혜에 감사하는 것과 현실 윤리를 유지 보호하려는 것에는 보본반시라는 사유가 담겨 있음을 알 수 있다. 이런 점에서 제사에 담긴 종교 관념은 사회가 발전함에 따라 점차 현실적인 통치를 유지하려는 식으로 변화하게 된다. 이것이 고대 제사의 예제에 담긴 또 다른 의미다. 이에 제사를 비롯한 다양한 예식은 내용과 형식이 상호 조화를 이루었을 때 가장 바람직하다고 여겨졌다.

5. 내용과 형식의 상호 조화

공자는 『논어』「팔일八佾」에서 진정한 예의 실천과 관련해 형식만 존중하고

---

24) 『禮記』,「郊特牲」, "萬物本乎天, 人本乎祖. 此所以配上帝也. 郊之祭也, 大報本反始也."
25) 『禮記』,「樂記」, "樂也者, 施也. 禮也者, 報也. 樂樂其所自生, 而禮反其所自始, 樂章德, 禮報情反始也."

예의 실질적인 내용이 이루어지지 않은 것을 문제 삼은 적이 있다. 즉 "사람으로서 인자하지 않으면 예를 하는 것이 무슨 의미가 있겠고, 악을 하는 것이 무슨 의미가 있겠는가"[26]라는 말을 통해 예와 악을 실현하기 전에 인자함을 갖출 것을 요구한 적이 있다. 공자의 이 발언에서 인자함 대신 예를 실천하기 이전에 요구되는 공경함을 집어넣어 이해해도 전혀 문제가 되지 않는다.

아울러 공자는 『논어』「양화陽貨」에서 "예의 진정한 의의가 설마 옥과 비단에만 있단 말인가? 악의 진정한 의의가 설마 종과 북에만 있단 말인가"[27]라고 하여 예악의 실질은 옥백玉帛이나 종고鐘鼓라는 외적인 형식에 있지 않고 경건한 마음이라는 내적인 것에 있다고 보았다. 공자는 이처럼 예의 내용과 형식에서 내용이 깃들지 않은 형식에 대해 문제를 삼았지만 아울러 '문질빈빈文質彬彬'을 말하여 질박한 내적 자질로서의 내용(質)과 예법에 맞는 외적인 행동거지의 세련됨(文)의 조화를 말한 바[28]가 있다.

올바른 예의 실천은 형식과 내용의 조화를 강조한다. 아울러 예와 악의 관계도 마찬가지이다. 공자는 예에 통달하고 악에 통달하지 못하면 이를 일러 소박하다 하고, 악에 통달하고 예에 통달하지 못하면 이를 일러 치우쳤다고 한다[29]라고 한 적이 있다. 즉 예의 이성적인 면만 강조하면 건조하기만 한다. 따라서 사람들이 즐겁게 받아들일 수 있는 악을 통해 사람들의 마음을 즐겁게 해 줄 필요가 있다. 그러나 악을 통한 감정적인 면만 추구하다 보면 형식 차원에서 무엇인가 부족한 면이 발생하게 된다. 따라서 형식으로서 예와 내용으로서 악이 서로 조화를 이룰 수 있는 협조적인 관계를 성립할 것을 요구한 것이다.

예의 핵심은 『예기』「곡례상曲禮上」에서 말하는 '(어떤 일을 하던지 간에)

---

26) 『論語』, 「八佾」, "人而不仁, 如禮何, 人而不仁, 如樂何."
27) 『論語』, 「陽貨」, "禮云禮云, 玉帛云乎哉, 樂云樂云, 鐘鼓云乎哉."
28) 『論語』, 「雍也」, "質勝文則野, 文勝質則史, 文質彬彬, 然後君子."
29) 『禮記』, 「仲尼燕居」, "子曰, 達於禮而不達於樂, 謂之素. 達於樂而不達於禮, 謂之偏."

공경하지 않은 짓 하지 말라(毋不敬)라는 것이다. 즉 내용적 측면의 예의 핵심은 마음속에 품고 있는 상대방을 위한 공경심이다. 그런데 그 예의 핵심인 공경심을 마음속으로 품고만 있으면 안 된다. 그 공경심을 예법에 맞는 구체적인 몸짓으로 드러내야만 진정한 예가 성립되게 된다. 우리는 흔히 자식은 부모님을 공경해야 한다는 말을 한다. 맹자는 사양하는 마음이 예의 단서라고 하면서 인간은 모두 공경하는 마음을 가지고 있는데, 그 공경하는 마음이 예라 한다.[30]

공경에서의 '공'과 '경'은 의미하는 바가 다르다. '공'은 공손한 자세와 같이 형식이고, '경'은 마음을 오롯이 하는 내용에 해당한다. 이 같은 공이란 형식과 경이란 내용이 하나로 이루어졌을 때 부모님을 진실로 존경한다는 의미가 완성된다. 이처럼 예는 내용과 형식이 서로 잘 조화를 이루었을 때 제대로 예가 실천된 것이라 여겼다.

그런데 이처럼 예의 내용과 형식의 조화를 꾀하고 있으나 현실적 삶에서는 예의 실현에서 형식적 요소가 더 중요하게 여겨지곤 하였다. 실질적인 삶에서 예가 가졌던 정치적 의미, 윤리적 의미를 이해하려면 이런 점에 대한 이해가 동시에 필요하다. 형식은 심한 경우 예악 제도 그 자체로 이해되기까지 하였다. 이런 사유는 예악이 갖는 질서와 형식이 중요함을 강조한 것이다. 이런 점을 『예기』「예기禮器」에서는 다음과 같이 말한다.

예라는 것은 몸과 같은 것이다. 몸이 예에 맞게 제대로 갖추어지지 않는다면 군자는 이것을 사람의 몸이 완성되었다고 하지 않는다. 예를 행하는 자가 그 베푸는 것이 마땅하지 않으면 이것은 예가 갖추어지지 않은 것과 같다. 예에는 큰 것도 있고 작은 것도 있으며, 나타나는 것이 있고 미세한 것이 있다.(이처럼 크고 작고 나타나고 미세한 것이 있으므로 해서 예가 갖추어지는 것이다.) 그렇기 때문

---

30) 『孟子』,「告子上」, "恭敬之心, 人皆有之.……恭敬之心, 禮也."

에 큰 것에서 덜어서도 안 되고, 작은 것에 더해서도 안 되고, 나타내는 것을 가리어도 안 되고, 미세한 것을 크게 해서도 안 된다.[31]

이에 예악의 형식은 형식 자체의 의미를 벗어나 직접적인 심리 수요로 변하게 된다. 이런 점에 대한 이해가 있어야 후대에 왜 예를 그렇게 중요하게 여겼는가 하는 것을 올바로 알 수 있다. 그럼 이런 점과 관련해 실질적으로 신분 차별에 따른 예의 형식적 측면 강조가 갖는 의미에 대해 알아보자.

예의 제도 중에서 특색을 구비하고 있는 예의 형식은 엄격한 등급으로 구별되는 외재적 규범으로 나타난다. 크게는 의장의 규모에서 왕실의 기물의 양에까지 적용되고, 작게는 진퇴와 복식, 동작에 이르기까지 모두 엄격하고 상세한 등급의 규정이 있다.

예는 기본적으로 인간관계에서 친소親疏를 정하고, 혐의嫌疑를 결정하고, 동이同異를 분별하고, 시비를 밝히는 것을 추구한다.[32] 인간관계에서 요구되는 행동거지로서 다른 사람과의 관계에서 함부로 말하지 않고 행동을 절도 있게 하는 수신의 몸가짐과 언어 구사[33]뿐만 아니라 계급과 신분에 따른 차별성을 강조함으로써 상하 신분 질서를 안정적으로 유지하고자 한다.

이에 인간의 칠정七情을 다스리고, 십의十義를 닦고, 믿음을 강론하여 화목을 닦고, 사양辭讓을 숭상하며, 쟁탈爭奪을 제거하는 것도 모두 예를 통해 실현하고자 한다.[34] 정치적 측면에서 볼 때 예는 군주가 갖는 대병大柄으로서, 혐의를 분별하고, 미미한 것을 밝히고, 귀신을 흠향하고, 제도制度를 고찰하고, 인의仁義

---

31) 『禮記』, 「禮器」, "禮也者, 猶體也. 體不備, 君子謂之不成人. 設之不當, 猶不備也. 禮有大, 有小, 有顯, 有微. 大者不可損, 小者不可益, 顯者不可揜, 微者不可大也."
32) 『禮記』, 「曲禮上」, "夫禮者所以定親疏, 決嫌疑, 別同異, 明是非也."
33) 『禮記』, 「曲禮上」, "禮, 不妄說人, 不辭費. 禮, 不踰節, 不侵侮, 不好狎. 修身踐言, 謂之善行. 行修言道, 禮之質也."
34) 『禮記』, 「禮運」, "故聖人所以治人七情, 修十義, 講信修睦, 尚辭讓, 去爭奪, 舍禮何以治之."

를 분별하기에 정사를 다스리고 군주를 편안하게 하는 역할을 한다.35) 결과적으로 예가 제대로 실행되면 국가를 바로 다스릴 수 있는 기틀을 마련할 수 있다고 여긴다.36)

예의 이런 점이 현실적 삶 속에서 구체적으로 실현될 때는 다양한 방식으로 나타나게 된다. 『예기』「예기禮器」에서는 '숫자가 많은 것(多)'과 '숫자가 적은 것(少)', '대大'와 '소小', '고高'와 '하下37)', '문文'과 '소素38)'를 각각 대비하여 예에서 귀하게 여기는 것을 각각 차별화하여 말한 것이 그것이다.

예의 형식과 관련해 숫자가 많은 것이 무조건 좋은 것이 아니고 적은 것이 무조건 나쁜 것이 아니고, 마찬가지로 큰 것이 좋은 것만이 아니고 작은 것이 나쁜 것만이 아니라고 여겼다. 각각 상황에 맞게 귀하게 여기는 것을 차별화하였다. 하나의 예로 제사의 경우를 보기로 하자. 『예기』「왕제王制」에서는 숫자에 나타난 차별을 통해 각각 신분에 따른 예의 형식을 결정하였다.

천자의 종묘는 사당에 7대의 신주를 모신다. 소묘가 3이고, 목묘가 3으로서, 태조의 묘까지 합치면 7이다. 제후의 종묘는 사장에 5대의 신주를 모신다. 소묘가 2이고 목묘가 2로서, 태조의 묘까지 합치면 5이다. 대부의 종묘는 사당에 3대의 신주를 모신다. 소묘는 1이고 목묘는 1이니, 태조의 묘까지 합치면 3이다. 선비의 종묘는 1의 신주를 모신다. 서인은 집에서 제사를 지낸다.39)

---

35) 『禮記』, 「禮運」, "是故, 禮者, 君之大柄也, 所以別嫌明微, 儐鬼神, 考制度, 別仁義, 所以治政安君."
36) 『禮記』, 「禮運」, "詩曰, 相鼠有體, 人而無禮, 人而無禮, 胡不遄死. 是故夫禮, 必本於天於地, 列於鬼神, 達於喪祭射御冠昏朝聘. 故聖人以禮示之, 故天下國家可得而正也."
37) 『禮記』, 「禮器」, "有以高爲貴者, 天子之堂九尺, 諸侯七尺, 大夫五尺, 士三尺, 天子諸侯台門. 此以高爲貴也. 有以下爲貴者, 至敬不壇, 掃地而祭. 天子諸侯之脅廢禁, 大夫士禁. 此以下爲貴也."
38) 『禮記』, 「禮器」, "禮有以文爲貴者, 天子龍袞, 諸侯黼, 大夫黻, 士玄衣纁裳, 天子之冕, 朱綠藻十有二旒, 諸侯九, 上大夫七, 下大夫五, 士三, 此以文爲貴也. 有以素爲貴者, 至敬無文, 父黨無容, 大圭不琢, 大羹不和, 大輅素而越席, 犧尊疏布冪, 樿杓, 此以素爲貴也."
39) 『禮記』, 「王制」, "天子七廟, 三昭, 三穆, 與大祖之廟而七. 諸侯五廟, 二昭, 二穆, 與大祖之廟

숫자의 가감을 통해 신분 차별을 확실시하고 있다. 제사를 지내는 장소도 신분에 따라 차별화하였다. 『예기』「왕제王制」에서는 "천자는 천지에 제사를 지내고, 제후는 사직에 제사를 지내고, 대부는 오사에 제사를 지낸다.…… 천자는 사직에 태뢰太牢로 제사를 지내고, 제후는 사직에 소뢰小牢로 제사를 지낸다"[40]라고 한다.

소, 양, 돼지를 모두 사용하는 경우 태뢰라 하고, 소를 제외하고 양과 돼지로 지내는 제사를 소뢰라고 하는데, 그런 재료를 사용하여 제사를 지내는 것도 신분에 따라 차별화하였다. 천자냐 제후냐 하는 신분의 차이에 따라 제사 지내는 대상과 제물을 달리했다. 진수陳壽가 지은 『삼국지三國志』「위지동이전魏志東夷傳」에 보면, 당시 중국인 진수가 한반도에 위치한 고구려의 동맹東盟, 부여夫餘의 영고迎鼓, 동예東濊의 무천舞天 등과 같은 제천행사를 비중 있게 다루고 있다.[41] 중국에서는 제천행사를 천자만이 지낼 수 있는 것이니, 고구려, 부여, 동예 등에서 제천행사를 지내는 것이 매우 특이하게 보였던 것이다. 아울러 조선조에서 왕실이 제천행사를 거행하고자 할 때 당시 사대부들이 조선왕조는 제후국이기에 천제를 지내면 안 된다는 상소를 올려 제천행사를 거행하지 못한 것이 나온다.[42] 이상 거론한 제사 형식에 대해 오늘날 우리가 그 정황을 엿보기는

而五. 大夫三廟, 一昭, 一穆, 與大祖之廟而三. 士一廟, 庶人祭於寢."
40) 『禮記』, 「王制」, "天子祭天地, 諸侯祭社稷, 大夫祭五祀……天子社稷皆大牢, 諸侯社稷皆少牢."
41) 陳壽, 『三國志』, 卷30, 「魏書三十·東夷傳第三十」, "夫餘: 以殷正月祭天, 國中大會, 連日飮食歌舞, 名曰迎鼓. 高句麗: 以十月祭天, 國中大會, 名曰東盟. 濊: 常用十月節祭天, 晝夜飮酒歌舞, 名之爲舞天." 참조.
42) 『中宗實錄』, 13卷, 中宗 6년 5월 17일 丙寅, "御朝講: 知事金應箕曰, 昭格署, 非但左道而已, 於祀典亦不合. 天子祭天地, 諸侯祭山川, 我國之祀天, 非禮也." 참조. 摩尼山에서 天祭를 지낼 것을 말한 것도 있다. 金允植, 『雲陽續集』, 卷4, 「摩尼山祭天禱告文」, "伏以穴口之海, 摩尼之丘, 即我神祖祭天之所也. 昔日神祖於此, 巡方行化, 祀天告成, 亦維三郎, 左右陪列, 雲旗霓旌, 繽紛翳降. 壇場遺址, 靈蹟不泯, 在我後世子孫, 何敢荒墜舊典, 使斯民不蒙神祖之澤乎." 참조.

힘들지만 '종묘제례' 같은 행사에서 그 일면을 볼 수 있다.

이 같은 예제와 관련된 형식을 박물관에 가면 바로 확인할 수 있는 것도 있다. 바로 복식에 담긴 예제다. 『예기』「예기禮器」에서는 복식에 대해 다음과 같이 말한다.

> 천자의 예복은 수를 놓은 용포이고, 제후는 보의黼衣(반흑반백으로 자루가 없는 도
> 끼 모양을 수놓은 예복)를 입고, 대부는 불의黻衣(반흑반청으로, 己 자 두 개를 서로 반대
> 로 한 모양을 수놓은 예복)를 입고, 선비는 위는 검고 아래는 엷은 적색으로 된
> 옷을 입는다.[43]

용은 옛날부터 제왕을 상징하는 동물이었는데, 그 발톱의 숫자로도 신분 차별을 표시하기도 하였다. 예를 들면 황제는 발톱이 다섯 개이지만, 제후국은 발톱이 세 개라는 규정이 그것이다. 우리나라는 조선조에 고종이 황제국임을 선포한 이후 용의 발톱을 다섯 개로 하였던 역사가 있다. 이 밖에 각종 정식 모임의 예의 형식과 관련된 솥(鼎), 도마(俎), 제기(籩豆)와 종고鐘鼓, 관경管磬 등의 악기를 진열하는 것과 예식에 맞게 춤을 출 때 몸을 굽혔다 폈다 위아래로 올라갔다 내려갔다 하는 몸동작 등을 상당히 엄격하고 확실하게 규정하는 것도 예의 형식적 측면을 강조하는 것[44]에 속한다.

이처럼 신분 차이에 따른 예가 갖는 형식적 측면을 숫자나 문양, 색깔 등을 통해 차별화하였는데, 만약 이 같은 형식을 어겼을 경우 죽음에 이를 정도로 예의 형식에 중요성을 부여했다. 예의 형식을 중요시한 것은 다른 것이 아니다. 이런 형식적 측면을 무시하는 것은 자신의 신분을 벗어난 참월(僭越) 행위에 속한

---

43) 『禮記』,「禮器」, "天子龍袞, 諸侯黼, 大夫黻, 士玄衣纁裳."
44) 『禮記』,「樂記」, "故鐘鼓管磬, 羽籥干戚, 樂之器也. 屈伸俯仰, 綴兆舒疾, 樂之文也. 簠簋俎
豆, 制度文章, 禮之器也. 升降上下, 周還裼襲, 禮之文也." 참조.

다고 여겼다.[45] 결국 예의 형식에는 내용으로서의 예를 실행하는 자의 마음이 담겨 있다고 여겼다.[46]

이상 진정한 예의 실천은 공경심이란 내용과 공손함이란 형식이 조화롭게 이루어져야 하는 것과 더불어 신분 차별에 따른 예의 형식적 측면을 강조하는 것을 살펴보았는데, 특히 후자의 경우 그 근거를 음양론 차원에서 제기하고 있는 점에 주목할 필요가 있다.

6. 음양론과 예교의 차별윤리

전통적으로 남자는 양이 되고 여자는 음이 되고, 양은 강하고 음은 부드럽고, 양은 존엄하고 음은 비천하다고 여겼다. 그런데 이 같은 남녀를 차별하는 사유는 『예기』의 핵심에 해당하는 내용이다. 오늘날 입장에서 보면 받아들일 수 없는 사유이지만 과거 남성 위주의 가부장제에서는 거역할 수 없는 진리로 받아들인 점이 있다.

우리 집은 천변 배다리 곁에 있고, 처가는 안국동에 있어 그 거리가 꽤 멀었다. 나는 천천히 가느라고 가고 아내는 속히 오느라고 오건마는 그는 늘 뒤떨어졌었다. 내가 한참 가다가 뒤를 돌아보면 그는 늘 멀리 떨어져 나를 따라오

---

45) 『論語』,「八佾」, "孔子謂季氏, 八佾舞於庭, 是可忍也, 孰不可忍也"에 대한 朱熹의 注, "佾, 舞列也, 天子八, 諸侯六, 大夫四, 士二. 每佾人數, 如其佾數. 或曰, 每佾八人. 未詳孰是. 季氏 以大夫而僭用天子之樂, 孔子言其此事尚忍爲之, 則何事不可忍爲." 참조. 관련된 자세한 것 은 조민환,「季氏 僭越 행위에 대한 儒家 禮樂論的 考察」, 『퇴계학보』 144호(퇴계학연구 원, 2018) 참조.
46) 이런 점에서 공자는 예악을 행하는 사람의 인자함을 강조한 바가 있다. 『論語』,「八佾」, "子曰, 人而不仁, 如禮何. 人而不仁, 如樂何." 참조.

려고 애를 쓰며 주춤주춤 걸어온다.

이상은 현진건의 단편소설인 『빈처』의 한 대목이다. 요즘은 많이 달라졌지만, 과거에 부부 동반하여 길을 갈 때 여자는 대부분 남자의 약간 뒤에서 따라가곤 하였다. 남편이 주장하고 아내가 따른다는 의미로 부부의 화합하는 도리를 뜻하는 말인 '부창부수夫唱婦隨'도 남편이 먼저이고 아내가 뒤라는 점을 보면, 순서적으로 남녀를 차별하고 있음을 알 수 있다.

이런 현상은 많은 상황에서 확인할 수 있다. 황제의 부인은 황후皇后다. 왜 황후라고 하냐면, 황제의 뒤(后=後)에 있는 여자이기 때문이다. 황후가 죽어서 무덤에 묻혔을 때 황후의 관의 위치는 황제의 관보다 한 단계 밑에 있다. 죽어서도 예법을 적용한다. 남녀의 선후 및 차별과 관련된 이런 현상에는 다 근거가 있다. 『예기』「교특생」에서 이런 점과 관련해 "남자가 앞서고 여자가 뒤따르는 것은 강유剛柔의 이치에 따른 것이다. 남자가 앞서서 인도하고 여자가 뒤를 따르니 부부의 의가 여기에서 시작된다"[47]라고 말하는 것이 그 근거다.

전통적으로 남자는 양이고 여자는 음인데, 양은 존엄하고 음은 비천하다고 여겼다. 『예기』「예기禮器」에서는 "음양이 나누어짐이 부부의 위치다"[48]라고 하여 남녀의 구분을 음양에 빗대어 규정하고 있다. 이런 점들을 형이상학적 측면에서 보면, 천지 음양의 우주 질서가 바로 예의 질서에 적용된 것인데, 『예기』에서는 이 같은 사유에서 출발하여 남녀의 차별을 규정하고 있다.

『예기』에 나타난 음양론에 의한 천지와 남녀에 대한 규정은 『주역』「계사전」에서 말하는 "하늘은 존귀하고 땅은 비천하다. 양으로서의 건(하늘)과 음으로서의 곤(땅)의 지위가 정해졌다"[49]라는 것에서 출발한다. 『예기』「악기」에서는

---

47) 『禮記』,「郊特牲」, "男先於女, 剛柔之義也.……男帥女, 女從男, 夫婦之義由此生."
48) 『禮記』,「禮器」, "陰陽之分, 夫婦之位也."

구체적으로 『주역』 「계사전」의 이 같은 사유를 본받아 "하늘은 높고 땅은 낮다"(天高地下)라는 것을 말한다. 이런 음양론은 다양한 방면에 적용되는데 사계절에 지내는 제사에도 적용한다. 『예기』 「제통祭統」에서는 이런 점과 관련해 다음과 같이 말한다.

> 무릇 제사에는 사계절에 각각 행하는 것이 있다. 봄에 지내는 제사는 약祠이라 하고, 여름에 지내는 제사는 체禘라 한다. 가을에 지내는 제사는 상嘗이라 하고, 겨울에 지내는 제사는 증烝이라고 한다. 약체祠禘는 양의 뜻이고, 상증嘗烝은 음의 뜻이다. 체는 양이 성한 것이고, 상은 음이 성한 것이다. 그러므로 체상보다 중한 것은 없다.[50]

이처럼 음양론은 매우 광범위하게 적용되는 것을 볼 수 있는데, 『예기』 「악기樂記」에서는 이 같은 음양론을 예와 악의 관계에도 적용하고 더 나아가 남과 여의 관계에도 적용한다. 먼저 『예기』 「악기」에서 음양론을 적용한 것을 보자.

> 하늘은 높고 땅은 낮아서 군신이 정해지고 높고 낮은 것이 벌여 서서 귀천이 자리 잡고, 음양의 동정이 상도가 있어 작고 큰 것을 달리하고, 도는 부류로써 모이고 물건은 무리로써 나누어지는 것은 성명이 같지 않기 때문이다. 천상을 본뜨고 땅의 모양을 이룬다. 이와 같은 것이면 예는 천지의 분별이다.[51]

음양론적 차원에서 보면, 예의 본질은 천지의 다양한 사물들을 분별하는

---

49) 『周易』, 「繫辭上傳」, "天尊地卑, 乾坤定矣."
50) 『禮記』, 「祭統」, "凡祭有四時, 春祭曰祠, 夏祭曰禘, 秋祭曰嘗, 冬祭曰, 烝. 祠禘, 陽義也. 嘗烝, 陰義也. 禘者, 陽之盛也. 嘗者, 陰之盛也. 故曰, 莫重於禘嘗."
51) 『禮記』, 「樂記」, "天尊地卑, 君臣定矣. 卑高已陳, 貴賤位矣. 動靜有常小大殊矣. 方以類聚, 物以羣分, 則性命不同矣. 在天成象, 在地成形, 如此則禮者, 天地之別也."

것에 있다. 『예기』 「악기」의 다음과 같은 말도 동일한 사유를 보여 준다.

하늘은 높고 땅은 낮아 만물이 각각 성품을 달리하니 예제가 행하여진다. 음
양의 기가 흘러서 쉬지 않고 합해 같아져서 조화를 이루니 악樂이 일어났다.[52]

예의 본질적 속성은 다름을 분별하는 데 있다. 그것의 형이상학적 뿌리는
'천존지비天尊地卑'와 '천고지하天高地下'에서 출발한다. 예와 악을 이처럼 음양의
성질에 적용하여 풀이하는데, 오행도 음양과 마찬가지로 예와 밀접한 관련이
있다고 이해한다. 『예기』 「예운禮運」에서는 이런 점과 관련해 "성인을 규칙을
정해 반드시 천지의 근본이 되도록 하고 음양이 단서가 되도록 하였다. 오행을
바탕으로 삼았고, 예의로 그릇을 삼았다"[53]라고 한다. 예와 악의 근본정신은
천지 음양의 뜻에 근거해야 할 뿐만 아니라, 예악 형식에 관한 의례의 준칙과
전장도 반드시 음양오행이 상호 작용하는 규율로 확정되어야 한다는 것이다.

양성 평등을 강조하는 오늘날 『예기』가 갖는 가장 치명적인 결점은 바로
남녀 간의 차별일 것이다. 전통적으로 예교는 특히 여성에 대해 매우 엄격하게
적용하였다. 중국 역사를 보면 남성이 건국한 나라를 망하게 한 음란한 여성이
란 점을 경국지색傾國之色(혹은 傾城之色)이란 말을 통해 표현하곤 한다. 중국 역사
에서 '경국지색'으로 악명을 높인 첫 여인은 아마도 은殷나라를 멸망시키는
데 결정적인 역할을 한 '달기妲己'일 것이다. 그녀는 자신의 미모에 빠진 주왕紂王
을 휘둘러 주지육림酒池肉林의 향락을 즐기는 한편[54] 비간比干을 주살시키게 해

---

52) 『禮記』, 「樂記」, "天高地下, 萬物散殊, 而禮制行矣. 流而不息, 合同而化, 而樂興焉."
53) 『禮記』, 「禮運」, "聖人作則, 必以天地爲本, 以陰陽爲端.……五行以爲質, 禮義以爲器."
54) 紂의 행적에 관한 자세한 것은 司馬遷, 『史記』, 「殷本紀」, "帝紂資辨捷疾, 聞見甚敏. 材力
過人, 手格猛獸. 知足以距諫, 言足以飾非. 矜人臣以能, 高天下以聲, 以爲皆出己之下. 好酒淫
樂, 嬖於婦人. 愛妲己, 妲己之言是從. 於是使師涓作新淫聲, 北里之舞, 靡靡之樂. 厚賦稅以實
鹿臺之錢, 而盈鉅橋之粟. 益收狗馬奇物, 充仞宮室. 益廣沙丘苑臺, 多取野獸蜚鳥置其中, 慢

은나라가 주周 무왕에게 무너지게 하는 데 결정적 역할을 한다. 이 같은 은나라의 교훈에도 불구하고 서주西周가 무너진 것도 서주西周의 마지막 왕인 유왕幽王을 홀린 '경국지색'인 포사褒姒가 있었기 때문이다.

이런 평가에서 볼 수 있는 것은 나라가 망한 것은 모두 여자의 잘못이며, 남성의 책임이 아니라고 생각한 것이다.[55] 이런 점에서 성에 대한 방비는 여성에 대한 방비로 변화되었고 성에 대한 엄격함은 여성에 대한 엄격한 규제로 바뀌었다.

이처럼 중국 예교가 여성에 대해 엄격한 것은 성욕과 밀접한 관련이 있다. 예는 욕망 절제를 강조하는데, 사람의 욕망 가운데 유혹력이 가장 강한 것은 성욕이다. 예교의 입장에서 본다면 이성에 대한 열정적인 추구, 극도의 육체적 향락 추구는 인간의 모든 예법, 규범과 윤리질서를 파괴하는 마력을 가진 것으로, 부정적인 것이다. 예교의 성에 대한 억압은 현실 생활 중에서 여성에 대한 억압으로 바뀌었다. 사람들의 심리 가운데 성의 유혹은 주로 여성으로부터 오는 것이라 생각했기 때문이다. 이런 점에서 예교에서 가장 먼저 방비해야 할 것은 종법사회 구조를 유지하는 가정 관계를 파괴하는 것이다. 가정에 대한 파괴 중 가장 위험한 것은 남녀 관계다. 이런 점과 관련해 공자는 『예기』「방기

於鬼神. 大聚樂戲於沙丘, 以酒爲池, 縣肉爲林, 使男女裸相逐其閒, 爲長夜之飮." 참조.
55) 이런 점에 대해 사마천은 역사적으로 외척 때문에 나라가 망했다는 예를 든다. 아울러 부부 관계는 인도의 大倫이라고 하며, 『周易』의 乾卦와 坤卦, 『詩經』의 「關雎」, 『書經』에서 '釐降을 찬미한 것', 『春秋』에서 親迎하지 않는 것을 기롱한 것 등을 들어 바람직한 부부 관계에 대해 말하고 있다. 司馬遷, 『史記』, 「世家」, 卷19, 「外戚世家序」, "自古受命帝王及繼體守文之君, 非獨內德茂也, 蓋亦有外戚之助焉. 夏之興也以塗山, 而桀之放也以末喜. 殷之興也以有娀, 紂之殺也嬖妲己. 周之興也以姜原及大任, 而幽王之禽也淫於褒姒. 故易基乾坤, 詩始關雎, 書美釐降, 春秋譏不親迎. 夫婦之際, 人道之大倫也. 禮之用, 唯婚姻爲兢兢. 夫樂調而四時和, 陰陽之變, 萬物之統也. 可不愼與. 人能弘道, 無如命何. 甚哉, 妃匹之愛, 君不能得之於臣, 父不能得之於子, 況卑不乎. 卽歡合矣, 或不能成子姓, 能成子姓矣, 或不能要終, 豈非命也哉. 孔子罕稱命, 蓋難言之也. 非通幽明, 惡能識乎性命哉." 참조.

坊記」에서 다음과 같이 말한다.

공자가 말하기를, 대체로 예는 백성들의 음탕한 것을 막고 남녀의 분별을 밝혀 애매한 혐의가 생기지 않도록 하는 것이며, 이로써 사람들이 준수해야 할 기율로 삼는다. 그렇기 때문에 남녀가 중매 없이는 사귀지 않고, 폐백 없이는 서로 사사로이 만나지 않는다. 이것은 남녀의 분별이 없을까 두려워하기 때문이다.[56]

아울러 공자는 예법에서는 제사가 아니면 남녀가 술잔을 주고받으면 안 된다는 것[57]과 출가한 후에 친정집에 오면 집안의 남자들은 그녀와 한자리에 앉으면 안 된다[58]는 것을 말한다. 그것을 사람들의 규범으로 삼아 남녀 간의 구분과 질서를 유지하고자 하지만, 백성들은 여전히 음탕하고 방자하여 윤상倫常을 어지럽히고 있다고 공자는 탄식하고 있다.

철저하게 남녀를 분별하는 이러한 사유에서 볼 수 있는 것은 예의 규정에 위배되는 남녀 관계는 모두 음탕한 것이며 그것은 윤상을 어지럽힌다는 것이다. 비록 음탕한 것에 대한 방비로 남녀 쌍방을 말하고 있으나 결국 남녀 관계 중 위험한 성의 유혹력은 여성에게서 비롯된다고 본다. 이런 점에서 예교의 급선무는 여성에 대한 방비, 여성의 육체에 대한 속박에 두고 있다. 과거 여인들이 외출할 때 반드시 그 얼굴을 가려야 한다[59]라고 한 것도 『예기』「내칙」에서 나온 말이다.

여성에 대한 이 같은 점과 관련해 중국의 예교 차원의 특수한 건축으로서

---

56) 『禮記』, 「坊記」, "子云, 夫禮坊民所淫, 章民之別, 使民無嫌, 以爲民紀者也. 故男女無媒不交, 無幣不相見, 恐男女之無別也."
57) 『禮記』, 「坊記」, "子云, 禮非祭, 男女不交爵."
58) 『禮記』, 「坊記」, "姑姊妹女子子已嫁而反, 男子不與同席而坐."
59) 『禮記』, 「內則」, "女子出門, 必擁蔽其面."

東林書院의 『東林舊跡』 牌坊.

패방牌坊을 살펴볼 필요가 있다. 일반
적으로 능묘, 궁궐 앞 거리의 골목 입
구, 야외대로의 다리 끝에 세웠는데,
목적은 충신, 효자, 절부節婦, 의사義士
등의 덕행을 표창하여 사람들에게 이
들을 영원히 기념하고 본받게 하여 예
의 규범을 존중하고 지켜야 할 것을
요구하기 위함이다. 그런데 주목할 것
은 이처럼 패방을 통해 선양하는 충효, 절의 등 종법제 봉건사회의 미덕을
선양하는 것 중에서 여성의 정조와 절개를 찬미하는 '정절 패방'을 가장 중요하
게 여긴다는 것이다.

극단적인 정절 관념이 형성된 것은 대략 송대 이후의 일이다. 송대의 유학
자들은 예의 정신을 한층 더 심화하고 강화하였다. 이런 사유는 '천리를 보존하
고 인욕을 제거하라'(存天理, 去人欲)는 사유에서 단적으로 드러난다. 이런 사유에
입각한 정이程頤가 과부의 재가와 관련된 질문을 받았을 때 대답한 "재가를
하지 않음으로써 굶어 죽는 일은 대수롭지 않지만 재가를 함으로써 절개를
잃는 것은 중대한 일이다"[60]라는 것에서 최고조에 이른다.

남녀 차별의 근거로 '양존음비陽尊陰卑' 사유를 제시하고 있는 것은 양성
평등을 강조하는 문제가 된다. 이런 점에서 차별 없는 사회에 대한 견해가
『예기』에서는 어떻게 표출되고 있는지 알 필요가 있다.

---

60) 전후 맥락은 『二程全書』, 「遺書二二下」, "問, 孀婦於理似不可取, 如何. 曰, 然. 凡取, 以配
身也. 若取失節者以配身, 是己失節也. 又問, 或有孤孀貧窮無托者, 可再嫁否. 曰, 只是後世怕
寒餓死, 故有是說. 然餓死事極小, 失節事極大." 참조.

孫文,「天下爲公」.

7. 이상향으로서의 대동大同과 소강小康

우리가 중국과 대만을 여행하다 보면 간혹 '천하위공天下爲公'이란 현판 글씨
를 보곤 한다. 쑨원(孫文)이 매우 좋아했던 문구다. 유가의 이상적인 사회를
잘 보여 주는 것은 『예기』 「예운」에 나오는 대동이다. 이런 대동과 달리 인간의
현실적인 삶을 상징하는 것은 소강이다. 대동은 『서경書經』, 『여씨춘추呂氏春秋』,
『장자莊子』, 『열자列子』에서도 보이는데, 그것은 천의天意와의 합치合致, 의견의
일치, 자연의 기氣와의 통화, 천인합일의 뜻 등 다양한 의미를 담고 있다.61)
그럼 『예기』 「예운」에서 언급하는 대동에 관한 내용을 보자.

대동과 소강은 옛날 공자가 제齊국의 납일臘日(섣달)에 신에게 올리는 제사(蜡
祭)에 참례參禮했을 때 제자인 자유子游의 물음에 답한 것에서 나온다. 그때 공자
는 옛날에 큰 도가 행하여진 것과 중국 고대 하·은·주 삼대의 위대한 인물,
이른바 유가의 성인 계보에 속하는 인물들이 행한 업적에 관한 기록을 볼 수
있다는 두 가지를 말한다. 전자가 대동에 대한 것이고 후자는 소강에 대한
것이다. 먼저 대동에 관한 공자의 발언을 보자.

대도가 행해지니, 천하는 모든 사람의 것으로 생각하였다. 현명한 자를 뽑고
능력에 따라 관직이 수여되며 신의와 화목을 가르친다. 사람들은 그 자신의
어버이만을 따로 섬기지 않고, 자기 자식만을 따로 보살피지 않는다. 늙은이

---

61) 자세한 것은 최성철, 『강유위의 정치사상』(일지사, 1988) 참조.

로 하여금 편안하게 여생을 보내게 하며, 장년은 그 쓰이는 바가 있게 하고, 어린이는 키워 주고, 과부와 홀아비, 병든 자는 모두 보살핌을 받는다. 남자는 그 직분이 있고, 여자는 시집갈 곳이 있다. 재화가 땅에 버려지는 것을 싫어하지만, 굳이 사사로이 저장할 필요가 없다. 스스로 노동하는 것을 싫어하지 않지만 반드시 자신만을 위해서 일하지도 않는다. 그러므로 은밀히 음모하는 일이 생기지 않고, 도적과 난적이 나오지 않는다. 그러므로 바깥 대문을 닫을 필요가 없다. 이것을 일러 대동이라 한다.[62]

'대동大同'에는 서로 간에 존재하는 작은 차이를 넘어서 평등을 통해 너와 나의 구분이 없는 사회에 대한 요구가 담겨 있다. 이런 점에서 혈연과 지역을 모두 아우르는 인류적 관점에 근거한 '공적인 천하관'을 제시하고, 안정安定된 삶과 복지가 구현된 사회를 제시하고, 개인과 개인은 물론 집단과 집단이 신뢰를 바탕으로 평화롭게 공존을 꿈꾼다. 이런 점을 압축적으로 표현하고 있는 것이 바로 '천하위공'이다.

청대 캉유웨이(康有爲)는 『대동서大同書』에서 이 같은 대동사회를 좀 더 적극적으로 해석한다. 인간의 현실 세계는 고통, 고뇌의 세계라고 규정하는 그는 일단 인간을 포함한 모든 생물은 괴로움을 벗어나 즐거움을 찾는다는 것을 말한다. 이런 발언은 어떤 것이 인간을 괴롭게 하는 것인가 하는 질문으로 이어진다. 그리고 그는 그것이 국계國界, 급계級界, 종계種界, 형계形界, 가계家界, 업계業界, 난계亂界, 류계類界, 고계苦界 등과 같은 아홉 가지의 경계 구분에서 발생한다[63]고 진단한다.[64]

---

62) 『禮記』, 「禮運」, "大道之行也, 天下爲公. 選賢與能, 講信修睦. 故人不獨親其親, 不獨子其子, 使老有所終, 壯有所用, 幼有所長, 矜寡孤獨廢疾者皆有所養, 男有分, 女有歸. 貨惡其弃於地也 不必藏於己, 力惡其不出於身也, 不必爲己. 是故謀閉而不興, 盜竊亂賊而不作, 故外戶而不閉, 是謂大同."

63) ① 國界(영토와 부락을 나눔) ② 級界(신분의 귀천과 淸濁을 나눔) ③ 種界(피부색으로 황인종 백인종, 갈색인종, 흑인종으로 나눔) ④ 形界(남자와 여자를 나눔) ⑤ 家界(부

캉유웨이가 말한 이상세계는 인간의 행복이 충족되는 세계다. 그것을 다른 차원에서 말하면 모든 사람의 욕망이 충족되는 사회다. 하늘이 사람을 낳으면 사람에게는 반드시 정욕이 부여된다. 문제는 욕망을 지나치게 추구하면 분쟁이 끊이지 않는다는 것이다. 때문에 성인은 예를 제정해 사회를 유지하고 그 예가 허용하는 범위 안에서 욕망 충족을 허용한다. 이런 점에서 본다면 성인의 제도는 모든 사람을 위해 올바름을 유지해 주는 데 불과하다는 것이다.

캉유웨이는 당시 중국적 상황에 대해 황제는 숭앙받고 국민들은 천대받으며, 남자만 중시되고 여자는 경시되며, 귀족은 존경받고 천민은 억압받는 관습이 있는데, 그것이야말로 인간의 불평등을 허용하는 가장 대표적인 예라고 지적한다. 따라서 그는 이런 아홉 가지의 경계 구분을 없애면 상호 공존하고 평등한 태평성세의 대동사회가 이루어진다는 것이다. 캉유웨이에 따르면 남녀는 태어나는 순간부터 모두 평등하고 독립적인 존재다. 그러나 인습에 얽매여 남존여비의 불평등을 초래하고 있다고 한다. 따라서 이러한 폐단을 제거하여 여성들을 고통에서 해방시켜야 한다고 주장한다. 이런 사유가 적용되면 기존의 예를 통한 남녀 간의 차별은 사라지고 이혼의 자유 등이 보장된다. 국가 간에 적용하면 서로가 힘의 우위를 통한 전쟁도 사라지게 된다.

이 같은 '천하위공'의 대동의 사회에서는 인간이 요구하는 이상적인 것을 인간 삶과 관련된 분별과 차별을 강조하는 예가 필요 없게 된다. 오늘날 자유민주주의를 통해 일정 정도 다양한 정책으로써 복지국가를 실현한 나라의 경우

자와 부부, 형제의 친분을 사사롭게 함) ⑥ 業界(농업·공업·상업의 개인 산업을 둠) ⑦ 亂界(不平·不通·不同·不公한 법을 둠) ⑧ 類界(사람·새·동물·곤충·물고기 등의 구별이 있음) ⑨ 苦界(고통이 고통을 낳아 대대로 고통이 끝없이 유전되어 생각할 수도 없음).
64) 송영배, 「康有爲 仁의 철학과 大同 유토피아」, 『철학연구』 48집(고려대 철학연구소, 2013) 참조. 『대동서』에 관한 전반적인 것은 康有爲 저, 이성애 역, 『대동서』(을유문화사, 2006) 참조.

대동에서 요구한 내용들이 실현된 것을 확인할 수 있다. 이상과 같은 대동은 노장의 만물평등 사상이 일정 정도 가미되어 있다는 점에서 전형적인 유가 사유에서는 벗어났다고 평가되기도 한다. 하지만 공자의 말을 빌려 만물평등을 꿈꾸고 있는 점은 부인할 수 없을 것 같다.

그럼 이 같은 대동의 '천하위공'에 대비되는 소강에 대해 알아보자. 소강의 핵심은 천하위공의 대도는 더 이상 존재하지 않고 국가를 자신의 소유로 하는 '천하위가天下爲家'라는 사유에서 출발한다. 아울러 소강은 혈연의 친소 관계를 통한 차별적 사랑 펼침과 분별윤리를 적용하는 사회다. 따라서 이런 사회를 이루기 위해서는 예가 필요함을 강조한다.

이런 점에서 소강사회를 다스리기 위해서는 위대한 성인이 거론되고, 아울러 그 성인들이 어떤 정치를 했는가 하는 것이 문제가 된다. 결론적으로 말하면 이런 소강의 사회에서 세상을 다스리고 문명화된 행위를 하기 위해서는 예가 필요하다는 것을 말한다. 중국 고대 유가의 성인들이라 일컬어지는 인물들이 예를 통해 천하를 다스렸다는 소강의 내용은 다음과 같다.

지금 대도가 숨자 천하는 개인의 일가의 것이 되었다. 사람들은 각기 자기의 어버이만 어버이로 여기고 자기의 자식만 자식으로 여긴다. 재화와 노동을 자기만을 위해 사용한다. 대인이 그 지위를 세습하는 것을 예라 하고, 성곽과 해자로 요새를 만들고 예의를 기강으로 삼아 군신의 관계를 바로잡는다. 부자의 관계를 돈독히 하고, 형제를 화목하게 하며, 부부를 화합시키고, 전리田里를 세우며, 용감하고 지혜로운 자를 현명하다고 하며, 자기를 위하여 공을 이룬다. 그러므로 음모가 생기고 병란이 발생한다. 우임금, 탕임금, 주문왕, 주무왕, 주성왕, 주공 등은 이로 인해 뽑힌 사람들이다. 이 여섯 군자들은 모두 성실하게 예를 따른 사람들이다. 그 의를 밝히고 믿음(信)을 입증하였으며, 잘못을 밝히고 인仁을 본받으며, 사양하는 것을 가르쳐 백성에서 '변하지 않

는 법칙'(常則)이 있음을 보여 주었다. 이것을 따르지 않는 자가 있으면, 권세
가 있는 자도 제거되니, 백성들은 그것을 재앙으로 여긴다. 이러한 세상을
조금 평안한 세상(小康)이라고 말한다.[65]

공자는 대동사회가 아닌 이상 소강의 사회에서는 기본적으로 예가 필요함
을 말한다. 중국 고대의 위대한 성인이라고 일컬어지는 인물들도 알고 보면
예를 통해 치국평천하를 이룬 인물들이다. 대동사회를 이루지 못한다면 차선책
으로 예를 통해 천하를 다스린 소강사회라도 만족해야 한다. 이상과 같은 대동
과 소강의 이야기를 들은 공자의 제자는 소강사회에서 예가 왜 그렇게 필요한
것인지를 묻는다. 그 질문에 대해 공자는 여러 가지 내용으로 말하는데 그
핵심은 다음과 같다.

예라는 것은 선대의 제왕이 하늘의 도를 받들어 사람의 심정을 다스린 것이
다. 그러므로 예를 잃은 자는 죽고 예를 얻은 자는 산다.…… 예는 반드시
하늘에 근본을 두고 그 땅의 형세에 높고 낮은 위치를 드러냈다. 귀신에 열하
여 제사를 행하고 상제喪祭와 사어射御와 관혼冠婚과 조빙朝聘에까지 미쳤다.
그러므로 성인이 예로써 백성에게 법칙을 보였다. 그런 까닭에 천하 국가를
바로잡을 수 있었다.[66]

결론적으로 공자는 소강사회에서 예는 임금의 큰 권병權柄이면서 인간의

---

65) 『禮記』, 「禮運」, "今大道旣隱, 天下爲家, 各親其親, 各子其子, 貨力爲己. 大人世及以爲禮,
城郭溝池以爲固. 禮義以爲紀, 以正君臣, 以篤父子, 以睦兄弟, 以和夫婦. 以設制度, 以立田里,
以賢勇知, 以功爲己. 故謀用是作而兵由此起, 禹湯文武成王周公由此其選也. 此六君子者未有
不謹於禮者也. 以著其義, 以考其信, 著有過, 刑仁, 講讓, 示民有常. 如有不由此者, 在勢者去,
衆以爲殃, 是謂小康."
66) 『禮記』, 「禮運」, "孔子曰, 夫禮, 先王以承天之道, 以治人之情. 故失之者死, 得之者生.……是
故夫禮必本於天, 殽於地, 列於鬼神, 達於喪祭射御冠昏朝聘. 故聖人以禮示之. 故天下國家可
得而正也."

모든 문명화된 행위는 모두 예에서 비롯했음을 말한다.

'천하위공'을 강조하는 대동은 공자 당시에서는 일종의 이상향에 속한다. 과거뿐만 아니라 공자가 살고 있던 그 당시의 어쩔 수 없는 현실적 상황은 소강이다. 이런 소강사회를 제대로 다스려 평화로운 세상을 만들려면 결국 예가 필요하다는 것이 공자 발언의 요지다. 유학은 '모든 사물은 고르지 않다'라는 '물지부제物之不齊'[67]를 말한다. 이런 점을 인정하는 경우, 예는 차별이 존재하는 현실 상황에서 취할 수밖에 없다.

8. 나오는 말: 예론의 현대적 의미

이상 본 바와 같이 예는 오늘날 흔히 말하는 문명적인 예의뿐만 아니라 국가의 정치제도, 사회의 도덕가치, 민족정신, 예술심리, 풍속, 습관 등의 여러 가지 방면에 적용되는 내함이 매우 넓은 문화적 범주다. 특히 가족의 부자, 장유의 존비 관계는 국가의 군신과 상하라는 등급 관계로 인식되었다. 이런 점에서 흔히 중국은 물론 한국 문화는 예의 문화이며, 중국 정치는 예의 정치이며, 중국의 역사는 바로 예의 역사라고 한다.

오늘날 우리들의 관혼상제에 실질적인 영향을 준 것은 주희朱熹의 『주자가례朱子家禮』이지만,[68] 그 『주자가례』의 근본을 이루고 있는 사상의 뿌리를 찾다

---

67) 『孟子』, 「滕文公上」, "物之不齊, 物之情也."

68) 朱熹는 『家禮』 「序」에서 예에는 근본되는 것(名分之守, 愛敬之實)과 실제 인간의 다양한 삶의 방식과 관련된 문채 있는 행위(冠昏喪祭儀章度數者)가 있다고 하면서 예의 근본과 예의 문채를 하루라도 닦지 않고 익히지 않으면 안 된다고 한다. 이런 점은 일상 삶에서의 예 갖는 중요성을 강조한 것이다. 朱熹, 『家禮』, 「序」, "凡禮有本有文, 自其施於家者言之, 則名分之守, 愛敬之實, 其本也. 冠昏喪祭儀章度數者, 其文也. 其本者, 有家日用之常體, 固不可以一日而不修. 其文又皆所以紀綱人道之始終, 雖其行之有時, 施之有所, 然非講之

보면 바로 『예기』를 만나게 된다. 『예기』는 중국의 전 역사는 물론 한국의 전 역사에 걸쳐서 유가의 그 어떤 경전보다도 강력한 영향을 주었다. 특히 유교문화가 진하게 남아 있는 우리나라에는 오늘날에도 여전히 『예기』에서 규정한 예의禮儀 제도가 많은 영향을 주고 있다. 그럼 이런 예를 오늘날 관점에서는 어떻게 평가할 수 있는지 알아보자. 『예기』에서 말하는 예의 본질을 한마디로 말하면 뭐라고 말할 수 있을까? 그것은 공자가 『예기』「중니연거仲尼燕居」에서 말한 "무릇 예는 절제해서 중정을 이루는 것이다"[69]라는 것일 것이다.

최근 우리 사회에 갑질이란 말이 유행하고 있다. 왜 이런 갑질이 일어나는 것일까? 갑질은 어느 집단 내에서 상대적으로 우위에 있는 자가 상대방에게 오만무례하게 행동하거나 이래라저래라 제멋대로 구는 짓이라고 흔히 말한다. 이 같은 갑질에 대해 본고의 내용을 적용하면, 상호 존중을 기본으로 하는 예가 무엇인지를 제대로 모르기 때문에 일어난 현상이라고 본다.

오늘날 『예기』「내칙」에서 말하는 것과 같이 "여자가 문을 나서면 반드시 그 얼굴을 가려야 한다"[70]는 것은 더 이상 존재하지 않는다. 얼굴을 가리는 것이 아니라 당당하게 배꼽티를 입는 세상이 되었다. 성희롱이 아니라면 여성보고 섹시하다고 하는 것이 때론 상대방을 칭찬하는 시대가 되었다. 특히 양성평등이 무엇보다도 강조되는 현실이다. 자신을 드러내고 욕망을 긍정적으로 여기는 오늘날 입장에서 보면 집단의 안정과 질서를 위하여 자신의 욕망을 절제하라는 『예기』에서 말하는 다양한 사유와 형식적인 절차 및 제도는 받아들일 수 없는 것이 많다. 더욱이 '천존지비天尊地卑'와 '천고지하天高地下'의 음양론 차원을 남녀 관계에 적용하여 남녀를 차별화하거나 부부를 차별하는 것은 더

素明習之素熟, 則其臨事之際, 亦無以合宜而應節. 是亦不可一日而不講且習焉者也." 참조.
69) 『禮記』, 「仲尼燕居」, "夫禮所以制中也."
70) 『禮記』, 「內則」, "女子出門, 必擁蔽其面."

이상 설 자리가 없다.

　그렇다면 『예기』에서 말하는 예론 및 철학을 다 버려야만 할까? 이른바 비판적 계승을 할 필요가 있다고 본다. 즉 이 시대에 맞지 않는 것은 비판하고 오늘날에도 여전히 긍정적 의미가 있는 내용은 받아들이는 자세가 필요다고 본다. 왜냐하면 우리는 다른 사람과 떨어져 혼자 살 수 없기 때문이다.

　그 어떤 철학보다도 인간관계의 원만함을 통한 사회의 안정과 구성체의 상호 공존을 꾀하는 것이 유가사상인데, 그중에서도 『예기』가 그런 내용을 가장 많이 담고 있다. 인간들은 부모, 형제는 물론 다른 사람과 관계를 맺고 살아가는데, 이런 상황에서 생노병사와 관련된 다양한 경험을 한다. 이런 정황에서 변화된 상황과 시대에 맞게 기존의 예법을 알맞게 적용하면 된다. 아울러 잊어서는 안 되는 것이 있다. 『예기』의 첫머리를 장식하는 말인 "(어떤 일을 하든지 간에) 공경하지 않은 짓 하지 말라"(毋不敬)라는 말이다. 비록 형식이나 절차가 오늘날 시대에 맞지 않는다면 형식이나 절차 등을 개변하더라도 예의 본질에 해당하는 공경함은 잊어서는 안 된다. 즉 강요되지 않은 상태에서 행해지는 자발적인 합리성, 절제성, 윤리성, 조화성, 배려성 등은 오늘날에도 여전히 유효한 점이 있다.

4장

효도孝道와 문인문화: 인간과 짐승의 차이

1. 들어가는 말

중국 역사를 보면 허소許劭가 "태평세월의 간신적자, 난세의 영웅"[1]이라고 평가한 조조曹操의 출생은 오늘날 우리가 생각하는 관념에 비추어 보면 조금 낯선 점이 있다. 왜냐하면 조조는 생식이 불가능한 환관의 손자이기 때문이다. 조조는 환관인 중상시 조등曹騰의 양자인 조숭曹嵩의 아들이다. 조등은 환관이라 아들이 없었기 때문에 조숭을 양자로 삼았다. 중국 역사를 보면 '환관이 처를 취한 것'(宦官娶妻)은 동한시대부터 있었고, 이후 당대에는 이 같은 '환관의 취처娶妻' 현상이 보편적 현상이 될 정도였다고 한다. 그런데 이런 현상 속에서 '대가 끊기는 불효'를 면하기 위해 환관들이 양자를 들이는 풍조도 유행하게 된다. 조조의 탄생은 바로 이런 현상과 관련이 있다. 조조의 탄생과 관련해 우리가 주목할 것은 '삼불효' 가운데 가장 큰 불효인 '대가 끊기는 불효'(無後)를 저지르지 않기 위해 양자를 들이는 현상에 담긴 효도관은 중국문화를 이해하는 핵심 키워드 중 하나라는 것이다. 아울러 효도관은 '유가'에 초점을 맞추어 이해해야 한다는 제한점은 있지만 오늘날에도 여전히 우리 사회에 영향을 주고 있다는 점에서 효의 본질이 무엇인지를 규명할 필요가 있다.[2]

---

1) 范曄, 『後漢書』, 卷68, 「郭符許列傳第五十八」, "曹操微時, 常卑辭厚禮, 求爲己目. 劭鄙其人 而不肯對, 操乃伺隙脅劭, 劭不得已, 曰, 君淸平之姦賊, 亂世之英雄. 操大悅而去." 참조.
2) 효와 관련된 많은 논문이 있지만 이 논문의 큰 흐름을 정리하는 데 도움을 받은 것은

과거 봉건사회는 종법제도와 '가국동체家國同體' 기제를 통해 천자부터 서인까지를 하나의 통일체로 이해하면서 각각의 구성원들이 어떻게 하면 서로 간에 갈등 없이 조화를 이루고 살 것인지를 고민하였다. 이런 상황에서 제기된 대표적인 사유가 바로 효다. 이런 효는 단순히 한 개인에게만 적용된 것이 아니라 군주에까지 적용되었다는 점에서 봉건사회에서 예법이 갖는 것과 동일한 차원의 영향력을 발휘하였다. 개인적 차원의 '사친事親'은 '사군事君'으로 자연스럽게 연결됨에 따라 효는 수신·제가·치국·평천하를 이루는 핵심 개념으로 자리잡는다. 유가가 제시한 다양한 차원의 효를 실천했을 때 나타난 효용성은 종교적 측면, 윤리적 측면, 정치적 측면, 교육적 측면 등 인간이 삶을 영위하는 모든 부분에 적용되었고, 이에 유가의 효 이념은 개인과 국가 모두에게 적용될 정도로 강력한 영향력을 발휘하였다. 이런 점에서 유가의 효 관념을 심층적으로 이해하는 것은 봉건사회를 이해하는 핵심이 된다. 특히 제왕의 효가 강조된 점에 주목할 필요가 있다. 그 이유는 제왕의 효는 일반 백성들에게도 영향을 끼치고, 그 결과 제왕의 효 여부는 바로 치국평천하 여부와 관련을 맺었기 때문이다. 이에 효의 핵심을 이루는 '양지養志'와 대비되는 '능양能養' 및 '양구체養口體'를 구분을 짓고 아울러 '대효', '중효', '소효' 및 '달효達孝' 등과 같은 다양한 층차가 나타났다. 이런 층차를 통한 효행의 구분에는 효를 통한 유가가 지향하는 바람직한 인간상이 담겨 있다.

다음과 같다. 정상봉, 「유학에서의 孝와 그 현대적 의의」(『인문과학논총』 34집, 건국대학교 인문학연구원, 2000); 성해준·한탁철, 「과거와 현대의 '孝' 고찰」(『교불연논집』 23집, 사단법인한국교수불자연합회, 2017); 금종현, 「전통 孝사상의 논리적 구조와 이념적 성격에 대한 연구」(『한국철학논집』 65집, 한국철학사상연구회, 2020); 장세호, 「공자의 효사상」(『인문학논총』 28호, 경성대학교 인문과학연구소, 2012); 김문준, 「『論語集註』에 내재한 朱子의 孝思想」(『한국사상과문화』 68권, 한국사상문화학회, 2013); 신동윤, 「중국전통의 효사상과 효도법 발효의 의미」(『중국연구』 63집, 한국외국어대학교 중국연구소, 2015).

본고에서는 이상 거론한 효에 대한 다양한 사유를 유가 경전에 나타난 효 관념을 중심으로 살펴보고자 한다. 이에 당대 서견徐堅이 쓴『초학기初學記』3) 와 원대 곽거경郭居敬이「이십사효二十四孝」4)에서 다루고 있는 개인적 차원의 효행과 관련된 구체적인 예는 다루지 않는다. 다만 순舜과 같은 제왕의 효행은 개인적 차원의 효행이지만 그것이 결국 국가와 사회에 지대한 영향력과 효용성 을 갖는다는 점에서 다루기로 한다.

2. 효에 대한 기본 관념

공자는 자신의 제자들에게 일상적 삶을 살면서 행해야 할 것과 순서에 대해 다음과 같이 말한 적이 있다.

공자께서 말씀하셨다. "자제들은 집에 들어가서는 효도하고 나와서는 공경하 며, 행실을 삼가고 말을 성실하게 하며, 널리 사람들을 사랑하되 인자한 사람 과 친해야 하니, 이를 행하고 남은 힘이 있으면 글을 배워야 한다."5)

이상 공자의 발언을 효에 초점을 맞추어 말한다면, 집에 들어가 어떤 내용과

---

3) 徐堅,『初學記』, 卷17,「人部上·孝第四 敍事」(四庫全書本: 子部)에서는 효를 실천한 '事 對'의 예로 '陟岵循陔', '怡聲愉色', '嗣服繼志', '賜算得壽', '問豎求醫', '盡歡竭力', '先意察 色', '盡力樂心', '扇枕溫席', '烝嘗孜孜', '漢盦魏璽', '曾閔荀何', '色難敬易', '陟岵倚門', '吮癰 嘗毒', '陸績懷橘, 殷捣持瓜', '鮑永去妻, 郭道瘞子', '無改不忘', '陳紀畫像, 丁蘭圖形', '杜孝 投魚, 羅威進果', '有司旌門, 太守表墓' 등과 관련된 효행을 기재하고 있다.
4) 元代 郭居敬의「二十四孝」의 "孝感動天, 親嘗湯藥, 齧指心痛, 單衣順母, 負米養親, 賣身葬父, 鹿乳奉親, 行傭供母, 懷橘遺親, 乳姑不怠, 恣蚊飽血, 臥冰求鯉, 爲母埋兒, 搤虎救父, 棄官尋母, 嘗糞憂心, 戲綵娛親, 拾桑供母, 扇枕溫衾, 湧泉躍鯉, 聞雷泣墓, 刻木事親, 哭竹生筍." 등 참조.
5)『論語』,「學而」, "子曰, 弟子入則孝, 出則弟, 謹而信, 汎愛衆, 而親仁. 行有餘力, 則以學文."

행동으로 효를 실천하느냐 하는 것이 문제가 된다.

> 공자께서 말씀하셨다. "사람을 관찰할 적에 아버지가 살아 계실 때에는 그의
> 뜻을 관찰하고, 아버지가 돌아가신 뒤에는 그의 행동을 관찰한다. 그러나 아
> 버지가 돌아가신 후 3년 동안은 아버지의 도를 고치지 말아야 효라 말할 수
> 있다."6)

살아생전 부모가 행하신 뜻이 도에 맞는 것이라면 사후에도 전혀 고칠
필요가 없다. 하지만 부모가 행하신 것이 '비도非道'라면 고칠 필요가 있는데,
이런 경우라도 최소한 3년 동안 부모가 행하고자 했던 뜻을 고치지 않는 것은
효자의 마음에는 '차마 하지 않는 마음'이 있기 때문이다.7) 이런 점과 관련해
증자曾子가 "내가 선생님께 들으니, '맹장자孟莊子의 효 중에 다른 일은 능히
할 수 있다. 하지만 아버지의 신하와 아버지의 정사를 고치지 않은 것은 능히
하기 어렵다'고 하셨다"8)라고 말한 것을 상기할 필요가 있다. 이같이 '차마
하지 못하는 마음'을 맹자는 어버이를 섬기는 인仁의 실체에 해당하는 것이라고
규정한다.

아울러 부모의 잘못과 악행을 고치게 하는 것도 효인데, 효행을 실천하는
것 중에서 자식으로서 행하기 곤란한 것 중 하나는 부모의 잘못과 악행을 고치는
차원의 효다. 그 이유는 자칫 그 과정에서 부모 자식 간에 갈등이 유발될 수

---

6) 『論語』, 「學而」, "子曰, 父在, 觀其志, 父沒, 觀其行, 三年無改於父之道, 可謂孝矣."
7) 『論語』, 「學而」에 대한 朱熹의 注, "父在, 子不得自專, 而志則可知. 父沒, 然後其行可見.
  故觀此足以知其人之善惡, 然又必能三年無改於父之道, 乃見其孝, 不然, 則所行雖善, 亦不得
  爲孝矣. 尹氏曰, 如其道, 雖終身無改可也. 如其非道, 何待三年. 然則三年無改者, 孝子之心有
  所不忍故也." 참조.
8) 『論語』, 「子張」, "曾子曰, 吾聞諸夫子, 孟莊子之孝也, 其他可能也, 其不改父之臣, 與父之政,
  是難能也. 孟莊子, 魯大夫, 名速. 其父獻子, 名蔑. 獻子有賢德, 而莊子能用其臣, 守其政. 故其
  他孝行雖有可稱, 而皆不若此事之爲難."

있기 때문이다. 따라서 이 경우 그 잘못된 것을 간하는 방법에 유의해야 한다.

공자께서 말씀하셨다. "부모를 섬기되 은미하게 간해야 하니, 부모의 뜻이 내 말을 따라주지 않더라도 더욱 공경하고 어기지 않으며, 수고로워도 원망하지 않아야 한다."9)

주희는 간할 때 유의해야 할 것으로 부모가 자신의 말을 따라 주지 않는 어떤 상황에서든지 '기경기효起敬起孝'의 마음과 자세를 가질 것을 말한다.10) 이처럼 효는 대부분 자식이 부모에게 어떻게 하는 것이 효인지에 초점이 맞추어져 있다. 하지만 반드시 그런 것만은 아니었다. 아래와 같이 공자의 효에 관한 발언 중에 부모가 자식이 병들까 걱정하는 것이 효라는 것은 흔히 '부자자효父慈子孝'라는 관점에서 보면 조금 낯선 것에 속한다.

맹의자孟懿子의 아들 맹무백孟武伯이 효에 대해 여쭙자, 공자께서 말씀하셨다. "부모는 오직 자식이 병들까 근심하시네."11)

공자의 이 발언에 대해 주희는 두 가지 해석 가능성을 말하고 있다. 하나는 자식은 부모님이 자식 사랑하는 마음을 자신의 마음으로 삼아야 한다는 것과 다른 하나는 자식은 자신이 아픈 것 때문에 부모님께 근심을 끼쳐드리지 말아야 한다는 것이다.12) 이 두 가지는 결과적으로 부모님의 자식 사랑하는 마음과

---

9) 『論語』, 「里仁」, "子曰, 事父母微諫, 見志不從, 又敬不違, 勞而不怨."
10) 『論語』, 「里仁」에 대한 朱熹의 注, "所謂父母有過, 下氣怡色, 柔聲以諫也. 見志不從, 又敬不違, 所謂諫若不入, 起敬起孝, 悅則復諫也. 勞而不怨, 所謂與其得罪於鄕黨州閭, 寧熟諫. 父母怒不悅, 而撻之流血, 不敢疾怨, 起敬起孝也."
11) 『論語』, 「爲政」, "孟武伯問孝. 子曰, 父母唯其疾之憂."
12) 앞의 『論語』, 「爲政」에 대한 朱熹의 注, "言父母愛子之心, 無所不至, 惟恐其有疾病, 常以爲憂也. 人子體此, 而以父母之心爲心, 則凡所以守其身者, 自不容於不謹矣, 豈不可以爲孝乎. 舊

동일시하여 효를 행하라는 것인데, 아래 공자의 말은 이런 점을 잘 보여 준다.

> 공자께서 말씀하셨다. "부모가 생존해 계시거든 먼 곳에 가지 아니하며, 가더라도 반드시 일정한 장소가 있어야 한다."13)

자식이 어디에 있고 어떤 상태인지를 알고자 하는 것은 부모의 마음인데, 효를 행하는 자식이라면 부모가 자식을 걱정하는 마음을 자신의 마음으로 삼아 효를 행해야 한다14)는 것이다.

『이아爾雅』에서는 효에 대해 "부모를 잘 모시는 것이 효다"15)라고 규정한다. 부모님을 잘 모신다는 것이 어떤 내용인가에 대해서는 유가 경전에 다양하게 언급되는데, 기본적으로는 바람직한 효는 살아계신 부모와 돌아가신 부모를 모두 지극정성으로 모셔야 한다는 사유가 담겨 있다. 이때 관건이 되는 것은 바로 예의 실천 여부다.

> 노나라의 대부 맹의자孟懿子가 효에 대해 묻자, 공자께서 대답하셨다. "어김이 없는 것입니다." 번지樊遲가 수레를 몰고 있었는데, 공자께서 말씀하셨다. "맹손씨孟孫氏가 나에게 효에 대해 묻자 내가 '어김이 없는 것'이라고 대답하였네." 번지가 여쭈었다. "무슨 말씀입니까?" 공자께서 말씀하셨다. "부모님께서 살아 계실 때는 예로 섬기고, 돌아가시면 예로 장사 지내고, 예로 제사 지내는 것이네."16)

說, 人子能使父母不以其陷於不義爲憂, 而獨以其疾爲憂, 乃可謂孝. 亦通."
13) 『論語』, 「里仁」, "子曰, 父母在, 不遠遊. 遊必有方."
14) 『論語』, 「里仁」에 대한 朱熹의 注, "遠遊, 則去親遠而爲日久, 定省曠而音問疎, 不惟己之思親不置, 亦恐親之念我不忘也. 遊必有方, 如己告云之東, 卽不敢更適西, 欲親必知己之所在而無憂, 召己則必至而無失也. 范氏曰, 子能以父母之心爲心則孝矣."
15) 『爾雅』, 「釋訓」, "善事父母爲孝."
16) 『論語』, 「爲政」, "孟懿子問孝. 子曰, 無違. 樊遲御, 子告之曰, 孟孫問孝於我, 我對曰, 無違.

유가에서 예를 강조하는 것을 참조하면 생전과 사후의 부모를 모시는 효의 실천에서 예를 강조하는 것은 당연하다고 할 수 있다. 이런 점에서 조상의 제사와 관련된 효 관념을 볼 필요가 있다. 살아생전의 효와 돌아가신 다음의 효 가운데 유학에서는 후자의 경우를 매우 강조한다. 유학에서는 '송사送死'가 '양생養生'보다 큰일이라는 사유는 효 실천에도 그대로 적용된다는 것이다.

> 맹자께서 말씀하셨다. "살아 계신 부모를 봉양하는 것은 큰일에 해당될 수 없
> 고, 오직 죽은 부모를 정성껏 장례 지내는 것이라야 큰일에 해당될 수 있다."[17]

주희는 살아 있을 때 부모에 대한 애경愛敬은 인도의 항상된 것이지만, 송사는 인도의 대변大變이란 점에서 사친보다 송사에 더 큰 의미를 부여하고 있다.[18] 공자는 효행과 관련하여 가장 정성껏 해야 하는 것은 바로 '보본반시報本反(返)始' 사유에 입각한 보본추원報本追遠의 뜻을 행하는 제사임을 강조한다.

> 어떤 자가 체禘 제사의 내용을 묻자, 공자께서 "모르겠다. 그 내용을 아는 자
> 는 천하 다스리는 것이 여기에다 올려놓고 보는 것과 같을 것이다" 하시고는
> 손바닥을 가리키셨다.[19]

이것은 선왕에 대한 '보본추원'은 체 제사보다 더 심한 것은 없는데, 주희는 그것을 어떻게 거행하느냐와 관련해 체 제사를 인효仁孝와 성경誠敬을 다하는

樊遲曰, 何謂也. 子曰, 生, 事之以禮, 死, 葬之以禮, 祭之以禮. 生事葬祭, 事親之始終具矣. 禮, 卽理之節文也. 人之事親, 自始至終, 一於禮而不苟, 其尊親也至矣."

17) 『孟子』, 「離婁下」, "孟子曰, 養生者不足以當大事, 惟送死可以當大事."
18) 『孟子』, 「離婁下」에 대한 朱熹의 注, "事生固當愛敬, 然亦人道之常耳, 至於送死, 則人道之 大變. 孝子之事親, 舍是無以用其力矣. 故尤以爲大事, 而必誠必信, 不使少有後日之悔也."
19) 『論語』, 「八佾」, "或問禘之說. 子曰, 不知也. 知其說者之於天下也, 其如示諸斯乎. 指其掌."

지극정성으로 행하면 천하 다스리는 것은 쉽다고 한다.[20] 당연히 선조에 제사
를 지낼 때 가장 중요한 것은 선조에 대한 효도하는 마음이다.

공자께서는 선조에게 제사 지낼 때에는 조상이 계신 듯이 하셨으며, 선조 이
외의 신을 제사 지낼 때에는 신이 계신 듯이 하셨다. 공자께서 말씀하셨다.
"내가 제사에 참여하지 않으면 제사를 지내지 않은 것과 같다."[21]

이것은 제사 지낼 때의 성의를 다하는 것이 예법 차원의 형식보다 더 중요함
을 강조한 것이다.[22] 그런데 효행을 다른 사람들도 인정할 수 있는 객관성을
띠고 있어야 참된 효임을 강조한다.

공자께서 말씀하셨다. "효성스럽다, 민자건閔子騫이여! 사람들이 그 부모와 형
제의 칭찬하는 말에 트집을 잡지 못하는구나."[23]

자기만 아는 차원의 효행이 아닌 다른 사람들이 모두 인정하는 효행은
마음속에 효우孝友에 대한 실질이 쌓여 있어야만 가능하고, 이에 찬탄의 대상이
될 수 있다.[24] 자공子貢이 '어떠해야 선비라 할 수 있느냐' 하는 질문을 했을

---

20) 『論語』, 「八佾」에 대한 朱熹의 注, "先王報本追遠之意, 莫深於禘. 非仁孝誠敬之至, 不足以
與此, 非或人之所及也. 而不王不禘之法, 又魯之所當諱者, 故以不知答之.……弟子記夫子言
此而自指其掌, 言其明且易也. 蓋知禘之說, 則理無不明, 誠無不格, 而治天下不難矣. 聖人於
此, 豈眞有所不知也哉."

21) 『論語』, 「八佾」, "祭如在, 祭神如神在. 子曰, 吾不與祭, 如不祭."

22) 『論語』, 「八佾」에 대한 朱熹의 注, "程子曰, 祭, 祭先祖也. 祭神, 祭外神也. 祭先主於孝,
祭神主於敬. 愚謂此門人記孔子祭祀之誠意. 又記孔子之言以明之. 記己當祭之時, 或有故不得
與, 而使他人攝之, 則不得致其如在之誠. 故雖已祭, 而此心缺然, 如未嘗祭也. 范氏曰, 君子之
祭, 七日戒, 三日齊, 必見所祭者, 誠之至也. 是故郊則天神格, 廟則人鬼享, 皆由己以致之也.
有其誠則有其神, 無其誠則無其神, 可不謹乎. 吾不與祭如不祭, 誠爲實, 禮爲虛也." 참조.

23) 『論語』, 「先進」, "子曰, 孝哉閔子騫, 人不間於其父母昆弟之言."

24) 『論語』, 「先進」에 대한 "胡氏曰, 父母兄弟稱其孝友, 人皆信之無異辭者, 蓋其孝友之實, 有以

때 공자는 종족들이 효성스럽다고 칭찬받을 정도가 되어야 선비가 될 수 있음을
말한다.

> 자공이 물었다. "어떠하여야 선비라 할 수 있습니까?" 공자께서 말씀하셨다.
> "몸가짐에 염치가 있으며, 사방에 사신으로 가서 임금의 명을 욕되게 하지
> 않으면 선비라 할 수 있다." "감히 그 다음을 묻겠습니다." "종족들이 효성孝
> 誠스럽다고 칭찬하고 지방에서 공경하다고 칭찬하는 인물이다." "감히 그 다
> 음을 묻겠습니다." "말을 반드시 미덥게 하고 행실을 반드시 과단성 있게 하
> 는 것이다. 이렇게 하는 것이 도량이 좁은 소인이기는 하나 그래도 또한 그
> 다음이 될 수 있다."[25]

이처럼 객관성을 띤 효행이어야 함을 강조하는 것에 담긴 속뜻은 현실적
삶에서 흔히 효라고 말해지는 것에 대한 비판적 견해다. 이런 점에 관한 것은
아래에서 보기로 한다.

효의 기본은 부모의 뜻을 계승하면서 부모님을 즐겁게 하고 걱정을 끼쳐드
리지 않는 것인데, 이것은 살아 계신 부모나 돌아가신 부모 모두에게 적용되었
다. 이런 개인적 효행이 대사회적으로 인정을 받았을 때 그 효행은 더욱 빛나지
만, 국가·사회적 차원에서 긍정적인 영향력을 발휘할 수 있는 효행은 단순하지
않았다. 이에 효행의 내용과 실천 정도에 따라 그것의 층차를 나누었다. 이제
이런 점을 보기로 한다.

積於中而著於外, 故夫子數而美之." 참조.
25)『論語』,「子路」, "子貢問曰, 何如斯可謂之士矣. 子曰, 行己有恥, 使於四方, 不辱君命, 可謂士
矣. 敢問其次. 曰, 宗族稱孝焉, 鄕黨稱弟焉. 曰, 敢問其次. 曰, 言必信, 行必果, 硜硜然小人哉,
抑亦可以爲次矣."

3. 효에 나타난 층차 관념

효는 기본적으로 부모님에게 물질적 차원, 육체적 차원에서 음식 공양을 잘하는 것을 빼놓을 수 없다. 하지만 공자는 단순히 음식 공양하는 차원의 효에 대해서는 비판적인 견해를 보이는데, 이런 공자의 견해는 이후 유학에서의 효 관념의 핵심이 된다. 우선 공자가 발언한 이른바 '지금의 효'에 대한 비판적 견해를 보자.

공자의 제자 자유子游가 효에 대해 여쭙자, 공자께서 말씀하셨다. "지금의 효라는 것은 '봉양을 잘하는 것'(能養)을 이르네. 그러나 개나 말도 모두 길러 줌이 있으니, 부모를 공경하지 않는다면 개나 말을 기르는 것과 무엇이 다르겠는가?"26)

'양養'은 음식 공양을 의미하고, 세속적인 사친은 '능양'이면 족하다. 물론 봉양을 잘하는 것이 효가 아닌 것은 아니다. 하지만 공자가 말한 경敬이 수반되지 않은 상태에서의 '음식 공양(養)은 견마를 기르는 것과 다를 바가 없다는 것은 인간과 짐승의 효에 관한 구분점이 된다. 경이 수반되지 않는 효는 '불경'의 죄를 범하는 것이라고 보아 경계한다.27)

공자의 이런 발언은 음식 공양과 같은 식의 물질적 차원의 효가 아닌 정신적 차원의 효가 진정한 효임을 강조한 것이다. 물론 정신적으로 공경하면서 음식 공양과 같은 형식을 취하지 않으면 그것도 효가 아니다. 이런 점에서 정신적으

---

26) 『論語』, 「爲政」, "子游問孝. 子曰, 今之孝者, 是謂能養. 至於犬馬, 皆能有養, 不敬, 何以別乎."
27) 『論語』, 「爲政」에 대한 朱熹의 注, "養, 謂飮食供奉也. 犬馬待人而食, 亦若養然. 言人畜犬馬, 皆能有以養之, 若能養其親而敬不至, 則與養犬馬者何異. 甚言不敬之罪, 所以深警之也. 胡氏曰, 世俗事親, 能養足矣. 狎恩恃愛, 而不知其漸流於不敬, 則非小失也. 子游聖門高弟, 未必至此, 聖人直恐其愛踰於敬, 故以是深警發之也." 참조.

로 공경하고 부모님을 즐겁게 해 드리면서[28] 동시에 음식 공양을 동시에 행해
야 할 것이 요구된다. 공경심이 결여된 차원의 물질적 봉양(能養)만을 효라고
생각하는 것은 잘못된 것이라는 공자의 지적은 또 다른 차원에서 이른바 '색난色
難' 사유로 나타난다.

> 공자의 제자 자하子夏가 효에 대해 묻자, 공자께서 말씀하셨다. "부형 앞에서
> 얼굴빛을 온화하게 하기가 어려우니, 이것을 잘하는 것이 효이다. 부형에게
> 일이 있으면 자제들이 그 수고로움을 대신하고, 술과 밥이 있으면 부형에게
> 잡수시게 하는 것을 효라고 할 수 있겠는가."[29]

공자의 '색난' 발언에는 기본적으로 얼굴색은 그 내적 마음 상태를 반영한다
는 사유가 담겨 있다.[30] 얼굴빛은 마음을 반영한다. 부모를 섬길 즈음에 얼굴빛
을 온화하게 한다는 것은 그만큼 부모님을 모시는 데 마음속으로 공경심을
다한 것이 얼굴에 나타나는 것을 의미한다. 이런 사유는 『대학』 6장에서 말하는
이른바 '성중형외誠中形外'[31] 사유의 구체적 예증이다. 이런 점에서 부형에 대한
공경심이 없이 단순 물질적 차원, 육체적 차원의 '복로봉양服勞奉養'을 통해 부형
을 기쁘게 하는 것이 효라는 것은 문제가 있게 된다.

맹자는 이런 점을 '사친양부事親養父'와 관련하여 아버지 증석曾皙에 대한
증자의 효행을 '부모의 뜻을 따르는 양지養志'라 평가한 것과 아버지인 증자에

---

28) 孝子의 養老와 관련된 것은 『禮記』, 「內則」, "曾子曰, 孝子之養老也, 樂其心不違其志, 樂其
耳目, 安其寢處, 以其飲食忠養之孝子之身終, 終身也者, 非終父母之身, 終其身也, 是故父母之
所愛亦愛之, 父母之所敬亦敬之, 至於犬馬盡然, 而況於人乎." 참조.
29) 『論語』, 「爲政」, "子夏問孝. 子曰, 色難. 有事弟子服其勞, 有酒食先生饌, 曾是以爲孝乎."
30) 『論語』, 「爲政」에 대한 朱熹의 注, "蓋孝子之有深愛者, 必有和氣, 有和氣者, 必有愉色, 有愉
色者, 必有婉容, 故事親之際, 惟事爲難耳, 服勞奉養未足爲孝也." 참조.
31) 『大學』 6章, "小人閑居, 爲不善, 無所不至, 見君子而后, 厭然揜其不善, 而著其善. 人之視己,
如見其肺肝然, 則何益矣. 此謂誠於中, 形於外. 故君子, 必愼其獨也."

대한 증원曾元의 효행을 '양구체養口體'라 비교 평가하면서 양지 차원의 효행을 강조한 적이 있다.

맹자께서 말씀하셨다. "섬기는 일 중에 무엇이 가장 큰가? 어버이를 섬기는 것이 제일 큰일이다. 지키는 일 중에 무엇이 가장 큰가? 몸을 지키는 것이 가장 큰 일이다. 몸을 잃지 않고서 어버이를 잘 섬긴 자에 대해서는 내가 들었으나, 몸을 잃고서 어버이를 잘 섬긴 자에 대해서는 내가 듣지 못하였다. 어떠한 사람인들 섬겨야 하지 않겠는가마는 어버이를 섬김이 섬기는 것의 근본이고, 어떠한 것인들 지켜야 하지 않겠는가마는 몸을 지킴이 지키는 것의 근본이다. 증자께서 아버지 증석을 봉양하실 적에 밥상에 반드시 술과 고기를 올렸는데, 밥상을 치우려 할 때에 증자께서는 반드시 남은 음식을 '누구에게 줄까요?' 하고 여쭈었고, 아버지가 '남은 것이 있느냐?' 하고 물으시면 반드시 '있습니다' 하고 대답하셨다. 증석이 죽자 증원이 아버지 증자를 봉양하였는데, 밥상에 반드시 술과 고기를 올렸으나, 밥상을 치우려 할 때에 증원은 남은 음식을 '누구에게 줄까요?' 하고 여쭙지 않았으며, 증자께서 '남은 것이 있느냐?' 하고 물으시면 반드시 '없습니다' 하고 대답하였으니, 이는 나중에 그 음식을 다시 올리려고 해서였다. 이는 이른바 '어버이의 입과 몸을 봉양한다'는 것이니, 증자같이 해야 '어버이의 뜻을 봉양한다'고 이를 만하다. 어버이를 섬기는 것은 증자처럼 해야 옳다."[32]

효를 말하는데 '능양'과 '양구체' 같은 물질적, 육체적인 것이 아니라 부모에 대한 공경심과 '양지'에 있다는 것은 이른바 '참된 효'(眞孝)가 무엇인지를 고민하라는 것이다. '진효'를 강조하는 사유는 다른 차원에서는 효의 층차를 나누는

---

32) 『孟子』, 「離婁上」, "孟子曰, 事孰爲大, 事親爲大. 守孰爲大, 守身爲大. 不失其身而能事其親者, 吾聞之矣, 失其身而能事其親者, 吾未之聞也. 孰不爲事. 事親, 事之本也, 孰不爲守, 守身, 守之本也. 曾子養曾晳, 必有酒肉. 將徹, 必請所與. 問有餘, 必曰有. 曾晳死, 曾元養曾子, 必有酒肉. 將徹, 不請所與. 問有餘, 曰亡矣. 將以復進也. 此所謂養口體者也. 若曾子, 則可謂養志也."

것으로 나타난다. 그 예로 증자가 효에 대한 층차를 나누면서 자신이 행한 효행은 '능양' 차원이었다고 한 겸양의 말을 보자.

증자가 말하기를, "효에는 세 가지가 있다. 대효는 부모를 존경하고, 그 다음은 욕되게 하지 않고, 그 아래는 능히 봉양하는 것이다" 했다. 공명의가 증자에게 묻기를, "선생님은 효를 했다고 하겠습니까" 하였다. 증자가 말하기를, "그게 무슨 말이냐, 그게 무슨 말이냐. 군자가 말하는 효란 뜻에 앞서서 부모의 마음을 계승하고 부모를 올바른 도에 이르도록 깨우치는 것이다. 나는 그저 봉양만 했는데 어찌 효라고 하겠느냐"라고 하였다.[33)]

효에 대한 세 가지 층차를 말하는 증자가 자신의 효행에 대한 공명의의 질문에 두 번 "그게 무슨 말이냐" 하면서 '양능'에 해당한다고 스스로 평가절하한 것은 그만큼 '진효'를 실천하기가 어렵다는 것을 의미한다. 증자가 '군자의 효'라는 차원이란 효를 규정한 것은 일반 백성들의 효 관념과 다른 것을 보여준다는 점에서 중요한 의미가 있다.

효는 단순히 한 개인의 효행으로만 그치는 것이 아니다. 『여씨춘추呂氏春秋』「효행람제이孝行覽第二·효행孝行」에서는 천하를 다스리고 국가를 다스리는 데는 먼저 근본에 해당하는 것을 힘쓰고 말단은 뒤로 해야 하는데, '근본을 힘쓰는 것에는 효보다 더 귀한 것은 없다'는 관점을 견지한다. 아울러 효는 삼황오제가 본래 힘쓴 것으로 만사의 기강이기 때문에, 효에 해당하는 하나의 방법을 잡아 행하면 모든 일의 결과가 잘 되고 사악한 것이 다 제거될 것이니, 천하가 따를 것은 효이다[34)]라는 말을 한다. 이런 점은 효가 갖는 정치적 효용성을 잘 말해

---

33) 『禮記』, 「祭義」, "曾子曰, 孝有三, 大孝尊親, 其次弗辱, 其下能養. 公明儀問於曾子曰, 夫子可以爲孝乎. 曾子曰, 是何言與, 是何言與. 君子之所爲孝者, 先意承志, 諭父母於道, 參直養者也, 安能爲孝乎."
34) 呂不韋, 『呂氏春秋』, 「孝行覽第二·孝行」, "一曰, 凡爲天下, 治國家, 必務本而後末.……務本

주고 있다. 이런 점에서 효의 층차 관념은 다양한 관점에서 접근할 수 있다.

효에는 소효小孝 차원의 효가 있고, 중효中孝 차원의 효가 있고, 대효大孝 차원의 효가 있다. 『예기禮記』「제의祭義」에서 "증자가 말하기를 효에는 세 가지가 있다. 소효는 힘을 쓰고, 중효는 노력을 하고, 대효는 부족함이 없게 한다"35) 라는 것이 그것이다. 이 같은 분류 방식 이외에 내용으로 볼 때, 일반 백성들의 효를 소효라고 한다면 대효는 제왕이 행하는 효라고 규정할 수 있다. 대효라고 말하는 이유는, 제왕의 효는 단순 제왕의 효도에만 그치는 것이 아니라 만백성들에게 모두 감화를 줄 수 있는 위대한 감화력이 발생하기 때문이다. 그럼 대효 차원과 관련된 순임금의 예를 보자.

맹자는 순이 제왕으로서 사친事親을 제대로 실천한 결과 천하 백성들이 감화를 받아 천하가 다스려진다는 논리를 펴고 있다.

> 맹자께서 말씀하셨다. "천하 사람들이 크게 기뻐하면서 자기에게 귀의하려 하는데도, 천하 사람들이 기뻐하면서 자기에게 귀의해 오는 것을 초개草芥처럼 여긴 것은 오직 순임금께서 그러하셨다. 어버이를 기쁘게 해 드리지 못하면 사람 노릇 할 수가 없고, 어버이를 도리에 순응하게 하지 못하면 자식 노릇 할 수가 없다. 순이 어버이 섬기는 도리를 다하자 아버지 고수瞽瞍도 기뻐하게 되었는데, 고수가 기뻐하게 되자 천하가 교화되었고, 고수가 기뻐하게 되자 천하의 부자 사이가 안정되었으니, 이를 일러 대효라 하는 것이다."36)

아버지 고수에 대한 순의 대효는 천하 부자간의 관계를 안정되게 하는

莫貴於孝.……夫孝, 三皇五帝之本務, 而萬事之綱紀也. 執一術而百善至, 百邪去, 天下從者, 其惟孝也."

35) 『禮記』,「祭義」, "曾子曰, 孝有三, 小孝用力, 中孝用勞, 大孝不匱." 참조.

36) 『孟子』,「離婁上」, "孟子曰, 天下大悅而將歸己. 視天下悅而歸己, 猶草芥也. 惟舜爲然. 不得乎親, 不可以爲人, 不順乎親, 不可以爲子. 舜盡事親之道而瞽瞍厎豫, 瞽瞍厎豫而天下化, 瞽瞍厎豫而天下之爲父子者定, 此之謂大孝."

결과가 야기될 정도로 제왕의 효도는 파급력이 크다. 『중용』에서는 순의 효행을 '대효', 무왕과 주공의 효행을 '달효'라 하여 일반적인 효와 구별하여 특화시킨다.

> 공자께서 말씀하셨다. "순임금이야말로 대효이실 것이다. 덕으로는 성인聖人이 되시고, 존귀함으로는 천자가 되시고, 부로는 사해를 소유하시어 종묘의 제사를 흠향하시고 자손을 보전하셨다. 그러므로 큰 덕은 반드시 지위를 얻고, 반드시 녹봉을 얻고, 반드시 명성을 얻고, 반드시 수명을 얻는다."[37]

순이 덕을 통해 성인이 되고, 천자가 되고, 종묘 제사를 거행할 수 있고, 자손을 보존할 수 있게 된 것은 당연히 부모에게 최고의 영광을 준다. 이에 대효라고 규정한다. 이 같은 순의 효는 유가가 지향하는 가장 이상적인 효에 해당한다. 왜냐하면 성인이 되고 천자가 된다는 것은 하늘에서 선택받은 인간만이 누릴 수 있는 것이기 때문이다. 이 같은 순의 대효는 사회·국가적 차원에서 어떤 영향을 주었을까? 이 점에 대해 맹자는 다음과 같이 말하고 있다.

> 효자의 일 중에 지극한 것은 어버이를 높이는 것보다 더 큰 것이 없고, 어버이를 높이는 일 중에 지극한 것은 천하로써 봉양하는 것보다 더 큰 것이 없는데, 고수는 천자의 아버지가 되었으니 높이는 것이 지극했고, 순임금께서는 천하로써 봉양하셨으니 봉양하는 것이 지극했네. 『시경』「하무下武」에 이르기를 "길이 효 하기를 생각하여, 효 하는 마음이 세상 사람들의 법칙이 된다" 하였으니, 이를 말한 것이네.[38]

---

37) 『中庸』17章, "子曰, 舜其大孝也與. 德爲聖人, 尊爲天子, 富有四海之內. 宗廟饗之, 子孫保之. 故大德必得其位, 必得其祿, 必得其名, 必得其壽. 故天之生物, 必因其材而篤焉. 故栽者培之, 傾者覆之, 詩曰, 嘉樂君子, 憲憲令德. 宜民宜人, 受祿于天, 保佑命之, 自天申之. 故大德者必受命."

38) 『孟子』, 「萬章上」, "孝子之至, 莫大乎尊親, 尊親之至, 莫大乎以天下養. 爲天子父, 尊之至也,

순은 '존친양친尊親養親'의 지극함을 실천하였다는 점에서 유가에서 대표적인 효자로 거론되는데, 이 같은 순의 효는 천하의 법칙이 될 수 있다는 것이다.[39] 아울러 맹자는 보다 구체적으로 왜 순의 효가 대효인지를 여러 가지 상황과 관련하여 풀이하고 있다.

> 천하의 선비가 좋아해 주는 것은 사람들이 원하는 바이지만 천하의 선비가 좋아해 주는 것도 순의 근심을 풀기에 부족하였으며, 아름다운 여색은 사람들이 바라는 바이지만 요임금의 두 딸을 아내로 삼았어도 근심을 풀기에 부족하였고, 부유함은 사람들이 원하는 바이나 부유함으로 말하면 천하를 소유하였으나 근심을 풀기에 부족하였고, 귀함은 사람들이 원하는 바이지만 귀함으로 말하면 천자가 되었으나 근심을 풀기에 부족하였네. 사람들이 좋아해 주는 것과 아름다운 여색과 부귀에 있어서 순의 근심을 풀 수 있는 것이 없었고, 오직 부모의 마음에 들어야만 근심을 풀 수 있었네. 사람이 어릴 때에는 부모를 사모하다가 여색을 좋아할 줄 알게 되면 젊고 예쁜 소녀를 사모하고, 처자식을 두면 처자식을 사모하고, 벼슬하면 군주를 사모하고, 군주에게 신임을 받지 못하면 속을 태운다네. 그러나 큰 효자는 종신토록 부모를 사모하나니, 50세가 되어서도 부모를 사모하는 것을 나는 위대한 순에서 보았네.[40]

맹자가 순에 대해 주목하는 것은, 순이 인생에서 누릴 수 있는 부귀영화를

以天下養, 養之至也. 詩曰, 永言孝思, 孝思維則. 此之謂也. 書曰, 祗載見瞽瞍, 夔夔齊栗, 瞽瞍亦允若, 是爲父不得而子也."

39) 『孟子』, 「萬章上」에 대한 朱熹의 注, "言瞽瞍旣爲天子之父, 則當享天下之養, 此舜之所以爲尊親養親之至也. 豈有使之北面而朝之理乎. 詩大雅下武之篇. 言人能長言孝思而不忘, 則可以爲天下法則也." 참조.

40) 『孟子』, 「萬章上」, "天下之士悅之, 人之所欲也, 而不足以解憂, 好色, 人之所欲, 妻帝之二女, 而不足以解憂, 富, 人之所欲, 富有天下, 而不足以解憂, 貴, 人之所欲, 貴爲天子, 而不足以解憂. 人悅之 好色富貴, 無足以解憂者, 惟順於父母, 可以解憂. 人少, 則慕父母, 知好色, 則慕少艾, 有妻子, 則慕妻子, 仕則慕君, 不得於君則熱中. 大孝終身慕父母. 五十而慕者, 予於大舜見之矣."

다 누린다 해도 부모님 마음에 들지 않으면 그것은 의미가 없는 것으로 여긴 순의 '효심'이다. 이런 순의 효심은 다른 사람들의 효심과 비교해 볼 때 매우 특이한 경우에 속한다. 즉 보통 사람들이 삶을 사는 과정에서 어릴 때 부모를 사모하다가 점차 나이가 들면서 여색, 처자식, 벼슬 등에 마음을 빼앗기는 상황에서 부모님을 잊어버리는 차원의 '변질되는 효 행태'와는 본질적으로 차이가 난다는 것이다. 결론적으로 맹자는 요순의 도는 효와 공경뿐이라고 선언한다.41)

공자는 '달효達孝'라는 표현을 통해 무왕武王과 주공周公의 효를 규정하기도 한다.

> 공자께서 말씀하셨다. "무왕과 주공은 누구나 인정할 만한 달효다. 효라는 것
> 은 '사람(부모)의 뜻을 잘 이어받으며, 사람의 일을 잘 서술하는 것'(善繼人之志,
> 善述人之事者)이다. 봄과 가을에 선조의 사당을 수리하며, 종묘의 보기寶器를
> 진열하며, 선조의 의상을 펴놓으며 제철 음식을 올린다."42)

'선계인지지善繼人之志, 선술인지사자善述人之事者'에서 '선善' 자에 주목할 필요가 있다. '선' 자에는 부모가 '지향한 뜻(志)'과 '이룩한 업적(事)'에 대한 긍정적 인식과 더불어 행여 그 '지'와 '사'를 제대로 실천하지 못할까 하는 염려가 동시에 담겨 있다. '달효'에 해당하는 내용은 앞서 순의 대효와 비교할 때 주로 선조에 대한 경모敬慕 차원을 말한 것이라 조금 차이가 있지만 유가가 지향하는 이상적인 효 중 하나가 된다. 공자는 그 구체적인 실천 방안으로 효에서 가장 지극한 경지는 바로 '사사事死를 사생事生처럼, 사망事亡을 사존事存처럼 한다'는 것을 말한다.

---

41) 『孟子』, 「告子下」, "曹交問曰, 人皆可以爲堯舜, 有諸, 孟子曰, 然……堯舜之道, 孝弟而已矣."
42) 『中庸』 19章, "子曰, 武王, 周公, 其達孝矣乎. 夫孝者, 善繼人之志, 善述人之事者也. 春秋, 修其祖廟, 陳其宗器, 設其裳衣, 薦其時食."

선왕의 자리에 오르고, 선왕이 행하던 예를 행하고, 선왕이 연주하던 음악을 연주하고, 선왕이 존경하던 이를 공경하고, 선왕이 친애하던 이를 사랑하되, 죽은 이를 섬기기를 살아 있는 이 섬기듯이 하고, 없는 이를 섬기기를 살아 있는 이 섬기듯이 하는 것이 효의 지극함이다.[43]

선왕 혹은 조상을 숭배하고 제사 지내되 마치 산 사람을 모시듯이 한다는 것이 효의 지극한 경지라고 규정한 것은 효 행위를 통해 망자와 생자의 연속성을 강조한 것이다. 아울러 이런 사유에는 망자가 지향한 뜻이나 사업한 것이 '선善' 지향적이었고 이에 롤모델로 삼을 수 있다는 것이 전제되어 있다. 이에 감은感恩하고 존경하는 마음을 가져야 하며, 이런 점은 제사를 지낼 때는 마치 망자가 살아 계신 듯한 마음으로 제사를 행해야 한다는 것으로 귀결된다. 이런 점은 다른 차원에서는 이후 동양문화권에는 그 망자를 경모하는 차원에서 터럭 한 올도 오차가 없어야 한다[44]는 초상화가 유행하는 것으로 나타난다.

이상 본 바와 같이 유가는 망자와 생자를 모두 지극정성으로 성심성의껏 모시는 것을 효의 핵심으로 이해하는 것을 알 수 있다. 그것은 혈연의 연속성을 통한 과거의 조상, 현재의 부모 및 나와의 연결고리를 확인하는 기제[45]라는 것을 알 수 있다. 효를 '대효', '중효', '소효', '달효' 등 다양한 층차로 나누어 규정한

---

43) 『中庸』 19章, "子曰, 踐其位, 行其禮, 奏其樂, 敬其所尊, 愛其所親, 事死如事生, 事亡如事存, 孝之至也."
44) "터럭 하나라도 닮지 않으면 곧 다른 사람이다"(一毫不似, 便是他人)라는 말은 이런 점을 잘 말해 준다. 金祖淳의 『楓皐集』 卷10, 「答金生天休」(a289_231d, 한국문집총간본 책번호, 한국고전번역원 간행)에는 "一毫不似, 便非其親, 狀述德行者, 尙可以矯誣其祖乎" 라는 말이 있다.
45) 이런 점을 『禮記』 「祭統」에서는 효자의 事親을 '生', '沒', '喪'이란 세 가지 상황에서 어떻게 하는 것이 옳은 것인지를 구체적으로 말하고 있다. 『禮記』, 「祭統」, "祭者, 所以 追養繼孝也. 孝者, 畜也. 順於道不逆於倫, 是之謂畜. 是故, 孝子之事親也, 有三道焉, 生則養, 沒則喪, 喪畢則祭. 養則觀其順也, 喪則觀其哀也, 祭則觀其敬而時也. 盡此三道者, 孝子之行 也." 참조.

것은 효를 제대로 실천하는 것이 쉽지 않음을 말해 준다. 이런 효 관념은 정치적 측면에서는 효의 사친事親이 충의 사군事君으로 확장되는 것으로 나타난다.

4. '불효不孝'와 '비효非孝'에 대한 사유

가의賈誼는 『신서新書』 권8 「도술道術」에서 효를 "자식이 부모를 사랑하고 이롭게 하는 것을 효라고 한다"[46]라고 하는데, 부모를 사랑하고 이롭게 하는 구체적인 내용은 무엇인지에 따라 진정한 효가 되거나 불효가 되거나 비효가 된다. '대효', '달효', '지극한 효' 및 '양자'를 '능양' 및 '양구체' 등과 구분하면서 어떤 효행이 진정한 효인지를 구분하는 만큼 상대적으로 불효와 비효도 강조된 다. 먼저 불효에 대한 것을 보자.

효의 기본은 공자가 말한 "부모님께서 살아 계실 때는 예로 섬기고, 돌아가 시면 예로 장사 지내고, 예로 제사 지내는 것이다"[47]라는 것인데, 이런 발언에 서 주목할 것은 효와 예의 관계다. 효는 철저하게 예에 맞게 행해져야 한다.[48] 효라는 형식을 취하기는 하지만 그것이 효에 해당하는 것이 아니라는 것은 '비효'라는 표현을 통해 나타난다. 이 글의 모두冒頭 부분에서 보았듯이 조조의 할아버지는 환관이었지만 양자를 들인 것은 바로 자신의 후사가 없음으로써 대가 끊기는 것을 막기 위해서였다. 왜냐하면 후사가 없음으로써 대가 끊기는

---

46) 賈誼, 『新書』, 卷8, 「道術」, "子愛利親謂之孝."
47) 『論語』, 「爲政」, "子曰, 生, 事之以禮, 死, 葬之以禮, 祭之以禮"에 대한 朱熹의 注, "生事葬祭, 事親之始終具矣. 禮, 卽理之節文也. 人之事親, 自始至終, 一於禮而不苟, 其尊親也至矣." 참조.
48) 『論語』, 「爲政」, "子曰, 生, 事之以禮, 死, 葬之以禮, 祭之以禮"에 대한 細注, "胡氏曰, 人之欲孝其親, 心雖無窮, 而分則有限. 得爲而不爲, 與不得爲而爲之, 均於不孝. 所謂以禮者, 爲其所得爲者而已矣." 참조.

것은 불효 중에 가장 큰 것에 해당하기 때문이다. 조선조에서 과거 '칠거지악七
去之惡49)의 하나에 결혼한 여자가 후사를 이을 남자아이를 낳지 못한 것이 있음
은 이런 점을 상징적으로 보여 준다. 이런 삼불효의 '무후無後'와 관련하여 순임
금이 포악한 아버지인 고수에게 고하지 않고 장가를 간 것을 합리화하기도
한다.

> 맹자께서 말씀하셨다. "불효가 세 가지 있으니, 그중에 후손이 없는 것이 가
> 장 큰 불효이다. 순舜이 부모에게 아뢰지 않고 장가든 것은 '후손이 없을까(無
> 後) 염려해서였으니, 그러므로 군자가 '아뢴 것이나 마찬가지이다' 하고 평하
> 였다."50)

이와 관련해 먼저 조기趙岐가 '삼불효'에 대해 다음과 같이 풀이한 것을
보자.

> 예에 불효가 세 가지 있으니, 부모의 뜻에 아첨하고 곡진히 따라서 어버이를
> 불의에 빠트림이 첫째요, 집이 가난하고 어버이가 늙었는데도 녹을 받기 위
> 한 벼슬을 하지 않음이 둘째요, 장가들지 않아 후손이 없어 선조의 제사가
> 끊어짐이 셋째이니, 이 세 가지 중에서 후손 없는 것이 가장 크다.51)

순의 취처 때 고수에게 고하지 않은 행위는 예법에 어긋나는 행위이면서

---

49) 조선조의 '七去之惡'은 '시어머니에게 순종하지 않는 경우, 아들을 낳지 못하는 경우,
   바람을 피우는 경우, 질투하는 경우, 좋지 않은 병이 있는 경우, 말을 함부로 하는
   경우, 도둑질하는 경우'가 그것이다. 여기서 아들을 낳지 못하는 경우가 無後에 해당
   함을 확인할 수 있다.
50) 『孟子』, 「離婁上」, "孟子曰, 不孝有三, 無後爲大. 舜不告而娶, 爲無後也, 君子以爲猶告也."
51) 『孟子』, 「離婁上」에 대한 細注, "趙氏曰, 於禮有不孝者三事, 謂阿意曲從, 陷親不義, 一也,
   家貧親老, 不爲祿仕, 二也, 不娶無子, 絶先祖祀, 三也. 三者之中, 無後爲大." 참조.

불효에 해당한다. 하지만 권경론權經論 차원에서 순이 선조의 제사를 거행하기 위한 '혈연의 연속성'(有後)을 이루기 위해 부득이하게 불례不禮를 행한 행위는 권도다. 부모에게 고하는 것은 예법이고 고하지 않은 것은 권의 행위지만, 그 권은 시중時中으로서 적의適宜한 행위에 해당한다.52) 동기적 차원에서 예법에 어긋나는 행위와 불효적 행위가 합리화가 된 예를 보여 준 것인데, 그만큼 종법제가 중심이 된 농경적 삶에서 혈연의 연속성이 끊어지고 제사를 지내지 못하게 되는 '무후'는 가장 큰 불효가 되었다. 사실 후사後嗣의 유무는 인간의 힘과 노력으로 해결할 수 없다는 점에서 그것을 불효라고 하는 것은 문제가 많다. 따라서 그것을 불효라고 규정한 것은 과거 정착된 농경적 삶 속에서 혈연의 연속성과 조상숭배를 강조하는 과거 남성중심주의의 병폐에 해당한다. 이런 점 때문에 후사를 얻기 위해 오늘날 입장에서 보면 인권유린에 해당하는 씨받이 문화나 개인의 의도와 상관없는 양자養子 제도와 같은 것이 횡횡하게 된다.

불효에 대한 관념은 공도자公都子가 맹자에게 불효자라고 일컬어지는 광장匡章과 왜 교유하고 예우하는지에 대해 묻자 '오불효五不孝'를 거론하면서 답변한 것에서 자세히 나타난다.

공도자가 말하였다. "온 나라 사람들이 모두 광장을 불효자라고 칭하는데, 선
생님께서 그와 교유하시고 또 예우하시니, 감히 어째서인지 여쭙겠습니다."
맹자께서 말씀하셨다. "세속에서 이른바 '불효'라는 것이 다섯 가지일세. 사
지를 게을리 놀려서 부모의 봉양을 돌보지 않는 것이 첫 번째 불효이네. 장기

---

52) 『孟子』, 「離婁上」에 대한 朱熹의 注, "舜告焉, 則不得娶, 而終於無後矣. 告者禮也. 不告者
權也. 猶告, 言與告同也. 蓋權而得中, 則不離於正矣. 范氏曰, 天下之道, 有正有權. 正者萬世
之常, 權者一時之用. 常道人皆可守, 權非體道者不能用也. 蓋權出於不得已者也, 若父非瞽瞍,
子非大舜, 而欲不告而娶, 則天下之罪人也." 참조.

와 바둑을 두고 술 마시기를 좋아하여 부모의 봉양을 돌보지 않는 것이 두 번째 불효이네. 재물을 좋아하고 처자식만 사랑하여 부모의 봉양을 돌보지 않는 것이 세 번째 불효이네. 귀와 눈의 욕망을 따름으로써 부모를 욕되게 하는 것이 네 번째 불효이네. 용맹을 좋아하여 싸우거나 사나운 짓을 하여 부모를 위태롭게 하는 것이 다섯 번째 불효이네. 광장이 이 중 한 가지라도 해당되는 것이 있는가? 광장은 부자간에 선하기를 요구하다가 뜻이 서로 맞지 않은 것이네. 선을 하도록 요구하는 것은 친구 사이의 도리이니, 부자 사이에 선을 하도록 요구하는 것은 은혜를 크게 해치는 일이네. 저 광장인들 어찌 부부와 자모 등의 봉양을 받고 싶지 않겠는가마는, 아버지에게 죄를 얻었기 때문에 가까이할 수 없었다네. 이 때문에 아내를 내보내고 자식들을 물리쳐서 종신토록 봉양을 받지 않은 것이네. 이는 그의 마음에 생각하기를 '이와 같이 하지 않으면 이는 죄가 크다고 여긴 것이니, 이러한 사람이 광장이네."53)

불효에 대한 다섯 가지 중 세 가지는 부모 봉양과 관련된 것이고 나머지는 부모를 욕되게 하는 것, 부모를 위태롭게 하는 것인데, 맹자는 광장은 이 다섯 가지 불효 중에서 어떤 것도 범하지 않았다는 점을 밝힌다. 불효와 관련된 언급 중에서 부모의 잘못이 있을 때 어떻게 해야 올바른 것인지를 말한 것도 있다.

공손추公孫丑가 여쭈었다. "제나라 사람 고자高子가 말하기를 '『시경』「소반小

---

53) 『孟子』, 「離婁下」, "公都子曰, 匡章, 通國皆稱不孝焉. 夫子與之遊, 又從而禮貌之, 敢問何也. 孟子曰, 世俗所謂不孝者五, 惰其四支, 不顧父母之養, 一不孝也, 博弈好飮酒, 不顧父母之養, 二不孝也, 好貨財, 私妻子, 不顧父母之養, 三不孝也, 從耳目之欲, 以爲父母戮, 四不孝也, 好勇鬪很, 以危父母, 五不孝也. 章子有一於是乎. 夫章子, 子父責善而不相遇也. 責善, 朋友之道也, 父子責善, 賊恩之大者. 賊, 害也. 朋友當相責以善. 父子行之, 則害天性之恩也. 夫章子, 豈不欲有夫妻子母之屬哉. 爲得罪於父, 不得近. 出妻屛子, 終身不養焉. 其設心以爲不若是, 是則罪之大者, 是則章子已矣."

弁」의 시는 소인의 시이다'라고 하였습니다." 맹자께서 말씀하셨다. "무엇을 가지고 그렇게 말하는가?" "원망했기 때문입니다." "고루하구나, 고자의 시를 해석함이여!……「소반」의 원망은 어버이를 친애하는 마음에서 나온 것일세. 어버이를 친애하는 것은 인仁이네. 고루하구나, 고자의 시를 해석함이여!" "『시경』 「개풍凱風」 시에서는 어찌하여 원망하지 않았습니까?" "「개풍」 시는 어버이의 과실이 적은 경우이고, 「소반」 시는 어버이의 과실이 큰 경우네. 어버이의 과실이 큰데도 원망하지 않는다면 이는 더욱 소원해지게 하고, 어버이의 과실이 적은데도 원망한다면 이는 부모가 자식을 건드릴 수 없게 하는 것이니, 더욱 소원해지게 하는 것도 불효요, 건드릴 수 없게 하는 것도 불효네. 공자께서 말씀하시기를 '순임금께서는 지극한 효이실 것이다. 50세가 되어서도 부모를 사모하셨다'고 하셨다."54)

맹자는 『시경』의 「소반」과 「개풍」이란 두 가지 시를 비교하면서 자식이 행해야 할 마땅함을 거론하는 발언에는 부모의 과실에 대한 자식의 올바른 처신이 담겨 있다. 만약 「소반」처럼 부모의 과실이 클 경우에는 원망하더라도 친애하는 마음에 기반하여 원망하고 부자간의 관계가 더욱 소원하지 않게 해야 불효가 되지 않는다. 「개풍」처럼 과실이 작은데 만약 자식이 원망을 한다면 부모가 자식의 눈치를 보면서 어떻게 해 볼 수 없는 상황이 되어버려 불효가 된다. 따라서 어떤 상황이든 순이 50세가 되어서도 부모를 사모했던 그 마음을 가지고 대해야 올바른 효가 된다고 강조한다.

이에 올바른 효가 무엇인지를 보다 분명하게 알려면 이상 본 불효 관념과 비교 차원에서 증자가 제시한 '비효'에 대해서도 알아볼 필요가 있다. 먼저

---

54) 『孟子』, 「告子下」, "公孫丑問曰, 高子曰, 小弁, 小人之詩也. 孟子曰, 何以言之. 曰, 怨. 曰, 固哉, 高叟之爲詩也.……小弁之怨, 親親也. 親親, 仁也. 固矣夫, 高叟之爲詩也. 曰, 凱風何以不怨. 曰, 凱風, 親之過小者也, 小弁, 親之過大者也. 親之過大而不怨, 是愈疏也, 親之過小而怨, 是不可磯也. 愈疏, 不孝也, 不可磯, 亦不孝也. 孔子曰, 舜其至孝矣, 五十而慕."

비효에 대한 증자의 발언을 보자.

> 증자가 말하기를 "몸은 부모의 유체다. 부모의 유체를 가지고 행동하는데 감
> 히 공경하지 않을 수 있겠는가. 거처가 장엄하지 못하면 효가 아니요, 임금을
> 섬기는 데 충성되게 하지 않으면 효가 아니요, 벼슬에 있어서 공경스럽게 하
> 지 않으면 효가 아니요, 붕우에게 믿음이 없으면 효가 아니다. 전쟁에 나가서
> 용맹이 없으면 효가 아니다. 이 다섯 가지를 완수하지 못하면 그 재앙이 부모
> 에게 미치는 것이니 어찌 감히 공경하지 않으랴" 하였다.[55]

증자가 말한 다섯 가지 정황, 즉 거처를 장엄하게 함으로써 부모님을 편안하
게 모시는 것, 군주에 대한 충성, 벼슬에서의 공경한 자세, 붕우에 대한 믿음,
전쟁에서의 용맹함을 실현하지 않은 것을 효냐 비효냐 하는 최종 판단은 이런
불효를 행함으로써 야기된 재앙이 부모에게 미치는 영향 여부다. 나의 행동
여부와 마음먹는 것에 따라 부모의 안위가 결정된다는 이런 사유는 나와 부모는
서로 다른 독립적인 별개 존재가 아닌 상호 밀접한 관련을 맺고 있음을 보여
준다. 유가가 제시한 효의 핵심 중 하나는 이것이다.

이제 이런 사유를 '양지'와 '능양'과 관련하여 증자가 말한 비효를 보자.

> 고기나 양고기를 알맞게 삶아 맛을 보고 올리는 것은 효가 아니고(非孝) '양養'
> 이다. 군자가 효라고 하는 것은 나라 사람이 일컬어 원하는 것이다. 이르기를
> "행복하구나, 이런 자식이 있음이 이른바 효라는 것이로구나. 여러 사람의 가
> 르침의 근본으로 삼는 것을 효라고 한다. 그 행하는 것을 봉양이라고 한다.
> 봉양은 능히 할 수 있지만 공경하기는 어렵다. 그러나 공경하기도 가능하다.

---

55) 『禮記』, 「祭義」, "曾子曰, 身也者, 父母之遺體也. 行父母之遺體, 敢不敬乎. 居處不莊, 非孝
也. 事君不忠, 非孝也. 莅官不敬, 非孝也. 朋友不信, 非孝也. 戰陣無勇, 非孝也. 五者不遂,
災及於親, 敢不敬乎."

어째서 어렵고 어째서 가능한가 한다면 끝내는 어렵게 된다. 부모가 이미 죽
었어도 그 몸을 조심해서 행동하여 부모의 악명을 남기지 않아야 끝마침을
능히 한다고 할 수 있다" 하였다.56)

이미 앞에서 본 바와 같이 단순 음식 봉양은 '능양'으로, 비효라고 규정한다.
바람직한 효는 자신의 효행을 통해 부모님이 자랑할 수 있고 더 나아가 타인이
그것을 롤모델로 삼아 가르침의 근본으로 삼을 정도가 되어야 한다. 이런 점에
서 부모가 살아 있을 때나 죽었을 때 모두 부모에게 악명을 남기지 않는 것이
효라는 것을 강조한다. 따라서 효는 윤리적 차원에서 한 개인이 자발적으로
스스로를 규제한다는 점에서 법과 다른 효용성이 있다. 증자는 이 같은 효를
온 천지에 가득 차게 하여 사해에까지 두루 이르도록 해야 할 것을 강조한다.

증자가 말하기를 "효를 그곳에 두어서 천지에 가득하여 두루 미치게 하여 사
해에 이르도록 한다. 후세에 두어서 조석을 가리지 않게 하고 미루어 동해에
놓아두어 법도로 삼고, 서해에 놓아두어 법도로 삼고, 서해에 놓아두어 법도
로 삼고, 북해에 놓아두어 법도로 삼는다. 『시경』에 이르기를 '서에서 동에서,
남에서 북에서, 복종하지 않을 생각을 없애는 것이다'라고 하니, 이것을 두고
말한 것이다'라고 하였다.57)

증자의 이런 발언은 효의 준칙을 극대화하여 말한 것인데, 이처럼 효를

---

56) 『禮記』, 「祭義」, "亨孰膻薌, 嘗而薦之, 非孝也, 養也. 君子之所謂孝也者, 國人稱願然曰, 幸哉
有子! 如此, 所謂孝也已. 衆之本敎曰孝, 其行曰養. 養, 可能也, 敬爲難. 敬, 可能也, 安爲難,
安, 可能也, 卒爲難. 父母旣沒, 愼行其身, 不遺父母惡名, 可謂能終矣. 仁者, 仁此者也, 禮者,
履此者也, 義者, 宜此者也, 信者, 信此者也, 强者, 强此者也. 樂自順此生, 刑自反此作."
57) 『禮記』, 「祭義」, "曾子曰, 夫孝置之而塞乎天地, 溥之而橫乎四海, 施諸後世而無朝夕, 推而放
諸東海而準, 推而放諸西海而準, 推而放諸南海而準, 推而放諸北海而準, 詩云, 自西自東, 自南
自北, 無思不服, 此之謂也."

인간이 사는 곳이면 다 하나의 법도로 삼을 것을 강조하는 것은 효를 실천했을 때 얻어지는 정치·교육적 효용성이 그만큼 크다는 확신이 있기 때문이다. 하지만 증자의 이런 발언을 오늘날 농경, 유목 및 해양적 삶의 모든 곳에 적용할 수 있는지는 따져 보아야 한다. 즉 증자의 이런 발언은 과거 가국동체家國同體에 의한 종법 제도의 적용을 인정하는 경우 제시될 수 있는 이론에 해당한다고 할 수 있다는 제한점이 있기 때문이다.

비효와 불효는 자식으로서 참된 효가 무엇인지를 다른 관점에서 제기한 것에 속한다. 효에 관한 다양한 관념 및 비효와 불효에 대한 관념에는 효를 실천했을 때 나타나는 효용성이 종교적 측면, 윤리적 측면, 정치적 측면, 교육적 측면 등 인간이 삶을 영위하는 모든 부분에 적용된다는 사유가 담겨 있다. 이에 유가의 효 이념은 개인과 국가 모두에게 적용될 정도로 강력한 영향력을 발휘하였고, 효 관념을 이해하는 것은 유가중심주의의 봉건사회를 이해하는 핵심이 된다. 이런 점은 효의 사친이 충의 사군으로 확장되는 점에서 구체적으로 확인할 수 있다.

5. 사친事親의 효에서 사군事君의 충으로

부모에 대한 효(事親)와 군주에 대한 충(事君)은 본래 서로 대척점에 있다. 예를 들면 나라에 전쟁이 일어난 위급한 상황에서 집안에 노모가 있는 경우 노모를 모시지 않으면 노모 생존에 문제가 있다고 하면서 전쟁에 참여하지 않는 효를 선택한다면 군주된 입장에서는 받아들이기 어려운 점이 있다. 먼저 유가에서는 이런 상황에서 발생할 수 있는 효와 충의 충돌을 어떻게 해결했는지를 보자.

유학은 기본적으로 충보다 효를 우선시한다. 공자가 말한 '직直'과 관련된 '부모는 자식을 위해 숨겨 주고, 자식은 부모를 위해 숨겨 준다'58)는 관념이 이런 점을 잘 보여 준다. 아울러 맹자가 순임금이 자신의 아버지인 고수가 범죄를 저질렀을 때 아버지를 메고 바닷가로 도망가겠다59)고 한 말도 마찬가지다. 공자의 '직' 관념과 맹자의 순에 대한 이런 고사는 효와 충 가운데 효를 더 중요시함을 상징한다. 맹자가 오륜을 말할 때에 '군신유의'보다는 '부자유친'을 먼저 거론하는 것도 상기할 필요가 있다.60) 이처럼 유가는 효를 충보다 우선시하는데, 효와 충의 상충성을 교묘하게 접합시킨 자가 바로 공자의 제자 유약有若이다.

> (공자의 제자) 유자有子(有若)가 말하였다. "사람됨이 효성스럽고 공경스러우면서 윗사람 범하는 것을 좋아하는 자는 드무니, 윗사람 범하는 것을 좋아하지 않으면서 난을 일으키는 것을 좋아하는 자는 있지 않다. 군자君子는 근본에 힘쓰니, 근본이 확립되면 도가 생기는 법이다. 효와 공경(弟=悌)은 인仁을 행하는 근본일 것이다."61)

---

58) 『論語』, 「子路」, "葉公語孔子曰, 吾黨有直躬者, 其父攘羊, 而子證之. 孔子曰, 吾黨之直者異於是. 父爲子隱, 子爲父隱, 直在其中矣."

59) 『孟子』, 「盡心上」, "桃應問曰, 舜爲天子, 皐陶爲士, 瞽瞍殺人, 則如之何. 孟子曰, 執之而已矣. 然則舜不禁與. 曰, 夫舜惡得而禁之. 夫有所受之也. 然則舜如之何, 曰, 舜視棄天下, 猶棄敝蹝也. 竊負而逃, 遵海濱而處, 終身訢然, 樂而忘天下."

60) 『孟子』, 「滕文公上」에서는 "飽食煖衣, 逸居而無敎, 則近於禽獸. 聖人有憂之, 使契爲司徒, 敎以人倫, 父子有親, 君臣有義, 夫婦有別, 長幼有序, 朋友有信"이라 하여 인륜의 순서로 '父子有親'을 '君臣有義'보다 먼저 거론한다. 하지만 『中庸』 19章에서는 "天下之達道五, 所以行之者三, 曰君臣也, 父子也, 夫婦也, 昆弟也, 朋友之交也. 五者, 天下之達道也"라고 하여 '君臣有義'가 '父子有親'보다 먼저 나오는데, 이런 점은 이제 유학이 충을 더 강조하는 사유로 변화되었음을 의미한다.

61) 『論語』, 「學而」, "有子曰, 其爲人也孝弟, 而好犯上者, 鮮矣, 不好犯上, 而好作亂者, 未之有也. 君子務本, 本立而道生. 孝弟也者, 其爲仁之本與."

유약은 '본립도생本立道生' 사유와 인에 근간하여 '효제'를 실천하는 인물의 마음과 행동거지를 윗사람 범하지 않는 것(忠)으로 연결하는데, 이런 과정에서 효와 충의 상충은 해소된다. 효와 충을 상충 개념으로 보지 않은 이 같은 사유는 이후 유가의 효와 충의 관계에 대한 기본 사유가 된다. 이런 점에 근간하여 유가는 수신이 제가와 치국으로 이어지는 과정에서 '사친'의 효를 '사군'의 충으로 자연스럽게 확장한다. 『대학』의 다음과 같은 말을 보자.

이른바 "나라를 다스리는 것은 반드시 먼저 그 집안을 가지런하게 함에 있다"는 것은 자기 집안을 가르치지 못하면서 남을 가르칠 수 있는 자는 없기 때문이다. 그러므로 군자는 집을 나가지 않고서도 나라에 가르침을 이룬다. 효는 임금을 섬기는 것이고, 제弟는 윗사람을 섬기는 것이고, 자慈는 여러 백성들을 부리는 것이다.[62]

직설적으로 효는 임금을 섬기는 충이란 것을 말한다. 이에 치국과 평천하의 관계성 속에서는 군주가 어떤 행위를 하느냐에 따라 백성들의 효에 대한 실천도 결정된다.

이른바 "천하를 화평하게 함이 그 나라를 다스림에 있다"는 것은 윗사람이 노인을 노인으로 대접하면 백성들이 효를 일으키고, 윗사람이 어른을 어른으로 대접하면 백성들이 공경하는 마음을 일으키며, 윗사람이 고아를 구휼하면 백성들이 배반하지 않는다. 이러므로 군자는 구矩(척도)로써 헤아리는 도(絜矩之道)가 있는 것이다.[63]

---

62) 『大學』 9章, "所謂治國必先齊其家者, 其家不可敎而能敎人者, 無之. 故君子不出家而成敎於國, 孝者, 所以事君也, 弟者, 所以事長也, 慈者, 所以使衆也."
63) 『大學』 10章, "所謂平天下在治其國者, 上老老而民興孝, 上長長而民興弟, 上恤孤而民不倍, 是以君子有絜矩之道也."

이것은 인간의 마음은 동일하다는 차원에서 윗사람이 모범적으로 효를 행하는 것의 효용성을 말한 것이다. 즉 이른바 '혈구지도絜矩之道'에 의한 '상행하효上行下效'가 빠르게 실행됨을 말한 것이다.[64] 이런 점에서 위정자가 백성들에게 효와 사랑을 베풀 때의 효용성에 대해 말한 것에 주목할 필요가 있다. 위정자의 효행이 백성들에게 감화를 주어 결국 위정자 자신에 대한 충으로 이어짐을 확인하자는 것이다.

노나라의 대부 계강자季康子가 물었다. "백성들에게 윗사람을 공경하게 하고 충성하게 하고 이것을 권면하게 하려면 어떻게 합니까?" 공자께서 말씀하셨다. "백성을 대하기를 장엄하게 하면 백성들이 공경하고, 효와 사랑을 베풀면 백성들이 충성하고, 잘하는 자를 등용하여 잘못하는 자를 가르치면 권면하게 될 것입니다."[65]

이처럼 위정자의 효행이 갖는 정치, 교육, 윤리 측면의 효용성이 대단하다면 굳이 위정자가 되어 정치를 행함으로써 치국평천하를 도모할 필요가 없다.

어떤 사람이 공자에게 물었다. "선생님께서는 어찌하여 정치를 하지 않으십니까?" 공자께서 말씀하셨다. "『서경書經』에서 효에 대하여 '부모에게 효도하며 형제간에 우애하여 정사에 베푼다고 하였으니, 이 역시 정치를 하는 것이오. 어찌 꼭 벼슬하는 것만이 정치를 하는 것이라 하겠소?"[66]

---

64) 『大學』 10章에 대한 朱熹의 注, "言此三者, 上行下效, 捷於影響, 所謂家齊而國治也. 亦可以見人心之所同, 而不可使有一夫之不獲矣. 是以君子必當因其所同, 推以度物, 使彼我之間各得分願, 則上下四旁均齊方正, 而天下平矣."
65) 『論語』, 「爲政」, "子游問孝. 子曰, 今之孝者, 是謂能養. 至於犬馬, 皆能有養, 不敬, 何以別乎. 季康子問, 使民敬, 忠以勸, 如之何. 子曰, 臨之以莊則敬, 孝慈則忠, 擧善而敎不能則勸."
66) 『論語』, 「爲政」, "或謂孔子曰, 子奚不爲政. 子曰, 書云, 孝乎惟孝, 友于兄弟, 施於有政. 是亦爲政, 奚其爲爲政."

공자의 이 말은 군주가 부모에 대한 효와 형제간의 우애하는 마음을 가졌을 때 사회 국가적 차원에 대한 영향력, 파급력, 확장성과 관련된 효용성을 극대화한 예다.[67] 『예기』「제통祭統」에서는 "충신이 '사군'하는 것과 효자가 '사친'하는 것은 근본이 같다. 위로는 귀신에 순응하고, 밖으로는 군장君長에 순응하고, 안으로는 친한 이에게 효도로써 한다"[68]라고 하여 충과 효의 관계성을 총체적으로 결론을 맺는다. 『효경』에서도 사친 차원의 효가 사군 차원의 충으로 확장된 것을 다양하게 언급하고 있다.[69] 이런 점은 종법적 동형구조체에서 출발하여 전통적인 덕치德治 이외에 효치孝治를 통한 대일통大一統[70]을 이루고자 하는 사유가 담겨 있다.

이처럼 효의 사친을 충의 사군으로 연결하는 사유에는 봉건종법제 하에서 형성된 가국동체 의식과 수신·제가·치국·평천하를 이루는 데 효가 갖는 정치적, 교육적 효용성이 지대하다는 사유가 동시에 담겨 있다. 역사적으로 보면 '효문제孝文帝'처럼 효가 갖는 영향력을 간파한 황제들이 자신들을 일컬을 때 '효' 글자를 붙인 것도 효와 충의 관계를 잘 보여 준다. 이제 효는 단순 개인의 윤리적 행동양식에만 머무르지 않고 확장되어 국가의 안정과 화평을 이루게 하는 정치 기제가 된다. 유가에서 대효를 실천한 순을 위대한 인물로 찬양하는 것은 바로 이런 점 때문이다.

---

67) 『論語』, 「爲政」에 대한 朱熹의 注, "書云孝乎者, 言書之言孝如此也. 善兄弟曰友. 書言君陳能孝於親, 友於兄弟, 又能推廣此心, 以爲一家之政. 孔子引之, 言如此, 則是亦爲政矣, 何必居位乃爲爲政乎. 蓋孔子之不仕, 有難以語或人者, 故託此以告之, 要之至理亦不外是."

68) 『禮記』, 「祭統」, "忠臣以事其君, 孝子以事其親, 其本一也. 上則順於鬼神, 外則順於君長, 內則以孝於親."

69) 이런 점은 지면 관계상 다른 곳에서 언급하고자 한다.

70) 이런 점에 관한 전반적인 것은 김관도 저, 하세봉 역, 『중국사의 시스템이론적 분석』(신서원, 1997) 참조.

6. 나오는 말

과거 정착된 농경사회에서 형성된 조상숭배와 혈연의 연속성 강조 및 종법 제도 하의 가국동체家國同體 관념에서 형성된 효 관념은 한 가정에서부터 시작하여 국가사회의 안정과 화목을 추구하는 데 긍정적 영향을 끼친 점이 있다.[71] 이런 효 관념에는 유가가 지향하는 바람직한 인간상이 담겨 있다.

효는 기본적으로 부모가 평소 지향한 뜻과 마음을 존숭하며 따르는 것이면서 아울러 부모님이 잘난 자식을 낳았다는 자랑거리와 즐거움을 주는 것이어야 한다. 아울러 부모를 욕되게 하거나 위태롭게 해서는 안 된다. 부모에 대한 '양지養志'를 강조하면서 공경함이 수반되지 않은 상태에서의 음식 봉양을 통한 효행을 '기른다'(養)는 차원으로 이해한 것은 효행에서의 공경함이 갖는 중요함을 강조한 것이다. 구체적 실천과 관련된 효의 행위는 모두 예에 맞아야 하였다.[72] 유가가 강조한 효와 '불효不孝' 및 '비효非孝'는 살아 계신 부모와 돌아가신 부모에 모두 적용되었다. 불효와 비효 사유는 그만큼 참된 효를 실천한다는 것이 어렵다는 것을 말해 준다. 이런 점은 천자로부터 서인들에까지 모두 적용되었는데, 그 바탕에는 수신·제가·치국·평천하를 이루는 데 효가 강력한 기제로 작동하였음을 보여 준다. 아울러 이런 사유는 천자나 한 개인이 독자적으로 존재하는 것이 아니라 항상 선왕 및 부모라는 존재와 연계하여 이해된다는 점에서 이른바 '집단 속의 개인'이란 점도 보여 준다.

---

71) 물론 부정적인 점도 있지만 이 글에서는 그것에 초점을 맞추어 논한 것은 아니다.
72) 효행과 관련된 예의 구체적 적용은 『禮記』의 여러 편에 다양하게 나타나고 있다. 두 가지 예를 들면 『禮記』, 「問喪」, "祭之宗廟, 以鬼饗之, 徼幸復反也. 成壙而歸, 不敢入處室, 居於倚廬, 哀親之在外也, 寢苫枕塊, 哀親之在土也. 故哭泣無時, 服勤三年, 思慕之心, 孝子之志也, 人情之實也.";『禮記』, 「曲禮上」, "夫爲人子者, 三賜不及車馬. 故州閭鄉黨稱其孝也, 兄弟親戚稱其慈也, 僚友稱其弟也, 執友稱其仁也, 交游稱其信也. 見父之執, 不謂之進不敢進, 不謂之退不敢退, 不問不敢對. 此孝子之行也."

효는 여러 층차로 나뉘어 이해되었다. 어떤 내용으로 실천했느냐에 따라 '대효大孝', '중효中孝', '하효下孝'로 구분되었다. 순舜의 효는 '대효', 문왕文王과 주공周公의 효는 '달효達孝'라는 용어를 사용하여 효에 대한 차별화된 의미를 부여하였다. 효에 관한 다양한 사유 중에 '삼불효三不孝'를 말하면서 가운데 '후사後嗣를 이어가지 못하는 것'(無後)을 가장 큰 불효라고 여긴 것에는 가부장적 차원에서 혈연의 연속성을 중시한다는 사유가 담겨 있다. 사친의 효를 사군의 충으로 연결한 사유는 가국동체에 의한 종법제도가 작동한 결과다. 부모에 대한 효라도 제왕이 행하는 효와 일반 백성들이 행하는 효는 달랐다. 이 경우 제왕이 행하는 효행은 단순 제왕 그 자체에만 그치는 것이 아니라 천하 백성들에게도 영향을 주었다. 이런 점에서 유가에서는 제왕의 효가 갖는 치국·평천하의 효용성을 강조하였다.

이상 살펴본 다양한 차원의 효를 실천했을 때 나타난 효용성은 종교적 측면, 윤리적 측면, 정치적 측면, 교육적 측면 등 인간이 삶을 영위하는 모든 부분에 적용되었고, 이에 유가의 효 이념은 개인과 국가 모두에게 적용될 정도로 강력한 영향력을 발휘하였다. 결국 종법적 동형구조체에서 출발하여 전통적인 덕치德治 이외의 효치孝治를 대일통大一統을 이루고자 하는 사유가 담겨 있고, 이 같은 효 관념을 이해하는 것은 종법적 동형구조체의 봉건사회를 이해하는 핵심임을 알 수 있다.

이상 거론한 이런 효의 핵심을 다양한 관점에서 접근한 것은 『효경』일 것이다. 『효경』에는 천자, 제후, 경대부, 사, 서인 등과 같이 서로 다른 신분들이 행하는 효의 구체적인 내용을 기술하고 있어 효가 단순 하나의 가정사에만 적용된 것이 아님을 보여 주는데, 이 같은 효의 의미를 총체적으로 보여 주는 것은 다음과 같은 발언일 것이다.

공자가 말하기를 "무릇 효는 덕의 근본이요, 가르침의 발생 근거이다.……
몸, 터럭, 살은 부모에게서 받은 것이다. 감히 훼상하지 않음이 효의 시작이
요, 몸을 세워 도리를 행하여 이름을 후세에 드날려서 부모를 나타내는 것이
효의 마침이다. 대저 효는 어버이를 섬김이 시작이요 임금을 섬김이 가운데
요 몸을 세움이 마침이다"라고 하였다.[73]

이런 언급 중에서 주목할 것은 '사친事親'의 효가 '사군事君'의 충으로 연결된
다는 점과 개인의 입신양명立身揚名이 개인을 넘어서 그 개인이 속한 집단(상징적
으로 아버지)의 영광으로 이어진다는 점이다. '부모님이 남겨 주신 몸(遺體)'을 온전
히 보전한다는 것은 그것을 통해 부모님께 걱정을 끼쳐드리지 않는 차원에서의
효다. 이런 효도는 개인적 차원에 머무르는 효다. 하지만 자식의 입신양명은
좀 더 광범위한 의미를 지닌다. 자식이 입신양명을 실천하면 살아 계신 부모님
의 뜻을 제대로 받든 것이 되고, 이런 것은 부모님을 즐겁게 만들고 사회적으로
자랑을 할 수 있는 여건을 마련해 줌과 동시에 돌아가신 조상에게도 부모님은
떳떳한 후손으로서 자리매김할 수 있는 필요충분조건을 제시한다. 따라서 입신
양명은 효의 핵심에 속한다.

이제 이상 거론한 과거 정착된 농경사회 및 가부장적 종법제 하에서의
형성된 효 관념이 오늘날 우리들에게 어떤 의미가 있는지 오늘날의 현실에
비추어 살펴볼 필요가 있다. 오늘날 우리들의 삶은 효 관념이 형성된 과거
정착된 농경사회 삶에서 많이 벗어나 있다. 아울러 과거 한 개인이 효라는
차원에서 행해야 할 당위적인 것들은 현대 국가의 복지제도 및 의료제도 시스템
하에서 일정 정도 실현되고 있다. 예를 들면 과거 개인 차원의 효 행위로 대표되

---

73) 『孝經』, 제1 「開宗明義章」, "子曰, 夫孝德之本也, 敎之所由生.……汝身體髮膚, 受之父母, 不
敢毁傷, 孝之始也. 立身行道, 揚名於後世, 以顯父母, 孝之終也. 夫孝, 始於事親, 中於事君,
終於立身."

고 강조되었던 것 중 하나인 병환에 고생하는 부모님을 위해 자신의 신체를 훼손하고 그 훼손된 결과물을 먹여 드린다든가[74] 하는 극단적 자기희생과 관련된 효 행위는 더 이상 할 필요가 없다. 아울러 과거 권위와 위계질서에 의한 효 관념에 입각한 효행을 자식들에게 바라는 것은 도리어 부자간의 갈등을 유발하는 경우도 있다. 이런 점에서 타율적 효도를 강요하는 것은 바람직하지 않다.[75] 따라서 이제 부모들은 자식들에게 효도를 받고자 하는 의식을 변화시킬 필요가 있다. 먼저 모범을 보여 자식이 스스로 자발적으로 효행을 하게 하는 것을 모색할 필요가 있다. 이전과 다른 사회 구조 속에서 사는 오늘날 상황에서 유가에서 강조한 효 관념 중에서 오늘날에도 여전히 실현 가능한 것이 무엇인지를 고민해야 할 시점이다.

---

74) 조선조에 나타난 효자에 대한 기록을 보면 이런 점을 주로 거론하고 있다. 하나의 예를 들면 李山海, 『鵝溪遺稿』, 卷3, 「箕城錄·安孝子傳」, "安其姓應俊其名者, 居黃保里南嶺之下. 安出竹溪, 而應俊側生也. 甫七歲, 母病絶. 有二弟, 一學語, 一在襁褓, 泣而撫曰, 吾今隨母死矣. 顧汝將奚托. 嘗聞指血能起死, 姑試之. 遂素刀斫長指上節, 血淋漓, 流母口不效. 再斫其中節, 竝細剒之投母口, 因堅坐尸傍, 且泣且祝. 自昏而曉, 翌朝, 胸微暖, 氣漸通, 至夕乃起." 참조.

75) 이런 변화된 오늘날 상황에서도 자식에게 과거의 효 관념 중에서 여전히 유효한 것은 있다. 조선조 역사에서 자식의 효 및 효 행위와 관련하여 자주 거론되는 인물이 있다. 바로 자신도 70세 나이임에도 불구하고 늙으신 부모님을 즐겁게 해 드리기 위해 색동저고리를 입고 아이처럼 춤을 추었다(戱彩娛親: 歐陽詢, 『藝文類聚』, 「第卷二十·人部四」, "列女傳曰, 老萊子孝養二親, 行年七十, 嬰兒自娛. 著五色采衣, 嘗取漿上堂, 跌仆, 因臥地爲小兒啼. 或弄烏鳥於親側.")는 老萊子라는 인물인데, 이런 노래자의 효심에 입각한 효도는 자식의 노력 여하에 따라 가능하다.

▌5장
초상화와 문인문화: 조상숭배의 종교성

1. 들어가는 말

조선조 사대부들의 초상화肖像畵 존숭尊崇과 그 존숭에 담긴 종교성을 이해하기 위한 기초 자료로 김홍도金弘道의 자화상自畵像으로 추정되는 두 개의 그림을 보자.

하나(그림 1)는 옷을 흐트러트린 포의布衣 상태에서 맨발을 드러낸 채 편안하게 당비파唐琵琶를 연주하는 모습을 그린 것이다. 자신이 평소 집안에서 사용하는 다양한 기물器物1)은 방안에 무질서하게 흐트러져 있다. 그려진 형상形象에 무엇하나 정제된 것은 없다. 호로병葫蘆瓶이 기운 것을 보면 음주飮酒 이후 상태로서, 시선을 아래로 한 김홍도가 켜는 당비파 소리가 화면에 가득한, 풍류 정취가 넘쳐흐르는 정경이다. 다른 하나(그림 2)는 방안의 모든 기물이 책상 위에 한 점 흐트러짐이 없이 가지런히 놓인 상태에서 김홍도의 몸가짐도 한 점 흐트러짐이 없다. 손에 접부채(摺扇)를 들고 있는 것으로 보아 여름으로 추정된다. 그런데 더운 여름임에도 불구하고 옷을 꽁꽁 여민 성복盛服 차림을 하고서 그 어떤 움직임도 없이 정제엄숙整齊嚴肅함을 유지한 채 정면을 직시하고 있는 김홍도의 시선에는 긴장감마저 서려 있다.

두 그림에 그려진 인물의 시선은 모두 앞을 향하고 있지만, 그 시선에 담긴

---

1) 筆, 硯, 書冊, 笙簧, 陶磁器, 芭蕉葉, 葫蘆瓶, 鼎, 瓿, 土人劍 등이다.

1. 金弘道, 「布衣風流圖」.　　　　　　　　　　　　　　　　2. 金弘道, 「自畵像」.

마음가짐은 완전히 다르다. 〈그림 1〉의 눈동자에는 화제畵題가 말하고 있는
것2)처럼 마음 가득 풍류적 삶 혹은 쇄락灑落적 삶을 추구하고자 하는 흥취가
담겨 있다. 이에 비해 상대적으로 정제엄숙한 몸가짐을 유지하고 있는 〈그림
2)의 눈동자는 유가의 신독愼獨 차원의 경외敬畏적 마음가짐이 담겨 있다. 본고
에서는 이 같은 신독 차원의 자화상 형상과 그 형상에 담긴 종교성을 조선조
사대부들이 제사 때3) 사용했던 조상의 초상화 혹은 경모景慕하는 대상의 초상화
에 적용하여 규명하고자 한다.

　　조선조 초상화4)는 그려진 인물의 신분에 따라 어진御眞, 공신상功臣像, 기로
도상耆老圖像, 사대부상士大夫像, 여인상女人像, 승상僧像 등으로 구분된다.5) 한국회
화사에서 볼 때 초상화는 유교를 지배 이데올로기로 표방했던 조선조에 이르면
소위 효사상을 기반으로 한 추원보본追遠報本 관념과 더불어 주희朱熹 혹은 송시
열宋時烈 등과 같은 인물을 존숭하는 이른바 숭현崇賢사상이 강하게 일어나고,

---

2) 화제: 紙窓土壁, 終身布衣, 嘯咏其中.
3) 朝鮮朝 宗法制 사회에서 血緣을 계승하는 주체가 남성이었다는 점에서 祭事에 사용되
　　는 초상화의 대상은 주로 남성이었다.
4) 肖像畵를 일컫는 말에는 肖像 이외에도 畵像, 眞像, 眞影, 影幀, 遺象, 像, 眞 등이 있다.
5) 趙善美, 『肖像畵硏究』(文藝出版社, 2010), p.56.

이에 향사享祀에 쓰일 초상화 수요가 많아지게 된다.[6] 이런 정황을 조선조 후기에 초점을 맞춘다면, 주목할 것은 사대부상士大夫像의 득세다.[7] 이 같은 사대부상은 주로 사당祠堂, 영당影堂 및 일반 사우祠宇에 봉안奉安하여 향사 참배용으로 쓰인 경우가 많았다. 즉 조선조 사대부 초상화는 고인에 대한 추모追慕나 기념용으로 제작되었다기보다는 사당祠堂, 영당影堂, 서원書院 등에 봉안한 상태에서 후손이나 유림儒林, 나아가 일반인들이 그것을 바라보고 숭모崇慕의 념念을 일깨우면서 향사하고 첨배瞻拜하는 것이 주목적인 경우가 대부분이었다.[8]

주목할 것은 조선조 사대부 초상화는 거의 한결같이 고요히 한곳을 응시한 절제된 표정과 엄숙단정嚴肅端正한 공수拱手 자세로 그려져 있다(그림 3과 4)는 점이다.[9] 이런 점은 유가의 신독과 경외 차원에서 접근할 수 있는 몸가짐이다. 이에 본고에서는 조선조 사대부 초상화는 왜 '한결같이 고요히 한곳을 응시한 채 절제된 표정과 엄숙단정한 공수 자세로 그려져 있을까' 하는 점을 주희가 「경재잠敬齋箴」[10]에서 "그 의관을 바르게 하고, 그 시선을 존엄하게 하며, 마음을 고요히 가라앉혀 거처하고, 상제上帝를 대하는 듯 경건한 자세를 가져라"(正其衣冠. 尊其瞻視. 潛心以居, 對越上帝. 그림 5)라고 말한 것과 연계하여 이해하고자 한다.[11]

---

6) 趙善美, 『초상화연구』, p.95. 이 문장은 趙善美의 문장을 필자가 논의하는 논지에 맞게 조금 수정한 것이다.
7) 朝鮮朝 후기에서 주목할 현상 중 하나는 祖上의 墓자리와 관련된 '山訟'이 많이 발생했다는 것이다. 이 같은 효도를 빙자한 조상 모시기와 관련된 山訟은 결과적으로는 發福을 통한 집안 번창이란 점이 담겨 있는데, 朝鮮朝 후기 각 門中마다 초상화를 모시고 祭事를 지낸 현상은 山訟의 발생과 전혀 무관하지 않다고 본다.
8) 趙善美, 『초상화연구』, p.256.
9) 趙善美, 『초상화연구』, p.139.
10) 朱熹의 「敬齋箴」은 張敬夫(張栻)가 쓴 「主一箴」을 읽고 빠뜨린 뜻을 보충하여 스스로를 경계한 글이다.
11) 유교의 종교성에 관한 것은 任繼愈 主編, 『儒敎問題爭論集』(北京: 宗敎文化出版社, 2000) 참조. 한국어 번역본은 主編 任繼愈, 譯者 琴章泰·安琉鏡, 『유교는 종교인가』 1·2(지식과 교양, 2011) 참조. 秦家懿는 '敬畏'를 宗敎情感說과 연계하여 이해한다. 秦家懿, 『秦家懿自選集』(山東敎育出版社, 2005), 16쪽. 유학이 종교임을 주장하는 李申은 「關於

3. 李命基·金弘道 筆,「徐直修 像」.
4. 李采,「肖像」얼굴 부분.
5. 退溪 李滉 글씨. 朱熹의「敬齋箴」앞부분.

즉 조선조 후기 사대부들의 초상화에 보이는 정제엄숙한 경외적 몸가짐과 긴장된 정면 응시의 눈동자 형상을 신독 혹은 근독謹獨 사유에 담긴 '대월상제對越上帝'의 종교성과 연계하여 살펴보고자 한다.

2. '추원보본追遠報本'의 제사와 초상화 수요

공자는 효도와 관련해 부모가 '살아 계실 때, 돌아가셨을 때, 제사祭事 지낼

儒教的幾個問題」에서 "朱熹的敬齋箴, 把對上帝的敬畏作爲儒者修飾自己的首要規條……因此, 宋以後儒者用於修飭自己的主敬原則, 絶不僅是一種道德心態, 而首先是一種宗教心態. 敬就是敬畏上帝"라고 하여「敬齋箴」을 통해 程朱理學의 종교성을 거론하기도 한다. 韓·中·日 삼국에서 朱熹의「敬齋箴」의 수용에 대해서는 焦德明,「朱子的敬齋箴」,『中國哲學史』 2019年 02期 참조.

때' 모두 예禮로써 할 것을 말한다.12)

맹자는 '송사送死'를 부모에게 행하는 '양생養生'보다 큰일로 여긴 적도 있는데13), 유가의 효도 관념은 매우 다양하다14). 그 중 자식으로서 행해야 할 바람직한 도리의 하나로 제사를 강조한다. 『예기』「제통祭統」에서는 제사의 중요성에 "무릇 사람을 다스리는 도리는 예보다 급한 것이 없고, 예에는 오경五經(吉禮, 凶禮, 軍禮, 賓禮, 嘉禮)이 있으나 제사보다 중요한 것은 없다"15)라고 말한 적이 있다.

사람 다스리는 길로서 예보다 급한 것이 없는데, 그 중에서도 제사가 가장 중요하다는 것은 유가에서 제사가 차지하는 위상이 어떤 것인지를 말해 준다. 제사의 기본은 추원보본追遠報本인데,16) 앞서 본 바와 같이 공자는 조상(先祖=祖先)에게 제사를 지낼 때의 정황에 대해 다음과 같이 말한 적이 있다.

공자께서는 선조에게 제사 지낼 때에는 조상이 계신 듯이 하셨으며, 선조 이외의 신을 제사 지낼 때에는 신이 계신 듯이 하셨다. 공자께서 말씀하셨다. "내가 제사에 참여하지 않으면 제사를 지내지 않은 것과 같다."17)

---

12) 『論語』, 「爲政」, "孟懿子問孝, 子曰, 無違. 樊遲御, 子告之曰, 孟孫問孝於我, 我對曰, 無違. 樊遲曰, 何謂也. 子曰, 生, 事之以禮, 死, 葬之以禮, 祭之以禮."

13) 『孟子』, 「離婁下」, "孟子曰, 養生者不足以當大事, 惟送死可以當大事."

14) 曾子는 어떤 내용으로 실천했느냐에 따라 孝를 '大孝', '中孝', '下孝' 등으로 구분하는데, 舜의 효는 '대효', 文王과 周公의 효는 '達孝'라는 용어를 사용하여 차별화된 의미를 부여하였다. 儒家 경전에 나타난 효 관념에 대해서는 曹玟煥, 「儒家 經典에 나타난 효 관념 연구」, 『韓國思想과 文化』(한국사상문화학회, 2022) 참조

15) 『禮記』, 「祭統」, "凡治人之道, 莫急於禮. 禮有五經, 莫重於祭."

16) 金祖淳, 『楓皐集』, 卷八, 「請寢諸 宮廟別祭箚」(a289_172b. 이상은 韓國文集叢刊本(韓國古典飜譯院 간행) 번호 및 페이지를 表記한 것임. 이하부터는 번호 및 페이지만 記載함), "祭祀者, 追遠報本之禮也." 및 金尙憲, 『淸陰集』, 卷四十, 「與權慶州」(a077_598d), "制爲祭祀, 追遠報本, 本出於誠. 禮主於敬而成於順, 祀而失序, 惡得謂之順也. 禮而不順, 惡得謂之敬也. 不順不敬, 鬼神不饗."

17) 『論語』, 「八佾」, "祭如在, 祭神如神在. 子曰, 吾不與祭, 如不祭."

이것은 제사 지낼 때 성의誠意를 다하는 것이 형식보다 더 중요함을 강조한 것인데,[18] 이때 만약 조상을 상징적으로 보여 줄 수 있는 초상화가 있었다면 제사는 더욱 경건하게 지낼 수 있었을 것이다. 이에 '조상이 계신 듯한 것'과 관련된 정황은 한당漢唐 이후에는 초상화가 그 실질적인 역할을 담당한다.

국가에서 행하는 제사는 치국의 관점에서 볼 때 많은 장점을 지닌다. 이런 점은 초楚의 관사보觀射父가 국가 차원에서 제사를 지내야만 하는 이유를 언급한 것에서 잘 나타난다.

> 소왕昭王이 말하였다. "제사는 폐지할 수 없는 것이오?" (觀射父가) 대답하였다. "제사는 효도를 밝히고 백성을 번식시키며, 국가를 어루만지고 백성을 안정시키는 것이니, 폐지할 수 없습니다.…… (제사를 거행하면) 이에 온갖 포악한 일이 그치게 되고 사악邪惡과 원한이 소멸됩니다. 아름다운 우호로 단결하고 친목을 맺어 상하가 편안하고, 동성同姓들과의 관계가 거듭 공고해집니다. 위의 임금은 백성에게 경건함을 가르치고, 아래 백성은 윗사람을 섬기는 일을 밝게 알게 됩니다.…… 공公 이하로부터 서인庶人에 이르기까지 그 누가 감히 경건하고 엄숙한 태도로써 신에게 온 힘을 바치지 않겠습니까? 제사는 백성의 관계를 공고하게 유지하게 하는 것인데 어찌 폐지하겠습니까."[19]

제사가 효도를 밝히고 백성을 번식시키며, 국가를 어루만지고 백성을 안정시킨다는 것은 제사가 치국하는 데 가장 효과적인 방법이란 것을 강조한 것이

---

18) 『論語』, 「八佾」에 대한 朱熹의 注, "程子曰, 祭, 祭先祖也. 祭神, 祭外神也. 祭先主於孝, 祭神主於敬. 愚謂此門人記孔子祭祀之誠意. 又記孔子之言以明之.……范氏曰, 君子之祭, 七日戒, 三日齊, 必見所祭者, 誠之至也. 是故郊則天神格, 廟則人鬼享, 皆由己以致之也. 有其誠則有其神, 無其誠則無其神, 可不謹乎. 吾不與祭如不祭, 誠爲實, 禮爲虛也." 참조.

19) 『國語』, 「楚語下·觀射父論祀牲」, "王曰, 祀不可以已乎. 對曰, 祀所以昭孝息民, 撫國家, 定百姓也, 不可以已.……於是乎弭其百苟, 殄其讒慝. 合其嘉好, 結其親呢. 億其上下, 以申固其姓. 上所以教民虔也, 下所以昭事上也.……自公以下至於庶人, 其誰敢不齊肅恭敬致力於神. 民所以攝固者也, 若之何其舍之也."

다. 이 글에서 중요한 것은 제사 지내는 당사자의 마음 상태로서 경건하고 엄숙한, 이른바 지경持敬의 마음가짐과 자세를 요구한다는 것이다. 효자가 사친 事親할 때는 부모의 정황에 따라 다른 방법을 취해야 하는데, '추양계효追養繼孝'에 해당하는 제사를 지낼 때 가장 유의해야 할 것은 공경하는 마음을 가져야한다는 것이다.20) 『예기』「제통祭統」에서는 제사의 효용성으로서 '귀신의 도道', '군신의 의義', '부자의 륜倫', '귀천의 등等', '친소의 쇄殺', '작상爵賞의 시施', '부부의 별別', '정사政事의 균均', '장유의 서序', '상하의 제際' 등 열 가지를 볼 수있지만, 군주가 백성의 부모가 되려면 궁극적으로 제사를 지낼 때의 공경함을 가져야 한다는 것을 강조한다.21)

이 같은 국가 차원에서 행해지는 제사의 효용성에 비할 바는 아니지만 문중이나 가족 차원의 제사도 매우 중요한 효용성이 있다. 이런 점과 관련해 조선조에서 사당을 세우고 유상遺像을 모시면서 제사를 지낸 이유를 알아보자.

대저 자손에 대한 조상의 마음이나 후생에 대한 현인의 마음이 그들을 사랑하여 훌륭하기를 바라는 것은 자손들이 그 조상에 대하여, 후생들이 그 현인에 대하여 끝없이 사모하는 것과 같다. 그렇다면 선생께서 마음속으로 어찌 '너희들 가운데 지금 여기 나의 사당에 들어와서 자신의 모습을 우러르는 자들은 단지 이 건물의 화려함이나 제수祭需의 풍성함만을 가지고 그 원모遠慕의 정성을 다 펼칠 수 있다고 여기지 말라. 밤낮으로 서로 더불어 반드시 공경하고 두려워하며, 글을 읽어서 이치를 밝힐 일이며, 부모에 효도하고, 형제 간에 우애하고, 종족 간에 화목하고, 조심하는 마음으로 벗을 사귀고, 공경하

---

20) 『禮記』,「祭統」, "祭者, 所以追養繼孝也. 是故孝子之事親也, 有三道焉. 生則養, 沒則喪, 喪畢則祭. 養則觀其順也. 喪則觀其哀也. 祭則觀其敬而時也." 참조.

21) 『禮記』,「祭統」, "夫祭有十倫焉. 見事鬼神之道焉. 見君臣之義焉. 見父子之倫焉. 見貴賤之等焉. 親疎之殺焉. 見爵賞之施焉. 見夫婦之別焉. 見政事之均焉. 見長幼之序焉. 見上下之際焉. 此之謂十倫. 祭而不敬, 何以爲民父母矣." 참조.

는 마음으로 윗사람을 받들어서, 내가 지금 이 저승의 세계에서 기대하고 바라는 마음을 저버리는 일이 없도록 하라. 만약 그렇게만 한다면 나의 혼령이 이곳에서 길이 편안할 수 있을 것이다 하지 않겠는가. 그대들이 이와 같이 서로 더불어 힘쓴다면 사당을 세우고 유상을 모신 본래의 뜻이 공허하게 되는 일이 없을 것이고, 그 원모의 정성도 거의 달성할 수가 있을 것이다.[22]

이상의 글에서 알 수 있듯이 제사를 지내는 것은 단순 조상을 경모敬慕하는 차원에 그치는 것이 아니다. 제사를 지냄으로써 조상이 후손에게 유가가 지향하는 삼강오륜을 실천하고 그 실천을 통해 혈연공동체의 화목을 이루고자 하는 바람이 담겨 있다. 이처럼 사당을 세우고 유상을 모시면서 행하는 제사는 종교성과 윤리성이 동시에 담겨 있는데, 이런 점은 조선조 후기에는 문중마다 초상화를 구입하여 제사에 사용하는 현상으로 나타난다. 이에 초상화는 성물聖物 차원으로 승격된다.

성물 차원의 초상화가 갖는 종교성에 대한 것은 유중교柳重敎가 「돌아가신 아버지의 초상에 고하는 글」(告皇考遺像文)에 잘 나타나고 있다.

생각건대, 상생象生을 치운 지 이제 거의 일 년이 되어갑니다. 의형儀刑이 영원히 멎으니, 부르짖으며 그리워하여도 미치지 못합니다. 길고 긴 남은 평생에 이 한이 어찌 끝이 있겠습니까? 다만 제가 사는 집이 사당이 있는 곳에서 십 리 남짓 떨어져 있고, 병들어 아픈 몸인지라 초하루와 보름에 전알典謁하

---

22) 李南珪,『修堂遺集』冊六,「遠慕齋記」(a349_511b), "夫祖先之於子孫, 賢人之於後生, 愛之而欲其賢, 亦猶子孫之於祖先, 後生之於賢人, 遠慕之無窮已矣. 先生之心, 豈不曰我等之入吾祠瞻吾像者, 無徒以欂櫨之輪換, 芹藻之芳馨, 爲足以盡遠慕之誠. 必相與夙夜祗栗, 讀書明理, 孝而親, 友而兄弟, 睦而宗族, 愼而交友, 敬而長上, 毋負吾冥冥期望之心, 則吾之靈, 其永寧于玆矣. 子等知此而相與勉焉, 則建祠妥像之意爲不虛, 而其於遠慕之誠, 庶乎得矣." 이 책에서 본문의 내용을 전개할 때 한국고전번역원 간행본의 본문을 인용한 모든 경우 그 번역은 일단 한국고전번역원 번역을 참조하되 필요한 경우 손을 본 것임을 밝힌다.

는 것밖에는 힘을 쏟을 수가 없었습니다. 이에 매일 새벽 일어나 세수하고 빗질한 뒤에 정성을 펼 곳이 없으니, 마음 아파 배회하며 슬픔을 이길 수가 없었습니다. 수사秀士 김진수金晉壽가 이런 마음을 깊이 헤아려서 먹으로 그린 초상화 한 벌을 보내왔습니다.…… 다만 저의 개인적인 사정이 이미 다른 사람과 몹시 다르고, 또 옛사람들이 시동을 쓰고 소상塑像을 썼던 뜻을 생각해 볼 때, 이 초상화가 혹 신명께서 깃드는 데 해가 되지는 않을 것이라고 여겼습니다. 이에 경건하게 두 번 절하고 받아서 감실龕室을 만들어 거처하는 본채에 봉안하고, 아침저녁으로 정성을 펼 수 있는 바탕을 삼았습니다. 초상화를 우러러 뵙고 머리 숙여 눈물 흘리는 일이 더욱 많아져서 끝이 없습니다. 삼가 술과 과일을 벌여 놓고 경건히 고합니다. 삼가 고합니다.[23]

자신의 부모를 그린 초상화를 받아 경건하게 두 번 절하고 받아서 감실龕室을 만들어 거처하는 본채에 봉안하여 아침저녁으로 정성을 펼 수 있는 바탕을 삼았다는 것은 그만큼 초상화를 경건하게 대하고 소중하게 여긴다는 것을 의미한다. 이에 제사에 사용하는 초상화는 단순 인물화가 아니라 조상의 신명이 깃드는 성물聖物로서 종교성을 띠게 된다. 따라서 제사를 위해 가묘나 사당에 모신 유상은 함부로 대할 것이 아니었다.

장현광張顯光이 제사를 지낼 때나 그 화상畵像을 보는 것이 마땅하고, 만약 화상을 꺼내 본다면 반드시 경배하는 경모의 자세를 표할 것을 강조한 것은 이런 점을 잘 보여 준다.

---

23) 柳重敎, 『省齋集』, 卷四十, 「柯下散筆·告皇考遺像文」, "伏以象生之撤, 今幾周歲矣. 儀刑永閟, 號慕靡逮, 悠悠餘生, 此恨何極. 第重敎之私室, 距廟宇十餘里, 病瘁殘軀, 朔望展謁之外, 無以致力, 每晨興盥櫛, 伸誠無所, 徊徨怵惕, 悲不自勝. 金秀士晉壽, 深念其情地, 以所寫墨像一本見遺.……惟是小子之私情, 旣有甚異於人者, 且竊惟古人用尸用塑之意, 則惟妓三二分影像, 或不害爲神明之所憑依, 謹再拜受之, 作龕奉安于所居之正堂, 以爲朝夕伸誠之地. 仰瞻俯涕, 彌增罔極, 謹以酒果用伸虔告, 謹告."

문: 고조의 화상을 가묘家廟에 보관해 두었는데, 소생이 지금까지 뵙지 못하였습니다. 아무 때나 화상을 꺼내 놓고 뵙는 것은 설만褻慢함에 가깝지 않겠습니까? 제사할 때에 꺼내어 뵙는 것은 어떠한지요?

답: 제사할 때를 인하여 뵙는 것이 마땅할 듯하오.

문: 만약 화상을 꺼내어 본다면 마땅히 절을 하여야 합니까? 다만 경모하는 마음을 다해야 할 뿐입니까? 『퇴계선생문집』 가운데에 이순李淳의 문목을 살펴보니, "역관이나 사찰의 벽에 선인의 유묵遺墨이나 혹은 성명이 있을 경우 절하는 것이 어떻습니까?" 하고 묻자, 퇴계선생은 답하기를 "다만 경모하는 마음을 다하면 되고 절하는 것은 지나치다" 하셨습니다. 이 말로 보면 절하지 말아야 할 듯합니다. 다만 유상은 유묵이나 성명과는 같지 않으니, 절하는 것이 어떻겠습니까?

답: 제사 때 뵐 경우에는 마땅히 제사의 절함이 있어야 한다. 그러나 만약 제사가 아니고 부득이 살펴 뵙는 일이 있을 경우에도 선조의 의상儀像을 보는데 어찌 절하지 않을 수 있겠소. 진상眞像은 단지 유묵이나 성명을 공경하는 정도에 그치는 것이 아니라오.[24]

제사를 지낼 때는 물론이고 평소에 화상을 보더라도 항상 절하고 공경할 것을 요구하는 것은 초상화가 후손들에게 어떤 의미를 지니는지를 잘 보여준다. 즉 초상화는 단순 인물화가 아니라 종교인들이 항상 경배하는 차원의 성물에 해당한다.

이 같은 성물로서의 초상화는 기본적으로 기상론氣象論에 입각한 덕휘미학德輝美學이 담겨 있다. 즉 경모의 대상이 되는 초상화의 인물은 평범한 인물이

24) 張顯光, 『旅軒文集』, 卷5, 「答金烋」(a060_095c), "高祖畵像, 藏在家廟, 而小生至今未見, 無時出省, 不近褻慢否. 祭祀時出視, 如何. 因祭祀省視似宜. 若出視, 則當拜之乎. 但致敬慕而已乎. 按退溪先生集中李淳問目曰, 驛館寺壁, 有先人遺墨或姓名, 拜之如何. 先生答曰, 但致敬慕爲可, 拜之過當. 以此觀之, 似不當拜. 但遺像與遺墨姓名不同, 拜之如何. 祭祀時見之者, 自當有祭祀之拜. 若或非祭祀, 而有不得已展省之事, 則見祖先儀像, 安得無拜. 眞像, 非但遺墨姓名之可敬而已也."

아니라 후손들에게 롤모델로서 자리매김될 수 있는 학문적 역량과 인품 및 도덕성을 갖춘 인물들이 많다는 것이다. 이런 점에서 제사 때 사용한 초상화는 단순 인물화와 다른 의미를 지닌다.

3. 기상론과 초상화의 '덕휘德輝' 미학

이익李瀷은 회화의 화목畵目에 대해 평가한 적이 있는데, 특히 초상화를 가장 높이 평가한다.

그림 중에 인물의 초상화를 가장 높이 평가하니, 그 사람의 정신과 모습을 묘사함으로써 사모하는 마음을 담을 수 있기 때문이다. 그 다음으로는 조수·충어蟲魚·초목·옥석玉石을 그린 그림이니, 의원들이 그 그림을 보고 약재를 채취함으로써 질병과 죽음을 막아 주기 때문이다. 또 그 다음으로는 관복과 기물들을 그린 그림이니, 후세 사람들이 그것을 가져다 표준으로 삼게 하기 때문이다. 이 밖의 것은 모두 쓸데없는 그림이다. 내가 고금의 『화보畵譜』를 매우 많이 본 편이나 대부분 산천의 절경, 안개나 구름이 낀 자연의 모습, 화조와 죽석을 묘사한 것에 지나지 않는다. 괴이함이란 괴이함은 다 갖추고 있어서 그 목적이 모두 그림을 감상하기 위한 것에 그치니 군자가 어찌 취하겠는가. 금담錦賈과 수치繡袘와 같은 화려한 장정들을 많이 보다 보면 완물상지玩物喪志하기에 꼭 알맞다.[25]

---

25) 李瀷, 『星湖全集』, 卷五十六, 「跋海東畵帖」(a199_535b), "畵莫尙於人之肖像, 傳神寫影, 用寓其願慕也. 其次鳥獸蟲魚草木玉石, 醫家倣圖採物, 以濟疾病夭死. 又其次冠服器用之類, 俾後人得以取法. 外此皆無所用也. 余觀古今畵譜亦多, 率不過山川奇勝, 煙雲物態, 與夫花鳥竹石, 詭恠咸具, 其意都只爲翫物之供, 君子奚取矣. 多見其錦賈繡袘, 適歸於喪志焉耳."

이익이 '초상', '조수·충어·초목·옥석', '관복·기용' 등을 그린 그림을 긍정적으로 평가하고 산수·화조·죽석 등을 그린 그림을 완물상지의 입장에서 괴이하다고 부정적으로 평가하는 것은 예술의 실용성을 강조하는 입장이다. 이처럼 이익이 경세치용經世致用과 이용후생利用厚生이란 입장에서 회화를 평가한 것에는 예술의 순수성을 부정적으로 본 편향된 점이 담겨 있다. 이런 점이 있음에도 불구하고 이익이 초상화를 화목 중에서 가장 높이 평가한 이유는 한 인간의 정신과 모습이 표현된 형상을 통해 사모하는 마음을 담을 수 있기 때문이다. 이런 사유에는 덕휘미학이 담겨 있는데, 초상화에 담긴 덕휘미학을 기상론과 연계하여 구체적으로 확인해 보자.

한국 역사를 보면 고려조의 안향安珦을 비롯하여[26] 조선조의 많은 유학자들이 주희 혹은 자신이 존경하는 인물의 초상화를 걸어 놓고 경모의 뜻을 표하는 경우가 많았다. 조선조는 특히 송시열宋時烈이 경모의 대상이 되는 경우가 많았다.[27] 조선미趙善美는 조선조에 접어들면 사대부 초상화 수요가 엄청났다는 이유를 다음과 같이 말한다.

> 살아 있을 때에는 섬기기를 예로 하며, 죽은 뒤에는 장사를 예로 하며, 제사를 예로 하면 가히 효라 할 수 있다는 유교주의적 관념 하에 배태胚胎된 사당祠堂, 영당影堂의 발달로 인해 사대부 초상화 제작이 활기를 띠었다. 나아가 조선조 중기 이후로는 소수서원紹修書院을 시발로 하여 숭현崇賢사상이 팽배하게 되자 이른바 일반 사우祠宇나 서원書院 부속 사우에서 자신들이 숭모하는 인물들의 초상화를 걸어 놓고 향사享祀하기 위해 사대부 초상화의 수요가 엄청났다.[28]

---

26) 『高麗史』, 105卷, 「安珦傳」, "만년에 항상 晦庵(朱熹)선생의 초상화를 걸어 놓고 敬慕의 뜻을 보이더니, 마침내 호를 晦軒으로 지었다"(晩年, 常掛晦庵先生眞, 以致景慕, 遂號晦軒)라는 것은 그 하나의 예다.
27) 이런 현상에 대한 규명은 미시적 차원에서 초상화를 통한 한국 유학자들의 학문 성향과 정치적 상황을 보여 준다는 점에서 의미가 있다.

조선조에서 사대부 초상화 수요와 관련된 이런 현상에는 다양한 의미가 담겨 있다. 그 하나로, 경모하는 대상의 초상화를 통해 그 인물의 학문적 업적, 인물 됨됨이 및 어떤 삶을 살았는가를 알 수 있다는 점을 들 수 있다. 초상화와 관련된 이 같은 사유에는 기본적으로 기상론 차원의 미학이 담겨 있다. 김창협金昌協이 찬한 「우재尤齋선생(송시열) 화상찬」(尤齋先生畵像贊)은 이런 점을 잘 보여 준다.

영웅호걸의 자질을 지니고서 깊은 못에 임하듯 얇은 얼음을 밟듯 전전긍긍 근신하는 공을 닦았다. 좁은 방 안에 모은 호연지기浩然之氣는 우주를 채울 만하고 작은 한 몸에 짊어진 막중한 짐은 화산華山과 숭산嵩山에 비길 만하였다. 조정에서 불렀을 때는 묘당廟堂에 두고 제왕의 스승으로 삼았으나 거만한 기운을 찾아볼 수 없고, 물러나 초야에 처했을 때는 고라니와 사슴을 벗하였으나 궁색한 기색을 볼 수 없었다. 황하 물결의 격류에 우뚝 선 지주砥柱처럼 당당하고 엄동설한에 홀로 푸른 소나무처럼 늠름하였다. 만일 억만대 이후에 이 화상畵像을 살펴본다면 오히려 (朝鮮) 삼백 년간의 정기가 한 몸에 모인 것을 알 수 있을 것이다.[29]

경모 대상이 되는 인물에 대한 이 같은 찬문에는 그 인물을 미화한 점이 담겨 있지만, 송시열에 대한 「화상찬」을 통해 송시열이 영웅호걸의 자질을 지닌 채 명도구세明道救世적 삶과 은일隱逸 지향의 삶을 동시에 추구하면서 한 시대를 풍미하였다는 것을 알 수 있다. 이 「화상찬」에서 중요한 것은 우주를 채울 만한 호연지기 및 "억만대 이후에 이 화상을 살펴본다면 조선조 삼백

28) 趙善美, 『초상화연구』, p.227. 文意의 이해를 돕기 위해 原文을 조금 고쳤다.
29) 金昌協, 『農巖集』, 卷二十六, 「尤齋先生畵像贊」(a162_235a), "以豪傑英雄之資, 有戰兢臨履之功, 斂浩氣於環堵之窄, 可以塞宇宙, 任至重於一身之小, 可以抗華嵩, 進而置之巖廊, 爲帝王師而不見其泰, 退而處乎丘壑, 與麋鹿友而不見其窮. 巖巖乎砥柱之峙洪河, 凜凜乎寒松之挺大冬. 苟億世之下, 觀乎此七分之貌, 尚識其爲三百年間氣之所鍾." '七分之貌'는 초상화를 의미한다.

년간의 정기가 한 몸에 모인 것을 알 수 있을 것이다"라는 기상론 차원에서 송시열을 찬미한 견해다.

이익李瀷은 「선조 소릉공少陵公의 간찰첩에 대한 발문」(先祖少陵公簡帖跋)에서 초상화가 갖는 의미 중 하나로 돌아가신 증조부의 모습과 기상을 볼 수 있다는 것을 거론한다.

나는 태어나면서부터 증조부를 직접 모셔 보지 못했다. 말씀과 덕행에 대해서는 그래도 들을 수가 있었으나, 증조부의 기상과 정채精彩는 보지 못했다. 그런데 기상은 초상화에 잘 나타나 있고, 정채는 필획에 잘 보존되어 있었다. 오늘부터 증조부의 유묵을 만져 보고 초상화를 볼 수 있게 되었으니 후손으로서 감회가 깊다. 이 서첩은 간찰을 모으고 그 위에다 초상화를 삽입하였는데, 그 속에 담긴 의도가 매우 치밀하다.[30]

직접 보지 못한 증조부지만 그 증조부가 어떤 인물이었는가는 초상화에서 풍겨 나오는 기상과 그가 남긴 필획의 정채로움을 통해 알 수 있다는 것은 초상화나 필적이 결국 한 인물의 됨됨이를 여실하게 표현하고 있기 때문이다. 이상과 같은 초상화에 담긴 기상론 측면과 관련된 미학을 잘 보여 주는 것은 다음과 같은 발언이다.

홍정승洪政丞이 또 나에게 말하기를, "내가 항상 효정공孝靖公을 사모하여 어떻게 생긴 분이기에 능히 이와 같을 수 있는가 하였다. 지난번에 서사촌庶四寸인 학관學官 유항柳沆의 집에 조그마한 영정影幀이 있다는 말을 듣고 바로 모셔 와서 그 용모와 기상을 보았더니, 덕성스러운 기운이 가득 차 참으로

---

30) 李瀷, 『星湖全集』, 卷五十六, 「先祖少陵公簡帖跋」(a199_529b), "余生不及奉觴承歡矣. 言語德行, 耳猶可聞, 氣像精彩, 不可得以覩也. 夫氣象顯於傳神, 精彩存乎筆畫. 從今日摩挲遺墨瞻仰肖影, 則爲後孫追感大矣. 此帖者裒集簡札, 上揭圖像, 其意亦密矣."

화열和悅한 기색과 온화한 얼굴이 표리가 한결같았다. 나의 처도 그분의 자손
이므로 머물러 봉안奉安하려고 하였는데, 처삼촌 현령縣令인 이광택李光澤이
한사코 모셔 가겠다기에 감히 막지 못하였네" 하였다.[31]

　"용모와 기상을 보았더니, 덕성스러운 기운이 가득 차 참으로 화열한 기색
과 온화한 얼굴이 표리가 한결 같았다"는 말은 기상론 관점에서의 덕휘미학을
단적으로 보여 주는 말에 해당한다. 성해응成海應은 이이李珥의 글씨에 대해 덕휘
가 발한 글씨가 혼연천성渾然天成한 맛이 있어 보는 사람으로 하여금 공경하는
마음을 일으키게 한다는 것을 말한 적이 있다.[32] 『예기』 「악기樂記」에서는 덕의
기운이 마음에서 움직여 그 빛남을 드러내면 백성들이 그 덕휘에 감동받지
않음이 없다는 것을 말한다.[33]

　동양 예술문화에서는 회화를 사의화寫意畵라 하고, 서예는 '마음의 (정감을
표현한) 그림(心畵)으로 여긴다. 조선조 유학자들은 이런 점에서 마음의 정감을
표현한 필적에는 그 인물의 덕의 기운과 관련된 기상론을 말한다. 권상하權尙夏
는 송시열이 쓴 '신명기덕神明其德, 대월상제對越上帝'라는 필적을 보고 쓴 글에서
이런 점을 강조하고, 아울러 필적을 통한 대월상제 의식을 말하고 있다.

---

31) 李濟臣 撰, 『淸江先生鯢鰭瑣語』, "洪相又謂余曰, 吾常慕孝靖, 作何狀乃能如此. 頃於擘四寸
　　學官柳沈家, 聞有小影, 因得奉來, 觀其容像, 德氣充溢, 眞愉色婉容內外如一也. 吾內子亦其子
　　孫, 欲留以奉安, 而妻三寸平縣令光澤, 力請陪去, 故不敢抗耳."

32) 成海應, 『硏經齋全集續集』 册十六, 「書畵雜識·題栗谷先生墨蹟後」(a279_415b), "黃江之寒
　　水齋, 文純先生所處也. 中有小櫝, 儲栗谷先生手艸經筵日記三卷. 想先生在坡山山中, 艸此時,
　　艱於筆札, 用當時攔報而起草, 其背皆小字行艸. 然德輝所發, 渾然天成, 不覺起敬, 如在嚴師之
　　側也." 참조

33) 『禮記』, 「樂記」, "德輝動於內, 而民莫不承聽." 참조. 마음속에 축적된 덕의 기운이 밖으
　　로 드러난 것이 아름답다는 의미를 지닌 德輝미학은 『孟子』 「盡心下」에서 말한 "마음
　　속에 덕의 기운이 충실하게 쌓인 것이 美이고, 충실한 것이 밖으로 광휘가 있는 것이
　　大이다"(充實之謂美, 充實而有光輝之謂大)라고 하는 사유와 관련이 있다. 이상과 관련
　　된 자세한 것은 曹玟煥, 『東洋藝術美學散策』(성균관대 출판부, 2018)의 제13장 「儒家의
　　誠中形外 사유에 나타난 象德미학」 부분 등을 참조할 것.

아, 선생은 성덕과 대업으로 백세의 종사가 되시었으니, 선생의 한마디 한 글자도 모두 무궁하게 후세에 충분히 전할 수 있다. 하물며 이 여덟 글자는 바로 옛 성인의 지결旨訣로서 학자들이 '공경을 지니는'(持敬) 방도에 크게 절실한 것이니, 더욱 진귀한 것이다. 이것을 완상하는 후인들이 진실로 숙연히 스스로 경계하고 삼가며, 잠연潛淵히 순일하게 하여 마음을 고요히 가라앉혀 거처하고, 이른 아침부터 밤늦게까지 부지런히 힘써 한다면 그 덕이 절로 신명神明한 데에 이르러 천과 하나가 될 것이니, 이것이 이른바 상제에게 답한다는 것이다.[34]

권상하가 송시열이 '지경持敬' 차원에서 쓴 '신명기덕神明其德, 대월상제對越上帝'라는 글씨를 통해 천과 하나가 됨을 강조한 것은 '신명기덕, 대월상제'라는 글귀를 종교적 차원[35]에서 해석한 것이다. 이처럼 서예의 필적을 통해 대월상제를 말하는 이 같은 사유에 담긴 기상론 사유와 그 종교성은 초상화에도 그대로 적용할 수 있다. 즉 심화心畵로서 서예를 통해 말하고자 하는 사유는 전신사조傳神寫照를 강조하는 초상화에도 그대로 적용할 수 있다는 것이다. 특히 초상의 대상이 조상일 경우에는 종교적 성격이 더욱 분명하게 나타나게 된다.

이런 점에서 조선조 사대부들은 사당을 세우면 조상의 정신이 깃들어 있고 그 위의가 나타나 있는 유상遺像 즉 조상의 초상화를 함께 모시고자 하였다. 이남규李南珪는 「원모재기遠慕齋記」에서 추원보본하는 것을 인간의 본래적인 떳

---

34) 權尙夏, 『寒水齋文集』, 卷之二十二, 「尤菴先生筆蹟跋」(a150_413a), "神明其德, 對越上帝: 嗚呼, 先生以盛德大業, 爲百世之宗師, 其一言一字, 皆足以傳之無窮. 況此八字, 是古聖人旨訣, 其有切於學者持敬之方大矣, 尤可珍也. 後人玩此者, 誠能肅然警惕, 湛然純一, 潛心以居, 早夜孜孜, 則其德自底於神明, 而與天爲一, 此所謂對越上帝也."

35) 艮齋 田愚는 '對越上帝'의 종교성에 대해 다양한 언급을 소개하고 있다. 田愚, 『艮齋文集』 後編, 卷11, 「答某丙辰」(a335_045d), "毋不敬, 可以對越上帝(明道). 聰明睿知, 皆由敬出, 以此事天饗帝(伊川). 人能表裏洞澈, 無纖毫私意, 則可以對越上帝, 可以降服鬼神(晦菴), 栗谷曰, 上帝無一毫私僞, 毋不敬, 則亦無一毫私僞. 故可以與上帝相對而無愧也. 此話頭甚高, 學者猝乍難及."

떳한 본성을 실천하는 것으로 규정하면서, 이에 제사에서 초상화를 모시는
의미에 대해 다음과 같이 밝히고 있다.

> 대저 조상에 대한 자손의 마음이나 현인에 대한 후생의 마음이란 그것이 멀
> 어지면 멀어질수록 더욱 사모하게 되는데, 참으로 이것은 인간이 가진 본래
> 적인 떳떳한 본성이라 하겠다. 침묘寢廟는 체백體魄과 멀지만 제사를 드리면
> 마음이 개연慨然히 슬퍼서 마치 직접 뵙는 것 같다. 구묘邱墓는 그 의용儀容을
> 볼 수 없지만 제사를 올리면 마음이 출연怵然히 두려워서 '마치 혼령이 앞에
> 와 계신 것'처럼 느껴지는 것이다. 그리하여 심지어 그 모습의 크고 작고 여
> 위고 살찐 것과 평소의 좋아하시던 것에 대해 기록이나 전문傳聞의 나머지를
> 얻어듣게 되면 이를 통하여 그 어렴풋한 모습을 상상하게 된다. 더구나 그
> 정신이 깃들어 있고 그 위의가 나타나 있는 유상의 경우에야 그 사모하는
> 마음이 참으로 어떠하겠는가.…… 그 추원보본하는 마음으로 사모하는 정성
> 을 기탁할 바를 생각한다고 한다면, 이처럼 사당을 세우는 일은 그만둘 수
> 없는 일이다. 사당이 이미 세워졌다면 또한 여기에 모실 바로는 당연히 유상
> 보다 더 친절한 것이 없을 것이다.…… 그대들이 이와 같이 서로 더불어 힘쓴
> 다면 사당을 세우고 유상을 모신 본래의 뜻이 공허하게 되는 일이 없을 것이
> 고 그 원모의 정성도 거의 달성할 수가 있을 것이다.[36]

침묘寢廟나 사당에서 제사를 드리는 이유는 경모의 대상인 조상은 이미
죽었지만 제사를 지낼 때는 마치 살아서 앞에 와 계신 것 같은 느낌이 들기
때문이다. 그런데 이런 정황에서 조상의 살아생전의 모습을 그대로 체득할

---

36) 李南珪, 『修堂遺集』 冊六, 「遠慕齋記」(a349_510a), "夫子孫之於祖先, 後生之於賢人, 愈遠而
愈慕, 固秉彝之天也. 寢廟之於體魄遠矣, 而祭焉則慨然如有睹也. 邱墓之於儀容閟矣, 而祭焉
則怵然如有臨也. 甚至長短肥瘦, 與夫平日所嗜好, 或得於記述傳聞之餘, 則亦莫不因而想像其
髣髴矣. 矧乎其精神之所住, 威儀之所著之遺像, 當何如哉也.……思所以寓慕焉, 則祠之作, 固
不可但已. 祠旣作矣, 則所虔奉, 宜無有愈親切於遺像者矣.……子等知此而相與勉焉, 則建祠
妥像之意爲不虛, 而其於遠慕之誠, 庶乎得矣."

수 있는 계기를 마련해 주는 것이 바로 초상화라는 것이다. 초상화에 조상의
정신이 깃들어 있고 그 위의가 나타나 있다고 여기는 사유에는 덕휘미학이
담겨 있다. 아울러 동기감응同氣感應 차원에서는 이 같은 추원보본하는 제사에서
초상화를 통해 조상과 후손의 일기一氣가 서로 전하는 것을 느낄 수 있다.[37]
이에 초상화는 단순 인물화가 아닌 성물 차원의 초상화가 된다.

이 시점에서 경배하고 경모하는 대상에 속하는 초상화의 형상이 왜 한결같
이 고요히 한곳을 응시한 채 절제된 표정과 엄숙단정한 공수 자세로 그려져
있는가 하는 질문을 던질 필요가 있다. 그럼 이 같은 형상이 갖는 의미를 신독
및 그 신독이 갖는 대월상제 의식과 연계하여 살펴보자.

4. '신독愼獨'의 '대월상제對越上帝' 의식과 초상화의 종교성

김홍도 자화상(그림 2)에 보이는 정제엄숙한 몸가짐의 외적 형상이 어떤
의미를 지니는지를 보자. 유가는 '극기복례克己復禮'와 관련하여 외적 차원의 '제
외양중制外養中'[38]과 '제외안내制外安內'[39] 등을 말한다. 이것은 외적 몸가짐의 단

---

37) 崔益鉉, 『勉菴文集』, 卷22, 「遠慕齋記」(a325_516d), "墓下有齋, 齋爲墓祀齊潔. 及子孫冬夏
肄業之所, 經紀屬耳, 扁題煥然. 要余一言以記實, 余重其題目, 不敢彈爾而對. 乃言曰, 祖先之
於子孫, 一身也. 喘息呼吸, 氣脉相貫, 一世二世, 便遠而忘焉. 況齋之與記, 不寗外矣. 而曰吾
事已盡者, 於遠慕之義, 不亦志勤而事左歟." 및 張錫英, 『晦堂文集』, 卷28, 「遠慕齋記」(b148_
605b), "人之夫非盡人子歟. 少則慕父母, 而長而慕者鮮矣. 慕父母者猶鮮. 又況推而至於祖先
之遠而有能慕之者乎. 人雖有不肖之甚, 不得無感發其善端, 是以見桑梓而思恭, 入宗廟而知欽,
過墟墓而興哀, 此良心之不能已也. 其或瞻望其先人之楸而歎孝養之莫追, 感一氣之相傳, 有不
油然而興慕者, 蓋亦鮮矣." 참조.
38) 朱熹·呂祖謙 著, 『近思录』, 卷五, 「克己」, "伊川先生曰……顏淵問克己復禮之目, 子曰, 非
禮勿視, 非禮勿聽, 非禮勿言, 非禮勿動, 四者, 身之用也, 由乎中而應乎外, 制於外, 所以養其
中也." 참조.
39) 朱熹·呂祖謙 著, 『近思录』, 卷五, 「克己」, "伊川先生曰……視箴曰, 心兮本虛, 應物無迹.

정함과 행동거지의 정제엄숙함은 내면의 마음가짐을 반영하고 단속한다는 것을 의미한다. 특히 유가는 외적 옷차림과 몸가짐을 통해서 타인에게 '나는 이런 사람'이란 것을 보여 주고 평가를 받는다고 여기는데, 이런 점에는 기본적으로 신독을 강조한다. 즉 항상 남이 보는 것 여부와 상관없이 홀로 있을 때 몸가짐 그 자체의 정제엄숙함에 유의한다. 특히 눈동자는 홀로 있을 때의 마음 상태를 반영한다는 점에서 무엇보다도 눈동자에 신경을 쓰는데, 이런 점은 초상화에도 그대로 적용된다. 이것은 전신사조傳神寫照를 강조하는 초상화에서 눈에 신경을 쓰는 이유이기도 하는데, 백문보白文寶의 「윤씨 분묘 사당의 기문」(尹氏墳廟記)에서는 이런 점을 잘 보여 준다.

> 옛날에는 시체를 땅에 묻고 영혼을 맞이하고 돌아가게 하였고, 사당의 위패는 나무로 하였는데 후세에 영당影堂이 생겼다. 정자程子(＝程頤)는 말하기를, "천하에 인류가 많으니, 수염이나 머리털의 한 올이라도 내 어버이와 같지 않으면 곧 다른 사람이다" 하였다. 그러나 한당漢唐 이래로 모두 영정影幀을 위주로 하였다. 더구나 임금의 필치는 매우 뛰어나서 그 정령精靈이 '눈동자' (阿堵)[40] 속에 있어 언뜻 보면 정신과 풍채가 남아 있는 것 같으니, 어찌 한 올의 수염과 머리털을 셀 겨를이 있으랴.[41]

정이는 제사 지낼 때의 초상화와 관련해 "지금 사람들은 영정을 가지고

操之有要, 視爲之則. 蔽交於前, 其中則遷, 制之於外, 以安其內." 참조.
40) 顧愷之는 "四肢가 잘 생기고 못생긴 것은 본래 妙處와 무관하나, 정신을 전하여 인물을 그리는 것은 바로 阿堵 가운데 있다"(四體妍蚩, 本無關於妙處, 傳神寫照, 正在阿堵中)고 하였다.(『晉書』, 「文苑傳·顧愷之」) '阿堵'란 당시의 방언으로 '이것'이라는 뜻이며, 이 맥락에서는 눈동자를 가리킨다.
41) 白文寶, 『淡庵逸集』, 卷二, 「尹氏墳廟記」(a003_314a), "古者, 藏屍於地, 迎精而返, 廟位用木, 後世有影堂. 程子曰, 天下人類多矣, 一鬚一髮之不如吾親, 則便是他人. 然漢唐而下, 皆尚眞. 況上筆絶倫, 精在阿堵中, 忽焉瞻之, 神彩如存, 何暇計一鬚髮乎."

제사를 지내는데, 혹 화공이 그려 전한 것이 수염과 털 하나라도 서로 같지 않으면 제사 지내는 대상이 이미 딴 사람이므로 크게 온편穩便하지 않다"42)라고 말한 적이 있다. 백문보白文寶의 이 글은 제사 때 왜 초상화를 모셨는가 하는 점을 역사적 측면에서 밝힌 것인데, 초상화에서 가장 유의해야 할 것은 눈동자라는 것이다. 왜냐하면 눈동자 속에 정령이 깃들어 있기 때문이다. 이런 점에서 '어찌 한 올의 수염과 머리털을 셀 겨를이 있겠는가'라는 말을 한다.

제사에 모시는 초상화 인물이 정제엄숙한 몸가짐을 한 상태에서 정면을 응시하는 자세를 취하는 것은 바로 신독의 사유가 한 인물에게 적용되고 있기 때문이다. 『대학』 6장에서는 신독에 대해 다음과 같이 말하고 있다.

> 이른바 그 뜻을 성실히 한다는 것은 '스스로 속이지 마는 것이니, 악을 미워하기를 악취를 싫어하듯이 하고, 선을 좋아하기를 호색을 좋아하듯이 하여야 하니, 이것을 자겸自慊이라고 한다. 그러므로 군자는 반드시 '홀로 있을 때를 삼가는 것(愼獨)이다. 소인은 한가로이 거처할 때에 불선한 짓을 하되 이르지 못하는 바가 없다가 군자를 본 뒤에는 겸연慊然쩍게 불선함을 가리고 선함을 드러낸다. 남들이 자기 보기를 그의 폐부를 보듯이 할 것이니, 그렇다면 무슨 유익함이 있겠는가. 이것을 일러 "마음에 성실한 것이 가득하면 외면에 나타난다"고 하는 것이다. 그러므로 군자는 반드시 '홀로 있을 때를 삼가는 것이다.43)

'무자기毋自欺'를 기반으로 한 신독은 종교성을 띠고 있다.44) 『대학』의 '무자

---

42) 二程, 『河南程氏遺書』, 卷4, 「二先生語 六」, "今人以影祭, 或畵工所傳, 一鬌髮不當, 則所祭 已是別人, 大不便."
43) 『大學』 6章, "所謂誠其意者, 毋自欺也. 如惡惡臭, 如好好色, 此之謂自謙. 故君子必愼其獨也. 小人閒居, 爲不善, 無所不至, 見君子而后, 厭然揜其不善, 而著其善. 人之視己, 如見其肺肝然, 則何益矣. 此謂誠於中, 形於外. 故君子必愼其獨也. 曾子曰, 十目所視, 十手所指, 其嚴乎."
44) 하나의 예를 들면 大巡思想에서 毋自欺에 담긴 윤리론적 측면을 神과 합일 및 교감이 란 종교적인 영역으로까지 확장하여 이해하는 것을 들 수 있다. "임원들은 수반들과 함께 毋自欺를 바탕으로 수도에 만전을 기하라"(『大巡指針』, p.39), "크고 작은 일을

가와 관련된 신독은 『중용』 1장에서 계신공구戒愼恐懼의 경외 철학을 통한 '존천리存天理'를 강조하는 사유와 관련이 있다.[45] 계신공구의 경외철학은 '거인욕去人欲'의 '신독의 사유로도 이어진다.[46] 『대학』 6장에서 말하는 신독은 근독謹獨과 동일한 의미를 지니는데,[47] 이 같은 근독은 유가의 종교성과 매우 밀접한 관련이 있다.

최립崔岦은 「정유봉사丁酉封事」에서 근독의 의미를 다음과 같이 종교성과 연결하여 풀이하였다.

선유先儒는 근독이야말로 하늘을 섬기는 일로 여겼는데,[48] 그 '독獨'이라는 글자를 해설하면서 '다른 사람은 알지 못해도 자기만은 아는 것(人所不知而己所獨知)이라고 하였습니다. 그리고 『시경』을 보면 "보이지 않는 곳에서도 상제가

천지의 귀와 신이 살피시니라(大大小小, 天地鬼神垂察) 하였으니, 도인들은 명심하여 暗室欺心하지 말아야 한다"(『大巡指針』, p.39), "과오를 경계하기 위하여 예부터 自欺를 속이는 것은 자신을 버리는 것이요(自欺自棄), 마음을 속이는 것은 신을 속임이다(心欺神欺)라고 하였으니, 신을 속이는 것은 곧 하늘을 속임이 되는 것이니 어느 곳에 용납되겠는가 깊이 생각하라"(『大巡指針』, p.42) 참조. 즉 大巡思想에서의 윤리적 삶과 종교적 삶을 동시에 아우르면서 실천적 삶을 보여 주는 것은 바로 毋自欺 사유다. 관련된 자세한 것은 조민환, 「姜甑山과 大巡思想의 毋自欺에 관한 연구」, 『한국사상과 문화』 78집(한국사상문화학회, 2015) 참조.

45) 『中庸』 1章, "道也者, 不可須臾離也, 可離非道也. 是故君子戒愼乎其所不睹, 恐懼乎其所不聞"에 대한 朱熹의 注, "道者, 日用事物當行之理, 皆性之德而具於心, 無物不有, 無時不然, 所以不可須臾離也. 若其可離, 則爲外物而非道矣. 是以君子之心常存敬畏, 雖不見聞, 亦不敢忽, 所以存天理之本然, 而不使離於須臾之頃也." 참조. 戒愼恐懼는 마음이 靜할 때의 存天理공부로서 '致中'에 속하고, 『大學』의 正心에 해당한다.

46) 『中庸』 1章, "莫見乎隱, 莫顯乎微, 故君子愼其獨也"에 대한 朱熹의 注, "獨者, 人所不知而己所獨知之地也. 言幽暗之中, 細微之事, 跡雖未形而幾則已動, 人雖不知而己獨知之, 則是天下之事, 無有著見明顯而過於此者. 是以君子旣常戒懼, 而於此尤加謹焉, 所以遏人欲於將萌, 而不使其滋長於隱微之中, 以至離道之遠也." 愼獨은 마음이 動할 때의 遏人欲공부로서 '致知'에 속하고, 『大學』의 誠意에 해당한다.

47) 『大學』 6章의 "此謂誠於中, 形於外, 故君子必愼其獨也"에 대한 朱熹의 注, "此君子所以重以爲戒, 而必謹其獨也." 참조

48) 程敏政, 『心經附註』, 卷1, 「詩」, "龜山楊氏曰, 道無顯微之間, 愼其獨, 所以對越在天也." 참조.

임한 듯 행동하고, 허물없이 지내는 사이에서도 자신을 굳게 지켰다"고 하였
는데, 신은 이 말씀을 전하에게 올리고 싶습니다.[49]

근독을 '하늘을 섬기는 일'(事天之事)로 풀이하는 것과 '보이지 않는 곳에서도
상제가 임한 듯 경건하게 행동한다'는 것에는 종교성이 담겨 있다. 이서구李書九
는 특히 전례자典禮者는 제사 때뿐만 아니라 숙야夙夜 그 어느 때라도 항상 경외
감을 가지고 대월상제하면서 신명神明과 교응해야 함을 말한다.[50] 보이지 않는
곳에서도 상제가 임한 듯 경건하게 행동하라는 것은 주희가 「경재잠」에서 말한
대월상제의 다른 표현에 해당한다.[51] 이익은 「대월재서對越齋序」에서 이 같은
대월상제의 의미에 대해 다음과 같이 풀이하고 있다.

대월對越이란 헐후어歇後語이다. '대한다'고만 말하고 대하는 상대를 말하지

---

49) 崔岦, 『簡易集』, 卷1, 「丁酉封事」(a049_182a), "先儒以謹獨爲事天之事, 而訓獨者曰, 人所不
   知而已所獨知者也. 詩曰, 不顯亦臨, 無射亦保, 臣願以是獻焉, 何謂國之可伐不可伐也." 上帝
   에 대한 견해는 『詩經』, 「大雅・文王之什・大明」, "上帝臨女, 無貳爾心.";『詩經』, 「魯
   頌・閟宮」, "無貳無虞, 上帝臨女." 등에 잘 나타난다.
50) 이런 점은 李書九가 正祖가 "君子居敬, 平日常若對越上帝. 獨於祭祀時畏神明耶"라고 한
   질문에 답한 것에 잘 나타나 있다. 李書九,『惕齋集』, 卷十, 「尙書講義舜典」(a270_223
   c), "上問曰, 夙夜惟寅之寅, 卽寅賓寅餞之寅, 而寅寅註曰寅敬也. 惟寅註曰寅敬畏也, 加一畏
   字, 是蓋註釋愈詳密而然歟, 抑別有意義歟. 或曰, 此時言祭祀時, 敬謂明神可畏也, 是恐不然.
   敬本有戒愼恐懼之意. 故朱子嘗言敬惟畏字爲近之. 君子居敬, 平日常若對越上帝, 獨於祭祀時
   畏神明耶. 臣書九對曰, 寅賓之寅, 不過是臨事敬謹之意. 惟寅之寅, 乃是對越上帝, 不顯亦臨
   之意, 均是敬也. 其體段之大小不同. 故註釋自有詳畧也, 戒愼乎其所不覩, 恐懼乎其所不聞,
   則君子居敬, 豈容一息之間斷. 此雖主祭祀說, 觀於夙夜二字, 可知其無時不然. 平日欠此工夫,
   而獨於祭祀時, 強加把捉, 則必不能交乎神明. 此乃典禮者尤所當勉也." 참조.
51) 許虎益은 프리드리히 슐라이어마허(Friedrich Schleiermacher)가 『종교론』에서 종교인
   들이 바르고 진실하게 판단하고, 바르고 힘차게 실천하기 위한 조건에 해당하는 경건
   한 감정은 일상적인 감정이 아니라 무한자(우주)에 대한 직관이라 보는 사유와 유사
   한 점이 있다고 진단하면서, 이런 점을 朱熹가 「敬齋箴」에서 말한 '對越上帝' 사유와
   연계하여 이해한다. 許虎益, 「슐라이어마허의 '경건'과 퇴계의 '持敬'에 관한 연구—아
   는 것과 행하는 것을 넘어서」,『韓國組織神學論叢』33집(韓國組織神學會, 2012) 참조.

않은 것은 상제는 가장 존귀하고 유일무이唯一無二한 존재이기 때문이다. 유일무이하면서도 임하지 않는 바가 없기 때문에 천하의 사람들로 하여금 정결히 재계하여 제복을 갖추고 그윽한 방에 단정히 앉아 홀로 있는 곳에서도 엄숙하게 항상 우러러 대하는 것이 있는 것은 오직 상제뿐이다.…… 만일 상제가 사람에 대해서 언제든 임하지 않을 때가 없고 언제든 살피지 않을 때가 없다는 것을 안다면, 아무리 어리석고 완악頑惡한 사람이라도 결코 감히 스스로 게을리하지 않을 것이다.…… 그렇다면 섬기기를 마땅히 어찌해야 하겠는가? 오직 마음을 보존하고 성품을 기르는 것이니, 의관을 바르게 하고 시선을 전일專一하게 하여 항상 스스로 상제 대하기를 마치 선생 앞에서 스승을 높이듯이 하고, 조정의 자리에서 임금을 모시듯 하여야 겨우 성심誠心이 깃들 바탕이 될 수 있을 것이다. 무릇 이와 같이 하면 죄와 후회가 어디에서 생겨나고 그릇됨과 간사함이 어디로 들어오겠는가. 이러면 안으로 성찰해도 부끄러움이 없을 뿐만 아니라 그 자신을 검속檢束하고 방비하는 방도와 덕에 나아가고 학업을 닦는 요점에 있어 대개 유감이 없을 것이다.[52]

이익은 상제를 가장 존귀하고 유일무이한 절대적 존재로 본다. 따라서 이 같은 유일무이한 절대적 존재인 상제를 대하는 마음가짐과 태도가 문제가 된다. 유학자들이 항상 근독의 자세로서 대월상제하면서 자신을 수양하는 삶은 종교적인데, 그 전제조건이 되는 외적 형식은 '정결히 재계하여 제복을 갖추고, 그윽한 방에 단정히 앉아 홀로 있는 곳에서도 엄숙하게 항상 우러러 대하게 하는 것'과 '의관을 바르게 하고 시선을 전일하게 하면서 성심성의 차원의 몸가짐을 갖게 하는 것'이다. 이런 발언은 김홍도의 〈그림 2〉의 모습을 떠올리게

---

52) 李瀷, 『星湖全集』, 卷52, 「對越齋序」(a199_447a), "夫對越, 歇後語也. 言對而不言所對, 爲上帝尊無貳也. 無貳而無不臨, 故使天下之人, 齊明盛服, 端居于幽室獨處之地, 儼然常有以仰對者, 惟上帝也.……儻知帝之於人, 無時而不臨, 亦無時而不察, 雖有頑愚之人, 不敢自惰也決矣.……事之當奈何, 惟存心養性, 正衣冠一瞻視, 常自對越, 若函丈之尊飾, 廷著之侍君, 才足爲寄誠之地, 夫如是罪悔何從而生, 非辟何從而入. 是不但內省而不愧, 其於檢防之方, 進修之要, 蓋無餘憾也."

한다. 정이程頤는 '무불경毋不敬'을 대월상제의 전제 조건으로 여긴 적이 있다.[53]

대월상제의 자세를 견지하면 '죄와 후회가 어디에서 생겨나겠는가' 하는 것은 대부분의 종교에서 요구하는 교리이면서 바람직한 인간상에 해당한다.[54] 죄를 짓지 말고 선을 행하라는 것이 모든 종교에서 강조하는 교리가 된다면 신독으로 대월상제한다는 것에는 종교성이 담겨 있다. 안정복安鼎福은 천주교에서 상제를 섬기는 것과 비교하면서 유학에서의 대월상제가 갖는 종교적 의미를 분명하게 밝히고 있다.

그리고 우리 유자들이 상제를 섬기는 도리로 말하면 상제가 내려 주신 성품, 하늘이 명하신 성품, 그 모두가 다 하늘에서 받은 것으로서 나의 고유의 것이 아닌가. 『시경』에서는 "상제가 네 곁에 계시니 네 마음에 의심을 두지 말지어다"라고 했고, "상제를 대한 듯이 하라"고 했고, "천명을 두려워하라"고도 하였다. 이 모두가 우리 유학자들의 계구戒懼, 근독謹獨, 주경主敬, 함양涵養의 공부가 아님이 없다. 상제를 높이 받드는 일치고 이보다 더한 것이 없으니, 서양 사람들의 말을 들을 것도 없다. 가장 가슴 아픈 것은, 서양 사람들이 상제를 자기들의 사주私主로 생각하고 중국 사람들은 상제를 모른다고 하는 것이다. 그들은 꼭 하루에 다섯 번 하늘에 예배하고, 7일에 한 번 재소齋素하고, 밤낮으로 기도하여 지은 죄과를 용서해 달라고 해야만 비로소 그것이 하늘을

---

53) 『二程遺書』, 卷十一, "毋不敬, 可以對越上帝." 朱熹가 「敬齋箴」에서 對越上帝를 통해 한 점 흐트러지지 않는 몸가짐과 마음가짐을 강조한 사유는 다른 차원에서는 '思毋邪', '毋不敬', '愼其獨' 등의 문구를 방안에 걸어 놓고 항상 敬畏적 삶을 살고자 했던 退溪 李滉의 持敬 행위에도 적용된다고 본다. 李滉에게 '思毋邪'는 윤리적 차원의 문구에서 벗어나 자신의 마음을 단속하여 하늘에 한 점 부끄럼 없는 마음가짐을 만드는 종교적 차원으로 승화된 문구에 해당한다. 이황의 이런 행위는 후손들에게 초상화가 갖는 종교성과 동일한 차원에서 이해될 수 있다고 본다.

54) 『法句經』, 183 偈頌, "諸惡莫作, 自淨其意 是諸佛敎." 참조. 大巡眞理에서도 對越上帝를 강조한다. "修道는 心身을 沈潛樞密하여 對越上帝의 永侍의 정신을 단전에 연마하여 靈通의 통일을 목적으로 공경하고 정성하는 일념을 끊임없이 생각하고 至誠으로 소정의 呪文을 奉誦한다." 『대순진리회요람』, p.18 참조.

섬기는 일이 된다는 것이니, 불가에서 참회하는 일과 다를 것이 뭐겠는가.[55]

안정복이 기도를 통해 죄과에 대한 용서를 비는 천주교의 종교 행위를 유학자들이 섬기는 상제의 도를 통해 비판하는 것에는 천주교와 다른 유학자들의 상제를 모심의 종교성이 담겨 있다. 대월상제와 관련하여 계구, 근독, 주경, 함양공부를 강조하는 것에는 종교성과 윤리성이 동시에 담겨 있다는 점에서 천주교와 차별화된 유학자의 종교성이 담겨 있다고 할 수 있다.

이처럼 근독을 '하늘을 섬기는 일'(事天之事)로 풀이하는 것과 '보이지 않는 곳에서도 상제가 임한 듯 경건하게 행동하라는 것을 대월상제와 연계하여 이해한 것에는 윤리성 이외에 종교성이 담겨 있다. 이런 종교성은 구체적으로 사대부들이 제사를 지내는 초상화에 투영되어 초상화의 정제엄숙한 몸가짐과 경외적 시선으로 표현되었고 본다.

5. 나오는 말

조선조 사대부들은 추원보본追遠報本의 제사 때 신주神主 대신 사실적으로 그려진 초상화를 모시고 지냈는데, 제사 때 사용된 초상화에는 경모 대상이 되는 인물의 영혼이 깃들어 있다는 사유가 담겨 있다. 아울러 제사 때 사용된 초상화는 후손과 동기감응 식으로 연결된다는 점에서 주술적 차원의 매개체

---

55) 安鼎福, 『順菴文集』, 卷六, 「與權旣明書甲辰」(a230_392c), "以吾儒事上帝之道△△, 上帝降衷之性, 天命之性, 皆禀於天而自有者也. 詩曰, 上帝臨汝, 無貳爾心, 曰對越上帝, 曰△天命, 無非吾儒戒懼謹獨, 主敬涵養之工. 尊事上帝之道, 豈過於是, 而不待西士而更明也. 所可△△西士以上帝爲私主, 而謂中國人不知也. 必也一日五拜天, 七日一齋素, 晝夜祈懇, 求免罪過而後, 可爲事天之實事, 此何異於佛家懺悔之擧乎."

역할도 하였다. 이에 초상화는 단순 인물화가 아닌 종교적 차원의 성물聖物이었다. 즉 추원보본하는 제사에서 사용된 초상화는 인물화 범위를 넘어서 조상의 신령이 강림한다는 종교 차원의 성물이었고, 이에 초상화는 종교적 성격을 띠게 되었다.

이 같은 성물로서의 초상화는 기본적으로 기상론에 입각한 덕휘미학이 담겨 있다. 즉 경모의 대상이 되는 초상화의 인물은 평범한 인물이 아니라 후손들에게 롤모델로서 자리매김될 수 있는 학문적 역량과 인품 및 도덕성을 갖춘 인물들이 많았던 점은 이런 점을 입증한다. 이런 점에서 제사 때 사용한 초상화는 후손들에게 단순 인물화와 다르게 여겨졌다.

아울러 제사에 사용된 초상화의 인물들이 대부분 시선을 고정시킨 채 정제엄숙한 경외적 형상으로 그려졌는데, 이 같은 형상에는 일종의 신독 사유가 담겨 있었다. 신독과 동일한 의미를 지니는 근독을 '하늘을 섬기는 일'(事天之事)로 풀이하는 것과 '보이지 않는 곳에서도 상제가 임한 듯 경건하게 행동하라'는 것을 대월상제와 연계하여 이해한 것에는 윤리성 이외에 종교성이 담겨 있다. 이런 종교성은 구체적으로 사대부들이 제사를 지내는 초상화에 투영되어 초상화의 정제엄숙한 몸가짐과 경외적 시선으로 표현되었다. 즉 유가는 신독을 대월상제 사유와 연계하여 이해하는데, 이런 점에서 신독은 윤리 차원의 수양론을 넘어선 종교적 경건성과 신념이 담긴 행위로 여겨졌다. 이런 신독 사유는 초상화에서 고요히 한곳을 응시하는 정적인 경외 차원의 눈동자 및 정제엄숙한 몸가짐으로 표현되었다.

이상 본 바와 같이 유교를 실천적 지도 이념으로 표방했던 조선조에 이르면 효사상을 기반으로 한 추원보본 관념이나 경모 대상이 되는 숭현崇賢사상에 의거하여 향사에 쓰일 초상화 수요가 많아진 특징을 보였는데, 이 같은 초상화에는 이상 본 바와 같은 종교성이 동시에 담겨 있음을 알 수 있었다.

▌6장
정자亭子와 문인문화: '머무는 삶'이 주는 지혜

1. 들어가는 말

노자老子는 인간을 매우 즐겁게 하는 것으로 봄철 온 대지에 꽃들이 만발했을 때 누대樓臺에 올라 봄날 정경을 감상하는 것과 단백질과 지방이 풍부한 맛있는 고기 종류의 음식을 먹는 것을 들고 있다.[1] 매우 감각적이고 향락적인 즐거움에서 주목할 것은 봄철에 누대에 올라가 봄날을 보내는 것이다. 누대는 2층 건축물에 해당하고 이곳에 올라가면 좌우 사방이 한눈에 들어온다는 장점이 있다. 이 누대가 누정樓亭 형식으로 산수 공간에 있다면 자연 풍경을 감상하는 즐거움은 배가 되고, 만약 이런 정황을 사시사철 누릴 수 있다면 금상첨화에 해당한다.

동양의 문인문화에서 정자亭子는 독특한 위상을 갖는다.[2] '정亭' 자字에는 '머무른다'(停)는 의미가 담겨 있다. 즉 정자는 '사람들이 머물러 모이는 곳(人所停集)'이란 의미를 지닌다.[3] 정자에 사람이 머물러 모이는 정황에는 다양한 의미가 담겨 있다. 정자는 중국 전통 건축의 하나로서 주대周代부터 존재하였다. 처음에는 길가에 설치하여[4] 행인들이 비를 피하고 햇빛을 가릴 수 있는 휴식과 승량乘

---

1) 『老子』20章, "衆人熙熙, 如享太牢, 如春登臺."
2) 정자의 類型은 매우 많다. 形狀으로 구분하면 三角亭, 方亭, 圓亭, 六角亭, 八角亭, 扇形亭 등이 있다. 用途로 나누면 涼亭, 井亭, 碑亭, 郵亭, 書亭 등이 있다. 이 밖에 湖心亭, 半山亭, 梅亭, 棱亭, 海棠亭 等의 類型이 있다.
3) 『釋名』, 「釋宮室」, "亭, 停也. 人所停集也."

鄭敾,「望洋亭」부분. 32.3×57.8cm. 간송미술관.

涼[5] 용도 혹은 관경觀景 용도 등으로 사용되었다. 이후 시대가 흐름에 따라 원림園林 내의 지당池塘, 산상山上, 수방水旁, 화간花間, 교상橋上 등 다양한 장소에 설치되게 된다. '원림치고는 정자가 없는 곳이 없다'(無園不亭)라는 말이 있을 정도로 원림에는 반드시 정자를 세웠다. 이런 정황은 주로 땅이 넓고 산이 적은 중국의 차경借景을 통한 인위적 정자 설치 정황에 해당하는데, 중국에 비해 산이 많은 한국은 중국에 비해 가능하면 풍수 차원에서 배산임수背山臨水 공간에 세우고자 하였다.

간혹 김홍도金弘道나 정선鄭敾이 그린 관동지역의 「망양정望洋亭」같이 바닷가 경승지에 설치하는 경우도 있는데, 이런 정자인 경우는 동양문화에 나타난 바다 이미지와 연계되어 특수한 의미를 지닌다.[6] 이 밖에 용도에 따라 정자가 세워지는 공간은 달라지는데, 오늘날 우리가 흔히 보는 사방이 확 트인 정자 모식模式은 송대에 와서 이루어진다. 송대 이전의 정자에는 창과 담이 있었는데,

---

4) 먼 길을 떠나는 사람을 전송하던 곳은 長亭이라 한다.

5) 뜨거운 여름날 과거 동양의 문인들은 도시 공간(都城)을 벗어나 산수 공간의 가장 전망 좋은 곳에 자리 잡은 정자에서 시를 읊고 술을 마시고 더위를 식히면서 그동안 쌓인 일상의 피로와 스트레스를 말끔히 하곤 하였다.

6) 동양문화에서 넓고 깊다고 이해된 바다는 다양한 의미를 지닌다. 海納百川이 의미하듯 모든 것을 받아들이는 포용성과 그 포용성을 품고 있는 제왕상, 넓고 깊은 학문을 소유한 聖人의 이미지, 濫觴의 물이 바다에 도달하기까지의 하나하나 과정을 밟아가는 것을 통한 학문공부 방법론으로 이해하기, 궁극적으로는 道의 이미지 등 다양하게 이해되었다. 이런 점에서 바다에 있는 정자는 단순히 바다 풍경을 감상한다는 것이 아니라 이 같은 바다의 철학적 의미를 동시에 탐구하고자 하는 상징물로 여겨졌다. 자세한 것은 조민환, 「바다에 관한 동양철학적 고찰」, 『동양예술』 49권(한국동양예술학회, 2020) 참조.

송대에 오면 지붕만 있고 사방이 확 트인 형태로 변하여 시선의 확장을 통한 망원望遠을 가능하게 하였다. 같은 정황에서 북송 문인사대부들이 명도구세明道救世를 실현하고자 하는 관료적 삶과 사관귀은辭官歸隱과 연계된 은일 지향적 삶 추구에 대한 경계 위에서 특히 정자문화에 관심을 가졌던 것에 주목할 필요가 있다.

유가는 물론 도가와 선종에 대해서도 해박한 지식을 갖춘 북송 문인 가운데 유명한 인물들은 문학가, 정치가, 관료, 철학가, 사학가이면서 때론 서화에 장기를 보인 예술가였는데, 이들은 정자문화에도 관심이 많아 많은 '정기亭記'를 남긴다.[7] 구양수歐陽脩가 쓴 「풍락정기豊樂亭記」와 「취옹정기醉翁亭記」, 소식蘇軾이 쓴 「희우정기喜雨亭記」와 「방학정기放鶴亭記」, 소철蘇轍이 쓴 「황주쾌재정기黃州快哉亭記」 등이 그것이고,[8] 이 같은 정기는 조선조 유학자들에게도 많은 영향을 준다. 이런 정황에서 정자문화와 관련된 정기가 왜 송대에 와서 활성화되었는지 하는 것과 더불어 유도호보儒道互補 사유에 담긴 은일 지향적 삶에 대한 것을 동시에 고려할 필요가 있다.

정자는 누각樓閣 형식이 가미가 될 때 누정樓亭이라고 말해지는데, 누정은 '사적인 정자'(私亭)에 비해 주로 공적인 성격을 갖는 경우가 많다. 동양의 문인문화에서 정자에는 기본적으로 정자를 만든 인물의 심령心靈과 정서가 기탁되어 있다. 천인합일天人合一의 철학 각도에서 보면, 정자는 문인들이 지향한 친자연적 삶 및 산수에 정을 기탁하고자 하는 매개물에 해당한다. 이에 정자는 단순 자연 산수 공간에 있는 건물 차원에서 벗어나 문인들이 지향한 철학과 미학이 담긴 '인문 예술 차원의 건물' 혹은 '철학 차원의 건물'이 된다. 이런 점을 다양한 관점에서 규명해 보자.

---

7) 龔勳, 「樓亭情趣與中國古代文人的人文理想」, 『解放軍外語學院學報』 1990年 1期.
8) 이런 亭記는 『古文觀止』에 실릴 정도로 명문이다.

2. '정亭' 자를 '정停' 자로 이해한 사유에 담긴 철학

산수 공간에 누정을 설치할 때 가능하면 풍수지리적으로 의미가 있는 공간을 선택하곤 한다. 예를 들면 산세가 마치 용이 드리운 듯 거북이가 고개를 쳐든 듯하여 구불구불하고 높이 솟아 있는 곳에 있는 면앙정俛仰亭이 위치한 공간이 그 한 예다.9) 풍수지리에서 산의 기세와 기복을 용맥龍脈이라고 하며, 용의 머리는 그 중에서 명당의 중심인 혈에 해당한다. 면앙정의 위치가 산세가 용이 드리운 곳이란 것에는 바로 이 같은 풍수적 측면이 담겨 있다.10)

정자는 대부분 상황이 되면 산수 공간을 배경으로 하여 사방이 두루 보이도록 막힘이 없이 탁 트여 아름다운 경관을 조망할 수 있도록 높은 곳에 건립할 것을 요구한다. 이런 점에 대해서 당대 백거이白居易가 항주자사杭州刺史 기간에 지은 「냉천정기冷泉亭記」에서 정자를 짓는 위치에 대해 "정자를 지을 때에는 공간적으로 기이함을 자랑하는 요령이 있으니, 땅의 위치는 뛰어난 경관을 자랑하는 곳이면서 전경이 확 트여 눈앞에 있는 사물이 모두 한눈에 다 들어오는 곳을 골라라"11)라고 이미 말한 바가 있다. 더불어 홍양호洪良浩(1724~1802)가 「사달정중수기四達亭重修記」에서 말한 것을 보자.

택지가 막힌 곳이 없이 확 트여 시야가 뻥 뚫려 있으니, 높은 산은 뒤에 있고 흐르는 물은 앞에 있다. 바람이 서쪽 정자로 불어오고 달이 동쪽 처마 쪽으로 지니 아마도 사통팔달한다는 땅이 바로 이것 아닌가 하노라.12)

---

9) 奇大升, 『高峯集』, 卷二, 「俛仰亭記」(a040_081c), "企村之山, 盤紆蓊鬱, 其峯之秀麗者曰霽月. 自企村穿霽月之腰, 轉以北出, 則山支稍迤, 向乾維而蹙, 勢如龍垂龜昂, 蜿蜿然跂跂然看, 卽亭之所在也."

10) 박연호, 『인문학으로 누정 읽기』(충북대출판부, 2018), p.114 참조.

11) 白居易, 「冷泉亭記」, "撮奇得要, 地搜勝槩, 物無遁形."

12) 洪良浩, 『耳溪集』, 卷十二, 「四達亭重修記」(a241_205d), "宅夷而視曠, 高山在後, 流水在前.

배산임수背山臨水 지형이면서 사통팔달하여 전망이 확 트인 높은 곳에 있는 정자의 경우 높은 곳에 올라서 멀리 내다보며 즐기는 이른바 '등고망원登高望遠'의 심미적 경험을 누릴 수도 있다. 동진東晉의 왕희지가 날씨가 맑고 화창한 모춘暮春에 회계산會稽山에 있는 난정蘭亭에서 계사禊事할 때 그 즐거움에 대해 "우주의 무한함을 우러러보고 만물의 무성함을 굽어살핀다. 눈길 가는 대로 보면서 감회를 풀고 보고 듣는 즐거움을 마음껏 누리니 참으로 즐거운 일이다"[13]라고 읊은 것은 이런 점을 단적으로 보여 준다. 만약 정자에서 밤에 음풍 농월吟風弄月할 수 있다면 그 즐거움은 배가 된다.

이처럼 정자가 산수 공간에 있다는 것은 매우 철학적 의미를 지니는데, 이에 정자가 갖는 철학적 의미에 대해 '사방이 확 트인 점'과 '정亭' 자의 의미를 '정停' 자와 연계하여 이해해 보자. 장자지(張家驥)가 정자에 대해 다음과 같이 규정하는 것은 정자의 철학성을 잘 밝힌 것이다.

중국의 정자는 무한 공산 속의 유한 공간이자 유한한 공간을 무한의 공간에 융화시킨 특수한 공간 형식으로, 공간의 유와 무라는 모순의 통일이며 시공을 하나로 융합시킨 독특한 창조다. 그것은 중국 고대의 '무왕불복無往不復, 천지제야天地際也'라는 공간 개념에 가장 이상적인 근거를 제공하여 중국의 전통적 미학사상과 예술정신을 집중적으로 구현하고 있다.[14]

먼저 사방으로 확 트인 정자의 공간이 갖는 의미를 보자. 정자의 묘처는 허虛와 공空에 있다. 소식은 고요함(靜)과 빔(空)이 갖는 철학적 의미에 대해 "고요

風來西楔, 月出東雷. 其謂地之四達歟." 본고의 번역문은 한국고전번역원의 번역을 기본으로 하되 전후 문맥에 맞게 적절히 가감하였음을 밝힌다.

13) 王義之, 「蘭亭集序」, "永和九年, 歲在癸丑, 暮春之初, 會於會稽山陰之蘭亭, 脩禊事也.……仰觀宇宙之大, 俯察品類之盛, 所以游目聘懷, 足以極視聽之娛, 信可樂也." 참조.

14) 張家驥 지음, 심우경·이창호 옮김, 『중국의 전통조경문화』(문운당, 2008), p.363.

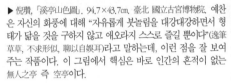

전남 곡성의 涵虛亭. 한국에서는 소식이 읊은 바가 있는 '涵虛亭' 을 본뜬 것이 김해, 곡성, 함양 등에 있다.

▶ 倪瓚, 「溪亭山色圖」. 94.7×43.7cm. 臺北 國立古宮博物院. 예찬 은 자신의 화풍에 대해 "자유롭게 붓놀림을 대강대강하면서 형 태가 닮을 것을 구하지 않고 애오라지 스스로 즐길 뿐이다"(逸筆 草草, 不求形似, 聊以自娛耳)라고 말하는데, 이런 점을 잘 보여 주는 작품이다. 이 그림에서 핵심은 바로 인간의 흔적이 없는 無人之亭 즉 空亭이다.

하기에 뭇 움직임을 이해할 수 있고, 비어 있기에 모든 작용을 받아들일 수 있다"[15]라고 풀이한 바가 있다. 구체적으로 이런 점을 「함허정涵虛亭」이란 시에 서 "이 정자 안에 아무것도 없기에 만물의 모습을 원래 그대로 온전하게 볼 수 있다"[16]라고 읊고 있다. 김일손金馹孫(1464~1498)은 「함허정기涵虛亭記」에서 "본체는 본래 허하다. 허하기에 능히 사물을 머금을 수 있다.…… 대저 사람의 한 마음이 작용하면 움직임이 무궁하다. 본체는 고요하면서 본래 허한 것이다. 허하기에 오덕五德을 갖추어 만물을 구비할 수 있으니, 천지와 일월이 모두

---

15) 蘇軾, 『蘇東坡全集』, 卷十七, 「送參廖師」, "靜故了群動. 空故納萬境."
16) 蘇軾, 『蘇軾詩集』, 卷七, 「和文與可洋川園池」(三十首: 「涵虛亭」), "惟有此亭無一物, 坐觀萬 景得天全."

나의 마음속의 물건이 된다"[17]라고 읊어 함허가 갖는 의미를 인간과 자연의 합일 차원에서 밝히고 있다.

청대 화가 대희戴熙는 뭇 산과 뭇 수풀이 울창한 가운데 우뚝 서 있는 정자의 토납운기吐納運氣를 강조하고 있다.[18] '토납운기'하는 정자의 빈 공간은 허와 실이 동시에 담긴 공간에 해당한다. 이런 점을 감안하면 정자의 빈 곳은 단순히 빈 곳이 아닌 우주자연의 기운이 활발발活潑潑하게 들어갔다 나왔다 하면서 숨 쉬는 생명의 공간이 된다. 이같이 안이 비어 있음과 동시에 사방으로 확 트여 있다는 것은 노장이 강조하는 허虛와 무無가 상징하는 철학적 의미가 담겨 있는데, 특히 '빈 정자'(空亭)일 때 그 의미가 두드러진다.

원대 화가 예찬倪瓚은 산수를 그릴 때 '빈 정자'(空亭)를 많이 그렸는데, 장선張宣은 예찬의 「계정산색도溪亭山色圖」에 대해 "강산에 무한한 경지가 있지만 모두 한 정자 가운데에 모여 있다"(江山無限景, 都聚一亭中)라고 읊고 있다. 예찬은 강호의 일민逸民이 '그윽한 정자'(幽亭)에서 청조清眺하기에 족하다[19]고 읊어 그윽한 정취 가 있는 정자에서의 탈속적이면서 은일적 차원의 '청조'를 강조하고 있다. 이런 점에서 사람의 흔적이 없는 '빈 정자'(空亭) 혹은 '그윽한 정자'(幽亭)는 결과적으로 한 인물의 탈속적이면서 은일적인 심경을 표현하는 상징물에 해당한다.

다음 '무왕불복無往不復, 천지제야天地際也' 사유에 담긴 철학적 의미를 보자.

정자에서의 '정亭' 자가 '머물러 쉰다'는 '정停' 자로 해석되는 것을 철학 차원에서 접근하면, '정停'은 일음일양一陰一陽의 운동 변화성 가운데 일음에 해 당한다. 한 번의 쉼이 없는 일음일양의 운동 변화를 통해 자연의 항상성은

---

17) 金馹孫, 『濯纓集』, 卷3, 「涵虛亭記」(a017_230b), "體則本虛, 虛故能涵物.……夫人之一心, 用則動而無窮. 體則靜而本虛. 虛故具五德而備萬物, 天地日月, 皆吾方寸中物也."

18) 戴熙, "群山鬱蒼, 群森薈蔚, 空亭翼然, 吐納雲氣."

19) 倪瓚, 『清閟閣集』, 卷3, 「題畵三首」, "筆鋒雖小劣, 景物亦清新, 蕭瑟風林晚, 江湖有逸民. 杳杳碧山岑, 森森灌木陰, 幽亭足清眺, 臨風聊鼓琴."

유지될 수 있다. 즉 일상적 바쁜 삶이 동적 차원의 '양에 속한다면 잠시 머무를 수 있는 정자는 정적 차원의 '음'에 속한다. '무왕불복, 천지제야'는 『주역』 태괘 泰卦 구삼효九三爻의 상象의 말이다.

> 평평하기만 하고 기울지 않는 것은 없고, 가기만 하고 돌아오지 않는 것은 없다. 어려울 때일수록 바르게 해야 허물이 없다. 근심만 하지 말고 믿음을 가지면 먹는 데 복이 있을 것이다.[20]

'무왕불복'에 대해 상象에서는 '천지가 사귀는 것이다'(天地際)[21]라고 풀이한다. '천지가 사귄다'는 것은 바로 하늘의 기운과 땅의 기운이 맞닿아 작용하면서 끊임없이 생명을 탄생하고 유지하게 한다는 것이다. 주희는 『대학장구大學章句』「서序」에서 "하늘의 운수는 돌고 도니, 가서 돌아오지 않는 것이 없다"[22]라는 말을 한 적이 있다. 무왕불복은 자연의 끝임 없는 운행을 말한 것으로, 생명의 항상성은 바로 무왕불복에 있다.

이처럼 끊임없이 변화가 일어나면서 활발발한 기운을 펼치는 자연에는 무왕불복의 이치가 담겨 있는데, 형이상학적 차원에서 보면 인간이 정자를 세워 잠시 '머무르는 것'(停)은 이런 이치에서 벗어나지 않는다. 자연의 그 어떤 사물도 잠시 쉬지 않고 달릴 수 있는 것이 없듯이 인간의 삶도 마찬가지다. 일음일양의 원리를 따라 잠시라도 쉼이 있을 때 한 개체의 온전한 생명의 항상성이 유지될 수 있다. 이것이 '정亭' 자를 머무른다는 '정停' 자로 해석했을 때의 형이상학적 의미이고, 문인들이 왜 정자를 세웠는가 하는 문화철학적 의미다.

---

20) 『周易』, 泰卦 九三, "無平不陂, 無往不復, 艱貞無咎, 勿恤其孚, 於食有福."
21) 『周易』, 泰卦 九三, "象曰, 無往不復, 天地際也."
· 22) 朱熹, 『大學章句』, 「序」, "天運循環, 無往不復."

3. 정자를 건립한 목적

정자를 짓는 목적은 다양한데, 큰 틀에서는 공적 차원에서 건립된 정자와 사적 차원에서 건립된 정자(私亭) 이 두 가지 경우로 구분할 수 있다. 공적 차원의 경우 정치적 측면에서는 군주나[23] 지방목민관 모두 누정을 통해 정사에 지친 심신의 피곤함을 풀고자 한 것을 들 수 있다.[24] 이런 점에 대해 이언적李彦迪(1491~1553)은 「해월루기海月樓記」에서 누관과 정무의 관계성을 다음과 같이 규명한 적이 있다.

> 고을에 누관樓觀이 있는 것이 정무와 무관한 듯하지만, 기운을 펴 풀어 주고 마음을 맑게 하여 정무를 베푸는 근본으로 삼는 것이 또한 반드시 여기에서 얻어지는 것이다. 기분이 답답하면 생각이 어수선하게 되고, 시야가 막히면 뜻도 막혀 트이지 못한다. 그러므로 군자는 반드시 유람할 수 있는 장소와 멀리 조망할 수 있는 누대를 두어 넓고 원대하고 맑고 겸허한 덕을 길러 다스림이 이로부터 나오게 해야 하니, 관계되는 바가 도리어 크지 않겠는가.[25]

이언적이 말한 정자의 효용성에 관한 것은 기본적으로 당대 유종원柳宗元이 지은 「영릉삼정기零陵三亭記」의 문구를 빌려 말한 것인데,[26] 전통적으로 정무와

---

23) 조선조 궁궐(경복궁) 안에 翠寒亭, 清漪亭, 籠山亭, 逍遙亭, 太極亭, 聚奎亭, 魯德亭, 觀德亭 등을 설립한 것은 이런 점을 반영한다.

24) 丁若鏞,『牧民心書』, 卷十二,「工典·第三條 繕廨」, "樓亭閒燕之觀, 亦城邑之所不能無者. 李詹作江華利涉亭記云, 邑治之有觀游, 固非議矣. 然當氣煩慮亂, 視壅志滯之時, 君子必有游息之物, 高爽之具, 使之顧眄徘徊, 夷曠精神. 然後煩者簡, 亂者定, 壅者通, 滯者行矣." 참조.

25) 李彦迪,『晦齋集』, 卷六,「海月樓記」(a024_406c), "邑之有樓觀, 若無關於爲政, 而其所以暢神氣清襟懷, 以爲施政之本者, 亦必於是而得之. 蓋氣煩則慮亂, 視壅則志滯. 君子必有遊覽之所高明之具, 以養其弘遠淸虛之德, 而政由是出, 其所關顧不大哉."

26) 柳宗元,『柳宗元集』,「零陵三亭記」, "邑之有觀遊, 或者以爲非政, 是大不然. 夫氣煩則慮亂, 視壅則志滯. 君子必有遊息之物, 高明之具, 使之淸寧平夷, 恒若有餘, 然後理達而事成." 참조.

정자의 관계성을 거론할 때 전범이 되는 글이다. 누정을 지을 때 관리가 백성들과 함께 즐거움을 누리고자 하는 공공성을 지닌 경우 긍정적이다.[27] 하지만 양경우梁慶遇(1568~?)는 누정과 대사臺榭가 세워진 까닭을 말하면서 많은 비용과 노동력을 요구하는 것이기에 누정을 짓는 토목공역을 하더라도 반드시 때를 기다려서 행해야 함도 말한다.

> 아, 조물주가 손을 대어 저절로 정치停峙의 공을 이루었지만 요긴한 것은 대략 인간으로 말미암으니, 반드시 정자를 만들어 올라가 구경하는 장소를 두어야 한다. 이것이 누정과 대사臺榭가 세워진 까닭이다. 토목공역이 없을 수 없지만 호사好事의 유폐流弊가 있으니 반드시 때를 기다려서 행해야 한다.[28]

공자는 '백성을 부릴 때 때에 맞게 부려야 한다[29]'는 말을 하는데, 이 같은 사유는 많은 비용과 노동력을 요구하는 정자 건립에도 적용되어야 한다. 그런데 문인문화에 나타난 삶과 연계해 볼 때는 이 같은 정무적이면서 공적 성격을 띠는 정자보다 사정私亭에 주목할 필요가 있다.

뤄민(羅敏)은 북송 사대부들이 정자를 세운 이유로 수심修心하고 이정怡情하고자 하는 것, 정치 상황에서 좌절한 것에 대한 초월을 모색하는 것, 입세入世와 출세出世 사이의 모순을 해결하고자 하는 것, 개체 자유에 대한 존중 등을 들고 있다.[30] 이 같은 분석은 역사에 나타난 소식을 비롯한 북송 사대부들의 삶과

---

27) 權尙夏, 『寒水齋集』, 卷二十八, 「都事趙公麟祥墓碣銘幷序」(a151_025b), "六年居官, 一境晏如. 遂興廢擧墜, 廨宇一新. 境多名勝地, 起樓亭數處, 鑿沼引流, 列植花木, 公餘歌詠其間, 與民偕樂, 民到于今稱之."
28) 梁慶遇, 『霽湖集』, 卷十, 「重建廣寒樓通諭境內文代府伯作」(a073_506a), "嗚呼. 造物着手, 自成停峙之功, 領略由人, 必藉登覽之所, 此樓亭臺榭之所以起也. 而木石工役之不容已焉. 然有好事之流, 必且待時而作."
29) 『論語』, 「學而」, "子曰, 道千乘之國, 敬事而信, 節用而愛人, 使民以時."
30) 羅敏, 「北宋亭記硏究」(四川大學 碩士論文, 2005) 참조.

문화 및 정치적 역정을 감안하면 대체적으로 타당한 분석에 속한다. 입세와 출세의 모순을 해결하고자 한 점이나 정치 좌절에 대한 초월 부분은 조선조 유학자들이 정자를 통해 지향하고자 하는 은일적 삶과 연계하여 적용할 수 있다.

공자는 천하유도天下有道와 천하무도天下無道의 상황에 따른 출처진퇴관出處進退觀을 말하면서[31] 상황에 따라 은거隱居를 통한 구지求志와 행의行義를 통한 달도達道를 말한 적이 있다.[32] 이 밖에 맹자는 궁窮한 정황과 현달顯達의 상황에서 독선기신獨善其身과 겸제천하兼濟天下를[33], 노자는 '신퇴身退'를[34], 장자는 '육침陸沈'을 말하는[35] 등 처한 시대 혹은 인물에 따라 다양한 출처진퇴관을 말한다. 갈홍葛洪은 『포박자抱朴子』(外篇) 「일민逸民」에서 몸과 명예를 다 함께 온전하게 할 수 있는 것이 최상이라 한 적이 있는데,[36] 이런 점을 정자가 세워진 목적과 관련해 성현成俔(1439~1504)이 쓴 「읍취당기挹翠堂記」에서 보자.

대체로 높은 직위의 영화로움을 누리는 사람은 강호의 아취가 없고, 번성하고 화려한 일이 있는 사람은 소산한 자태가 없기 마련이다. 어느 한 가지를 얻으면 다른 한 가지를 잃게 되고, 작은 것에 뜻을 두면 큰 것을 놓치게 된다. 지금 그대는 높은 성적으로 과거에 급제하여 문명文名이 자자하다. 성상의 지우知遇를 깊이 입어 난피鑾坡에서 문한文翰을 다루고 있으니 그 영화로움이 많다. 또 푸른 하늘과 안개가 피어오르는 물가를 이웃으로 삼고서 때로 물고기

---

31) 『論語』, 「述而」, "子謂顔淵曰, 用之則行, 舍之則藏, 惟我與爾有是夫." 및 『論語』, 「泰伯」, "子曰, 篤信好學, 守死善道. 危邦不入, 亂邦不居, 天下有道則見, 無道則隱." 참조.
32) 『論語』, 「季氏」, "孔子曰, 隱居以求其志, 行義以達其道."
33) 『孟子』, 「盡心上」, "古之人, 得志, 澤加於民, 不得志, 修身於世. 窮則獨善其身, 達則兼善天下."
34) 『老子』 9章, "持而盈之, 不如其已. 揣而悅之, 不可長保. 金玉滿堂, 莫之能守. 富貴而驕. 自遺其咎. 功遂身退 天之道."
35) 『莊子』, 「則陽」, "其聲銷, 其志無窮, 其口雖言, 其心未嘗言, 方且與世違而心不屑與之俱, 是陸沈者也."
36) 『抱朴子』(外篇), 「逸民」, "身名並全, 謂之爲上."

와 새를 따라 노닐고 있다. 이것은 '헌면軒冕'과 '강호'의 즐거움을 소유하여
이 두 가지를 겸할 수 있는 사람이다.…… 그에 비해 나와 같은 자는 환로宦路
에 부침한 지 20여 년 동안 하늘이 부여한 노고가 언제 끝날지도 모른 상태에
서 일에 파묻혀 허덕이다 보니 흰 머리털이 듬성듬성하니 비록 강호의 즐거
움을 따르려 한들 얻을 수 있겠는가.37)

관료로서 높은 직위의 영화(軒冕)를 누리면서 강호의 아취를 동시에 겸할
수 있는 것은 흔한 경우가 아니라는 점에서 성현이 기리는 이 글의 주인공(成
任)38)은 성공한 삶을 산 경우에 속한다. 대부분의 문인사대부들이 평생 관료
일에 파묻혀 허덕이다가 늙어가는 정황에서 심신을 사역使役당하는 관료적 삶을
언제 그만두고 '읍취당' 같은 정자를 짓고 강호의 아취를 누릴 겨를이 있을
수 있겠는가 하는 성현의 탄식 어림에는 공감대가 있다. '읍취당' 혹은 여타
정자에서 푸른 하늘과 안개가 피어오르는 물가를 이웃으로 삼고서 때로 물고기
와 새를 따라 노니면서 강호의 아취를 즐기고자 하는 것은 일정 정도 은일
지향적 삶과 관련이 있다. 이런 점을 정자를 세운 인물이 지향하는 세계관과
삶을 담아 정자의 이름으로 하는 경우에서 찾아보면 '귀래정歸來亭'39)에서 도연
명이 귀거래사한 삶을 추구한 것을 들 수 있다.
다양한 삶과 세계관이 반영된 많은 정자 이름 가운데 경상북도 영주시
소재의 '군자정君子亭'에 주목할 필요가 있다. 군자정은 유가가 지향하는 군자상
의 실천적 모습을 건물 차원에서 실현하고자 한 대표격에 해당하기 때문이다.

---

37) 成俔, 『虛白堂文集』, 卷四, 「挹翠堂記」(a014_441b), "大抵享軒冕之榮者, 無江湖之趣, 有繁
華之事者, 無蕭散之態, 得於此而失於彼, 志乎小而遺乎大也. 今子捷高科, 著文名, 深遇聖上之
知, 躡履巑岏, 其棼耀多矣, 而又以滄溟煙水爲隣, 時從魚鳥而上下焉, 是則有軒冕江湖之樂, 而
能兩兼之者也.……若余者, 浮沈宦海二十餘載, 不知天之勞佚之有機, 而役役不已, 華髮已種種
焉, 則雖欲從江湖之樂, 其可得乎."
38) '挹翠堂'은 성현의 백씨인 成任(1421~1484)이 한강 가에 지은 정자이다.
39) 한국에는 안동, 경주, 순창 등에 歸來亭이 있다.

정도전鄭道傳이 지은 '군자정'의 내력에 대한 것을 보자.

우리 무리 중에 높은 벼슬을 한 자가 있다. 그는 풍채가 우뚝하게 빼어나고
지조가 높음이 보통이 아니어서 군자다운 인품이 있었다. 그가 하루는 소나
무 밑에 새 정자를 짓고서 제공들을 맞이다가 술을 마셨다. 그리고 나에게
정자의 이름을 청하므로 나는 소나무를 가리키며 이르기를, '저 소나무의 푸
른 수염과 굽은 모양은 덕 있는 군자의 모습이다. 추운 겨울날에 바람에 날리
고 눈에 쏠려 초목이 다 꺾어지는데도 우뚝 서서 나중에 시들며, 한여름 무더
위에 돌이 녹고 금이 흘러내려 모든 생물이 시들어도 울창하고 변하지 않으
니, 이것은 군자가 그 절개를 굳게 지켜 빈천에도 변하지 않으며 위무威武에
도 굴하지 않는 것이다. 그러니 이 정자 이름을 군자라고 하는 것이 어떨까?
대개 옛사람은 초목을 사랑하는데 각각 자기 천성에 가까운 것으로 하였다.
영균靈均(屈原)은 강개慷慨한 선비였기 때문에 난초의 향기롭고 고결한 것을
취하였고, 정절靖節(陶淵明)은 고요하게 숨은 선비였기 때문에 국화의 은일隱逸
함을 취하였던 것이다. 이로써 공의 사랑하는 것을 보건대 그 속에 지닌 바를
알 만한 것이다. 그리고 이 정자에 오른 사람들 중에 과연 뇌락磊落함이 있어
현 세상과 구차하게 영합하려 하지 않는 것이 있고, 확연하게 중심을 가지고
세속에 따라 변하지 않는 자가 있을 것이니, 그렇다면 이 정자의 즐거움이
어찌 공 혼자만의 소유가 될 것인가? 마땅히 제공과 함께 가져야 할 것이다'
하니 제공이 '옳다'고 하기에, 이에 쓴다.[40]

---

40) 鄭道傳, 『三峯集』, 卷四, 「君子亭記」(a005_348c), "吾黨有達官者, 其風儀挺挺然而秀發, 志
操卓爾而不群, 君子人也. 一月開新亭于松樹之下, 邀諸公而觴之, 請予亭名, 予指松而語之曰,
彼其蒼然其髥, 偃然其形, 則君子之德容也. 窮冬沍寒, 風饕雪虐, 衆卉摧折, 而亭亭後凋, 盛夏
炎熱, 石鑠金流, 生物燋悴, 而欎欎不變, 是則君子固守其節, 不爲貧賤之所能移, 威武之所能屈
也. 請名是亭曰君子可乎, 大抵古人之於草木, 愛之各以其性之所近, 靈均慷慨之士, 故取蘭之
香潔, 靖節恬退之士, 故取菊之隱逸, 以是觀公之所愛, 則其中之所存, 蓋可知矣. 抑登是亭者,
果有磊磊落落, 不苟合於時世者乎, 確然自持, 不受變於流俗者乎, 則此亭之樂, 豈公之所獨有,
當與諸公共之矣. 諸公曰諾, 於是乎書."

石濤, 「愛蓮圖」.
石濤가 周敦頤의 「愛蓮說」을 쓰고 그림을 그렸다.

정도전은 비덕比德 차원에서 난과 소나무 등을 군자가 그 절개를 굳게 지켜 빈천에도 변하지 않으며 위무威武에도 굴하지 않는 것으로 비유하는데, 이 같은 '고궁절固窮節'[41] 의 상징으로서 군자상은 유가가 지향하는 인간상의 하나에 해당한다.

"이 정자에 오른 사람들 중에 과연 뇌락磊落함이 있어 현 세상과 구차하게 영합하려 하지 않는 것이 있고, 확연하게 중심을 가지고 세속에 따라 변하지 않는 자가 있을 것이니, 그렇다면 이 정자의 즐거움이 어찌 공 혼자만의 소유가 될 것인가? 마땅히 제공과 함께 가져야 할 것이다"라는 발언 내용은 문인들이 추구한 정자문화의 핵심에 해당한다. 정도전의 글에는 주돈이周敦頤가 「애련설愛蓮說」에서 말한 '연의 군자화'에 대한 것[42]은 없지만, 정자와 관련해 유가의 군자가 지향하는 바를 다양한 관점에서 보여 주는 이 글의 내용은 유학자들이 정자를 세운 궁극적 목적 중의 하나에 해당한다. 이 밖에 정자의 이름을 지을 때에 감계적 의미를 담아 정자를 짓는 목적을 밝힌 것도 있다.[43]

그렇다면 과거 유학자들이 세운 정자를 바라볼 때 어떤 사유를 가미해 봐야 정자를 세운 목적을 제대로 이해하는 것일까? 동양 문화와 예술에는 이른

---

41) 『論語』, 「衛靈公」, "君子固窮, 小人窮斯濫矣." 및 陶淵明, 「飲酒」 2首, "不賴固窮節, 百世當誰傳." 참조.
42) 周敦頤, 「愛蓮說」, "予獨愛蓮之出淤泥而不染, 濯淸漣而不妖, 中通外直, 不蔓不枝, 香遠益淸, 亭亭淨植, 可遠觀而不可褻翫焉." 참조.
43) 洪邁, 『忍齋集』, 卷四, 「南陽府淸暑樓記」(a032_381b), "癸卯秋, 余按畿甸, 甲辰夏, 巡過是邑, 而樓適告成. 李侯勸我登眺, 召集鄕黨, 以落其成, 仍索名於余, 辭不獲, 則請以淸暑名之. 客有難之者曰, 古之名樓亭者, 不獨稱其美而已, 必因其名而推演其義, 以寓勸戒之意. 子之命名, 何取義之不廣耶." 참조.

바 '그 사람과 같다'(如其人)라는 사유가 있다. 예를 들면 '서여기인書如其人', '화여기인畵如其人' 등과 같은 것이 그것이다. '여기안' 사유의 가장 중요한 것은 '기안'으로 거론되는 인물의 인품과 도덕성이다. 따라서 정자를 규명할 때 '정자 그 자체의 건물로만 보지 말고 그 정자에서 삶을 누렸던 인물의 덕을 생각하면서 보라'[44]고 하는 사유를 전개한다.

오도일吳道一(1645~1703)은 정자를 이해할 때 가장 중요한 것은 정자의 사치스러움과 크기는 문제가 되지 않고, 가장 중요한 것은 심경이 상쾌하여 명실이 상부한 것이라고 한다.[45] 정섭鄭燮은 "방은 운치가 있으면 그만이지 꼭 넓어야 하며, 꽃은 향기가 있으면 그만이지 많을 필요가 있겠는가"(室雅何須大, 花香不在多)라고 말한 적이 있다. 방 주인의 품덕이 고상하면 정취情趣는 저절로 고아해진다는 것이다. 꽃도 마찬가지로 향기가 여부가 중요하다. 이런 사유는 정자에도 그대로 적용된다. 정자도 크고 넓은 것은 문제가 되지 않고, 굳이 클 필요도 없다. 정자에 인품과 학식이 있는 인물이 거처하면 정자는 저절로 향기가 있고 운치가 있게 된다. 명실이 상부한 것을 강조하는 것도 유학자들이 세운 정자문화를 이해하는 핵심에 해당한다. 이 같은 '이정관덕以亭觀德' 사유는 이른바 '정여기인亭如其人' 사유를 구체적으로 말해 준 것에 해당한다.

이상 본 바와 같이 가장 이상적인 삶은 명예와 생명, 세상의 공적과 내심의 안정 이 모든 것을 다 얻는 것이지만 세상사는 그렇지 않았음을 발견할 수 있다. 한국과 중국 역사를 보면 귀양 가지 않은 인물이 역사에 남는 경우가

---

44) 奇正鎭, 『蘆沙集』, 卷二十二, 「觀水亭重修記」(a310_495a), "噫. 天地自有最恒久者, 非流峙之謂也. 詩不云乎, 民之秉彝, 好是懿德, 此眞恒久者也. 昔人之正身潔行, 爲百世師, 修此者也. 後人之高山景行, 百世若合符節, 同此者也. 登斯亭者, 勿以亭觀亭, 以德觀亭, 則亭之恒久, 固不足怪." 참조.

45) 吳道一, 『西坡集』, 卷十七, 「明月亭記」(a152_344c), "余謂亭觀之勝, 貴在心境愜而名實稱耳, 抑何事乎侈且大也."

별로 없다는 역설은 이런 점을 잘 말해 준다. 이런 정황에서 주목할 것은 관료적 삶을 사양하고 귀은歸隱의 삶을 누리고자 하는 것과 관련된 정자문화가 갖는 철학과 문예적 의미다. 이런 점에서 '정여기인' 사유에 입각한 '이정관덕'의 관점에서 정자문화를 규명할 필요가 있다.

4. 정자문화에 담긴 철학적, 문예적 의미

고려시대의 문인 안축安軸(1287~1348)은 「취운정기翠雲亭記」에서 누대와 정자를 짓는 곳을 대략적으로 밝히면서 누정에서 누리는 '지극한 즐거움'(至樂)에 대해 기술하고 있다.

> 대체로 누대와 정자를 짓는 곳이 높고 광활한 데가 아니면 그윽하고 깊은 데 있는데, 저기에서 권태를 느끼면 여기를 생각하고, 여기에서 권태를 느끼면 저기를 생각하는 것은 사람의 보편적인 생각이다. 관동關東의 누대와 정자는 모두 높고 광활한 곳에 있으므로, 유람하는 사람들의 눈이 세찬 파도에 싫증이 나고, 몸이 찌는 듯한 안개에 지쳤다가 이 누대에 올라서 맑고 그윽한 정취를 만난다면 들을 달리던 지친 짐승이 밀림의 골짜기로 들어가는 것 같고, 창공을 날던 지친 새가 무성한 숲으로 돌아가는 것 같아서 '지극한 즐거움'(至樂)이 있을 것이니, 이것이 박공이 누대를 지은 뜻인가 보다.[46]

광활한 데가 갖는 장점은 사방이 확 트여 조망이 좋다는 것이다. 그윽하고

---

46) 安軸, 『謹齋集』, 卷一, 「翠雲亭記」(a002_469a), "大抵樓亭之作, 不在高曠, 則在幽深, 而倦彼則思此, 倦此則思彼者, 人情之常也. 凡關東樓臺亭樹, 皆在高曠, 故人之遊者, 目倦乎風濤之怒, 身疲乎氛霧之蒸, 而及登斯樓, 得淸幽之趣, 則如走壙倦獸, 入于密谷, 還空倦鳥, 投彼茂林, 有至樂存焉. 此朴公置樓之志歟."

깊은 곳은 바쁜 일상의 연속인 인간의 세속 공간과 거리가 있기 때문에 확 트인 곳보다는 남의 시선으로부터 자유롭다는 장점이 있다. 이에 '사장'에서의 문화 활동의 주역은 현관顯官보다 퇴관退官한 선비나 처사로 지내던 지식인들인 경우가 많다. 이상의 발언에서 장소 여하에 관계가 없이 '지락'을 얻을 수 있는 곳이어야 한다는 것은 정자문화를 이해할 때 매우 중요한 의미를 지닌다. 그런 즐거움에는 주로 공자가 말한 '요산요수樂山樂水' 사유와 증점曾點이 말한 '욕기영 귀浴沂詠歸'에 담긴 지취志趣 및 주돈이周敦頤의 '음풍농월吟風弄月'의 쇄락함이 담겨 있다.

유치명柳致明(1777~1861)이 정자가 처한 지역과 상관없이 요산요수의 취향을 정자 이름을 짓는 것과 연계하여 말한 것을 보자.

세상에서 정자를 세우고 자연풍경을 감상하는 자는 반드시 산수풍경이 아름 다운 것을 구한다. 정자를 세운 다음 이름을 짓는 것은 똑같지 않지만 대개 대부분 산수에 뜻을 깃들이곤 한다. 우리 부자이신 공자께서 말씀하신 것이 있다. '인자한 자는 산을 좋아하고 지혜로운 자는 물을 좋아한다'고. 오직 인 자함과 지혜로움을 깊이 체득한 자만이 이런 즐거움을 얻을 수 있다. 대개 얻은 것이 깊고 그 우아한 취향을 깃들이지 않은 자는 이런 즐거움을 누릴 수 없다.[47]

산수 간의 승경勝景에 정자를 세웠을 때 진정으로 그 산수풍경이 주는 즐거 움을 누릴 수 있는 것으로 공자가 말한 요산요수의 정취를 얻을 수 있는 자이어 야 한다는 조건을 제시한다. 공자가 말한 요산요수 사유와 더불어 누정 이름으

---

47) 柳致明, 『定齋集』, 卷二十二, 「明誠堂記」(a297_468b), "世之置亭觀者, 必求山水之嘉者, 名 之雖不一, 而大抵多寓意於山水也. 吾夫子有言, 仁者樂山, 智者樂水, 惟體仁智之深者, 可以當 之. 蓋非得之深而寓其趣者, 不能也."

로 삼는 것은 은일적 삶과 밀접한 관련이 있는 것이 많다. 그런 점을 대표하는 것 중 하나는 증점의 '욕기영귀' 사유에 입각한 쇄락적 삶과 문화를 즐기고자 하는 의도에서 정자 이름을 정하는 경우다.

증점은 공자가 평소 자신이 하고자 하는 것을 말하라고 하자 "늦봄에 봄옷이 만들어지거든 관자冠者 5, 6인, 동자童子 6, 7인과 함께 기수沂水에서 목욕하고 무우대舞雩臺에서 바람을 쐬고 시가詩歌를 읊으면서 돌아오고 싶다"48)라고 한다. 이른바 욕기영귀로 말해지는 이 같은 증점의 쇄락적 삶과 문화는 유학자들이 추구하고자 하는 삶과 문화의 한 상징이 된다. 이에 욕기영귀의 사유를 실현하고자 하는 많은 건물을 세우게 되는데, 경북 의성군 소재의 '영귀정詠歸亭'은 그 하나의 예다. 신퇴身退하고서 도산에 은거구지隱居求志의 삶을 살았던 퇴계의 '영귀대詠歸臺'도 이런 점과 관련이 있다. 이런 점에서 '사장'인 경우 만약 그곳에서 '세속을 길이 멀리 떠나 돌아오지 않는다'(長往不返)라는 식의 삶을 산다면 그 정자는 때론 유가와 도가의 경계선에 있는 건물에 해당하기도 한다.

대산大山 이상정李象靖(1711~1781)은 류성룡柳成龍(1542~1607)의 형인 류운룡柳雲龍(1539~1601)의 호를 딴 정자인 「겸암정기謙菴亭記」를 쓰는데, 이런 글을 통해 류운룡이 공자의 요산요수와 증점의 욕기영귀를 동시에 실현하고자 한 삶을 잘 알 수 있다.

이 정자는 하회河回 입암立巖 위에 있는데 겸암謙菴 류선생柳先生(柳雲龍)이 평소 거처하던 곳이고 자신의 호를 삼은 곳이다. 안동安東은 예로부터 이름난 산수가 많아 동남지역의 경승이 뛰어난 곳이라고 불리었는데, 그중에서도 낙동강 일대가 가장 뛰어나다. 강을 따라 수백 리에 걸쳐 맑은 못과 긴 여울에 기이한 암벽과 산기슭이 곳곳에 별처럼 뒤섞여 펼쳐져 있는데, 그중 하회河回

---

48) 『論語』, 「先進」, "莫春者, 春服旣成, 冠者五六人, 童子六七人, 浴乎沂, 風乎舞雩, 詠而歸."

한 굽이가 가장 으뜸이다.…… 무
릇 하회가 안동의 승경을 독점하
였는데, 이 정자가 또 하회의 아름
다움을 독차지한 것이다.…… 정
자는 두 암벽 사이에 위치하였는
데 골짜기가 너르면서도 지세가
깊고 퍼져 있어서 집터는 그윽하
고 지세는 막혀 있어서, 강기슭을

謙菴精舍.

따라서 지나는 자가 곁눈으로 보면 암벽의 우거진 덩굴 사이로 보일 듯 말
듯 하여 종종 그곳에 정자가 있는 줄도 모를 지경이다. 대개 있으면서도 없는
듯하고 안으로는 풍부하면서도 겉으로는 검소한 것이 모두 『주역』 겸괘謙卦
의 뜻에 가깝다.[49]

이상정의 글은 지리적 측면에서 볼 때 안동지역과 정자 설립의 상관관계를
잘 보여 준다. 주목할 것은 '겸암정'이 위치한 곳은 동남지역의 가장 뛰어난
승경에 해당하는데, 그 위치가 일반적으로 정자를 선택하는 요건에 해당하는
밖으로 확 트인 공간이 아니라는 점이다. 이상정은 정자가 처한 이 같은 장소를
철학적으로 풀이한다. 즉 장소가 있으면서도 없는 듯하고 안으로는 풍부하면서
도 겉으로는 검소한 것은 마치 『주역』 겸괘謙卦에서 말하는 "겸은 소유하고도
자처하지 않는 뜻이다. 안에 그치고 밖에 순함이 겸의 뜻이다"(謙者, 有而不居之義.
止乎內而順乎外, 謙之意也)라는 것과 동일하게 이해될 수 있다는 것이다. 공간에 대한
이상정의 철학적 해석을 감안하면, 류운룡이 '겸암정'이 위치한 공간을 선택한
것에는 그가 지향한 삶과 철학이 담겨 있다고 하겠다. 따라서 그런 공간을

---

49) 李象靖, 『大山集』, 卷四十四, 「謙巖亭記丁丑」(a227_351c), "亭在河回之立巖上, 謙菴柳先生
之所燕處而用以自號者也. 永嘉古稱多名山水, 爲東南奇偉秀絶之地, 而河流一帶爲之最.……而
惟斯亭爲尤美.……而亭處兩巖之間, 谽谺奧衍, 宅幽而勢阻. 循河而過者睨而視之, 隱見出沒於
巓圭蔓薈之間而往往不知有亭焉. 蓋有而若無, 內富而外儉, 皆近於謙之義也."

선택한 인물의 됨됨이는 이에 미루어 짐작할 수 있다.

선생이 이 정자에 계실 때엔 옷깃을 떨치고 언덕에 오르며 지팡이를 짚고
샘물을 즐기시매 쟁쟁하게 들리는 물소리와 찬란하게 보이는 푸른 산색을 감
상하는 것이 모두 '인지仁智와 풍영風詠하는 지취志趣'를 체득하는 방법이었으
니, 가득 찬 것을 싫어하고 겸손한 것을 도와주는 천지의 도와 덜어내고 더하
는 산수의 묘리를 진실로 잠시 돌아보는 사이에 묵연히 마음으로 깨쳤을 것
이다.…… 다른 사람 처지에서 보자면 우뚝이 높고 빛나는데도 선생은 오히
려 부족한 듯이 스스로 작게 여기어 날마다 부지런히 힘쓰고 노력하였으며
또한 이로써 몸을 마치었다. 『주역』 겸괘謙卦의 '상象'에 이르기를 "지극히 겸
손한 군자는 낮춤으로써 자처한다"고 하였으니, 선생이 실로 그런 덕을 지니
셨다. 그런즉 이 정자는 진실로 선생 덕분에 그 승경이 드러나게 되었고, 선
생 또한 이 정자를 통해 한가로이 노닐고 발산하는 취향을 이루었다. 그러나
선생이 즐긴 것으로 말하자면 산수를 초연히 벗어났으니, 애당초 이 정자 때
문에 더하거나 줄지 않았다. 선생은 동생 서애西厓선생과 함께 퇴도退陶선생
의 문하에서 종유하였는데, 대개 그 마음으로 전하는 오묘한 이치를 얻고서
(퇴계선생에게) '겸암정謙菴亭'이라는 편액을 받아 문미門楣에 걸었다. 동생과
함께 이 정자와 옥연정사 사이에서 박문약례博文約禮의 학문을 도야하여 안개
와 구름 노을이 자욱한 이 구역을 인의와 도덕이 융성한 고을이 되게 하였다.
그리하여 옛날 (程頤의) 용문龍門이나 (朱熹의) 무이정사武夷精舍와 더불어 천
년 동안 아름다운 이름을 나란히 하게 되었으니 이 어찌 산수의 행운이 아니
겠는가.…… 무릇 선생의 마음을 얻은 후에야 산수를 말할 수 있고, 선생의
학문을 안 뒤에야 이 정자를 일컬을 수 있는 것이다.[50]

50) 李象靖, 『大山集』, 卷四十四, 「謙巖亭記[丁丑」(a227_351d), "先生之處是亭也, 則振衣而陟
岡, 倚筇而弄源, 凡琮琤於耳而璀璨於目者, 無非所以體仁智風詠之趣者, 而天地盈謙之道, 山
川損益之妙, 固默然神會於造次顧眄之頃矣. 及其興極而返, 則一室虛明, 左右圖書, 涵萬象以
一理, 斂太極於方寸, 學已成矣而猶不及, 道已明矣而如未之見, 自他人視之, 巍然尊且光矣. 而
先生方欲然自小, 俛焉日有孶孶而且以是終身焉. 在易謙之象曰, 謙謙君子, 卑以自牧, 先生實
有之焉. 然則是亭也固得先生以著其勝, 而先生又因是亭而助其游泳發舒之趣. 然乃先生之樂,

'인지仁智와 풍영風詠하는 지취'
는 각각 공자가 말한 요산요수와
증점이 말한 욕기영귀에 담긴 지
취에 해당한다. 정자는 그 정자의
주인이 누구냐에 따라 의미가 달
라진다. 예를 들면 한명회韓明澮가
'압구정狎鷗亭'을 지은 다음 '청춘엔
사직을 붙들고, 늙어서는 강호에

武夷山의 武夷精舍.

누웠네'(靑春扶社稷, 白首臥江湖)라는 현판을 걸어 놓고 가식적으로 은일의 상징에
해당하는 갈매기와 친압하는 은일 지향적 삶을 살고자 한 것이 사람들의 비웃음
을 산 것은 유명하다. 이런 점에 비해 원래 도사들의 거처였던 무이산武夷山이
주희가 들어가 무이정사武夷精舍를 세운 다음 유학자들의 성지聖地로 바뀐 것은
유명하다. 이런 역사적 정황을 볼 때 한 건물이 의미를 갖는 것은 그 건물의
주인이 어떤 인물이냐 하는 것에 따라 달라짐을 알 수 있다.

선생(류운룡)의 마음을 얻은 후에야 산수를 말할 수 있고, 선생의 학문을
안 뒤에야 정자를 일컬을 수 있다는 것은 류운룡이 없었다면 '겸암정'이 있었던
곳은 단순 승경에 지나지 않는 자연적 공간에 불과하다는 것이다. 이제 류운룡
에 의해 겸암정이 세워진 '산광수색山光水色'을 자랑하는 공간은 공자의 요산요
수와 증점의 욕기영귀의 지취가 깃든 문화적 공간이면서 철학적 공간으로 변하
게 된다. 그런 공간과 정자에 가면 과거 그 공간에서 살면서 인의도덕을 닦고자
했던 류운룡의 학문, 인품 및 은일 지향적 삶에 담긴 향기를 맡을 수 있게

則超然於山水之外而初不以是亭爲加損也. 先生與西厓季先生, 從遊退陶夫子之門, 蓋得其心傳
之妙而受是扁揭諸楣, 相與博約於斯亭, 玉淵之間, 使烟霞雲物之區鬱然爲仁義道德之鄕, 而與
古者龍門武夷, 幷嫩於千載, 是豈不山水之幸也與……得先生之心, 而後可以語山水, 而知先生
之學, 然後可以稱斯亭."

된다. 아울러 스승인 퇴계선생에게 '겸암정謙菴亭'이라는 편액을 받아 문미門楣에 걸게 되면 이 정자는 더욱 의미 있는 공간이 된다.

공자의 요산요수가 비덕比德 차원에서 상징적인 친자연적인 삶이라면, 증점이 욕기영귀를 추구하고 주돈이가 음풍농월을 추구한 삶은 유가의 경외와 신독이 강요하는 이성적 삶에서 잠시 벗어나 일탈을 추구하는 윤기 있는 삶의 전형이 된다. 정자문화에서 주돈이周敦頤의 음풍농월의 쇄락적 삶을 추구한 정황에 대한 것은 송병순宋秉珣(1839~1912)이 지은 「청금정기淸襟亭記」에 잘 나타난다.

영嶺 이남의 산수에서 빼어나게 뛰어난 것은 중주中州(중국)의 강서江西지역과 갑을을 다툴 만하니, 고려조(勝朝) 이래 문인과 달사가 이곳에서 많이 배출되었다. 서식棲息하고 유상遊賞하는 곳에는 왕왕 누사樓榭와 정관亭觀이 있었는데, 연대가 이미 오래되다 보니 탈 없이 보존할 수 없어 구허丘墟가 된 것들이 많다. 한 지경의 승경을 점유하여 백 년의 오랜 세월을 거치면서 오히려 초연하게 물외인 것은 산골짜기의 '청금정' 이것일 뿐이다. 정자를 지은 이는 누구인가, 고려 직제학 이원경李元慶이다. 공은 일찍이 벼슬자리를 버리고 돌아와 이 정자를 쌓고 유식하면서 즐겼는데, 이런 이유로 '청금淸襟'을 호로 삼았다. 또 시를 지어서 말하기를, 상곡上谷 사이에서 십 년을 소요하면서 때론 음풍농월의 즐거움을 붓끝에 표현하니, 이에 염옹濂翁(周敦頤)이 추구한 음풍농월이란 소문이 들리지 않겠는가? 그 마음속에 품은 쇄락함과 취미가 더없이 맑고 깨끗함을 이에 가히 상상해 볼 수 있을 것이다.51)

---

51) 宋秉珣,『心石齋集』, 卷十八, 「淸襟亭記」(b143_353b), "嶺以南山水之秀拔, 與中州之江西可甲乙, 自勝朝以來, 聞人達士多出於此. 而其棲息遊賞之所, 往往有樓榭亭觀, 然年代旣遠, 不能保其無恙而爲丘墟者多矣. 占得一區之勝, 閱屢百載之久, 而尙超然物外者, 陝之淸襟亭是已. 亭之者誰, 高麗直提學李公元慶也. 公嘗棄官而歸, 築斯亭以適遊息, 因以淸襟爲號. 又賦詩曰, 十載逍遙上谷間, 有時風月落毫端, 此非聞濂翁之風者歟. 其襟懷之灑落, 趣味之淸絶, 於是焉可以想見矣."

이원경이 벼슬자리를 버리고 정자를 세운 다음 즐긴 삶을 주돈이가 행한 음풍농월에 비유하여 말하는 것의 핵심은 이원경의 마음속에 품은 쇄락함과 취미가 더없이 맑고 깨끗함이다. 이원경이 추구한 이 같은 삶은 흔히 정자에서 행하는 향락적 삶과 다른 경지에 속한다는 점에서 의미가 있다. 따라서 '청금'이란 용어가 상징하는 이 같은 운치 있는 정자문화는 아무나 누릴 수 있는 것은 아니다. '청금'이란 용어와 인간의 인품이 서로 합치되는 명실이 상부할 때 가능하게 된다. '청금'이란 용어에 담긴 실질적인 삶은 어떤 것인지를 보자.

아 세상에서 명예에 고삐가 매이고 이욕에 잠겨 바둥대며 살고 진애塵埃가 소매에 가득한 자는 이 정자를 짓고자 해도 얻을 수 없다. 또 이곳에 올라 노니는 자가 다만 술잔을 기롱하고 악기 소리에 취할 뿐이라면 '요산요수하는 것'을 즐거움으로 삼고 '음풍농월하는 것'으로 (자연과) 함께할 수 없으니, 비록 공의 마음속을 엿보고자 해도 또한 얻을 수 없다. 나는 이에 공의 맑은 것이 세속적인 인간이 미칠 수 있는 바가 아니기에, '뜻이 크고 말하는 것이 원대(嘐嘐)한 옛사람'에게 부끄러운 바가 없음을 더욱 알 수 있었다.[52]

정자를 짓는다고 모두가 다 이원경이 누리는 요산요수와 음풍농월 지향의 삶을 영위할 수 있는 것은 아니다. 이원경이 추구한 삶을 누리려면 두 가지 전제 조건이 충족되어야 한다. 하나는 세속적인 명예에 고삐가 매이고 이욕에 잠겨 바둥대며 살고 진애塵埃가 소매에 가득한 자가 아니어야 한다. 다른 하나는 술잔을 기롱하고 악기 소리에 취하는 식의 놀자판 문화를 추구하지 않아야 한다. 후자는 흔히 정자의 풍류성을 거론할 때의 정경인데, 도덕군자로서의

---

52) 宋秉珣, 『心石齋集』, 卷十八, 「淸襟亭記」(b143_353c), "噫, 世之營營乎名韁利鎖, 塵埃滿袖者, 雖欲爲斯亭, 不可得矣. 且登遊者只弄栖杓醉絃管而已, 不以山水爲樂, 不以風月爲契, 則雖欲覩公之胷襟, 亦可得乎. 余於是益知公之淸, 非俗子所可及, 而無愧乎嘐嘐古之人也."

우아함을 추구하는 유학자들에게는 받아들일 수 없는 정자문화라는 것이다. 이런 점을 감안하면 문인들이 추구한 정자문화는 매우 특별한 의미가 있음을 알 수 있다.

'뜻이 크고 말하는 것이 원대(嘐嘐)한 옛사람'은 만장萬章이 맹자에게 '광자狂者'란 어떤 인간인가 하는 질문에 대해 맹자가 한 답변에 나오는데,[53] '뜻이 크고 말하는 것이 원대(嘐嘐)한 옛사람'에게 부끄러운 바가 없다는 것은 '청금정'의 '청' 자가 상징하는 바와 같이 이원석이 그만큼 맑고 깨끗하면서도 탈속적 삶을 추구한 인물임을 강조한 것이다. 이상 고려에서 직제학 벼슬을 한 이원경이 기관棄官하고 귀거래 한 이후 청금정을 지어 놓고 '청' 자로 상징되는 탈속적이면서 은일적 삶을 공자의 요산요수 및 주돈이의 음풍농월의 경지와 연계하여 이해한 이 글을 통해 뜻있는 문인들이 추구한 정자문화가 갖는 진정한 의미를 엿볼 수 있다.

공자가 말한 요산요수 사유가 비덕 차원에서 각각 '인자'와 '지자'의 삶과 행동으로 이해되듯 우리가 접하는 자연 산수도 보는 입장에 따라 그 자연 산수를 대한 인물의 인격을 상징하는 공간이 된다. 따라서 요산요수와 욕기영귀 사유에 근간한 정자문화에는 단순 산수의 자연풍경을 감상하는 차원에 그치는 것이 아니라 비덕 차원에서 자연 산수와 하나됨을 추구한다는 사유가 담겨 있다. 산수 공간이 아닌 원림에서도 반드시 정자를 설치하는 이유이기도 하다.

---

53) 『孟子』, 「盡心下」, "萬章問曰……敢問何如斯可謂狂矣. 曰, 如琴張, 曾晳, 牧皮者, 孔子之所謂狂矣. 何以謂之狂也. 曰, 其志嘐嘐然. 曰, 古之人, 古之人. 夷考其行而不掩焉者也." 朱熹는 '嘐嘐'를 '志大言大'라고 풀이한다.

5. 정자문화에 나타난 공간과 의식의 관계

추사秋史 김정희金正喜가 당시 교분이 있었던 초의선사에게 보낸 「정계靜偈로 초의선사에게 주다」(靜偈贈草衣師)라는 시에서 어떤 마음을 먹느냐에 따라 공간에서의 삶이 달라짐을 읊은 적이 있다.

네 마음이 고요할 땐 저자라도 산이지만, 네 마음이 드셜렐 땐 산이라도 저자가 된다. 다만 하나의 마음에서 산과 저자가 갈라진다.…… 현각玄覺이라 묘한 통발은 산 잊고 도 따르는 것. 네 하는 말이 성과 저자 산속만 못하다지만, 산속이 시끄러울 땐 장차 어디로 가려는가.54)

일반적으로 사람이 많이 모이는 저자는 시끄러운 것을 상징하고 인적이 드문 산은 조용한 것을 상징한다. 그래서 흔히 '조용한 산에 가서 도를 닦는다'라는 식의 말을 한다. 그런데 김정희는 시끄럽고 조용한 것은 공간 그 자체의 본질이 아니라는 것이다. 한 공간에 있는 사람이 어떤 마음 상태를 먹느냐에 따라 시끄러운 저자가 조용한 절이 되고, 조용한 절이 시끄러운 저자가 될 수 있다는 것이다. 이른바 공간이 의식을 지배한다는 사유가 아니라 의식이 공간을 지배한다는 것이다.

의식이 공간을 지배한다는 그 하나의 예로

劍如 柳熙綱이 쓴 추사의 「靜偈贈草衣師」. 성균관대 박물관 소장.

---

54) 金正喜, 『阮堂全集』, 卷7, 「靜偈贈草衣師」(a301_143b), "偶心靜時, 雖闠亦山, 偶心闠時, 雖山亦闠. 只於心上, 闠山自分.……玄覺妙筌, 忘山殉道, 偶言闠闠, 不如山中, 山中闠時, 又將何從"

명대 원중도袁中道가 지은 「상뢰정기爽籟亭記」를 보자.

처음 도착했을 때는 기운이 안정되지 않고 마음이 들떠 있어(氣浮意囂) 귀에 샘물소리가 잘 들리지 않았고, 나뭇가지에 부딪히는 바람소리와 산골짜기 새 소리는 들을수록 오히려 마음을 더욱 어지럽혔다. 저녁이 되어 휴식하는데, '보는 바를 거두어들이고 듣는 바를 돌이키니'(收視返聽) 온갖 인연들이 모두 사라져 멍하니 짝을 잃은 듯하였다(嗒焉喪偶). 이후 샘물 소리만 천태만상으로 변하였다. 처음에는 마치 애처로운 소나무에 옥을 부수는 듯한 물소리가 부딪쳤는데 조금 지나자 우레 같은 물소리가 산천을 뒤흔든다. (그런데 시간이 지나자) 마음이 조용할수록 샘은 더 요란하다. 샘물의 시끄러운 소리가 내 귀에 들어오고 마음에 주입이 되자 소연하고 냉연하여 폐부를 깨끗하게 씻어 내리고 진구塵垢를 확 씻어 내려 마음이 쇄락灑落하니 신세身世를 잊고 생과 사를 한결같이 하는 경지가 되었다. 이제 샘물 소리가 요란할수록 내 마음은 더욱 차분해진다.[55]

누가 산이 고요하다고 했는가? 사실 산은 바람소리, 물소리, 새소리 할 것 없이 많은 소리가 나기 때문에 산은 매우 시끄럽다. 이런 경지는 나와 자연이 별개의 존재로 있을 때다. 즉 산은 산이요 나는 나라고 여기는 때다. 하지만 결과적으로 산에 있으면 그런 시끄러운 소리가 시끄럽다고 여겨지지 않게 된다. 나와 산이 하나가 된 경지가 그것이다. '신세身世를 잊고 생과 사를 한결같이 하는 경지가 되었다'는 것은 자연과 완전히 합일된 체도體道의 완성태다. 원중도 는 왜 그런지를 마음 상태 여부와 관련해 설명하고 있다. 비로소 샘에서 나는 자연의 소리를 듣고 자연과 합일할 수 있는 전제 조건은 '수시반청收視返聽'이다.

---

55) 袁中道, 『三袁詩文選』, 「爽籟亭記」, "其初至也, 氣浮意囂, 耳與泉不深入, 風柯谷鳥, 猶得而 亂之. 及暝而息焉, 收吾視, 返吾聽, 萬緣俱卻, 嗒焉喪偶, 而後泉之變態百出. 初如哀松碎玉, 已如昆弦鐵撥, 已如疾雷震霆, 搖盪川嶽. 故予神愈靜, 則泉愈喧也. 泉之喧者入吾耳而注吾心, 蕭然冷然, 浣濯肺腑, 疏瀹塵垢, 灑灑乎忘身世而一死生. 故泉愈喧, 則吾神愈靜也."

'견물생심見物生心'이란 말이 상징하듯 마음을 흔들리게 하는 가장 대표적인 것은 보고 듣는 것이라 여긴다. 이에 '수시반청收視反聽하는 것을 유가와 도가 모두 권력·명예·재물 등과 같은 외물에 휩쓸리지 않고자 하는 수양공부 방법의 하나로 제시한다.

그동안 자신의 삶을 얽매였던 모든 것을 사라지게 한 '탑언상우嗒焉喪偶'의 경지는 『장자莊子』 「제물론齊物論」에 나오는 '고목사회枯木死灰'로 상징되는 남곽자기南郭自綦의 모습과 체도體道 경지에 해당한다. '참된 내가 편집적인 나를 잃어버린(吾喪我) 체도 경지에 이르렀을 때 남곽자기는 인간의 악기가 내는 인뢰人籟를 넘어선 '대자연의 웅장한 음악소리'(天籟)를 들을 수 있게 되는데,56) 원중도도 '탑언상우'의 경지가 되자 이제 비로소 샘물소리가 갖는 모든 정황을 알 수 있게 된다.

샘물소리가 자신의 마음 폐부를 깨끗하게 씻어 내려 신세를 잊고 사생을 잊게 한다는 것은 샘물소리가 주는 효용성을 극대화하여 표현한 것이다. 자연과 하나가 되는 체도體道의 경지에서 샘물소리와 하나가 되는 이런 경지에 가면 샘물소리가 크면 클수록 마음은 더욱더 고요해진다는 역설이 성립된다. 시끄러운 산에 갔을 때 종국에 조용하다는 것을 느끼게 하는 이유다.

그런데 이 같은 샘물소리를 듣고 이런 경지에 오를 수 있는 것은 아무나 할 수 있는 것은 아니다. 원중도가 「상뢰정기」에서 말하고자 하는 또 다른 핵심이 있다.

---

56) 『莊子』, 「齊物論」, "南郭子綦隱几而坐, 仰天而噓, 嗒焉似喪其耦. 顔成子遊立侍乎前, 曰, 何居乎. 形固可使如槁木, 而心固可使如死灰乎. 今之隱几者, 非昔之隱几者也. 子綦曰, 偃, 不亦善乎而問之也. 今者吾喪我, 汝知之乎. 女聞人籟而未聞地籟, 女聞地籟而未聞天籟夫.……子遊曰, 地籟則衆竅是已, 人籟則比竹是已. 敢問天籟. 子綦曰, 夫吹萬不同, 而使其自己也. 咸其自取, 怒者其誰邪." 참조.

또한 고금의 악은 팔음으로부터 온 것뿐인데, 지금 이후에 팔음 이외에 따로 샘에서 나는 기이한 소리가 있음을 알았다. (이런 샘물소리는) 세상의 왕공대인은 들을 수도 없고 들을 겨를이 없고, 오로지 고인高人과 일사逸士에게 제공하여 성령을 도사陶寫하는 용도로써 제공할 뿐이다. 하여 비록 제왕의 '함음咸音'이나 '소무韶武'라도 오히려 이같이 차가운 세상 밖의 소리와 비교할 수 없는데, 하물며 다른 소리는 말할 것도 없다. 내가 어쩌다가 다행스럽게 이런 소리를 듣게 되었으니 어찌 하늘이 나에게 준 선물이 아니겠는가?[57]

샘물소리가 시끄러울수록 더욱 마음이 고요해지는 경지에 오르면 이에 팔음으로 한정된 인위적 음악(人籟)이 아닌 자연에 기인한 소리가 만들어 내는 새로운 차원의 음악이 있다는 것을 알게 된다. 중요한 것은 세상의 왕공과 대인들은 이런 음악을 들을 수 없고 고인과 일사 같은 은일적 삶을 사는 사람들만이 들을 수 있다는 것이다. 이에 인위적 음악의 최고 경지에 해당하는 '함양의 음'(咸陽之音)과 순舜임금과 무武임금의 음악인 '소무지악韶武之樂'이라도 이 같은 세속적인 티끌을 씻어 내리는 '세외世外의 음'인 샘물소리와 비교할 수 없다고 진단한다. 샘물소리를 음악으로 비유하는 것은 인간이 만든 악기에 의한 음악만이 음악이란 사유에 벗어난 음악철학이다. 장자 식으로 말하면 천뢰에 해당하는 이 같은 자연의 소리를 하늘이 원중도 자신에게 준 것을 다행스럽게 여긴다는 것은 단순 선택적 차원에서 말한 것이 아니라 그런 자연의 소리는 쉽사리 들을 수 없다는 것을 의미한다.

자연의 샘물소리인 천뢰를 들을 수 있는 핵심은 기운이 세속적인 것을 지향하는 마음의 들썩거림을 제거하고 수시반청한 상태에서 '탑언상우'의 체도

---

57) 袁中道, 『三袁詩文選』, 「爽籟亭記」, "且古今之樂, 自八音止耳, 今而後始知八音外別有泉音一奇. 世之王公大人不能聽, 亦不暇聽, 而專以供高人逸士陶寫性靈之用. 雖帝王之咸英韶武, 猶不能與此冷冷世外之聲較也. 而況其他乎. 於何幸而得有之, 豈非天所以責予者歟."

경지에 이르는 것에 있다. 이 같은 체도 경지는 인간과 자연의 합일된 경지라는 의미가 있다. 그 경지는 실제 삶에서는 은일적 삶의 방식과 밀접한 관련이 있는데, 원중도는 결과적으로 공간이 의식을 지배하는 경우나 의식이 공간을 지배하는 경우나 모두 중요한 것은 마음 상태 여부에 달려 있음을 말한다.

이런 점을 보다 구체적으로 정자를 세우는 목적을 유배문화와 관련하여 규명해 보자. 동양 역사에 남는 인물일 경우 유배 가지 않은 인물이 거의 없을 정도로 동양 문인문화에서 유배는 특별한 의미를 지닌다. 유배 기간은 도리어 학문에 연찬하고 한가로운 시간을 주는 역설이 있다. 즉 한중 역사를 보면 인물에 따라 유배 간 정황에서 아이러니하게도 학술적 성과를 이루거나 잠시나마 정치권에서 벗어나 한숨을 돌리면서 한가로운 삶을 살았던 인물들을 많이 발견할 수 있다. 유종원柳宗元은 「계거溪居」에서 관직에 얽매어 있다가 '다행스럽게' 남쪽 당에 유배당한 덕분에 자연 산수 공간에서 시간에 제약받지 않고 인간 관계망에서 벗어난 은사처럼 사는 호사를 누린다고 읊기도 한다.[58]

물론 처음에는 언제 해배解配될 지 모르는 정황에서 심적으로 많은 고통을 받게 된다. 하지만 마음먹기에 따라 유배가 도리어 한가로운 시간을 준 것이라 여긴 경우 유배 기간 동안에 사상적, 문학적으로 한층 더 성숙할 수 있는 계기가 마련되기도 한다. 소철蘇轍은 「황주 쾌재정에 대한 기문」(黃州快哉亭記)에서 장몽득張夢得(張偓佺)이 유배당한 정황에서 장강에 '쾌재정'이란 정자를 짓고 한가로운 삶을 지내는 모습을 통해 이런 점을 읊고 있다.

장강은 서능西陵 협을 나와서야 비로소 평지를 얻어 그 수세가 빠르고 아주 넓고 커지는데 남쪽으로 상수湘水와 원수沅水를 합치고 북으로 한수漢水와 면

---

58) 柳宗元, 「溪居」, "久爲簪組累, 幸此南夷謫. 閑依農圃鄰, 偶似山林客. 曉耕翻露草, 夜榜響溪石. 來往不逢人, 長歌楚天碧."

蘇轍이 「黃州快哉亭記」에서 말하는 "남쪽으로 湘水와 沅水를 합치고 북으로 漢水와 沔水를 합쳐 그 세가 더욱 커지며 赤壁에 이르면 각처의 물이 흘러들어 마치 바다와 같다"라는 곳의 정경.

快哉亭. 상주군 이안면 가장리에 있는 정자. 중종반정 공신으로 仁川君에 책봉되었던 懶齋 蔡壽(1449~1515)가 중종반정 이후 이조참판 직에서 물러나 낙향하여 지은 정자이다. 『홍길동전』보다 100년 앞선 최초의 한글소설 『설공찬전』이 이곳에서 지어졌다는 역사성을 인정하여 문화재 자료로 지정되었다.

沔水를 합쳐 그 세가 더욱 커지며 적벽赤壁에 이르면 각처의 물이 흘러들어 마치 바다와 같다. 청하清河 사람 장몽득이 제안齊安으로 귀양 와 그의 집 서남쪽에 정사를 짓고 강이 흐르는 아름다운 경치를 감상하였다. 나의 형 자첨子瞻(蘇軾)께서 그 정자의 이름을 '쾌재快哉'라고 했다.…… 선비가 세상에 살면서 스스로 만족스럽게 여기지 못한다면 어디 간들 마음이 상하지 않겠으며, 마음을 평온하게 하여 물욕의 유혹이 천성을 상하게 하지 않는다면 어느 곳을 가든 통쾌하지 않겠는가? 지금 장몽득이 귀양살이를 근심으로 여기지 않고 오히려 공무에서 벗어난 한가한 시간을 이용하여 스스로 마음을 산수 간에 내치고 자유롭게 사니, 이런 삶을 사는 가운데에는 마땅히 보통 사람들보다 뛰어난 점이 있을 것이다.[59]

어떻게 마음을 먹느냐에 따라 유배당한 불행한 정황이라도 역으로 그 기간에 '한가로운 시간'을 보낼 수 있다고 여기고 풍광 좋은 곳에서 정자를 짓고

---

59) 蘇轍, 「黃州快哉亭記」, "江出西陵, 始得平地, 其流奔放肆大, 南合湘沅, 北合漢沔, 其勢益張, 至於赤壁之下, 波流浸灌, 與海相若. 清河張君夢得, 謫居齊安, 卽其廬之西南爲亭, 以覽觀江流之勝. 而余兄子瞻, 名之曰快哉.……士生於世, 使其中不自得, 將何往而非病. 使其中坦然, 不以物傷性, 將何適而非快. 今張君不以謫爲患, 竊會計之餘功, 而自放山水之間, 此其中宜有以過人者."

자연과 함께하는 삶을 산다면 '쾌재'를 부를 수 있는 멋진 인생살이가 될 수 있다. '쾌재'라는 한마디에 정자에서 누리는 쾌락함이 압축적으로 담겨 있다. 다만 심리적 고통이 강한 유배 생활에서 정자를 짓고 이 같은 한가로운 삶을 누릴 수 있는 사람은 소철이 "보통 사람들보다 뛰어났기 때문일 것이다"라고 말하는 바와 같이 제한점이 있다. 이런 정황은 일반적으로 관료의 삶을 무난히 마치고 난 다음의 정자에서의 삶을 즐기는 것과 다른 차원에 해당하는 정자문화의 독특한 면인데, 조선조 유학자들의 정자문화에도 이 같은 정황을 발견할 수 있다.

주로 산수 공간에 자리 잡은 동양의 정자는 다양한 의미를 지닌 독특한 건물에 속하는데, 이상 본 정자문화에서 알 수 있는 것은 공간이 의식을 지배하는 경우나 의식이 공간을 지배하는 경우나 모두 중요한 것은 마음 상태 여부를 강조하는 것을 알 수 있다. 아울러 마음 상태 여부에 따라 의식이 공간을 지배하는 경우는 매우 제한된 인물에 한한다는 점도 동시에 알 수 있다.

6. 누정樓亭의 편액扁額과 서예미학적 의미

대부분의 누정 혹은 정자에는 어떤 인물이 무슨 연유로 지었는지를 알려주는 상징적인 편액이 걸려 있다. 누정 혹은 정자가 문화예술 차원에서 의미가 있는 것은 편액에 써진 글씨 및 누정 혹은 정자와 관련된 다양한 시들이다. 누정 편액의 글씨체는 해서·초서·예서·전서 등으로 다양하다. 글자 수가 적은 누정의 이름은 초서·예서·전서 등으로 쓰인 것이 많고, 글자 수가 많은 누정기樓亭記나 누정시樓亭詩는 해서 또는 반초서로 쓰인 것이 많다. 여기서는 서예사적 맥락에서 주로 편액에 초점을 맞추어 논하고자 한다.

北京 頤和園의 廓如亭.

乾淸宮의 「正大光明」.

正祖 御筆, 「宙合樓」.

　　누정의 편액 글씨를 이황과 같은 유명한 학자[60]나 최고의 서예가들이 쓴
경우 유명세를 탄다. 영일에 있는 '화수정花樹亭'의 편액은 김정희金正喜의 글씨이
고, 영주의 '구학정龜鶴亭'과 의성의 '만취당晩翠堂'의 편액은 한호韓濩의 글씨이고,
강릉의 '해운정海雲亭'의 편액은 송시열宋時烈의 글씨이기 때문에 더욱 이름나
있다.[61] 특히 제왕이 편액의 글씨를 쓴 경우에는 이런 점이 더욱 배가된다.
하나의 예를 들면, 북경北京 이화원頤和園의 신건궁문新建宮門 남쪽 동제東堤에 '확
여정廓如亭'이 있는데, 건륭이 쓴 글씨로 유명하다.[62] 이 같은 편액을 제왕이
쓴 경우에는 제왕이 추구하는 정치적 이념이 강하게 담겨 있다. 옹정雍正이
건청궁乾淸宮에 쓴 '정대광명正大光明'이란 편액은 정치적 이념이 담긴 유명한
편액으로, 『정조실록正祖實錄』에도 이와 관련된 기록이 실려 있다.

---

60) 앞서 본 바와 같이 '謙菴亭'의 편액은 이황이 쓴 것으로 알려져 있다.
61) 물론 실제 김정희, 한호, 송시열이 그곳에 가서 편액 글씨를 쓴 것이라기보다는 그
　　정자를 지은 인물이 이들에게 편액 글씨를 부탁하여 받은 것이라 짐작된다.
62) 徐浩修, 『燕行紀』, 卷三, 「起圓明園至燕京[七月]」, "二十七日乙巳, "卽此甬道東南, 有八面亭,
　　上覆瓶瓦, 下鋪甎, 扁曰廓如亭, 皇上禦筆也." 廓如亭은 北京 頤和園 新建宮門 남쪽 東堤상
　　에 있는 정자로서, '八方亭'이라고도 한다.

옹정雍正 원년에 황고께서 바로 짐의 이름을 친히 쓰신 뒤 건청궁乾淸宮의 '정
대광명正大光明'이라는 편액 위에 보관해 두시고 또 별도로 써서 봉함하신 뒤
늘 당신 몸에 지니고 계셨다.[63]

조선조의 경우, 성종의 사액으로 된 서울 종로의 '풍월정風月亭', 숙종의 사액
으로 된 '희우정喜雨亭'은 물론, 정조의 어필로 된 '주합루宙合樓' 등이 있다. 이처
럼 한 건물의 편액 글씨가 제왕의 글씨(御筆)인 경우 다른 건물보다도 권위가
있는 건물로 여겨졌다.

중국서예사에 나타난 '남첩북비南帖北碑'라는 사유를 편액에 적용해 보면 주
로 북비에 담긴 서체를 사용하는 경우가 많다. 이런 점과 관련하여 성현成俔이
중국 역사에 나타난 편액 글씨에 대해 거론한 것을 보자.

글씨 잘 쓰기가 어렵지만 편액의 글씨 쓰기는 더욱 어렵다. 비록 조자앙趙子
昂(=趙孟頫)의 필법으로도 편액을 쓰는 데에는 이설암李雪菴(=李溥光)에 미치
지 못하였으니, 하물며 자앙보다도 못한 사람이랴.[64]

이 같은 편액의 글씨는 당대의 유명 서예가가 쓰기도 하지만 유명 서예가라
고 편액의 글씨를 다 잘 쓰는 것은 아니다. 왜냐하면 건물의 크기에 따라 편액의
글씨체는 일정 정도 제한적일 경우가 있기 때문이다. 조맹부가 중화미학에
입각한 연미妍媚한 서풍에는 장기를 보였지만 궁성 전각의 편액은 이설암보다
못하였다는 것은 편액 글씨가 일반 '종이에 쓰는 글씨(南帖)와 다른 풍격이 있음
을 의미한다. 조맹부趙孟頫는 이설암(李溥光)[65]이 주방酒坊에 쓴 글씨를 보고 세조

---

63) 『正祖實錄』, 43卷, 正祖 19年 11月 19日 丙寅, "北京禮部咨曰.……雍正元年, 皇考卽親書朕
名, 貯於乾淸宮正大光明扁額之上, 又另書密緘, 常以自隨." 참조.
64) 成俔, 『慵齋叢話』, 卷9, "善書爲難, 而題額尤爲難, 以趙子昂之筆法, 其題額則推讓於李雪菴,
況不及於子昂者乎."

世祖에게 추천하였고,[66] 원대 이후 궁성宮城 전각의 편액의 큰 글씨는 주로 그가 쓰게 된다. 이색李穡은 원대의 문예와 학술에 대한 전모를 말하는 가운데 이부광이 대자大字에 대해 가장 뛰어났다는 점을 말한 적이 있다.[67]

청대 완원阮元(1764~1849)은 중국 역사에 전개된 남과 북의 지리적 차이에 따른 서풍의 다름을 남파와 북파를 나눈 이른바 '남북서파론南北書派論'을 주장한다. 남파는 '소방연묘疏放姸妙'한 점이 있어 계독啓牘에 장점을 갖는 점에 비해 북파는 '구근졸루拘謹拙陋'한 점이 있어 비방碑榜에 장점이 있음을 말한다.[68] 청대 유희재劉熙載(1813~1881)는 남서와 북서에 대해 각각 그 특징으로 남서는 온아하여 운치가 뛰어나고, 북서는 웅건하여 골기가 뛰어나다고 한다.[69] 편액 글씨는 건물 특성상 주로 북파의 서풍이 어울린다. 김정희는 「홍우연에게 써서 주다」(書贈洪祐衍)에서 '남북서파변南北書派辨'을 거론하면서 편액과 관련된 다음과 같은 견해를 밝힌 적이 있다.

서법書法에는 남파南派와 북파北派가 있으니 삭정索靖으로부터 이하로 요원표姚元標 · 조문심趙文深 · 정도호丁道護 등은 북파가 된다. 지금 보존된 북조北朝의 여러 비를 안찰按察하면 알 수 있다. 이를테면 조준丁遵의 묘지墓志와 가사군賈

---

65) 李溥光의 大字는 顏眞卿 · 柳公權 서체와 黃庭堅의 필의를 바탕으로, 획의 처음과 轉折 마지막 부분을 과장되게 운필하였는데, 운필과 필세가 호방하며 굳세다고 평가된다.
66) 이상의 내용에 대한 전반적인 것은 李瀷, 『星湖僿說』, 卷9, 「人事門 · 雪庵」, "雪庵之書, 傳於我東爲堂額之體, 謂之額體, 人多不知雪庵爲何人. 大明一統志云, 大同府仙釋李溥光幼爲僧, 讀書工詩善書法, 一時宮城殿字扁額, 皆出其手, 此卽其人也. 初趙孟頫, 見其寫酒坊字甚賞之, 遂拔擢之." 참조.
67) 李穡, 『牧隱文庫』, 卷13, 「書上札補正雪菴大字卷後」(a005_108a), "元興百餘年, 文理大洽, 四方學士, 咸精其能, 蔚乎一代之盛矣. 是以論者謂其文似漢, 其詩似唐, 其字似晉, 至於大字, 獨推雪菴爲稱首."
68) 阮元, 「南北書派論」, "南派乃江左風流, 疏放姸妙, 長於啓牘, 減筆至不可識. 而篆隸遺法, 東晉已多改變, 無論宋齊矣. 北派則是中原古法, 拘謹拙陋, 長於碑榜."
69) 劉熙載, 『書槪』, "南書溫雅, 北書雄健", "北書以骨勝, 南書以韻勝."

使君·고정高貞·고담高湛의 여러 비는 구도球圖와 완염琬琰 같다. 정도소鄭道昭의 비와 시각詩刻 같은 것은 더욱 극적劇跡으로 삼으니 모두 북파이다. (왕희지가 쓴) '난정蘭亭의 일지一紙'(일명 蘭庭集序)는 제齊와 양梁의 사이에는 일컫은 이가 있지 않았는데 당唐에 이르러 비로소 크게 행세하였다. 그러나 구양순歐陽詢, 저수량褚遂良은 다 북파에서 나왔으니, 난정을 임무臨撫한 여러 본이 있더라도 '구본歐本'은 바로 구양순이 쓴 난정이요 '저본褚本'은 바로 저수량이 쓴 난정이다. 우군右軍(王義之)이 견지繭紙에 쓴 진영眞影이 다시 어떤지는 알 수가 없다. 오직 우영흥虞永興(虞世南)은 남파에서 나왔지만 묘당비廟堂碑 같은 것은 오히려 북비의 규칙이 보존해 있으니 지금 북비를 버리고서는 서법을 말할 수 없다. 우리나라에 이르러 신라와 고려 이래로는 온전히 구비歐碑를 익혔다. 본조本朝 이후에 안평대군安平大君이 비로소 송설松雪(趙孟頫)로써 따로 문경門徑을 열어 한 시대가 풍미하였지만 성임成任과 신장申檣 등 여러 사람들은 역시 신라와 고려의 구법舊法을 고치지 않았다. 지금 숭례문崇禮門 편액은 곧 신장의 글씨인데 깊이 구양순의 골수에 들어갔다. 또 성임成任이 쓴 홍화문弘化門 편액과 대성전大成殿 편액은 다 북조의 비의碑意가 들어 있다.[70]

김정희가 중국서예사를 남첩북비의 시각에서 중국의 유명 서예가들의 서풍을 규명하고 아울러 조선조에서 서예가로 유명한 인물들이 남첩북비의 경향 중에서 어떤 측면에 영향을 받았는지를 기술한 짧은 글에서 주목할 것은 편액과 관련된 발언이다. 이설암 서체 이외에 북비 서풍과 구양순 글씨가 편액 글씨에 사용되었음을 알 수 있다.[71]

---

70) 金正喜, 『阮堂全集』, 卷七, 「書贈洪祐衍」(a301_138b), "書法有南派北派, 自索靖以下, 姚元標, 道文深, 丁道護等爲北派. 今所存北朝諸碑, 可按而知之. 如刁遵墓志, 賈使君高貞高湛諸碑, 爲球圖琬琰. 而鄭道昭碑與詩刻等, 尤爲劇跡, 皆北派也. 蘭亭一紙, 齊梁間未有稱之, 至唐始大行. 然如歐褚, 皆從北派而來, 雖有臨撫蘭亭諸本, 而歐是歐蘭亭, 褚是褚蘭亭, 未知右軍繭紙眞影, 果復如何. 唯虞永興, 自南派而來, 然如廟堂碑, 尙存北碑規則. 今捨北碑, 無以言書法. 至於我東羅麗來, 專習歐碑. 本朝以後, 安平始以松雪, 別開門徑, 一代靡然. 而有若成, 申諸人, 亦不改羅麗舊法. 今崇禮門扁, 卽申檣書而深入歐髓. 又成任書弘化門扁大成殿扁, 皆北朝碑意."

설암체를 적극적으로 받아들인 고려 및 조선 시대에 궁정 편액은 설암체를 많이 사용하였다.72) 설암체는 세종조에는 법첩(雪菴法帖)으로 간행되어 종친과 정부와 6조, 대언사代言司, 집현전 등의 관리에게 나누어 줄 정도로 유행하였다.73) 이후 설암체는 조선 중기 이후 서원의 사액서로 널리 쓰였는데, 굳센 필획의 양강미陽剛美가 담긴 방정한 서체는 유가가 지향하는 중화미학 사유와 밀접한 관련이 있다.

조선 초에는 이용李瑢(安平大君), 신장申檣, 성임成任(1421~1484), 정국형鄭國馨 등이 대자 액서額書에 뛰어났는데,74) 이런 점과 관련해 성현成俔은 『용재총화慵齋叢話』에서 공민왕, 안평대군, 성임 등이 쓴 편액에 대한 것 및 설암체의 영향을 밝혀 조선조 후기 이전의 편액에 관한 대체를 보여 준다.

우리 동방에서는 공민왕恭愍王이 쓴 강릉 '임영관臨瀛館'과 안동 '영호루映湖樓'의 현판 글씨가 참으로 노련하고 힘차서 보통 사람으로서는 미칠 바 아니었는데, 강릉관은 근래에 화재를 입어서 그 편액마저 잃었으니 아까운 일이다. 개경開京(개성) 안화사安和寺의 본전本殿 편액은 송 휘종徽宗이 썼고 문간 편액은 채경蔡京의 글씨다. 그들이 비록 임금과 신하로서의 도리는 잃은 사람이지

---

71) 조선조 궁중에 쓰인 扁額書는 雪庵體와 松雪體 외에도 顔眞卿의 서체, 朱子의 서체가 사용되기도 하였다.

72) 고려와 조선에서 雪庵體를 운용하여 편액을 쓴 것과 관련한 것은 王亞楠, 「韓國對雪菴 李溥光的認識與接受一考」, 『한국학연구』 63집(고려대학교 한국학연구소, 2017) 참조.

73) 『世宗實錄』, 卷52, 世宗 13年 辛亥(1431) 6月 2日 甲午, "頒賜新刊『雪菴法帖』于宗親, 政府, 六曹, 代言司, 集賢殿等官." 이 밖에 세종조의 雪庵體 유행에 대한 것은 『世宗實錄』, 卷68, 世宗 17年 4月 8日 己酉, "上曰, 予於書字, 曾不留意, 我國人皆尙雪菴體, 稍奇特, 然未能得體, 則其終字樣甚陋, 莫如晉字, 予將求以賜之." 참조.

74) 黃胤錫은 宋日中도 편액에 뛰어났다고 한다. 黃胤錫, 『頤齋遺藁』, 卷二十一, 「副護軍松齋宋公行狀」(a246_475d), "公又手書傳刻, 爲世所實, 原公筆法, 于草則始慕張東海黃孤山楊蓬萊諸家, 而融而通之, 自成一家, 少無蹈襲, 于隷則有顔魯公柳公權遺意, 而會之於韓石峯, 其題額大字, 又李雪庵以後一人, 或徑可一丈, 逾大逾奇, 逾老逾勁, 如古釵如怒猊, 觀者駭懼, 一國碑版多出其手." 참조.

만, 그러나 그 연대의 오래됨과 필적의 묘함은 보물이 될 만하다. 안평대군이
대자암大慈庵·해장전海藏殿·백화각白華閣에 쓴 글씨는 왕성하게 날아 움직일
듯한 모습이 있으니 역시 뛰어난 보물이다. 모화관慕華館 현판은 제학提學 신
장申檣이 쓴 것인데, 비록 안평대군보다는 못하더라도 역시 볼만하였다. 성임
이 쓴 경복궁 문전의 편액은 오로지 설암체를 모방하여서 면밀한 것이 법이
있었다. 정국형鄭國馨은 창덕궁의 여러 전과 여러 문의 편액은 자체가 바르지
못하고 틀린 곳이 많이 있다고 하였다.[75]

공민왕恭愍王이 쓴 강릉 임영관臨瀛館과 안동 영호루映湖樓의 현판 글씨는 조
선조 이전 편액 관련 국왕 글씨로 유명하다. 북송 휘종은 1118년(예종 13)에
안화사安和寺의 불전 편액을 직접 써 주었고, 절 문의 편액은 황제의 명에 따라
태사 채경蔡京이 써서 보내 주었다는 기사가 있다.[76] 일명 수금체瘦金體로 유명한
휘종은 도군황제道君皇帝로 자칭하면서 도교를 매우 숭상하는데, 예종 대에 도교
를 숭상한 것은 이런 상황과 밀접한 관련이 있다.[77] 정치에 무능했던 휘종은
권신權臣인 채경[78]을 등용하여 정치를 하다가 금金에게 망하는데, 휘종과 채경
은 모두 서예사 측면에서는 탁월한 서예가로 꼽힌다. 중국서예사에서 채경은

---

75) 成俔, 『慵齋叢話』, 卷9, "我國恭愍王所書江陵臨瀛館安東映湖樓, 眞老健非凡人所及也. 而江
陵館近被鬱攸失其額, 可惜也. 余嘗到開京安和寺, 見殿額, 則宋徽宗所書, 而門額則蔡京書也.
雖皆君臣之失道者, 然其年代之遠, 筆跡之妙, 則可寶也. 庶人瑢書, 大慈菴海藏殿白華閣之字,
蔚然有飛動意, 亦絶寶也. 今之慕華館申提學所書, 雖不及瑢, 而亦有可觀. 我伯氏所書景福宮
門殿之額, 專倣雪菴, 縝密有法, 人皆美之. 鄭國馨所書昌德宮諸殿諸門額, 字體不正, 多有舛錯
處也."

76) 『高麗史節要』, 卷八, 「睿宗文孝大王 二[戊戌十三年]」, "夏四月, 重修安和寺, 成王親設齋五日
以落之. ……又求書扁額于宋, 帝聞之, 御書佛殿, 扁曰能仁之殿. 命蔡京, 書門額曰, 靖國安和
之寺, 以賜之." 참조.

77) 徐兢, 『宣和奉使高麗圖經』, 卷18, 「道教」, "大觀庚寅, 天子眷彼遐方, 願聞妙道, 因遣信使,
以羽流二人從行, 遴擇通達教法者, 以訓導之." 大觀 徽宗의 年號인데, '大觀 寅年'(1110)은
고려 睿宗 5년에 해당한다.

78) 李睟光, 『芝峯類說』, 卷十五, 「人物部·戚臣」, "權臣如秦之李斯, 漢之董卓, 唐之李林甫, 元
載, 盧杞, 宋之蔡京, 王黼, 秦檜, 或誅或竄, 皆破家亡身而後已."

徽宗 瘦金體, 『穠芳詩帖』.

俞漢芝, 「鏡浦臺」.

북송대 사대가(蘇軾, 黃庭堅, 米芾, 蔡京)의 하나로, 웅건한 글씨체에 양강의 미가 담겨 있다고 평가된다. 고려 예종 대는 북송과 정치적으로 교류가 활발하였다. 편액 하나지만 고려와 북송의 교류 관계를 보여 주는 상징적인 자료다.

성현은 안평대군 글씨의 특징으로 '비동飛動'을 거론하는데, 이후 동일한 평가가 많다.79) 성임이 쓴 경복궁 문전의 편액에서 조선조 편액에 끼친 설암체의 영향을 볼 수 있다. 관암冠巖 홍경모洪敬謨(1774~1851)는 큰 글자를 쓸 때 이부광의 서법을 사용하여 쓴 조선조 편액의 필의筆意와 자세字勢에 골기가 없고 증병蒸餅 같은 식의 글씨로 써진 것의 문제점을 지적하기도 한다.80)

그런데 건물이 어떤 용도로 지어진 것이고 어떤 장소에 있느냐에 따라 편액 글씨에 사용된 서체는 다를 수밖에 없다. 앞서 본 바와 같이 공적인 용도의 건물은 대부분 북비 서체를 사용하고 설암체와 같이 유명한 서예가의 서체를 본받아 쓰는 경우가 있다. 하지만 위치와 용도에 따라 운용된 글씨체가 자유로운 경우가 나타난다. 예를 들면 전서와 예서에 장기를 보인 유한지俞漢芝(1760~?)가 쓴 전서체의 「경포대鏡浦臺」 글씨가 그것이다. 고졸하면서도 파격적인 글씨

---

79) 李壽長, 『墨池揀金』 下, "我朝安平大君璐, 自獻之松雪書中變化來, 而字意翩翩飛動, 仿之子昂, 亦無愧矣." 李裕元, 『林下筆記』, 卷12, 「筆法」, "安平之書, 凜凜有飛動意." 등 참조.

80) 洪敬謨, 『冠巖全書』, 冊26, 「東韓勝觀四帖」, "米元章云, 世人多寫大字時, 用力把筆, 字逾無筋骨神氣, 又倒收筆頭, 盡如蒸餅. 我東扁額, 皆用雪庵法, 畫盡字勢, 悉犯此戒, 醜怖無可觀."

형상이 바닷가에 처한 경포대의 분위기와 잘 어울린다.

이상 본 바와 같이 한국서예사 및 누정 역사에 나타난 편액 글씨는 서예가 개인의 서체를 운용해 쓴 경우도 있지만 주로 설암체 및 북비 서체가 유행했음을 알 수 있다. 편액 글씨와 관련해 설암체 및 북비 서체의 유행은 건물이 갖는 공적인 속성과 관련하여 본다면 주로 그 서체들이 유가가 지향하는 중화 서예미학의 정신을 구현하는 데 적합한 것이라 여겨졌기 때문이다.

7. 나오는 말

과거 이동이 제한된 정황에서 자신의 삶의 영역을 떠날 수 없었던 문인들은 누정이나 정자를 통해 자연 산수와 함께 하는 삶을 누리고자 하였다. 조선조 문인문화에서 누정은 학문과 예술을 싹트게 하는 창조적인 산실, 강학講學을 행하고 시상詩想을 일깨우는 정신적 향유의 거점, 아름다운 자연을 완상하며 시가를 읊고 한담을 나누는 풍류의 공간, 관조와 사색을 유도하는 가운데 자유로운 정신이 발휘되는 인격 수련의 장에 해당한다.[81] 때론 친족의 종회宗會나 마을 사람들의 동회洞會 또는 각종 계의 모임 장소 등으로 사용되기도 하였다.

이 같은 정자는 머물러 쉰다는 의미가 담겨 있는데, 머물러 쉰다는 사유는 철학 차원에서는 일음일양의 원리에서 일음에 속하는 철학적 의미가 담겨 있다. 아울러 확 트인 산수 공간에 자리 잡은 정자는 '함허涵虛'라는 차원에서 토납운기吐納運氣하는 과정에서 그 공간과 건물에 있는 인물로 하여금 자연의 생명성과 운동성을 체득하게 하는 공간이며 건물이란 의미가 있었다. 이런 점에서 정자

---

81) 민주식, 「樓亭문화의 미의식에 관한 고찰」, 『동양예술』 17집(한국동양예술학회, 2011).

는 가능하면 풍수지리 차원에서 배산임수 공간 및 앞이 확 트여 등고망원이 가능한 곳을 선택하여 건립하고자 하였다.

정자를 지은 목적은 매우 다양한데, 정무에 지친 심신을 잠시 쉰다는 목적에서 지어진 공적 차원의 누정 형식의 정자보다는 사적 차원에서 지어진 정자문화에 주목할 필요가 있었다. 왜냐하면 이 같은 사적 차원의 정자에는 문인들이 지향한 세계관이 담겨 있다는 점에서 그렇다는 것이다. 사적 차원의 정자문화에는 친자연적인 삶을 통한 즐거움을 추구하고자 하는 사유가 담겨 있는데, 구체적으로는 비덕 차원에서 공자의 요산요수가 상징하는 친자연적인 삶에서부터 시작하여, 증점의 욕기영귀 및 주돈이의 음풍농월에 담긴 쇄락적 삶에 대한 추구가 담겨 있었다. 때론 기관棄官 이후의 귀거래歸去來 심정, 신퇴 이후의 은거구지隱居求志 지향의 삶 및 소요자적하는 삶이 깃들어 있었다. 이런 점에서 문인들이 추구한 정자문화의 핵심 중 하나로 비덕比德 차원에서 명실이 상부한 '이정관덕以亭觀德' 할 것을 요구하는 이른바 '정여기인亭如其人' 사유도 나타났다. 이같이 정자문화에 담긴 다양한 사유 가운데 가장 중요한 것은 바로 몸과 마음을 사역하게 하여 세속적인 권력, 명예, 재물 등과 같은 것을 비운다는 이른바 마음 비우기였다. 이런 점에서 정자는 동양 문인문화에서 독특한 위상을 갖는다.

아울러 정자에 걸린 편액은 역사적으로 유명한 인물이나 혹은 서예가들의 글씨가 쓰여 있다는 점에서 서예문화 혹은 미학 측면에서도 매우 중요한 의미를 지닌다. 특히 편액 글씨를 제왕이 쓴 경우 이런 점은 더욱 강조되었다. 편액 글씨는 주로 정자가 어떤 성격을 띤 건물인가 하는 점과 관련하여 글씨체가 달랐지만, 공적인 건물인 경우 북비에 보이는 서체가 주로 사용되었다. 인물로서는 이부광의 설암체가 많이 사용되었다. 이 같은 북비 서체나 이부광의 설암체는 유가가 지향하는 중화미학에 근접한 미의식이 담겨 있었다.

이상 본 바와 같이 동양의 문인문화에 나타난 정자는 단순 자연 산수 공간에 있는 건물 차원에서 벗어나 문인들이 지향한 철학과 미학이 담긴 '인문학 차원의 건물' 혹은 '철학적 차원의 건물'로 여겨졌다. 이 시대에 과거 문인들의 정자문화에 관심을 가져야 하는 이유다.

▌7장

신선神仙과 문인문화: 신선처럼 사는 삶

1. 들어가는 말

하명동 안에는 애초에 길이 없었는데	霞明洞裏初無路
늦봄 산중엔 기이한 꽃들 피었네.	春晚山中別有花
우연히 갔다가 좋은 기이한 경치를 찾았으니	偶去眞成搜異境
늘그막에 돌아가 신선 같은 집을 짓고 살리.[1]	餘齡還欲寄仙家

위 시는 조선조 유학자 가운데 그 누구보다도 이단異端 배척의식이 강했던 퇴계退溪 이황李滉(1501~1570)이 42세 때 어느 늦은 봄날에 꾼 꿈을 읊은 시(足夢中作)다. 이황은 현실에서는 리理를 중시하면서 철저하게 유가 윤리지향의 삶을 살고자 했지만 꿈속에서는 신선神仙[2] 같은 삶을 살고자 한다. 이 같은 이황의 시는 조선조 유학자들이 마음속으로 품은 신선문화를 이해하는 데 중요한 단초를 제공한다.

사후의 천당을 상정하는 기독교의 생사관과 같은 특별한 경우를 제외하면 현실에 살고 있는 사람 치고 불로장생하는 신선이 되고 싶지 않은 사람이 있겠는가? 하지만 실리實理에 입각해 천도天道를 이해하는 유학자들은 기본적으로 불로장생의 신선을 부정한다. 이이李珥(1536~1584)는 「신선책神仙策」에 대한 답에

---

1) 李滉, 『退溪集別集』, 卷1, 「足夢中作」(a031_015d).
2) '神僊'이라고도 한다.

서 신선의 존재를 부정하고 유가 성인 차원의 장생불사長生不死에 대한 견해를 밝힌 적이 있다.3) 하지만 대부분의 조선조 유학자들은 이황의 시에서 보듯 '신선처럼 살고자 하는 것을 도리어 바랐던 것을 알 수 있다. 유학자들이 천도를 실리 차원에서 이해할 때 역대 신선의 존재 유무는 논란거리에 해당한다. 즉 자연의 변화를 포함한 인간의 생사를 천지의 실리 및 기氣의 취산聚散으로 이해하는 유학자들에게 신선의 존재는 인정될 수 없다. 이처럼 리기론理氣論의 입장에서 신선의 존재 유무를 결정하는 유학자들에게는 이른바 당대 오균吳筠(?~778)이 말한 '후천적인 학습을 통해 신선이 될 수 있다'(神仙可學論)4)라는 것과 같은 논의도 없다.

하지만 중국 역사에 나타난 다양한 『신선전神仙傳』5)에는 이른바 신선으로 추앙받는 많은 인물들을 게재하고 있는 것을 보면 신선에 대한 열망은 매우 강했다고 할 수 있다. 그런데 『신선전』 등에서 거론된 인물들의 실질적인 삶을 보면 실제 불로장생 차원의 신선이기보다는 '신선이 상징하는 삶'을 산 인물들이 대부분이다. 이처럼 불로장생 차원의 신선의 존재 유무를 논하지 않고 말한다면 신선처럼 살았던 인물들에 대한 추앙이 있었는데, 신선처럼 사는 이 같은 삶은 유학자들이 추구한 은일적 삶과 일정 정도 관련이 있다. 하지만 한대 갈홍葛洪(283?~343?)이 말하는 바와 같이, 스스로 노동하면서 청빈함을 기준으로 한 은일적 삶을 사는 것6)과 유학자들이 말하는 '신선처럼 사는 것'은 차이가

---

3) 자세한 것은 李珥, 『栗谷全書拾遺』, 卷五, 「雜著·神仙策」(a045_550a) 참조.
4) 吳筠, 「神仙可學論」, "昔桑矯問於涓子曰, 自古有死, 腹云有仙. 何如. 涓子曰, 兩有耳. 夫言兩有, 則理無不存. 理無不存, 則神仙可學也. 稽公言神仙以特受異氣, 稟之自然, 非積學之所能致. 此未必盡其端矣. 有不因修學而自致者, 稟受異氣也. 有必待學而後成者, 功業充也. 有學而不得者, 初勤而中惰, 誠不終也. 此三者, 各有其旨, 不可以一貫推之. 人生天地中, 殊於眾類明矣."
5) 劉向의 『列仙傳』, 葛洪의 『神仙傳』, 李昉의 『太平廣記』에 기록하고 있는 神仙에 관한 것이 그것이다.
6) 葛洪, 『抱朴子』(外篇)의 「嘉遁」에서 말하는 懷氷선생 같은 경우가 그것이다. "抱朴子曰, 有懷氷先生者, 薄周流之棲遑, 悲吐握之良苦. 讓膏壤於陸海, 爰躬耕乎斥鹵, 祕六奇以括囊,

있다. 유학자들이 '신선처럼 사는 갓을 추구하는 사유에는 이미 세속적 부귀영화를 누리다가 적당한 때에 그런 부귀영화를 추구하는 삶에서 벗어나 자연의 산수 공간에서 은일隱逸 지향적 삶을 사는 양태와 관련이 있기 때문이다.

정약용丁若鏞(1762~1836)은 마음을 깨끗이 하고 욕심을 적게 갖는 것이 신선 되는 근본이라고 하는데,[7] 관료 지향적인 삶을 살면서도 그런 삶에서 벗어나고자 했던 조선조 유학자들이 추구한 신선풍의 삶은 도성都城 혹은 인경人境에 살아도 마음먹기에 따라 신선처럼 산다고 여긴 '마음의 신선'(心仙)의 경지를 추구했음을 확인할 수 있다. 아울러 신선처럼 사는 삶과 관련된 '신선경神仙境'은 도연명陶淵明(陶潛, 365~427)이 『도화원기桃花源記』에서 말한 이상형을 실제 현실에서 실현하고자 하는 바람 및 공간 선택과 관련이 있음도 알 수 있다. 본고에서는 이런 점을 조선조 유학자들의 문집에 나타난 신선문화와 관련해 그들이 바란 신선경과 더불어 추구하고자 한 신선문화의 특징에 맞추어 논하고자 한다.[8]

含琳瑯而不吐." 참조.

7) 丁若鏞, 『與猶堂全書』, 第一集 詩文集, 卷17, 「傳·曹神仙傳」, "外史氏曰, 道家以淸心寡慾, 爲飛昇之本."

8) 문학 쪽에서 遊仙詩와 관련된 다양한 논의를 제외하면 철학 측면에서 조선조 유학자들의 신선문화에 대한 구체적인 논의는 거의 없다. 신선 논의와 관련해 '인간이 후천적인 노력에 의해 신선이 될 수 있는가' 혹은 '인간이 후천적인 학습에 의해 신선이 될 수 있는가' 하는 것과 관련된 질문에 대해 嵇康은 「養生論」에서 "신선은 특별한 氣를 자연적으로 타고난 사람만이 도달할 수 있는 경지이지 학습의 축적에 의해 얻을 수 있는 경지는 아닌 것 같다"(似特受異氣, 稟之自然, 非積學所能致也)라고 하여 氣稟論 입장을 제기한 적이 있는데, 이후 이 같은 논의는 葛洪이 「抱朴子」(內篇) 「論仙」에서 '신선은 후천적인 학습을 통해 이룰 수 있다'(神仙可學而成)는 이른바 '神仙可學論'으로 정리되고, 이런 논의를 당대 吳筠는 보다 심층적으로 접근하고 있다. 관련된 자세한 것은 이용주, 「神仙可學: 갈홍 신선론의 논리와 한계」(『종교와 문화』 6권, 서울대학교 종교문제연구소, 2000); 이진용, 「葛洪『抱朴子·內篇』과 『神仙傳』의 神仙사상 연구」(『철학논총』 45집, 새한철학회, 2006, 3권); 김현수, 「葛洪의 '神仙可學論'과 '神仙命定論'의 관계에 대한 고찰 인용」(『중국학보』 82집, 2017) 등 참조.

2. '신선처럼 산다'는 것의 의미

매천梅泉 황현黃玹(1855~1910)은 『매천집梅泉集』 제6권 「왕소금수서王素琴壽序」
에서 신선의 존재 유무 및 유학자들이 추구한 신선의 즐거움에 대해 다음과
같이 압축적으로 정리한다.

세상에는 과연 신선이 있는가? 있다고 말할 수 있다. 세상에는 정말 신선이
없는가? 없다고 말할 수 있다. 어째서 있다고 하는가? 전기傳記에 실려 있는
악전偓佺이나 팽조彭祖 같은 인물들이 전혀 없었다고 단정할 수는 없다. 그래
서 있다고 한 것이다. 그렇다면 어째서 없다고 하는가? 신선 역시 사람일 뿐
이다. 어찌 옛날에만 있고 지금은 없다는 말인가. 그래서 없다고 한 것이다.
그렇다면 신선의 유무는 어디에서 결정되는가? 그대는 잠시 그 유무를 말하
지 말라. 가령 진짜 있다 해도 나는 그게 하잘것없다고 장담할 수 있다. 어째
서 이렇게 말하는가? '오래 사는 것을 신선이라 하는데, 오래 사는 데에 중요
한 것은 예전처럼 처자식과 잘 지내고 예전처럼 봉양을 잘 받으며, 예전처럼
친구와 잘 지내면서 내 육신을 지탱하고 내 욕구를 발산하는 데 있다. 그래야
'오래 사는 즐거움'을 느낄 수 있는 것이다.[9]

황현이 신선의 존재 유무에 대해 언급한 간단한 글은 중국철학사에서 논의
된 신선의 존재 유무에 관한 것을 압축적으로 정리한 것에 해당한다. 황현이
신선의 존재 유무를 잠시 말하지 말라는 것은 그 존재 유무는 유학자들의 관심
사가 아닌 점도 있지만 입증하는 것도 쉽지 않기 때문이다.

---

9) 黃玹, 『梅泉集』, 卷六, 「王素琴壽序」(a348_498d), "世果有神仙乎. 曰有. 世果無神仙乎. 曰
   無. 曷謂有, 傳記所載偓佺, 彭祖之屬, 不可盡歸烏有, 故曰有. 曷謂無, 神仙亦人耳. 奚古有而
   今無, 故曰無. 然則有無惡乎定, 曰子姑勿言其有無, 藉曰眞有, 吾將大言不足爲也. 何以言之,
   長生之謂神仙, 而所貴乎長生者, 謂其妻子之好猶夫昔, 飮食之奉猶夫昔, 朋友之會猶夫昔, 拄
   吾血肉之軀, 紓吾嗜好之情, 然後可認以長生之樂."

유학자들은 기본적으로 오래 사는 신선의 존재를 부정하면서 강조하는 것은 '신선처럼 산다는 것이 무엇인지 하는 것'이다. 그 신선처럼 사는 것의 핵심 중의 하나는 자신 주변에 있는 모든 사람과 관계를 유지하면서 어떻게 하면 건강하게 오래 사는 즐거움을 누릴 수 있는가이다. 이 같은 인간의 현실적 삶을 벗어나지 않고 관계 지향적인 삶과 욕망 표출을 통한 즐거움을 누리면서 신선처럼 살고자 하는 것은 도교 차원에서 말하는 '홀로'(獨) 궁벽한 자연공간에서 불로장생을 추구하면서 사는 신선의 삶과 차별화된 사유에 속한다. 그럼 신선처럼 산다는 것은 어떤 의미가 있고, 어떤 조건에서 그 같은 삶을 영위할 수 있는지에 대해 알아보기로 한다.

앞서 황현黃玹이 신선의 존재 유무와 상관없이 어떤 삶을 사는 것이 신선처럼 오래 사는 즐거움을 누릴 수 있는가 하는 것을 화두로 제시한 것을 보았다. 황현은 신선처럼 사는 사람의 예를 들어 신선처럼 사는 즐거움이 무엇인지를 밝히고 있다.

> 그런데 지금의 신선은 바람과 기운을 타고 세상 밖으로 날아가 노닐며, 일체의 인간사를 혹덩이나 쭉정이로 여기면서 전부 다 버리는 존재이다. 그것이 비록 천지보다 뒤에 사라지고 해와 달과 별보다 늦게 시든다 해도 사실은 귀신일 뿐이다. 귀신에게 무엇을 부러워할 게 있겠는가. 세상에서는 항용 눈앞의 쾌락을 즐기는 자를 일러 '신선'이라고 한다. 그 논리가 제법 근사하기는 하나, 그것은 잠깐은 몰라도 오래 지속될 수는 없으며, 그 일이 끝나면 흔적조차 남지 않는다.[10]

---

10) 黃玹, 『梅泉集』, 卷六, 「王素琴壽序」(a348_498d), "今夫神仙者, 馭風騎氣, 翔游八極之表, 凡一切人間之事, 視之如贅疣秕糠, 祛之猶恐不盡. 是雖後天地而凋三光, 其實鬼耳, 於鬼何羨之有. 世之恒言, 指眼前快樂者曰神仙. 其立義頗近, 然此可暫而不可久, 事過則索然無跡."

7장 신선神仙과 문인문화: 신선처럼 사는 삶   241

황현은 지금의 신선이 지향하는 문제점을 지적하는데, 그 핵심으로 일체의 인간사를 가볍게 보고 방외적 삶을 사는 것을 지적한다. 그런 삶을 귀신이라고 규정하는 것은 현실에서 즐거움을 추구하는 것과 괴리된 삶은 아무리 좋은 것이라도 의미가 없다는 것이다. 이에 황현은 과거 어떤 사람이 자신이 생각하는 신선의 즐거움을 누리고 살았는지를 찾고자 하는데, 여기에는 신선처럼 산다는 것이 무엇인가에 대한 사유가 담겨 있다.

> 그래서 나는 고금을 넘나들면서 그런 사람을 찾아보려 하였다. 한말의 두 사람이 있는데, 공문거孔文擧[11]가 그중 한 사람이다. 그는 말하기를, "자리에 손님이 항상 가득하고 술동이에 술이 비지 않으면, 내 소원은 그것으로 족하다" 하였느니, 이것은 하나의 쾌락이다. 또 중장공리仲長公理(仲長統)[12]라는 사람이 있다. 그는 말하기를, "근심은 천상天上으로 부치고 걱정은 땅속에 묻었다. '육합六合(天地四方)'의 안에서 오직 나는 이 세상에서 내 하고 싶은 대로 한다" 하였다. 이것은 하나의 쾌락이다. 아아, 이 말들을 극대화시켜 보면 어찌 실로 신선이 아니겠는가.[13]

인간 관계망을 유지하는 가운데 세상만사 걱정거리 하나 없이 술과 함께 쾌락적인 삶을 극대화하면 결국 신선이 아니겠는가 하는 것은 신선이란 멀리 있는 것이 아니라 바로 우리가 사는 삶 그 자체에 있다는 것이다. 어떤 삶을 사는 것이냐 하는 삶의 지향 여부가 중요하다는 것이다. 방외方外적 공간이 아닌 '육합(天地四方)'의 방내方內적 공간'에서 자유로운 영혼이 깃든 삶을 유지하

---

11) 후한 때의 학자 孔融(153~208)의 자이다.
12) 公理는 仲長統(179~220)의 字로, 은거하는 삶의 즐거움을 그린 「樂志論」의 저자이다.
13) 黃玹, 『梅泉集』, 卷六, 「王素琴壽序」(a348_499a), "故吾嘗上下古今, 欲求其人而充之, 於漢末得二人焉. 曰孔文擧, 其言曰座上客常滿, 樽中酒不空, 吾願畢矣. 此一快樂也. 曰仲長公理, 其言曰寄愁天上, 埋憂地下, 六合之內, 惟心所欲, 此一快樂也. 嗚呼, 極其言, 豈不誠神仙哉." 孔融의 말은 『後漢書』 卷70 「孔融傳」에 나오고, 仲長統의 말은 「見志詩」에 나온다.

仲長統, 「樂志論」 부분. 文徵明 楷書.

면서 세속의 즐거움을 누리는 것이 바로 신선이라는 것이다. 중장공리仲長公理(仲長統)가 「낙지론樂志論」에서 말한 부모가 살아계시고 가산이 풍족한 상태의 풍요롭고 안락한 은일적 삶[4]은 전형적인 '풍요로운 가운데의 은일적 삶'이라는 점에서 후대 청빈한 삶과 연계된 은일적 삶과는 구별된다. 이것은 도교에서 방외적 공간에서 신선이기를 바라는 것과 다른 영역에서의 신선 같은 삶을 추구한 것인데, 황현은 이런 점을 현재 상황에 적용하면 소금素琴[15]이란 인물이 즐긴 삶이 바로 그것이라고 논증한다.

　　내가 형으로 모시는 벗 중에 소금이라는 노옹老翁이 있다. 그는 신선에 대한

---

14) 仲長統, 「樂志論」, "使居有良田廣宅, 背山臨流, 溝池環匝, 竹木周布, 場圃築前, 果園樹後. 舟車足以代步涉之難, 使令足以息四體之役, 養親有兼珍之膳, 妻孥無苦身之勞, 良朋萃止, 則陳酒肴以娛之. 嘉時吉日, 則烹羔豚以奉之." 참조.

15) 小琴은 王師天(1842~1906)이다. 왕사천은 황현의 스승인 川社 王錫輔의 둘째 아들이다.

학설을 믿지 않고 세상 속의 즐거움을 누리는 것이 신선이라 생각한다. 태평하고 호탕하며 자잘한 일에 얽매이지 않는 성격이다. 소싯적부터 술을 좋아하고 도박을 좋아하고 잠을 즐겼다. 멀리 유람하기를 좋아하고 협객俠客의 신의를 좋아하였다. 당세의 큰 책략을 말하기는 좋아해도 부패한 유학자들은 좋아하지 않았다. 그는 술이 얼큰히 취하면 수염을 휘날리며 말하기를, "남자라면 모름지기 반정원班定遠(班超)처럼 만 리를 평정하여 후侯에 봉해질 정도는 돼야 한다. 그렇지 않으면 진晉나라 현자들의 고사대로, (阮籍이 한 것처럼) 왼쪽에는 300섬의 술을 놓아두고 마시며, 오른쪽에는 100만 전의 판돈을 놓고 저포樗蒲를 즐기는 것16)도 한 방법이다"라고 말하곤 하였다. 지금은 이미 늙어 성취할 수 없게 되었어도 그 뜻만은 여전히 꺾이지 않고 당당하다. 그런데 금년 11월 초하루가 바로 그의 61세 생일이다. 그의 조카 장환章煥이 나에게 축수하는 글을 청하기에, 내가 웃으면서 대답하였다. "세상에 신선이 없으면 모르지만, 있다면 자네 숙부일걸세. 쓸데없이 신선에게 무슨 축수를 한단 말인가."17)

세속의 즐거움을 누리는 것이 신선이라는 사유에서 출발하여 과거 신선의 불로장생 등과 같은 학설을 믿지 않는다는 것은 도교에서 말하는 연단법鍊丹法이니 양생법이니 하는 것을 통해 수명을 연장하는 식의 삶을 살지 않겠다는 것이다. 도교의 신선이 지향하는 삶은 세속적인 것과의 단절을 의미하는데, 황현이 생각하는 신선의 삶은 다르다. 황현이 소금의 성격 및 행동거지를 신선

---

16) 晉의 공신인 劉毅는 劉裕 등과 수백만 錢의 판돈을 걸고 樗蒲라는 도박을 하였다고 한다. 『太平禦覽』, 「人事部 109・憂上」, "沈約宋書曰, 武帝起, 桓玄聞便憂懼無復計. 或曰, 劉裕等眾力甚弱, 豈能有成, 陛下何慮之甚. 玄曰, 劉裕自足爲一世之雄, 劉毅家無擔石之儲, 樗蒲一擲百萬."

17) 黃玹, 『梅泉集』, 卷六, 「王素琴壽序」(a348_499a), "吾所兄事之友, 有素琴翁者, 不信神仙之說, 而以人世之樂爲神仙. 性坦蕩不拘小節, 自少時便好酒, 好博好睡, 好遠游, 好任俠然諾, 好談當世大畧, 而但不好腐儒, 嘗酒酣, 奮髯言男子當萬里封侯如班定遠, 否則左邊步兵三百斛, 右邊樗蒲百萬, 追晉賢故事, 亦一道耳, 旣老無所成, 其志猶落落不衰, 今歲十一月吉日, 卽其六十一初度也. 其侄子章煥, 徵吾以壽文, 吾笑而應曰, 世無神仙則已矣. 有則子之叔也. 於神仙乎. 何壽之贅爲."

과 연관하여 거론한 '태평하고 호탕하며 자잘한 일에 얽매이지 않는 성격으로서 소싯적부터 술을 좋아하고 도박을 좋아하고 잠을 즐겼다. 멀리 유람하기를 좋아하고 협객의 신의를 좋아하였다'라는 것은 경외敬畏의 마음가짐을 통해 신독愼獨 차원의 계신공구戒愼恐懼를 추구하면서 유가의 예법을 지키고자 하는 선비의 행태와 전혀 관계없는 일종의 호걸풍 신선에 해당한다. 이런 신선풍은 장유張維(1587~1638)가 만년에 이유간李惟侃(1550~1634)의 소요자재逍遙自在하는 삶을 신선처럼 사는 삶으로 보는데, 그같이 소요자재하는 현재적 삶 이전에 누렸던 장수에 다복, 풍부한 가산, 고위 관직 역임, 자식이 잘됨 등을 거론한 신선풍과 관련이 있다.[18] 장유가 읊은 이유간의 신선처럼 사는 삶은 모든 유학자들이 바라던 삶을 단적으로 표현한 것에 해당한다.

황현이나 장유가 제기한 신선처럼 사는 것 혹은 신선 경지는 은일 지향의 담박함이 담긴 신선풍과 차이가 있는 사유로, 유학자들이 신선처럼 산다는 것이 무엇을 의미하는지의 한 단면을 보여 주는 예에 해당한다. 특히 세속적인 쾌락을 추구하면서 호걸풍의 신선처럼 산다는 것을 긍정적으로 여기는 이상의 발언은 청빈함을 기본으로 하는 은일자가 지향한 삶과 더욱 차별화된다. 이제 이런 신선처럼 사는 삶을 추구하는 것과 관련된 신선경에 대해 알아볼 필요가 있다.

3. '인경人境'에서의 신선 추구적 삶 지향

이건명李健命(1663~1722)은 "산천은 본래 신선이 사는 곳이다"(山川自是神仙

---

18) 張維, 『谿谷集』, 卷31, 「李同知惟侃挽」(a092_517b), "高年厚福獨能全, 萬石家風孝謹傳. 中歲交遊總霄漢, 暮途優逸卽神仙. 官躋二品銜恩重, 子擬靈珠幹蠱賢. 乘化歸眞更無憾, 兵陰秋柏蔚蒼煙."

窟)19)라는 말을 하지만, 산천에 산다고 다 신선처럼 사는 것은 아니다. 김윤식金允植(1835~1922) "금강산 본래 신선굴이라, 신선들이 사는 곳(洞府)은 극히 맑아 인간세계 아니네"20)라고 읊지만, 어디 금강산이 쉬이 갈 수 있는 곳인가. 유학자들이 세속의 삼강오륜이 지배하는 관계망을 버리고 실제로 그곳에 산다는 것은 더욱 어렵다. 이런 점에서 신선굴은 우리 곁에서 멀리 있는 것이 아니라는 사유21)가 나타나고, 아울러 봉래산·방장산만이 신선굴이 아니라는 사유22)에서 출발하여 '인경'에서의 신선처럼 사는 삶을 지향하는 것으로 나타난다.

최립崔岦(1539~1612)은 징영당澄映堂(高參議)이 남산에 두 채의 집을 짓고 사는 정경을 신선처럼 사는 삶이라 기술하고 있는데, 이런 기술에는 궁벽한 자연공간이 아닌 인경에서 추구한 신선처럼 사는 삶의 정황을 잘 말해 준다.

이 세상에서 이른바 신선을 본 사람이 누가 있기야 하겠는가마는 신선이 사는 곳이야말로 그지없이 즐거울 것이라고 생각하면서 그곳의 정경을 극구 묘사하는데, 안개와 노을에 잠겨 아스라이 떠 있는 바닷속의 삼신산이라든가 궁실이 영롱玲瓏하게 솟아 있는 땅 위의 각종 동천洞天에 대한 기록을 접하면 자신도 모르게 탄식하면서 부러워하지 않을 수가 없다. 이런 세계를 추구한다는 것이 황당무계한 일일 수도 있으나, 가령 신선이 없다면 몰라도 있다면 이 즐거움을 누리고 있는 것은 분명하다. 사람이 이 세상의 진애塵埃와 동떨

---

19) 전후 문맥은 다음과 같다. 李健命, 『寒圃齋集』, 卷2, 「別安東李使君正臣」(a177_359c), "古人重居內, 今人多外求, 豈是人情異, 時勢或不猶, 況復安東大都護, 雄冠嶺南七十州, 山川自是神仙窟."

20) 金允植, 『雲養集』, 卷6, 「遠遊篇贈李君斌承」(a328_330b), "金剛自是神仙窟, 洞府淸絶非人界."

21) 周世鵬, 『武陵雜稿』, 卷30, 「淸陽山路中口占」(a026_502d), "一入華陽洞裏天, 桃花杳杳出幽川, 神仙窟宅元非遠, 莫向世人容易傳."

22) 金履萬, 『鶴臯文集』, 卷3, 「詩晚稿·雪月戱賦」(b065_070b), "雪, 月, 天晴, 地潔, 冷侵肌, 淸入骨. 玉山嵬峩, 金波蕩漾, 三尺積已深, 十分圓無缺, 南巷北巷鹽鋪, 千溪萬溪鏡徹. 風頭觸樹散瓊花, 露脚飛空洗銀闕. 銷金帳裏羔酒宜斟, 廣寒宮中免藥誰嘗. 人聲寂寂幾家睡正闌, 夜色迢迢獨自歌未闋, 飄飄乎浩浩乎天上人間, 又何必蓬萊方丈神仙窟."

어진 기이하고 수려한 산수의 어떤 구역을 만나면 그곳을 일컬어 선경仙境이라고 한다. 그리고 이런 멋진 곳을 차지하고서 혼자 살 만한 그윽한 집을 짓고 종신토록 소요逍遙하는 사람을 만나면 그를 일컬어 지선地仙이라고 한다. 진짜 선경이 어떠한 곳인지 알지도 못하는 판에 선경과 비슷한 곳인지 어떻게 알 것이며, 천선天仙이 어떠한 사람인지 알지도 못하는 판에 그가 지선인지 어떻게 알 수 있겠는가마는, 가령 신선이 없다고 한다면 몰라도 만약 있다고 한다면 이와 비슷할 것이라는 점만은 또한 분명하다고 하겠다.[23]

신선이 있다는 전제 조건에서 출발했을 때 가장 의문시되는 것은 신선이 누리는 즐거움이 무엇인가 하는 점이다. 그리고 신선이 누리는 즐거움은 신선이 사는 공간과 밀접한 관련을 갖는데, 그것은 바로 세상의 진애塵埃와 동떨어진 기이하고 수려한 궁벽한 산수 공간이라고 설정한다. 문제는 그런 산수 공간에 살더라도 어떤 삶을 영위하느냐 하는 것이 중요하다.

그러나 여기에도 또 어려운 점이 있다. 일천 바위 일만 골짜기 속에 수목이 울창하고 샘물이 뿜어 나오는 곳을 은자가 얻었다 할지라도, 겨우 머리 하나 덮을 만한 띳집을 짓고 산다면 누대樓臺에서 거처할 때와 같은 툭 터진 경지를 어떻게 맛볼 수가 있을 것이며, 문과 창마다 안개와 구름이 서리는 곳에 허공 속으로 우뚝 솟아 수면 위로 그림자를 던지는 누대를 현달顯達한 귀인이 세웠다 하더라도, 종신토록 여기에 와서 거처하지 않는다면 '멀리 오랫동안 세속을 떠난(長往)' 높은 흥치를 어떻게 느낄 수가 있겠는가. 그런데 지금 이 두 가지 난점을 모두 극복하고서 두 가지 흥치를 모두 갖춘 분이 실제로 계시니, 징영당澄映堂선생이 바로 그분이시다. 선생의 저택은 도성의 안에 있으면

---

23) 崔岦, 『簡易文集』, 卷3, 「澄映堂十詠序」(a049_271a), "世豈有覩所謂神仙者, 而意其居之可樂, 極言以狀之, 則洲島煙霞之縹緲, 洞天宮室之玲瓏, 蓋令人嗟羨, 其究夸誕爾. 然使無仙則已, 有則必樂此也. 人遇奇山秀水塵埃隔絶之區, 則謂之仙境, 得此境者, 而爲迥築幽棲身世逍遙之所, 則謂之地仙, 夫未知眞仙境, 焉知似仙境, 未知天仙人, 焉知地仙人, 然使無仙則已, 有則此必似之也."

서도 바로 남산 아래쪽에 자리하고 있다.[24]

신선처럼 살고자 할 때의 산수 공간이 반드시 인경과 거리가 있는 궁벽한 공간일 필요는 없다. 더 중요한 것은 그 같은 산수 공간에서 어떤 삶을 사는 것이 신선처럼 사는 것에 해당하는가이다. 즉 옹색한 공간이 아닌 전망이 툭 터진 경지로서, 어쩌다 와서 지내는 공간은 아니다. 그 공간에서 항상 살지만 세상을 피해서 살 수 있는 삶을 영위할 수 있는 두 가지 여건이 갖추어졌을 신선처럼 살 수 있는 흥취를 느낄 수 있다는 것이다. 이런 점은 신선 공간이 있더라도 결국 그 공간에서 어떤 삶을 영위하느냐가 중요하다는 것을 말해 준다. 도성 안의 남산이 그런 공간에 해당한다고 진단하는 것은 신선경은 인경 과 멀리 있지 않다는 것이다.[25] 그런데 이 같은 공간에서 사는 인물이 이전에 어떤 인물이었는가를 알면 유학자들이 신선처럼 산다는 것이 무엇을 의미하는 가 하는 일면을 잘 알 수 있다.

---

24) 崔岦, 『簡易文集』, 卷3, 「澄映堂十詠序」(a049_271b), "抑且有難焉. 千巖萬壑, 攢樹飛泉, 隱者 得之, 而蓋頭一把茅, 不足以喩樓居之敞, 霧戶雲牕, 凌虛倒影, 貴顯者爲之, 而終身不曾到, 何足 以侔長往之高. 乃今有雙全而兩免焉者, 澄映堂先生是也. 先生卽都城之內, 直南山之下屋焉."

25) 그 자세한 정경에 대해서는 다음과 같이 묘사하고 있다. 崔岦, 『簡易文集』, 卷3, 「澄映 堂十詠序」(a049_271c), "是山石老而土亦肥, 其稍穹隆者, 皆楓松之屬被之, 而斤斧者有禁, 故 積翠蔥蘢然獨盛於他山, 都中之第宅, 逈得其半面, 輒享以甲乙, 先生乃頷要而逼眞也. 山又多 泉脈, 其稍窈深者爲礀若塘, 比比居人好事者有, 然出高而不竭, 無如丫溪者, 二道赴谷如爭, 合 行泪之于磯, 懸瀑而下聲, 先生乃取而專之也. 積翠之北, 有石多盤, 而古苔密鋪, 自成錦紋之 繡, 懸瀑之西, 有巖屛立, 而晴露時滴, 宛然丹碧淋漓, 先生之屋二, 大屋在北之少東, 東岡北走 之所窮, 有曲軒而名者, 滴翠堂也. 小屋在西之少北, 北洞西窺之所豁, 而扁其虛檻者, 橫翠閣 也. 鑿池岡上, 而滋翠蓋之亭亭, 開徑洞中, 而夾紅霞之爛慢, 其又屋之居岡臨池, 以凌風雨, 而 客至洞迷徑疑, 俄而突兀者, 乃澄映堂也. 屋悉輪奐之侈, 噗凉之異, 而飛停之勢, 隱見之形, 非 尋常棟宇所能勞靠也. 問霜後何佳, 則紅葉似染, 問雪裏何奇, 則虯枝受壓, 蘸水之梅, 先桃而 已春, 當軒之竹, 共蓮而宜夏, 凡是數者, 或因造物之變態, 或容人力之潤色, 所以足妓堂四時之 觀, 而自夫積翠也, 懸瀑也, 紋石也, 屛巖也. 天固設之, 若以有待於堂者."

아, 선생은 무려 사십 년 동안이나 조정에서 맑게 봉직奉職하였으니 현달한 귀인이라는 이름을 얻기에 충분하다고 하겠다. 그런데 밖으로 반걸음도 나가지 않아서 그지없이 아름다운 땅을 얻어 은자와 같은 생활을 할 수 있게 되었을 뿐만 아니라 툭 터진 누대樓臺의 전망을 함께 감상할 수가 있게 되었다. 그리고 보면 꼭 '멀리 오랫동안 세속을 떠난(長往) 뒤에야 높은 홍취를 느끼게 되는 것만은 아니라는 것을 알겠다. 선생과 같은 분이야말로 세상에서 말하는 지선과 같은 분이요, 또 세상에서 말하는 선경仙境을 만난 분이 어찌 아니라고 하겠는가. 신선의 즐거움을 나는 다행히도 여기에서 보았다고 하겠다.26)

현달한 귀인을 중심으로 하여 신선처럼 사는 삶을 기술한 이런 발언은 청빈함을 근간으로 하는 '피세 차원의 장왕長往(=長往而不返)의 은사의 삶과 차원이 다른 신선의 삶을 규명한 것에 해당한다. '피세 차원의 장왕'에 대해 유학자들은 자칫하면 '결신난륜潔身亂倫'의 문제점이 있을 수 있다고 지적한다. 예를 들면, 유방선柳方善(1388~1443)이 지리산의 '청학동靑鶴洞'을 읊으면서 '결신난륜'이 갖는 문제점을 지적한 것27)에는 선경을 바라보는 불편한 시선이 담겨 있다. 신선처럼 사는 삶과 관련해 먼저 현달한 귀인으로 산 것을 언급한 것은 조선조 유학자들의 신선처럼 사는 문화를 이해하는 한 관건이 된다. 기본적으로 신선처럼 산다는 것은 방내적 공간에서 관료적 삶을 살고자 했던 삶의 방식을 버린 상황과 관련이 있다. 하지만 함부로 관료적 삶을 포기할 수 없고 아울러 장왕할 수 없는 상태에서 기껏해야 증점曾點의 '욕기영귀浴沂詠歸'28) 식의 삶을 추구할

26) 崔岦,『簡易文集』, 卷3,「澄映堂十詠序」(a049_272a), "蓋先生幷而目之爲十景, 以爲羣公賦詠之赤幟焉. 嗚呼, 冊載淸俸餘, 足爲貴顯者之爲, 而跬步大佳地, 復得隱者之所得, 與樓居而同做, 匪長往而後高, 豈所謂地仙之人而遇所謂仙境者非耶. 神仙之樂, 吾幸而覩之."
27) 柳方善,『泰齋文集』, 卷1,「靑鶴洞知異山洞名. 諺傳儒境. 李相國奎報尋之不得, 留題一首, 以寓逃世之志」(a008_582c), "疑是昔時隱者居, 人或羽化山仍左, 神僊有無末暇論, 只愛高士逃塵籠, 我欲卜築於焉藏, 歲拾瑤草甘長終, 天台往事儘荒怪, 武陵遺迹還朦朧, 丈夫出處豈可苟, 潔身亂倫誠恠恠, 我今作歌意無極, 笑殺當日留詩翁."
28) 관련된 자세한 것은 조민환,「曾點의 '浴沂詠歸'에 대한 조선조 유학자들의 견해와 수

수밖에 없는 유학자들에게 보다 더 중요한 것은 도성의 인경에서도 신선처럼 살 수 있는 자연공간을 선택해 그곳에서 탈속적인 삶을 사는 것이다.

이처럼 인경과 방내 영역에서 신선처럼 살고자 하는 사유는 특히 신선굴神仙窟로 여겨지는 관동지역의 자연 정경29) 및 정자 등과 관련되어 읊어지는 경우가 많다. 서거정徐居正(1420~1488)이 읊은 「평해팔영平海八詠」의 「월송정越松亭」30)을 보자.

편평한 백사장 십 리는 흰 담요 깔아 놓은 듯	平沙十里鋪白氎
하늘에 닿은 장송은 옥창 끝처럼 가느다랗네.	長松攙天玉槊細
쳐다보니 밝은 달은 황금 떡과도 흡사한데	仰看明月黃金餠
맑은 물 같은 푸른 하늘은 가없이 넓구나.	碧空如水浩無際
손이 와서 퉁소를 한 번 쥐고 불어대니	客來一捻吹洞簫
그 풍류가 모두 신선의 무리들이로다.	風流盡是神仙曹
나는 그들을 따라서 요지연瑤池燕에 가려는데	我欲從之讌瑤池
마침 파랑새가 벽도碧桃를 물고 날아오누나.	飛來青鳥銜碧桃

「평해팔영」 중 월송정 앞에 펼쳐진 자연 정경과 밝은 달이 뜬 밤에 정자 안에서 풍류를 즐기고 있는 무리들을 신선의 무리라고 규정하는 것은 방외 차원의 신선문화와 거리가 있다. 요지연과 파랑새(靑鳥)는 모두 서왕모西王母와 관련이 있다. 옥동玉洞 이서李漵(1662~?)는 '삼일포三日浦'를 신선경이라고 한다.31)

용」, 『동양예술』 47집(한국동양예술학회, 2020)을 참조할 것.

29) 李夏鎭, 『六寓堂遺稿』, 冊一, 「奉送丁士元之任三陟」(b039_008d), "關東自昔神仙窟, 遼鶴幾年丁令還, 峯把萬千楓嶽近, 川當五十竹樓寒."

30) 徐居正, 『四佳詩集補遺』三, 「輿地勝覽·平海八詠」, '越松亭'(a011_188c). 越松亭은 경북 울진군 평해읍 월송리 362-2(월송정로 517)에 있는 고려시대부터 있었던 정자이다. 고성의 三日浦, 통천의 叢石亭, 고성의 淸澗亭, 강릉의 鏡浦臺, 양양의 洛山寺, 삼척의 竹西樓, 울진의 望洋亭과 더불어 關東八景 중의 하나로 꼽혀 왔다. 경치가 빼어나 화가들에 의해 그림으로도 많이 그려졌다.

이런 신선경이 있으면 당연히 그림으로 그리고 싶은 생각이 날 것이다. 선경이라 일컬어진 '관동팔경'이 그림으로 그려진 이유 중 하나다.

이 밖에 자연의 산수 공간에서 신선경을 찾을 수 없는 경우 자신이 거처하는 공간에서 이른바 '마음의 신선'(心仙)을 꿈꾸기도 한다. '산과 계곡에 마음과 뜻을 자유스럽게 내팽개치면서 언젠가 숲 아래에서 속세와 인연을 끊고 세상을 버린 선비를 만나게 될 때 이 책을 꺼내 가지고 서로 즐겨 읽고자 한 내용'을 기록한 허균許筠(1569~1618)의 『한정록閑情錄』에서는 이 같은 심선心仙의 정황을 다음과 같이 게재하고 있다.

> 서재는 그윽한 것이 좋고, 난간은 굽이진 것이 좋고, 수목은 성긴 것이 좋고, 담쟁이덩굴(薜蘿)은 푸르게 드리워진 것이 좋다. 궤석·난간·창문은 가을 물처럼 깨끗한 것이 좋다. 좌탑坐榻 위에는 연운煙雲이 떠 있는 것이 좋다. 묵지墨池와 필상筆牀에는 수시로 꽃향기가 풍겨 있는 것이 좋다.…… 독서하는 데 이상과 같은 호지護持를 얻는다면 만권의 서책에 모두 다 환희를 느끼게 되어서, 낭현琅嬛의 선동仙洞이라도 부러워할 나위가 없을 것이다.[32]

'무고無故'하면 금서琴書를 곁에서 놓지 않을 것을 강조하는 독서인으로서 문인사대부들은 서재를 꾸미고 기타 예술적 삶을 향유하는 과정에서 신선경 못지않은 아취雅趣와 즐거움을 누리고자 하였다. 이런 점은 독서인으로서 문인 사대부들의 지향한 '심선'에 해당한다고 할 수 있다.

---

31) 李漵, 『弘道遺稿』, 卷3, 「東遊篇. 贈高城使君權汝仰曁其弟汝重, 汝久.[幷序]」(b054_067c), "澄光十里平, 淡掃琉璃開玉鏡, 開玉鏡, 丹靑畫出千峯影, 危亭縹緲四松間, 眞是神仙境."

32) 許筠, 『閑情錄』, 제19卷, 「書憲·護持」, "齋欲深, 檻欲曲, 樹欲疏, 蘿薜欲靑垂. 几席, 闌幹, 窗竇, 欲淨滑如秋水. 榻上欲有雲煙氣, 墨池, 筆牀, 欲時泛花香.……讀書得此護持. 萬卷盡生歡喜. 琅嬛仙洞, 不足羨也." 이 글은 명대 吳從先의 『賞心樂事』에 나오는 글을 허균이 그대로 옮긴 것이다. 琅嬛(혹은 琅環)은 天帝의 書庫가 있는 곳이라고 한다.

조선조 유학자와 문인들은 신선처럼 살 수 있는 신선경은 굳이 궁벽한 산수 공간일 필요가 없다고 여겼다. 신선처럼 산다는 것은 결국 자신이 사는 공간에서 어떤 삶을 누리는가 하는 것과 관련이 있다고 여겼고, 그런 삶은 때론 쾌락 추구적인 것으로 나타나기도 하였다. 이런 점은 결과적으로 '선경은 사람에게 멀리 있지 않다'(仙境不遠人)는 사유로 나타난다.

4. '선경불원인(仙境不遠人)' 사유

신선처럼 살고자 한다면 일단 인경을 떠난 궁벽한 산수 공간에서 세속과 일정한 거리를 두는 것을 모색하면 될 것이다. 하지만 산수 공간에서 신선처럼 살 수 없는 정황에 처한 유학자라면 주위에 신선의 정경을 느낄 수 있는 정자나 정원을 조성하고 신선처럼 살고자 하는 속내를 모색하면 된다. 이처럼 외적 환경을 신선처럼 살고자 하는 인위적 공간을 조성하여 신선처럼 사는 방식도 있지만 유학자들은 한 걸음 더 나아가 자기가 사는 공간이 신선 공간이라 여기는 사유를 강조한다. 이런 사유와 관련하여 먼저 이이의 신선풍 삶과 관련된 시를 보자.

「신망군 응시 황목백 경문 정욱과 함께 호연정에 올랐는데, 다시 중추에 달을 구경하자고 약속하였다」

좋은 곳 골라 신비의 경치 열었고	選勝開慳祕
풀 베고 푸른 산꼭대기 개척하였다.	誅茅闢翠巓
하늘과 땅은 사방이 탁 트였고	乾坤四圍遠
창과 문은 반공중에 매달렸네.	窓戶半空懸
비가 그치니 산이 그림을 그렸구나.	雨霽山成畵

조수 편편하니, 물이 바로 하늘일세.　　　　　　潮平水作天

삼신산도 찾을 것이 없다.　　　　　　　　　　三山不須覓

여기서 살면 곧 신선이 되거니.　　　　　　　棲此卽神仙

한 등성이 좋은 경치 독차지하여　　　　　　　一丘專勝賞

날 듯한 누각 높은 꼭대기 걸쳐 있네.　　　　飛閣架危巓

저 멀리 사해를 모두 눌렀고　　　　　　　　迴壓西溟盡

북두성이 수평으로 바라보인다.　　　　　　　平看北斗懸

환한 모래는 햇빛에 반짝이고　　　　　　　　明沙斜耀日

푸른 봉우리는 아득하게 하늘에 뜬다.　　　　碧岫細浮天

여기에 바람과 달을 얻는다면　　　　　　　　更得風將月

아마도 선경에 사는 신선 되겠지.[33]　　　　應成玉界仙

　　도교에서는 신선이 사는 공간으로 흔히 봉래산蓬萊山·방장산方丈山·영주산
瀛州山과 같은 삼신산을 거론한다. 하지만 자신이 사는 공간의 자연 정경이 삼신
산과 같은 선경이라고 여기면 굳이 삼신산과 같은 것을 찾을 필요가 없다는
것이다.

「청풍계동에서」

새 친구에 옛 벗과 동반하여　　　　　　　　新知兼舊友

손을 맞잡고 한가롭게 즐기네.　　　　　　　携手得天游

비 온 뒤라 온 봉우리 깨끗하고　　　　　　　雨後千峯淨

소나무 사이엔 한 오솔길 그윽하구려.　　　　松閒一逕幽

신선 사는 곳 겨우 반나절이건만　　　　　　仙區纔半日

속세의 세월로는 정녕 3년이 되겠네.　　　　塵世定三秋

---

33) 李珥, 『栗谷全書』, 卷2, 「與辛君望應時, 黃牧伯景文廷彧, 登浩然亭, 更約仲秋翫月[二首]」(a04
　　4_036d).

봉래산이 바로 지척에 있는데   咫尺蓬萊在
무엇하러 바다 밖에서 찾을 것인가.[34]   何須海外求

　이이는 한성 성안의 '청풍계동'이 바로 신선이 사는 곳이라고 한다. 인경에
서 살면서 그 인경에서 조금만 벗어나 산수 공간에 처할 수 있는 최소한의
자연 정경이 마련된 상태에서 신선처럼 사는 것은 모두 마음먹기에 달려 있다.
이런 점에서 이홍유李弘有(1588~1671)는 인간에는 스스로 신선경이 있다고 말한
다. 구체적으로 경치 좋은 산수 공간에서 '가둔佳遯'

鄭敾, 「淸風溪圖」.

(嘉遯)[35]의 삶을 살면서 세속적인 걱정거리를 다 끊
어버리고 책을 읽고 술 한 잔 마시면서 사는 것이
바로 신선경이라는 것을 말한다.[36]
　신선처럼 산다는 것은 구름 낀 산에서 바람과
달을 가슴 가득히 살면서 세상사 공명을 초월하는
삶이기도 하다. 물론 굳이 구름 낀 산이 아니어도
된다. 중요한 것은 마음가짐이다. 하지만 이런 삶의
경지는 세속적인 권력·명예·재물 등을 누려본 사
람이 말할 때 설득력이 있음을 기억할 필요가 있다.
조면호趙冕鎬(1803~1887)는 바쁜 일이 없는 것이 신선
경이라고 한다.[37] 이직李稷(1362~1431)은 마음이 편안

---

34) 李珥, 『栗谷全書拾遺』, 卷1, 「淸風溪洞[丙辰]」(a045_472c).
35) 『周易』, 遯卦, "九五, 嘉遯. 貞吉. 象曰, 嘉遯貞吉, 以正志也." 참조.
36) 李弘有, 『遯軒文集』, 卷2, 「謹次諸先輩相和玉溪韻」(b023_036a), "人間自有神仙境, 九曲靈
溪萬景臺. 山勢北來飛鳳舞, 水流東去怒龍迴. 平生活計書千卷, 半世忘憂酒一盃. 佳遯十年塵
慮斷, 草鞋藜杖任徘徊."
37) 趙冕鎬, 『玉垂集』, 卷19, 「復次忙字」(b125_579d), "山屋元無一事忙, 何如玉室與金堂. 是吾
自有神仙境, 不向丹廚用力長."

하면 사는 '그곳'이 바로 '신선의 땅'(신선경)이라고 한다.

어찌 하필 천태산령에 은거하리오.	隱居何必天台嶺
마음이 평안하면 그곳이 바로 신선의 땅이지.	心安卽是神仙境
남은 여생의 경영은 고향 땅에서 늙어 가리라.	會營菀裘老桑鄉
다행히도 선조가 남겨 준 십 경의 밭뙈기가 있다네.[38]	幸有先人田十頃

최소한의 경제적 생활을 누릴 수 있는 여건이 마련된 고향 땅에서 마음 편히 살면 그곳이 바로 신선경이란 이런 사유는 청빈함과 직접 경작을 요구하면서 은일을 추구하는 삶과 일정 정도 차별화된다. 따라서 이런 정황에서 추구하는 부귀관도 다르다. 구름 낀 산에 머물면 신선이 된 것이나 마찬가지라고 읊는 아래 시어는 알고 보면 세속적인 부귀를 누려본 이후의 경지를 읊은 것에 해당한다.

「장난삼아 성력서에 적다」(戲題星曆書)	
사람들 화복은 별자리에 매여 있다 하지만	人言禍福繫星躔
나는 사람 마음에 절로 천명이 있다 말한다오.	我說人心自有天
바람과 달 가슴에 충만함이 참된 부귀이니	風月滿懷眞富貴
구름 낀 산에 머물면 이것이 신선일세.	雲山住跡是神仙
한가로운 가운데 사업은 천고에 이어지고	閑中事業能千古
세상사 공명이야 백년이면 끝나는 것을	世上功名祇百年
이런 생각 전해도 누가 믿으려 할까.	此意欲傳誰信得
책 덮고 미소 지으며 홀로 기뻐하네.[39]	掩書微笑獨欣然

---

38) 李穡, 『亭齋詩集』, 卷1, 「奉次章天使詩韻」(a007_534a).
39) 林泳, 『滄溪集』, 卷1, 「戲題星曆書」(a159_020a).

'세상사 공명이야 백년이면 끝나는 것을 안다'는 것은 그것을 누려본 사람만이 할 수 있는 발언이다. 공명을 누리지 못한 사람들은 이런 경지를 알 수 없다. 즉 공명을 이루기 위해 바삐 살았던 삶에서 벗어나 한가로운 가운데 신선처럼 살고자 하는 삶은 이미 공명을 누리고 난 이후의 경지에 해당한다는 것이다. 따라서 이 같은 신선경에서 사는 것과 관련하여 상기할 것은 이른바 도연명이 「음주飮酒」 5수首에서 읊은 '심원心遠' 차원에서 신선 풍류를 추구하는 것이다. 이이가 이지번李之蕃(?~1575)이 벼슬자리 사직을 통한 일취逸趣를 추구한 것을 선풍과 연결한 것은 그 하나의 예다.

자유롭게 은둔해 사는 정취는 아는 이 누구인가. 　　逸趣人誰識
그대의 신선 풍류는 내가 본받을 점이라네. 　　仙風我所師
가을 하늘 기러기 돌아가는 시절에 　　秋天歸雁日
신무문에 갓을 걸고 사직했구려. 　　神武掛冠時
술상 앞에서 헤어짐을 슬퍼하니 　　樽酒愁分手
꿈속에서도 그리워 산천이 보이리. 　　山川繞夢思
언제나 밀칠한 나막신을 신고 　　何當蠟雙屐
담쟁이덩굴 오솔길을 함께 거닐며 즐거워할 것인가.[40] 　　蘿逕共娛嬉

사직한 정황은 다르지만 도연명도 팽택彭澤의 관리를 그만두고 「귀거래사歸去來辭」를 읊으며 고향으로 돌아가 은일적 삶을 추구한 적이 있다. 임금이 계신 쪽인 '신무문에 갓을 걸고 사직했다'는 말은 그동안 관료로 산 삶을 정리한 것을 의미한다. 관료적 삶을 그만두고 자유롭게 은둔의 삶에 대한 지향을 신선의 풍류로 이해하는 것은 유학자들이 추구한 신선처럼 산다는 것의 한 전형에 해당한다.

---

40) 李珥, 『栗谷全書拾遺』, 卷1, 「送李司評之蕃」(a045_473a).

이런 정황에서 때론 사직을 하지 않더라도 관료의 부임지가 신선굴택神仙窟 宅41)으로 알려진 관동지역이면 신선처럼 살 수 있다는 것42)을 말하기도 한다. 그만큼 관동지역의 자연 산수 정경이 아름답다는 것을 의미하지만 다른 차원에 서는 관동지역이 조정에서 멀리 떨어져 있어 조정의 관리 감독을 덜 받는 정황 에서 자연의 화려한 정경을 누릴 수 있는 기회가 많다는 것도 의미한다. 이 밖에 이른바 도연명의 도화원경桃花源境을 신선경과 연계하여 이해하는 경우도 있다.

겹쌓인 물과 산에 한 줄기 길이 뚫려   水襲山重一路通
도리평 담장 따라 붉은 꽃이 싱그럽네.   桃坪籬落翳新紅
이웃 마을 사람들과 평소 왕래 없으니   不緣鄰社常來往
아마도 이 가운데 신선이 살고 있나.43)   應恐神仙住此中

이상 거론한 내용을 보면 유학자들은 불로장생의 신선을 추구하지 않지만 그렇다고 신선처럼 사는 것을 부정하지 않았음을 알 수 있다. 도리어 '가둔嘉遯'

---

41) 張維, 『谿谷集』, 卷8, 「鏡浦臺記」(a092_138b), "三韓山水之美, 名於天下, 幅員八路, 各有勝 境, 而嶺東爲之最. 嶺之東九郡, 北自歙通, 南盡平蔚, 各占山海之勝, 稱神仙窟宅, 而臨瀛爲之 最, 環臨瀛百餘里, 官私亭榭, 據形勝瑰瑰奇者, 不一其所. 而鏡浦臺爲之最."

42) 崔岦은 江原監司로 부임하는 朴子龍을 전송한 글에서 도교의 영산인 蓬萊·瀛洲 같은 三神山이 이 세상에 실제로 존재하지 않는다면 모르지만, 만약 있다고 한다면 바로 강원도에 있다는 것을 말하면서 기막힌 유람이 될 것임을 말한다. 崔岦, 『簡易文集』, 卷3, 「送朴子龍公江原監司序」(a049_297c), "今夫江原一道之內, 有六六千峯以爲山, 而九龍 以瀦淵, 萬瀑以疏洞, 歸天下之水以爲海, 而日月所生出, 鯨鼇所沉浮, 凡寺利以要領之, 樓臺以 吞納之者, 不可區記而品論. 所謂蓬萊瀛洲之屬, 世果無有則已, 有則必在於斯焉. 雖神仙之說, 秦漢之君所褰裳而濡足者, 夸誕不足信, 而縱觀於其間, 邃之又邃, 曠之又曠, 直與顥氣者游於 萬象之外, 不以奇乎. 此公今之遊也." 참조.

43) 金昌協, 『農巖集』, 卷4, 「詩·上元夜, 石室書院, 同諸生觀月, 呼韻共賦丙子」(a161_375a). 이 밖에 鄭斗卿, 『東溟集』, 卷3, 「送金城南使君」(a100_419d), "峽裏雲山鐵嶺來, 訟庭瀟灑 絶塵埃. 春還便是神仙境, 一縣桃花處處開." 참조.

의 삶과 관련된 신선경에서 신선처럼 사는 것을 추구하고자 하였음을 알 수 있다. 이런 점에서 유학자들은 선경이란 인경과 떨어진 궁벽한 먼 곳에 있는 것이 아니라 바로 무욕과 허정의 마음 상태에서 자신의 주위 환경을 선경으로 여기느냐의 여부에 있음을 강조한다. 즉 방내적 공간과 인간관계를 포기할 수 없었던 유학자들은 선경불원인仙境不遠人의 사유를 제시하면서 신선처럼 살고자 했는데, 이런 점은 『중용中庸』에서 말하는 '도불원인道不遠人'[44] 사유를 신선적 삶에 적용한 것에 해당한다. 이런 정황은 금강산 등과 같은 산수 공간을 여행한 것을 기술한 다양한 유선풍遊仙風의 시를 통해 확인할 수 있다.

5. 나오는 말

『장자莊子』「양왕讓王」에서 "몸은 강과 바닷가에 은둔해 있어도 마음은 큰 궁궐의 임금 아래에서 벼슬하는 것에 있다"[45]라고 말한 것은 중국뿐만 아니라 조선조 유학자들에게도 그대로 적용된다. 『장자』「양왕」에서 한 말은 흔히 "몸은 산림에 은둔해 있어도 마음은 임금이 있는 궁궐에서 정치에 참여하는 것에 있다"(身在山林而心存魏闕)는 표현으로도 응용되는데, 이 같은 정황은 은일적 삶을 살지만 궁극적으로는 관료문화를 선호하는 사유가 담겨 있다. 이런 정황에는 신선문화가 들어갈 여지가 없다. 그런데 이런 정황과 반대로 "몸은 임금이 있는 궁궐에서 정치에 참여하고 있어도 마음은 산림에 은둔하고자 한다"라는 정황이라면 신선문화가 들어갈 여지가 있다. 즉 산림과 강호에서 사는 삶에 본고에서 논하고자 한 신선처럼 사는 문화가 개입될 수 있는데, 문제는 산림과

---

44) 『中庸』 13章, "子曰, 道不遠人. 人之爲道而遠人, 不可以爲道."
45) 『莊子』, 「讓王」, "身在江海之上, 心居乎魏闕之下."

강호에서의 은일 및 신선처럼 살 수 없는 정황이다. 이런 정황에서 유학자들은 방내적 공간에서 신선처럼 살고자 하는 문화를 추구하고자 하였던 것이다.

유가가 제시한 삼강오륜 및 예법에서부터 자유롭지 못한 조선조 유학자들은 도교에서 추구하고자 한 방외적 신선문화를 제한적으로 받아들일 수밖에 없었다. 이에 도교의 신선관에서 제시하는 장생불사를 인정하지 않은 상태에서 일취逸趣 및 탈속을 통해 신선처럼 사는 즐거움을 찾고자 했다. 그런 즐거움은 때론 호걸풍 신선의 쾌락 차원으로 전개되기도 하였다. 이런 점은 청빈을 기본으로 하는 은일적 삶과 세속에서 신선처럼 사는 삶의 차이점을 드러내는 핵심이다. 이에 방외 차원의 궁벽한 산수 공간이 아닌 방내 차원에서 도성 혹은 인경에서 신선경에 해당하는 산수 공간을 찾고자 하거나 주변 꾸미는 것을 추구하였고, 때론 '선경불원인仙境不遠人'과 '심선心仙'이란 사유를 제기하였다. 이 밖에 주자학의 권위가 일정 정도 약화되는 18세기 이후 「요지연도瑤池宴圖」 등에 표현된 신선풍은 유학자들이 암암리에 추구하고자 한 삶이기도 하였다. 그런데 신선문화에 대한 바람에는 현실에서 얻을 수 있는 즐거움만 관련하여 말해진 것이 아닌 경우도 있다. 간혹 신선처럼 사는 것을 통해 현실의 고통이 멈추길 바라는 마음을 표현하여[46] 때론 사회비판적인 견해를 띠는 경우도 있다. 이처럼 조선조 유학자들의 신선문화는 매우 다양한 모습으로 전개된 것을 알 수

---

46) 崔岦,『簡易文集』, 卷7,「松都錄·和五山[反元意二首]」(a049_444c), "人在藐姑耶. 綽約膚如雪, 侍立皆霞衣, 一春無四節, 我欲往從之, 忍與窮民絶, 但願乞靈壽, 分之活時月, 一服九轉丹, 世慮湯沃雪, 再服還童顏, 八百春秋節, 嗟嗟當世人, 干戈生理絶, 安能共拔宅, 鷄犬雲外月." 참조. "鷄犬雲外月"에 대해서는 淮南王 劉安이 신선술을 터득하여 온 가족을 데리고 白日에 昇天하였는데, 이때 그릇에 남아 있던 丹藥을 개와 닭이 핥아먹고 함께 하늘로 올라가서 닭은 천상에서 울어대고 개는 구름 속에서 짖어대었다(『神仙傳』,「淮南王」, "時王之小臣伍被, 曾有過, 恐王誅之, 心不自安, 詣闕告變, 證安必反, 武帝疑之, 詔大宗正持節淮南, 以案其事, 宗正至, 八公謂王曰, 伍被人臣, 而誣其主, 天必誅之, 王可去矣. 此亦天遣王耳, 君無此事, 日復一日, 人間豈可舍哉. 乃取鼎煮藥, 使王服之, 骨肉近三百余人, 同日升天, 鷄犬舐藥器者, 亦同飛去.")는 전설을 참조.

있고, 이런 정황은 다양한 그림을 통해 표현되기도 하였다.[47]

그럼 조선조 유학자들이 신선처럼 살고자 한 삶의 방식을 오늘날 현대인의 삶에 적용한다면 어떤 지혜로움을 얻을 수 있을지 생각해 보자. 과학과 의학의 발달에 따라 미래에는 불로장생의 신선처럼 살 수 있는 가능성이 풍부하다. 예를 들면 인공장기 발달 및 노화 방지에 탁월한 효과가 있는 약품 개발은 이런 가능성을 높여 줄 것이다. 물론 이런 혜택은 경제적으로 부유한 사람에게 한정된다는 문제점이 있지만, 이 같은 불로장생의 신선 가능성이 인류에게 축복일까 재앙일까 하는 질문을 던질 필요가 있는데, 재앙일 확률이 높다. 하지만 유학자들이 추구한 신선처럼 살고자 하는 삶은 이런 질문으로부터 자유롭다. 특히 주장하는 것에 대한 논란거리는 있지만 흔히 '피로사회'[48]로 규정되기도 하는 오늘날 과거 조선조 유학자들이 추구한 '신선처럼 살고자 하는 삶'은 올바른 심신 건강을 유지하는 데 많은 지혜를 얻을 수 있다고 본다.

---

47) 특히 관동지역을 그린 그림들은 단순 자연 정경을 그린 것이 아니라 일정 정도 신선처럼 살고자 했던 조선조 유학자들의 바람을 그림으로 형상화한 것이라고 할 수 있다.
48) 한병철, 『피로사회』(문학과지성사, 2012).

8장

바다와 문인문화: 도道와 성인聖人의 상징

1. 들어가는 말

유럽 문명이 형성되는 데 바다가 어떤 역할을 했는가에 관해 헤겔의 다음과
같은 말을 보자.

> 유럽이라는 지역은 오로지 바다와 결합할 때에만 위대해질 수 있다. 바다는
> 비록 영토를 나누지만 인간을 결합해 준다. 바다에는 아시아 생활에서는 찾
> 아볼 수 없는 아주 독특한 철학성이 있다.

이상은 헤겔이 『역사철학강의』[1]에서 바다를 기준으로 하여 유럽문명과
아시아문명을 극단적으로 대비하여 말한 것이다. 헤겔의 이 발언은, 유럽문명
과 문화를 지중해를 중심으로 하여 여러 민족이 결합해 천천히 형성되었음에
반해 아시아는 지중해와 같은 바다가 없었기 때문에 전혀 다른 방향으로 발전했
다는 이른바 '유럽중심주의'에 해당하는[2] 문제가 있는 발언이다. 그런데 헤겔의
이런 바다와 관련된 발언은 인류 전체 역사와 문화에 적용했을 때 문제점이
있을 수 있지만, 동서양문명에서 바다가 차지하는 위상을 규명하는 데는 일정

---

1) G. W. F. 헤겔 지음, 권기철 옮김, 『역사철학강의』(동서문화사, 2016).
2) 군터 숄츠 저, 김희상 역, 『바다의 철학』(*PHILOSOPHIE DES MEERES*, 이유출판, 2020),
   pp.286~289.

鄭敾, 「孤山放鶴圖」.
정선이 太湖에서 살았던 梅妻鶴子로 유
명한 孤山 林逋가 자신이 기르던 학을 풀
어놓은 장면을 그린 것이다.

정도 도움을 준다.

옛날 어른들 말씀 가운데 하나는, 여름철
이 되면 항상 물가를 조심하라는 말이다. 더운
여름 마을에서 조금 떨어진 물가에 가서 시원
한 물에 수영하고 욕浴하고자 하는 것은 인지
상정人之常情이지만 어른들은 얕은 물이라도
항상 생명을 위협하는 대상으로 여겼다. 개울
가의 얕은 물가에 가는 것도 이처럼 위험시한
상황에서 '끝없이 펼쳐진 것이 대양해와 같
다(茫然如大洋海)라는 식의 넓고 거센 격랑激浪이

일고 있는 바다에 가서 무엇을 도모한다는 것은 생각할 수조차 없었다. 농경
중심 사회에서 실질적인 삶을 살았던 중국 문인들에게 삶과 직접적인 관련이
없는 바다는 사실 낯설 수밖에 없었다. 중국 역사에 나타난 우禹임금의 치수治水
사업이 상징하듯, 중국인들은 바다보다는 황하黃河와 장강長江 및 한수漢水 등과
같은 거대한 강이나 동정호洞庭湖, 태호太湖 등과 같은 드넓은 호수에서의 삶에
익숙하였다. 강과 호수라는 환경은 때론 은일隱逸적 삶을 지향하는 '매처학자梅
妻鶴子'로 유명한 북송대 임포林逋와 같은 인물들에게 관료官僚적 삶, 도시적 삶에
서 벗어날 수 있는 멋진 공간으로 미화되곤 하였다. 때론 매우 궁벽窮僻한 곳에
있다고 여겨진 바다는 혼군昏君의 압제壓制로부터 벗어난 도피 공간으로 여겨지
기도 하였다.

서양문학사에 나타난 바다와 관련된 소설은 많다. 『백경白鯨』(Moby Dick),
『노인과 바다』(The old man and the Sea), 『보물섬』(Treasure Island), 『포세이돈 어드벤
처』(The Poseidon Adventure) 등과 같이, 우리가 '바다' 하면 떠오르는 소설 혹은
영화가 있다. 언제 죽음으로 이끌어 갈 줄 모르는 바다의 거센 파도가 주는

두려움을 극복하면서 바다를 건너는 모험심, 자연과의 투쟁을 통해 새로운 세계를 찾고자 하는 정복욕을 불러일으키고 아울러 바다에 대한 도전 과정을 통해 문명을 이룬 것이 서양 바다의 이미지다.[3] 서양에는 이처럼 해양문학이 있다. 그런데 중국에서 '바다' 하면 떠오르는 유명한 소설은 없다. 도연명이 "『산해경』의 그림을 쭉 훑어보면서, 내려 보고 올려 보아 시공간(우주)을 한 바퀴 다 도니, 또한 즐겁지 않을 수 있겠는가"라고 읊은 『산해경山海經』[4]

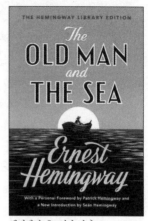

헤밍웨이, 『노인과 바다』(The old man and the Sea).

이나 곽박郭璞의 『수경水經』 등이 있지만, 그것은 신화텍스트 혹은 인문지리지 성격을 띠고 있지 소설은 아니다. 물론 이런 텍스트 등에 실린 바다에 대한 기술에서 바다에 대한 정보를 획득했을 수도 있고, 바다와 관련된 사유도 전혀 없는 것은 아니었다. 다만 본고에서 주목하고자 하는 것은 동양 문인들의 바다에 대한 서양과 다른 독특한 인식이다.

동양 문인들의 바다에 대한 인식은 기본적으로 물에 대한 인식과 함께하고 있다. 동일한 '물'에 대한 인식이라도 바다만이 가지는 '알 수 없는 깊이'와 '넓이', '미추 가림 없이 받아들임' 등과 같은 의미로 이해된 점이 있었다. 이런 점에서 일단 동양 문인들의 바다에 대한 다양한 인식을 보여 준 김윤식金允植 (1835~1922)의 「바다를 보다」(觀海)라는 시를 보자.

---

3) 때론 국가적 차원에서 합법적 해적이 등용되기도 한 것도 서양 바다 문명권에서의 일이다.

4) 陶淵明, 「獨山海經」(其一), "孟夏草木長, 遶屋樹扶疏. 衆鳥欣有託, 吾亦愛吾廬. 旣耕亦已種, 時還讀我書. 窮巷隔深轍, 頗迴故人車. 歡然酌春酒, 摘我園中蔬. 微雨從東來, 好風與之俱. 泛覽周王傳, 流觀山海圖. 俯仰終宇宙, 不樂復何如."

동해 모퉁이에서 나고 자라 　　　　　　　　生長東海隅

바다 한 굽이를 처음 보았네. 　　　　　　　初見海一曲

이미 마음으로 얻었거늘 　　　　　　　　　已有得之心

눈으로 더 볼 것이 뭐가 있겠나. 　　　　　何以加諸目

나는 한 국자의 물을 보고 　　　　　　　　吾觀一勺水

이미 냇물과 도랑이 있음을 알았고, 　　　　已知有川瀆

나는 장강과 한수의 흐름을 보고 　　　　　吾觀江漢流

이미 모든 것을 품은 바다를 알았네. 　　　已知海涵畜

지극한 근면은 항상 쉬지 않고 　　　　　　至勤常不息

지극한 위대함은 자족하지 않는 법. 　　　　至大不自足

자신을 굽히면 더러움도 참을 수 있고 　　屈己能忍垢

작은 허물은 본디 기록하지 않는다네. 　細過固不錄

이토록 드넓은 아량을 지녔지만 　　　　　持此恢恢量

어찌하여 소인의 뱃속을 경계하지 않는가.[5] 盍警小人腹

가쓰시카 호쿠사이(葛飾北齋)의 바다 그림 「神奈川沖浪里」.
배를 금방이라도 집어삼킬 것 같은 격랑에 빠진 3척의 배를
통해 한국과 중국의 문화와 다른 바다 문화를 보여 준다.

김윤식의 이 시는 직접 본 바
다를 통해 많은 것을 말하고 있다.
이하에서는 이같이 다양하게 이
해된 바다에 대한 이해를 『노자』
와 『장자』에 보이는 바다, 유가에
서 이해한 바다, 그리고 은일과 도
피 공간으로서의 바다 등에 초점
을 맞추어 논하되, 특히 한국과 중
국[6]의 문인들에게 이해된 바다를

---

5) 金允植, 『雲養集』, 卷1, 「昇平館集」, '觀海'(a328_243b). 번역은 한국고전번역원 번역본
　을 참조하되, 필요한 경우는 가감하였다.

6) 본고에서는 일본은 다루지 않는다. 왜냐하면 한국과 중국의 문인들에 의해 인식된

중심으로 살펴보고자 한다. '문인'이라고 한정하는 이유는 문인들이 직접 바다를 항해하면서 격랑과 싸우면서 생존의 위협을 느낀 상태에서 바다를 이해하고 인식한 것이 아니었지만 바다에 대한 다양한 인식을 보였다는 점 때문이다.[7]

2. 『노자』: '유약겸하柔弱謙下' 및 도의 상징으로서의 바다

중국문화를 통관하면 '해납백천海納百川' 사유와 유사한 말이 자주 나온다. 전국시대에 진왕秦王(후대 중국을 통일한 秦始皇)이 나라에 해로움을 줄 수 있는 다른 나라 국적의 이방인 관리들을 추방하라고 명령을 내린다. 이에 이사李斯는 보다 부강한 나라를 만들고자 한다면 그런 식으로 정치를 해서는 안 된다는 입장이 담긴 「상진황축객서上秦皇逐客書」를 쓴다.

> 신이 듣자옵건대, 땅이 넓으면 곡식이 많고, 나라가 크면 인민이 많고, 군대가 강하면 군사가 용감하다 하였습니다. 그러므로 태산은 작은 흙덩이도 사양하지 않았기 때문에 그 큼을 이루었습니다. 하해河海는 가는 물줄기를 가리지 않았기 때문에 그 깊음을 이루었습니다. 왕자는 백성들을 물리치지 않기 때문에 그 덕을 밝힐 수 있었습니다. 그래서 땅은 사방을 가리지 않고 모두 그의 땅이 되었고, 인민들은 다른 나라를 따지지 않고 모두 그의 신하가 되었습니다.[8]

바다와 일본은 다르기 때문이다. 예를 들면 가쓰시카 호쿠사이(葛飾北斎)의 바다 그림 「가나가와 해변의 높은 파도 아래」(神奈川沖浪里) 작품이 상징하듯, 사면이 바다인 일본은 한국과 중국 문인들에게 이해된 바다와 달랐다.

7) 바다를 언급한 문인들이 실제 바다를 봤는지는 의문이다. 하지만 『산해경』 등과 같은 책자를 통해 바다가 어떤 것인지에 대해서는 알고 있었다고 사료된다.

8) 司馬遷, 『史記』, 「李斯列傳」, "臣聞, 地廣者粟多, 國大者人衆, 兵强者士勇. 是以泰山不讓土壤, 故能成其大. 河海不擇細流, 故能就其深. 王者不卻衆庶, 故能明其德. 是以地無四方, 民無異國."

이사가 부국강병 및 천하를 제패하는 차원에서 언급한 태산과 하해를 통한 비유 가운데 나오는 하해는 철학적 근거가 있다. 이사가 말한 '하해'와 관련한 유사한 사유는 『관자管子』에도 보이는데, 기본은 노자사상이다. 진시황은 이와 같은 이사의 상소문을 받아들여 '축객령逐客令'을 취소했고, 이후 중국 최초의 황제가 된다. 바다의 속성과 관련해 구체적으로 정치적 견해를 밝힌 인물은 관중管仲이다. 『관자』「수지水地」에서 비덕比德 차원에서 물의 덕을 다양한 관점에서 밝힌 것을 보자.

물이란 땅의 혈기로 사람에게 혈맥이 흐르는 것과 같다. 그러므로 "물이 모든 가능성(具材)의 근원이다"라고 한다. 어떻게 그러한지를 아는가? 말하기를, 무릇 물은 부드럽고 맑아서 사람들의 더러움을 씻어 주기를 좋아하니, 어질다. 보기에는 검지만 희고 깨끗하니, 순수하다. 헤아려 되질하지 않아도 가득 차면 그치니, 바르다. 어느 곳에나 흐르지 않는 곳이 없고 평평하면 멈추니, 의롭다. 사람들은 모두 높은 곳으로 달려가지만, 물은 홀로 낮은 곳에 거하니, 겸손하다. 겸손함이란 도道가 머무는 집이요, 군주 노릇을 하는 사람이 쓰는 도구이니, 물은 모든 것이 모이는 곳이다.[9]

비덕 차원에서 이해된 이 같은 물에 관한 견해는 동양의 독특한 자연관을 반영한다. 사군자(梅·蘭·菊·竹)를 비롯하여 『시경詩經』「소융小戎」에서 옥玉을 군자에 비유한 것[10]도 동일한 사유에 속한다. 마지막 부분의 "사람들은 모두 높은 곳으로 달려가지만, 물은 홀로 낮은 곳에 거하니, 겸손하다. 겸손함이란

---

9) 管仲, 『管子』, 「水地」, "水者, 地之血氣, 如筋脈之通流者也. 故曰, 水, 具材也. 何以知其然也. 曰, 夫水淖弱以淸, 而好灑人之惡, 仁也. 視之黑而白, 精也. 量之不可使槪, 至滿而止, 正也. 唯無不流, 至平而止, 義也. 人皆赴高, 己獨赴下, 卑也. 卑也者, 道之室, 王者之器也, 而水以爲都居."

10) 『詩經』, 「小戎」, "言念君子, 溫其如玉." 참조.

도가 머무는 집이요, 군주 노릇을 하는 사람이 쓰는 도구이니, 물은 모든 것이 모이는 곳이다'라는 사유는 노자의 도론道論에 근거한 물 사상에 근거하고 있다. 겸손함이란 도가 머무는 집이라는 사유에도 노자의 유약겸하柔弱謙下 사상이 담겨 있다. 군주의 바람직한 정치적 행위를 비덕 차원의 물의 속성과 연계하여 말한 관중은 물의 속성을 바다에 적용하여 다음과 같이 말하기도 한다.

> 바다는 작은 물, 큰물 가리지 않고, 더러운, 물 깨끗한 물, 어떠한 물이든 사양 하지 않는다. 그래서 그 위대함을 이룰 수 있다. 산은 적은 흙이나 큰 돌이나 가리지 않고 받아들여 크게 높을 수 있다. 현명한 군주는 신하와 백성을 귀찮 게 여기지 않기에 주변에 많은 사람을 모을 수 있다.[11]

바다와 산에 관한 관중의 발언 내용은 이사와 크게 차이가 없다. 이 밖에 관중은 깊은 연못의 비유를 통해 군주의 올바른 정치에 대해 말하기도 한다.[12] 이사와 관중이 말한 물과 바다의 속성 및 '해납백천海納百川'[13]의 사유를 통해 군주의 바람직한 정치행태를 말한 것의 뿌리는 노자사상이다. 이 같은 노자의 물과 바다에 관한 사유는 노자의 도론과 관련이 있다.

노자는 이름 할 수 없는[14] 황홀한 대상大象[15]으로서 도를 박樸[16], 무無[17],

---

11) 管仲, 『管子』, 「形勢解」, "海不辭水, 故能成其大. 山不辭土石, 故能成其高. 明主不厭人, 故能成其眾."

12) 『列子』, 「形勢解」, "淵者, 眾物之所生也. 能深而不涸, 則沈玉至. 主者, 人之所仰而生也. 能寬裕純厚而不苟枝, 則民人附. 故淵涸而無水, 則沈玉不至, 主苟而無厚, 則萬民不附.……故淵不涸, 則所欲者至. 涸, 則不至. 故曰, 淵深而不涸, 則沈玉極."

13) 李穀은 『稼亭集』 卷十九, 「次洞仙驛觀瀾亭詩韻」(a003_221d)에서 "三島茫茫天共遠, 百川浩浩海幷吞, 若爲對此忘機坐, 不校人間有達尊"이라고 하여 '海納百川'과 장자가 말한 '機心' 고사를 통해 인간세상의 영달에 초연하고자 하는 마음 다스림의 수양론을 말하기도 한다.

14) 『老子』 1章, "道可道, 非常道.";『老子』 32章, "道常無名." 참조.

15) 『老子』 35章, "執大象, 天下往."

16) 『老子』 15章, "敦兮其若樸.";『老子』 19章, "見素抱樸.";『老子』 28章, "復歸於樸, 樸散則爲

수水18), 일—19), 적자赤子20), 영아嬰兒21) 등과 연계하여 도의 형상화를 시도하는
데, 모든 냇물과 강물의 총체적 집합체에 해당하는 바다도 그 하나의 예에
속한다. 노자는 황홀성과 관련된 도에 관한 인식 불가능성과 명명命名 불가능성
에 대해 다음과 같이 말한다.

> 보아도 보이지 않는 것을 이름 하여 이夷라 하고, 들어도 들리지 않는 것을
> 이름 하여 희希라 하고, 만져도 만져지지 않는 것을 이름 하여 미微라 한다.
> 이 셋(夷, 希, 微)은 따져서 구분할 수 없기에 뭉뚱그려 하나로 삼는다. 그 위도
> 밝지 아니하고, 그 아래도 어둡지 아니하다. 이어지고 또 이어져 이름 할 수
> 도 없다. 존재조차 없는 곳으로 돌아가니, 이를 일컬어 모습 없는 모습이요
> 물체 없는 형상이라 하며, 이를 황홀하다고 한다.22)

'이夷', '희希', '미微'에 대한 기술 가운데 특히 평평하기에 보아도 보이지
않는 '이夷'는 바다의 수평선이 끝없이 펼쳐 있기에 그 넓이를 알 수 없는 바다
이미지에 가깝다. 바다에 대한 이해에서 주목할 것은 바다에 들어간 모든 물은
다시 증발하여 하늘로 올라간다는 것이다. 즉 지상에 존재하는 모든 물의 집합
체인 바다에서 일어나는 작용은 꼬리를 물고 이어져 어느 한순간도 그친 적이

器.";『老子』37章, "萬物將自化. 化而欲作, 吾將鎭之以無名之樸."
17) 『老子』40章, "天下萬物生於有, 有生於無."
18) 『老子』8章, "上善若水. 水善利萬物而不爭. 處衆人之所惡, 故幾於道.";『老子』78章, "天下
   莫柔弱於水, 而攻堅强者, 莫之能先也."
19) 『老子』10章, "載營魄抱一, 能無離乎.";『老子』22章, "少則得, 多則惑. 是以聖人抱一爲天
   下式.";『老子』11章, "三十輻共一, 當其無, 有車之用.";『老子』39章, "昔之得一者, 天得一
   以淸.";『老子』42章, "道生一, 一生二, 二生三, 三生萬物."
20) 『老子』55章, "含德之厚, 比於赤子."
21) 『老子』10章, "專氣致柔, 能嬰兒乎.";『老子』20章, "我獨泊兮其未兆, 如嬰兒之未孩.";『老
   子』28章, "常德不離, 復歸於嬰兒."
22) 『老子』14章, "視之不見, 名曰夷, 聽之不聞, 名曰希, 搏之不得, 名曰微. 此三者, 不可致詰. 故
   混而爲一. 其上不皦, 其下不昧. 繩繩不可名, 復歸於無物, 是謂無狀之狀. 無物之象, 是謂惚恍."

없다. 동양에서의 흘러가는 물에 대한 기본적인 이해의 바다에 대한 적용에
해당한다.23) 이 같은 물과 연계하여 이해된 자연의 변화와 작용에는 '일음일양
一陰一陽'하는 원리가 작동되어 있다.24)

바다는 노자가 말하는 도의 모습 없는 모습, 물체 없는 형상이 현상으로
드러난 실존이다. 이 같은 바다의 넓고 깊음 그리고 끝없는 포용력은 도의
본질 그 자체에 해당한다. 이 같은 도는 모든 만물에 존재한다고 한다.

> 도는 만물의 깊숙한 안쪽에 자리하고 있다. 선한 사람이 보배로 여기고, 선하
> 지 않은 사람도 보존하고 있다.25)

장자는 동곽자東郭子가 '도는 어디에 있느냐' 하는 질문에 인간이 가치가
없고 하찮게 여기는 누의螻蟻, 제피稊稗, 와벽瓦甓, 시뇨屎溺 등과 같은 곳에도
있다고 하면서 결론적으로 '도는 모든 존재에 다 깃들어 있다'26)는 이른바 '도무
소부재설道無所不在說'을 말한다. 도는 만물의 깊숙한 안쪽에 자리하고 있기에
선한 사람이 보배로 여기고, 선하지 않은 사람도 보존하고 있다는 노자의 발언

---

23) 『論語』, 「子罕」, "子在川上曰, 逝者如斯夫. 不舍晝夜"에 대한 朱熹의 注, "天地之化, 往者
過, 來者續, 無一息之停, 乃道體之本然也. 然其可指而易見者, 莫如川流. 故於此發以示人, 欲
學者時時省察, 而無毫髮之間斷也." 및 程頤의 注, "程子曰, 此道體也. 天運而不已, 日往則
月來, 寒往則暑來, 水流而不息, 物生而不窮, 皆與道爲體, 運乎晝夜, 未嘗已也. 是以君子法之,
自强不息. 及其至也, 純亦不已焉." 참조.
24) 『老子』 8章, "上善若水"에 대한 蘇轍 『老子解』, "易曰, 一陰一陽之謂道, 繼之者善也, 成之
者性也. 又曰, 天以一生水. 蓋道運而爲善, 猶氣運而生水也. 故曰上善若水." 참조.
25) 『老子』 62章, "道者, 萬物之奧, 善人之寶, 不善人之所保." 蘇轍은 '道不遠人'의 입장에서
사람들은 사물의 밖에 보이는 현상(門堂)만을 보고 집의 깊숙한 곳에 있는 도를 보지
못한다고 주석한다. 蘇轍, 『老子解』, "凡物之見于外者, 皆其門堂也. 道之在物, 譬如其奧,
物皆有之, 而人莫之見耳. 夫唯賢者得而有之, 故曰善人之寶. 愚者雖不能有, 然而非道則不能
安也, 故曰不善人之所保. 蓋道不遠人, 而人則遠之."
26) 『莊子』, 「知北遊」, "東郭子問於莊子曰, 所謂道, 惡乎在. 莊子曰, 無所不在. 東郭子曰, 期而後
可. 莊子曰, 在螻蟻. 曰, 何其下邪. 曰, 在稊稗. 曰, 何其愈下邪. 曰, 在瓦甓. 曰, 何其愈甚邪.
曰, 在屎溺. 東郭子不應." 참조.

은 '도무소부재설'의 인간에 대한 적용에 해당한다. 선한 사람과 악한 사람을 구분하는 방식은 유가의 택선고집擇善固執에 의한 분별적 사유의 결과물이다. 도는 그 어떤 사물도 차별하지 않고 포용하면서 모든 존재의 존재 가능 근거가 된다. 이런 사유는 바다가 그 어떤 물도 차별 없이 다 받아들이는 것과 동일한 차원에서 이해될 수 있다.

노자는 어머니와 같이 모든 자식을 안아주고 사랑하는 여성성을 강조하면서 도道에 대한 사유를 통해 유가의 택선고집 사유에 입각한 미추·시비·선악 분별을 통한 진리 인식의 잘못된 점을 지적한다. 이런 점을 가장 잘 보여 주는 것은 도의 속성을 가장 잘 보여 주는 물에 관한 철학이다. 노자는 '유약승강강柔弱勝剛强'이란 사유를 말하면서 유약한 것의 가장 적합한 예로 물을 든다.[27] 아울러 노자는 도의 속성을 '상선약수上善若水'[28]라는 상징적인 표현을 통해 물의 속성을 최고로 평가한다. 왕필王弼은 물과 도의 차이점에 대해 '도는 무이고, 물은 유라는 점에서 차이가 난다고 한다.[29] 즉 항상 낮은 곳에 임하면서 유약겸하柔弱謙下의 자세를 견지하는 물의 속성은 실제 우리가 확인할 수 있다는 점에서 유에 속하고, 도는 인식불가능하다는 점에서 무라는 차이가 나지만, 기본적으로 도가 무엇인지를 가장 적의하게 보여 주는 것은 물이라는 것이다.

노자는 육지의 모든 물이 모이는 최종적인 장소는 바로 바다라고 규정한다. 헤아릴 수 없이 넓고 깊은 바다는 모든 물의 맨 아래에 있으면서 흘러들어오는 물의 맑고 깨끗한 것을 가리지 않고 다 포용하는 무차별, 무분별의 포용성이

---

27) 『老子』78章, "天下莫柔弱於水, 而攻堅强者莫之能勝, 其無以易之. 弱之勝强, 柔之勝剛, 天下莫不知莫能行."

28) 『老子』8章, "上善若水, 水善利萬物而不爭, 處眾人之所惡, 人惡卑也. 故幾於道. 居善地, 心善淵, 與善仁, 言善信, 正善治, 事善能, 動善時. 夫唯不爭, 故無尤."

29) 『老子』8章, "上善若水. 水善利萬物而不爭, 處眾人之所惡, 人惡卑也. 故幾於道"에 대한 왕필 주, "道無水有, 故曰, 幾也."

있다는 점에서 도의 속성을 온전히 반영하고 있다. 이에 노자는 바다란 '도가 천하에 있는 것과 같다'[30]는 식으로 이해한다. 어떤 점이 그러한 것인지에 대해서는 주로 정치적 측면과 연계하여 이해하는데, 『노자』 61장과 66장의 내용이 그것을 말해 준다.

강과 바다가 계곡들의 왕이 될 수 있는 것은 그것이 가장 낮은 곳에 있기 때문이다. 그래서 모든 계곡의 왕이 되는 것이다. 백성 위에 있기를 바란다면 반드시 겸손한 말로 자신을 낮추고, 백성의 앞에 서고자 한다면 반드시 몸을 남의 뒤에 두어야 한다. 그래서 성인은 위에 있어도 백성들이 짐스러워하지 않고, 앞에 있어도 방해된다고 여기지 않는 것이다. 세상 사람들이 그를 받들면서도 싫어하지 않는 것이다. 다투려 않기 때문에 누구도 그와 다툴 수가 없다.[31]

유약겸하柔弱謙下 사상은 노자사상의 핵심에 해당하는데, 그 유약겸하 사상을 가장 잘 실현하고 있는 것은 강과 바다라는 것이다. 강이 결과적으로 바다에 흘러간다는 점에서 궁극적 초점은 바다에 있다고 할 수 있다. 유약겸하 사상과 더불어 노자사상의 핵심에 속하는 것은 부쟁不爭 철학이다. 『노자』 73장에서는 "천도는 다투지 않지만 잘 이긴다"라고 말하고, 『노자』 81장에서는 "성인의 도는 행위를 하나 다투지 않는다"라고 말하여 인간과 자연의 바람직함과 관련한 부쟁 철학을 전개한다.[32] 아울러 『노자』 7장에서는 성인은 '무사無私'이기에

---

30) 『老子』 32章, "道常無名, 樸雖小, 天下莫能臣也, 侯王若能守之, 萬物將自賓. 天地相合以降甘露, 民莫之令而自均, 始制有名. 名亦旣有, 夫亦將知止, 知止可以不殆. 譬道之在天下, 猶川谷之於江海."

31) 『老子』 66章, "江海所以能爲百谷王者, 以其善下之, 故能爲百谷王. 是以欲上民, 必以言下之. 欲先民, 必以身後之. 是以聖人處上而民不重, 處前而民不害. 是以天下樂推而不厭, 以其不爭, 故天下莫能與之爭."

32) 노자가 강조한 不爭과 관련된 章과 내용은 다음과 같다. 『老子』 3章, "不尙賢, 使民不

'후신後身'의 행위를 하나 결과적으로는 '신선身先'이 되고, '외신外身'의 행위를 하나 결과적으로는 '신존身存'이 된다는 사유를 말한다.[33] 이 같은 유약겸하와 부쟁 철학에 입각했을 때 거론할 수 있는 대표적인 것이 강과 바다라는 것이다. 따라서 유약겸하와 부쟁 철학을 정치에 적용하면 천하를 얻을 수 있고, 대국과 소국이 상호 공존할 수 있음을 말한다.

> 큰 나라는 강의 하류와 같아서 세상의 모든 흐름이 만나는 곳이고, 또한 천하
> 가 사모하는 암컷이기도 하다. 암컷은 항상 고요함으로 수컷을 이기고, 고요
> 함으로 항상 아래에 있다. 큰 나라가 작은 나라에 자신을 낮추면 작은 나라를
> 얻게 되고, 작은 나라가 큰 나라에 자신을 낮추면 큰 나라가 그를 받아들인
> 다. 어떤 것은 낮은 자세로서 남을 받아들이고, 어떤 것은 낮은 자세로서 남
> 에게 받아들여진다. 큰 나라가 바라는 것은 아울러 기르려는 것뿐이고, 작은
> 나라는 속하여 보호를 받고자 할 뿐이다. 만약 양쪽이 각기 바라는 대로 하고
> 싶다면 마땅히 큰 쪽이 아래가 되어야 한다.[34]

노자는 강의 하류가 갖는 의미를 대국과 소국이 상호 공존하는 정치적 역학 관계에 적용하는 특성을 보인다. 큰 나라는 강의 하류와 같아서 세상의 모든 흐름이 만나는 곳이란 것은 앞서 본 해납백천의 사유에 해당한다. 아울러 천하가 사모하는 암컷이란 점은 노자가 지향하는 여성성에 담긴 제왕철학의

爭.";『老子』8章, "上善若水, 水善利萬物而不爭.……夫唯不爭, 故無尤.";『老子』2章, "夫
唯不爭, 故天下莫能與之爭.";『老子』66章, "江海所以能爲百谷王者, 以其善下之. 故能爲百
谷王以其不爭.……故天下莫能與之爭.";『老子』68章, "善爲士者不武, 善戰者不怒, 善勝敵者
不與, 善用人者爲之下, 是謂不爭之德.";『老子』73章, "天之道, 不爭而善勝.";『老子』81章,
"聖人之道, 爲而不爭." 등 참조.

33)『老子』7章, "是以聖人後其身而身先, 外其身而身存, 非以其無私邪."

34)『老子』61章, "大國者下流, 天下之交, 天下之牝, 牝常以靜勝牡, 以靜爲下. 故大國以下小國,
則取小國, 小國以下大國, 則取大國, 故或下以取, 或下而取, 大國不過欲兼畜人, 小國不過欲入
事人, 夫兩者各得其所欲, 大者宜爲下."

핵심을 밝힌 것이다. 부쟁 철학의 실질적인 모습은 유약겸하로 나타난다. 이상의 내용은 하류에 처한 강의 이미지와 바다가 갖는 유약겸하의 여성성을 제왕이 되는 철학에 초점을 맞추어 논한 것으로,[35] 도의 속성으로 말해지는 유약겸하 사유가 현실의 정치적 상황에서 어떻게 적용될 수 있는가를 밝힌 것이다.

이 밖에 노자는 바다가 때론 잔잔하면서 넓고 깊어서 그 속을 알 수 없다는 점을 세속 차원의 욕망이나 감각을 자극하는 문화적 삶에 유혹당하거나 흔들림이 없다는 것과 연계하여 이해한다. 이른바 '바보(愚)철학'을 전개하는 『노자』 20장의 내용에 나오는 "세상 사람은 밝지만 나만 홀로 어둡다. 세상 사람은 (낱낱이) 살피지만 나만 홀로 두루뭉술하다. 알 수 없는 모습은 (출렁이는 깊은) 바다와 같고, (높이 부는 바람처럼 아득히) 떠가는 품은 멈출 데가 없는 듯하다"[36]라고 한 것이 그것이다. 스스로 도를 체득하고 있지만 '바보'(愚人)로서 자임하는 마음 상태의 무지무욕無知無欲을 바다에 비유하여 말하는 것은 바다의 깊음에 담긴 알 수 없음에 대한 현학적 이해다.

노자가 제시한 바다 철학에는 노자의 도론이 반영되어 있다. 무형무상無形無狀이어서 이름 할 수 없고 헤아릴 수 없는 황홀한 도는 모든 존재의 존재 근거가 되는데, 현상계 차원에서는 바다가 그 같은 도의 상징이었다. 모든 냇물과 강물

---

35) 니체는 "참으로 사람은 더러운 강물과도 같다. 더럽혀지지 않은 채 더러운 강물을 모두 받아들이려면 사람은 먼저 바다가 되어야 하리라. 보라. 나는 너희들에게 위버멘쉬를 가르치노라. 이 위버멘쉬가 바로 너희들의 크나큰 경멸이 그 속에 가라앉아 몰락할 수 있는 그런 바다다. 차라투스트라는 이렇게 말했다"(프리드리히 니체, 정동호 옮김, 『차라투스트라는 이렇게 말했다』[책세상, 2000], 「차라투스트라의 머리말」, p.19)라고 하여 바다를 찬미하는데, 니체사상이 동양적 사유와 밀접한 관련이 있음을 참조할 필요가 있다.

36) 전후 문맥은 다음과 같다. 『老子』 20章, "絶學無憂. 唯之與阿, 相去幾何. 美之與惡, 相去若何. 人之所畏, 不可不畏, 荒兮其未央哉. 衆人熙熙, 如享太牢, 如春登臺. 我獨泊兮其未兆, 如嬰兒之未孩, 儽儽兮若無所歸. 衆人皆有餘, 而我獨若遺. 我愚人之心也哉, 沌沌兮. 俗人昭昭, 我獨昏昏. 俗人察察, 我獨悶悶, 澹兮其若海, 飂兮若無止. 衆人皆有以, 而我獨頑似鄙. 我獨異於人, 而貴食母." 참조.

을 무차별적으로 받아들이고 귀의처가 되고, 그 넓이와 깊이를 알 수 없는 유약겸하 차원의 바다는 노자가 제시한 도의 현실적 실현태였다. 아울러 천하를 소유하고자 하는 인물과 제국에게 제시하는 이상적인 정치의 한 롤모델이었다. 이 같은 노자의 도론에 근간한 바다에 관한 총체적인 이해는 『장자』에서 보다 분명하게 드러난다. 이른바 장자가 「소요유逍遙遊」 및 「제물론齊物論」에서 제기하는 '대소지론大小之論'에 담긴 바다 철학이다.

3. 『장자』: 대지大知와 도의 상징으로서의 바다

이인상李麟祥(1710~1760)은 바다에서 노닌 사람 가운데에는 반드시 도를 아는 자가 있다는 발언을 하는데, 이런 점은 장자의 바다 철학을 이해하는 단초가 된다.

> 그러나 산의 기묘한 변화는 수백, 수십 리에 그칠 뿐이지만, 물 가운데 바다보다 더 성대한 것은 없고 그 끝 간 곳보다 더한 것은 없다. 바다를 구경하지 않고서는 천지의 위대한 문채를 보아 사물의 실정을 궁구할 도리가 없다. 바다를 건너지 않고서는 세상 운세의 험함과 평탄함을 징험하여 사람의 힘을 어떻게 발휘하는지를 볼 도리가 없다. 그러니 바다에서 노닌 사람 가운데에는 필시 도를 아는 자가 있을 것이다.[37]

---

37) 李麟祥, 『凌壺集』, 卷3, 「李胤之西海詩卷序丙子」(a225_520d), "然山之奇變, 爲數十百里而止, 而水莫盛於海, 莫有窮其涯岸者. 不觀海, 無以見天地文章之大, 而窮極物之情. 不涉海, 無以驗世運之夷險, 而見人力之幹旋. 必有知其道者矣. 然記海者, 多引仙神怪異之蹟, 而其沒名於釣徒賈客者, 尤不可得而詳, 海固與世隔遠而然與." 번역은 이인상 지음, 박희병 역, 『능호집』(돌베개, 2016)을 참조하였다.

이인상은 무한이 넓어 끝을 알 수 없는 바다를 바라보면서 얻을 수 있는 지혜로 사물의 실정을 규명할 수 있는 도리를 얻는 것과 험난한 인생에 담긴 세상사에 대한 심층적인 이해라는 두 가지 점을 든다. 최종적으로 바다에서 노닌 자는 도를 아는 자라고 규정하는데, 이처럼 바다를 도의 체득과 관련하여 이해한 것은 『장자』에 심층적으로 나타난다.

『장자』「추수秋水」에는 '만물제동萬物齊同'을 말하는 『장자』「제물론齊物論」의 사유와 유사한 내용이 많이 나오는데, 이 같은 「추수」에 담긴 사유를 흔히 '추수정신秋水精神'이라고 한다. 그 '추수정신'에는 바다에 관한 철학적 견해가 담겨 있다. 「추수」에는 하백河伯이 북해약北海若을 만나 나누는 대화를 통해 바다의 드넓음을 보지 못한 상태에서 내린 자신의 판단이 얼마나 협애한 지식에 근거한 것인지를 깨닫는다는 내용이 나온다. 구체적으로 소지小知와 대지大知에 관한 것 및 사물을 바라보는 관점으로 '이물관지以物觀之'와 '이도관지以道觀之'의 차이점을 통해 '우물 안의 개구리'(井底之蛙)의 좁은 안목을 꼬집는 우화가 나온다. 하백과 북해약의 대화를 통한 장자의 바다에 대한 철학적 사유를 보기로 하자.

가을의 큰물이 넘칠 때면, 모든 냇물이 황하로 흘러드는데, 물의 흐름이 매우 넓고 크고, 양쪽 언덕과 모래톱 사이는 멀리 떨어져서 거기에 있는 말과 소를 분별할 수가 없었다. 그리하여 하백은 몹시 기뻐하며, 천하의 아름다움이 모두 자기에게 있다고 생각하였다. 물의 흐름을 따라 동으로 가서 북해에 이르러 동쪽을 바라보았더니, 물의 끝이 보이지 않았다. 이에 하백은 비로소 그 얼굴을 돌려 바다를 바라보고, 북해약을 향하여 탄식하며 말하였다. "속담에 이르기를, '백 가지의 도를 듣고서 자기만한 자가 없는 줄 안다'고 했는데, 이는 나를 이르는 말이군요. 나는 또 일찍이 공자의 견문이 좁다 하고 백이의 의로운 행위를 가볍게 여기는 말을 듣고 처음에는 믿지 않았습니다. 지금 나는 당신의 헤아릴 수 없는 무궁한 경지를 보았습니다. 내가 당신의 문하로 오지 않았더라면 큰일 날 뻔했습니다. 내가 오래도록 위대한 도를 깨달은 사람들의 웃음거리가 되었을 테니까요." 북해약이 말하기를, "우물 속의 개구리에게 바다에 대해 말해도 소용이 없는 것은 그가 좁은 곳에 매여 있기 때문이오. 여름 벌레에게 얼음을 말해도 별수가 없는 것은 살고 있는 때(時)에 구속되어 있기 때문이다. '곡사曲士'가 도에 대해 말할 수 없는 것은 속된 가르침에 묶여 있기 때문이다. 지금 당신은 좁은 강물에서 빠져나와 큰 바다를 직접 보고 비로소 자신의 추함을 깨달았으니, 이제는 대도의 이치를 말할 수 있을 것이오"라고 하였다.[38]

가을에 황하에 큰 홍수가 난 상태에서 형성된 강의 큰 넓이에 대해 하백은 자신의 큰 넓음이 갖는 아름다움에 스스로 감탄한다. 그런데 하백이 본 그 넓이가 갖는 큼이란 겨우 먼 거리에 떨어져서 말과 소를 구별할 수 없는 정도인데, 하백은 그것을 참으로 아름답다고 여긴 것이다. 나중에 대지大知의 상징인 북해약을 보고서는 그것이 추한 것임을 알게 된다. 즉 북쪽으로 가서 끝없이 넓이를 알 수 없는 '북쪽 바다 같은 인물(北海若)'을 보고서 하백 자신이 그동안 아름답다고 여긴 것이 얼마나 좁은 시야에서의 판단이었는지를 깨닫게 된다.

장자가 「소요유逍遙遊」에서 말한 대지와 소지 사유를 적용하면,[39] 하백이 아름답다고 여긴 것은 결과적으로 추한 것이 되는데 그것은 바로 소지의 결과물

---

38) 『莊子』, 「秋水」, "秋水時至, 百川灌河, 涇流之大, 兩涘渚崖之間不辯牛馬. 於是焉河伯欣然自喜, 以天下之美爲盡在己. 順流而東行, 至於北海, 東面而視, 不見水端. 於是焉河伯始旋其面目, 望洋向若而歎曰, 野語有之曰, 聞道百以爲莫己若者, 我之謂也. 且夫我嘗聞少仲尼之聞, 而輕伯夷之義者, 始吾弗信, 我睹子之難窮也. 吾非至於子之門, 則殆矣. 吾長見笑於大方之家. 北海若曰, 井不可以語於海者, 拘於虛也. 夏蟲不可以語於氷者, 篤於時也. 曲士不可以語於道者, 束於敎也. 今爾出於崖涘, 觀於大海, 乃知爾醜, 爾將可與語大理矣."

39) 『莊子』, 「逍遙遊」, "小知, 不及大知……窮髮之北, 有冥海者, 天池也. 有魚焉, 其廣數千里, 未有知其修者, 其名爲鯤. 有鳥焉, 其名爲鵬. 背若太山, 翼若垂天之雲, 搏扶搖羊角而上者九萬里, 絶雲氣, 負靑天, 然後圖南, 且適南冥也. 斥鴳笑之曰, 彼且奚適也. 我騰躍而上, 不過數仞而下, 翶翔蓬蒿之間, 此亦飛之至也, 而彼且奚適也. 此小大之辯也." 참조.

이다. 이에 하백은 자신이 알고 있는 지식 및 윤리적 차원에 대한 기존 판단에 문제가 있음을 알게 된다. 이에 공자의 견문이 좁다 하고 백이의 의로운 행위를 가볍게 여기는 말이 어떤 입장에서 보느냐에 따라 진실성이 있을 수 있다는 반성적 고찰을 통해 사물을 올바로 보는 관점 및 대지를 갈망하게 된다. 바다를 보지 않은 자는 큰물에 대해 말할 수 없다는 실증에 해당하는 우화다. 하백의 이 같은 깨달음의 결과는 도에 대한 올바른 체득과 판단에 대한 요구로 이어진다.

우물 안의 개구리가 될 수밖에 없는 것은 민족, 인종, 종족은 물론 어느 하나의 시점과 공간에 얽매인 결과 형성된 시야의 좁음 때문인데, 장자는 그것을 어느 '한 귀퉁이'(曲)에만 집착하여 진리라고 인식하는 인물 이른바 '곡사曲士'라고 규명한다. 이 같은 곡사는 하백에 비해 상대적으로 북해약으로 상징되는 바다에 담긴 큰 이치, 대지가 있음을 알지 못하는 한계가 있다. 도를 체득하려면 자신이 살던 곳을 떠나 보다 넓은 세계로 여행하는 이른바 붕새가 상징하는 '소요유逍遙遊' 정신이 필요하다. 구체적으로 북해약은 바다란 어떤 존재인지에 대해 다음과 같이 말한다.

천하의 물 중에서 바다보다 큰 것은 없으니, 수많은 강물이 바다로 흘러들어 언제 그칠지 모르지만 차는 일도 없다오. 큰 바다 밑에 있는 구멍(眉閭)에서 물이 새어나가 언제 그칠지도 모르지만 말라 없어지는 일이 없다오. 봄에도 가을에도 변하는 일이 없고, 홍수나 가뭄도 모르오. 이렇듯 장강이나 황하의 물이 지나가도 그 양을 잴 수가 없지만, 나는 이를 스스로 많다고 자랑한 일은 일찍이 없었다오. 스스로 형체를 천지에 내맡기고 음양으로부터 정기를 받아 천지 사이에 있는 것이 마치 작은 돌이나 작은 나무가 큰 산에 있는 것과 같다오. 이렇듯 나 스스로 작다고 보고 있는데, 어찌 또 스스로를 많다고 자랑스럽게 여기겠소. 이 세상도 천지 사이에 있음을 헤아려 보면 마치 작은 구멍이 큰 못에 있는 것과 같지 않겠소? 중국도 바다 안에 있음을 헤아려 본다면, 마치 피가 큰 광에 있는 것과 같지 않겠소…… 중니仲尼(孔子)는 여러 가지 가르침을 강론하여 사람들로부터 박학博學이란 말을 들었소. 이들이 스스로 남보다 뛰어났다고 하는 것은 그대가 전에 스스로를 향해 물이 많다고 자랑한 것과 같지 않겠소?[40]

스스로가 넓고 깊은 바다인 북해약도 보다 넓은 세계와 비교하면 아주 보잘것없는 것이 된다. 북해약은 이 같은 점에 대한 인식이 있었기에 우물 안의 개구리와 같은 좁은 시야에 얽매이지 않을 수 있었다. 대지에 대한 체득, 도에 대한 체득자로서의 자세다. 하지만 소지에 얽매인 인간들의 판단은 다른 점이 있다. 구체적으로 이런 판단에 대해 공자가 자신의 좁은 소견을 마치 박학한 것처럼 여기는 것은 하백이 자신의 물이 가득한 것을 아름답다고 여긴 소치와 다를 바가 없다고 진단한다. 공자 견문의 박학을 소지로 귀결 짓는 것에는 유가가 학습學習을 통해 앎을 이룬 것에 대한 비판이 담겨 있다.

주목할 것은 앞의 "곡사曲士가 도에 대해 말할 수 없는 것은, 속된 가르침에 묶여 있기 때문이오"라는 발언이다. 장자는 '일곡지사一曲之士'를 말한 적이 있는데,[41] '일곡지사'는 이른바 자신이 좋아하는 것을 설정한 다음 그것을 기준과 중심으로 삼고서 다른 사물을 분석分析하고 재단裁斷하는, 이른바 소지小知의 세계에 매몰된 인물들이다. 이런 점에서 북해약은 대지大知 차원에서 출발하여 상대적 분별지와 시공간의 제약을 받는 상태에서 얻어진 소지小知의 문제점을

---

40) 『莊子』,「秋水」, "天下之水, 莫大於海. 萬川歸之, 不知何時止而不盈. 尾閭泄之, 不知何時已而不虛. 春秋不變, 水旱不知. 此其過江河之流, 不可爲量數, 而吾未嘗以此自多者. 自以比形於天地, 而受氣於陰陽, 吾在天地之間, 猶小石小木之在大山也. 方存乎見少, 又奚以自多. 計四海之在天地之間也. 不似礨空之在大澤乎……計中國之在海內, 不似稊米之在大倉乎……仲尼語之以爲博, 此其自多也, 不似爾向之自多於水乎."

41) 『莊子』,「天下」, "天下大亂, 賢聖不明, 道德不一, 天下多得一察焉以自好. 譬如耳目鼻口, 皆有所明, 不能相通. 猶百家衆技也, 皆有所長, 時有所用. 雖然, 不該不遍, 一曲之士也. 判天地之美, 析萬物之理, 察古人之全, 寡能備於天地之美, 稱神明之容."

지적한다.

하백이 말했다. "그렇다면 나는 천지를 크다 하고 가을 털끝은 작다 해야 옳
겠습니까?" 북해약이 말했다. "아니오. 저 만물의 양은 끝이 없고, 시간은 멈
춤이 없으며, 운명은 일정함이 없고, 처음과 끝은 얽매이는 일이 없다오. 그
러기에 큰 지혜를 가진 사람은 멀고 가까운 곳을 두루 볼 수 있기에 작다고
하찮게 여기지 않고, 크다고 뛰어나다고 여기지를 않소. 이는 만물의 양이
끝이 없음을 알기 때문이오.…… 가득 차고 텅 비는 것을 살펴 알고 있기에
얻었다고 기뻐하지 않고, 잃었다고 근심하지 않소. 그것은 운명은 일정하지
않다는 것을 알기 때문이오. 도가 평등함을 밝혀 알고 있기에 사는 것을 달가
워하지 않고, 죽는 것을 재앙으로 여기지 않소. 처음과 끝이 얽매일 수 없음
을 알고 있기 때문이라오. 사람이 안다는 것을 헤아려 보면, 그 알지 못하는
바에는 도저히 미치지 못하고, 사람이 사는 시간은 아직 태어나지 않은 시간
에는 도저히 미치지 못한다오. 이와 같이 지극히 작은 것으로 지극히 큰 영역
을 규명하려 하니 혼동되고 어지러워져 만족할 수가 없게 되는 것이오. 이것
으로 미루어 볼 때, 어찌 털끝이 지극히 가는 것이라고 단정해서 알 수 있으
며, 또 어찌 천지가 지극히 큰 영역이라고 규명해서 알 수 있으리오?"[42]

'천지를 크다 하고 털끝은 작다 하는 것은 무엇인가 기준을 세우고 그것을
통해 사물을 상대화시키면서 차별화하는 상대적 분별지의 소산이다. 하지만
큰 지혜를 가진 사람은 하나의 획일적인 기준을 세워 임의적으로 혹은 자의적으
로 사물을 판단하지 않는다. 아울러 지극히 작은 것으로 지극히 큰 영역을

---

42) 『莊子』, 「秋水」, "河伯曰, 然則吾大天地而小豪末, 可乎. 北海若曰, 否. 夫物, 量無窮, 時無止,
分無常, 終始無故. 是故大知觀於遠近, 故小而不寡, 大而不多, 知量無窮. 證向今故, 故遙而不
悶, 掇而不跂, 知時無止. 察乎盈虛, 故得而不喜, 失而不憂, 知分之無常也. 明乎坦塗, 故生而
不說, 死而不禍, 知終始之不可故也. 計人之所知, 不若其所不知. 其生之時, 不若未生之時. 以
其小, 求窮其至大之域, 是故迷亂而不能自得也. 由此觀之, 又何以知毫末之足以定至細之倪,
又何以知天地之足以窮至大之域."

규명하려고 하지 않는다. 바다를 보지 못한 상태에서의 하백의 판단은 알고 보면 우리가 흔히 대지가 있음을 알지 못한 상태에서 진리를 인식하는 방식의 다른 모습이다. 예를 들면 유가의 '택선고집擇善固執'과 같은 방식을 통해 세계를 분별하는 방식에 속한다. 즉 소지小知는 자신이 선택한 하나의 중심과 기준을 통해 여타 사물을 상대화하여 판단하는 분별지의 결과물이다. 하백은 그렇다면 소지에서 벗어나 대지의 지혜를 갖추려면 어떤 방식으로 사물을 바라보고 평가할 것인지를 질문한다. 이에 북해약은 '이물관지以物觀之' 방식이 아닌 '이도관지 以道觀之'의 방식을 알려 준다.

> 하백이 말했다. "만물의 밖에서입니까, 만물의 안에서입니까? 어찌하여 귀천의 차별이 생기고, 어찌하여 대소의 구별이 생깁니까?" 북해약이 대답했다. "도의 입장에서 이를 보면 만물에는 귀천의 차별이 없고, 만물의 입장에서 이를 보면 스스로를 귀하다 하고 상대를 천하다 여기오.…… 차별이란 관점에서 보면 사람들이 각자 크다고 여기는 것을 기준으로 어떤 사물을 크다고 하면 만물이 크지 않은 것이 없고, 사람들이 각자 작다고 여기는 것을 기준으로 어떤 사물을 작다고 하면 만물이 작지 않은 것이 없소. 그래서 천지가 돌피알처럼 작은 것이 될 수 있음을 알고, 호말毫末이 언덕이나 산처럼 큰 것이 될 수 있음을 알게 되면 차별하는 셈법이 같게 될 것이오.…… 도의 입장에서 이를 보면, 무엇이 귀하고 무엇이 천하다 하겠소? 귀천의 구별이 없으니, 이를 반연反衍이라 하오.…… 만물은 원래가 하나로 가지런하니, 무엇이 짧고 길겠소?"[43]

'이물관지以物觀之'는 자신이 어떤 하나의 사물을 기준과 중심으로 삼아 다른

---

43) 『莊子』, 「秋水」, "河伯曰, '若物之外, 若物之內, 惡至而倪貴賤, 惡至而倪小大.' 北海若曰, '以道觀之, 物無貴賤, 以物觀之, 自貴而相賤.……以差觀之, 因其所大而大之, 則萬物莫不大. 因其所小而小之, 則萬物莫不小. 知天地之爲稊米也, 知豪末之爲丘山也, 則差數等矣.……北海若曰, 以道觀之, 何貴何賤, 是謂反衍.……萬物一齊, 孰短孰長.'"

사물을 판단하는 것이다. 따라서 하나의 중심과 기준이 있고, 그 중심과 기준을 통해 사물의 대소와 귀천의 차별상을 구분한다. 하지만 '이도관지以道觀之'는 그 같은 자신만의 기준과 중심은 없다. 장자가 보기에 만물은 원래가 하나로 가지런하기(萬物一齊)에 대소와 귀천의 차별상은 없는 점에서 '이물관자'로써 내린 판단의 문제점을 지적한다. 그런데 북해약 식으로 "천지가 돌피알처럼 작은 것이 될 수 있음을 알고, 호말毫末이 언덕이나 산처럼 큰 것이 된다"는 대와 소에 대한 차별을 짓지 않으면 무엇이 옳고 그르며, 무엇이 선이며 선이 아닌지를 판단할 수 없는 모호함이 나타나게 된다. 이런 점에서 '사물들은 고르지 않다'(物之不齊)라는 것을 강조하는 유학에서는 이 같은 북해약의 사유를 강하게 비판한다. 이제 북해약은 한 걸음 더 나아가 우물 안의 개구리 우화를 통해 소지에 해당하는 공손룡公孫龍의 동이견백론同異堅白論을 문제 삼는다.

공손룡이 위모魏牟에게 물었다. "저는 어려서 선왕의 도를 배웠고, 장성한 뒤로는 인의의 행실을 분명히 밝혔습니다. '같은 것'(同)과 '다른 것'(異)을 같다 하고, '돌의 굳은 것'(堅)과 '흰 것'(白)을 다르다 하며, 그렇지 않은 것을 그렇다 하고, 옳지 않은 것을 옳다 하여, 여러 사람의 지혜를 곤혹스럽게 하고, 뭇사람의 변설을 궁지에 빠뜨렸습니다. 그래서 저는 스스로 지극한 경지에 도달했다고 생각했습니다. 그런데 이제 장자의 말을 듣고 보니 멍해지고 괴이한 생각이 들어, 제 변론이 그에게 미치지 못하는 것인지 아니면 지혜가 그보다 못한 것인지 알 수 없게 되어 버렸습니다. 지금 저는 제 입도 벌릴 수 없을 정도이니, 부디 그 도를 알고 싶습니다." 공자 모(魏牟)는 팔걸이에 의지하여 크게 한숨짓고, 하늘을 우러러 웃고는 말했다. "유독 그대만 저 우물 안 개구리 이야기를 듣지 못했는가. 어느 날 개구리가 동해의 자라에게 가서 '나는 즐겁네. 내가 뛰어오르면 우물 난간 위로 나가고, 들어가 쉬노라면 깨어진 벽돌의 가장자리이고, 물로 가면 겨드랑이를 수면에 붙인 채 턱을 들어 올리고, 진흙을 차면 발이 빠져 발등까지 잠긴다네. 둘러보면 장구벌레와 게와

올챙이도 나만은 못하다네. 웅덩이의 물을 내 마음대로 하면서 우물 안의 즐거움을 편하게 차지하고 있으니, 이것 역시 지극한 경지일세. 자네도 때때로 들어와 즐겨 보지 않겠는가'라고 말했다네. 이에 동해의 자라는 우물에 들어가려고 왼발을 미처 넣기도 전에 오른쪽 무릎이 끼여 버리자, 뒤로 멈칫멈칫 물러서며 벗어난 다음, 바다에 대해 들려주었네."[44]

대지에 의한 사물 판단을 요구하는 장자가 위모의 말을 빌려 동이견백론을 주장하는 공손룡 등과 같은 당시 '일곡지사一曲之士'들의 제한된 지식과 판단을 우물 안의 개구리의 우화를 통해 비판한 것은 당연하다. 동해의 자라가 개구리에게 바다에 대해 들려준 말을 통해 장자가 바다를 어떻게 규정하였는지를 보자.

저 천리나 되는 먼 거리도 그 크기를 거론하기에는 부족하고, 천 길의 높이도 그 깊이를 속속들이 다 말하기에는 부족하다네. 우임금 때는 10년 동안 아홉 번이나 홍수가 났지만 바닷물은 더 불지 않았고, 탕임금 때는 8년 동안 일곱 번이나 가뭄이 들었지만 바닷물이 더 줄지도 않았다네. 무릇 시간의 길고 짧음에 따라 변천되는 일도 없고, 물의 많고 적음에 의해 줄거나 늘지 않으니, 이것이 바로 동해의 큰 즐거움이라네.…… 이렇듯 지식이 지극히 오묘한 말을 논할 줄도 모르면서 한때의 이로움으로 자적自適하는 것은, 저 우물 안의 개구리가 아니고 무엇이겠는가?[45]

---

44) 『莊子』,「秋水」, "公孫龍問於魏牟曰, 龍少學先王之道, 長而明仁義之行. 合同異, 離堅白. 然不然, 可不可. 困百家之知, 窮衆口之辯, 吾自以爲至達已. 今吾聞莊子之言, 茫然異之. 不知論之不及與, 知之弗若與. 今吾無所開吾喙, 敢問其方. 公子牟隱几大息, 仰天而笑曰, 子獨不聞夫埳井之蛙乎? 謂東海之鱉曰, 吾樂與. 出跳梁乎井幹之上, 入休乎缺甃之崖. 赴水則接腋持頤, 蹶泥則沒足滅跗. 還虷蟹與科斗, 莫吾能若也. 且夫擅一壑之水, 而跨跱埳井之樂, 此亦至矣. 夫子奚不時來入觀乎. 東海之鱉左足未入, 而右膝已縶矣. 於是逡巡而卻, 告之海曰."

45) 『莊子』,「秋水」, "夫千里之遠, 不足以擧其大. 千仞之高, 不足以極其深. 禹之時, 十年九潦, 而水弗爲加益. 湯之時, 八年七旱, 而崖不爲加損. 夫不爲頃久推移, 不以多少進退者, 此亦東海之大樂也. 且夫知不知論極妙之言, 而自適一時之利者, 是非埳井之蛙與."

장자는 이른바 '우물 안의 개구리' 우화를 통해 도道의 세계가 어떤 경지에 있는 것인지를 말한다. '우물 안 개구리의 소지小知'는 알 수 없는 넓이와 깊이 그리고 어떤 상황에서도 그 본래성을 유지하고 있는 바다를 보지 못한 상태에서 내린 결과물이다. 그렇다고 북해약은 자신이 대지라고 자임하지 않는다. 우주 와 천지의 큼에 비하면 북해약의 넓음과 깊음도 매우 작은 것에 속하기 때문이 다. 하지만 현상적으로 존재하는 냇물이나 강물에 비하면 바다는 장자가 말하 고자 한 도의 다른 모습이며, 아울러 대지의 상징에 해당한다고 할 수 있다.

이 같은 대지를 강조하고 소지를 문제 삼는 장자의 사유를 실제 중국 역사에 나타난 사례에 적용해 본다면, 유가의 전통적인 '사해四海 관념'을 들 수 있다. 중국에는 전통적으로 '사방'을 뜻하는 의미로 사해 관념이 있었다.46) 그런데 사해란 표현은 문제가 많다. 왜냐하면 지금도 마찬가지이지만 과거 중국 영토 를 기준으로 하여 본다면 사해가 있을 수 없기 때문이다. 이 같은 전통적인 '사해 관념'에 대해 명대 이지李贄(1527~1602)는 좁은 식견에서 나온 진실을 제대 로 알지 못한 좁은 견해라고 비판한 적이 있다.47) 유가가 주장한 '사해 관념'은 결국 소지의 결과물이었다.

---

46) 『尙書』,「禹貢」, "東漸於海, 西被於流沙, 朔南暨, 聲教訖於四海.";『論語』,「顔淵」, "司馬牛 憂曰, 人皆有兄弟, 我獨亡. 子夏曰, 商聞之矣. 死生有命, 富貴在天. 君子敬而無失, 與人恭而 有禮. 四海之內, 皆兄弟也. 君子何患乎無兄弟也.";『論語』,「堯曰」, "堯曰, 咨, 爾舜. 天之曆 數在爾躬, 允執其中. 四海困窮, 天祿永終.";『禮記』,「王制」, "西不盡流沙, 南不盡衡山, 東不 盡東海, 北不盡恆山. 凡四海之內, 斷長補短, 方三千里.";『禮記』,「祭義」, "夫孝置之而塞乎 天地, 溥之橫四海. 推而放諸東海而准, 推而放諸西海而准, 推而放諸南海而准, 推而放諸北 海 而准." 등 참조.

47) 李贄, 『焚書』, 卷4,「雜述 · 四海說」, "丘文莊謂自南越入中國始確南海, 而西海竟不知所在. 餘謂禹貢言聲教訖於四海者, 亦只是據見在經曆統理之地而紀其四至耳. 所雲四海, 卽四方也. 故又曰, 四方風動, 則可見矣, 豈眞有東西南北之海, 如今南越之耗然可睹者哉. ⋯⋯以天下三大 水, 皆從川中出焉之, 而知其難以複尋西海於今之世也. 西海旣不可尋, 則以何名何從而祀海也. 然則丘文莊欲祀北海於京之東北, 楊升庵欲祀西海於滇之西南, 皆無義矣, 其誰享之. 嗚呼, 觀 於四海之說, 而後知世人之所見者小也. 況四海之外哉." 참조. 李贄, 『焚書』(長沙: 嶽麓書社, 1990), p.156.

이상 본 바와 같이 『장자』 「추수」에서 '우물 안의 개구리' 우화를 통해 말해진 바다는 도의 상징이며 대지의 다른 이름이었다. 바다를 통해 올바른 진리에 인식과 관련된 철학적이면서 동시에 아름다움과 관련된 미학적 견해를 보여 준 것은 장자였다.

4. 유가: 성인聖人의 경지로서의 바다

동양 문인들에게 바다는 기본적으로 고기를 잡는 실용 차원의 바다가 아니었다. 그 바다를 넘어 타 지역에 가서 자신들이 필요한 것을 획득하는 정복 차원 혹은 전쟁 차원의 바다도 아니었다. 또한 서양처럼 문명과 연계된 바다는 더욱 아니었다. 동양 문인들에게 바다는 주로 관상의 대상으로서의 바다였는데, 단순히 관상 그 자체에만 머문 것이 아니라 인간의 삶에 적용하여 학문적 차원과 윤리적 차원의 바다로 환원하여 이해하였다. 이제 이런 점을 확인해 보자.

鄭敾, 「叢石亭圖」.
바다를 마주 보고 있는 산 위의 정자에서 혹은 유람의 형식을 통해 배가 파도에 묻힌 바다 풍경을 감상하고자 한 것에 주목할 필요가 있다.

중국 명明 영종英宗 때에 병부주사兵部主事 양거楊琚는 '관해정觀海亭'이라는 정자에 대한 감흥을 기록한 기문記文인 「관해정기觀海亭記」를 쓴다. 「관해정기」는 직접 배를 타고 바다에 나가서 거친 풍랑을 겪어 보지 않은 상태에서의 감상을 읊은 기문에 해당한다. 따라서 이런 이해는 실제 격랑치는 바다가 어떤 위험 요소를 띠고 있는지를 제대로 알지 못한 제한적인 이해에 속한다. 아울러 '관해정기'라는 표현에서 주목할 것은 '정자'(亭)이란 단어다. 겸재謙齋 정선鄭敾의 「총석정도叢石亭圖」에서 볼 수 있듯이, 바다가 보이는 산에 정자를 만들어 놓고 바다를 관상하는 즐거움을 누리는 차원의 바다였다.[48]

양거가 「관해정기」에서 바다의 수세水勢를 보고 철학적 사유를 한 것에 주목할 필요가 있다. 양거는 바다의 물길이 아래로 내려가지 않음이 없고, 오가면서 쌓이는 데 잠시라도 쉼이 없는 것을 보고 바람직한 학문과 수양공부를 유추한다. 인간 본성의 선함과 도체의 무궁한 묘한 경지를 볼 수 있고, 결론적으로 자강불식自彊不息[49]의 이치를 깨닫는다고 하는 것이 그것이다.[50] 아울러 『순자荀子』 「유좌宥坐」에 나오는 비덕比德[51] 차원에서 물에 대한 견해를 확장해 바다에 적용하고 있다.[52] 즉 양거가 인간이 어떤 삶을 사는 것이 바람직한 삶인가에

---

48) 동양문화가 서양문화와 차이점을 보이는 것 중 하나가 '문화공간'으로서 의미를 지니는 정자문화인데, 거대한 홍수로 인한 물 구경, 불구경, 싸움 구경처럼 재미있는 것이 없다고 하듯, 바닷가에 있는 산의 정자에서 눈으로만 보는 바다는 激浪이 더 크게 일어날수록 더욱 장관이라고 여길 수 있다. 그리고 바다를 감상할 겨를이 있는 인물들이라도 대부분 날마다 바다에 있는 정자에서 관상할 수 있는 상황도 아니었다. 이런 점은 서양인들이 접한 생존을 위해 투쟁해야만 바다, 영토를 넓히기 위한 바다 등과 같은 것과 차별화될 수밖에 없다.

49) 『周易』, 乾卦, "天行健, 君子, 利, 自彊不息."

50) 楊据, 『觀海亭記』, "當夫晴霽之朝, 居高望遠, 則日上扶桑, 煙開蜃市, 淸風徐來, 波鱗不興, 上下天光, 一碧萬頃, 浴日浸霞, 錦綺浮蕩, 氣象不可名言. 至夫潮汐往來, 水落日出, 鳥喜飛躍, 魚樂遊泳, 凡其物類無不逞其現美於亭台之外. 及夫天將降雨, 而山川之氣騰, 八方之風動. 於斯時也, 則其水黑而晦, 遠混天色, 濤翻雪陣, 洶湧澎湃, 聲聞十餘里, 如鼓雷霆震天地, 至晝夜不輟, 謂之海吼. 觀其水勢, 無有不下, 往過來續, 無一息之停. 非從可以見人性之善, 亦可見道體無窮之妙, 有如此夫, 是以君子貴乎時加省察, 自強而不息也."

51) 『荀子』, 「宥坐」, "孔子觀於東流之水. 子貢問於孔子曰, 君子之所以見大水必觀焉者, 是何. 孔子曰, 夫水遍與諸生而無爲也, 似德. 其流也埤下, 裾拘必循其理, 似義. 其洸洸乎不淈盡, 似道. 若有決行之, 其應佚若聲響, 其赴百仞之穀不懼, 似勇. 主量必平, 似法. 盈不求概, 似正. 淖約微達, 似察. 以出以入, 以就鮮絜, 似善化. 其萬折也必東, 似志. 是故見大水必觀焉."

52) 楊据, 『觀海亭記』, "昔孔子觀東流之水, 子貢問曰, 君子見大水必觀, 何也. 孔子曰, 夫水者, 君子比德焉. 遍予而無私, 似德, 所及者生, 似仁, 其流卑下句倨皆循其理, 似義, 淺者流行, 深者不測, 似智, 其赴百仞之穀不疑, 似勇, 綿弱而微達, 似察, 受惡不讓, 似包, 蒙不淸以入, 鮮潔

대한 롤모델로서 바다를 설정한 것은 윤리적이면서 수양론적 차원의 바다였다. 이런 사유가 확장하여 드넓은 성인의 학문 세계로 차근차근 밟아 들어가는 사유를 바다에 연계하여 이해한다.

유가 경전에 나타난 실례를 보면, 공자는 "도가 행해지지 않으면 바다에 뗏목을 타고 건너갈 때 나를 따르는 자는 아마 자로일 것이다"라는 말을 한 적이 있다. 사실 이 말은 공자가 진짜 바다를 보고서 한 말은 아니라고 본다.[53] 유가에서 바다에 관해 철학적 견해를 제대로 밝힌 인물은 맹자다.

> 맹자가 이르기를 "공자께서 노나라 동산에 올라가서는 노나라가 작다고 여기셨고, 태산에 올라가서는 천하를 작게 여기셨다. 그러므로 바다를 본 사람에게는 큰물이 되기가 어렵고, 성인의 문하에서 유학한 사람에게는 훌륭한 말이 되기가 어려운 것이다"라고 하였다.[54]

주희는 "이는 성인의 도가 큰 것임을 말한 것이다. 동산은 노나라 도성 동쪽에 있는 높은 산이요, 태산은 이보다 더 높다. 이는 처한 곳이 더욱 높으면 그 아래를 봄에 더욱 작아지고, 본 것이 이미 크면 작은 것은 족히 볼 것이 못 된다는 것을 말한 것이다"[55]라고 하여 성인의 도가 큼을 바다에 비유하여 말한 것으로 풀이한다. 바다를 성인의 경지로 풀이한 것을 다른 차원으로 말하면, 그 바다와 같이 넓은 성인의 경지에 들어가려면 혹은 성인의 학문을 공부하

以出, 似善, 化至量必平, 似正, 盈不求槪, 似度, 其萬折必東, 似意. 是以君子見水必觀焉爾也. 噫, 君子之取於水如此, 況於海乎."
53) 『論語』, 「公冶章」, "子曰, 道不行, 乘桴浮于海. 從我者其由與." 朱熹, 『論語集注』, "程子曰, 浮海之歎, 傷天下之無賢君也. 子路勇於義, 故謂其能從己, 皆假設之言耳." 참조.
54) 『孟子』, 「盡心上」, "孟子曰, 孔子登東山而小魯, 登太山而小天下. 故觀於海者, 難爲水, 遊於聖人之門者, 難爲言."
55) 『孟子』, 「盡心上」 앞 구절에 대한 朱熹의 注, "此言聖人之道大也. 東山, 蓋魯城東之高山, 而太山則又高矣. 此言所處益高, 則其視下益小, 所見旣大, 則其小者不足觀也."

려면 어떻게 해야 하는가 하는 질문으로 이어진다.

유학자들은 바다를 통해 성인으로 가는 학문의 길이 바다처럼 가없음을 말한다. 이런 점을 가장 잘 보여 주는 것은, 퇴계退溪 이황李滉의 제자인 학봉鶴峰 김성일金誠一(1538~1593)의 「학해부學海賦」다. 긴 글인데 중요한 것만 보기로 한다.

보잘것없는 내 삶 비천하고 더러움은	藐余生之涵淢
달팽이가 제 껍데기 지키는 것과 같네.	類坎蝸之守陋
괜히 바다 넓다는 말만 듣고 주저하며	空聞海而躊躇
어느덧 십 년 세월 깜깜하게 보냈도다.	汩十年其貿貿
다행히 물을 보는 데에 방법 있어서	幸觀水之有術
학문 바다 아득히 넓은 데에 뜨게 됐네.	泛學海之巨浸
넓은 바다 바라보며 끝없어서 놀라고	驚渺瀰於望洋
근원 되는 샘 찾을 길 없어서 탄식했네.	嘆源泉之不窮
……	……
뒷날에 일 없도록 우왕처럼 물길 끌어	行無事道禹智
날마다 헤엄치며 은택에 몸 적시었네.	日游泳而涵澤
참으로 웅덩이에 가득 찬 뒤 흐른다면	苟盈科而後進
바다로 흘러들어 모일 날이 있을 거네.	庶會宗之有日
이에 노래 지으니 그 노래는 이러하네.	乃爲之歌曰
물이여 물이여 찬미했나니	水哉水哉
어찌하여 물에서 취하였던가.	何取水也
근원이 있는 것이 이와 같으니	有源若是
바로 그걸 취한 것이로구나.	是之取爾
깊고도 조용한 그 못물이요	淵淵其淵
넓고도 드넓은 그 하늘이네.	浩浩其天
혼돈에서 처음으로 개벽이 되니	混兮闢兮
넘치어서 흘러나오는 것이 끝이 없어서	洋溢無邊
만물의 정기가 모두 모였고	元氣之會

큰 조화가 한곳으로 융합되었네.	大化之融
성인께서 계시지를 않았더라면	不有聖兮
누가 물길 뚫고 소통시켰겠으며	孰疏孰通
드넓은 저 바다가 없었더라면	不有海兮
모든 강물은 어디에 모이겠는가.	百川何宗
거룩한 성인이여 넓은 바다여	聖乎海乎
호호탕탕 드넓은 그 공이로다.	蕩蕩其功
거기 가서 어찌 놀지 아니하리오	盍往遊乎
우리 당의 빼어난 문사들이여.[56]	吾黨文龍

「학해부」에서 말하는 '모든 것을 다 받아들이면서 포용하는 드넓은 바다'는 바로 드넓은 학문의 소유자인 '성인聖人'을 상징한다. '학해'라는 말이 상징하듯 배워야 하는 학문의 세계, 성인이 되는 길은 넓고도 넓다. 그 학문 세계의 종극은 성인의 경지에 오르는 것인데, 문제는 어디서부터 시작해야 하는지를 알 수 없다. 하여, 바다가 넓다는 말만 듣고 주저하듯이, 성인 되는 공부의 세계가 넓다는 것을 알고서 지레 겁먹고 만다. 그렇지만 그런 드넓은 성인의 경지에 들어갈 방법이 없는 것은 아니다. 이에 김성일은 성인의 위대한 학문 세계를 드넓은 바다에 비유하면서, 성인 되는 방법을 찾는다. 바로 맹자가 말한 '웅덩이를 채운 이후에 나아간다'(盈科而後進)[57]라는 것을 생각하면서 차근차근 노력하여 학습해야 하겠다는 다짐을 한다. 결국 성인과 같은 드넓은 바다에서 학문에 차근차근 순서를 밟아가면서 전념할 것을 말하는 차원에서 이해된 바다는 성인의 드넓은 학문의 다른 이름이었다.

성현成俔의 「만경대에서 파도를 바라보다」(萬景臺觀海濤賦)에 나오는 아래와

---

56) 金誠一, 『鶴峯全集』(鶴峯逸稿), 卷2, 「學海賦」.
57) 『孟子』, 「離婁下」, "徐子曰, 仲尼亟稱於水, 曰, 水哉, 水哉. 何取於水也. 孟子曰, 原泉混混, 不舍晝夜. 盈科而後進, 放乎四海, 有本者如是, 是之取爾."

같은 뒷부분의 시어도 이런 점을 말해 준다.

태산에 올라 보고 천하를 작게 여겼으니	吾聞登太山而小天下兮
성인께서 우뚝 서 있는 것을 보고서도	見聖人所立卓爾
사람들은 그 경지를 헤아리지 못하며	而人莫測其瞻忽
바다를 본 자에겐 물이 되지 못했으니	觀於海而難爲水兮
대현의 심지가 드러남을 보겠도다.	見大賢心志之發越
하백이 북해약에게 굽혔다는 기이한 말	河伯屈於海若
장자 늙은이(莊周)도 언급한 바 있었거니와	莊叟亦有此奇說
한곳에 매여 있는 뒤웅박은	彼匏繫於一方
통달한 사람은 본래 달가워하지 않은 바로다.	固達人之所不屑
……	……
한이 없이 크면서도 한이 없이 작은 것	大無外而小無內
이것이 도체의 본말이니	是道體之本末
근원을 궁구하여 깊이 들어간다면	若能窮其源而深入
써도 다함이 없고 고갈됨이 없을 것이니	用之無盡而酌之不竭
그런 뒤에 푹 잠겨서 연마한다면	夫然後浸潛漸漬
칠십자 당에 오르고 공자 방에 들어가리.[58]	可以升七十子之堂而入夫子之室

이 시에서는 바다와 관련된 사유를 통해 '도체의 본말'에 대한 근원을 깊이 연구해 들어간다면 공자의 72 제자 틈에도 낄 수 있고, 궁극적으로는 공자의 경지까지 올라갈 수 있음을 말하고 있다.[59] 아울러 이 시에서는 『장자』 「추수秋水」에 나오는 하백河伯이 북해약北海若을 보고 더 넓은 세계가 있음을 알았다는 것도 인용하고 있는데, 앞서 말한 맹자가 말한 '관해난위수觀海難爲水'의 관점은

58) 成俔, 『虛白堂文集』, 卷1, 「萬景臺觀海濤賦」(a014_418b).
59) 『論語』, 「先進」, "門人不敬子路. 子曰, 由也升堂矣, 未入於室也." 참조.

때론 장자가 말한 우물 안의 개구리와 같은 좁은 소견을 비웃는 것으로도 나타난다. 두 개의 시를 보자.

서쪽 요새 산이 높으니 날이 쉽게 어두워지네.	西塞山高日易昏
우연히 가진 멋진 유람 참으로 기쁘다마다	偶作勝遊殊可喜
세상일 말하려다가도 번번이 삼켜 버린다오.	欲談時事却成呑
고래로 바다를 본 이에겐 물 되기 어려운데	古來觀海難爲水
우물 밑에서 그 누가 함부로 잘난 체하는가.[60]	井底何人妄自尊
바다를 본 사람에게는 다른 물이 인정받기 어렵다는	觀於海者難爲水
맹자의 말씀이 어찌 우연이랴.	亞聖之言豈偶然
용궁은 천 길이라 깊이를 헤아리기 어렵고	蛟窟千尋深莫測
큰 파도는 광활하여 넓이가 끝이 없네.	鯨波萬頃闊無邊
처음에는 은하수에서 뗏목 탄 나그네 같더니	初如雲漢乘槎客
돌아올 땐 봉래와 영주에서 약초 캐는 배 같네.	還似蓬瀛採藥船
종전에 놀던 곳을 도리어 웃나니	卻笑從前遊戲處
졸졸 흐르는 도랑물에 까마귀와 솔개가 목욕하였지.[61]	潺湲溝瀆浴烏鳶

이 같은 시어에 담긴 바다에 대한 인식에는 인생살이에서 지향해야 할 것과 관련된 지혜를 얻고자 하는 것이 담겨 있다. 즉 바다에 대한 철학적 인식을 엿볼 수 있다.

'관해장'에서 바라본 바다는 모험을 유발하고 경쟁을 유발하는 경제적, 상업적, 약탈적 차원의 바다가 아니라, 철학적이고 미학적이면서 인문학적 바다에 해당한다. 아울러 드넓은 바다는 성인의 드넓은 학문 세계의 상징으로서 여겨졌고, 이런 점에서 모든 세상의 물이 차근차근 웅덩이를 메워 가면서 바다로

---

60) 李穀, 『稼亭集』, 卷19, 「次洞仙驛觀瀾亭詩韻」(a003_221d).
61) 趙任道, 『澗松集』, 卷2, 「觀海」(a089_050a).

가듯이 성인 되는 공부도 이처럼 모든 물이 바다로 차례대로 몰려가는 것을 보고 학문에 임할 것을 요구하고 있다. 인간이 어떻게 살아야 올바른 삶인지를 알려 주는 '롤모델'(role-model)로서의 바다이면서 지혜의 바다였다. 아울러 유가가 바다를 성인의 상징으로 보면서 '하학이상달下學而上達' 및 자강불식自彊不息의 학문 자세 및 수양론과 관련하여 이해한 것은 노자와 장자가 자신들의 도론 및 인식 층차의 다양성과 관련하여 이해한 것과 차이점이 있었다.

5. 은일隱逸과 유토피아 지향의 상징으로서의 바다

중국문화에서의 바다에 관한 사유는 관료 지향적 삶을 추구하고 문화인으로서 도시적 삶을 추구하는 유가보다는 '도법자연道法自然'과 강호江湖와 함께하고자 하면서 은일 추구적 삶을 추구하는 도가道家에 더 뚜렷하게 나타난다. 일단 강과 호수를 중심으로 하는 농경문화에서 볼 때 바다는 매우 궁벽한 곳에 속한다고 여겼다. 장자는 '북명北冥'(北溟)의 곤鯤이 붕鵬으로 화化해서 '남명南冥'으로 비상하는 '붕새 우화'를 통해 '소요유逍遙遊'가 지향하는 사유를 말하는데, 이런 우화에서 궁벽한 곳에 위치한 바다를 말하고 있다.

은殷나라의 탕湯임금이 현자賢者로 이름 높은 극棘에게 물어서 들은 내용도 이 이야기에 지나지 않는다. 초목이 나지 않는 불모지의 북녘에 검푸르고 어두운 바다가 있으니 그것은 하늘의 못, 천지天池입니다.[62]

---

62) 『莊子』, 「逍遙遊」, "湯之問棘也是已. 窮髮之北有冥海者, 天池也." 나머지 내용은 "有魚焉, 其廣數千里, 未有知其脩者, 其名爲鯤. 有鳥焉, 其名爲鵬. 背若泰山, 翼若垂天之雲, 搏扶搖羊角而上者九萬里. 絶雲氣, 負靑天, 然後圖南, 且適南冥也."

그런데 이 같은 궁벽한 곳에 있는 바다는 때론 은일자의 피세避世 공간이 되거나 혼군昏君의 가혹한 정치로부터 벗어나 생존을 도모할 수 있는 공간이 되기도 하였다. 이런 점을 구체적으로 말해 주는 것은 『논어論語』에서[63] 은나라가 망할 때 당시 뜻있는 인물들이 행한 행적인데, 구체적으로는 부지휘자 양陽과 경磬을 치는 양襄이 바닷가로 들어갔다는 고사다.

> 은나라가 망할 때 궁정 악장 지摯는 제나라로 가고, 제이 연주자 간干은 초나라로 가고, 제삼 연주자 료繚는 채나라로 가고, 제사 연주자 결缺은 진나라로 가고, 고수 방숙方叔은 황하로 들어갔고, 땡땡이를 치는 무武는 한중으로 들어갔고, 부지휘자 양陽과 경을 치는 양襄은 바닷가로 들어갔다.[64]

부지휘자인 양陽과 경을 치는 양襄은 바닷가로 들어갔다는 것은 당시에는 더 이상 제대로 된 예악禮樂이 실현되지 않을 것임을 상징한다. 예악이 제대로 실현되지 못한다는 것은 이제 '천하유도天下有道'의 사회는 무너지고 '천하무도天下無道'의 사회로 접어들었다는 것을 의미한다. 이 같은 천하무도의 사회가 되면 뜻있는 인물들은 궁벽한 바다로 도피하여 때를 기다리곤 하였다. 『맹자』에 나오는 은나라 폭군인 주紂를 피하여 북해의 변두리에 살았다는 백이伯夷의 고사와 태공太公(姜尙)이 동해의 물가에 살았다는 고사는 이런 점을 말해 주는데, 그것은 도피 공간으로서의 바다의 궁벽함과 관련이 있다.

> 맹자께서 말씀하셨다. "백이는 주왕을 피해 북해의 물가에 살다가 문왕이 일

---

63) 『論語』, 「微子」, "少師陽, 擊磬襄入於海"에 대한 朱熹의 注, "此記賢人之隱遁以附前章, 然未必夫子之言也. 末章放此. 張子曰, 周衰樂廢, 夫子自衛反魯, 一嘗治之. 其後伶人賤工識樂之正. 及魯益衰, 三桓僭妄, 自大師以下, 皆知散之四方, 逾河蹈海以去亂." 참조.

64) 『論語』, 「微子」, "大師摯, 適齊. 亞飯干, 適楚. 三飯繚, 適蔡. 四飯缺, 適秦. 鼓方叔, 入於河. 播鼗武, 入於漢. 少師陽, 擊磬襄, 入於海."

어났다는 말을 듣고 흥기하여, '어찌 그에게 돌아가지 않겠는가? 내가 들으니 서백(=文王)은 노인을 잘 봉양한다고 하더라'라고 말했다. 태공이 주왕을 피하여 동해의 물가에 살다가 문왕이 일어났다는 말을 듣고 흥기하여, '어찌 그에게 돌아가지 않겠는가? 내가 들으니 서백은 노인을 잘 봉양한다고 하더라'라고 말했다."[65]

아울러 이런 도피의 공간 혹은 은둔의 공간으로서의 바다가 도교적으로 신비화되면 불로불사不老不死하는 신선과 성인의 무리가 산다는 이른바 '삼신재해동설三神在海東說' 등으로 나타난다.[66] 과거 문인들이 그런 곳을 찾아가는 것은 하나의 꿈이기도 하였다. 장유張維(1587~1638)의 다음과 같은 「입협入峽」[67]은 이런 바람을 담고 있다.

신록新綠이 우거지는 초여름 어느 날에	滔滔孟夏草木長
행장을 바삐 꾸려 두메산골 들어서니	促裝策馬遊峽中
오래오래 있고 싶은 빼어난 경치	峽中山水可淹留
깊고 깊은 골짜기엔 여기저기 푸른 단풍	巖洞窈窕多青楓
배고프면 송홧가루 배 아프면 창출蒼朮 뿌리	松花療飢朮苗肥
인적 드문 임궁과 감우 찾아다니면	琳宮紺宇探幽奇
지금부터 나 있는 곳 아무도 모르리니	從此無人識我處
안기생安期生 찾아서 동해 바다나 들어갈까.	東將入海尋安期

---

65) 『孟子』, 「離婁上」, "孟子曰, 伯夷辟紂, 居北海之濱. 聞文王作, 興曰, 盍歸乎來, 吾聞西伯, 善養老者. 太公辟紂, 居東海之濱, 聞文王作, 興曰, 盍歸乎來, 吾聞西伯善養老者."

66) 『列子』, 「湯問」, "革曰, 渤海之東, 不知幾億萬里, 有大壑焉, 實惟無底之谷, 其下無底, 名曰歸墟. 八絃九野之水, 天漢之流, 莫不注之, 而無增無減焉. 其中有五山焉, 一曰岱輿, 二曰員嶠, 三曰方壺, 四曰瀛洲, 五曰蓬萊. 其山高下周旋三萬里, 其頂平處九千里. 山之中間相去七萬里, 以爲鄰居焉. 其上臺觀皆金玉, 其上禽獸皆純縞. 珠玕之樹皆叢生, 華實皆有滋味, 食之皆不老不死. 所居之人皆仙聖之種."

67) 張維, 『谿谷集』, 卷26, 「入峽」(a092_423b).

인적이 드문 깊은 골짜기로 들어간다는 것은 현실에 일정 정도 거리를 둔다는 것인데, 장유는 더 큰 바람으로 안기생安期生[68]이 있다는 동해 바다로 들어갈까 하는 바람을 피력한다. 장유의 또 다른 시인 「벽파정에서 제공의 시에 차운하다」(碧波亭次諸公韻)를 보자.

일엽편주 매어 놓고 적막한 정자 올라서니	扁舟繫纜上孤亭
눈 아래 망망대해 파도가 뜰에 부서진다.	眼底茫茫水拍庭
북쪽 변방 어지러운 동방의 풍운	東國風雲迷北望
초나라 하늘 분야 남기성南箕星이 비춘다.	楚天分野照南星
비를 대동한 썰렁한 조수 몰아쳐 부딪히고	寒潮帶雨聲偏急
서리 머금은 해변가 비린내 가셔지네.	瘴海含霜氣不腥
상투처럼 솟은 산들 섬들 갈라놓은 사이로	螺髻重重分島嶼
까만 돛배 가물가물 푸른 바다 건너가네.	烏檣隱隱過滄溟
천하의 시인 묵객 자취를 남겨 둔 곳	寰中韻士曾留跡
실로 귀에 쟁쟁한 벽상의 맑은 시들.	壁上淸詩實滿聽
나그네 세월 속에 채필로 회포 풀며	客子光陰憑綵筆
청평검靑萍劍 짚은 장부가 간담 토로하고 있구나.	丈夫肝膽倚靑萍
호호탕탕한 천지간에 부평초 같은 신세	乾坤浩蕩身如寄
양 갈래 길 헤매다가 머리도 온통 다 빠질 듯하니.	岐路蹉跎鬢欲零
새까만 자라 등에 석양 그림자 뒤척이고	落日影翻鰲背黑
푸른 물오리 정수리엔 맑은 하늘빛 어른어른.	遙空晴映鴨頭靑
한가로이 안개 낀 포구 질러가는 학 한 마리 바라보다	閑看獨鶴橫煙浦
저녁 물가 조는 듯한 갈매기 따라 걸어 보네.	暫伴眠鷗步晚汀
여기에서 봉래섬에 갈 수 없을까	從此蓬萊如可到

---

68) 安期生은 秦始皇이 東游할 때 함께 대화를 나누다가 자신을 보고 싶으면 수십 년 뒤에 蓬萊山으로 찾아오라고 한 뒤 자취를 감췄다는 仙人의 이름이다. 『史記』, 「封禪書」의 「列仙傳」; 司馬遷, 『史記』, 卷6, 「秦始皇本紀」 참조.

한 폭의 동양화를 보듯 바닷가에 펼쳐진 정경이 평화롭기만 하다. 장유는 '벽파정' 앞의 바닷가를 거닐면서 눈 앞에 펼쳐진 다양한 정경을 감상한다. 그러다가 문득 천지 사이의 부평초 같은 자신의 신세를 되돌아보고 불현듯 신선이 산다는 봉래산蓬萊山에 가고자 하는 바람을 나타낸다. 중국 역사나 한국 역사를 보면, 바다라는 공간은 문인들이 실제 접하고 그곳에서 노닐 수 있는 공간은 아니었다. 간혹 해안가에서 배를 타고 노니는 즐거움도 없을 수 없지만 대양大洋에서의 거센 파도를 넘나들면서 노닌 것은 결코 아니었다.70) 유학자들 은 이 같은 '삼신재동해설三神在東海說'을 근거가 없다는 점에서 황당하다고 비판 한다. 하지만 바다 너머 뭔가 이상향이 있을 것이라는 희망 어린 짐작에는 불로 불사不老不死에 대한 열망과 더불어 부조 리한 현실 세계에 대한 비판과 유가의 관료 지향적인 삶에 대한 벗어남이란 의 미가 담겨 있다. 그런데 역사적으로 보 면 실제로 이런 삶을 산 인물들은 많지

沈師正,「船遊圖」. 종이에 담채. 27.3×40cm. 1764년 개인 소장.
문인들의 집안과 뜰에 있어야 할 기물들을 배에 실었다. 책상과 서책, 학과 늙은 나무, 매화가 꽂 혀 있는 도자기, 술잔 등 은일적 삶과 매우 밀접한 관련이 있는 다양한 기물들을 배에 실었다. 주제 로 그려진 인물들은 '바다(큰 호수일 수도 있다) 에 나오더라도 잠시라도 배에 실린 것과 같은 이 른바 '人文器物과 떨어져 있을 수 없음을 보여 준다는 점에서 과거 문인들이 추구한 고아한 취 향을 알 수 있다. 배에 앉아 있는 두 인물은 격랑 에 전혀 흔들림 없이 느긋하게 파도를 감상하고 있는데, 동양 문인문화에서 파도치는 바다에서 이런 삶을 즐기는 이 같은 정황은 흔하지 않다는 점에 이 그림의 가치가 있다.

---

69) 靑萍劍: 옛날의 보검 이름. 蕋珠經: 道敎 경전 이름. 紫金丹: 方士가 복용하는 長生의 丹藥.

70) 張維, 『谿谷集』, 卷30, 「次韻酬天章將遊金陵見寄之作」(a092_498b), "多病誰憐舊翰林, 向來 歡會杳難尋. 茶湯每遣山妻煮, 麥酒時同野老斟. 聞說扁舟遊海浦, 可無高興訪山陰. 遙知嘯傲 詩成處, 紫綺烏紗映碧潯."

않았다. 역설적으로 이처럼 힘든 것이었기에 더욱 다양한 시어 등을 통해 표현하고자 했다고 본다.

이상 본 바와 같이 궁벽한 곳을 상징하는 바다는 이처럼 세상의 혼란함을 피하는 도피의 공간, 은일 추구의 공간이 되거나 때론 도교 차원에서 신선이 사는 이상향으로서 이해되기도 하였다. 바다에 대한 또 다른 차원의 다양한 인식을 보여 주는 대목이다.

6. 나오는 말

서양의 역사에서 중심국 역할을 한 대부분의 국가들은 강이나 바다에 인접한 지역에서 출현하고 발전하였고,[71] 이를 근거로 독일의 지리학자 칼 리터(Karl Ritter. 1779~1859)는 인류문명이 하천문명 → 내해문명 → 대양문명의 순으로 발전했다는 인류문명의 변화설을 주장한다.[72] 하지만 이 같은 인류문명에 대한 변화설은 서구의 바다에 대한 인식을 기반으로 한 문명발전과 변화설이다. 이런 사유는 '땅이 크고 물산이 풍부하다'(地大物博)라고 일컬어지는 중국의 농경 위주의 문명권에는 적용되지 않는다. 따라서 동양의 문인들에게는 바다를 서양 철학의 발상지로 보는 『바다의 철학』[73], 바다를 통해 형성된 근대의 세계를 새롭게 조명한 『바다와 문명』[74]과 같은 시각에서의 저서는 나올 수 없었다.

---

71) 일반적으로 지중해는 많은 반도와 섬으로 에워싸여 있으며, 조류가 거의 없고, 기상 조건이 비교적 좋기 때문에 육상교통보다 더 용이하고 신속한 해상교통의 요건을 구비하고 있다. 이런 점에서 지중해는 일찍부터 문명의 전파, 무역, 해적, 해전 등의 무대가 되었고, 그 결과 서양의 역사는 사실상 지중해 연안에서 시작되었다고 말한다.

72) https://www.ilovesea.or.kr/eduGarden/eduTemplet.do?menuCode=010703.

73) 군터 숄츠 저, 김희상 역, 『바다의 철학』(*PHILOSOPHIE DES MEERES*).

74) 주경철 저, 『문명과 바다: 바다에서 만들어진 근대』(산처럼, 2009).

독일의 철학자 군터 슐츠가 "끝없
이 펼쳐진 것처럼 보이는 바다 앞
에서 우리 인간은 도대체 어떤 존
재일까?"라고 하는 질문은 동양 문
인들의 눈에 보이는 바다에는 거의
적용되지 않았다.

동양의 경우는 바다를 중심으

甫吉島 洗然亭.
보길도의 세연정은 고산 尹善道가 조성한 전통 정원으
로, 담양의 瀟灑園, 영양의 瑞石池와 함께 우리나라의
3대 전통 정원으로 꼽힌다.

로 한 소설은 없는 점에 비해, '강호'
라는 말이 상징하듯 소식蘇軾이 적

벽赤壁에서 '일엽편주一葉片舟'를 띄우고 '우화등선羽化登仙'의 경지를 노래한 「적
벽부赤壁賦」75), 윤선도尹善道가 '세연정洗然亭'에서 사계절 어촌에서 펼쳐진 어부
은일적 생활의 흥취와 풍류를 읊은 「어부사시사漁父四時詞」 등과 같이 강이나
호수에서의 은일적 삶을 통해 한가로움을 즐긴 것을 읊은 글들이 많다. 하지만
그렇다고 본고에서 고찰한 바와 같이, 바다 그 자체에 대한 철학적 사유가
없었던 것은 아니었다. 농경적 삶 속에서 풍요로움을 추구할 수 있었기에 격랑
이 치는 실제 바다에서 살지 않아도 되는 상태에서 삶을 영위하던 동양 문인들
은, 바다의 끝이 없는 넓이와 깊이를 알 수 없음, 좋은 물과 나쁜 물을 가리지
않고 모든 강의 물을 다 받아들이는 포용력, 다양한 종류의 많은 물들이 모여서
드넓은 바다로 몰려가는 정황 등을 철학화, 미학화, 정치화, 윤리화한 바다를
사유하였다.

보다 구체적으로 말하면, 동양문명권에서 바다는, 장자莊子가 말하는 대지大

---

75) 蘇軾, 「赤壁賦」, "壬戌之秋, 七月旣望, 蘇子與客, 泛舟遊於赤壁之下. 淸風徐來, 水波不興.
擧舟屬客, 誦明月之詩, 歌窈窕之章. 少焉, 月出於東山之上, 徘徊於斗牛之間, 白露橫江, 水光
接天. 縱一葦之所如, 凌萬頃之茫然. 浩浩乎, 如憑虛御風, 而不知其所止. 飄飄乎, 如遺世獨
立, 羽化而登仙."

知 혹은 참된 진리 인식과 관련된 철학적 차원의 바다를 비롯하여 유가 성인聖人
의 드넓은 학문 세계로 차근차근 걸어 들어가는 학문 공부 차원의 바다, 위기지
학爲己之學의 수양론과 관련된 윤리적 차원의 바다, 노자의 유약겸하에 입각한
'해납백천海納百川'이 상징하는 군주의 포용력을 요구하는 정치적 차원의 바다,
도의 상징으로서의 바다, 최고의 아름다움의 경지를 담고 있다는 미학적 차원의
바다, 때론 가혹한 정치 현실을 떠나 찾은 은둔의 공간으로서의 바다, 한 걸음
더 나아가 신선이 사는 유토피아적 공간이 존재하는 영역 등으로 여겨졌다.
요컨대 동양 문인들에게 바다는 진정한 도道가 무엇인지, 어떤 삶이 올바른
삶인지와 관련된 지혜를 주는 인문학적 바다였다. 바다를 통해 동서양의 사유
의 다름을 확인할 수 있었다.

　이 밖에 이상 동양의 문인들이 이해한 바다에 관한 다양한 사유가 오늘날
입장에서 어떤 지혜를 주고 의미가 있는지를 알아보자. 바다에 관한 다양한
사유 중에 노자가 바다는 유약겸하의 자세로 모든 것을 무차별적으로 받아들이
는 관대함과 포용력 있음을 강조하는 사유는 오늘날 다문화사회에서 민족과
인종 간에 상호 갈등 없이 함께 공존하는 삶에 지혜를 준다고 본다.『장자』
「추수」에서 하백과 북해약의 대화를 통해 말하는 참된 진리 인식과 관련해
발언한 것, 즉 '이물관지以物觀之'를 통해 세계를 인식하는 우물 안의 개구리와
같은 소지 차원에서 벗어나 '이도관지以道觀之'의 대지 차원에서 편견 없이 사물
을 대하고 판단하라는 사유는 오늘날 편협한 자기중심주의 사유에서 벗어날
수 있는 지혜를 준다고 본다. 한 걸음 더 나아가 모든 분야에 AI가 도입되는
이 시점에 노자의 '도가도道可道, 비상도非常道' 사유에 입각한 황홀한 바다 철학
은 미래에도 AI가 침범할 수 없는 영역에 속할 것이다. 이런 점은 동양 문인들의
바다 인식에 대한 또 다른 의미 부여라고 할 수 있다.

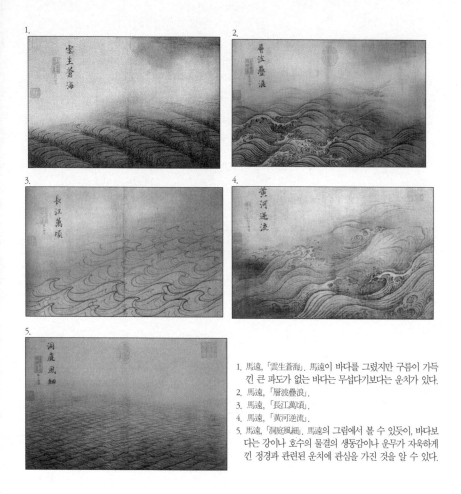

1. 馬遠, 「雲生蒼海」. 馬遠이 바다를 그렸지만 구름이 가득 낀 큰 파도가 없는 바다는 무섭다기보다는 운치가 있다.
2. 馬遠, 「層波疊浪」.
3. 馬遠, 「長江萬頃」.
4. 馬遠, 「黃河逆流」.
5. 馬遠, 「洞庭風細」. 馬遠의 그림에서 볼 수 있듯이, 바다보다는 강이나 호수의 물결의 생동감이나 운무가 자욱하게 낀 정경과 관련된 운치에 관심을 가진 것을 알 수 있다.

9장

서화書畵와 문인문화: 서화동원론書畵同源論

1. 들어가는 말

동양 문인사대부들은 전통적으로 서예와 회화의 관계에 대해 서화동원론을 주장하였다. 이 같은 서화동원론은 어느 한 시대에 제기된 것이 아니며 서예와 회화의 발전 내력이 담겨 있다. 중국서화예술사를 보면 서예는 처음부터 실용적 측면에서 벗어나 예술 차원에서도 문인사대부들이 익혀야 할 장르에 속했다. 하지만 회화는 달랐다. 문인사대부들이 회화를 즐기기 시작한 것, 좀 더 구체적으로 말하면 산수화를 그리기 시작한 것은 송대에 와서다. 이런 점에서 서화동원론과 유사한 사유는 송대 이전에도 있었지만 실제 서화동원론을 강조한 것은 원대 조맹부趙孟頫다. 이런 과정에는 이제 많은 문인사대부들이 그림을 그리는데 어떤 기법을 통해 그리는 것이 문인사대부들이 지향하는 우아한 아름다움을 표현할 수 있는가 하는 미학적 질문이 담겨 있다.

난蘭을 치는 데 삼전법三轉法을 강조한 추사秋史 김정희金正喜가 난을 치는 것과 관련하여 우아佑兒에게 보낸 편지에서 다음과 같이 말한 적이 있다.

난을 치는 법은 또한 예서隷書 쓰는 법과 가까우니, 반드시 문자의 향기와 서권書卷의 기운이 있는 다음에야 될 수 있다. 또 난 치는 법에 그림 그리는 법칙을 쓰려면 일필一筆도 하지 않는 것이 옳다. 조희룡趙熙龍 같은 무리는 나에게 난 치는 법을 배웠으나 끝내 그림을 그리는 법칙 한 길을 면치 못하였으

니, 이는 그의 가슴속에 문자의 향기가 없기 때문이다.[1]

난 치는 것은 기본적으로 회화에 속한다. 그럼에도 불구하고 추사는 서예의 예서를 쓰는 법과 가깝다고 하고 또 난 치는 법에 그림을 그리는 법칙을 쓰려면 일필一筆도 하지 않는 것이 옳다고 한다. 거기다가 문자향文字香과 서권기書卷氣를 더해야 하는 것까지 말한다. 그냥 난 잎 하나 획 하고 그으면 될 것 같은데 난 하나 치는 데 요구하는 것이 한두 가지가 아니다. 왜 그럴까 하는 질문을 던질 필요가 있다.

미불米芾, 조맹부趙孟頫, 동기창董其昌, 예찬倪瓚, 정섭鄭燮, 오창석吳昌碩 등을 서예가들에게 물어보면 그들은 매우 유명한 서예가라고 말하지만, 동양의 문인화가들에게 물어보면 그들은 매우 유명한 화가라고 말한다. 이처럼 동양에서는 유명한 서예가이면서 화가인 사람이 많았고 게다가 유명한 시인인 경우도 많았다. 이처럼 서화에 뛰어난 인물들은 서예와 회화는 심성心性을 표현하는 것과 운필법 및 추구하는 미의식이 공통적이고, 서예의 농담濃淡·소밀疏密 등의 형식미적 요소를 회화 예술의 창작에 사용한 점 등을 들어 '서화동원론書畵同源論'이나 '서화일원론書畵一源論', '서화이명동체론書畵異名同體論' 등을 말하곤 한다. 많은 사람들은 회화동원론의 흔히 육서六書 중의 하나가 상형象形이고, 상형은 회화의 의미를 가지고 있다는 점을 근거로 제시하곤 하였다.[2]

---

1) 金正喜, 『阮堂全集』, 卷2, 「書牘·與佑兒」(a301_041a), "蘭法亦與隷近, 必有文字香書卷氣 然後可得, 且蘭法最忌畵法, 若有畵法一筆不作可也. 如趙熙童輩學作吾蘭, 而終未免畵法一路, 此其胸中無文字氣故也."
2) 何良俊, 『四友齋畵論』, "夫書畵本同出一源, 蓋畵則六書之一, 所謂象形者是也." 및 [明] 宋濂, 『原畵』, "況六書首之以象形, 象形乃繪事之權輿." 및 [淸] 王時敏, 『王奉常書畵題跋』, "六書, 象形爲首, 乃繪畵之濫觴." 등 참조. 이런 것은 周나라 『周官』에서 "國子를 가르치는 데 六書로 했다"(敎國子以六書)라는 것 참조. 이 밖에 唐代 張彦遠은 『歷代名畵記』 「敍畵之 源流」에서 "主管敎國子以六書, 其三曰象形, 則畵之意也. 是故知書畵異名而同體"라고 한다.

그런데 서화동원론은 일단 서예와 회화가 각각 다른 점이 있음을 무시한 면이 있다. 또 "화법을 알려면 서법에 통해야 한다"라고 하여 서예를 회화보다 더 중요시하는 것도 문제가 있다.[3] 아울러 발생론적 측면, 운필법 등 다양한 측면에서 서화동원론이 문제가 있다는 지적도 있다.[4] 이런 많은 문제점에 있음에도 불구하고 동양의 서화예술론에서는 많은 측면에서 서화동원론이 말해져 왔고 그것이 또 설득력을 얻고 있었던 것도 사실이다. 특히 그런 점은 문인사대부들의 예술세계와 관련되어 나타났던 것을 확인할 수 있다.

본고에서 먼저 서화동원론이 어떤 점에서 가능한가에 대한 철학적 근거로 심신합일론에 입각한 서화동원론의 관계를 살펴보고자 한다. 다음 구체적으로 서예의 어떤 측면을 회화에 적용시켜 서화동원론을 말하고 있는지 그리고 어떤 계층의 사람들이 무슨 내용을 통해 서화동원론을 말하고 있는지 살펴보고자 한다. 마지막으로 서화동원론을 통하여 말하고자 하는 미의식은 무엇인가 하는 것 등을 알아보기로 한다. 특히 이 같은 점을 서화의 미학적, 문화적 의미에 초점을 맞추고자 한다.

---

3) 예를 들면 서예는 추상적 선의 미를 강조하지만 회화는 선 이외에 조형미를 갖추고 있어야 한다. 서예는 일반적으로 淡墨과 濃墨을 위주로 하지만 회화는 색채를 사용한다. 그리고 고대의 동굴벽화를 보면 그림이 서예와 관련성이 별로 없음을 알 수 있다. 鄭樵는『通志』「六書略」에서 "그림은 형을 취하고 글씨는 상을 취한다. 그림은 많은 것(多)을 취하고 글씨는 적은 것(少)을 취한다"(畵取形, 書取象, 畵取多, 書取少)라고 하면서 서예와 회화를 구별하고 있다. '少를 취한다'는 것은 '소로 다를 총괄하고'(以少總多) 아울러 추상적인 것과 간소한 것을 통하여 상징한다는 것이다.
4) 書畵同源論의 발생론적 측면 등 書畵同源論의 문제점에 관한 다양한 견해에 대해서는 金炳基,「書畵同源說에 대한 비판적 연구」(『中國學論叢』제1집, 忠淸中文學會, 1992), p. 12를 참조할 것.

2. 서화동원론의 철학적 배경, 심신합일론

우리는 흔히 '서여기인書如其人', '화여기인畵如其人', '시여기인詩如其人', '문여기인文如其人'을 말한다. 이것은 바로 시·서예·회화 각각의 예술이 작가의 심心을 표현한다는 점에 초점을 맞추어 말한 것이다. 동양예술은 기본적으로 천지자연의 이치 혹은 도道를 하나의 점과 획을 통하여 표현하고자 한다. 그런데 예술가는 도 혹은 이치를 스승으로 하되 그것을 마음에 먼저 담고 그것을 다시 도구나 형상을 기교를 통해 드러낸다는 점에서5) 동양예술은 결국 예술가의 심을 표현하는 예술이라고 해도 과언이 아니다. 청대의 왕원기王原祁는 "서예는 비록 하나의 기예지만, 기氣는 서권書卷에 합하고 도는 심성에 통한다. 깊이 이런 이치에 계합契合하는 자가 아니면 이것으로써 가볍게 수작하지 말라"6)고 말하는데 이런 점이 회화에도 그대로 적용이 된다. 즉 동양예술을 대표하는 시·서예·회화는 모두 심을 표현하는 예술이고, 음악도 예외가 아니다.7) 청대

---

5) 張璪가 畢宏에게 畵의 要訣이 무엇이냐 라는 물음에 답한 "外師造化, 中得心源"(張彦遠, 『歷代名畵記』)은 동양의 모든 예술에 적용된다고 해도 과언이 아니다. '外師造化'는 세속의 利害得失을 버리고 객관 사물을 관조하여 자연의 생명 본체를 파악하는 것이고, '中得心源'은 만물의 형상을 마음에 담아 그것을 정감의 도야를 거쳐 胸中의 意象으로 변화시킨 다음 손으로 표현하는 것이다. 일종의 '마음에서 얻은 것이 손에 응한다'(得手應心)라는 사유이다. 石濤가 『畵語錄』「了法章」에서 "一畵明, 則障不在目而畵可從心, 畵從心而障自遠矣. 夫畵者, 形天地萬物者也, 使筆墨其何以形之哉"라는 것과 宋代 韓拙이 『山水純全集』「論用筆墨格法氣韻之病」에서 "무릇 그림은 붓을 놀린다는 것으로 이것은 심의 움직임이다. 아직 조짐이 있기 전에 찾아서 형이 꼴을 만들어진 이후에 얻는 것이다. 조화와 묵묵히 계합하여 도와 더불어 그 기틀을 같이한다. 붓을 잡으니 만물이 잠기고 붓을 휘두르니 천리를 쓸어버린다. 그러므로 그 붓으로써 그 형체를 세우고 묵으로 그 음양을 구별한다. 산수는 모두 이 필묵으로부터 이루어진다"(凡畵者, 筆也, 斯乃心運. 索之于未狀之前, 得之于儀則之后, 黙契造化, 與道同機. 握管而潛萬物, 揮毫而掃千里. 故筆以立其形質, 墨以別其陰陽, 山水悉從筆墨而成)라는 것도 참조.
6) 王原祁, 『麓臺題畵稿』, 「送萬南湖畵冊十幅」, "畵雖一藝, 而氣合書卷, 道通心性. 非深于契合者, 不輕以此爲酬酢也."
7) 石濤는 『畵語錄』「一劃章」에서 "夫畵者, 從於心者也" 한다. 『禮記』, 「樂記」, "凡音之起, 由

유희재劉熙載는 서예에 대하여 "필성筆性과 묵정墨情은 모두가 사람의 성정을 근본으로 한다. 따라서 성정을 다스리는 것이 서예의 첫 번째 임무이다"8)라고 하고, 이런 점에서 유희재는 서예를 심학心學이라고까지 한다.9) 서예와 회화의 불가불리성不可不離性은 그것들이 기본적으로 예술가 개개인의 주관적인 정취를 표현한다는 것에 있다. 송대 곽약허郭若虛는 "서화는 정사情思에서 발한다"10)라고 말한다. 정情은 개인의 주관적인 감정이고, 사思는 정신세계로 이해된다. 결국 서화는 심인心印이라는 것이다. 회화에 비하면 서예가 개인의 주관적인 정서를 표현해야 한다는 것은 일찍이 거론되었다.11)

심과 관련된 서화에 대한 이 같은 견해에서 문제가 되는 것은 모필毛筆이라는 도구를 통하여 그 심을 어떻게 표현하느냐 하는 것이다. 그리고 심이라고 하지만 작가의 어떤 심을 표현하는가도 문제가 된다. 예를 들면 리기理氣의 합合으로서의 주자적朱子的인 심이냐 아니면 오심吾心이 바로 우주심宇宙心이라는 양명학陽明學적 심이냐 하는 것이 그것이다. 특히 유가의 경우 예술성에다가 윤리성을 요구하였고, 이런 점에서 그 심이 구체적인 작품으로 드러났을 때의 정교적政敎的 효용성을 문제 삼고는 하였다. 이렇다 보니 심에서의 문기文氣를 강조하고 속기를 배제하는 것으로 나타나기도 하였다. 어찌되었든 동양예술에서는 유가적이건 도가적이건 일반적으로 수양된 심, 절제된 심, 정제整齊된 심, 및 진정성이 담긴 진실된 심을 한 획에 담아내고자 하는 의식은 서화가 공통적이었다고 할 수 있다.12)

人心生也.";"樂者, 音之所由生也. 其本在人心之感於物也.";"凡音者, 生人心者也"라 한다.

8) 劉熙載, 『書槪』, "筆性墨情, 皆以其人之性情偉本, 是則理性情者, 書之首務也."

9) 劉熙載, 『書槪』, "揚子以書爲心畫, 故書也者心學也."

10) 郭若虛, 『圖畵見聞志』, "論氣韻非師", "矧乎書畫發之於情思."

11) 蔡邕, 『筆論』, "書者, 散也. 欲書先散懷抱, 任情恣性, 然後書之."

12) 역사적으로 보면 원대 趙孟頫가 문인화가는 서법에 아울러 능숙해야 한다고 말한 것으로부터 서화는 融會되기 시작하였는데, 그 融會된 원인은 문인들이 자신의 주관적인 마음의 세계를 강렬하게 표현하고자 했기 때문이다. 張懋鎔, 『書畵與文人畵風』(陝西人民出版社, 2002), p.192 참조.

송대 미우인米友仁의 다음과 같은 말은 이런 점을 잘 말해 준다.

> 양웅은 자字를 심화心畵로 보았는데, 이치를 궁구한 자가 아니면 그 말이 이런
> 경지에 이를 수 없다. 화畵란 것도 심화心畵이다.13)

이것은 서예나 회화는 심이나 성정을 드러낸다는 심화라는 점에서 서예와
회화는 동원同源이며 일원一源이라는 것이다. 심화이기에 그것이 드러난 것에서
인간의 사정邪正도 구분된다고 본다.14) 여기서 우리는 철학적 측면에서 서예와
회화를 심과 관련지어 이해하는 것이 어떤 점에서 가능한가를 살펴보자.

심화라고 하는 것에는 기본적으로 마음의 상태가 그대로 손에 의하여 드러
난다는 것을 의미한다. 일종의 득심응수得心應手이다. 우리는 흔히 서예에서 '심
수쌍창心手雙暢'15), '심수상응心手相應'16), '심정필정心正筆正', '심동수균心動手均'17),
'심혼수미心昏手迷'18), '심오완종心悟腕從'19), '득심응수得心應手'20), "심능완전心能腕
轉, 수능전필手能轉筆"21), "심득진묘心得眞妙, 필시입신筆始入神"22), "수수의운手隨意

---

13) 米友仁,「題新昌戱筆圖」, "子雲云, 以字爲心畵, 非窮理者, 其語不能至是. 畵之爲說, 亦心畵也."
14) 張庚,『浦山論畵』,「論性情」, "揚子雲曰, 書, 心畵也. 心畵形而人之邪正分焉. 書與畵一源, 亦
   心畵也. 握管者可不念乎. 嘗觀古人之畵而有所疑, 及論其乃敢自信爲非過, 因益信揚子之說
   爲不誣. 試卽有元諸家論之. 大癡道人坦易而灑落, 故其畵平淡而冲濡, 在諸家最醇. 梅花道人孤
   高而淸介, 故其畵危聳而英俊. 倪雲林則一味絶俗, 故其畵蕭遠峭逸, 刊盡雕華. 若王叔明未勉貪
   榮附熱, 故其畵近于躁. 趙文敏大節不惜, 故書畵皆嫵媚而帶俗氣. 若徐幼文之廉潔雅尙, 陸天
   游, 方方壺之超然物外, 宜其超脫絶塵不囿于畦畛也. 記云, 德成而上, 藝成而下, 其是之謂乎."
15) 孫過庭,『書譜』, "同自然之妙有, 非力運之能成, 信可謂智巧兼優, 心手雙暢."
16) 姜夔,『續書譜』, "大抵下筆之際, 盡倣古人則少神氣, 專務遒勁, 則俗病不除. 所貴熟習精通,
   心手雙應, 斯爲美矣."
17) 李世民,『指意』, "及其悟也, 心動而手均, 圓者中規, 方者中矩."
18) 孫過庭,『書譜』, "任筆爲體, 聚墨成形, 心昏擬效之方, 手迷揮運之理, 求其姸妙, 不亦謬哉."
19) 宋曹,『書法約言』, "故志學之士, 必須到愁慘處, 方能心悟腕從, 語忘意得, 功效兼優, 性情歸
   一, 而后成書."
20) 虞世南,『筆髓論』, "遲速虛實, 若輪扁斫輪, 不徐不疾, 得之于心, 而應之于手, 口所不能言也."
21) 宋曹,『書法約言』, "書學之法, 在乎一心. 心能轉腕, 手能轉筆."

運, 필여수회筆與手會"23) 등을 말하는데 이 같은 언급에 대해 별다르게 문제를 제기하지 않는다. 이것들은 심화의 다른 표현들인데, 이것들이 가능한 것은 기본적으로 심신합일을 인정하기 때문이다. 이런 점은 물론 회화에서도 마찬가지라고 본다.

여기서 우리는 동양철학에서의 마음과 몸의 관계에 대한 이해가 필요하다. 유가는 몸을 정신과 육체의 통일체로서 생각하고, 그 마음의 상태는 반드시 몸으로 드러난다고 본다. 즉 유가는 안으로 축적한 나의 덕, 나의 감정은 반드시 몸짓(눈빛, 얼굴 빛 등을 포함함)을 통하여 드러난다는 것이다. 『대학』 6장의 내용이 그것이다.24)

『대학』 6장의 핵심은 '마음이 안으로 성실하면 그것이 밖(몸)으로 나타난다'는 것으로, 심신합일적 사유가 담겨 있다. 예술과 관련지어 보면 심신이 일원이기 때문에 마음에 쌓인 덕기德氣가 몸으로 나타나는 것이 가능하게 되며, 또 그 덕기는 바로 그대로 손의 움직임에 의해 반영된다는 것이다. 아울러 나의 마음 상태는 나의 몸을 통하여 타인에게 평가받지만 입장을 바꾸어 생각하면 타인의 몸도 나를 통하여 평가받는다. 즉 인간과 인간의 관계를 문제 삼는 유학에서는 인간은 항상 공동체 안에서 나를 주시하는 타인의 시선에 의해 평가받는다고 본다. 이 때문에 유가는 항상 보이는 나의 몸의 닦임 여부(修身)를 염두에 두면서 항상 표현하고자 하는 마음의 상태가 어떤 것인지를 문제 삼는다.

『예기』 「악기樂記」에서는 "화순한 정감이 내면에 쌓이면 광채가 외면에 나타나니, 악樂은 거짓을 해서는 안 된다"25)고 하는 것을 말한다. 악은 거짓된

---

22) 姚孟起, 『字學憶參』, "古碑貴熟看, 不貴生臨, 心得其妙, 筆始入神."
23) 陶隱居, 『梁武帝論書啓』, "竊恐旣以言發意, 意則應言, 而手隨意運, 筆與手會, 故益得諧稱."
24) 『大學』 6章, "小人閒居, 爲不善, 無所不至, 見君子而后, 厭然揜其不善, 而著其善. 人之視己, 如見其肺肝然, 則何益矣. 此謂誠於中, 形於外. 故君子必愼其獨也. 曾子曰, 十目所視, 十手所指, 其嚴乎." 참조.

마음을 가질 때 그것이 그대로 반영된다는 것이다. 서예에서도 거짓된 마음이 있으면 그것이 그대로 획에 나타나는데, 우리가 서예를 논할 때 가장 많이 사용하는 말인 '서여기인書如其人'도 이런 사유에서 출발한다. 즉 서여기인과 관련된 '사람이 바르면 글씨도 바르다'(人正則書正)는 것은 심신합일적 사유와 『대학』의 '성어중誠於中, 형어외形於外'에 바탕하고 있다는 것이다. 예를 들면 심상설心相說을 주장하는 명대 항목項穆이 『서법아언書法雅言』에서 "대개 들으니, 덕성은 마음에 뿌리를 두는데, 마음속에 쌓인 맑은 기운은 넘쳐 얼굴색으로 나타나게 된다. 마음에 얻은 것이 손이 응하게 된다. 글씨 또한 그렇다고 할 수 있다.……이른바 '마음에 있는 것은 반드시 밖으로 나타난다는 것'이니, 그 얼굴을 보면 가히 그 마음을 알 수 있다. 유공권은 '마음이 바르면 글씨가 바르다'고 했는데, 나는 지금 '사람이 바르면 글씨도 바르다'고 말한다"[26]고 하는 것이 그 예이다. 여기서 "마음에 얻은 것이 손이 응하게 된다. 글씨 또한 그렇다고 할 수 있다"는 말은 바로 심신합일이기에 가능하다. 아울러 서예나 회화에서 흔히 말하는 '뜻은 붓보다 먼저 있다'(意在筆先)라는 것을 강조하는 것도 이런 사유와 관련이 있다. 이렇게 본다면 그어진 한 획은 그 인간의 내면적 삶의 성숙도, 지향하는 정신세계를 표현하는 획이다. 이 같은 한 획을 기본으로 하여 서예나 회화가 출발하는 것이다.

　서예와 회화가 심화心畵라는 점에서 동원 혹은 일원이라고 하는 것은 철학적인 측면에서 볼 때 심과 신이 합일적이라 생각하기에 가능한 것이다. 따라서 작품에 그어진 획은 단순한 선이 아니라 한 인간의 인품과 인격이 반영된 획이 될 수 있고, 서화는 이 같은 한 획을 기본으로 하여 출발하는 점에서는 일원이라

---

25) 『禮記』, 「樂記」, "和順積中而英華發外, 惟樂不可以爲僞."
26) 項穆, 『書法雅言』, 「心相」, "蓋聞德性根心, 睟盎生色, 得心應手, 書亦云然.……所謂有諸中, 必形於外, 觀其相, 可識其心. 柳公權曰, 心正則筆正, 余今曰, 人正則書正." 참조.

고 할 수 있다. 문제는 여기서 이 같은 심을 어떤 식으로 효과적으로 드러낼
것인가 하는 점이다.

3. 용필用筆과 서화동원론

서예에서의 용필用筆은 궁극적으로는 구상적 표현을 목표로 하는 것이 아니
라 끊임없이 변화하는 도와 기세氣勢, 절주節奏 등을 드러내고자 한다. 서예가
용필을 강조하는 것은 서예에서의 기교적 측면만을 강조하기 위함이 아니라
실질적으로는 서예가 서정과 정감을 표현하는 예술이라는 점을 강조하기 위한
것이며, 이런 점이 바로 회화에 영향을 준다.[27]

장언원張彦遠은 『역대명화기歷代名畫記』에서 대화가인 고개지顧愷之, 육탐미陸
探微, 장승요張僧繇, 오도현吳道玄의 필법과 서예가인 위부인衛夫人, 장욱張旭 등의
용필用筆의 공통적인 측면을 묘사하고 있다.

어떤 사람이 나에게 고개지, 육탐미, 장승요, 오도현의 용필이 어떠했는가를
물었다. 대답하여 말하기를, 고개지의 묵적은 긴밀하고 굳세면서 서로 연결
되고 고리를 도는 것처럼 아득하고 멀다. 고른 격식과 표일飄逸함이 있으며
바람이 몰아치고 번개가 때리는 듯한 빠름이 있으니, 뜻이 붓의 앞에 있고
그림에서는 뜻이 있는 것을 다하였기 때문에 정신과 기운이 온전하다. 옛날
장지張芝는 최원崔瑗과 두도杜度의 초서의 법을 배워 그것을 바탕으로 하면서
변화시켜 오늘날의 초서를 완성시켰다. 그 글씨의 형세와 기세가 일필로 이
루어져 기맥氣脈이 이어지듯 서로 통하고 항을 바꾸어도 기세가 끊어지지 않
았다. 오직 왕헌지王獻之만 그 깊은 뜻을 밝혔다. 그래서 왕헌지의 글씨에서

---

27) 宋民 저, 곽노봉 역, 『中國書藝美學』(동문선, 1998), p.214 참조.

항의 첫 글자는 왕왕 앞 항의 끝 글자와 연결되었다. 세상 사람들은 그것을 일필서一筆書라고 부른다. 그 후에 육탐미가 또한 일필서를 만들었는데, 그 필치가 끊임없이 변화하면서 연결되었다. 그러므로 그림과 글씨의 용필은 법이 같다는 것을 알겠다.…… 장승요는 점을 찍거나 붓을 끌거나 다듬거나 떨치는 법을 위부인衛夫人의 『필진도筆陣圖』에 의지하여 하나의 점과 획에 별도의 공교함이 있어 구부러진 창과 날카로운 칼과 같이 삼엄하였다.…… 당대의 오도현은 장욱張旭에게 필법을 배웠는데 이것에서 또한 서화의 용필이 같음을 알겠다.[28]

장언원은 고개지, 육탐미, 장승요, 오도현 등이 대화가가 될 수 있었던 것은 의재필선意在筆先을 포함하여 그들의 그림에 서예적 용필법을 가미했기 때문이라고 한다. 즉 앞뒤의 기맥이 연결되었다는 점이 중요한데, 이런 점에서 육탐미의 '일필에 그린다'는 것은 바로 서예의 '일필에 쓴다'는 것을 운용하였다고 규정한다. 특히 장승요는 위부인의 『필진도』에 의거해 서예에서의 점을 찍거나, 붓을 끌거나, 다듬거나, 떨치는 법을 응용한 결과 하나의 점과 획에 별도의 공교로움이 있게 되었다고 한다. 아울러 오도현은 장욱의 광초狂草를 따라 배웠음을 밝히고 있다. 이런 점을 볼 때 결국 장언원은 서예와 회화는 용필의 법이 같다는 것이다. 예로부터 선서자善書者가 선화善畵한다는 것은 바로 회화에 서예에서의 전완轉腕과 용필用筆의 측면을 운용한다는 것과 통한다.[29]

---

28) 張彦遠, 『歷代名畵記』, 卷2, 「論顧陸張吳用筆」, "或問余以顧陸張吳用筆如何, 對曰, 顧愷之之迹, 緊勁聯綿, 循環超忽, 調格逸易, 風趣電疾, 意在筆先, 畵盡意在, 所以全神氣也. 昔張芝學崔瑗杜度草書之法, 因而變之以成今草書之體勢. 一筆而成, 氣脈通連, 隔行不斷. 唯王子敬, 明其深旨, 故行首之字往往繼其前行. 世上謂之一筆書. 其後陸探微亦作一筆畵, 連綿不斷, 故知書畵用筆同法. 陸探微精利潤媚, 新奇妙絶, 名高宋代, 時無等倫. 張僧繇點曳斫拂, 依衛夫人筆陣圖, 一點一劃, 別是一巧, 鉤戟利劍森森然, 又知書畵用筆同矣. 國朝吳道玄古今獨步, 前不見顧陸, 后無來者, 授筆法于張旭, 此又知書畵用筆同矣."

29) 郭熙, 『林泉高致』, 「畵訣」, "筆與墨人之淺近事, 二物且不知所以操縱, 又焉得成絶妙也哉. 此亦非難, 近取諸書法, 正與此類也. 故說者謂王右軍喜鵝, 意在取其轉項如人之執筆轉腕以結字,

그렇다면 용필의 어떤 점을 구체적으로 회화에 응용하는 것일까? 일단 추획사錐劃沙와 인인니印印泥와 같은 장봉藏鋒을 들 수 있다.30) 이처럼 회화에서 서예의 용필을 강조하는 것은 서예나 회화 모두 기운생동氣韻生動을 강조하기 때문이다. 황빈홍黃賓虹은 이런 점과 관련해 다음과 같이 말한다.

서예와 회화는 근원이 같다. 화법을 밝히고자 한다면 먼저 서법(=서예)을 궁구하라. 서법은 기운생동을 중요시하는데 화법도 마찬가지다.31)

기운생동의 측면에서는 서법이나 화법이 같다는 것은 서법이나 화법이 기운생동을 중시한다는 것이다. 사혁謝赫의 육법六法32)을 거론할 것도 없이 회화에서는 기운생동을 강조한다. 기운생동은 당연히 전완轉腕하는 것과 관련이 있다.33) 그리고 회화에 있어서 기력氣力이 두루 갖추어짐도 결국은 용필에서

此正與論畫用筆同. 故世之人, 多謂善書者往往善畫, 蓋由其轉腕用筆之不滯也." 청대 董棨는 서예와 회화의 관계를 보다 구체적인 예를 들어 말하고 있다. 董棨, 『養素居畫學鉤深』, "書成而學畫, 則變其體不易其法, 蓋畫則是書之理, 書則是畫之法. 如懸針垂露, 奔疾墮石, 鴻飛獸駭, 鸞舞蛇驚, 絶岸頹峰, 臨危據槁, 種種奇異不測之法, 書家無所不有, 畫家亦無所不有. 然則畫道得而可通于書, 書道得而可通于畫, 殊塗同歸, 書畫無二." 참조. 동계가 말한 내용에는 孫過庭이 『書譜』에서 말하는 "懸針垂露之異, 奔疾墮石之奇, 鴻飛獸駭之資, 鸞舞蛇驚之態, 絶岸頹峰之勢. 臨危據槁之形"을 응용하여 말한 것이 많다.

30) 趙希鵠, 『洞天淸綠』, 「古畫辨」, "畫無筆迹, 非謂其墨淡模糊而無分曉也. 正如善書者藏筆鋒, 如錐劃沙, 印印泥耳. 書之藏鋒在乎執筆沈着痛快. 人能知善書執筆之法, 則知名畫無筆迹之說. 故古人孫太古, 今人如米元章, 善書必能畫, 善畫必能書, 書畫其實一事爾." 여기서 孫太古는 북송의 孫知微이다. 道釋聖像을 매우 잘 그렸다. 康有爲는 『廣藝舟雙楫』에서 "古人作書, 皆重藏鋒, 所謂筑鋒下筆, 皆令完成也. 錐劃沙, 印印泥, 屋漏痕, 皆言無起止, 卽藏鋒也"라 하고 있다. 黃庭堅은 "如錐劃沙, 如印印泥, 蓋言鋒藏筆中, 意在筆前"이라 하여 장봉을 意在筆先과 관련지어 이해하고 있다.

31) 黃賓虹, 『賓虹書簡』, 「致汪孝文」, "書畫同源, 欲明畫法, 先究書法, 畫法重氣韻生動, 書法亦然."

32) 謝赫, 「論繪畫六法」, "六法者何. 一, 氣韻生動是也. 二, 骨法用筆是也. 三, 應物象形是也. 四, 隨類賦彩是也. 五, 經營位置是也. 六, 轉移模寫是也."

33) 黃賓虹, 『賓虹書簡』, 「致汪孝文」, "書畫同源, 欲明畫法, 先究書法, 畫法重氣韻生動, 書法亦然. 運全身之力于筆端, 以臂使指, 以身使臂, 是氣力擧重若輕, 實中有虛, 虛中有實, 是氣韻人工天趣合而爲一."

얻어진다고 보아 서예와 회화의 관계를 밝히고 있다.[34] 서예나 회화에서 이처럼 기운 혹은 기력을 강조하는 것은 생생한 정취情趣 혹은 살아 숨 쉬는 생명성을 강조하는 것이다. 여기서 생생한 정취는 인품이 담겨 있는 정취를 의미한다. 이런 점이 동양예술의 특징 중의 하나라고 본다. 곽약허郭若虛는 "고아한 감정을 그림에 기탁한다. 인품이 높으면 기운이 높아지지 않을 수 없고, 기운이 높으면 생동하지 않을 수 없다"[35]고 한다. 즉 기운을 인품과 관련짓고, 또 기운이 높은 것을 생동감과 관련지어 이해하는 이런 면은 서예나 회화에서 모두 공통적이다. 이 밖에 회화에서 주경遒勁함을 드러내려면 서예를 통하여 먼저 익혀야 한다[36]고 하여 서예와 회화의 밀접한 관련성을 강조하기도 한다.

좋은 작품은 서예나 회화 모두 기운생동과 기력 및 기세를 두루 갖추고 있어야 한다. 그런데 그것은 기본적으로 서예의 전완법轉腕法 및 용필법用筆法과 관련이 있다. 이런 점에서 서예와 회화는 둘이 아니라고 하는 것이다. 그럼 보다 구체적으로 서예의 필법이 회화에 적용된 것을 보자.

4. 서예 필법의 회화 응용과 서화동원론

서화동원론은 기본적으로 그림을 잘 그리기 위해서는 일단 서예의 요체를 알아야 한다는 사유다. 이런 점들을 다양한 측면에서 확인해 보자. 우리는

---

34) 布顔圖, 『畫學心法問答』, "畫家與書家同, 必須氣力周備, 少有不到則謂之敗筆. 畫家用筆亦要氣力周備, 少有不到則謂之庸筆弱筆. 故用筆之用字最爲切要."
35) 郭若虛, 『圖畫見聞志』, 「論氣韻非師」, "高雅之情, 一寄于書. 人品旣高矣, 氣韻不得不高. 氣韻旣高矣, 生動不得不至."
36) 龔賢, 『柴丈畫說』, "大凡筆要遒勁, 遒者柔而不弱, 勁者剛亦不脆, 遒勁是畫家第一筆, 煉成通于書矣."

앞서 장언원의 『역대명화기』에서 장승요는 위부인의 『필진도』를 보고 서예에서의 점을 찍거나, 붓을 끌거나, 다듬거나, 떨치는 법을 통하여 일점과 일획이 별도의 공교로움이 있음을 보았다. 이처럼 글씨의 요체를 가지고 그림에 투입한 예는 종종 찾아볼 수 있다. 그 하나로 정섭鄭燮의 다음과 같은 화제를 들 수 있다.

문여가(文同)는 대를 그렸고 노직(黃庭堅)은 대를 그리지 않았다. 그러나 그의 서법을 보면 대가 아닌 것이 없다. 야위면서도 살지고, 수려하면서 빼어나고, 기울면서도 먹줄처럼 곧음이 있고, 꺾여 돌아가면서도 끊어질 듯 이어진 것이 많으니, 나의 스승이로다. 나의 스승이로다. 나의 죽의 맑고 여위며 전아하고도 속기를 벗어남이어…… 이 그림을 상유북常酉北에게 바친다. 유북은 그림을 잘 그리지만 그림을 그리지 않았고, 그림의 요체로써 글씨에 투입하였다. 나(정섭)는 또 글씨의 요체로써 그림에 투입했다. 우리 두 사람이 서로 마주 본다면 응당 한바탕 웃을 일이며, 문동과 황정건도 수긍하리라.[37]

상유북이 그림의 요체를 글씨에 투입한 것과 정섭이 화법을 응용하여 자신이 글씨를 썼다는 것은 일단 예술창작 방법의 다름을 말한 것이다. 하지만 이처럼 두 사람의 예술창작은 이른바 '이서입화入書入畵', '이화입서以畵入書'에 해당하는 차이점이 있지만 서예와 회화는 기교적으로 밀접한 관련이 있다는 것을 두 측면에서 말한 것에 해당한다. 이런 창작 경향은 이제 점차 문인화에서 요구하는 기본이 되게 된다. 문동이나 황정건의 대나무도 결국 서법을 응용하여 그린 것이 아닌 것이 없다는 것은 대나무에 한정하여 말한 것이지만 크게

---

37) 鄭燮의 「墨竹圖」 화제, "與可畵竹, 魯直不畵竹, 然觀其書法, 罔非竹也. 瘦而腴, 秀而拔, 欹側而有準繩, 折轉而多斷續. 吾師乎, 吾師乎, 其吾竹之淸癯雅脫乎……此幅奉贈常君西北, 西北善畵不畵, 而以畵之關紐, 透入于書. 鄭又以書之關紐, 透入于畵.……與可, 山谷亦當首肯." 참조. 常西北은 청대의 서예가이다.

보면 왜 그들이 뛰어난 화가로 평가받는가 하는 것에 대한 실질에 해당한다. 정섭은 본격적으로 화법에 서법을 응용한 예를 말하면서 결론적으로는 '서예와 회화는 하나의 이치'(書畵一理)라는 것을 알아야 함을 강조한다.

문동과 오중규吳仲圭는 대나무를 잘 그렸으나 나는 그것을 취하여 죽보竹譜로 삼은 적은 없다. 소식이나 황정견은 글씨를 씀에 대나무 아닌 것이 없었고, 나의 그림은 자주 그것을 배웠다. 황정견의 글씨는 빠르고 맑으면서도 말랐다. 나의 죽 중 마른 잎은 그것을 배운 것이다. 소식의 글씨는 짧고 힘이 있으면서 살집이 있다. 나의 대나무 가운데 살집 있는 잎은 그것을 배운 것이다. 이것은 나의 그림이 서예에서 법을 취한 것이다. 내가 글씨를 씀에 미쳐서는 자주 심주沈周, 서위徐渭, 고기패高其佩의 그림을 취하여 필법으로 삼았다. 예컨대 '서화가 한 이치라는 것을 알아야 한다.[38]

이 글은 정섭 회화창작의 근간이 누구로부터 나왔는가를 밝혀 주는 것이면서 왜 심주·서위·고기패의 그림이 뛰어난 것인지를 동시에 보여 주는 글이다. 심주·서위·고기패의 그림이 뛰어난 것은 다름 아닌 그들이 회화 창작할 때 '서화가 한 이치라는 것을 안 상태에서 필법을 운용하였기 때문이란 이런 발언에는 여타 화가들은 이런 점을 제대로 알지 못하고 창작에 임한다는 비판이 담겨 있다. 정섭 자신의 살집 있는 대나무는 소식의 글씨에서 배웠다는 것은 소식이 글씨에서 살집(肉)을 강조한 것과 관련이 있다.[39] 실제 정섭의 글씨에서 그가 대나무를 그린 형상의 흔적을 볼 수 있는데, 이것은 정섭의 글씨가 대단히

---

38) 鄭燮의 「墨竹圖」 畵題, "文與可, 吳仲圭善畵竹, 吾未嘗取爲竹譜也. 東坡, 魯直作書非作竹也, 而吾之畵竹往往學之. 黃書飄洒而瘦, 吾竹中瘦葉學之. 東坡書短悍而肥, 吾竹中肥葉學之. 此吾畵之取法于書也. 至吾作書, 又往往取沈石田, 徐文長, 高其佩之畵以爲筆法, 要知書畵一理."
39) 蘇軾은 「論書」에서 "書, 必有神氣骨肉血, 五者闕一, 不爲成書也"라고 하여 肉을 무조건 부정적으로 보지 않았다.

회화적이라는 것을 말해 준다.

정섭은 서화는 한 이치라는 관점을 견지하기에 결론적으로 "화법을 알려면 서법에 통해야 한다. 난과 죽을 그리는 것은 초서와 예서를 쓰는 것과 같다"[40] 고 말한다. 정섭의 이 말은 일종의 서화동원론書畵同源論 혹은 서화동체론書畵同體論에 해당하는 말이다. 장사전蔣士銓(1725~1785)은 이 같은 정섭의 글씨에 대하여 "정섭의 글씨 쓰기는 난 그리는 것 같이 하니, (永字八法의) 파책派磔이 기이하고 예스러워 나는 듯한 형세이네. 정섭의 난 그리기를 글씨 쓰는 것같이 하니, 빼어난 잎사귀 성근 꽃이 맵시가 있네"[41]라고 하여 정섭 서예의 '서중유화書中有畵', '화중유서畵中有書'의 특징을 말하고 있다.

그런데 그림을 그리는 데 굳이 서법에 통할 필요가 없고 또 난과 죽을 그리는 데도 초서와 예서를 쓰는 방식을 취하지 않고서도 잘 그릴 수 있다고 생각할 수도 있다. 초상화, 공필화工筆畵 등과 같이 물상物象과 참으로 닮은 그림을 그리는 형사形似적 차원의 회화를 말한다면 더욱 그렇다고 할 수 있다. 하지만 정섭은 그렇게 생각하지 않았던 것이다.

서예의 가장 기본인 영자팔법永字八法을 회화에 적용한 예도 많다. 조맹부趙孟頫 「수석소림도권秀石疏林圖卷」의 다음과 같은 유명한 말이 그것이다.

> 돌은 비백체飛白體로, 나무는 주서籀書로 하라. 대나무를 그리려면 또 영자팔법에 통해야만 한다. 만약 누가 이런 것을 할 수 있다면 모름지기 서화는 본래 같다는 것을 알아야 한다.[42]

---

40) 鄭燮, 「題蘭竹」, "要知畵法通書法, 蘭竹如同草隷然."
41) 蔣士銓, 『忠雅堂詩集』, 卷8, "板橋作字如寫蘭, 波磔奇古形翩翻. 板橋寫蘭如作字, 秀葉疏花見妥致."
42) 趙孟頫, 「秀石疏林圖卷」, "石如飛白木如籀, 寫竹還應八法通. 若也有人能會此, 須知書畵本來同."

趙孟頫의 「秀石疏林圖卷」.
'以書入畵'의 전형을 보여 주는 작품이다. 조맹부가 '이서입화'의 창작 방법을 제시한 이후 문인들의 회화 창작은
이 같은 원리에 입각해 창작할 것을 요구하는데, 조선조 추사 김정희도 '이서입화'의 창작법(「不二禪蘭圖」
참조)을 강조한다.

영자팔법은 단순히 서예 필법 운용에만 관련된 것이 아니라 대나무를 그리
는 데에도 적용이 되고, 비백체도 돌을 그리는 데 적용이 된다는 이러저러한
점을 감안해 본다면 서예와 회화는 본래 같다는 것이다. 서법의 좀 더 다양한
측면을 회화와 관련지어 말한 것도 있다. 가구사柯九思가 말하는 다음과 같은
것이 그것이다.

> 대나무를 그리는 데는 전서를 쓰는 법을 구하라. 가지에는 초서를 쓰는 법을
> 구하라. 잎을 그리는 데에는 팔분법을 구하던가 혹은 안진경의 별필법撇筆法
> 을 써라. 나무와 돌은 절차고折釵股나 옥루흔屋漏痕의 유의遺意를 써라.[43]

서예에서의 다양한 서체나 장봉藏鋒 혹은 영자팔법을 운용하여 대나무, 가
지, 잎, 돌을 그리라는 것은 그만큼 서예 필법이 회화 형상 창작에 중요한
의미를 지닌다는 것이다. 서체의 경우 특히 초서 운용과 관련지어 이해하는
경우가 많은데,[44] 이처럼 초서를 특히 강조하는 것은 초서는 흉중胸中의 일취逸

---

43) 柯九思, 『丹丘題跋』, 「佩文齋書畵譜」, "寫竹干用篆法, 枝用草書法, 寫葉用八分法, 或用魯公
   撇筆法, 木石用折釵股, 屋漏痕之遺意."
44) 王世貞, 『藝苑卮言』, "郭熙, 唐棣之樹, 文與可之竹, 溫日觀之葡萄, 皆自草法中來, 此畵之與

趣를 드러내는 데 좋기 때문이다.[45) 석도石濤는 구체적으로 자신의 회화작품
창작에 팔법을 운용하여 작업을 하였다고 한다.[46) 성대사盛大士는 유명한 화가
의 그림을 서예의 서체와 관련지어 왕유王維의 그림에는 분예分隸가 담겨 있고,
이소도李昭道[47)의 그림에는 진해眞楷가 담겨 있고, 미불米芾·미우인米友仁 두 미
씨 부자의 그림에는 행초行草가 담겨 있고, 왕몽王蒙과 황공망黃公望의 그림에는
과두蝌蚪와 전주篆籀가 담겨 있다고 말한다.[48) 이런 언급들은 이상 거론한 화가
들이 왜 위대한 화가인지를 구체적인 예를 서화동원의 입장을 들어 말한 것이
다. 이 밖에 서예가 회화의 준법皴法에 응용된 것도 있다.[49)

이상 거론한 화가는 영자팔법을 비롯하여 서예에서의 다양한 서체, 용필법
등을 응용하여 그림을 그린 예에 속한다. 이런 점을 보면 서화는 동원이라는
점이 나름대로 설득력을 얻게 된다. 문제는 왜 이렇게 서예적 요소를 그림에
응용하여 그리라고 하며, 그것을 통하여 말하고자 하는 미의식이 무엇인가
하는 점이다.

書通者也."
45) 吳歷,『墨井畵跋』, "元人擇僻靜地, 結構層樓爲畵所. 朝起看四山煙雲變幻, 得一新境, 便欣然
落墨. 大都如草書法, 唯寫胸中逸趣耳."
46) 石濤,『大滌子題畵詩跋』, "古人以八法合六法, 而成畵法. 故余之用筆鉤勒, 如行, 如楷, 如篆,
如草, 如隸筆法."
47) 당대의 李思訓을 大李將軍이라 하고 李昭道를 小李將軍이라고 한다.『圖繪寶鑑』, "世稱
思訓爲大李將軍, 昭道爲小李將軍." 참조.
48) 盛大士,『溪山臥游錄』, "書畵源流, 分而仍合. 唐人王右丞之畵, 猶書中之有分隸也. 小李將軍
之畵, 猶書中之有眞楷也. 宋人米氏父子之畵, 猶書中之有行草也. 元人王叔明黃子久之畵, 猶
書中之有蝌蚪篆籀也."
49) 蔣驥,『讀畵紀聞』, "皴法", "古人皴法不同, 如畵家之各立門戶. 其自成一體, 亦可于書法中求
之. 如解索皴則有篆意, 亂麻皮則有草意, 雨點則有楷意, 折帶可用銳穎, 斧劈可用退筆.……子
久皴法簡淡, 似飛白書. 惟善會者師其宗旨而意氣得焉."

5. '사기士氣' 표현과 서화동원론書畵同源論의 미의식

왜 많은 서화가들이 서예적 요소를 그림에 응용하여 그리라고 하는가? 여기서 우리는 서화동원론을 주장하는 예술가들이 주로 송대 이후 서예를 잘했던 문인사대부들이었음에 주목할 필요가 있다. 이 점과 관련하여 양유정楊維槙은 다음과 같이 말한다.

> 서예는 진대晉代에 융성하였고 회화는 당대唐代에 융성하였는데, 송대에는 서예와 회화가 하나가 되었다. 사대부에서 그림을 잘 그린 자는 반드시 글씨도 공교롭게 잘 썼으니, 그 서법은 화법에 있는 것들이다. 그렇다면 서화를 어찌 용렬하고 망령된 인간들이 할 수 있는 것이겠는가?50)

서예가 진대에 융성하였다는 것은 동진東晉시기의 왕희지를 떠올리면 이해가 된다. 회화가 당대에 융성했다는 것은 문제가 있지만 송대에 서예와 회화가 하나가 되었다는 것은 인정할 만하다.51) 양유정은 기본적으로 서법에 있는 것이나 화법에 있는 것이나 다 똑같다는 것을 말하는데, 주목할 것은 사대부 가운데 그림을 잘 그린 자는 반드시 글씨도 공교롭게 잘 썼다는 말이다. 그렇다면 참으로 사물과 닮게 잘 그린 화원화가들에 대한 평가는 어떠했을까? 윗글에서 '용렬하고 망령된 인간'이란 표현을 바로 화원화가들을 의미하는 복선으로 이해해도 무리가 없을 것이다. 구체적으로 말하면 사대부화가들은 사물과 닮게

---

50) 楊維槙,『圖繪寶鑑序』, "書盛于晉, 畵盛于唐, 宋書與畵一耳. 士大夫工畵者必工書, 其畵法則書法所在. 然則書畵豈可以庸妄人得之乎."

51) 何惠鑑은 서법이 회화 속에서 不可不離의 일부분이 된 것은 林木窠石이 啓發된 것에서 연유한 것으로, 宋末에 墨竹이 스스로 專門을 이루자 書畵一體의 이론이 진정으로 성립되었다고 한다. 何惠鑑,「元代文人畵序說」, 洪再辛 選編,『海外中國畵研究文選(1950-1987)』(上海人民出版社, 1992), p.254.

그리는 화원화가들에 대해서는 속기가 있다고 보아 매우 부정적으로 여겼다.

왜 그렇다면 사대부들은 화원들의 사물과 닮게 그린 것을 부정적으로 보았는가? 이런 질문에 대해 화가의 자연에 대한 이해 등과 관련된 형이상학적 차원의 답변을 할 수 있지만 여기서는 이 질문은 사대부들이 추구한 미의식은 무엇인가 하는 질문과도 통한다는 점만 확인하고자 한다. 이 질문에 대한 답은 한마디로 말하면 사대부들이 예술에서의 문기文氣를 강조한 것에 있다. 문기란 무엇인가? 그 문기에 대한 답은 바로 사기士氣란 무엇인가와 통한다.

> 조문민趙文敏(趙孟頫)이 전순거錢舜擧(錢選)에게 그림의 도를 묻기를 "무엇을 사기士氣라 하는가" 하니 전순거는 "예체隸體일 뿐이다"라고 대답하였다. 화가는 능히 이를 분별할 줄 알면 곧 날개가 없이도 날듯이 명성이 세상에 널리 퍼질 수 있다. 그렇지 않으면 곧 사도邪道에 떨어지고 말 것이니 이는 공교로우면 공교로울수록 더욱 멀어진다. 그러나 또한 가장 중요한 점이 있으니 세상에서 구하는 것이 없고 칭찬과 비난으로 마음이 흔들리지 않아야 한다.52)

전선은 예체隸體를 문인화와 비문인화를 구분하는 기준으로 간주했는데, 이에 도달할 수 있느냐 없느냐의 관건은 세속적인 욕심을 버려 마음이 담박하고 칭찬이나 비난을 거들떠보지 않는 데 있다는 것이다. 직업화가로서의 회화관을 부정하는 이 같은 말에는 문인화가가 지향해야 할 정신이 담겨 있다. 사기士氣란 한마디로 말하면 고결한 인품으로서, 이런 점은 서화에서 모두 요구하였다.

사기 없는 단순한 기교적 차원의 실물과 닮게 그리는 공교로움(工)은 도리어 사도邪道에 떨어진다는 것과 회화가 어떻게 하면 사기士氣를 구비할 수 있는가에 대한 전선과 조맹부의 토론의 결론은, 그림을 서법의 용필로 그려야 한다는

---

52) 董其昌, 『容臺集』, 卷3, "趙文敏問畫道于錢舜擧, 何以稱士氣. 錢曰, 隸體耳. 畫史能辨之, 卽可無翼而飛. 不爾, 便落邪道, 愈工愈遠. 然又有關捩, 要得無求於世, 不以贊毁撓懷."

것과 화가가 맑고 고상한 품격이 있어야만 한다는 것이다. 즉 이 양자는 서로
연계되어 표리를 이루기 때문에 그 중에서 하나만 빠져도 진정한 사기화士氣畵
라 할 수 없다는 것이다. 이에 동기창董其昌은 서법의 용필로 그림 그리는 것에
대해 논하면서 선비가 그림을 그리는 법에 대한 구체적인 방법을 제시한다.

> 선비가 그림을 그릴 때는 마땅히 초예草隷, 기자奇字의 법으로 그려야 한다.
> 나무는 마치 쇠를 구부린 듯하고, 산은 마치 모래에 획을 그은 듯하여 달콤하
> 고 속된 좁은 길을 완전히 제거하여야 이에 사기士氣를 이룰 수 있다. 그렇지
> 않으면 비록 엄연히 격에 이르더라도 이미 환쟁이의 마귀의 세계에 떨어져
> 다시는 구제할 약이 없다.53)

선비 그림은 서예의 서체 중에서 초예와 기자의 법으로 해야 하고, 나무나
산은 전서篆書나 추획사推劃沙를 운용하는 방법을 운용하되 속기를 제거해야 한다
는 것은 선비 그림이 지향하는 실질적인 창작 방법을 제시한 것이다. 사대부화의
특징 중의 하나는 서예의 예법을 쓴다는 것이다.54) 그렇다면 왜 예체를 쓰는가?
예체는 변화의 자태字態가 풍부하기 때문에 문인화가가 추구하는 고상한 뜻을
효과적으로 담아낼 수 있을 뿐만 아니라 동시에 간결한 선으로 형체와 생명을
표현할 수 있기 때문이다. 즉 예체를 숭상한 것은 문인화가 지향하는 미의식과
또 문인화가 간이簡易한 것을 숭상하는 풍취와 맞았기 때문이다.55) 명明의 고렴高
濂은 예가화隷家畵의 품격을 사기와 관련하여 다음과 같이 말하였다.

53) 董其昌, 『畵旨』, "士人作畵, 當以草隷奇字之法爲之. 樹如屈鐵, 山如劃沙, 絶去甛俗蹊徑, 乃
爲士氣. 不爾, 縱儼然及格, 已落畵師魔界, 不復可救藥矣."
54) 錢杜, 『宋壺畵憶』, "子昻嘗謂錢舜擧曰, 如何爲士夫畵, 舜擧曰, 隷法耳. 隷者, 有異於描, 故書
畵皆曰寫, 本無二也."
55) 張懋鎔, 『書畵與文人畵風』(陜西人民出版社, 2002), p.189.

이른바 사기라는 것은 곧 사림士林 중에서 능히 예가화의 품격을 이룬 것이
니, 전적으로 신기神氣가 생동한 것으로 법을 삼고 물취物趣를 구하지 않으며
천취天趣를 얻는 것을 높이 여기는 데 있다. 그것을 보고 "사寫한다" 하고 "묘
描한다" 하지 않는 것은 화공의 화원기를 벗어버리고자 하기 때문일 뿐이다.
이들을 일컬어 흥을 실어 평생을 즐긴다고 하는 것은 가하지만, 만약 그림을
잘 그린다고 한다면 어떻게 전대와 비교하고 후세의 보배로운 수장품이 될
수 있겠는가? 조송설趙松雪(趙孟頫), 왕숙명王叔明(王蒙), 황자구黃子久(黃公望), 전
순거錢舜擧(錢選) 같은 경우 이는 진실로 사기가 있는 그림인데, 이 네 군자를
어찌 천박하고 속된 자들이 본받을 수 있겠는가?56)

여기서 예가화란 앞서 말한 사대부화와 같은 의미로 이해된다. 예가화가
신기神氣가 생동한 것으로 법으로 삼아 물취物趣를 구하지 않고 천취天趣를 얻는
것을 높게 여긴다는 것은 화원화가들의 화풍과의 차별상을 강조하는 것이다.
뜻과 인품이 속되지 않아야 작품에서 천취天趣를 자득自得할 수 있다는 것도
화원화가들과의 차별상을 강조하는 것이다. 예가화가 화공화가와 다른 점으로
'묘描'가 아닌 '사寫'라는 것을 강조하는데, 묘는 무엇이고 사는 무엇인가에 대해
알 필요가 있다. 그것은 그림에 화원기가 있어서는 안 된다는 것이다. '묘'
자는 '묘사한다'고 하듯 실물과 닮게 그리는 것 즉 형사形似적 차원을 말하는
것으로 이해된다. 이런 것은 주로 공교롭다는 것과 세속적이라는 점에서 '속공
俗工'이란 표현을 통해 묘사되곤 한다.57) '묘'를 낮게 보고 '사'를 강조하는 것은
물상物象을 얼마나 진실되게 반영하느냐 하는 것은 문제가 안 된다는 것이다.

---

56) 高濂, 『燕閑清賞箋』, 「論畫」, "今之論畫, 必曰士氣, 所謂士氣者乃士林中能作隷家作品. 全在
用神氣生動爲法, 不求物趣, 以得天趣爲高. 觀其曰寫而不曰苗者, 欲脫畫工院氣故爾. 此等謂
之寄興取玩一世則可, 若云善畫, 何以比方前代而爲后世寶藏. 若趙松雪, 王叔明, 黃子久, 錢舜
擧輩, 此眞士氣畫也."
57) 王學浩, 『山南論畫』, "王耕煙云, 有人問如何是士大夫畫. 曰, 只一寫字盡之. 此語最爲中肯.
字要寫不要描, 畫亦如之. 一入描畫, 便爲俗工矣."

즉 일점일획으로 기운氣韻이나 신정神情을 표현하는 것 혹은 흉중胸中의 일기逸氣를 드러내는 것은 묘와 거리가 멀다는 것이다.

왜 '사'를 강조하는가? 서예는 기본적으로 필묵으로 인격人格·인품人品과 심령心靈과 의경意境을 드러내야 하며 또 자연自然스러운 천기天機가 유탕流蕩하고 생생불식生生不息의 생명生命의 원기元氣를 드러내야 하는데, 이런 점은 회화도 마찬가지이기 때문이다.[58] 특히 한 생명은 다시 중복될 수 없듯이 용필도 중복하여 묘사하는 것을 허락하지 않은 것을 추구했다는 점에서 '묘' 자를 쓰지 않고 '사' 자를 쓰는 것이다.[59]

이상과 같이 서예의 필법으로 그림을 그려 사기士氣의 내재적인 의미를 강조한 것은 예술가가 세속을 초탈하는 맑고 높은 흉금과 넓은 지식, 수양을 갖추고 있어야 한다는 것을 요구하기 때문이다. 이 같은 사유에는 '덕상예하德上藝下' 사상도 깔려 있다고 할 수 있다.[60]

6. 나오는 말

일단 회화는 서예와 여러 가지 측면에서 구별된다는 점에서 볼 때 서화동원론은 상대적으로 서예를 중시하고 회화의 독자성을 손상시킨다는 비판을 면할

---

58) 書藝 요소를 그림에 응용한 화가들에 대한 것은 張庚, 『浦山論畫』, 「論性情」, "試卽有元諸家論之. 大癡爲人坦易而灑落, 故其畫平淡而冲濡, 在諸家最醇. 梅花道人孤高而淸介, 故其畫危聳而英俊. 倪雲林則一味絶俗, 故其畫蕭遠峭逸, 刊盡雕華. 若王叔明未勉貪榮附熱, 故其畫近于躁. 趙文敏大節不惜, 故書畫皆嫵媚而帶俗氣. 若徐幼文之廉潔雅尙, 陸天游, 方方壺之超然物外, 宜其超脫絶塵不囿于畦畛也. 記云, 德成而上, 藝成而下, 其是之謂乎." 참조.

59) '寫' 字에 대하여 段玉裁는 『說文解字』에서 "按凡傾吐曰寫"라고 한다. 여기서 '傾吐'는 胸中의 情懷를 직접적으로 抒發하는 것을 말한다. 문인화에서 사를 강조하는 사유에는 意는 寫할 수 있지만 묘할 수 없다는 의식이 깔려 있다.

60) 앞의 張庚 주 참조.

수 없다. 특히 동기창이 사기士氣가 없으면 곧 "환쟁이의 마귀의 세계"에 떨어진다는 것은 화공들을 폄하한 지나친 면이 있다. 그런데 이처럼 서화동원론이 여러 가지 측면에서 많은 문제점이 있음에도 불구하고 많은 문인사대부 화가들이 서화동원론을 말하는 것은, 기본적으로 서예를 제대로 해야만 회화를 제대로 잘할 수 있다는 사유가 깔려 있다. 여기서 '서예를 제대로 한다는 것'은 단순히 기교적인 차원에서 서예를 잘한다는 것을 말하는 것은 아니다. 한석봉韓石峯(韓濩)과 같이 뛰어난 많은 서예가들 가운데 회화에 장기가 없는 경우도 있기 때문이다.

아울러 서화동원론은 결국 서예와 회화가 근본적으로 추구하는 것이 무엇인가에 대한 질문과 서예와 회화가 궁극적으로 지향하는 미의식은 무엇인가와 관련이 있다. 특히 서화동원론은 우리가 문인화 중에서 흔히 좋은 작품이라고 말하는 작품을 창작하기 위한 하나의 전제조건으로 말하고 있음도 알아야 한다. 이런 것은 서화동원론이 강조된 것은 송대에 이르러서이고, 특히 문인사대부 가운데 서예를 잘하는 사람들이 회화에 관심을 가지면서부터라는 사실과 관련이 있다. 즉 서화동원론은 서예나 회화가 모두 탄성이 풍부한 모필毛筆을 사용하고 그것을 통하여 기운氣韻이 생동하는 선을 서예와 회화에서 모두 요구한다는 점과 매우 밀접한 관련이 있다. 아울러 일필휘지一筆揮之를 통하여 기운이나 운치韻致, 골력骨力을 담아낼 수 있는 운필법을 비롯하여, 문자향文字香・서권기書卷氣를 그림에서 담아내야 한다는 사유가 공통적으로 깔려 있다.

이처럼 서화동원론, 서화일원론은 서화의 용필은 동법이라는 점과 함께 흔히 서화를 심화心畵, 심획心劃, 사심화寫心畵, 사의화寫意畵, 심학心學 등의 용어를 사용하여 말하는 것과 같이 서화 모두 심령心靈을 중시하고 성정性情을 드러내어야 한다는 사유가 깔려 있다. 아울러 '서여기인書如其人', '화여기인畵如其人'과 함께 '덕상예하德上藝下' 사상을 강조하는 것과 관련이 있다. 이런 사유를 좀 더 깊이 들어가 고찰하면, 회화를 포함한 동양의 예술은 기본적으로 인간이 자연과 화해를 이루면서 천지의 화육化育에 참여하는 인간의 삶을 형상화시키고자 하는데, 이런 점을 회화에서 어떻게 효과적으로 표현할 수 있는가 하는 문제점을 해결하는 데 회화는 서예의 여러 가지 속성을 빌릴 수밖에 없었다. 왜냐하면 서예의 획은 바로 일음일양하는 원리에 의한 우주자연의 생명성을 내재하고 있다고 여겼기 때문이다.[61]

이 같은 서화동원론을 오늘날 어떻게 이해해야 할까? 요즈음 우리 주변을 보면 서구 미술이 도입된 이후 문인화를 포함한 전통미술이 쇠퇴의 길로 접어들었다. 서예는 서예대로 회화는 회화대로 각각 따로 놀고 있으며, 서예와 회화가 궁극적으로 지향하는 바를 망각한 채 소재적, 기법적 차원에서의 작품만 나열되고 있다. 우리는 예술사적 측면에서 볼 때 서화동원론을 주장하면서 서예적 요소를 가미한 작가들의 작품이 명품으로 평가받는 것을 상기할 필요가 있다. 정섭과 같이 서예에서는 회화의 요체를, 회화에서는 서예의 요체를 가미하여 작품을 한 것은 오늘날에도 유효하다고 본다. 이에 서화동원론의 조박糟粕은 버리고 정화精華를 취하여 그것을 어떻게 하면 오늘날 현실에 맞게 되살릴 수 있을 것인지 고민해야 할 것이다.

---

61) 조선조 玉洞 李瀷는 『筆訣』 「與人規矩」(上)에서 "書本於易"을 말하면서 서예의 획에 담긴 음양론과 관련된 생명성을 피력한다. 이런 점과 관련된 자세한 것은 조민환 역주, 『玉洞 李瀷 筆訣』(미술문화원, 2012) 참조.

10장
도자기와 문인문화: '마음의 도자기'(心磁)

1. 들어가는 말

사람이 사용하는 데 가장 긴요한 것이 무엇일까? 이런 점에 대해 조선조 성현成俔(1439~1504)은 "사람이 사용하는 것 중에 질그릇이 가장 긴요하다"[1]라고 하여 질그릇임을 들고 있다. 질그릇을 포함하여 일상생활에 사용하는 다양한 기물 가운데 시대 변화와 미의식을 가장 잘 보여 주는 기물은 바로 도자기다. 과거 신분제 사회에서는 그릇의 재질과 장식, 형태 등이 신분을 드러내는 중요한 요소였고,[2] 아울러 도자기는 후원 세력과 재정적인 지원 여부가 자기의 품질과 양식에 많은 영향을 끼친다는 점에서 어떤 미술작품보다 그 시대의 정치, 경제, 문화적 상황을 종합적으로 반영하기 때문이다.[3] 특히 도자기의 색이나 문양 등은 철학의 변천 및 한 시대에 영향을 끼친 철학과 매우 밀접한 관련이 있다는 점에 주목할 필요가 있다.

이 같은 도자기를 이해하는 데에는 다양한 방식이 있을 수 있는데, 본고는 일단 청대 구왈수裘曰修(1712~1773)[4]가 주염朱琰의 『도설陶說』에 쓴 서문 중에서

---

1) 成俔, 『慵齋叢話』, 卷10, "人之所用, 陶器最緊."
2) 방병선, 『백자: 순백으로 빚어낸 조선의 마음』(돌베개, 2002), p.34 참조. 이런 점은 오늘날에 이른바 명품을 통해 자신의 재력을 과시하는 것과 유사한 점이 있다.
3) 방병선, 『백자: 순백으로 빚어낸 조선의 마음』, p.27 참조.
4) 字는 叔度, 漫士, 號는 諾皋. 江西省 南昌府 新建縣人으로 淸朝 政治人物. 詩, 文章, 書藝에 능했다. 奉敕하여 『熱河志』, 『秘殿珠林』, 『石渠寶笈』 等을 撰했다. 『灌亭詩鈔』가 있다.

"도자기라는 기물로써 그 시대에 정치가 어떻게 행해졌는지를 안다"(因器以知
政)5)라고 말한 것에 주목하고자 한다. 이 같은 미시적 차원에서 도자기를 통해
어느 한 시대 정치 상황을 알 수 있다는 말이 타당한 것인지 의문을 제기할
수 있는데, 실제로 그런 점을 한국 역사에서 확인할 수 있다. 여말선초의 정황이
그것이다. 즉 고려가 망하고 조선이 건국되어 백자가 구워지기 전에 분청사기(粉
靑沙器)가 일정 정도 유행한 것이 바로 이런 점을 잘 말해 준다. 당연히 분청사기
는 청자나 백자와 같이 고상하고 우아한 문인문화보다 세속적이고 실용적인
서민문화가 표현되어 있고,6) 아울러 청자나 백자에 비해 문양이나 색에서도
차이점을 보인다. 이런 현상을 다른 차원에서 보면 질그나 자기는 그 시대를
이끌어 간 지배층이 지향한 미의식이 담겨 있다는 것으로 이해할 수 있다.

중국 문인들은 시, 서예, 회화를 통해 자신의 마음 속내를 표현하고자 하였는
데, 이런 점은 도자기도 마찬가지다. 한대 양웅(揚雄)(기원전 53~기원후 18)이 『법언(法
言)』에서 '글씨는 마음의 그림이다'7)라고 한 말이 상징하듯, 중국 문인들은 예술
이란 모두 마음을 표현하는 예술이어야 함을 지향한다. 하지만 이때 표현하고자
하는 마음이 '어떤 마음'인가 하는 것에 따라 도자기에 적용하면 색, 형태, 문양이
시대마다 각각 다르게 나타나는 것을 접할 수 있는데, 이런 정황에서 표현된
마음은 그 시대를 이끌어 가는 시대정신이나 정치 상황을 반영하고 있다. 이런
점은 시, 서예—특히 문인서예—, 회화—특히 문인화—, 음악—특히 문인아악—8), 전각(印

---

5) 전후 문맥은 다음과 같다. 朱琰, 『陶說』, 「序」(裴日修), "桐川此書, 謂之爲陶人之職志可也,
謂之爲本朝之良史可也. 後之視今, 因器以知政, 固不獨爲博雅君子討論之資矣, 是爲序. 新建
裴日修."
6) 粉靑沙器에 새겨진 문양은 물고기 등과 같이 우리가 일상에서 흔히 볼 수 있는 소재로
서 比德 차원의 사군자와 같은 문양을 그린 백자와 차이가 있다. 문양의 형태도 非整
齊적이고 때론 狂逸한 맛이 있다. 이런 문양은 유가의 中和미학에서 벗어난 색깔이면
서 문양들이다. 이처럼 도자기의 색깔이나 문양을 그만큼 수요자의 수준과 당시 정치
적 상황과 매우 밀접한 관련을 갖는다.
7) 揚雄, 『法言』, 「問神」, "書, 心畵也."

章)—특히 문인전각— 등도 마찬가지지만, 여타 예술장르에 비해 실용적 차원이 강한 도자기에도 그대로 적용될 수 있다.

본고는 도자기는 단순 실용적 차원의 기물이 아니라 동양 문인들의 철학과 미학이 표현된 기물이란 점에서 '마음의 자기'(心磁)라고 규정하고, 시대 상황에 따른 도자기의 변모를 미시적 관점에서 접근하여 동양[9]의 문화와 철학의 변천과 흐름을 살펴보고자 한 연구다. 이미 송대 이후 문인들이 애호한 백자를 비롯하여 전반적으로 자기에 관한 연구는 많다. 하지만 대부분 시대에 따라 어떤 양상을 띤 자기가 나타났다는 식의 사실적 기술에 머물고 있고, 본 연구와 같이 동양 문인들이 애호한 도자기를 미시적 관점에서 출발하여 철학의 흐름과 변천에 연계하여 이해한 것은 거의 없다고 해도 과언이 아니다.[10]

'심자心磁'로서 도자기는 그것이 제작된 시기의 정치적 상황뿐만 아니라 제작을 요구한 지배층의 철학적 사유와 매우 밀접한 관련이 있다.[11] 구체적인 예를 들면 당대의 당삼채唐三彩는 성당盛唐시대의 화려함과 풍요로움을 상징하

---

8) 『禮記』「樂記」에서는 이런 점을 "聲音之道, 與政通矣.……樂者, 通倫理者也"라고 하여 구체적으로 말한다.
9) 여기서 동양은 중국과 한국을 가리키는 용어로 쓴다.
10) 김영원, 『조선시대도자기』(서울대 출판부, 2003); 윤용이, 『한국도자사연구』(문예출판사, 1993); 정양모, 『한국의 도자기』(문예출판사, 1991); 방병선, 『조선후기 도자사연구』(일지사, 2000); 방병선, 『백자: 순백으로 빚어낸 조선의 마음』(돌베개, 2002). 岡田武彦, 『宋明哲學の本質』(東京: 木耳社, 1984)에서는 이와 관련된 개괄적인 것을 설명하고 있는데, 특히 송대와 명대의 도자기를 철학의 관점에서 접근한 것은 본 논문이 논지를 전개하는데 기본 틀이 되었다. 하지만 한국과 중국의 다양한 도자기를 '心磁'라는 표현을 통해 접근한 것과 한국의 백자를 철학과 연계하여 이해하면서 특히 조선조 백자 선호를 구별짓기 차원에서 해석한 것은 본고가 갖는 차별상이다.
11) 岡田武彦은 북송과 남송의 도자기를 磁州窯와 均窯를 통해 비교한다. 북송은 精薄緊密하게 만들어져 맑고 깨끗하지만 남송 것은 상대적으로 粗厚粗雜하다. 景德鎭의 청백자로 보면 북송 것은 薄手하여 견고하고 기형도 단단히 조여지고 문양도 강하고 예리한 것에 비해, 남송 것은 문양도 북송보다도 明潔함이 없고 格調도 卑弱한데 그것은 강남의 기풍이나 국력의 약함이 반영된 것이라고 진단한다. 岡田武彦, 『宋明哲學の本質』, p.44 참조.

唐三彩.
당대의 융성함과 화려한 문명을 상징하는 기물이다.

고, 송대 백자는 '성즉리性卽理'를 중심으로 한 주자학의 득세와 관련이 있고, 명대의 다양한 문양과 색채가 운용된 풍성한 도자기들은 '심즉리心卽理'를 강조하는 양명학과 관련이 있다는 것이다. 이런 점을 본고에서는 중국 당대에서 명대까지의 도자기 변천 및 조선조의 문인들의 도자기 이해 및 그 변천에 담긴 사유에 초점을 맞추어 논하되, 논의 전개의 편의상 한국과 중국을 나누어 기술하지는 않는다. 물론 세세한 부분에서 볼 때 본고와 같이 동양 도자기문화의 일반화를 시도하는 것이 갖는 한계점은 있다. 하지만 동양 문인문화에 나타난 도자기문화와 관련된 큰 틀을 이해하는 데에는 본고와 같은 미시적 관점에서의 접근 방식도 의미가 있다고 본다.

2. '성즉리性卽理'와 '자이재도磁以載道'적 백자

운미韻味를 강조했던 북송대 범온范溫(?~?)[12]은 『잠계시안潛溪詩眼』에서 "이른바 여운이 있는 것은 어찌 유독 문장에만 적용되겠는가"[13]라는 말을 한다. 문장에서 남은 운치가 있어야 한다는 것이 여타 예술장르에도 그대로 적용될 수 있다는 사유는 도자기를 철학적, 미학적 측면에서 이해할 때 매우 중요한 시사점을 준다. 조선조 성종이 백자로 된 술잔을 승정원에 내리면서 다음과

---

12) 字는 元實. 호는 潛齋. 北宋 名臣 範祖禹 幼子, 秦觀의 婿, 黃庭堅에게 시를 배웠다.
13) 范溫, 『潛溪詩眼』, 「論韻原作王稱詩」, "所謂有餘之韻, 豈獨文章哉."

같이 전교傳敎한 것을 보자.

　　백자로 된 술잔을 승정원에 하사하고, 인하여 전교하기를, "이 술잔은 맑고 티
가 없어서, 술을 따르면 티끌이나 찌꺼기가 다 보인다. 이를 사람에게 비유하건
대, 마치 '크게 공적이고 지극히 바라서'(大公至正) 한 점의 사사로움도 없는 것
과 같으니, 그렇게 되면 선하지 못한 일들은 용납되지 않을 것이다" 하였다.[14]

　　성종이 승정원에 술잔을 내리면서 전교하는 말 치곤 너무 철학적이지만,
백자의 '흰색'이 상징하는 '맑고 티가 없음'을 한 점의 사사로움이 없는 '대공지
정'한 인간에게 비유한 것은 의미 있는 발언에 속한다. 이런 발언은 백자를
철학적 측면, 미학적 측면에서 어떻게 의미를 부여했는지 하는 것을 잘 보여
주는 예에 속한다. 백매白梅를 혹애하였던 퇴계退溪 이황李滉은 아래와 같은 경구
(그림 1)를 항상 곁에 두고 자신을 경계하는 말로 삼았다.
　　시대 변천에 따른 도자기에 담긴 철학적, 미학적 의미를 이해하기 위해
편의상 몇 가지 질문을 해 보자. 유가가 지향하는 경외敬畏미학과 인격미학의
핵심을 잘 보여 주는 '무불경毋不敬', '신기
독愼其獨', '무자기毋自欺', '사무사思無邪'라는
이 네 경구를 도자기화 한다면 어떤 도자
기를 연상할 수 있을까? 퇴계는 자신의 서
예미학을 말할 때 '경건방엄勁健方嚴함', '방
정단중方正端重함', '단경아중端勁雅重함', '방
엄정제方嚴整齊함', '단중주긴端重遒緊함'을

1. 李滉의 「毋不敬」외.

---

14) 『朝鮮王朝實錄』, 『成宗實錄』 260卷, 成宗 22년 辛亥(1491) 12월 7일 己酉, "賜白磁杯于承
　　政院, 仍傳曰, 此杯潔淨無瑕, 注之酒, 塵滓畢見, 比諸人, 若大公至正, 無一點私累, 則不善之
　　士, 無得容焉."

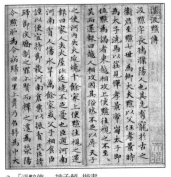

2. 「汲黯傳」. 趙孟頫 楷書.

표현할 것을 강조하였는데[15], 마찬가지로 이런 사유를 도자기화 한다면? 아울러 〈그림 2〉에서 보는 것과 같은 서예의 '법고法古' 사유를 강조하면서 유가의 중화中和미학을 실현하고자 한 조맹부趙孟頫(1254~1322)가 쓴 단아한 해서의 맛을 도자기화 한다면?

이 밖에 제비가 차는 물 짓을 온갖 상념과 욕망을 상징하는 것으로 말하면서, 욕망에 의해 자신의 고요한 마음 상태가 조금이라도 흔들릴까 전전긍긍하는 것을 읊은, 흔히 퇴계 이황의 「야당野塘」이란 시를 통해 연상되는 것을 도자기화 한다면 어떤 도자기를 연상할 수 있을까?

고운 풀 이슬에 젖어 물가를 둘렀는데 　　　　　露草夭夭繞水涯
고요한 못 맑고 맑아 티끌도 없네. 　　　　　小塘淸活淨無沙
나는 구름, 스치는 새는 원래 상관하는 것이지만 　雲飛鳥過元相管
나는 저 제비 물결 찰까 두렵기만 하네.[16] 　　　只怕時時燕蹴波

이상 거론한 다양한 사유를 도자기화 한다면, 단연 '티끌(人欲) 한 점 없는 맑은 순백(天理)'의 '순백자純白磁'라고 할 수 있다. 아울러 이런 사유를 식물로 비유하여 말한다면 '백매'라고 할 수 있다. 이렇게 볼 때 '리가 발하면 기가 따른다'(理發而氣隨之)라는 것과 '기가 발하면 리가 올라탄다'(氣發而理乘之)라는 것을 말하면서 리를 '극존무대極尊無對'한 것으로 여긴 퇴계가 '백매'를 좋아한 것은

---

15) 자세한 것은 조민환, 「退溪 李滉의 理發重視的 書藝認識」, 『韓國思想과 文化』 64집(한국사상문화학회, 2012) 참조.
16) 李滉, 『退溪先生年譜』, 권1, 「年譜・十三年戊寅.[先生十八歲]」(a031_220d).

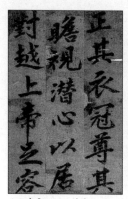

趙熙龍,「紅梅」.
畵題: '藐姑射之(仙)儒, 有大丹一粒, 獨享爲愧, 欲
與世人共之, 皆腥羶腸, 不可下. 訪之四海九州, 惟
有梅花在耳.'

朱熹의 「敬齋箴」 부분.
李滉의 글씨.

金弘道, 「白梅」.
畵題: '獨立漱寒淸皞時'

당연하다고 할 수 있다. 퇴계가 리의 '극존무대'를 주장하면서 이 같은 '백색
지향주의'를 지향한 것은 주자학이 강조하는 '천리를 보존하고 인욕을 제거하
라'(存天理, 去人欲)는 것이 완벽하게 실현된 것을 의미한다. 정이程頤의 「사물잠四勿
箴」과 주희朱熹의 「경재잠敬齋箴」의 첫 번째 구절인 "의관을 바로하고 보는 것을
존중하라, 마음을 가라앉힌 상태에서 마치 상제를 대하듯 하라"(正其衣冠, 尊其瞻視,
潛心以居, 對越上帝)라는 내용이 상징하듯, 퇴계의 이런 사유에는 '수신收身', '속신束
身'을 지향하는 몸 철학이 담겨 있다. 즉 이른바 '주일무적主一無適'을 근간으로
한 '지경持敬'과 '거경居敬'의 실천을 강조하는 미학이 담겨 있는데, 중국 송대와
조선조에서 유가 사유에 훈도된 문인들이 '가늘고 긴'(細長) '백자'를 좋아한 것은
다 이런 사유에서 출발한다. 백자의 '세장細長'함은 탈욕망적 삶과 '계신공구戒愼
恐懼'를 통해 수양된 몸, 성인기상聖人氣象의 상징인 중화미학의 완성을 상징하기
때문이다.

사군자의 하나인 매화에 대해 유학자들은 전통적으로 백매와 홍매를 구분
하여 이해하였다. 도식적 구분이지만, 백매의 백색은 우아한 것(雅), 이성, 천리天
理를 상징한다면, 홍매의 홍색은 세속적인 것(俗), 감성, 인욕人欲을 상징한다.

이에 '존천리, 거인욕'을 기반으로 한 윤리적 삶을 실천하고자 유학자들은 백매를 좋아했다. 이런 사유는 이마미치 도모노부(今道友信)가 『동양의 미학』(東洋の美學)에서 말한 바와 같이, 인간의 내적 이념의 본보기가 식물로부터 추구된다는 '이념의 식물적 상징화'[17]와 관련이 있다. 이것은 '자연물의 인간화'라고 할 수 있는 '비덕比德'(以物比德) 차원에서 이해한 것인데, 이 같은 '비덕' 차원의 이해에는 인품을 우선시하는 사유와 더불어 '성정의 바름'(性情之正)을 드러내는 중화미학이 담겨 있다.

이런 점은 중국 도자기에 적용하면, 송대가 되면 응지凝脂[18] 미인인 양귀비(楊玉環)를 연상시키는 풍만하면서 화려한 당대의 당삼채와 같은 감성적인 색채 등은 퇴색하고, 비색채적인 백 혹은 청, 흑, 갈색 등이 대량으로 만들어지게 되는 것에서 확인할 수 있다. 송대 주자학에 훈도된 문인들은 '안으로 성인되는 공부'인 이른바 '내성학內聖學'을 지향하는데, 이 같은 내관적 정신을 귀하게 여기는 것은 그 시대의 도자기에 순백, 칠흑, 청색 등이 많다는 것에서 입증될 수 있다. 즉 당대에 성했던 채도彩陶는 송대가 되면 쇠퇴하게 되고 대신 백자와 청자가 급속도로 발달하는데, 특히 정요定窯의 백자가 숭고한 맛이 있으면서 단정한 기품을 갖추고 있는 점은 이런 점을 잘 보여 준다.[19]

아울러 송대의 문인화나 조선조의 백자 등을 보면, 그것들이 극히 단순한 형체와 색채를 통하여 통해 인간의 욕망을 극도로 절제하면서도 고도의 정신적 경지를 표현하고 있음을 발견할 수 있다. 예를 들면 송대의 자기에는 무문無文인 것이 많고, 문양이 있어도 그것은 선각線刻, 편절조片切彫와 같은 비장식적인

---

17) 今道友信, 『東洋の美學』(東京: TBSブリタニカ, 1980), p.262 참조.
18) 소고기 기름이 온도가 차가워지면 흰색으로 응결되는 것을 의미하는 '凝脂'는 동양미학에서는 미인의 맑고 깨끗한 피부를 상징한다. 『詩經』「碩人」에서 "膚如凝脂"라는 것이 그것이다.
19) 岡田武彦, 『宋明哲學の本質』, pp.14~15 참조.

것이 많은데, 이것은 이른바 '무문의 문'이라고 해도 좋을 정도로 외면적인 장식을 부정하고 내면적인 정신을 보여 주는 간소한 장식으로 되어 있다.[20] 여기서 '무문'을 색과 관련지어 보되, 『주역』 비괘賁卦 상구上九 효사爻辭의 "꾸밈을 희게 하면 허물이 없으리라"[21]라는 말과 연계하여 살펴보자. '비괘'(䷲)는 문식文飾을 상징하는 괘인데, 비괘의 '상구'는 꾸밈이 극에 달한 것을 의미한다. 따라서 꾸밈을 희게 하여야만 허물이 없을 것이라 한다. 북송대 정이는 이것에 대하여 다음과 같이 주석한다.

> 상구는 꾸밈이 극에 달한 것이다. 꾸밈이 극에 달하면 인위적인 화려함과 꾸밈에서 본질을 잃게 된다. 오직 그 꾸밈을 질백質白하게 해야만 과실의 허물이 없을 수 있게 된다. '백'이란 '흰 것'(素)이다. 바탕이 '흰 것'을 숭상하면 그 근본의 참됨을 잃지 않는다. 이른바 바탕의 '흰 것'을 숭상한다는 것은 꾸밈이 없다는 뜻이 아니다. 화려함이 실질을 매몰시키지 않게 함을 말한다.[22]

여기서 '비賁'는 '백색의 비'이기 때문에 이른바 '무색의 장식'이라 할 수 있다. 위 주석 가운데에서 주목할 만한 발언은 '바탕의 흰 것'을 숭상한다는 것은 꾸밈이 없다는 뜻이 아니라 화려함이 실질을 매몰시키지 않게 하기 위해서라고 하는 것이다. 예술가가 자신의 욕망을 드러내는 만큼 자연스러운 미는 그만큼 쇠퇴해지고, 반대로 인위적인 미는 자연스러움이 쇠퇴하는 만큼 늘어나게 된다. 이런 사유를 다른 시각으로 이해하면, 바탕으로서의 '백'은 있는 것을 펼쳐내고 드러내는 것과 거리가 멀다는 것이다. 욕망과 관련하여 이해하면,

---

20) 岡田武彦, 『宋明哲學の本質』, p.44.
21) 『周易』, 賁卦, 上九, "白賁無咎."
22) 『周易』, 賁卦, 上九에 대한 程頤 주, "上九, 賁之極也. 賁飾之極, 則失於華僞. 唯能質白其賁, 則無過失之咎. 白, 素也. 尙質素, 則不失其本眞. 所謂尙質素者, 非無飾也. 不使華沒實耳."

3. 白磁素文甁.

자신의 욕망을 있는 그대로 드러내는 것이 아니고 감추고 수렴하고 절제한다는 것이다.

야나기 무네요시(柳宗悅)는 송대의 자기는 무한의 미를 나타내 주며 동시에 무한의 진리를 선사한다고 이해한다.[23] 이런 경향성은 송대 주자학의 리理 중시적 사고와 무관하지 않다. 좀 더 구체적으로 말하면, 앞에서 언급한 주자학에서 말하는 '극기복례克己復禮'를 바탕으로 한 "천리를 보존하고 인욕을 제거하라"는 일종의 '성정의 바름'을 강조하는 중화미학과 매우 밀접한 관련을 맺고 있다. 이런 것은 이른바 '도로써 욕을 제어하라'(以道制欲)[24]는 사유 즉 '이성으로 감정을 절제하라'(以理節情)는 것을 통한 중화미학이 실현된 것의 다른 표현이다. '이도제욕', '이리절정'의 다른 표현은 바로 퇴계가 강조한 '무불경', '신기독', '무자기', '사무사'이다.

이처럼 송대 주자학자 및 조선조 유학자들이 숭상한 이른바 '순백자' 즉 '소문백자'[25](그림 3 참조)는 퇴계 이황이 항상 마음속에 새겼던 문구인 '무불경', '신기독', '무자기', '사무사'의 도자기적 표현에 해당한다고 할 수 있다. 이런 점에서 '소문백자'인 순백자는 바로 '무불경', '신기독', '무자기', '사무사'를 실현한 인물과 동일시되는 비덕 차원의 인품이 반영된 '인격적 기물' 혹은 '인문적

23) 야나기 무네요시(柳宗悅) 지음, 심우성 옮김, 『조선을 생각한다』(학고재, 1996)의 「도자기의 아름다움」 부분, p.143 참조.
24) 『禮記』 「樂記」에 나오는 말이다.
25) 白磁는 흔히 무늬를 표현하는 방법과 안료의 종류에 따라 '純白磁', '靑華白磁', '鐵繪白磁', '辰砂白磁' 등으로 구분하는데, 주자학 사유를 가장 잘 보여 주는 것은 순백자 즉 '素文白磁' 혹은 '無文白磁'라고 할 수 있다.

기물에 해당한다. 이런 사유는 마치 문인들이 전통적으로 매, 난, 국, 죽을 비덕 차원에서 '사군자'로 여기고 그것을 자신들과 동일시하는 것과 상통한다. 이에 일종의 자신들이 삶과 마음을 상징하는 '심자心磁'가 된다. 이런 점에서는 조선조의 임금도 예외가 아니었다. 조선조 세종 때는 임금이 사용하는 그릇으로 오로지 백자를 사용했다[26]고 한다. 그런데 단순 세종 때만 백자를 사용한 것은 아니다. 궁중에서는 거의 모든 시대에 걸쳐 백자를 사용하였다.

유가는 전통적으로 이른바 '문의 내용으로 유가 성현의 말씀(道)을 싣는다' (文以載道)[27]라는 것을 강조한다. 백자의 맑고 투명(晶瑩)한 백색의 결백潔白함이 갖는 철학적 의미는 '존천리, 거인욕'을 상징한다. 유가에서 말하는 '화이재도畵以載道', '서이재도書以載道', '문이재도文以載道' 등과 같은 사유를 도자기에 적용하면 '자이재도磁以載道' 혹은 '도이재도陶以載道' 사유를 펼친 것이라 할 수 있다. 요컨대 송대 문인들의 백자 숭상과 조선조 문인들의 백자 숭상은 '성즉리'를 강조하는 주자학에 바탕한 '자이재도' 혹은 '도이재도' 사유가 담겨 있다고 할 수 있다.

3. '심즉리心卽理'와 욕망 긍정의 도자기

이 부분에서는 명대 만력萬曆(神宗: 朱翊鈞) 연간의 적회赤繪자기 출현과 '심즉리'의 상관관계를 먼저 보기로 한다. 양명심학陽明心學과 노장철학에 깊은 영향

---

26) 成俔, 『慵齋叢話』, 卷10, "世宗朝御器, 專用白磁."
27) 周敦頤, 『通書』, 「文辭」, "글은 도(유가 성인이 말씀하신 도덕)를 싣는 것이다. 바퀴와 끌채를 장식했는데 사용하는 사람이 없으면 헛수고를 한 셈인데 하물며 수레는 어떻겠는가? 글은 기예일 뿐이고 도덕이야말로 글의 실질이다."(文所以載道也. 輪轅飾而人弗庸, 徒飾也, 況虛車乎. 文辭, 藝也, 道德, 實也.) 참조.

을 받은 명대 대사의화가大寫意畵家로 평가받는 서위徐渭(1521~1593)가 발묵법潑墨法을 운용하여 그린 포도 형상 및 광기가 어린 화제 글씨(그림 4)를 도자기화 한다면? 마찬가지로 양명학에 영향을 받은 조선조 이광사李匡師(1705~1777)의 서예작품(그림 5) 및 노장철학을 좋아한 조희룡趙熙龍(1789~1866)의 홍매紅梅 작품 (그림 6)을 도자기화 한다면 어떤 형상의 도자기가 만들어질 것인지를 상상해 보자.

일정 정도 광기가 어린 예술성이 담긴 이런 작품 경향과 사유를 반영하는 도자기는 분명 백자는 아니고 백자보다는 더 다양화된 형태나 색깔 운용이 가미된 도자기일 것이다. 이제 수신의 절제를 상징하는 백자와 다른 다양한 색깔 및 문양과 형태를 갖춘 도자기, 거침없이 욕망 드러냄을 표현된 도자기는 '심즉라'를 기본으로 하는 양명학이 일정 정도 영향력을 끼치는 명대 중기 이후부터 본격적으로 출현한다.

 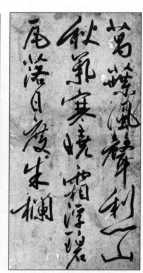 

4. 徐渭,「墨葡萄圖」.   5. 李匡師,「五言詩八曲屛」중 6폭.   6. 趙熙龍,「紅梅圖對聯」.
　　　　　　　　　72×38cm. 한빛문화재단 소장.   　　삼성리움미술관.

중국서예사에는 제왕이 어떤 서체書體를 좋아하는가에 따라 당시 유행하는 서풍이 결정된다는 말이 있다. 앞서 거론한 풍만한 응지凝脂 미인인 양귀비(楊玉環)를 좋아했던 당 현종의 취향을 맞추고자 했던 당대 서예가들이 획을 풍성하게 행한 것이 그 예에 해당한다.[28] 이런 상황은 도자기의 경우도 마찬가지여서, 군주가 어떤 예술적 취향을 보이느냐에 따라 도자기의 창작 경향이나 기형이 달라지는 면도 있다. 하지만 예술의 전반적인 풍격과 양식을 주도하는 것은 그 시대에 어떤 사유가 중심을 이루면서 주도적인 세력을 가지고 있느냐 하는 것에 달려 있다.[29]

중국서예사에서 서예의 흐름을 시대별로 규명할 때 진晉—특히 東晉—은 '상운尙韻', 당唐은 '상법尙法', 송宋은 '상의尙意', 명청明淸은 '상태尙態'라고 그 풍격의 차이를 규정한다. 이런 규정에서 주목할 것은 송대 '상의' 서풍의 유행이다. '상의'에서의 '의'에는 작가 개인의 마음 표현이란 점이 담겨 있는데, 이런 점은 자연스럽게 작가의 인품을 중시하는 사유로 이어진다. 이에 예술성보다는 인품이 우선시된다. 이런 점에 비해 '상태'는 '신사神似' 중시 경향을 보이는 '상의'를 추구할 때 야기될 수 있는 '능숙한 기교와 예술적 형상 측면의 부족함'에 대한 보완이란 점이 담겨 있는데, 그 기교에 대한 능숙함과 예술적 형상 측면을 다른 차원으로 말하면, 순수예술적 차원의 욕망에 대한 긍정이란 점으로 이해할 수 있다. 명대 이후 나타난 '심자'로써 도자기를 이해한다면, 후자의 이해는 매우 중요한 점을 시사해 준다.

현대 중국학자 주량즈(朱良志)는 '송대 회화'와 '원대 회화'의 관건을 각각

---

28) 康有爲, 『廣藝舟雙楫』, 「體變」, "唐世書凡三變. 唐初歐, 虞, 褚, 薛, 王, 陸, 並轡軌疊, 皆尙爽健. 開元禦宇, 天下平樂, 明皇極豐肥. 故李北海, 顔平原, 蘇靈芝輩, 並趨時主之好, 皆宗肥厚. 元和後, 沈傳師, 柳公權出, 矯肥厚之病, 專尙淸勁, 然骨存肉削, 天下病矣."
29) 正祖는 주자학을 통한 '文體反正'과 '書體反正'을 강조하는데, 이런 점은 역설적으로 그 시대에 이미 문체와 서체에 주자학과 반하는 사유가 매우 성행했음을 반증한다.

'리理' 자와 '의意' 자를 연계하여 파악하고, 송대 회화는 '리' 자를 중심으로
한 '이취理趣'를 담아낸 예술 형식을 전개했다는 점에서 '사상적 예술'이라 하고,
심령心靈을 쏟아내고 일기逸氣를 토로한 원대 회화를 '심령적 예술'이라 규정한
다. 결론적으로 이에 회화는 '심학'으로 발전했다고 하는데,30) 이런 회화사의
변천은 도자기 역사에도 그대로 적용된다. 주량즈가 말하는 '심학'은 '심즉리'
차원의 심학을 의미한다. 주량즈의 발언을 철학적 사유의 변천에 적용하면,
명대 도자기는 이지적이면서 결정潔淨의 아름다움을 담은 송대와 다른 도자기,
즉 자유로운 욕망 표출을 긍정적으로 보는 심령 차원의 도자기가 탄생되었음을
의미한다. 이런 점을 특히 명대의 정덕正德(武宗 朱厚照) 전후의 사상과 문화의
변이에 초점을 맞추어 살펴보자.

명대 중기가 되면 정학正學으로서 주자학이 쇠퇴하고 '치양지致良知'와 '심외
무물心外無物', '심외무리心外無理'를 강조하는 양명학이 일정 정도 영향을 끼친
다.31) 명대 중기에 시작된 문화변혁에는 왕수인王守仁(1472~1528)이 그 중심에
있는데, 화가이면서 서예가인 동기창董其昌(1556~1636)은 정덕 연간의 사상문화
의 변이에 대해 평가한 적이 있다. 즉 명대의 성화成化(憲宗 朱見深)와 홍치弘治(孝宗
朱祐樘) 연간에는 '사무이도師無異道', '사무이학士無異學'인 상태에서 대부분의 문인
들은 정이와 주희가 쓴 책을 보면서 주자학을 자신들이 지향하는 주된 사유로
삼았다. 그런데 점차로 '성즉리'에 근간해 이성을 강조하는 성리학은 이제 '심즉
리'를 주장하면서 심을 종주로 삼고 감성을 긍정적으로 보는 양명학으로 대체되
어 가고, 염락濂洛(濂溪의 周敦頤와 洛陽의 程顥, 程頤 형제)과 고정考亭(朱熹)의 학문은
흔들리면서 결국에는 '이도異道'와 '이학異學'으로서의 양명학이 득세했음을 말
한다.32)

---

30) 朱良志, 『扁舟一葉: 理學與中國畫學硏究』(合肥: 安徽敎育出版社, 1999), p.3 참조.
31) 관련된 자세한 것은 王守仁의 『傳習錄』 참조.

이처럼 정덕시기는 명대의 사회와 문화변천의 분수령이 된다. 즉 보수에서 혁신으로 바뀌게 된다.[33] 이런 변천은 당연히 도자기의 색, 문양, 크기 등과 같은 외적 형식미에도 영향을 주게 된다. 이제 만력萬曆(神宗 朱翊鈞)시기가 되면 양명심학이 난숙하게 됨에 따라 자아를 극도로 강조한다. 그것은 인간의 욕정을 구가하고, 아울러 자연천성自然天成의 진솔한 성정 표현을 긍정적으로 보면서 전통이나 규범의 속박을 싫어하고 그것에서부터 해방을 구가하는 풍조로 나타난다. 무역도 성하게 되어 서민의 생활이 급속도로 향상하고 정계는 타락하여 세상의 기강도 해이하게 된다.[34] 만력시대의 화려하면서 농염함을 담고 있는 적회자기赤繪磁器(그림 7)와 오채자기五彩磁器(그림 8)는 그와 같은 사회 풍조에서 탄생한 것으로, 그것의 탄생은 명말 양학좌파의 사상, 성령파性靈派의 성정 강조, 남종화의 솔의화率意畵, 광기서풍을 잘 보여 주는 왕탁王鐸(1592~1652)이나 부산博山(1607~1684)의 연면체連綿體의 서풍과 동일한 정신적 기반을 가진다.[35] 청대 강희 이후 건륭시기에는 화려한 색깔과 문양이 담긴 분채자기粉彩磁器(그림 9)까지 나타난다. 이처럼 어떤 사유가 그 시대에 유행하느냐에 따라 도자기의 외적 형식미가 달라짐을 명대 자기의 다양한 형태와 색을 통해 알 수 있다.

중국 송대 이후 전개된 몸 철학을 보면 정이의 「사물잠四勿箴」과 주희의 「경재잠敬齋箴」이 상징하는 '극기복례'를 통한 수신修身(이른바 收身과 束身)을 강조하는 송대 리학자들의 사유가 점차 쇠퇴하고 명대에 오면 '심외무물心外無物'을

---

32) 董其昌, 『容臺文集』, 卷1, 「合刻羅文莊公集序」, "成弘間, 師無異道, 士無異學, 程朱之書, 立於掌故, 稱大一統, 而修詞之家墨守歐曾平平爾. 時文之變而師古也, 自北地始也. 理學之變而師心也, 自東越始也. 北地猶寡和, 而東越挾勛名地望以重其一家之言, 濂洛考亭幾爲搖撼."
33) 陳寶良 著, 『明代士大夫的精神世界』(北京: 北京師範大學出版社, 2017), p.5 참조.
34) 이런 정황에서 사치풍조가 매우 심하게 나타난다. 이런 점과 관련된 자세한 것은 우런수(巫仁恕) 지음, 김의성 외 옮김, 『사치의 제국: 명말 사대부의 사치와 유행의 문화사』(글항아리, 2019) 참조.
35) 岡田武彦, 『宋明哲學の本質』, p.22 참조.

7. 萬曆赤繪. / 8. 五彩雲龍紋蓋罐 (만력시기) / 9. 粉彩黃地開光花鳥紋雙耳瓶 (건륭시기)

강조하는 양명학이 흥기함에 따라 이제 '안신安身'36)을 추구하는 철학이 나타나게 된다. 그 '안신'을 추구하는 사유에는 성령性靈과 자연천성自然天成으로서의 진정성 긍정의 사유 즉 '인욕과 연계된 욕망 긍정'에 대한 견해가 담겨 있다. 개인의 욕망 긍정은 이제 '순백지상주의'에서 벗어나 다양하고 화려한 색깔로 바뀌고, 병구瓶口가 연신延伸한 형태의 이른바 가늘고 긴(細長) 형태가 보다 넉넉하고 풍만한 모양새로 바뀌게 된다. 아울러 '양강지미陽剛之美'를 상징하는 '직선'

---

36) 양명좌파에 속하면서 泰州學派 창시자인 王艮은 安身을 말하고 몸을 心 위에 두었다. "그 몸을 편하게 하고 그 마음을 편하게 하는 것이 으뜸이며, 그 몸을 불안하게 하나 그 마음을 편하게 하는 것이 그 다음이다. 그 몸을 불안하게 하고 또 그 마음을 불안하게 하는 것이 그 아래가 된다."(王艮, 『王心齋遺集』, 卷1, "安其身而安其心者, 上也. 不安其身而安其心者, 次之. 安其身, 又不安其心, 斯其爲下矣.") 참조.

추구에서 '음유지미陰柔之美'를 상징하는 '곡선' 추구로 나아가는데, 이 같은 '양강
지미'에서 '음유지미' 추구로의 변화에는 욕망에 대한 다른 이해가 담겨 있었다.

4. '리기지묘理氣之妙': 조선조 백자호白磁壺와 문양 변화

조선시대 궁중에서 사용한 기물들을 모은 고궁박물관37)에 전시된 기물들
은 대부분 백자다. 궁중에서 어떤 기물을 사용하느냐 하는 것은 종친은 물론
사대부들에게 지대한 관심사였고, 이런 관심사는 특히 백자에 대한 관심으로
이어진다. 하지만 백자를 빚는 과정에서 나타나는 여러 가지 문제점 때문에
세조 때부터 이미 백자의 일반 사용을 금한다.

> 공조에서 아뢰기를, "백자는 진상進上한 것과 이전에 번조燔造한 것을 제외하
> 고는 지금부터 공사 간에 이를 사용하지 못하게 하고, 위반한 사람은 공인까
> 지도 제서유위율制書有違律로써 과죄科罪하도록 하소서. 또 공물을 정하지 말
> 고서 공사를 빙자하여 사사로이 제조하는 폐단을 방지하며, 무릇 백토白土가
> 산출되는 곳은 소재읍으로 하여금 도용을 금하고 빠짐없이 장부에 기록하여
> 본조와 승정원에 간수하게 하소서" 하니, 그대로 따랐다.38)

백자를 공사 간에 사용하지 못하게 하고 그것의 사용을 '죄과하라'는 것은
그만큼 민간에서 백자에 대한 선호도가 있었음을 반증한다. 조선조는 때론

---

37) 이 고궁박물관을 자칫하면 臺灣 臺北에 있는 古宮博物院을 떠올릴 수 있는데, 여기서
   말하는 고궁박물관은 경복궁 안에 있는 조선왕조 고궁박물관을 말한다.
38) 『朝鮮王朝實錄』, 『世祖實錄』, 세조 12년 6월 7일 丙午, "工曹啓, 白磁, 除進上及已前燔造者
   外, 自今公私, 毋得用之. 違者竝工人, 以制書有違律, 科罪. 且勿定貢物, 以防憑公私造之弊.
   凡白土産出處, 令所在邑, 禁盜用, 無遺錄簿, 藏于本曹及承政院. 從之."

세조가 명분론 차원에서 "아비와 아들이 그릇을 같이하고 임금과 신하가 그릇을 같이하면 주인과 종이 그릇을 같이하는 것이니, 명분이 어디에 있고 야인들과 다른 것이 무엇인가?"[39]라고 발언한 것처럼 기물을 통해 신분에 따른 위계질서를 지키고자 하거나[40], 그릇에 대한 사용 질서를 정함으로써[41] 왕권 강화를 시도하기도 하였다[42]. 하지만 이렇게 법으로 엄격하게 금하고자 해도 조정의 관리와 서인들이 백자를 사용하는 현상은 이미 중종 때부터 일어나게 된다.

> 윤은보가 아뢰었다.······ 또 이 도道(함경도)는 서울과 거리가 매우 먼데도 육진六鎭에서 모두 백자를 사용합니다. 그러므로 반드시 어물魚物로써 바꾸는데, 그 폐단이 큽니다. 서울의 백자를 사용하지 말라고 감사가 있는 곳에 유시諭示를 내리는 것이 옳겠습니다. 이것이 비록 작은 일이기는 하나 폐단은 큰 것이기 때문에 아룁니다.[43]

변방인 육진에서조차 백자를 사용한다는 것은 이제 다른 지역에서는 더 말할 것도 없이 백자를 광범위하게 사용하고 있다는 것을 말해 준다. 이런 현상을 단순 '사치'라는 관점에서 볼 것이 아니다. 일반 백성들도 백자를 사용함으로써 얻어지는 스스로를 고상한 인간으로 격상시키고자 하는 '문명화된 인간

---

39) 『朝鮮王朝實錄』, 『世祖實錄』, 卷29, 世祖 8년 11월 30일 庚申, "御思政殿, 受常參視事. 命二品以上入侍設酌, 上謂禮曹判書李克培曰, 名分不可不嚴, 昨日司饔院進膳, 雜用世子器皿, 甚不可, 若是則父子同器, 君臣同器, 奴主同器矣, 名分何居, 與野人奚擇焉. 世子尙且視膳, 事孰大於御膳乎. 其司饔別坐罪尤重焉, 當丁寧告戒之." 참조.
40) 방병선, 『왕조실록을 통해본 조선도자사』(고려대학교출판부, 2005), p.97 참조.
41) 『朝鮮王朝實錄』, 『世祖實錄』, 卷38, 세조 12년 4월 18일 戊午, "磁器, 自今進上外, 公私處行用, 一禁. 京外匠人, 潛隱燔造, 市裏及朝官庶人之家, 私相買賣者, 以違制律論."
42) 방병선, 『왕조실록을 통해본 조선도자사』(고려대학교출판부, 2005), p.101 참조.
43) 『朝鮮王朝實錄』, 『中宗實錄』, 卷86, 中宗 32년 12월 19일 甲子, "引見領議政尹殷輔.······且此道, 距京絶遠, 而六鎭皆用白磁, 故必以魚物貿去, 其弊大矣. 勿用京白器事, 監司處下諭可也. 此雖小事, 弊則大矣, 故啓之."

지향[44]이란 사유가 담겨 있다고 할 수
있다. 즉 백자를 사용하는 계층에 보이
는 자신들과의 차별화된 고상한 문화
에 대한 일종의 '모방 문화' 혹은 '닮기
문화'의 소산이라고 보는 것이 타당하
다고 본다.

백자달항아리(白磁壺). 국보 309호.

  이런 백자 선호가 증가하고 아울러
변화된 시대에 맞게 백자에 대한 요구와 변화를 조선조에 초점을 맞추면, 조선조
후기에 등장한 이른바 '백자달항아리'(白磁壺)와 도자 문양에 길상을 상징하는
문양이 등장하는 것을 들 수 있다. 물론 중국 만력시기와 조선조 후기 상황은
다르기 때문에 '백자달항아리'를 만력시기의 적회자기 탄생과 동일하게 논한다
면 문제가 있다. 하지만 '기氣'적 요소인 곡선미를 통한 보다 풍만함을 담아내고
자 하는 '욕망 변화라는 점'에 초점을 맞추면 정도 차이는 있지만 일정 정도
상통하는 점도 있다. 풍만하면서도 곡선미가 돋보이는 '백자달항아리'는 일단
외적 형태 측면에서 볼 때 주자학이 주장하는 절제를 통한 '수산의 미학이 강조
하는 형태인 직선과 '가늘고 긴'(細長) 형태에서 벗어나 있다. 이런 형태의 백자는
'리理'적 요소로서 백자라는 근본을 버리지 않으면서 풍만함의 '기氣'적 요소가
묘합妙合된 이른바 율곡栗谷 이이李珥가 말한 '리기지묘' 철학이 도자기에 적용된
결과물이라고 할 수 있다.[45] 이이가 우계牛溪 성혼成渾에게 보낸 글을 보자.

---

44) 이런 현상은 노르베르트 엘리아스가 『문명화과정』에서 '문명화과정'에 수반하는 행
  동 방식의 변화에는 행동의 외면적 통제에서 내면적 통제로의 전환이라는 보편적
  과정이 관찰된다고 하는데, 궁중 및 문인문화의 상징 중의 하나인 백자에 대한 백성
  들의 선호도에 이런 사유를 적용할 수 있는 내용이 있다고 본다. 자세한 것은 노르베
  르트 엘리아스, 박미애 옮김, 『문명화과정』 Ⅰ·Ⅱ(한길사, 1996·1999) 참조.
45) 李珥가 말한 理氣之妙의 핵심은 理의 본원적 측면에서 그 가치를 인정하면서 현실적
  상황과 관련된 氣의 가치를 묘합적으로 이해한다는 것이다. 그 理氣之妙를 도자기에

「리기영理氣詠을 지어 우계 도형에게 드리다」(理氣詠呈牛溪道兄)

원기가 어디서 비롯하였나. 무형이 유형 가운데 있다오. 근원을 찾으면 본래 합쳐져 있음을 알고[리와 기가 본래 합쳐진 것이요 처음 합쳐진 때가 따로 있는 것이 아닙니다. 리와 기를 둘로 나누려는 자는 도를 알지 못하는 자입니다.] 유파를 거슬러 올라가면 뭇 정을 볼 수 있네.[리와 기가 원래 하나이지만 나누어져서 음양과 오행의 精이 됩니다.] 물은 그릇을 따라 모나고 둥글며, 공간은 병을 따라 작고 커진다.[리가 기를 타고 유행할 때에 천태만상으로 고르지 못한 것이 이와 같습니다. 공간과 병에 대한 말은 불교에서 나온 것인데 그 비유가 절실하므로 여기에 인용한 것입니다.] 그대여 두 갈래에 미혹되지 말고, 성이 정 되는 것을 가만히 체험하오.[46]

형태가 커졌다고 해도 여전히 백자라는 점에서 '백자달항아리'(白磁壺)가 갖는 리기론적 분석이 가능하다. '백자달항아리'의 그 풍만한 형태에는 임진왜란, 병자호란의 양난을 거친 이후 조선조 후기 주자학의 지배이데올로기(理적 요소)가 흔들리는 상황에서 사유의 자유로움과 욕망(氣적 요소)에 대한 일정 정도의 긍정적인 수용이 담겨 있다고 본다. 즉 '리理'라는 차원의 백자는 그대로지만, '기氣'라는 차원의 문양이나 크기가 변한 것이 전체적으로 묘합을 이룬 결과물이 '백자달항아리'라는 것이다. 이이가 주장하는 '리통기국理通氣局'[47]이란 사유도

적용하면 일단 도자기의 내용으로서의 理적 요소(백자의 백색)를 기본으로 하면서 형식으로서의 氣적 요소(백자의 크기, 문양의 다양성)를 가미했다는 것이다. 理氣之妙를 문양에 적용하면 사군자 이외의 다양한 문양이 출현한 것에도 그 의미를 부여할 수 있다고 본다.

46) 李珥, 『栗谷全書』, 卷10, 「理氣詠呈牛溪道兄」(a044_208c), "元氣何端始, 無形在有形. 窮源知本合,[理氣本合也, 非有始合之時, 欲以理氣二之者, 皆非知道者也.] 沿派見羣精.[理氣原一, 而分爲二五之精.] 水逐方圓器, 空隨小大瓶.[理之乘氣流行, 參差不齊者如此. 空瓶之說, 出於釋氏, 而其譬喩親切故用之.] 二岐君莫惑, 默驗性爲情."

47) 李珥, 『栗谷全書』, 卷10, 「與成浩原」(a044_218a), "理氣之說, 綱領已合, 小小同異, 不必深辨汲汲求合, 久久必有融會之時, 向者紛紛之辨, 大抵出於不相會意, 追思可笑. 理通氣局, 要自本體上說出, 亦不可離了本體, 別求流行也. 人之性非物之性者, 氣之局也. 人之理卽物之理者, 理之通也. 方圓之器不同, 而器中之水一也. 大小之瓶不同, 而瓶中之空一也. 氣之一本者, 理之通故也. 理之萬殊者, 氣之局故也. 本體之中, 流行具焉, 流行之中, 本體存焉. 由是推之, 理通氣

적용할 수 있다고 본다. 즉 '리(본체=근본으로
서 백자)는 시대에 상관없이 두루 적용되지만
기(유행=형태와 문양 변화)에 국한된다'는 사유
를 이 같은 도자기의 변화에 적용할 수 있다
는 것이다. 이런 '백자달항아리' 출현과 관
련해 아울러 조선조 후기에 오면 문인들이
추구한 삶의 방식에도 변화가 일어나는 점
즉 이른바 은일隱逸적 삶에 대한 지향이 나
타난 것에도 주목할 필요가 있다. 구체적인
하나의 예를 들면, 조선조 18세기 청화백자

白磁靑畵山水文壺形注子.
「瀟湘八景圖」 중 '遠浦歸帆'.

가운데 가장 선호한 무늬로 채택된 「소상팔경도瀟湘八景圖」를 꼽을 수 있다.

조선조 초기의 백자에 새겨진 문양은 주로 사대부들이 추구하는 삶의 상징
인 비덕比德 차원의 '사군자'가 주류를 이룬다. 이런 점에 비해 그 「소상팔경도」[48]
는 산수자연의 삶, 은일적 삶을 상징한다. 방병선은 조선조 후기 백자를 논하는
데, 인조에서 경종까지를 1기로 보고, 그 1기에는 칠화백자에 운룡문雲龍紋, 사군
자, 화주문이 주를 이루었고, 산수와 길상은 거의 발견된 것이 없다고 한다.
이런 점에 비해 18세기로 추정되는 조선백자에 시문된 산수문 중에서 가장
크게 주목되는 것은 「소상팔경도」인데, 이것은 당시 수요층의 취향과 무관하지
않다고 본다.[49] 방병선의 이 같은 주장은 우리가 철학의 변천을 도자기 변천과
관련지어 이해할 수 있는 매우 중요한 시사점을 제공한다. 「소상팔경도」는
개인 차원의 은일적 삶을 대표하며, 길상도 마찬가지로 개인 차원의 양생 및

局之說, 果落一邊乎."
48) '瀟湘八景'은 중국 洞庭湖 남쪽의 아름다운 8가지 풍경으로, 山市晴嵐, 漁村夕照, 遠浦歸
帆, 瀟湘夜雨, 煙寺晩鍾, 洞庭秋月, 平沙落雁, 江天暮雪이다.
49) 방병선, 『조선후기 백자연구』(일지사, 2009, 3쇄), p.274 참조.

기복성을 상징하는데, 이 같은 문양의 변화는 기존 사군자 지향이 갖는 도자미학과 다른 점이 나타났음을 의미한다. 「소상팔경도」를 도자기 문양의 하나로 선택한 것은 이제 '사군자'로 상징되는 공공성 지향의 삶과 군자의 '고궁固窮' 차원[50]의 삶에서 벗어나 산수 자연 공간에서 세속과 일정한 거리를 두는 삶 즉 탈속脫俗을 추구하면서 개인의 심신의 편안함을 추구하는 삶으로 이어졌음을 의미한다.

이런 정황에서 중국 문인들이 좋아한 도자기와 조선조 문인들이 좋아한 도자기를 엄밀하게 구분하여 이해할 필요가 있다. 이렇게 말하는 것은 다 이유가 있다. 중국은 남송대는 주희가 주자학을 확립하여 이성을 중시하는 사유를 견지하고 그것의 상징인 백자가 유행한다. 하지만 앞서 본 바와 같이 명대에는 왕수인의 양명학이 전개되어 감성을 긍정하는 사유가 나타남에 따라, 명대 만력시기에는 붉은색으로 장식한 적회자기 및 오채자기가 나타나고, 청대 강희 이후 건륭시기에는 화려한 색깔과 문양이 담긴 분채자기까지 나타나는 변화상을 보였다. 하지만 조선조는 500여 년 동안 거의 백자가 주류를 이루고, 이런 점에서 흔히 조선조는 '백자의 나라'라고 한다. 왜 이런 문화가 나타났는가 하는 점에 의문을 던질 필요가 있다. 중국 도자기가 시대에 따라 변화한 것과 달리 조선조 도자기에 나타난 불변 현상은 계곡溪谷 장유張維가 쓴 「우리나라의 경직된 학풍」(我國學風硬直)이란 글을 떠올리게 한다.

중국의 학술은 다양하다. '정학正學'(유가)의 학문이 있는가 하면 '선학禪學'(불가)의 학문과 '단학丹學'(도가)의 학문이 있고, '정주程朱'(程頤, 朱熹)를 배우는가 하면 '육구연陸九淵'을 배우기도 하는 등 학문의 길이 한 가지만 있는 것이 아

---

50) 『論語』, 「衛靈公」, "在陳絶糧, 從者病, 莫能興. 子路慍見曰, 君子亦有窮乎. 子曰, 君子固窮, 小人窮斯濫矣."

니다. 그런데 우리나라의 경우는 유식과 무식을 막론하고 책을 끼고 다니며 글을 읽는 자들을 보면 모두가 '정주'만을 칭송할 뿐 다른 학문에 종사하는 자가 있다는 말을 들어보지 못하였다. 어쩌면 우리나라의 선비의 풍습(士習)이 중국보다 실제로 훌륭한 점이 있어서 그런 것인가. 아니다. 그래서 그런 것이 아니고, 중국에는 학자가 있는 반면에 우리나라에는 학자가 없기 때문에 그러한 것이다.[51]

양명학을 수용했다고 평가받는 장유가 중국에는 '정학', '선학', '단학' 및 '정주학', '육상산학' 등 다양한 학술 경향이 있다고 하면서 조선조에는 '다른 학문에 종사하는 자가 있다는 말을 들어보지 못했다'고 한 것은 조선조에서 주자학에 경도된 학문 경향이 풍미했음을 말해 주는데, 이 같은 주자학 풍미 현상은 도자 문화에도 그대로 적용된다는 것이다. 즉 조선조 후기에 형태나 문양에서 약간의 변화는 있었지만 여전히 백자 중심주의는 유지되고 있었다는 것이다. 백자의 백색이 갖는 상징성이 그만큼 강렬하였다는 것을 입증한다.

5. 나오는 말

이상 미시적 관점에서 논한 중국 도자기의 변천을 북송대부터 명대 말기까지에 초점을 맞추면 정리하면, 주자학의 '성즉리'(리와 성 중시 철학)에서 양명학의 '심즉리'(기 긍정, 정 중시 철학) 철학으로의 변천으로 나타난다. 그것을 보다 구체적으로 살펴보면, '성정의 바름'을 추구하는 중화미학 중심의 '아(雅)'에서 신기함을

---

51) 張維, 『谿谷集』, 권1, 「漫筆」(a092_573c), "我國學風硬直中國學術多岐, 有正學焉, 有禪學焉, 有丹學焉, 有學程朱者, 學陸氏者, 門徑不一, 而我國則無論有識無識, 挾筴讀書者, 皆稱誦程朱, 未聞有他學焉, 豈我國士習果賢於中國耶, 曰非然也, 中國有學者, 我國無學者."

추구하는 광괴狂怪미학 중심의 '속俗'으로 변천되었고, 아울러 '존천리, 거인욕'을 추구하는 것에서 인욕을 긍정하는 사유로 바뀜에 따라 색, 문양, 크기 등이 달라졌다는 것을 알 수 있다. 즉 한 시대를 주도하는 철학의 변천에 따라 애호하는 기물이 달라졌음을 알 수 있다.

중국 도자기의 이 같은 변천과 달리 조선조는 500여 년 동안 백자가 여전히 세력을 발휘하고 특히 '소문백자'가 유행하는데, 그것은 인간 도덕성의 해석 여부와 관련된 '사단칠정논쟁四端七情論爭', '인물성동이논쟁人物性同異論爭', '명덕주리주기논쟁明德主理主氣論爭'52) 등에서 볼 수 있듯이 여전히 주자학 사유가 조선조 500여 년 역사에서 득세한 상황과 밀접한 관련이 있다. 즉 조선조 후기에 나타난 문양의 변화와 크기의 변화에 담긴 욕망 긍정은 도자미학에서 중요한 의미를 지니는데, 주목할 것은 여전히 백자 중심주의에서는 벗어나지 않았다는 사실이다. 아울러 은일을 추구하더라도 일종의 유가적 삶을 버리지 않았다는 것이다. 즉 유가적 삶에다가 도가적 삶을 보완한다는 사유는 모양이나 문양에서 무문순백자와 다른 점이 나타나지만 여전히 백자 중심주의를 벗어난 것이 아님을 알 수 있다.

유가철학의 입장에서 조선조의 이 같은 백자 중심주의를 다른 시각에서 접근하면 프랑스 현대 사회학자 피에르 부르디외(Pierre Bourdieu, 1930~2002)가 말하는 일종의 '구별짓기'가 담겨 있다. 피에르 부르디외는 『구별짓기: 문화와

---

52) 明德論爭이 야기된 근본 원인은 주자학에서 '理가 氣를 주재한다'고 주장하는 동시에 '心統性情'을 주장하는 두 명제의 상충성에서 기인한다. 주자학의 心統性情論에서 性은 理로 규정되었으며, 統은 包含과 主宰의 두 뜻을 동시에 지니는 것으로 설명되었다. 따라서 心을 氣의 精爽으로 해석한다면, 心統性이란 '氣가 理를 주재한다'는 의미가 되는데, 이는 理가 氣를 주재한다는 명제와 상충되게 된다. 이런 명덕논쟁은 본질적으로 氣(心)의 自用을 막아야 한다는 점에 있어서는 이들이 모두 생각을 같이하고 있다. 이상익, 「조선후기 明德論爭과 그 의의」, 『동양철학연구』 39권(동양철학연구회, 2004), pp.137~210 참조.

취향의 사회학』 제1부 「취향에 대한 사회적 비판」 부분에서 문화귀족은 원래의 귀족과 마찬가지로 가지고 태어난 탁월성에 의해 남들과 구별되며, 예술적 정통성을 독점하는 사람들이라는 점을 밝히고 있는데,[53] 이런 견해는 어떤 도자기를 좋아하느냐 하는 것에도 적용할 수 있다는 것이다. 결국 어떤 도자기를 선택하느냐 하는 그 선택에는 남다른 취향이 담겨 있고, 그 남다른 취향은 바로 '나란 이런 사람이다'라는 것을 상징적으로 드러낸다. 이런 점에서 우아하고 고상하면서 맑은 백자를 숭상하는 것은 다른 사람과 차별화된 일종의 문화향유 차원의 '구별짓기'가 작동하고 있다. 전반적으로 동양의 문인들이 그렇게 백자를 혹애酷愛한 실질적인 이유다.

이상 미시적 관점에서 살펴본 중국과 한국에서 유행한 도자기는 생필품 차원을 넘어 한 시대의 정치적 상황이나 철학 사유의 변천 등과 매우 밀접한 관련이 있는 일종의 '인문자기', '인문기물' 및 '심자心磁' 차원의 도자기였음을 알 수 있었다. 특히 조선조의 경우 백자를 통해 신분 차별을 규정한 것, 백자에 대한 극심한 사랑은 이런 점이 더욱 강하게 드러나, 피에르 부르디외가 말하는 일종의 '구별짓기'가 보다 분명하게 드러난 것을 확인할 수 있다.

53) 구별짓기에 관한 전반적인 것은 피에르 부르디외, 최종철 옮김, 『구별짓기: 문화와 취향의 사회학』 상·하(새물결, 2006) 참조.

11장

'금琴'과 문인문화: 서상영徐上瀛『계산금황谿山琴況』

1. 들어가는 말

역대 중국 음악이론서 중에서 매우 중요한 위치를 차지하고 있는 저작으로 일단 『예기禮記』「악기樂記」와 진양陳暘의 『악서樂書』를 꼽을 수 있다. 그런데 금琴에 초점을 맞추면 두 저작 못지않게 중요한 의미를 지니고 있는 음악이론서가 있다. 명말청초에 활약한 우산파虞山派[1])의 대표격인 서상영徐上瀛(약 1582~1662)[2])의 『계산금황谿山琴況』이 그것이다.[3)]

서상영의 『계산금황』은 사공도司空圖의 『이십사시품二十四詩品』을 기본 틀로 하여 금琴에 관한 미적 범주를 24개로 나누어 금악미학琴樂美學이 지향해야 할 것을 논한 저작이다. '금琴'은 전통적으로 '금禁'으로 해석되었는데,[4)] 이런 사유

---

1) 虞山派는 嚴天池(嚴澂)와 徐上瀛이 창립하였다. 虞山派의 대표적인 악보는 『松弦館琴譜』이다. 徐上瀛의 『谿山琴況』이 들어 있는 『大還閣琴譜』는 『松弦館琴譜』이후의 虞山琴派의 중요한 琴譜이다.
2) 江蘇 太倉人인 徐上瀛은 별도로 靑山이란 이름을 쓰기도 하고 이름을 바꾸어 谼이라고도 했다. 호는 石帆이라 하였다. 萬曆 연간에 일찍이 陳星源, 張渭川으로부터 琴을 배웠고, 嚴澂 등과 교유하였다.
3) 徐上瀛의 『谿山琴況』에 관한 인물 및 텍스트에 관한 전반적인 것은 王耀珠, 『谿山琴況探蹟』(中國音樂學院叢書出版社, 2008) 및 蔡仲德, 『中國音樂美學史』(人民音樂出版社, 2003)의 제39장을 주로 참조하여 정리하였다.
4) 고대 樂論에서 '琴'과 '禁'을 연결 지은 대표적인 언설은 『新論』과 『白虎通』에 나온다. 『新論』, 「琴道」, "琴之言禁也, 君子守以自禁.";『白虎通』, 「禮樂」, "琴者, 禁也, 所以禁止淫邪正人心也." 등 참조. 琴論에서 '禁'의 의미를 중시한 까닭은 『禮記』「樂記」에서 군자는 '以道制欲'해야 한다고 말하는 것과 같이 음악의 교화적 기능을 강조하기 때문이

徐上瀛이 지은 『大還閣琴譜』안에 『谿
山琴況』이 수록되어 있다.

陳暘의 『樂書』.

『禮記』, 「樂記」.
음이 어떤 맥락에서 발생한 것인지를 말하고 있다. 『禮記』「樂記」에서는 음은
인간 마음의 감동에서 비롯되었다는 것을 통해 '聲有哀樂論'을 강조한다.

에는 금이 단순 악기라는 차원을 넘어선 철학적 의미 부여가 담겨 있다. 서양과
다른 동양의 악기에 대한 독특한 사유다. 『계산금황』에 담겨 있는 음악미학적
사유는 중국 문인들이 추구했던 전통적인 음악이론의 공통된 점을 압축적으로
담아낸 저작이면서 동시에 문인이 공통적으로 추구했던 음악미학의 정수를
담고 있다. 서상영의 『계산금황』은 고금에 관한 매우 중요한 저작임에도 불구
하고 한국음악계에서는 거의 다루어지지 않고 있다.[5] 이 저작은 금琴을 어떻게
연주해야 문인들이 지향하는 아름다움을 담아낼 수 있을 것인가 하는 직접적인
금 연주와 관련된 내용도 함께 담고 있다. 따라서 문인들의 금琴과 관련된

다. 이런 점을 악기에 적용했을 때 가장 대표적인 것은 바로 琴이었다.

5) 『谿山琴況』과 관련된 기본 자료는 王耀珠, 『谿山琴況探驪』(中國音樂學院叢書出版社, 200
8) 및 蔡仲德, 『中國音樂美學史』(人民音樂出版社, 2003)를 참조. 이 밖에 許健 編著, 『琴
史新編』(中華書局, 2012); 陳望衡, 「『溪山琴況』的美學思想」(『衡陽師范學院學報』29卷 1期,
2008); 高娟, 「『溪山琴況』的意境審美觀」(『貴州大學學報』藝術版 22권, 2008年 4期); 張曉
華, 「『谿山琴況』中的音樂表演心理思想簡析」(『星海音樂學院學報』, 2009년 9월 3기); 張法,
「『谿山琴況』美學思想體系之新解」(『人文雜誌』2007년 제5기); 석사논문으로는 修平, 「『溪
山琴況』研究」(山東大學 碩士論文, 2006) 참조. 오금덕의 「당대 중국 고대 음악미학사상
연구 현황」(『음악과 민족』24호, 민족음악학회, 2002)은 중국 고대 미학사상을 잘 정
리하고 있다.

이론과 실기를 함께 겸하고 있는 저작에 속한다.[6)]

『계산금황』은 서상영이 편찬한『대환각금보大還閣琴譜』[7)]에 들어 있던 것이다. 『계산금황』의 '금황琴況'은 금琴(琴音, 琴樂)의 상황, 의태意態(形)와 사정, 정취情趣(神)를 의미한다.[8)] 서상영은 '24 금황琴況'을 각각 금운琴韻으로서의 정신경지精神境地, 금음琴音으로서의 음향경지音響境地, 금기琴技로서의 기술경지技術境地 이 세부분으로 나누어 말하고 있다. 24개의 미적범주 중「화和」,「정靜」,「청淸」,「원遠」,「고古」,「담淡」,「념恬」,「일逸」,「아雅」부분에서는 금과 관련된 미학이상美學理想을 담아내고 있다.「려麗」,「량亮」,「채采」,「결潔」,「윤潤」부분에서는 음향경지音響境地를 담아내고 있다.「원圓」,「견堅」,「굉宏」,「세細」,「류溜」,「건健」,「경輕」,「중重」,「지遲」,「속速」부분에서는 기술경지技術境地를 담아내고 있다.[9)] 서상영은 음을 취함은 오직 중화中和를 귀하게 여긴다는 것을 강조하고, 고요함

---

6) 許健은『谿山琴況』은 명초 冷謙의 「琴聲十六法」(項元汴은『蕉窓九錄』에「冷仙琴聲十六法」을 싣고 있다) 가운데 적지 않은 문자를 徐上瀛이 직접 채용하거나 개조했다고 말한다. 하지만 徐上瀛은 맹목적으로 抄襲한 것이 아니고 감별과 선택 혹은 개조하고 아울러 자기의 많은 견해를 더했다고 한다.「琴聲十六法」에는 輕, 鬆, 脆, 滑, 高, 潔, 淸, 虛, 幽, 奇, 古, 淡, 中, 和, 疾, 徐 등 16개의 항목이 실려 있다. 許健 編著,『琴史新編』(中華書局, 2012), pp.243~244 참조.

7) 『大還閣琴譜』는 일면『靑山琴譜』라고 하는데 虞山派 徐上瀛이 편찬한 琴譜다. 康熙 十二年에 간행되었다. 三十一首가 수록된 琴曲 중에『松弦館琴譜』에서 수록하지 않은「雉朝飛」,「烏夜啼」,「瀟湘水雲」등 快速節奏의 曲目을 첨가하였다. 책 가운데에는 編者가 지은『萬峰閣指法密箋』,『谿山琴況』각 一卷이 있다.

8) 王耀珠는 '況'의 의미를 '比'라고 보면서 琴樂에 대한 심미범주를 비교한 것이라고 본다. 王耀珠,「徐上瀛與溪山琴況」,『中國音樂』1984年 第4期, p.59 참조. 蔡仲德은 '況'은 '況味'의 뜻으로, 琴聲과 琴樂에 대해 그 意態를 감상하고 情趣를 식별하기 위한 것이라고 본다. 蔡仲德,「『溪山琴況』試探」,『音樂硏究』1986年 2期, p.69 참조. 문인들이 취하고자 한 우아한 정취를 감안하면 채중덕의 견해가 더 좋다고 본다. 만약 琴況이 琴에 대한 다양한 관점의 품평의 논지를 전개한 것이라 한다면 王耀珠의 견해도 일면 타당한 점이 있다.

9) 陳望衡은 24개의 범주를 네 가지 방식 즉 첫째, 功能과 境界로서 和로, 둘째 品格과 意蘊으로서 靜, 淸, 遠, 古, 淡, 恬, 逸, 雅로, 셋째, 形象과 미로서 麗, 亮, 采, 潔, 潤, 圓으로, 넷째 技藝로서 堅, 宏, 細, 溜, 健, 輕, 重, 遲, 速으로 구분하고 있다.(陳望衡,「『溪山琴況』的美學思想」,『衡陽師範學院學報』29卷 1期, 2008, p.50 참조)

(靜), 심원함(遠), 담박함(淡), 표일함(逸)으로 대아大雅에 이를 것을 강조하고, 맑음(淸)이 대아의 본원이고 성음聲音의 주재가 된다는 것을 강조한다. 이런 점에서 소리가 번거롭고 박자가 촉박한 정鄭나라와 위衛나라의 음악 및 시속時俗의 곡조를 반대하고, 고고하고 고요한 정취를 찬미하면서 충담沖淡과 표일飄逸의 풍격을 추구하고자 한다. 결론적으로는 옛사람의 도道에 부합하는 음을 회복하고자 한다. 이런 점은 당시 시속의 곡조가 갖는 문제점에 대한 유가미학 차원에서의 금도琴道에 대한 원형회복이란 점이 담겨 있다고 본다. 마치 서예에서 명대 항목項穆이 서법의 '바른말'(雅言＝正言)에 해당하는 『서법아언書法雅言』을 지어 당시 광견狂狷적 서예미학에 속하는 소식蘇軾과 미불米芾의 서풍이 풍미하는 가운데 서예의 중화미학 및 중행中行 서풍을 회복하고자 하는 의도와 일정 정도 합치하는 점이 있다고 본다.10)

보다 구체적으로 말하면, 서상영이 살던 시대는 아雅를 버리고 속俗을 추구하는 음악 경향성이 있었고, 이런 점을 서상영은 '거고모신去故謀新'이라고 부르면서 비판한다. 이런 현상에 문제가 있다고 본 서상영은 공자가 정성鄭聲을 음란하다고 보아 내친 '방정성放鄭聲'의 사유를 기본적으로 따른다. 이에 당시에 풍미한 귀만을 즐겁게 하거나 인간 내면을 어지럽히는 격정적이면서 감각적인 금악琴樂을 비판한다.11) 『계산금황』「담淡」에서는 거사祛邪, 출속黜俗, 사미舍媚와 존정存正, 환아還雅, 환순還淳할 것을 말하는데, 이런 것은 『계산금황』에서 말하고자 하는 주된 내용이다.12) 『계산금황』「념恬」에서는 담담한 맛과 편안함을 담아 낼 것을 기준으로 하여 자종自縱, 자호自豪, 자요自擾, 자농自濃을 비판하고 웅경雄

---

10) 관련된 자세한 것은 조민환, 『동양의 광기와 예술』(성균관대 출판부, 2021) 참조.
11) 徐上瀛, 『谿山琴況』, 「古」, "故媚耳之聲, 不特爲其疾速也, 爲其遠於大雅也. 會心之音, 非獨爲其延緩也, 爲其淪於速嚮也."(이하 『谿山琴況』으로 기재함)
12) 『谿山琴況』, 「淡」, "舍艶而相遇於淡者, 世之高人韻士也, 而淡固未易言也, 祛邪而存正, 黜俗而歸雅, 舍媚而還淳."

競과 유미태柔媚態가 없어야 할 것을 말한다.13) 『계산금황』「첨話」에서는 금琴은 의취意趣와 아취雅趣를 추구해야 한다는 것을 말하고,14) 『계산금황』「아雅」에서 는 금琴에서의 아속雅俗 논쟁과 관련해 왜 속俗의 경향성이 보이는가에 대한 진단을 통해 '거고모신去故謀新'을 비판하면서 정靜, 원遠, 담淡, 일逸 사자四字를 체인할 것을 말한다.15) 이런 것은 모두 아雅를 버리고 속俗을 추구하는 경향성에 대해 비판적 견해를 보인 것으로, 일종의 주자학에서 말하는 '존천리存天理, 거인 욕去人欲'의 음악미학적 표현이다.

아울러 서상영은 금琴을 타는 인물을 한정지어 말한다. 서상영이 『계산금황』 「일逸」에서 초일超逸한 인품의 소유자가 무루지신無累之神을 통해 유도지기有道之 器(琴)에 합할 것을 말하는 '금여기인琴如其人'적 사유와16) '인금합일人琴合一'을 말 하는 것은 그것을 단적으로 말해 준다. 좀 더 구체적으로 보면, 『계산금황』 「정靜」의 함양지사涵養之士와 유도지사有道之士, 『계산금황』「담淡」의 고인운사高 人韻士, 『계산금황』「일逸」의 초일超逸 품격 소유자와 도인道人, 『계산금황』「중重」 의 양기지사養氣之士 등이 금琴을 연주할 것을 요구하는 것이 그것이다. 결론적으 로 서상영은 중화미를 담고 있는 고도古道로서의 음악 정신을 다시금 회복할

---

13) 『谿山琴況』, 「恬」, "不易生, 淡不易到, 唯操至妙來則淡, 淡至妙來則生恬, 恬之妙來則愈淡而 不厭. 故於興到而不自縱, 氣到而不自豪, 情到而不自擾, 意到而不自濃, 絶無雄競柔媚態."

14) 『谿山琴況』, 「淸」, "語云彈琴不淸, 不如彈箏, 言失雅也. 故淸者, 大雅之原本, 而爲声音之主 宰. 地而不僻則不淸, 琴不實則不淸, 弦不潔則不淸, 心不靜則不淸, 氣不肅則不淸, 皆淸之至要 者也, 而指上之淸尤爲最."

15) 『谿山琴況』, 「雅」, "古人之於詩則曰風雅, 於琴則曰大雅. 自古音淪沒, 卽有繼空穀之響, 未免 郢人寡和, 則且苦思求售, 去故謀新, 遂以弦上作琵琶聲, 此以雅音而翻爲俗調也. 眞雅者不然, 修其淸靜貞正, 而藉琴以明心見性, 遇不遇, 聽之也, 而在我足以自況, 斯眞大雅之歸也. 然琴中 雅俗之辨爭在纖微, 喜工柔媚則俗, 落指重濁則俗, 性好炎閙則俗, 指拘局促則俗, 取音粗濁則俗, 入弦倉卒則俗, 指法不式則俗, 氣質浮躁則俗, 種種俗態未易枚擧, 但能體認得靜·遠·淡逸· 四字, 有正始風, 斯俗情悉去, 臻於大雅矣."

16) 『谿山琴況』, 「逸」, "先正云, 以無累之神合有道之器, 非有逸致者則不能也. 第其人必具超逸之 品, 故自發超逸之音. 本從性天流出, 而亦陶冶可到.……所以得之心而應之手, 聽其音而得其 人, 此逸之所徵也."

것을 강조하는데, 그 결과물이 바로 『계산금황』이다.

이러한 서상영의 금악琴樂사상은 큰 틀에서는 유가음악의 전통사상의 범위를 벗어나지 않는다. 하지만 그는 많은 부분에서 도가적 사유를 응용하여 금악이 추구하는 이상적인 경지를 말하여 유가와 도가의 묘합妙合을 꾀하면서 금악이론을 전개한다. 즉 도道의 본체를 의미하는 '희이希夷'에 통할 것을 요구하고, '유有에서 나와 무無의 세계로 들어가는 것'(出有入無)이나 희성希聲(=稀聲)을 연주의 최고 경계로 삼아 연주자가 수신양성修身養性할 것을 주장하며, 스스로 하여금 담박淡泊하고 편안하고 고요하게 하여 마음이 티끌에 흔들림이 없는 경지에 도달할 것을 요구하는 것 및 『계산금황』「량亮」에서 현외弦外의 음을 구하고 유신游神을 통하여 무성지음無聲之音을 담을 것을 요구하는 것이 그것이다.[17]

서상영의 이런 사유는 결국 금琴이 어떤 음을 담아내야 하는가 및 그 음이 갖는 효용성이 무엇인가 하는 것과 관련이 있다. 한 걸음 더 나아가 고금古琴에 맞는 음을 내려면 어떤 방식으로 운지運指할 것인가 하는 금琴의 기교적 측면과도 관련이 있다. 본고는 이 가운데 특히 노자의 대음희성大音希聲과 관련된 '희성希聲'의 내용을 중심으로 하여 서상영이 추구하고자 한 금악琴樂의 경지를 밝히고자 한다.

2. 화和와 고음古音으로서의 희성希聲

아雅에서 속俗으로 변화가 이루어지는 시대에 서상영의 고민은 잊혀 가는

---

17) 『谿山琴況』, 「亮」, "漸入妙, 必有次第. 左右手指旣造就淸實, 出有金石聲, 然後可擬一亮字. 故淸後取亮, 亮發淸中, 猶夫水之至淸者, 得日而益明也. 唯在沈細之際而更發其光明, 卽遊神於無聲之表, 其音亦悠悠而自存也, 故曰亮. 至於弦聲斷而意不斷, 此政無聲之妙, 亮又不足以盡之."

중화지음中和之音으로서의 우아優雅한 고음古音을 찾는 것에 있다. 서상영은 고음古音과 관련된 음을 『계산금황』 「건健」에서는 충화대아沖和大雅, 청렬지음淸冽之音, 활발지음活潑之音 등으로, 『계산금황』 「경輕」에서는 중화지정음中和之正音으로, 『계산금황』 「중重」에서는 고랑순수지음高朗純粹之音으로 표현하기도 하는데, 서상영의 이런 사유는 『계산금황』의 맨 첫 부분에 해당하는 『계산금황』 「화和」에서 금琴이 만들어진 이유를 밝히는 것에서부터 나타난다. 『계산금황』 「화和」에는 서상영이 『계산금황』을 통해 말하고자 하는 기본 사유가 담겨 있다.

> 옛날을 고찰해 보건대, 고대의 지극한 경지에 오른 성인은 모두 마음은 천지조화와 상통했으며, 덕은 신인神人과 서로 부합되었다. 그들은 자신의 성정性情을 수양하고 나아가 천하 사람들의 성정을 도야하기 위하여 금琴을 만들었다. 금에 있어서 가장 중시하는 것은 화和이다. 화의 시작은 먼저 곡조를 바르게 정하고 현絃을 조정하고, 일정한 휘徽의 위치에 따라 일정한 음을 얻어 그것이 조화가 되게 하고, 지법指法을 이용하여 분별하고, 청각에 의지해서 깊이 살피는 것이니, 이것이 이른바 마음으로 화를 감지하는 것이요, 손으로 화를 표현하는 것이다. 이른바 화라는 것은 여러 악음樂音이 모이는 것으로 우유優柔하고 평정平正한 관건이 된다.[18]

서상영은 먼저 어떤 역량을 가진 인물이 금琴을 만들었고 또 그 금琴을 제작한 목적이 무엇인지를 밝힌다. 금琴을 비롯하여 동양의 악기樂器를 이해하는 사유 중에는 동양의 형이상학적 우주론이 담겨 있다.[19] 악기는 마음은 천지조화와 상통하고 덕德은 신인神人과 서로 부합한 천인합일天人合一을 체득한 지성

---

18) 『谿山琴況』, 「和」, "稽古至聖, 心通造化, 德協神人, 理一身之性情, 以理天下人之性情, 於是制之爲琴. 其所首重者, 和也. 和之始, 先以正調品弦, 循徽叶聲, 辨之在之, 審之在聽, 此所謂以和感, 以和應也. 和也者, 其衆音之窾會, 而優柔平中之橐籥乎."

19) 桓譚, 『新論』, 「琴道」, "昔神農氏繼宓羲而王天下, 上觀法於天, 下取法於地, 近取諸身, 遠取諸物, 於是削桐爲琴, 繩絲爲弦, 以統神明之德, 合天地之和焉."

至聖이 만든다는 것이다. 『예기』「악기」에서는 '악樂'은 지성이 만들어야 한다는 점을 강조하는데, 서상영은 이러한 『예기』「악기」의 '지은 자는 성인이고 서술한 자는 총명한 자'(作聖述明)라는 전통을 따른다.[20] 서상영은 왜 지성이 금을 만들어야 하는가에 대해 한 개인의 성정을 도야하는 측면뿐 아니라 그것을 통해 천하인의 성정을 도야한다는 것으로 확장하고 있다. 영주구伶州鳩가 『국어國語』「주어周語」에서 "정치는 조화로움을 상징하고, 악樂은 조화로움을 좇는다"[21]를 말하듯이 유가에서는 무엇보다도 음악의 화를 추구한다. 『계산금황』에서도 마찬가지로 화를 가장 중요시하고 산화散和, 안화按和, 진화眞和 등 다양한 화를 말하면서 특히 그것을 구체적인 연주방식과 기법에 응용하고 있다.[22] 이런 점에서 『계산금황』은 금 이론과 실기를 동시에 담고 있는 성격도 갖는다.

서상영은 화를 강조한 다음 '의선음후意先音後'[23]라는 틀에서 현弦과 지指와 의意의 삼자합일을 강조한다. '의선음후'는 동양미학의 핵심사유인 서화에서 말하는 '의재필선意在筆先'이나 '흉유성죽胸有成竹'의 금악미학琴樂美學적 표현이다. 서상영은 왜 화를 강조하는지와 관련된 최종적인 결론을 다음과 같이 내린다.

> 요컨대, 금을 연주함에 정신이 한가롭고 기운이 고요하고 감정이 몰입되어 일체를 잃어버리면 태화太和가 충만하게 되어 손으로 금곡을 연주할 때 마음과 손이 상응할 수 있게 된다. 그러나 이것은 오직 자신이 체득하여 깨달아야

---

20) 『禮記』, 「樂記」, "故知禮樂之情者能作, 識禮樂之文者能述. 作者之謂聖, 述者之謂明, 明聖者, 述作之謂也."
21) 『國語』, 「周語」, "政象和, 樂從和."
22) 『谿山琴況』, 「和」, "論和以散和爲上, 按和爲次. 散和者, 不按而調, 右指空弦, 迭爲賓主, 柔剛相劑, 損益相加, 是爲至和. 按和者, 左按右撫, 以九應律, 以十應呂, 而音乃和於徽矣. 設按有不齊, 徽有不準, 得和之似, 而非眞和, 必以泛音辨之. 如泛尙未和, 則又用按復調. 一按一泛, 互相參究, 而弦始有眞和. 吾復求其所以和者三, 曰弦與指合, 指與音合, 音與意合, 而和至矣."
23) 『谿山琴況』, 「和」, "音從意轉, 意先乎音, 音隨乎意, 將衆妙歸焉. 故欲用其意, 必先練其音. 練其音, 而後能洽其意."

지 일일이 설명해 줄 수 없다. (老子는) 태음희성太音希聲이라 했는데, 음악의 옛날 도(古道)는 이미 회복하기 어려우니, 만약 성정의 중화로써 하지 않고 금 연주를 기예로만 본다면, 시간이 오래가면 오래갈수록 이 전통은 잃게 될 것 이다.24)

서상영이 추구하는 금은 단순한 기예 차원의 악기가 아니다. 흔히 '금琴은 금禁'이라 풀이되듯이 인간의 심성을 도야하고 욕망을 억제하는 것을 대표하는 악기다. 또한 유도지기有道之器로서25) 전통적으로 선비들이 항상 곁에 두고 있어 야 할 악기에 해당한다. 아울러 『예기』「악기」에서 말하는 '군자는 도를 좋아한 다'(君子樂道)26)라는 것을 대표하는 악기다. 따라서 기교도 중요하지만 어떤 마음 상태를 지닌 상태에서 켜는가 하는 것이 더 중요하다. 이에 금을 연주함에 정신이 한가하고 기氣가 고요해지고 감정이 몰입되어 일체를 잊어버려야 할 것을 말한다. 태화太和는 서상영이 성정을 함양涵養하는 것과 관련된 희성希聲을 말할 때도 언급하는데,27) 구체적으로 무엇을 말한 것인지를 말하지는 않는다. 하지만 여러 문맥을 고려해 보면 그것은 일종의 천지자연의 큰 조화라고 본다. 여기서 가장 문제가 되는 것은 음악은 결국 인간의 마음 혹은 성정을 드러내는 것인데 문제는 '어떤 성정'인가 하는 것이다. 전통적으로 유학에서는 시, 서예, 회화, 악樂 할 것 없이 모두 '성정지정性情之正'을 드러낼 것을 말하는데, 서상영도 성정지정의 중화미中和美를 담아낼 것을 요구한다. 그것은 바로 서상영이 말하 는 고도古道로서의 고음古音이 담고 있는 실질적인 내용이다. 서상영은 이처럼

---

24) 『谿山琴況』, 「和」, "要之, 神閑氣靜, 藹然醉心, 太和鼓鬯, 心手自知, 未可一二而爲言也. 太音 希聲, 古道難復, 不以性情中和相遇, 而以爲是技也, 斯愈久而愈失其傳矣."
25) 『谿山琴況』, 「逸」, "先正云, 以無累之神, 合有道之器."
26) 『禮記』, 「樂記」, "故曰, 樂者, 樂也. 君子樂得其道, 小人樂得其欲. 以道制欲, 則樂而不亂, 以欲忘道, 則惑而不樂. 是故君子反情以和其志, 廣樂以成其教, 樂行而民鄕方, 可以觀德矣."
27) 『谿山琴況』, 「遲」, "古人以琴能涵養性情, 爲其有太和之氣也, 故名其聲曰希聲."

성정을 다스리고 그것을 통해 중화미를 드러내야 함을 강조하는데 그것을 노자가 말한 '대음희성大音希聲'과 관련지어 말하고 있는 점에 주목할 필요가 있다.

『노자』41장에서 '대음희성28)'을 말하는 것은 원래 도가 무성무형無聲無形이란 것을 설명하기 위한 한 견해다. 즉 대음희성과 유사한 다른 표현을 찾는다면 '대상무형大象無形'을 찾을 수 있다. 노자가 말하는 '드물다'와 '없다'라는 것은 진짜로 없거나 드물다는 것이 아니라 인식할 수 없다는 것이다.29) '희希' 자는 『노자』에서는 6번 보이는데 대체로 소리와 관련되어 두 가지 용법으로 사용된다.30) 하나는 인간의 감각기관으로는 파악할 수 없는 도의 특성을 가리킨다. 예를 들면 『노자』14장의 '들어도 들을 수 없는 것을 희라고 한다'(聽之不聞名曰希)가 그것이다. 왕필王弼의 주를 보자.

들어도 들을 수 없는 것을 일러 희希라고 한다. 들을 수 없는 음이다. 소리가 있다는 것은 분分을 의미한다. 분이 있게 되면 궁음宮音이 아니면 상음商音이 되고, 여러 음을 통괄할 수 없다. 그러므로 소리가 있는 것은 대음이 아니다. 형形이 있다는 것은 분을 의미한다.…… 그러므로 상象으로서 형이 있는 것은 대상大象이 아니다. 이 여러 대大는31) 모두 도가 이룬 것이다. 상에 있어서는 대상이 되는데 대상은 무형이다. 음에 있어서는 대음이 되는데, 대음은 희성希聲이다.32)

---

28) 『老子』41章, "上士聞道, 勤而行之, 中士聞道, 若存若亡, 下士聞道, 大笑之. 不笑不足以爲道. 故建言有之, 明道若昧.……大音希聲, 大象無形, 道隱無名."

29) 이 부분에 관한 것은 曹玟煥, 『중국철학과 예술정신』(예문서원, 1997), pp.286~290 참조.

30) 現行本 『老子』14장에는 "視之不見名曰夷, 聽之不聞名曰希, 搏之不得名曰微"라고 되어 있음에 비하여, 『帛書老子』에서는 "視之而不見名之曰微, 聽之而不聞名之曰希, 搏之而不得名之曰夷"라고 되어 있어 微와 夷는 순서가 바뀌어 있으나 希는 그대로 있다. 여기서 希는 聲, 즉 음악과 관련이 있다는 점에서는 변하지 않는다는 것을 알 수 있다.

31) 이 문장에 관하여 王弼本은 '凡此諸善'으로 되어 있으나 매우 어색하다. 이에 本稿는 東條弘의 "凡此諸善의 善은 마땅히 大로 해야 한다"는 설을 참고하여 大로 해석한다. 樓宇烈 校釋, 『老子周易王弼注校釋』(華正書局), p.116 참조. 樓宇烈은 善을 言으로 보아야 한다고 한다.

개체화되고 상대화되어 궁음宮音이 되거나 아니면 상음商音의 고정적인 음으로만 존재하는 것은 '희' 자의 의미와 거리가 멀다. 궁음은 상음이 있기에 존재하는 상대적 음이다. 그리고 궁음은 상음을 한계지우고, 상음은 궁음을 한계지운다. 그런데 분별화되고 고정화된 음은 대음이 아니다. 대음은 바로 도道(자연)와의 관계 속에서 이루어지며, 그 어떤 것으로도 분별되거나 규정되지 않는 음이다. '궁도 될 수 있고 상도 될 수 있는(能宮能商) 음'이 대음이다. 따라서 인위적 차원에서의 오음五音 등과 같이 구분된 것을 통해 그것이 소리라고 인정하는 사람은 소리로서 들리지 않는다. 이처럼 대음희성의 희성은 인위 조작의 한계를 벗어난 음으로, 천지 대자연의 음이다. 다른 차원으로 말하면 그것은 노자의 '언부진의言不盡意'적 사유의 결과물이다. 문제는 이러한 희성을 어떤 방식을 통해 구체적인 악기 연주를 통해 담아낼 것인가 하는 점이다. 즉 무성무형의 도와 그 도를 담아낼 것을 요구하는 음악은 인간의 감각기관이 감수할 수 없지만 소리로 드러나지 않으면 우리는 음악으로 이해하기 어렵고, 따라서 이에 어떤 식으로 그 도를 담아내는 소리를 악기를 통해 드러내야 하는 것이 문제가 된다. 이런 점에서 서상영은 노자의 대음희성의 사유를 빌려 와서 자신만의 희성에 대한 견해를 펼친다.

음악에서의 고도古道가 담고 있는 의미를 『계산금황』에서는 실질적으로 24개의 황況을 통해 드러내고자 하는데, 고도를 회복하기 어렵다는 말에는 왜 서상영이 이 『계산금황』을 지었는가 하는 근본 목적과 의도가 담겨 있다. 서상영은 기본적으로 금琴에서의 고도를 회복하고자 하는데, 그것을 특히 노자의 대음희성의 사유를 통해 말하고 있다. 여기서 금이란 악기가 지향하는 효용성

---

32) 『老子』 41章에 대한 王弼의 注, "聽之不聞名曰希, 不可得聞之音也. 有聲則有分, 有分則不宮而商矣. 分則不能統衆, 故有聲者, 非大音也. 有形則有分, 有分者, 不溫則炎, 不炎則寒, 故象而形者, 非大象也. 凡此諸大者, 皆是道之所成也. 在象則爲大象而大象無形, 在音則大音而大音希聲." 참조.

이나 연주방식 등은 유가적 사유틀에서 접근하지만 금이 근본적으로 지향하는
음의 경지는 유가 사유를 가미한 노자사상인 것을 알 수 있다.

3. 이상적 음인 희성希聲의 시작始作, 인신引伸, 우경寓境

앞서 본 바와 같이 서상영이 근본적으로 지향하는 음은 희성希聲이다. 『계산
금황』「지遅」에서는 희성이란 무엇인가를 구체적으로 밝히면서 아울러 희성의
시작과 인신引伸 및 우경寓境을 말하고 있다. 먼저 왜 희성이라 하는지를 보자.

> 옛 사람이 금으로 성정을 함양한 것은 그것이 태화太和의 기운을 가지고 있기
> 때문이다. 그러므로 그 소리를 희성이라 부르는 것이다.[33]

성정을 함양하는 것은 개인적 차원에서 올바른 인간을 형성하는 차원에
속하는 것이면서 아울러 대사회적으로도 그 사회가 요구하는 바람직한 인간상
을 형성하는 차원과도 관련이 있다. 수신-제가-치국-평천하를 말하는 유가
는 성정을 함양할 것을 무엇보다도 강조한다. 이런 점을 충족하는 악기로서는
금이 그 어떤 악기보다도 유효하다.[34] 서상영은 금이 성정을 함양할 수 있다는
것은 바로 태화지기太和之氣를 담고 있기 때문이라고 말하는데, 이런 점은 앞서
본 것과 같이 금이 단순한 악기가 아니라는 점을 보여 준다.

서상영이 금으로 성정을 함양할 수 있다는 것은 결국 성정지정性情之正을

---

33) 『谿山琴況』, 「遅」, "古人以琴能涵養性情, 爲其有太和之氣也, 故名其聲曰希聲."
34) 蔡邕이 「琴操」에서 "昔伏羲氏作琴, 所以禦邪僻, 防心淫, 以修身理性, 反其天眞也"라 하여
    유가와 도가적 사유를 함께 말하고 있는 것은 이런 점을 단적으로 보여 준다고 할
    수 있다.

담아낼 수 있어야 함과 관련이 있는데, 그것을 태화의 기운으로 연결짓고 있다. 문제는 이러한 희성을 악기로 담아낼 수 있느냐 없느냐 하는 것이다. 악기로 희성을 담아낼 수 있을 때 서상영이 말하는 금이 갖는 '희성의 음악미학'이 성립한다. 서상영은 그 희성을 담아낼 수 있다고 본다.[35] 이런 점은 노장의 언부진의言不盡意적 사유보다는 『주역』「계사전」에서는 말한 이른바 언부진의라 는 것을 아는 성인이 결과적으로는 '입상이진의立象以盡意'[36]한다는 사유에 속한 다. '입상이진의'의 사유는 '상象'이란 악기를 통해 희성을 표현해 낼 수 있다는 사유다. 그럼 서상영이 희성이 어떤 과정을 통해 드러난다고 하는지를 보자.

아직 현을 누르기 전에는 마땅히 그 기운을 정숙히 하고, 마음을 맑게 하고, 풍도를 완만하게 하고, 정신을 심원하게 한 연후에 모든 소리가 고요한 가운 데 맑은 음이 생겨나니, 그 소리는 소략하기가 마치 '횅한 허공'(寥廓) 같고, 심원하기가 태고太古 같다. 현 위에 연주할 때에 유연히 자득하여 악곡의 기 후를 조절하여 진행하고 그 음이 조화되어 율에 맞음을 구하니 이것이 희성 의 시작이다.[37]

동양에서는 구체적인 예술창작에 들어가지 전의 마음 상태를 먼저 문제 삼는다. 공자는 '회사후소繪事後素'를 말한 적이 있고, 『중용』에서는 화和를 이루 기 전의 미발지중未發之中을 강조한다. 서화書畵에서는 '흉유성죽胸有成竹', '의재필 선意在筆先'을 말한다. 서상영은 금 연주와 관련하여 이런 사유를 적용한다. 희성

---

35) 趙玉靜은 徐上瀛이 제기한 '希聲'의 '希'는 '稀疏라는 의미를 지닌 有聲之樂이라고 본다. 趙玉靜, 「溪山琴況」審美價值論簡析」, 『交響―西安音樂學院學報』 2003年 第22卷 第2期, p.91 참조.

36) 『周易』, 「繫辭上傳」 12章, "子曰, 書不盡言, 言不盡意. 然則聖人之意, 其不可見乎. 子曰, 聖 人立象以盡意, 設卦以盡情僞, 繫辭焉以盡其言."

37) 『谿山琴況』, 「遲」, "未按弦時, 當先肅其氣, 澄其心, 緩其度, 遠其神, 從萬籟俱寂中冷然音生, 疏如寥廓, 宕若太古. 優遊弦上, 節其氣候, 候至而下, 以叶厥律者, 此希聲之始作也."

의 시작에 대해 아직 현을 타기 전의 상태와 현을 타기 시작한 상태 두 가지로 나누어 말한다. 먼저 현 위에 손을 놓기 전의 상태에서는 '숙기肅氣', '징심澄心', '완도緩度', '원신遠神'을 강조한다.

왜 현을 타기 전에 내면의 기의 엄숙함과 그 마음의 맑음을 강조하는가? 중화中和에서 '미발지중未發之中'의 '중'을 강조하듯이 그런 선행 과정이 있지 않고서는 우아한 소리 혹은 희성이 제대로 나지 않기 때문이다. 즉 『중용』에서 말하는 미발지중이 있고 난 뒤에 이발지화已發之和가 가능하다는 논리를 적용한 것이다. 아울러 실질적인 음 연주와 관련하여 말한다면 먼저 마음속에 자연의 모든 소리, 자연의 절기 변화의 모든 소리를 다 담고 있어야 한다. 그래야만 자신이 내고자 하는 소리를 낼 수 있다. 일종의 '흉유성죽' 식의 금악琴樂적 표현이다. '요확寥廓'이나 '태고'는 모두 시간(太古)과 공간(寥廓)을 넘어선 어떤 인위적인 것이 가미되기 이전의 자연 상태를 의미한다.

이 같은 상황이 먼저 설정된 다음에 이제 현 위에 손을 놓고 금을 연주하는 과정에 들어간다. 이때 중요한 것은 절기의 기후에 대한 인식, 즉 자연의 변화에 대한 이해다. 그 자연의 변화를 담아낸 것이 구체적인 악기의 율과 맞을 때 비로소 희성이 시작된다. 여기서 연주자가 금을 연주하기 이전의 마음가짐과 기후는 다른 것이 아니다. 둘이면서도 하나이다. 이런 견해는 『예기』 「악기」에서 "악樂은 천지와 그 화를 같이한다"[38], "근본을 다 궁구하여 변화를 아는 것이 악의 실정이다"[39], "예악은 천지의 실정을 짚어지고 신명의 덕에 통달한다"[40]라고 말하는 사유의 다른 표현이다.

'희성의 시작' 부분은 아직 다양한 상황으로 나타나기 전에 주로 초점이

---

38) 『禮記』, 「樂記」, "樂者, 與天地同和."
39) 『禮記』, 「樂記」, "窮本知變, 樂之情也."
40) 『禮記』, 「樂記」, "禮樂偵天地之情, 達神明之德."

맞추어져 있어 일종의 미발지중未發之中이 이발지화已發之和로 드러나는 과정의 원론적인 부분에 해당한다. 연주를 통해 희성이 추구하는 이발지화라는 측면이 드러나는 부분은 '희성의 인신引伸' 부분이다. 희성의 인신은 이미 연주방식과 그 연주를 통해 드러난 소리가 무엇을 의미하는가를 담고 있다. 그럼 이미 현 위에 소리를 담아낸 이후의 '희성의 인신'을 보자.

> 혹은 장구를 천천히 연주하고, 혹은 빠르고 느리게 타며, 혹은 끊었다가 다시 이으며, 혹은 그윽하게 하여 심원한 데 이르게 하니, 이는 모두 기후에 의거하여 조화와 절도를 진행해 나감으로써 곡조가 예스럽고 소리가 담박하여 점차로 연원에 들어감을 구하는 것이다. 그러나 마음이 지향하는 것은 유연하여 그치지 않아야 하니 이것이 희성의 인신이다.[41]

시작 이후 인신 부분에서 서상영이 추구하는 것은 구체적으로 금琴 연주할 때 천지자연의 기후의 조화와 절도 혹은 음양의 변화에 맞는 방식을 통한 연주이다. 그런 결과로 나타난 소리는 예스럽고 담박하여 점차 천지자연의 근원으로 들어가게 된다는 것이다. 천인합일이 연주된 금을 통해 완성되는 것이다. 이렇게 희성이 현을 누르기 전에서부터 시작하여 시작된 인신의 결과로 표현된 희성의 의경意境을 시적 차원, 회화적 차원에서 담아내고자 한 것이 '희성의 우경寓境'이다.

> 다시 더딤의 정취를 탐구하면, 마치 고요한 산의 가을 소리 같으며, 높은 수풀 위의 달과 같고, 마치 솔바람이 멀리 쓸고 지나감과 같고, 돌 사이의 차가운 샘물이 흘러감과 같아 사람으로 하여금 낮에는 저녁이 됨을 깨닫지 못하

---

41) 『谿山琴況』, 「遲」, "或章句舒徐, 或緩急相間, 或斷而復續, 或幽而致遠, 因候制宜, 調古聲淡, 漸入淵原, 而心志悠然不已者, 此希聲之引伸也."

고, 밤에는 아침이 오는 것을 깨닫지 못하게 하니, 이것이 바로 희성이 '경에 깃든 것'(寓境)이다. 엄징嚴澂의 시에 "몇 번이나 「양춘조陽春調」를 연주했나? 서편의 누각에 달빛 가득한데 손가락은 더디다"라는 것이 있는데, 이 시의 '지遲'에 대한 의경은 깊이 체득한 바가 있다. 만약 기후氣候라는 이 두 글자를 이해하지 못하면, 손가락이 한 번 현에 닿으면 총망하게 연주하면서 쉬지 않다가 천천히 하고자 하려 할 때쯤이면 이미 맛이 없게 된다. 기후를 깊이 이해하면 '지遲'와 '속速'을 모두 얻고 '부지不遲'와 '불속不速'도 얻을 것이니 어찌 유독 하나의 '지遲'만이 그 묘함을 다하는 것이겠는가?[42]

인품이 고아한 은일자隱逸者가 그린 한 폭의 맑고 고요한 산수화를 보는 듯한 느낌을 주는 '문중유화文中有畵' 혹은 '시중유화詩中有畵'의 글로서 금 연주에서의 '지遲'가 갖는 아름다움을 시로 잘 표현하고 있다. 희성은 음양으로 말하면 음陰이고, 동정으로 말하면 정靜이다. 계절로 말하면 맑고 깨끗하면서 쌀쌀한 기운이 도는 가을이다. 밤낮으로 말하면 모든 것이 잠을 자는 고요한 밤이다. 낮은 욕망이 감각적이고 들끓는 시간이지만 밤은 그 욕망이 다 사그라진다. 가을은 고요하고 차갑고 맑고, 높은 이미지를 던진다. 희성은 기본적으로 이 같은 가을 기운에 대한 인식이 있어야 한다. 즉 양에서 음으로, 봄과 여름에서 가을과 겨울로 변화하는 계절과 기후에 대한 정확한 인식이 필요하다. 이런 인식이 있지 않고 그냥 기교적으로 타기만 하여 도리어 방만하게 이르면 마침내 삭연索然하게 맛이 없게 된다는 것이다. 기교보다는 자연에 대한 체득과 정신성을 강조한다.

서상영은 노자가 말한 대음희성의 희성을 그의 금악 이론의 지향점으로

---

42) 『谿山琴況』, 「遲」, "復探其遲之趣, 乃若山靜秋鳴, 月高林表, 松風遠沸, 石澗流寒, 而日不知晡, 夕不覺曙者, 此希聲之寓境也. 嚴天池詩幾回拈出陽春調, 月滿西樓下指遲, 其於遲意大有得也. 若不知氣候兩字, 指一入弦, 惟知忙忙連下, 追欲放慢, 則竟然無味矣. 深於氣候, 則遲速俱得, 不遲不速亦得, 豈獨一遲盡其妙耶."

규정하고 있지만 노자와 동일한 사유는 아니다. 왜냐하면 희성의 시작과 인신 그리고 우경을 말하고 있기 때문이다. 즉 금이란 악기를 통해 담아내야 할 가장 이상적인 음은 희성이지만 '입상이진의立象以盡意'를 추구하는 유가 음악이론에서는 그렇다고 전혀 소리가 나지 않는 것이라면 그것은 음악이 될 수 없기 때문이다. 당연히 그런 음악은 자신의 성정을 다스리는 것뿐만 아니라 천하 사람들의 성정을 다스리는 것도 불가능하다. 이처럼 서상영이 대음희성을 통해 말하고자 하는 것은 노장이 언부진의적 사유를 통해 말하고 있는 대음희성과 차이가 있다. 서상영은 이러한 희성은 어떤 마음가짐에서부터 가능한가 하는 점과 그것과 관련된 연주법을 말한다. 이런 점을 보다 구체적으로 보자.

4. '희성希聲'을 내기 위한 마음가짐과 연주법

앞서 이미 희성을 내기 위한 선행조건으로서의 마음가짐을 말한 적이 있는데, 서상영은 그것을 실질적인 운지運指와 관련된 방법론으로 말하고 있다.

> 금을 연주함에 고요함을 선택함에 무슨 어려움이 있는가? 오직 운지의 고요
> 함을 행하는 것이 어렵다. 그러나 손가락이 움직임은 소리를 내려고 하는 것
> 이니, 이미 소리가 있는데 어찌 고요할 수 있겠는가? 나는 이렇게 생각한다.
> 바로 소리 가운데 고요함을 구하는 것일 뿐이다. 소리가 사나우면 손가락이
> 조급함을 알 수 있으며, 소리가 거칠면 손가락이 둔탁함을 알 수 있으며, 소
> 리가 드물면 손가락이 침착하고 고요함을 알 수 있으니, 이것이 금이 내는
> 소리의 우열을 감별하는 방법이다.[43)]

---

43) 『谿山琴況』, 「遲」, "撫琴卜靜處亦何難, 獨難於運指之靜. 然指動而求聲惡乎得靜. 余則曰, 政在聲中求靜耳. 聲厲則知指躁, 聲粗則知指濁, 聲希則知指靜, 此審音之道也."

일단 악기를 연주하면 소리가 나타나는데 서상영은 그 소리에 '고요함'(靜)을 담고 있는 희성을 담아내고자 한다. 문제는 소리가 나면 어찌 고요함만이 있을 수 있겠는가 하는 것이다. 사납고 거친 소리도 나게 된다. 이에 희성을 담아내는 운지運指의 고요함을 강조하고, 그 운지의 고요함을 통해 드러난 소리의 고요함을 구하라는 운지의 운용 방법 차원의 중요성을 강조한다. 결국 악기란 운지를 통해 그 악기의 존재가치가 드러나는데, 따라서 운지를 어떻게 하느냐가 기본적으로 중요하다는 것이다. 이에 고요함을 의미하는 희성과 관련된 운지가 중요함을 말하는 것이다.

> 대개 고요함은 마음으로부터 나오고, 소리는 마음으로부터 생겨나는 것이다. 만약 마음속에 잡념의 방해가 있으면 손가락이 사물에 방해된다. 이런 마음으로 금을 연주하면 어찌 고요함을 얻겠는가? 오직 수양을 한 선비는 아무런 욕심도 없고 편안하며 고요해서 마음에 속된 생각이 없고 손가락이 한가하면, 대음희성의 도리에 참여하여 탐구할 수 있다. 그래야 비로소 소리 가운데서 고요함의 진체眞諦를 얻게 된다.[44]

심心과 기技의 합일을 말하는 서상영은 이에 연주자가 운지를 행함에서 가져야 할 마음가짐을 말한다. 어떻게 소리가 거칠고 사나운 것과 고요한 것을 운지를 통해 알 수 있는가? 운지는 운지 그 자체에만 그치는 것이 아니라 그 운지에는 연주자의 마음이 담겨 있기 때문이라는 것이다. 심신이 권력, 재물, 명예 등과 같이 외물外物로부터 사역당하지 않는 것을 강조한다. 외물에 사역당하는 마음은 당연히 운지하는 데에도 나타난다.

이런 점은 두 가지 측면에서 접근할 수 있다. 하나는 유가적 접근이다.

---

44) 『谿山琴況』, 「遲」, "蓋靜由中出, 聲自心生. 苟心有雜擾, 手指物撓, 以之撫琴, 安能得靜. 惟涵養之士, 淡泊寧靜, 心無塵翳, 指有餘閑, 與論希聲之理, 悠然可得矣."

서상영이 "고요함은 마음에서부터 나온다"(靜由中出)라는 것과 "소리는 마음으로부터 생겨나는 것이다"(聲自心生)라는 것 및 수양을 통해 마음을 담박淡泊하고 영정寧靜한 상태로 만들 것을 강조하는 것을 유가 차원에서 본다면,『예기』「악기」에서 인심人心에서부터 음이 나온다는 사유45), '악유중출樂由中出'의 사유46), '사람은 태어나면 고요하다'(人生而靜)라는 관점과47) 성리학의 "천리를 보존하고 인욕을 제거하라"(存天理, 去人欲)는 심성도야心性陶冶 공부와 관련이 있다. 다른 하나는 도가적 접근이다.『노자』16장에서 말하는 "치허극致虛極, 수정독守靜篤"의 논리48)와『장자』「천도天道」에서 말하는 허정염담虛靜恬淡과 적막무위寂寞無爲의 심心의 상태를 요구하는 것이 그것이다.49) 서상영은 이 두 가지를 하나의 이론에 다 담아내고자 하는데, 후자 쪽에 더 비중을 두어 말한 것 같다. 아래의 글 내용을 참조하면 그렇다는 것이다.

　　이른바 희希는 고요함의 극점에 이른 것이고 심원한 경지와 상통한 것으로, 유有에서 나와 무無로 들어가는 데 이르고, 복희 시대보다 그 이전의 시대에 정신을 노닐게 하는 것이다. 손가락을 놓는 방법을 귀납해 보면 하나는 기운과 호흡을 조절하는 데 있고, 하나는 손가락을 연습하는 데 있다. 기운이 조절되면 정신이 스스로 고요해지고, 손가락이 연습이 되면 음이 스스로 고요

---

45) 『禮記』,「樂記」, "凡音之起, 由人心生也. 人心之動, 物使之然也.……樂者, 音之所由生也.; 其本在人心之感於物也."

46) 『禮記』,「樂記」, "樂由中出, 禮自外作. 樂由中出故靜, 禮自外作故文."

47) 『禮記』,「樂記」, "人生而靜, 天之性也, 感於物而動, 性之欲也. 物至知知, 然後好惡形焉. 好惡無節於內, 知誘於外, 不能反躬, 天理滅矣. 夫物之感人無窮, 而人之好惡無節, 則是物至而人化物也. 人化物也者, 滅天理而窮人欲者也. 於是有悖逆詐僞之心, 有淫泆作亂之事. 是故強者脅弱, 衆者暴寡, 知者詐愚, 勇者苦怯, 疾病不養, 老幼孤獨不得其所, 此大亂之道也."

48) 『老子』16章, "致虛極, 守靜篤, 萬不並作, 吾以觀其復, 夫物芸芸, 各歸其根, 歸根曰靜, 靜曰復命, 復命曰常, 常曰明. 不知常妄作凶."

49) 『莊子』,「天道」, "夫虛靜恬淡, 寂寞無爲者, 天地之平而道德之至. 故帝王聖人休焉. 休則虛, 虛則實, 實者倫矣, 虛則靜, 靜則動, 動則得矣.……夫虛靜恬淡, 寂寞無爲者, 萬物之本也."

해지니, 기묘한 향을 사를 때 연기를 머금고 안개를 토해 내는 듯하고, 개명芥
茗차를 우려낼 때 탁한 것을 씻어 버리고 쏟아 내놓는 것이 맑은 향기인 것
같다. 고요한 음을 취하는 것도 이와 같아 들뜬 기운을 힘써 씻어내고, 경쟁
하는 마음을 제거하고, 손가락 아래 시끄러운 소리를 쓸어버리고, 현 위에 순
정한 금의 소리를 남겨 놓으면 비록 리듬이 급해도 어지럽지 않고, 음조가
많아도 번잡하지 않고, 안으로는 깊고 그윽한 정회情懷를 머금고, 밖으로는
맑은 광휘가 발휘하게 될 것이니, 마음 수양을 한 사람은 자연히 이런 경지에
도달하게 될 것이다.[50]

외물로부터 그 마음이 전혀 사역 당하지 않는 상태의 '유신游神'은 운지하는
데에서 요구하는 무위자연적 기법의 근간이 된다. 즉 단순히 손가락만을 움직
여 소리를 구한다면 고요함(靜)을 얻을 수 없다. 정은 기교적 차원으로만 담아낼
수 없기 때문이다. 더 중요한 것은 운지할 때의 마음상태이다. "희는 고요함의
극점에 이른 것이고 심원한 경지와 상통한 것"이란 언급은 희성이 무엇을 담아
내야 하는지를 단적으로 말해 주는 것이다.

서상영은 음音과 의意 및 지指의 합일을 말한 바가 있는데, 희성의 경지는
신유神游의 무위자연적 자유로운 경지이다. 이런 점을 보다 구체적으로 '조기調
氣'와 '연지練指'라는 두 가지 측면으로 말한다. 조기를 신정神靜과 관련지어 말하
고, 연지를 음정音靜과 관련지어 말하는데, 중요한 것은 조기 즉 '신정' 상태를
어떤 식으로 이룰 수 있는가 하는 것이다. 조기와 연지는 두 개의 서로 다른
것이 아니다. 결국 수양된 마음가짐 이후에 고요함을 담아낼 수 있다는 것이다.

'유에서 나와 무로 들어간다'는 것은 금을 손가락을 움직여 소리는 내지만

---

50) 『谿山琴況』, 「遲」, "所謂希者, 至靜之極, 通乎杳渺, 出有入無, 而游神於羲皇之上者也. 約其
下指工夫, 一在調氣, 一在練指. 調氣則神自靜, 練指則音自靜. 如薰妙香者, 含其煙而吐霧, 滌
芥茗者, 蕩其濁而瀉淸. 取靜音者亦然, 雪其躁氣, 釋其競心, 指下掃盡炎囂, 弦上恰存貞潔. 故
雖急而不亂, 多而不繁, 淵深在中, 淸光發外, 有道之士當自得之."

(有) 그 소리가 지향하는 것은 천지자연의 궁극의 소리(無)로 되돌아가야 한다는 것을 의미한다. 『노자』40장에서 말하는 "천하의 사물은 유에서 나오고, 유는 무에서 생한다"[51)를 다른 방식으로 이해한 것으로 보인다. '복학'는 비록 위대한 인물이라도 그가 만든 것은 분별심을 통해 만들어진 문명화된 세계다. 서상영은 문명화되고 분별화된 세계 이전의 '요황'과 '태고'의 경지를 담아낼 것을 요구한다. 즉 운지라는 인위적 행위를 하지만 도리어 무위자연의 고요한 음을 담아낼 것을 요구한다. 노자가 말한 도법자연道法自然 사유의 운지적 적용이라고 할 수 있다.[52)

이처럼 구체적인 운지를 통해 고요함을 담고 있는 희성을 어떻게 담아낼 것인가를 말하면서 조기調氣와 연지練指를 강조하는 서상영은 '지運'와 비슷한 의미를 지닌 '원遠'을 통해 그 의미를 확장하여 말하기도 한다. '지'와 '원'은 같은 것은 아니다. '지'는 기식氣息에 의해 조절되지만 '원'은 신神이 행하는 것에서 실현되기 때문이다. 말하고자 하는 핵심은 '신유기화神遊氣化'인데, 여기서 신을 더 강조하는 모습을 보인다. 왜냐하면 절후節候 밖의 '원遠'에 이르려면 신이 주재 역할을 해야 하기 때문이다.

'원遠'과 '지運'는 서로 비슷하나 실은 지와 다르다. 지는 기식氣息에 의해 조절하지만, 원은 신神이 운행하는 것에 의해 실현된다. 그러므로 기氣에는 절후節候가 있어 파악할 수 있지만, 신은 절후가 없어 파악하기가 어렵다. 절후 가운데서 원을 파악할 수 있는 것은 기가 원의 쓰임이 되기 때문이요, 절후의 밖에서 원에 도달할 수 있는 것은 신이 주재가 되기 때문이다. 신이 마음껏 노닐고 기가 상응하여 변화하면 금의 의취意趣가 더욱 심원하여 이르지 않는 것이 없고, 현묘막측玄妙莫測한 경지에 이르게 된다. 때로 고요한 의경意境을

---

51) 『老子』40章, "天下之物生於有, 有生於無."
52) 嵇康은 「贈兄秀才入軍」에서 "目送歸鴻, 手揮五弦, 俯仰自得, 遊心太玄"을 말한 적이 있다.

표현해 내면 마치 아미산의 눈 쌓인 봉우리에 노니는 것 같고, 때로 물이 흘러감을 표현하면 동정호의 물결을 방불케 한다. 홀연히 빠르고 홀연히 느려 원의 미묘한 정취를 갖추지 않은 바가 없다. 대개 '음이 심원한 경지에 이르러 희이希夷에 들어가는 것'은 지음知音이 아니면 이해하기 어렵다. 그러나 오직 이러한 음악이 있어야 그 가운데 무궁무진한 정취를 머금을 수 있다. 그러므로 나는 말한다. "현 가운데(弦中)에서 구하면 혹 부족하지만, 현 밖(弦外)에서 구하면 넉넉함이 있다"고 말이다.[53]

유가 입장에서 볼 때 음악이 음악으로 여겨지려면 기본적으로 소리가 있어야 한다. 하지만 그 소리가 지향하는 것이 무엇이냐에 따라 혹은 그 소리의 근본이 되는 것이 무엇이냐에 따라 나타난 소리도 달라질 수 있다. 결국 그것은 구체적인 운지법과 관련이 있다는 것이다. 사실 그 어떤 음이나 소리로 규정되지 않는 자연의 소리를 표현하려면 금을 타지 않는 것이 가장 좋다. 인간이 만든 악기로 이미 타게 되면 무엇인가의 소리로 규정되게 마련이기 때문이다. 예를 들면 『장자』「제물론齊物論」에서 거문고의 명연주자로 알려진 소문昭文이 금을 타지 않은 것과 같은 것[54]이 바로 그것이다.

하지만 서상영은 노장 식의 언부진의나 망언忘言적 사유에 입각한 무현금無弦琴 식의 연주방식을 말하지 않는다. 어떻게 하면 실질적으로 손가락을 움직여 악기를 다루면서 고요하고 담박한 희성을 담아낼 수 있을 것인가를 고민하고

---

53) 『谿山琴況』,「遠」, "遠與遲似, 而實與遲異, 遲以氣用, 遠以神行. 故氣有候, 而神無候. 會遠於候之中, 則氣爲之使, 達遠於候之外, 則神爲之君. 至於神游氣化, 而意之所之玄之又玄. 時爲岑寂也, 若游峨嵋之雪, 時爲流逝也, 若在洞庭之波. 倏緩倏速, 莫不有遠之微致. 蓋音至於遠, 境入希夷, 非知音未易知, 而中彌有悠悠不已之志. 吾故曰, 求之弦中如不足, 得之弦外則有餘也."

54) 『莊子』,「齊物論」, "古之人, 其知有所至矣, 惡乎至, 有以爲未始有物者, 至矣, 盡矣. 不加以加矣, 其次以爲有物矣, 而未始有封也. 其次以爲有封焉, 而未始有是非也. 是非之彰也, 道之所以虧也. 道之所以虧, 愛之所以成, 果且有成與虧乎哉. 果且無成與虧乎哉. 有成與虧, 故昭氏之鼓琴也. 無成與虧, 故昭氏之不鼓琴也."

있다. 이런 점에서 노장의 대음희성이나 언부진의적 사유를 빌려 설명하지만 기본 출발점은 '입상이진의'의 범위를 넘어서지 않는다. '신이 마음껏 노닌다'(神游)는 것은 『장자』「전자방田子方」에서 말하는 음양 조화에 의해 지미至美를 얻고 지락至樂에 노닐고, 사물의 처음에서 마음을 노닌다55)는 사유와 유사한 부분이 있다. '음이 심원한 경지에 이르러 희이希夷에 들어가는 것'이란 '희이'가 상징하는 도의 본체 세계에 들어가 하나가 됨을 의미한다.56) '현외지음弦外之音'은 앞서 말한 희성의 다른 표현에 속하는데, 이런 사유에는 노장의 언부진의적 사유가 깔려 있다.

서상영이 희성을 강조하는 것은 '소리가 드물게 난다는 것'을 말하고자 함에 있지 않다. 희성은 소리가 있는 듯 없는 듯한 고요한 음, 수양된 맑은 심성에서부터 출발한 음, 번잡한 문명의 음이 아닌 태고의 음 즉 자연의 음, 기교적으로 현란하면서 저속한 음이 아닌 중화中和의 아정雅正한 음, 형이상학적으로는 도를 담아내는 천지 대자연의 태화太和를 담아내는 현 밖의 음 등을 포괄적으로 의미한다. 따라서 아무나 이런 음을 낼 수 없다. 이에 '금여기인琴如其人'의 사유를 통해 연주 이전의 수양된 마음 상태를 강조하고, 아울러 그런 희성을 내기 위한 운지 방법의 중요성을 함께 말하고 있다.

서상영은 자신이 말하고자 하는 궁극의 소리를 담아내기 위해 유가 음악미학 사유틀만을 통해 이론을 전개하지 않는다. 왜냐하면 서상영이 말하고자 하는 가장 기본적인 사유 중의 하나인 정靜을 담아내고자 할 때는 유가의 음악미

---

55) 『莊子』, 「田子方」, "老聃曰, 吾遊心於物之初. 孔子曰, 何謂邪. 曰, 心困焉而不能知, 口辟焉而不能言. 嘗爲汝議乎其將. 至陰肅肅, 至陽赫赫. 肅肅出乎天, 赫赫發乎地. 兩者交通成和, 而物生焉. 或爲之紀而莫見其形. 消息滿虛, 一晦一明, 日改月化, 日有所爲而莫見其功. 生有所乎萌, 死有乎歸, 始終相反乎無端, 而莫知乎其所窮. 非是也且孰爲之宗. 孔子曰, 請問遊是. 老聃曰, 夫得是, 至味至樂也. 得至美而遊乎至樂, 謂之至人."

56) '希夷'는 『老子』14章, "視之不見名曰夷, 聽之不聞名曰希."; 柳宗元, 「牛溪詩序」, "超鴻濛, 混希夷." 등 참조.

학 사유틀이 갖는 한계가 있기 때문이다. 이에 노자가 말하는 대음희성에서의 희성의 사유를 빌려 오지만 입상이진의적 사유에서 그 희성의 시작과 인신 및 우경을 말한다. 이처럼 정靜과 태화太和를 본질로 하는 대자연의 소리인 희성을 통해 금악이 추구하는 최고 경지를 담아내고자 하는 사유에는 유가의 음악미학과 도가의 음악미학이 묘합되어 있다.

5. 나오는 말

이상 살펴본 서상영의 음악관은 당시 그가 살았던 시대변화와 관련이 있다. 명대 중엽 이후 사회가 변화하고 법천귀진法天貴眞할 것을 강조하는 노장철학과 임정종욕任情縱欲을 긍정적으로 여기는 양명심학이 유행함에 따라 이지李贄의 동심설童心說과 원굉도袁宏道가 진정眞情을 아름다움으로 여기는 사유 등 인간의 진정성과 성령性靈을 담아내는 사유가 풍미하게 된다. 이에 예술영역 중의 심미審美 지취旨趣에서도 유가의 온유돈후溫柔敦厚한 중화미를 반대하는 예술사조가 나타난다. 음악의 경우 풍몽룡馮夢龍의 '상진음악관尙眞音樂觀'이 그것이다. 『예기』「악기」에도 위문후魏文侯가 자하子夏에게 신악新樂에 속하는 정鄭나라와 위衛나라의 음에 대해 질문하는 등 음악에서의 고古와 금今, 아와 속俗에 관한 갈등은 오래전부터 있었다. 자하는 '수신급가修身及家, 평균천하平均天下'한다는 고악古樂의 장점을 말하면서 그것은 덕음德音이고, 신악新樂은 음란하다는 측면에서 익음溺音이라 규정한다. 일국의 군주인 위문후도 고악을 들으면 졸리고 정鄭·위魏의 신악을 들으면 권태로움을 모를 정도가 되니, 일반인은 더욱 말할 필요가 없다.[57]

서상영이 살았던 시대에 고古에서 금今으로 변천하고 아雅에서 속俗으로 변천한 것은 시대적 필연이었다. 이런 과정에서 속에서 다시금 고와 아를 되찾고자 하는 움직임이 일어난다. 서예에서는 항목項穆의 『서법아언書法雅言』이 그것이고, 금악에서는 서상영의 『계산금황』이 그것을 대표한다. 변하는 시대에 대한 반응은 두 가지이다. 하나는 옛것을 다시금 회복하고자 하는 복고적 사유다. 다른 하나는 변화된 시대에 맞는 미의식을 담아내고자 하는 것이다. 『계산금황』의 금악 이론은 전자에 속한다.

아와 속이 급변하는 격변기에 서상영이 『계산금황』을 통해 말하고자 하는 기본 입장에는 『예기』 「악기」에서 말하는 '군자는 도를 즐긴다'(君子樂道)는 정신과 담박淡泊하면서 온유돈후溫柔敦厚한 중화미를 담아내고 극기복례克己復禮를 추구하는 주자학적 '존천리存天理, 거인욕去人欲'의 사유가 담겨 있다. 즉 서상영이 고민하는 것은 마음을 어지럽히고 귀만을 즐겁게 하는 감각적이면서도 음란한 음 즉 속기가 가득한 번잡한 음악이 아니다. 이에 고금古琴 연주자의 인품을 강조하는 금여기인琴如其人 사유와 '의선호음意先乎音'의 사유는 물론 자신의 성정을 다스릴 뿐만 아니라 천하 사람들의 성정을 다스릴 수 있는 고음古音과 음악에서의 고도古道 회복을 추구한다. 이런 점에서 문기文氣와 사기士氣를 담은 금악 이론을 전개하고 있고, 그것의 구체적인 표현이 바로 희성이다.

문제는 서상영의 이런 이론이 오늘날 우리들에게 어떤 의미가 있는가 하는 점이다. 예를 들면 거문고 산조散調와 같은 것은 서상영 식으로 말하면 '속俗'에 해당하는데, 이러한 산조 방식은 때론 기교를 지나치게 강조하거나 절제되지

---

57) 『禮記』, 「樂記」, "魏文侯問於子夏曰, 吾端冕而聽古樂, 則唯恐臥, 聽鄭衛之音, 則不知倦. 敢問, 古樂之如彼何也, 新樂之如此何也. 子夏對曰, 今夫古樂.……修身及家, 平均天下, 此古樂之發也.……文侯曰, 敢問何如. 子夏對曰, 夫古者.……天下大定, 然後正六律, 和五聲, 弦歌詩頌, 此之謂德音, 德音之謂樂.……今君之所好者, 其溺音乎. 文侯曰, 敢問溺音何從出也. 子夏對曰, 鄭音好濫淫志, 宋音燕女溺志, 衛音趨數煩志, 齊音放辟喬志, 此四者皆淫於色而害於德, 是以祭祀弗用也."

않는 과도하고 음란한 음을 담아내는 연주로 이해될 수 있는 부분이 있기 때문이다. 그리고 금을 연주하는 사람의 인품을 강조하는 '금여기인'이란 사유를 오늘날에도 여전히 강조해야 하는가? 음악을 통한 치국의 논리는 과연 가능한 것인가? 하는 질문도 하게 한다. 이런 질문은 악기 연주를 통해 무엇을 담아낼 것이며 또 그것의 효용성이 무엇인가에 대한 질문으로도 이어진다고 본다.

▌12장

다茶와 문인문화: 마가선馬嘉善「이십사다품二十四茶品」

1. 들어가는 말

정치적으로 무능해 북송을 망하게 했던 휘종徽宗(趙佶)은 서화書畵에서는 누구 못지않게 뛰어난 재능을 발휘한 제왕이다. 휘종은 다도茶道에도 일가견이 있어서『대관다론大觀茶論』을 쓰는데, 이런 휘종을 거론할 때 항상 동시에 거론하는 인물이 있다. 바로 채경蔡京이다. 휘종이 어느 날 신하들과 수양버들 아래에서 편안한 옷차림으로 다회茶會를 열어 다茶를 마시고,[1] 그 정경을 시로 읊는다. 이어 채경에게 자신의 시에 운을 맞춰 화답한 시를 쓰게 한다. 그런 정황이 휘종이 그린 것으로 추정되는「문회도文會圖」에 담겨 있다.[2]「문회도」를 통해 당시 다를 어떻게 마셨는가를 알 수 있다. 여기서 황제가 그린 그림에 화운한 시를 직접 쓸 정도면 채경의 서예 실력이 얼마나 대단했는지를 짐작할 수 있다. 채경은 당시 최고의 서예가로서, 기교 차원에서 북송 서예 4대 서예가를 꼽으라면 당연히 채경(이런 경우 4대가는 蘇軾, 黃庭堅, 米芾, 蔡京이다)을 꼽아야 한다.

그런데 후대 유학의 훈도薰陶를 받은 인물들이 북송 4대 서예가를 꼽을

---

1) 그림을 보면 碗托과 茶碗 數組가 있고, 茶瓶이 方形炭爐上 燒煮에 놓여 있다. 茶를 준비하는 童僕이 長柄匙를 잡고 茶罐에서 盞內를 향하여 茶末을 붓는 모습이 그려져 있다.

2) 그림 右上에 徽宗의 題詩 "儒林華國古今同, 吟詠飛毫醒醉中. 多士作新知入彀, 畵圖猶喜見文雄"이 있다. 그림 左中에 '爲天下一人'이란 簽押이 있다. 그림 左上에 蔡京의 題詩: "臣京謹依韻和進, 明時不與有唐同, 八表人歸大道中. 可笑當年十八士, 經綸誰是出群雄"이 있다.

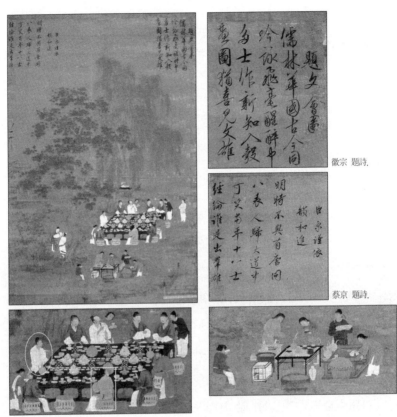

徽宗 題詩.

蔡京 題詩.

「文會圖」 원본 및 부분.
왼쪽 하단 그림 중 원으로 표시한 인물이 휘종이다. 네모로 표시한 인물은 蔡京으로 추정된다.

땐 채경 대신 『다록茶錄』을 저술해 학문 차원에서 다학茶學을 상당한 지위로
올린 채양蔡襄을 꼽는다. 채경을 빼고 채양을 집어넣는 이유는 바로 채경이
휘종 밑에서 16여 년간 재상을 하면서 북송을 망하게 한 간신이었기 때문이다.
채경과 관련된 이런 평가는 채경의 인간 됨됨이, 평생 그가 살았던 삶의 공공성,
윤리성 등과 연계하여 이해한 것인데, 이것은 이른바 인품론적 차원에서 평가한
것이다. 중국예술은 이같이 인품론 차원에서 예술가를 평가하는 경향이 강하
다. 즉 최고의 인품이 있어야 최고의 예술이 있다는 것은 중국예술의 정론인데,

다도에도 이런 사유가 거의 그대로 적용된다.

이 글에서는 현대인現代人인 마가선馬嘉善(冷香齋主人)이 행한 「이십사다품二十四茶品」3)을 인품론에 초점을 맞추어 이해하되, 특히 '청淸' 자가 갖는 인품론 및 비덕比德의 사유에 주목하여 제한적으로 이해하고자 한다. 기존에 다론에 관한 다양한 관점의 접근이 있었지만 다론에 담긴 사유를 인품론 차원과 비덕 차원에서 규명한 것은 거의 없다. 설령 있다고 해도 매우 단편적인 언급에 그치고 있고, 특히 '청' 자를 중심으로 하여 심도 있게 규명한 것은 없다고 해도 과언이 아니다.4) 이런 점에서 본고와 같은 접근은 이른바 '문인 다문화'5) 형성에 도움을 준다. 즉 본 논문은 문인들이 다를 마시면서 왜 평범한 인물들이 마시는 다문화와 차별화하고자 했는지에 담긴 철학과 미학을 분명하게 밝힌 것에 의의가 있다고 할 수 있다.

---

3) 馬嘉善의 「二十四茶品」이 객관 타당한 것인가 하는 것은 논란의 여지가 있다. 왜냐하면 우리가 흔히 茶禪一味 등과 같이 다도를 선과 연계해 이해하는 경우가 많은데, 馬嘉善의 견해는 주로 유가와 도가에 초점이 맞추어져 있기 때문이다. 이런 한계점이 있지만, 전통적으로 중국의 문인문화에서 다를 어떤 관점에서 이해했는가에 대해서는 馬嘉善의 견해가 일정 정도 타당성이 있다고 본다.

4) 본고를 서술하는데 원전과 관련된 것은 方健 匯編校證, 『中國茶書全集校證』(全 7책, 中州古籍出版社, 2014); 鄭培凱・朱自振, 『中國歷代茶書匯編校注本』(全 2책, 香港: 商務印書館, 2015)을 참조하였다. 茶論에 관한 몇 가지 번역본이 있어 다론 이해에 도움을 준다. 陸羽 지음, 유건집 주해, 『茶經 주해』(이른아침, 2016); 류건집, 『송대 다서의 주해』 상・하(이른아침, 2012); 李穆 저, 류건집 주해, 『茶賦 주해』(이른아침, 2009); 艸衣 저, 류건집 주해, 『東茶頌 주해』(이른아침, 2009); 에이사이(榮西) 저, 류건집 주해, 『喫茶養生記 주해』(이른아침, 2011); 張源 저, 유건집・신미경 주해, 『茶錄 주해』(이른아침, 2015); 許次紓 저, 유건집 주해, 『茶疏 주해』(이른아침, 2015).

5) 문인들은 자신들의 문인 정취와 심미 이상을 詩化한 咏茶詩를 통해 文人茶文化를 형성하게 된다. 이러한 咏茶詩를 통해 문인들이 다를 인격화하고(예: 蘇軾의 「次韻曹輔寄壑源試焙新茶」, "從來佳茗似佳人."), 哲理化한 것(예: 王洋의 「謝筠守趙從周寄黃蘗中洲茶」, "要知淸白德, 盞面看浮花."), 審美化한 것(예: 范仲淹의 「和章岷從事鬪茶歌」, "鬪茶味兮輕醍醐, 鬪茶香兮薄蘭芷.")을 알 수가 있다. 岳曉灿, 「宋代咏茶詩詞的審美硏究」(南京師範大學 碩士論文, 2012), p.6 참조.

2. 「이십사다품」과 인품 우선 사유

마가선이 행한 「이십사다품」은 '인품人品', '다품茶品', '수품水品', '화품火品', '다기품茶器品', '다실품茶室品' 등 6가지로 분류한 뒤 각각의 품에 해당하는 구체적인 내용을 4가지씩 적용하는 형식을 취하고 있다. 이 같은 다품에 관한 마가선의 분류 방식은 이전 문인들이 행한 다품에 대한 분류 방식과 매우 밀접한 관련이 있다.

중국문예사를 보면 문인예술가를 직업적인 예술가와 구별하여 차별화하곤 하였는데, 이런 점은 다양한 분야에 적용되었다. 예를 들면 화원화가와 대비되는 문인화가, 공인전각가工人篆刻家와 대비되는 문인전각가, 사경서예가寫經書藝家와 대비되는 문인서예 등을 구분하여 말한 것이 그것이다. 우선 이런 사유가 강하게 나타난 시기가 중국 역사에서는 명대임을 먼저 기억하자. 이처럼 신분을 통해 예술가를 구분하는 사유는 또 다른 차원에서는 품을 나누어 작가를 가치론적으로 차등을 두는 것으로 나타난다.[6] 품론 중 가장 대표적인 것은 당대 사공도司空圖(837~908)의 『이십사시품二十四詩品』[7]이다. 회화로는 청대 황월黃鉞의 『이십사화품二十四畵品』[8], 서예로는 황월보다 조금 뒤로 추정되는 양경증楊景曾의 『이십사서품二十四書品』[9] 등이 있다. 품론은 아니지만 명대 서상영徐上瀛은 『계산금황谿山琴況』에서 금琴을 '이십사황二十四況'[10]으로 구분한다.

---

6) '品을 논하는 것'은 작가가 지향한 품격의 우열을 가리는 것인데, '기교'와 '道'의 관계를 어떻게 규정하느냐, 예술을 통해 궁극적으로 지향하는 경지가 무엇이냐, 기교 이외의 요소인 예술가의 인품, 학식, 삶의 역정 등을 어떤 관점에서 이해하는지와 관련이 있다.

7) 司空圖, 『二十四詩品』, '雄渾, 沖淡, 纖穠, 沉著, 高古, 典雅, 洗煉, 勁健, 綺麗, 自然, 含蓄, 豪放, 精神, 縝密, 疏野, 清奇, 委曲, 實境, 悲慨, 形容, 超詣, 飄逸, 曠達, 流動.'

8) 黃鉞은 『二十四畵品』에서 氣韻을 제일 먼저 거론하여 기법보다는 인품을 우선시한다.

9) 楊景曾은 『二十四書品』에서 神韻을 제일 먼저 거론하여 회화에서의 기교나 법도보다는 정신성을 가장 우선시한다.

그럼 이 같은 품론을 통해 시서화에서 가장 우선시한 품격이 무엇인지를 살펴보자. 시인하면 이백李白을 떠올리듯 당대는 '웅혼雄渾'을 먼저 꼽지만, 송대에 오면 소식蘇軾이나 주희朱熹가 도연명陶淵明을 최고의 시인으로 꼽으면서 '충담沖淡'을 더 우선시하여, 품격에 대한 강조는 시대마다 층차를 보인다. 사혁謝赫은 회화의 '육법六法'을 말한 적이 있는데,11) 회화는 기교 차원의 '골법용필骨法用筆'보다 '기운생동氣韻生動'을 중시한다. 눈여겨볼 것은 역대로 그 기운이 생동하는 조건을 인품의 고하와 연계하여 이해한다는 점이다.12) 서예에서도 신운神韻을 먼저 꼽아 작가의 정신성을 기교보다 더 우선시한다.13)

이런 사유는 흔히 '여기인(書, 詩, 文, 畵, 印, 宅)如其人'으로 말해지는14) 것과 밀접한 관련이 있다. 다도의 경우도 마찬가지 사유를 적용하여 '다여기인茶如其人' 혹은 '군자여다君子如茶' 등을 말할 수 있다. 전통적으로 동양의 문인들이 예술가의 품격을 논할 때 이른바 '독만권서讀萬卷書'할 것을 요구하는데, 이런 점은 '여기인' 사유를 강조하는 것과 밀접한 관련이 있다. '여기인' 사유는 구체

---

10) 徐上瀛은 『谿山琴況』 「二十四況」에서 和를 제일 먼저 거론하여 음악에서 和가 중요함을 강조한다.
11) 張彦遠, 『歷代名畵記』, "昔謝赫云, 畵有六法: 一曰氣韻生動, 二曰骨法用筆, 三曰應物象形, 四曰隨類賦彩, 五曰經營位置, 六曰傳移模寫." 참조.
12) 鄧椿이 『畵繼』에서 '참된 그림'과 관련해 인품이 높으면 기운이 고상할 수밖에 없다고 한 말은 이런 점을 잘 말해 준다. 鄧椿, 『畵繼』, "若虛雖不加品第, 而其論氣韻生動, 以爲非師可傳, 多是軒冕才賢, 岩穴上士, 高雅之情之所寄也. 人品旣已高矣, 氣韻不得不高, 氣韻旣已高矣, 生動不得不至. 不爾, 雖竭巧思, 止同衆工之事, 雖曰畵而非畵." 이런 점과 관련하여 이 밖에 朱和羹, 『臨池心解』, "學書不過一技耳, 然立品是第一關頭. 品高者, 一點一畫, 自有淸剛雅正之氣, 品下者, 雖激昻頓挫, 儼然可觀, 而縱橫剛暴, 未免流露楮外. 故以道德, 事功, 文章, 風節著者, 代不乏人, 論世者, 慕其人, 益重其書."; 松年, 『頤園論畵』, "書畵淸高, 首重人品. 品節旣優, 不但人人重其筆墨, 更欽仰其人……吾輩學書畵, 第一先講人品."; 劉熙載, 『詩槪』, "詩品出於人品. 人品款樸忠者最上, 超然高擧, 誅茅力耕者次之, 送往勞來, 從俗富貴者無譏焉."; 王國維, "人品高, 則詩格高, 心術正, 則詩體正." 등 참조.
13) 기타 음악은 '樂從和'라고 하듯 和가 가장 핵심이다.
14) 물론 이런 사유는 100% 적용되는 것은 아니다. 중요한 것은 '~如其人'을 어떤 경우에 적용하여 말하느냐 하는 것이다.

적으로 예술가의 학식과 인품을 강조하는 사유와 밀접한 관련이 있는데, 다도도
마찬가지다.[15] 이처럼 전통적으로 문인의 예술행위를 직업예술가와 구분하는
것이나 품론을 나누어 우열을 가리는 사유의 가장 큰 특징 중의 하나는 예술가
의 인품을 강조한다는 것이다.[16] 그럼 마가선의 「이십사다품」의 구체적인 내용
을 보자.

1. 인품人品
　　　청淸: 자연의 신령하고 수려한 기운을 잡아 품고 있어 형과 신이 모두
　　　　　　맑은 것(秉自然靈秀之氣, 形神俱淸).
　　　아雅: 겸손하고 공손하고 너그럽고 우아하여 군자의 풍모가 있는 것(謙
　　　　　　恭儒雅, 有君子之風).
　　　간簡: 행동거지가 활달하고 간이하면서 요약하여 속된 예법에 구속되
　　　　　　지 않는 것(擧止豁朗簡約, 不拘俗禮).
　　　담淡: 명예와 이익을 추구하는 마음이 적고 스스로 담박한 것을 감미
　　　　　　롭게 여기는 것(少名利之心, 自甘淡泊).

2. 다품茶品
　　　청淸: 자연의 신령하고 수려한 기운을 잡아 품고 있어 형과 색이 모두
　　　　　　맑은 것(秉自然靈秀之氣, 形色俱淸).
　　　향香: 그 냄새가 난의 향기와 같은 것(其嗅如蘭).

---

15) 이런 점을 形과 神의 관계에 적용하여 도식적으로 구분하면, 形(형식으로서의 形似:
　　기교, 법도 준수의 尙法풍 嚴肅整齊성, 예법에 의한 관계 중시의 도시적 혹은 관료적
　　삶)보다는 神(내용으로서의 神似: 탈기교와 無法의 尙意風 逸氣의 자유로움, 탈관계를
　　통한 親自然의 은일적 삶)을 더 우선시하는 사유다. 전자가 주로 전문 기교를 습득한
　　工人의 예술 행위에 해당한다면, 후자의 경우는 天趣와 神韻 및 文子香과 書卷氣를 추
　　구하는 문인들의 예술 행위에 해당한다.
16) 가장 일찍 茶性을 인품과 연계한 것은 陸羽가 『茶經』에서 "茶之爲用, 味至寒, 爲飮, 最宜
　　精行儉德之人"이라고 말한 것이다. 岳曉灿, 「宋代咏茶詩詞的審美硏究」(南京師範大學 碩
　　士論文, 2012), p.30 참조.

감甘: 그 감미로움이 냉이 맛과 같은 것(其甘如薺).

담淡: 담박하면서도 맛이 있는 것(淡而有味).

3. 수품水品

청淸: 수질이 속이 들여다볼 정도로 맑고 순수하고 깨끗한 것(水質澄澈, 純淨).

활活: 수질이 선명하면서 콸콸 흘러 엉기거나 막히지 않은 것(水質鮮活, 不凝滯).

감甘: 물맛이 감미롭고 향기로운 것(水味甘香).

렬冽: 물맛이 맑고 차가운 것(水味淸寒).

4. 화품火品

명明: 불에 광채가 있는 것(有火光).

활活: 불에 화염이 있는 것(有火焰).

결潔: 불타는 냄새가 이상한 냄새가 없는 것(無異味).

조燥: 땔감에 습기가 없는 것(無濕氣).

5. 다기품茶器品

질質: 다기의 질적 바탕이 순정한 것(質地純正).

박樸: 다기 모양새가 예스럽고 질박하게 만들어진 것(形制古樸).

아雅: 다기가 빼어나고 우아한 것을 숭상할 것(以秀雅爲尙).

소素: 다기는 소박한 것을 숭상할 것(以素器爲尙).

6. 다실품茶室品

간簡: 다실의 구조가 간결하면서도 명쾌할 것(結構簡潔, 明快).

고古: 다실의 형태가 간이하면서 예스럽고 소박할 것(形制簡古, 樸素).

통通: 다실의 내부 구조가 개방되어 바람과 햇빛이 통할 것(布局開放, 通透).

유幽: 다실 주위 환경이 맑고 고요하고 빼어나면서 우아할 것(環境淸幽, 秀雅).

이상 마가선이 「이십사다품」을 통해 말하고 있는 것은 과거 동양 문인들이 추구하고자 한 우아한 다문화를 실현하는 데 요구한 핵심적인 것이 다 포함되어 있다. 본고에서는 '인품' 부분에서 말한 것에만 초점을 맞추어 그것에 담긴 철학적, 문화적 의미를 살펴보기로 한다.

먼저 청淸에 대해서는 '자연의 신령하고 수려한 기운을 잡아 품고 있어 형과 신이 모두 맑은 것'(秉自然靈秀之氣, 形神俱淸)이라 한다. 포인트는 형과 신이 모두 맑다는 것이다. '형'은 형식으로서 외적인 우아한 행동거지를 말하고, '신' 은 내용으로서 덕성이 충만한 정신 경지를 말한다. 마가선은 다에 대해 올바로 알려면 이 두 가지가 서로 잘 조화를 이룬 인간이어야 함을 말한다. 이런 모습을 공자의 용어를 빌려 말하면, 문文과 질質이 잘 조화를 이룬 '문질빈빈文質彬彬한 군자'17)의 모습을 연상시킨다. 주목할 것은 '청' 자를 통해 바람직한 다문화의 전모를 밝힌 것이 많다는 것이다. 예를 들면 다품茶品의 청淸 부분에서 자연의 신령하고 수려한 기운을 잡아 품고 있어 형과 색이 모두 맑은 것(秉自然靈秀之氣, 形色俱淸)과 수품水品의 청淸 부분에서 수질이 속이 들여다볼 정도로 맑고 순수하고 깨끗한 것(水質澄澈, 純淨) 등을 강조하는 것이 그것이다. '청'은 이 밖에 다가 어떤 식물이냐 하는 것을 규정할 때 대표적으로 거론하는 용어에 해당한다.

아雅에 대해서는 '겸손하고 공손하고 너그럽고 우아하여 군자의 풍모가 있는 것'(謙恭儒雅, 有君子之風)이라 한다. '아'는 유가에서는 '정正'으로 풀이하는데, '화和'와 더불어 유가가 전통적으로 중시하는 덕목으로, 공자가 무엇보다도 강조하였다.18) '아'나 '화' 모두 유가가 지향하는 중화미학中和美學을 실천하는 온후 돈후溫厚敦한 인간상을 군자의 풍모에 적용하여 말한 것이다.

간簡에 대해서는 '행동거지가 활달하고 간이하면서 요약하여 속된 예법에

---

17) 『論語』, 「雍也」, "子曰, 質勝文則野. 文勝質則史, 文質彬彬, 然後君子." 참조.
18) 『論語』, 「述而」, "子所雅言, 詩書執禮, 皆雅言也." 참조.

구속되지 않는 것'(舉止諧朗簡約, 不拘俗禮)이라 한다. 유가는 예법을 강조하면서 예법을 무시한 방일放逸한 행위를 광자狂者로 이해하기도 한다. 이런 사유에 비추어 볼 때 속된 예법에 구속되지 않고 자유로운 행동거지를 취한다는 것은 일정 정도 광자적 몸가짐과 통하는데,19) 이런 삶은 주로 예법을 지키고 신독을 통한 정제엄숙함을 추구하는 유가적 선비보다는 은일적 삶을 살아가는 은사隱士의 삶에 주로 보인다.

담淡에 대해서는 '명예와 이익을 추구하는 마음이 적고 스스로 담박한 것을 감미롭게 여기는 것'(少名利之心, 自甘淡泊)이라 한다. '담'은 원래 노장적 사유와 매우 밀접한 관련이 있는 용어지만 송대 이후 유학자이면서 친자연적인 삶을 살고자 했던 문인들에게 화두처럼 여겨지게 된다. 오랜 세월 많은 풍상風霜을 겪고 난 이후의 '위도일손爲道日損'의 삶과 관련이 있는 노경老境의 경지인 담은 탈속적 삶과 친자연적인 삶을 살아가는 은사에 매우 어울리는 용어다. 송대에 오면 소식蘇軾과 구양수歐陽脩를 비롯한 많은 문인들이 평담平淡을 비롯하여 소산간원疏散簡遠과 소조담박蕭條淡泊을 시와 그림에 표현해야 할 최고의 미의식의 하나로 여기는데,20) 이런 사유가 다도에도 영향을 주었다고 본다.

도식적으로 구분하면, 앞의 두 가지는 유가적 성향이 강하고, 상대적으로 후자의 두 가지는 도가적 성향이 강하다. 송대 이후 문인들은 유가와 도가를 서로 합일하는 삶 혹은 유도호보儒道互補적 삶을 살았던 경우가 많다. 이런 점에서 마가선이 「이십사다품」에서 말한 인품론은 송대 이후 문인들의 삶에 초점을 맞추어 규정한 것으로 보인다. 즉 인품과 관련하여 말해진 아雅, 담淡, 향香,

---

19) 물론 방탕한 狂者를 의미하는 것은 아니다.
20) 淡은 '枯淡, 淡泊, 平淡, 沖淡, 閑淡, 恬淡' 등 다양한 의미로 사용된다. 『老子』35章, "道之出口, 淡乎其無味."; 『莊子』, 「天道」, "虛靜恬淡, 寂漠無爲者, 天地之平而道德之至."; 『莊子』, 「刻意」, "淡然無極而衆美從之." 등 참조. 蘇軾이 "發纖濃于簡古, 寄至味于淡泊"이라고 한 말은 유명하다.

활活, 렬烈, 명明, 결潔, 고古, 통通, 간簡, 청淸, 유幽, 질質, 박朴, 소素 등은 모두 문인들의 맑은 인품과 우아하면서도 바른 행동거지, 친자연적이면서 탈속脫俗적 삶의 다양한 모습을 말한 것으로, 주로 유가적 요소와 도가적 요소가 많다. 우리가 흔히 '다선일체茶禪一體'라고 하여 다의 불가적 요소를 말하는 경우가 있는데 마가선의 경우 불가 요소는 많지 않다. 중국 역사에 나타난 문인들이 추구한 다문화의 특징을 감안하면 유가와 도가 요소가 많지 불가적 요소는 많지 않음을 알 수 있다. 따라서 마가선의 이해가 중국 역사에 나타난 다문화의 특징을 잘 보여 준다고 할 수 있다.

이처럼 다문화에서 인품을 강조하는 것은 다를 단순히 양생이나 건강과 같은 실용 차원이 아닌 일종의 문인들의 '문화식품'으로 이해한 결과물이다.[21] 따라서 이런 점은 동일한 다라도 그 다를 접한 인물이 누구냐에 따라 그 맛이나 운치가 달리 이해될 수 있는 가능성이 열린다. 이런 점을 다의 역사를 통해 살펴보자. '품다'의 경우는 당대이냐? 송대이냐? 아니면 그 이후이냐에 따라 우선시하는 것이 달라지는데, 명대에 이르면 이른바 '문인다도풍'이 형성된다. 흔히 송명宋明의 다인茶人들은 당대唐代 다인들의 '음다수도飮茶修道' 사상을 진일보 발전시켜 다茶에 '청淸, 화和, 담淡, 결潔, 운韻, 정靜' 등의 품성品性을 부여했다고 한다. 이런 점은 앞서 말한 바와 같이 송대에 구양수와 소식을 비롯한 많은 문인들이 시와 화에서 소산간원疏散簡遠과 소조담박蕭條淡泊, 평담平淡을 추구한 사유와도 관련이 있다.

주지하는 바와 같이 음다飮茶 유풍은 당대에는 왕공王公이나 조사朝士라는

---

21) 문사들이 일찍부터 茶를 擬人化하여 '謙謙君子'의 지위로 올린 것을 단적으로 말해 주
   는 것은 皎然이 「飮茶歌誚崔石使君」에서 茶를 "此物淸高世莫知, 世人陰酒多自欺"라고 한
   것과 韋應物이 「喜園中茶生」에서 "潔性不可汚, 爲飮滌塵煩, 此物信靈味, 本自出山原. 聊因
   理郡餘, 率爾植荒園, 喜隨衆草長, 得與幽人言"이라 한 것이다. 陳東峰, 「唐代茶詩與文士意
   趣」(南昌大學 碩士論文, 2010), p.15 참조.

일정 정도 계층적 제한이 있었다.22) 하지만 송대에 오면 군자와 소인의 구별이 없이 다를 마셨고, 또 다를 마치 일상적으로 먹는 쌀과 소금처럼 여겨 더 이상 과거 특수 계층에서 소비하는 음료 혹은 고상한 '문화식품'이 아니게 된다.23) 이런 변화 과정 속에서 문인들은 자신들이 추구한 우아하고 담박하면서도 탈속적 삶을 상징하는 '문화상징체'로서 다의 특수성이 무엇인가 하는 것을 규명하고자 한다. 이에 명대에 오면 음다飮茶 행위와 관련하여 이른바 '문인다도' 혹은 '아사다도雅士茶道'라는 의식을 특히 강조하게 된다.

陸羽, 『茶經』.
육우의 다에 관한 저서는 '茶의 經'이라고 일컬어질 정도로 유명한데, 육우는 '茶木은 남방의 아름다운 나무(茶者, 南方之嘉木)라 하여 茶木이 단순한 식물이 아니라는 점을 밝히고 있다. 중국 문인 사대부들은 이 같은 다를 마시는 정황을 통해 자신들이 지향하는 철학과 예술이 무엇인가를 표현하고자 하였다.

앞서 말한 바와 같이 명대는 이른바 문인화, 문인전각이 탄생하여 화원화, 공인전각과 차별화하는 현상이 나타나는데, 이런 현상은 이전과 달리 많은 문인들이 서예·회화·인장 예술에 종사하거나 관심을 갖게 되었음을 보여 준다. 이런 과정에서 그들만의 차별화된 예술성과 문화를 강조하게 되는데, 다의 경우도 마찬가지다. 육우陸羽는 이미 『다경茶經』에서 다를 '정행검덕精行儉德'24)한 사람에게 알맞

---

22) 封演, 『封氏聞見記』, "茶道大行, 王公朝士無不飮者."
23) 李覯, 『盱江集』, 권16, "茶非古也, 源于江左, 流于天下, 浸淫于近代, 君子小人靡不嗜也, 富貴貧賤彌不用也." 및 王安石, 『臨川文集』, 권70, 「議茶法」, "茶之爲民用, 等于米鹽, 不可一日以無." 참조. 중국 역사에서 茶가 酒를 대신하였다는 최초의 기록은 陳壽, 『三國志』, 「吳志」, 권64, "飮酒不過二升, 初見禮異, 時常爲裁減, 或密賜茶荈以當酒"이다. 자세한 것은 李海杰, 「中國禪茶文化的淵源與流變」(陝西師範大學 碩士論文, 2007), p.7 참조.
24) 흔히 불가의 '精進修行, 儉以養德'의 준말로 보는데, 儉德이란 말은 『周易』 否卦에도 나온다. 『周易』, 否卦, "象曰, 天地不交否. 君子以儉德辟難, 不可榮以祿." 참조.

은 음료라고 규정하여 일정 정도 다를 마시는 계층을 제한적으로 말한 적이
있다. 육우 이후 다에 대한 인식이 시대적으로 변천 과정을 거침에 따라, 문인들
은 점차 다인의 인품을 거론하고 아울러 다를 마시는 환경과 반려(伴侶)에 대한
까다로운 조건 등을 이전보다 더 규정하여 자신들의 음다 행위에 관한 철학적,
미학적 규정을 하게 된다.

다에서 인품을 거론하는 것은 명대에 와서인데,[25] 그 중 대표적인 인물은
육수성(陸樹聲)과 회화에서 광기를 듬뿍 담아 '대사의(大寫意)' 화풍을 전개한 서위(徐
渭)다. 육수성은 『다료기(茶寮記)』에서 '전다칠품(煎茶七品)'을 거론하는데, 제일 먼저
'인품'을 거론한다. 다음 어떤 물이 좋은 물인지를 품평한 '품천(品泉)', 불과 관련
된 것을 기술한 '팽점(烹點)', 다의 진미를 얻기 위한 조건과 관련된 '상다(嘗茶)',
다를 어떤 환경에서 마실 때 가장 운치가 있는가와 관련된 '다후(茶候)', 다를
함께 마시는 알맞은 반려를 읊은 '다려(茶侶)', 다의 다양한 공효성을 말하는 '다훈
(茶勳)'의 순서를 취한다. 그럼 '인품'에 관한 언급을 보자.

전다(煎茶)는 낭만적인 것이 아니다. 모름지기 다를 마시는 사람이 다와 서로
잘 맞아야 한다. 그러므로 그 법은 매번 '고상한 부류의 은일자'나, 산수자연
(雲霞와 泉石)에서 살면서 마음속으로 큰 뜻을 품고 있는 자에게 전해졌다.[26]

25) 蔡定益, 「明代茶書研究」(安徽大學 博士論文, 2015), p.152 참조.
26) 陸樹聲, 『茶寮記』, "煎茶七. 一人品, 煎茶非漫浪, 要須其人與茶品相得. 故其法每傳於高流隱
逸, 有雲霞泉石, 磊塊胸次間者." 나머지 6가지는 다음과 같다. "二品泉, 泉水以山水爲上,
次江水, 井水次之. 井取汲多者, 多則水活. 然須旋汲旋烹汲久宿貯者, 味減鮮冽. 三烹點, 煎用
活火, 候湯眼鱗鱗起, 沫餑鼓泛, 投茗器中. 初人湯少許, 俟湯茗相投, 即滿注. 雲脚漸開, 乳花
浮面, 則味全. 蓋古茶用團餅, 碾屑味易出. 葉茶驟則乏味, 過熟味昏底滯. 四嘗茶, 茶入口先灌
漱, 須徐啜. 俟甘津潮舌, 則得眞味. 雜他果則香味俱奪. 五茶候, 凉台靜室, 明窗曲幾, 僧寮道
院, 松風竹月, 晏坐行吟, 清譚把卷. 六茶侶, 翰卿墨客, 緇流羽士, 逸老散人, 或軒冕之徒, 超軼
世味. 七茶勳, 除煩雪滯, 滌醒破睡, 譚渴書倦, 是時茗碗策勳, 不滅凌煙." 참조.

음다가 낭만적인 것이 아
니라는 것은 풍류를 즐기듯 가
볍게 접해서는 안 된다는 것이
다. 이상 일정 정도 음다하는
계층이나 신분의 제한을 두어
말한 것을 참조하면 다는 아무

나 마실 수 있는 음료로 여기지 않았다는 것이다. 다가 지니고 있는 품성과
일치하는 인품을 갖추고 있으면서 은일적 삶을 사는 인물이어야 다에 대해
제대로 알 수 있고 또 그 맛을 제대로 알 수 있다는 사유다. 즉 다도란 아무나
알 수 있고 즐길 수 있는 평범한 것이 아니라는 것이다. 서위徐渭(1521~1593)는
『전다칠류煎茶七類』에서 마찬가지로 '일곱 가지 부류'(七類)를 거론한다. 그리고
'인품' 부분에서 전다煎茶를 '낭만이 아니다'라고 한 것을 '맑고 우아한 것에는
조금 못 미친다'(微淸小雅)라는 것으로 고치고, '고류은일高流隱逸'을 '고상한 부류
의 대은'(高流大隱)이라 고치지만, 역시 서위도 '인품'을 제일 먼저 거론한다.27)

'낭만과 '미청소아微淸小雅'는 의미하는 것이 다르고, '은알과 '대은'도 다르
다. '낭만이 아니다'라는 것은 함부로 허투루 하는 것이 아니라는 것을 의미한
다. '미청소야'는 맑고 우아한 것에는 못 미치지만 그렇다고 무시할 것이 아니라
는 사유가 담겨 있다. 예를 들면 흔히 회화나 서예를 말할 때, 그것은 '소기小技

---

27) 徐渭, 『煎茶七類』, "一人品. 煎茶雖微淸小雅, 然要領其人與茶品相得, 故其法每傳於高流大
隱, 雲霞泉石之輩, 魚蝦糜鹿之儔. 二品泉. 山水爲上, 江水次之, 井水又次之. 並貴汲多, 又貴
旋汲, 汲多水活, 味倍淸新, 汲久貯陳, 味減鮮冽. 三烹點. 烹用活火, 候湯眼鱗鱗起, 沫浮鼓泛,
投茗器中, 初入湯少許, 候湯茗相浹卻復滿注. 頃間, 雲腦漸開, 浮花浮面, 味奏全功矣. 蓋古茶
用碾屑團餠, 味則易出, 今葉茶是尙, 驟則味虧, 過熟則味昏底滯. 四嘗茶. 先滌漱, 旣乃徐啜,
甘津潮舌, 孤淸自縈, 設能以他果, 香,味俱奪. 五茶宜. 涼台靜室, 明窗曲幾, 僧寮,道院, 松風
竹月, 晏坐行吟, 淸譚把卷. 六茶侶. 翰卿墨客, 緇流羽士, 逸老散人, 或軒冕之徒, 超然世味也.
七茶勳. 除煩雪滯, 滌醒破疾, 譚渴書倦, 此際策勳, 不減凌煙. 是七類乃盧仝作也, 中野甚疾,
餘忙書, 稍改定之. 時壬辰秋仲, 靑藤道士徐渭書於石帆山下朱氏三宜園." 참조.

지만 그 '소기'를 통해 도道를 담아낼 수 있다는 사유와 유사한 표현이라고 본다. 아울러 추사 김정희가 예서隸書를 쓸 때 청고淸高하고 고아古雅한 뜻이 있어야 함을 강조하는 것과 연계하여 이해할 수도 있다.[28] '은일'이 포괄적인 용어라면, '대은'은 백거이白居易의 분류에 의하면 조정에서 높은 벼슬을 하거나 시장에서 큰돈을 벌면서 은일을 꿈꾸는 경우에 해당한다.[29] 서위는 육수성보다 음다하는 인물을 보다 제한적이고 구체적으로 말하고 있지만 두 사람 모두 인품을 제일 먼저 거론하는 것은 동일하다.

시흥詩興을 돕고, 수마睡魔를 잠재우고, 청담淸淡을 배양한다는[30] 측면에서 다의 공효성을 말하는 주권朱權(寧王)[31]은 다를 마시면서 스스로 잘났다고 한다. 아울러 음다하면서 다른 사람을 경시하고 세상일에 얽매이지 않고 즐기는 삶(傲物玩世)은 백정이 논할 수 있는 경지가 아니라고[32] 한다. 이런 점과 관련해 휘종은 이미 『대관다론』에서 자연의 빼어난 기운을 점유하고 있는 다의 공효성功效性으로서 '거금척체祛襟滌滯'와 '치청도화致淸導和'하는 것은 평범한 사람이나 어린 아이나 젖먹이가 알 수 있는 것이 아니라고[33] 말한 적이 있다. 아울러 주권은 음다를 통해 현허玄虛를 탐하고 조화에 참여하고, 심신을 맑게 하여 진표塵表를 벗어난다고 한다. 급기야 다를 먹는 것으로써 '선령仙靈'에 통한다고 하여 다의

---

28) 金正喜, 『阮堂全集』, 권7, 「雜著·書示佑兒」(a301_139d), "且隸法非有胷中淸高古雅之意, 無以出手, 胷中淸高古雅之意. 又非有胸中文字香書卷氣, 不能現發於腕下指頭, 又非如尋常楷書比也. 須於胸中先具文字香書卷氣, 爲隸法張本, 爲寫隸神訣."
29) 白居易, 「中隱」, "小隱隱於野, 中隱隱於市, 大隱隱於朝."
30) 朱權, 『茶譜』, 「序」, "茶之爲物, 可以助詩興而雲山頓色, 可以伏睡魔而天地忘形, 可以倍淸談而萬象驚寒, 茶之功大矣.……乃與客淸談款話, 探虛玄而參造化, 淸心神而出塵表.……予以一甌, 足可通仙靈矣."
31) 朱元璋의 17번째 자식이다.
32) 朱權, 『茶譜』, 「序」, "本是林下一家生活, 傲物玩世之事, 豈白丁可共語哉."
33) 徽宗, 『大觀茶論』, "茶之爲物, 擅甌閩之秀氣, 鍾山川之靈稟, 祛襟滌滯, 致淸導和, 則非庸人孺子可得而知矣. 沖澹閑潔, 韻高致靜."

효용성을 극대화하여 말한다. '신은神隱'[34]을 말한 바가 있는 주권이 다를 통해 천인합일을 이루고 '선령에 통한다'는 것을 말한 것에는 도가 및 도교적 색채가 담겨 있다. 이일화李日華는 결론적으로 진정으로 도와 계합하는 선비가 아니면 다의 운치 있는 맛을 쉽게 평가해 헤아릴 수 없다[35]고 말하기도 한다.

이처럼 인품을 강조하는 사유는 이제 단순히 음료로서의 다가 아니라 다를 인간화하고 비덕화하면서 사인들의 고아高雅하면서 탈속적인 군자의 인격에 비유하는 경향으로 나타난다. 즉 문인 자신들이 마시는 다를 통해 자신들이 지향한 삶과 미의식을 담아내고자 한다는 것이다. 그 '음다문화'의 핵심에 해당하는 용어가 바로 '청清' 자다.

3. '청清' 자와 다도의 비덕比德적 인품론

좋은 다를 마시는 위한 조건으로 요구되는 인품, 다품, 수품에서 공통적으로 적용되는 것은 '청'이다. 이런 점을 「이십사다품」에서는 '다품茶品'에서 청清의 '자연의 신령하고 수려한 기운을 잡아 품고 있어 형과 색이 모두 맑은 것(秉自然靈秀之氣, 形色俱清) 및 '수품水品'에서 청의 '수질이 맑고 순수하고 깨끗한 것(水質澄澈, 純淨)이라고 한다.

중국문화에는 자연물을 인간화하여 그것에 덕성을 비유하는 이른바 비덕의 사유가 있다. 사군자 및 '군자여옥君子如玉'과 같은 사유가 그것이다. 이 같은 비덕의 사유는 다도에도 그래도 적용된다. 그 하나의 예로 육우가 『다경』에서 다목茶木을 '남방의 아름다운 나무'(南方之嘉木)라고 한 것을 들 수 있는데, 그것은

---

34) 朱權의 저서로는 『臞仙神隱書』가 있다.
35) 李日華, 『六硯齋筆記』, "非眞正契道之士, 茶之韻味, 亦未易評量."

다목을 단순히 일반 나무로만 생각하지 않았음을 의미한다. 왜냐하면 '가嘉'는 바로 '미美적인 것'을 의미하기 때문이다.

채일복蔡一復은 「다사영茶事咏」에서 "다의 신의 맑은 것이 대나무와 같다"36) 라 하여 비덕의 입장에서 다의 '청'을 대나무에 비유하여 이해하고 있다. 남송 양만리楊萬里는 고인의 '기미'와 '풍골'을 다의 '청'과 '명明'으로 연결해 말하고,37) 만당晚唐의 재상이자 서예가이면서 노동盧仝과 이름을 함께 날린 다문화의 대가 인 배문裵汶도 『다술茶述』에서 다의 성性과 미味에 대해 각각 '정청精淸함'과 '호결 浩潔함'을 연계하여 말한다.38) 이런 발언은 모두 비덕의 차원에서 다를 이해한 것이다. 특히 다의 성질은 전통 문인의 심미 정취와 부합하며 아울러 청화淸和하 고 담아淡雅한 다성은 군자의 성격과 서로 계합된다고 보았다. 다를 이처럼 비덕의 차원에서 이해한다는 것은 다를 단순히 음용 음료로서 보지 않고 덕성을 가진 군자로 이해한 것을 의미한다.

이처럼 다를 비덕의 입장에서 이해했을 뿐만 아니라 한 걸음 더 나아가 의인화擬人化하여 이해하기도 하였다.39) 이른바 소식이 「엽가전葉嘉傳」40)에서 다를 '세상을 구하는 선비'(濟世之士)로 의인화하여 이해한 것과 원대 양유정楊維楨 이 「청고선생전淸古先生傳」에서 '청풍고절淸風苦節'이란 점을 거론하면서 '독지군 자篤志君子'로41) 비유한 것이 그것이다.

---

36) 蔡一復, 「茶事咏」, "茶神淸如竹."
37) 楊萬里, 「謝木韞之舍人分送講筵賜茶」, "故人氣味茶樣淸, 故人風骨茶樣明."
38) 裵汶, 『茶述』, "其性精淸, 其味浩潔, 其用滌煩, 其功致和. 參百品而不混, 越衆飮而獨高."
39) 송대 문인들은 다의 고결하고 청렴한 미덕을 인간이 갖추고 있어야 하는 고상한 품덕 으로 비유하였는데 그 경지를 한 단계 더 높인 것은 蘇軾이다. 蘇軾은 이전에 다를 "靈芽"나 "仙草"라 여긴 것에서 한 걸음 더 나아가 다의 아름다움을 인간과 동일한 차원의 아름다움이란 경지에까지 승화시켰다. 朱海燕, 「中國茶美學硏究: 唐宋茶美學思 想與當代茶美學建設」(湖南農業大學 博士論文, 2008), p.68 참조.
40) 蘇軾, 『蘇軾文集』, 第2冊, 「葉嘉傳」, "嘉, 閩人也. ……曰, 臣邑人葉嘉, 風味恬淡, 淸白可愛, 頗負其名, 有濟世之才, 雖犵知猶未詳也."

육우는 『다경』에서 맛이 차가운(寒) 다를 마시기에 가장 적합인 인물로 '정행검덕'한 인물을 꼽은 바가 있는데,[42] '한寒' 자가 갖는 의미는 두 가지로 해석할 수 있다. 하나는 말 그대로 다의 찬 기운이다. 또 다른 하나는 전통적으로 '한'이 갖는 철학적, 미학적 의미와 연계된 해석이다. '냉冷'과 '한'은 주로 은자의 은일적 삶이나 탈속적 삶을 상징한다.[43] 부귀영화를 누리고자 하는 욕망 추구적 삶은 항상 뜨겁고 심신을 피로하게 한다. 이런 점에 비해 '한'은 경제적 측면에서 빈한한 삶을 상징하지만, 그 빈한한 삶에서 자신만의 즐거움을 누린다는 삶의 경지가 담겨 있다. 더 나아가 음다를 통하면 선령仙靈에 통하는 경지, 참선參禪하여 오도悟道의 경지에 오를 수 있다. 즉 심신을 피곤하게 하는 욕망 지향적 삶을 음다하는 것으로 해결할 수 있다는 것이다. 육우가 말한 정행검덕한 사람도 결국 '청'의 범주에서 논해진 것이다.

이처럼 다도에서 '청'을 강조하는 것은 육수성과 서위가 '전다칠류煎茶七類'를 말할 때 다를 함께하는 반려伴侶 부분에서 권력, 명예, 재물 등과 관련된 '세상의 맛(世味)'을 추구하지 않는 한경묵객翰卿墨客, 치류우사緇流羽士, 일로산인逸老散人, 헌면지도軒冕之徒 등을 거론하는 것과 관련이 있다. 특히 양유정이 다를 '청고선생'으로 본 것에 주목할 필요가 있다. 왜냐하면 '청' 자와 '고' 자에는 청빈한 삶이나 고오孤傲하고 청고淸高한 삶과 같이 탈속적이면서 은일적 삶을 살아가는 '은일자의 향기 있는 삶이 담겨 있기 때문이다.

'청' 자와 관련해 『노자』 39장에서는 "하늘은 도를 얻어 맑다"(天得一以淸)[44]

---

41) 楊維楨, 「淸古先生傳」, "然先生之爲人, 芬馥而爽朗, 磊落而疎豁, 不媚於世, 不阿於俗.……惟先生以淸風苦節高之故, 没齒而無怨言, 其亦庶幾乎篤志君子矣." 「淸古先生傳」에 관한 전반적인 것은 粘振和, 「元末楊維楨「淸苦先生傳」的茶文化意蘊」(『成大歷史學報』 第37號, 成功大學歷史學系, 2009年 12月, 61~88쪽) 참조.

42) 陸羽, 『茶經』, "茶之爲用, 味至寒, 爲飮, 最宜精行儉德之人."

43) 葛洪이 『抱朴子』(外篇)에서 은일자를 상징하는 것으로 「嘉遯」의 '懷氷', 「任命」의 '居冷', 「守堉」의 '潛居', 「安貧」의 '樂天' 등을 거론하는 점은 이런 점을 잘 말해 준다.

徽宗, 『大觀茶論』.
황제이면서 유명한 서화가이기도 한, 예술적 재능이
뛰어났던 휘종은 茶가 어떤 효용성이 있는지를 밝히고
있다. 이런 이론을 통해 중국 문인문화에서 茶는 매우
독특한 의미를 지닌다는 것을 알 수 있다.

라는 것을 말한다. 여기서 '일一'을
만약 도로 볼 수 있다면, 청은 도(一)
와 밀접한 관련을 갖는다. 호응린胡
應麟은 '청'에 대해 '평범하고 속된 것
을 뛰어넘고 끊은 잣45)이라 말한 적
이 있다. 이렇게 보면 결국 '청'은 세
속적인 권력, 명예, 재물 등으로부터
벗어난 맑은 심성, 허정한 마음, 고
고한 은일적 삶과 관련이 있다. 다사

茶事 활동 중에도 물론 '청'이 요구된다.46) 이처럼 음다와 관련해 '다청茶淸'은
기본이고 '수청水淸'47), '기청器淸'48), '경청境淸'49)을 요구하는데, 가장 중요한 것
은 사람이 맑은 '인청人淸'과 심령이 맑은 '심청心淸'을 요구한다는 것이다.50)
  그럼 이처럼 '청' 자를 통해 다의 품성과 그 운치를 말한 것은 많은데 그
중 몇 가지 예를 보자. 우선 휘종徽宗의 『대관다론大觀茶論』에 보이는 '청' 자와
관련된 언급을 보자.

  천하의 선비는 맑고 깨끗한 뜻에 힘쓰고, 다투어 한가로운 여가에 놀 거리를
  찾는다.…… 비록 소박한 선비일지라도 요즘엔 다를 비축하지 못함을 부끄럽
  게 여길 정도이니, 태평성세의 청아하고 고상한 기풍이라 하겠다.…… 물은

44) 『老子』 39章, "天得一以淸."
45) 胡應麟, 『詩藪』(外編), 권4, "淸者, 超凡絶俗之謂."
46) 徐勃, 『茶譚』, "茶事極淸."; 黃用德, 『茶說』, "品茗最爲淸事." 참조.
47) 徽宗, 『大觀茶論』, "水以淸輕甘潔爲美."
48) 歐陽脩, "嘗新茶呈聖兪," "泉甘器潔天色好, 坐中揀擇客亦佳."
49) 徐渭, 『徐文長秘集致品』, "品茶宜精舍, 宜雲林, 宜松風下, 宜花鳥間, 宜淸流白雲, 宜綠蘚蒼
  苔, 宜素手汲泉, 宜紅妝白雪, 宜竹裏飄烟."
50) 楊萬里, 「謝木韞之舍人分送講筵賜茶」, "故人風味茶樣淸."

맑고 가볍고 달고 깨끗한 것이 좋다.[51]

   '청' 자를 당시 다를 축적하는 풍습의 아름다움과 연계하여 말한 것은 그만
큼 다가 문인문화 측면에서 중요하다는 것을 의미한다. 물이 맑은 것을 강조하
는 것은 다엽茶葉이 아무리 좋아도 물이 나쁘면 맛이 제대로 나오지 않기 때문이
다. 이런 점에서 계곡물을 가장 이상적으로 보고, 다음 강물을 이상적으로 보고,
마지막으로는 우물물을 거론한다.
   다음 주권의 다에 대한 언급에서도 '청'에 대한 인식을 들 수 있는데, 휘종보
다 더 다양한 측면에서 '청' 자의 의미를 강조하고 있다.

> 내가 일찍이 눈을 들어 푸른 하늘을 바라보고, 맑은 물을 길러 이글거리는
> 불로 다를 달이며, 스스로에게 말했다. 하늘과 더불어 이야기하며 마음을 넓
> 히고 뜻을 크게 하겠노라고.…… 이 또한 내가 장차 수양하는 길에 보탬이
> 되고자 한 것이다. 그것이 가능한 것은 바로 다의 맑고 깨끗함이다.[52]

   마음을 수양하는 차원에서 다의 청이 갖는 의미를 극대화하여 말하는데,
이런 언급은 다의 맑은 성질이 갖는 탁한 기운을 제거한다는 사유와 일정 정도
관련이 있다. 수양론 차원에서의 청의 의미를 확장하여 말하면 주자학에서
말하는 기질 변화와 관련이 있다는 것이다. 이런 점과 관련된 연구는 다도의
철학화와 관련된 매우 중요한 의미를 지닌다. 주권이 "대체로 다는 맛이 맑고
달며 향기로워 오랫동안 맛이 남아서 능히 정신을 상쾌하게 하는 것이 상품이

---

51) 徽宗,『大觀茶論』,「序」, "天下之士, 勵志淸白, 競爲閑暇, 修索之玩.……雖否士于此時, 不以
    畜茶爲羞, 可謂盛世之淸尙也.……水以淸輕甘潔爲美."
52) 朱權,『茶譜』,「序」, "予嘗擧白眼而望靑天, 汲淸泉而烹活火, 自謂與天語以擴心志之大.……
    又將有裨於修養之道矣, 其惟淸哉."

다"53)라고 말하는 사유도 이 같은 연장선 위에 있다고 할 수 있다. 이상의 언급들은 모두 다도에서 '청' 자가 갖는 의미를 보다 구체적이면서 다양한 측면에 적용하여 말한 것이다.

이처럼 문화식품으로서 다를 이해할 때 인품과 청을 강조하다 보니 다를 함께 마시는 반려자에 대한 조건 및 다를 마시는 풍취에 대한 조건도 여러 가지로 규정한다. 명대에 오면 품다品茶에 대한 환경도 날로 엄격해진다. 명대 풍가빈馮可賓은 『개다전岕茶箋』에서 다를 마시는 최적의 상황 여부와 관련된 품다의 '십삼의十三宜'와 '칠금기七禁忌'를 거론한다.54) 서위는 보다 실질적으로 다를 마시는 공간에 대해 말한다. 그가 언급한 것을 보면 도시적 삶보다는 친자연적이면서 은일적 삶의 유풍과 관련된 것이 대부분이다.55) 이것도 당연히 '청' 자와 관련이 있다고 할 수 있다. 명대 도륭屠隆은 좋은 다를 마시는데 그 분위기에 어울리는 사람이 아니거나 그 풍취를 제대로 알지 못하는 사람과 마시는 것은 문제가 있음을 말한다.56) 진계유陳繼儒는 어떻게 마시는 것이 가장 좋은 것인지를 말한다. 여럿이 마시는 것보다 '혼자서 마시는 것이 신을 얻는 최고(得神)'란57) 말을 한다. 이런 사유를 보인 진계유나 도륭은 모두 은일적 삶을 추구했던 인물임을 동시에 기억할 필요가 있다.

이같이 다도에서 '청' 자를 강조하는 것은 바로 속된 것과의 차별화를 꾀하기 위한 것이기도 하다.58) 아울러 이런 청 자는 '한閒' 자와 밀접한 관련을

---

53) 朱權, 『茶譜』, 「品茶」, "大抵味淸甘而香, 久而回味, 爽神者爲上."
54) '十三宜'는 '無事, 佳客, 幽坐, 吟詩, 揮翰, 徜徉, 睡醒, 宿酲, 淸供, 精舍, 會心, 賞鑒, 文僮'이고, '七忌'는 '不如法, 惡具, 主客不韻, 冠裳苛禮, 葷肴雜陳, 忙冗, 壁間案頭多惡趣'이다.
55) 徐渭, 『煎茶七類』, "茶宜精舍, 雲林竹灶, 幽人雅士, 寒宵兀坐, 松月下, 花鳥間, 淸白石, 綠鮮蒼苔, 素手汲泉, 紅妝掃雪, 船頭吹火, 竹裏飄煙."
56) 屠隆, 『考槃餘事』, "使佳茗而飮非其人, 猶汲泉以灌蒿萊, 罪莫大焉. 有其人而未識其趣, 一吸而盡, 不暇辨味, 俗莫大焉."
57) 陳繼儒, 『岩棲幽事』, "一人得神, 二人得趣, 三人得味, 七八人是名施茶."
58) 梁章矩, 「歸田瑣記」, "香而不淸, 猶凡俗也." 참조. 林語堂은 『生活的藝術』(The Importanc

갖기도 한다.[59] 사실 이처럼 문인들이 추구한 품격 높은 다풍은 모두 '차 한 잔 할 시간이 없다'는 것이 상징하는 '일상의 바쁜 삶에서 시간에 지배를 당하지 않는 한가로움과 여유롭게 향기 있는 시간을 보내는 것을 의미하는 것이기도 하다. 즉 무사無事에 바탕한 '한閒'이야 말로 다의 '지극한 맛(至味)'을 알 수 있게 해 준다는 것이다.

이 같은 다품茶品의 청고淸高한 영성은 수신하고 양성하는 것, 정조情操를 도야하는 것은 물론 더 나아가 선령仙靈과 통하고 참선參禪하여 오도悟道하는 데 도움을 주고, 아울러 다는 사람들로 하여금 세속의 기반을 벗어나게 하는 공효성이 있다. 특히 다를 마시는데 장소, 인물, 공간적 상황에서 '상청尙淸'과 관련된 조건을 내세우는 것은 다를 단순히 음용 식품으로만 여긴 것이 아니라 문인들이 추구하는 우아한 삶과 탈속적 맑은 삶(淸)을 대변하는 문화 식품으로서 이해했다는 것이다. 요컨대 중국예술사를 보면 '상청'의 생활방식은 한가로이 독서를 하거나, 바둑을 두거나, 서화 창작을 통해 즐거움을 누리거나, 산수에 자신의 정을 기탁하거나 하는 각종 문인 정취 활동 가운데 충분히 체현되는데, 특히 '상청'과 관련된 품명品茗 활동은 대표성을 띠게 된다.

4. 나오는 말

이상 마가선이 말한 「이십사다품」에서 우선시한 인품론에 담긴 의미와 다茶

---

e of Living)에서 "茶如隱逸, 酒如豪士. 酒以結友, 茶當靜品"이라는 말을 한 적이 있다. 다를 '은일' 및 '고요함'과 연계해 이해한 것은 淸虛之物로서 다의 문화적 속성을 잘 말한 것에 속한다.

59) 了庵淸欲 禪師, 「癡絶翁所廣白雲端祖山居謁忠藏主求和」, "閑居無事可評論, 一炷淸香自得聞, 睡起有茶飢有飯, 行看流水坐看雲."

의 성질을 가장 명확하게 규명한 '창' 자에 담긴 의미를 문인들의 문화적 취향과 심미의식 및 비덕의 사유를 통해 규명하였다.

다를 문화적 철학적 측면에서 말할 때, 유가 차원의 아雅와 화和, 도가 차원의 청淸과 담淡, 불가 차원의 진眞과 적寂과 정定 등 매우 다양한 측면에서 접근하곤 한다. 이런 점을 참조할 때 마가선의 「이십사다품」은 다의 덕성을 선禪의 법성法性으로 이해하거나 다의 지미至味를 선의 진미眞味로 연계해 '다선일미茶禪一味'와 '이다참선以茶參禪'을 강조하는 사유와 일정 정도 거리가 있다. 인품의 핵심에 해당하는 화和와 아雅는 유가의 중화미학의 핵심이 되는 개념이고, 기타 나머지 용어들도 불가보다는 유가와 도가에 근접한 개념들이기 때문이다. 따라서 「이십사다품」은 전통 문인들의 다문화에 담긴 사유와 미의식을 분석하는데 일정 정도 도움을 주지만, 선과의 연계성 부분에서는 일정 정도 제한적이다. 이런 점을 참조하면 중국 문인문화에서 다를 선으로만 연계하여 이해하는 것은 일정 정도 문제점이 있다고 할 수 있다.

동양에서의 예술표현은 모두 심을 표현한 것이고 본다. 예를 들면 회화를 사의화寫意畵(혹은 寫心畵)라 하고, 서예를 '심화心畵'라 하고, 문인정원을 '심원心園'이라 하는 것이 그것이다. 다도 마찬가지여서 다를 '심다心茶'라고 여긴다. '심다'라고 하면 단순 음용물로서의 다가 아닌 문화적이면서 철학적인 다가 된다. 이런 점에서 다는 인품을 갖춘 문인들이 추구한 청한한 삶과 풍격 높은 미의식과 연계되어 이해되었다. 이처럼 인품론과 비덕의 사유를 통해 다도를 규명하는 것은 사실 서화론에서 강조하는 것과 별로 다른 것이 없다.

아울러 문인들이 서화를 통해 추구하고자 한 미의식 및 창작정신은 다가 추구하고자 한 지미의 경지 및 전다煎茶 행위와 매우 유사함을 발견할 수 있다. 서화에서 말하는 붓을 들고 실질적인 작업에 들어가기 전에 이미 마음속 뜻으로 하나의 완성된 작품이 먼저 담겨 있다는 '의재필선意在筆先'(혹은 胸有成竹)은 전다하기 전에 이미 모든 과정을 자기 마음속에 다 품고 있다는 '의재전다선意在煎茶先'으로 이해할 수 있다는 것이다. 풍가빈이 『개다전』에서 말한 '십삼의十三宜'와 '칠기七忌'도 손과정孫過庭이 말한 '오합오괴五合五乖'의 이론과 유사한 점이 많다.[60]

이런 점에서 『대관다론』을 지은 휘종, 「엽가전葉嘉傳」을 지은 소식, 「전다부煎茶賦」를 지은 황정견黃庭堅, 『다록茶錄』을 지은 채양蔡襄 등은 모두 유명한 서예가이면서 아울러 다도에 매우 깊은 이해가 있었던 인물임을 기억할 필요가 있다.[61] 「다사십영茶事十詠」[62]을 짓고 「품다도品茶圖」[63]를 그린 문징명文徵明과 「사명도事茗圖」[64]를 그린 당인唐寅 등 '이다입화以茶入畵'의 세계를 펼친 두 사람도 뛰어난 문장가이자 화가이면서 서예가였다. 이에 음다는 서화를 창작할 때 대부분 함께 행해지는 경우가 많았다.[65]

이렇게 본다면 서화書畵와 다문화에는 모두 문인들이 '청' 자로 대변되는 인품론에 바탕한 고상하고 품격 높은 우아한 삶, 청빈하고 담박한 삶 및 문화를 담고 있고, 이런 점에서 다는 일종의 전통 문인들의 문화식품으로 자리매김이 되었다고 할 수 있다.

---

60) 孫過庭, 『書譜』, "神怡務閑, 一合也. 感惠徇知, 二合也. 時和氣潤, 三合也. 紙墨相發, 四合也. 偶然欲書, 五合也. 一心遽體留, 一乖也. 意違勢屈, 二乖也. 風燥日炎, 三乖也. 紙墨不稱, 四乖也. 情怠手闌, 五乖也." 특히 서예의 '偶然欲書'를 다의 '偶然煎茶'로 이해할 때 다의 맛에 대한 한 차원 높은 이해가 가능할 것이라고 본다.

61) 물론 그들에게 시와 문장은 기본이었다. 李海杰, 「中國禪茶文化的淵源與流變」(陝西師範大學 碩士論文, 2007), p.10 참조.

62) 文徵明은 「茶事十詠」 중 '茶人'에서 "自家靑山裏, 不出靑山中. 生涯草木靈, 歲事煙雨功. 荷鋤入蒼靄, 倚樹占春風. 相逢相調笑, 歸路還相同"이라고 하여 청산에 살고 있는 다인의 은일적 삶을 읊고 있다.

63) 文徵明의 題詩: "碧山深處絶纖埃, 面面軒窓對水開. 穀雨乍過茶事好, 鼎湯初沸有朋來." 詩 뒤의 跋文: "嘉靖辛卯, 山中茶事方盛, 陸子傳過訪, 遂汲泉煮而品之, 眞一段佳話也." 陸子傳은 陸師道로서 文徵明의 學生이다.

64) 唐寅이 自題한 시가 있다. "日長何所事, 茗碗自賫持. 料得南窓下, 淸風滿鬢絲."

65) 陸遊는 「臨安春雨初霽」에서 "종이 반듯하게 펴고 한가로이 초서를 빗겨 쓰고, 맑은 창에서 다를 천천히 뿌려 넣네"(矯紙斜行閑作草, 晴窓細乳戲分茶)라는 말을 한 적이 있다.

文徵明, 「品茶圖」 원본 및 부분.

唐寅, 「事茗圖」 원본 및 부분.

13장
여성과 신화: 절대미인 '서왕모西王母'

1. 들어가는 말

　동아시아 신화를 여성에 초점을 맞추면 복희伏羲(包犧)와 짝을 이루는 여와女
媧를 비롯하여 많은 여신女神이 등장하는데, 이런 여신은 이후 여선女仙으로 변화
과정을 겪는 특징이 있다. 그 대표적인 대상이 바로 서왕모西王母[1]다. 도교 차원
에서는 서왕모, 남악위부인南岳魏夫人, 마고麻姑, 하선고何仙姑를 '사대여신'이라고
병칭하고, 그 가운데 서왕모의 지위를 가장 높이 평가한다. 서왕모는 반인반수
半人半獸로 여신 혹은 도道를 체득한 인물 등으로 규정되다가 점차적으로 남성의
사랑을 받는 여선으로 변화하는 과정을 거친다.[2] 서왕모 존숭 현상은 고금에
걸쳐 중국은 물론 한국[3]에서도 많은 관심의 대상이 되었던 이른바 '문화적
흐름'[4]의 한 현상을 엿볼 수 있는 대상에 해당한다. 서왕모에 관한 이 같은
문화적 흐름을 이해하는 것은 동아시아 여성과 관련된 신화는 물론 여성관의
변모를 엿볼 수 있는 중요한 의미가 있다.
　가부장제 사회의 정착과 더불어 여신과 남신의 관계도 점차 차이에서 차별

---

1) 西王母는 몇 가지 名號가 있다. 九靈太妙龜山金母, 太靈九光龜台金母, 金母元君 등이 그
　것이다. 金母는 오행에서 서쪽을 상징하는 '금'과 관련이 있다.
2) 西王母에 관한 전반적인 것은 鄭志明 主編,『西王母信仰』(南華管理學院出版, 1997) 참조.
3) 한국에서의 西王母 수용과 그 요인에 대해서는 정재서,「한국의 西王母 수용과 그 要
　因」,『한국언어문화』 73권(한국언어문화학회, 2020) 참조.
4) 정재서,『산해경과 한국문화』(민음사, 2019), p.268 참조.

의 관계로 만들어진다. 이에 여성은 의미를 부여하는 주체보다는 의미를 부여받는 대상으로 변화함에 따라 여신의 탈신성화가 일어나게 된다.[5] 본고는 여신의 탈신성화 경향에 나타난 여신의 남신의 보조자 혹은 배우자로 탈바꿈하는[6] 이런 변천 과정에 음양론 사유가 작동하고 있음을 서왕모 인식 변화에 초점을 맞추어 동아시아 신화와 여성에 대한 일면을 고찰하기로 한다. 음양론은 중국의 철학은 물론 문화와 역사 및 예술을 이해하는 관건인데, 이런 점은 신화와 여성이란 주제에도 그대로 적용되기 때문이다. 아울러 서왕모가 반인반수의 여신으로 규정되다가[7] 이후 주목왕周穆王부터 시작하여 한무제漢武帝 때에 여선으로 변모하는 과정에서 주목할 것은 이른바 절대미인이면서 예술적 재능을 가진 인물로 묘사된다는 점이다.

본고에서는 이 같은 절대미인이면서 예술적 재능을 가진 서왕모에 대한 인식에는 음양론 차원에서 이해된 여인상 및 가부장제 사회에서 남성이 바라는 여인상에 대한 바람이 담겨 있다는 점을 밝히고자 한다.[8]

---

5) 송정화, 『중국여신연구』(민음사, 2007), pp.17~19 참조.
6) 李冗, 『獨異志』, 卷下, "昔宇宙初開之時, 只有女媧兄妹二人在昆侖山, 而天下未有人民, 議以 爲夫妻, 又自羞恥. 兄卽與其妹上昆侖山, 兄曰, 若遣我兄妹二人爲夫妻narrow煙悉合. 若不, 使煙 散. 於是煙卽合, 其妹卽來就兄, 乃結草爲扇, 以障其面. 今時人取婦執扇, 象其事也." 참조.
7) 西王母가 한대에 신격화되는 것에 대해서는 유강하, 「西王母의 神格에 대하여—漢代 文獻과 文物을 통한 西王母의 神格 탐색」, 『중국어문학지』 25권(중국어문학회, 2007) 참조.
8) 西王母에 관한 논의는 많지만 본고와 연계하여 본다면 정재서, 『산해경과 한국문화』; 송정화, 『중국여신연구』; 유강하, 「西王母의 神格에 대하여—漢代 文獻과 文物을 통한 西王母의 神格 탐색」 등을 참조할 수 있다. 정재서는 『산해경』이 한국문화에 어떤 영 향을 주었는지를 통사적으로 밝히고 있다. 송정화는 중국 여신에 대한 다양한 면모를 잘 정리하고 있다. 유강하는 한대에 신격화된 西王母의 전모를 밝히고 있다. 이상의 논의들은 西王母의 역사적 변천과 전모를 이해하는 데 도움을 준다. 하지만 본고처럼 음양론과 미학의 관점에서 접근하여 西王母의 인식 변화를 밝힌 것은 아니라는 점에 서 본고의 의의가 있다고 본다.

2. 유가와 도가의 음양론 개괄

먼저 서왕모에 대한 음양론적 이해를 돕기 위해 유가와 도가의 음양론을 개괄적으로 보기로 한다. 왜냐하면 서왕모에 대한 다양한 규정은 음양론과 매우 밀접한 관련을 맺고 있기 때문이다. 유가와 도가는 모두 음과 양을 통해 우주론 및 인간의 다양한 삶에 적용된다. 하지만 음과 양에 대한 인식에서는 차이점을 보인다.

노자는 '부음포양負陰抱陽'이라는 차원에서 출발하되 음과 양이 조화롭게 묘융妙融하는 관점을 제시한다. 만물은 음과 양 두 기운에 의해 형성된다고 하지만 음과 양에 대해 가치론적 차별을 부여하지 않는다.[9] 이 같은 노자의 음양론은 장자에게 그대로 적용된다. 장자는 음양론을 보다 다양하게 펼치고 있는데, 우선 음양이 각각 순서를 지켜가면서 변화하는 것은 자연 변화의 본질이라고 한다.[10] 『장자』 「칙양」에서는 음양을 천지와 대비하여 천지는 형의 큰 것이고, 음양은 기의 큰 것이란 것을 말한다.[11] 『장자』 「천운」에서는 황제가 음과 양의 조화를 통해 소리가 길고 짧고, 부드럽고 굳셀 수 있어 변화가 가지런하면서 어느 하나의 고정된 형식으로 연주되지 않는 함지악咸池樂을 음양론을 적용하여 규명하고 있다.[12] 『장자』 「선성」에서는 무위자연의 세계가 실현된 지일至一의 세계를 말하는데, 그 구체적인 것으로 옛사람이 혼망混芒한 가운데 담막澹漠함을 얻은 때에는 음양이 조화를 이루어 귀신이 소란을 피우지 않고, 사철은 순조롭

---

9) 『老子』42章, "道生一, 一生二, 二生三, 三生萬物. 萬物負陰而抱陽."
10) 『莊子』, 「知北遊」, "天下莫不沈浮, 終身不顧. 陰陽四時運行, 各得其序. 惛然若亡而存, 油然不形而神, 萬物畜而不知. 此之謂本根, 可以觀於天矣."
11) 『莊子』, 「則陽」, "是故天地者, 形之大者也. 陰陽者, 氣之大者也."
12) 『莊子』, 「天運」, "吾又奏之以陰陽之和, 燭之以日月之明. 其聲能短能長, 能柔能剛, 變化齊一, 不主故常."

게 진행되고, 만물은 해를 입지 않고, 온갖 생물은 천수를 다하고, 사람을 앎이 있어도 쓸데가 없었음을 말한다.[13] 이 같은 사유 등에서 강조하는 것은 자연 변화의 본질에 해당하는 음과 양의 조화로움이다.

『장자』 「칙양」에서는 소지少知가 사방의 내와 육합의 속에서 만물이 생한 것은 무엇 때문에 일어났는가 하는 질문에 대해 대공조大公調는 음양이 서로 비추면서 서로 돕고 서로 다스리는 과정에서 사계절이 서로 교대하면서 서로 낳고 죽인다는 것으로 말한다.[14] 이에 음양의 불화는 자연재해를 낳고 환난을 야기한다고 한다.[15] 『장자』 「외물」에서는 음양이 섞이면(錯行) 천지가 크게 놀라서 천둥, 번개, 벼락 같은 것을 일으켜 큰 홰나무가 불타는 일이 벌어진다고 말한다.[16] 아울러 『장자』 「경상초」에서는 남을 해치는 것에는 음양보다 큰 것은 없기에 천지 사이에서 도망갈 것이 없지만 그렇다고 음양이 해치는 것이 아니라 사람 마음이 해친다는 것을 말한다.[17] 음양의 기운이 문제가 되면 신체에 병이 생기고[18] 아울러 인간 신체의 균형을 무너트린다고 하여 인간의 건강, 장수 및 사생과 관련된 음양론을 전개하기도 한다.[19] 이처럼 노장에서는 음양을 통해 우주자연의 변화와 원리 및 생사, 자연 변화, 인간의 질병 등을 설명하

---

13) 『莊子』, 「繕性」, "古之人, 在混芒之中, 與一世而得澹漠焉. 當是時也, 陰陽和靜, 鬼神不擾, 四時得節萬物不傷, 群生不夭, 人雖有知, 无所用之, 此之謂至一. 當是時也, 莫之爲而常自然."

14) 『莊子』, 「則陽」, "少知曰, 四方之內, 六合之裏, 萬物之所生惡起. 大公調曰, 陰陽相照, 相蓋相治. 四時相代, 相生相殺."

15) 『莊子』, 「列禦寇」, "爲外刑者, 金與木也. 爲內刑者, 動與過也. 宵人之離外刑者, 金木訊之. 離內刑者, 陰陽食之. 夫免乎外內之刑者, 唯眞人能之."

16) 『莊子』, 「外物」, "陰陽錯行, 則天地大絯, 於是乎有雷有霆, 水中有火, 乃焚大槐."

17) 『莊子』, 「庚桑楚」, "寇莫大於陰陽, 无所逃於天地之間. 非陰陽賊之, 心則使之也."

18) 『莊子』, 「在宥」, "人大喜邪. 毗於陽. 大怒邪. 毗於陰. 陰陽竝毗, 四時不至, 寒暑之和不成, 其反傷人之形乎."

19) 『莊子』, 「大宗師」, "子祀往問之. 曰, 偉哉夫造物者, 將以予爲此拘拘也. 曲僂發背, 上有五管, 頤隱於齊, 肩高於頂, 句贅指天. 陰陽之氣有沴, 其心閒而無事." 및 『莊子』, 「在宥」, "我爲汝遂於大明之上矣, 至彼至陽之原也. 爲汝入於窈冥之門矣, 至彼至陰之原也. 天地有官, 陰陽有藏, 愼守汝身, 物將自壯. 我守其一以處其和, 故我修身千二百歲矣, 吾形未常衰." 참조.

지만 기본적으로 음과 양을 차별화하지 않는다.

유가도 기본적으로 음양을 통해 우주자연의 변화와 원리 및 생사, 자연 변화, 인간의 다양한 모습 등을 규명하지만, 음과 양을 가치적으로 평가할 때는 노장과 다른 점이 있다. 유가는 천은 음양을 통해 만물을 화생化生하였다는 관점을 견지하는데,[20] 이것은 유가 우주론의 기본에 해당한다. 『중용』에서는 귀鬼와 신神을 각각 음과 양으로 연계하여 이해한다.[21] '음양무시陰陽無始'라는 점에서 선후를 나눌 수 없다[22]라 한 것은 장자와 동일하다. 다만 음과 양에 대한 가치론 측면에서는 차별상을 보인다. 유가가 제시한 음양론에는 기본적으로 『주역』「계사상전」에서 말하는 "하늘은 존귀하고 땅은 비천하다. 양으로서의 하늘(乾)과 음으로서의 땅(坤)의 지위가 정해졌다"[23]라는 차별적 사유가 작동하기 때문이다. 이런 사유는 구체적으로 음양의 관계에 적용한다. 즉 양과 음을 각각 '선과 악[24]'으로 대입하는 것을 비롯하여, '선과 후', '시施와 수受' 등으로 구분 혹은 선후성을 말하는 것[25]으로 나타난다.

유가에서는 음과 양을 방위와 연계하여 이해할 때는 양은 동, 음은 서에 적용한다. 이런 점은 제사를 지내는데 예를 표하는 제물과 악기 등과 같이

---

20) 『中庸』1章, "天命之謂性"에 대한 朱熹의 注, "天以陰陽五行化生萬物, 氣以成形, 而理亦賦焉, 猶命令也. 於是人物之生, 因各得其所賦之理, 以爲健順五常之德, 所謂性也."

21) 『中庸』16章, "子曰, 鬼神之爲德, 其盛矣乎. 視之而弗見, 聽之而弗聞, 體物而不可遺"에 대한 朱熹의 注, "愚謂以二氣言, 則鬼者陰之靈也, 神者陽之靈也. 以一氣言, 則至而伸者爲神, 反而歸者爲鬼, 其實一物而已. ……鬼神無形與聲, 然物之終始, 莫非陰陽合散之所爲, 是其爲物之體, 而物所不能遺也." 참조.

22) 黎靖德 編, 『朱子語類』, 권1, 「理氣上」, "問, 太極解何以先動而後靜, 先用而後體, 先感而後寂. 曰, 在陰陽言, 則用在陽而體在陰, 然動靜無端, 陰陽無始, 不可分先後."

23) 『周易』, 「繫辭上傳」, 1章, "天尊地卑, 乾坤定矣."

24) 周敦頤, 『太極圖說』에 대한 朱熹의 注, "然形生於陰, 神發於陽, 五常之性, 感物而動, 而陽善陰惡, 又以類分, 而五性之殊, 散爲萬事. 蓋二氣五行, 化生萬物, 其在人者又如此." 朱熹・呂祖謙 編, 『近思錄』, 권1, 「道體」, '太極圖說' 참조.

25) 『周易』, 「繫辭上傳」, 1章, "乾知大始, 坤作成物"에 대한 朱熹의 注, "陽先陰後, 陽施陰受, 陽之輕淸者未形而, 陰之重濁者有跡也."

하나의 기물이라도 다 음양의 이치가 있다고 본다. 이에 양을 상징하는 동과 음을 상징하는 서에 각각 자리매김할 것을 요구한다.

천도는 지극한 가르침이고 성인은 더할 수 없는 덕이다. 묘당의 위에 뇌준犧
尊은 동에 있고, 희준犧尊은 서에 있다. 묘당의 아래에 현고縣鼓는 서에 있고
응고應鼓는 동에 있다. 임금은 동에 있고 부인은 방에 있다. 대명大明(日)은 동
에서 나오고 달은 서에서 나온다. 이것은 음양의 분수고 부부의 위치이다.26)

음과 양을 남성성과 여성성 및 방위와 생사 관념에 적용하면, 양은 남성성,
동쪽, 생生으로 규정한다. 음은 여성성, 서쪽, 사死로 규정한다. 예禮와 악樂을
음양론에 적용할 때는 악은 양, 예는 음이라고 본다.27) 아울러 악과 예를 각각
'양과 천' 및 '음과 지'와 연계하여 규정한다.28) 이 같은 음양이 조화로우면
만물이 각각의 생을 온전히 잘 영위할 수 있다고 여긴다.29) 이 밖에 주희는
마음의 드러남도 '양선음악陽善陰惡'이란 측면에서 파악한다.30) 『논어』에서는

---

26) 『禮記』, 「禮器」, "天道至教, 聖人至德. 廟堂之上, 罍尊在阼, 犧尊在西. 廟堂之下, 縣鼓在西,
應鼓在東. 君在阼, 夫人在房, 大明生於東, 月生於西, 此陰陽之分, 夫婦之位也." 음과 양을
적용한 보다 구체적인 것은 鄭玄 注, 孔穎達 疏, 『禮記正義』, "此一節明天道明教以示人,
聖人則放之以爲德, 故君立於阼以象日, 夫人在西房以象月. 天道至教者, 謂天垂日月以示人,
以至極而爲之教. 聖人至德者, 聖人法天之至極而爲德. 廟堂之上, 罍尊在阼, 犧尊在西者, 罍
尊在阼, 謂夫人所酌也. 犧尊在西, 謂君所酌也. 廟堂之下, 縣鼓在西, 應鼓在東者, 縣鼓謂大鼓
也, 在西方而縣之. 應鼓謂小鼓也, 在東方而縣之." 참조.
27) 『禮記』, 「樂記」, "天高地下, 萬物散殊, 而禮制行矣. 流而不息, 合同而化, 而樂興焉. 春作夏
長, 仁也. 秋斂冬藏, 義也. 仁近於樂, 義近於禮. 樂者敦和, 率神而從天. 禮者別宜, 居鬼而從
地. 故聖人作樂以應天, 制禮以配地. 禮樂明備, 天地官矣."
28) 『禮記』, 「郊特牲」, "樂由陽來者也, 禮由陰作者也, 陰陽和而萬物得." 이 사유에 관한 보다
구체적인 것은 鄭玄 注, 孔穎達 疏, 『禮記正義』, "樂由陽來者也者, 此明樂也. 陽, 天也.
天氣化, 故作樂象之, 樂以氣爲化, 是樂由陽來者也. 陽化, 謂五聲八音也. 禮由陰作者也者, 陰,
地也. 地以形生, 故制禮象之, 禮以形爲教, 是禮由陰作也." 참조.
29) 『禮記』, 「樂記」, "是故大人擧禮樂, 則天地將爲昭焉. 天地訢合, 陰陽相得, 煦嫗覆育萬物, 然
後草木茂, 區萌達, 羽翼奮, 角觡生, 蟄蟲昭蘇, 羽者嫗伏, 毛者孕鬻, 胎生者不殰, 而卵生者不
殈, 則樂之道歸焉耳." 참조.

이상적인 인간으로서 성인을 규명할 때는 음양합덕을 강조하는데, 공자의 이상적인 '중화 인간상'에 대한 언급[31]이 그것이다. 그러나 이런 점과 달리 군자와 소인의 차별상을 음과 양에 적용하는 사유를 보인다.[32] 유가에서는 매우 많은 정황에다 음양론을 적용하고 있고, 때론 차별화하는 것을 알 수 있다.

이상 본 음양론 사유는 신화에서 그대로 적용된다. 예를 들면 본고에서 논하고자 하는 동왕부東王父(東王公, 東王木公)와 서왕모가 각각 양과 음을 상징한다는 것이 그것이다. 이 같은 유가와 도가의 음양론 가운데 서왕모에 대한 이해에는 주로 음양의 차별상을 강조하는 유가의 음양론이 작동하고 있다. 이제 이런 유가의 음양론을 서왕모의 전모를 이해하는 데에 적용해 규명해 보자.

3. 음양론 관점에서 이해된 서왕모

여신과 여선은 인성의 측면에서 볼 때 모두 음적 속성에 속한다.[33] 이런 점을 『산해경』에 나타난 서왕모의 거처 그리고 용모와 관련하여 이해해 보자. 특히 음이 서쪽 이미지와 관련이 있다는 점에 주목하자.

서해의 남쪽에 유사流沙의 물가, 적수赤水의 뒤, 흑수黑水의 앞에 큰 산이 있는데 곤륜崑崙의 언덕이라 부른다. 신이―얼굴은 사람이고 몸은 호랑이로서, 무늬 있는

---

30) 黎靖德 編, 『朱子語類』, 권16, 「大學3 · 傳6章 · 釋誠意」(328), "所謂誠其意者, 毋自欺也"에 대한 朱熹의 注, "心之所發, 陽善陰惡, 則其好善惡惡, 皆爲自欺, 而意不誠矣."
31) 『論語』, 「述而」, "子溫而厲, 威而不猛, 恭而安"에 대한 朱熹의 注, "人之德性本無不備, 而氣質所賦, 鮮有不偏, 惟聖人全體渾然, 陰陽合德, 故其中和之氣見於容貌之間者如此." 참조.
32) 『論語』, 「爲政」, "子曰, 君子周而不比, 小人比而不周"에 대한 朱熹의 注, "君子小人所爲不同, 如陰陽晝夜, 每每相反. 然究其所以分, 則在公私之際, 毫釐之差耳."
33) 잔스추앙 지음, 안동준 · 김영수 옮김, 『도교와 여성』(여강, 1993), p.68.

꼬리가 있는데[34] 모두 흰색이다— 살고 있다. 그 아래 약수弱水의 연못이 둘러싸고 있으며 그 바깥쪽에는 염화炎火의 산이 있는데 물건을 던지면 즉시 태워버린 다. (그곳에) 어떤 사람이 있는데 '머리꾸미개'(勝)를 쓰고 호랑이 이빨에 표범 꼬리를 하고서 동굴 속에 산다. 그를 서왕모라고 부른다. 이 산에는 오만가지 가 다 있다.[35]

기본적으로 반인반수半人半獸의 서왕모가 거처하는 방위와 다양한 형상 및 정황 묘사는 음적 이미지와 관련이 있다. 음양론 차원에서 볼 때, 앞서 본 바와 같이 동쪽이 생의 상징이라면 서쪽은 사를 상징한다. 밝은 것이 양의 이미지라면, 어두운 동굴은 음적 이미지다. 인간의 삶을 도성都城이 상징하는 문명 공간이 양의 이미지라면, 산수가 상징하는 자연공간은 음의 이미지다. 『주역』에서는 양과 음을 자연 변화와 관련하여 양과 봄의 상징으로서 '운종룡雲 從龍'의 현상을, 음과 가을의 상징으로서 '풍종호風從虎'의 현상을 말하는 것[36]을 적용하면, 서왕모의 호랑이 이빨에 표범 꼬리는 음과 서쪽을 상징한다.

'적수의 뒤, '흑수의 앞'이란 것을 오행에 적용하면, 적수는 남, 흑수는 북이 란 점에서 서왕모가 거처하는 곤륜구는 서쪽에 해당한다. 아울러 오행으로서 서쪽의 색은 백색이 된다. 염화산의 강력한 화기를 통한 죽음도 음적 이미지다. 이 같은 호랑이와 표범 등을 오행에 적용하면 금이 되고, 이에 서왕모를 다른 이름으로 일컬을 때는 '금金' 자를 붙여 일컫게 된다. 이 밖에 곤륜산에 '오만가 지가 다 있다'는 것은 이후 불사의 여신 상징인 서왕모가 여신으로서 모든 만물을 낳는 기능적 측면과 현상을 기술한 것이 아닌가 한다. 결과적으로 천제

---

34) 郭璞, 『山海經注』, "言其尾以白爲點駁."
35) 『山海經』, 「大荒西經」, "西海之南, 流沙之濱, 赤水之後, 黑水之前, 有大山, 名曰崑崙之丘. 有神一人面虎身, 有文有尾, 皆白一處之. 其下有弱水之淵環之, 其外有炎火之山, 投物輒然. 有人, 戴勝, 虎齒, 有豹尾, 穴處, 名曰西王母. 此山萬物盡有."
36) 『周易』, 乾卦 九五爻 爻辭의 「文言傳」, "雲從龍, 風從虎."

의 여자로서 서왕모는 태음太陰의 정령精靈[37)]에 해당한다. 도교 상청파上淸派에서는 서왕모를 '만기萬氣의 어머니'[38)]라고도 한다. 이 같은 음양론 시각에서 규정하는 서왕모에 대한 것은 두광정杜光庭의 『용성집선록墉城集仙錄』「서敍」에 잘 나타난다. 두광정은 서왕모에 대해 동쪽을 상징하는 동왕공과 대비하여 기술하고 있다.

> 서왕모는 구영태묘귀산九靈太妙龜山의 금모金母로서 호는 태영구광귀대금모太靈九光龜臺金母이고 또 금모원군金母元君이라고 하니, 이에 서화西華의 지묘至妙한 통음洞陰의 지극히 존귀한 신이다. 옛날에 도기道氣가 응결하고 고요할 때 담박하게 무위를 체득하고 현공玄功을 열고 나아가 만물을 화생하고자 하였다. 먼저 (도기 가운데) 동화東華의 지극히 참된 기운이 변화함으로써 목공을 낳았다. 목공은 벽해碧海 가의 창령蒼靈한 언덕에서 태어났는데 양화陽和의 기운을 주관함으로써 동방을 다스리니 왕공이라고 호를 하였다. 또 서화西華의 지극히 묘한 기운이 화함으로써 금모를 낳았다. 금모는 신주神洲의 이천伊川에서 낳았으니, 그 성은 구씨緱氏다. 낳자마자 비상하였는데, 음령陰靈의 기를 주로 함으로써 서방을 다스렸다. 또한 왕모라고도 호를 하니, 모두 태무太無를 빼어내 바탕으로 하고 신의 현오玄奧함을 길렀다. (서왕모는) 서방의 아득한 가운데에서 대도大道의 순수한 정기를 나누고 기를 맺어 형체를 이루었다. 동왕목공과 음양 두 기운을 함께 다스리면서 천지를 양육하고 만물을 빚어 고르게 하였다. 유순한 근본을 체득하여 극음極陰의 으뜸이 되니 서방에 위치를 짝하면서 만물을 양육하였다. 천상천하와 삼계시방에 여자가 신선에 오르고 도를 얻은 것은 모두 서왕모에 예속되었다.[39)]

---

37) 郭象 注, 成玄英 疏, 『南華眞經注疏』, 卷七, "王母, 太陰之精也, 豹尾, 虎齒, 善笑."; 張君房 編, 『雲笈七籤』, 卷100, "崑崙山北玉山之神人也. 西王母太陰之精, 天帝之女也."; 『軒轅黃帝傳』, "神人西王母者, 太陰之精, 天帝之女也." 등 참조.

38) 『上淸靈寶大法』, 卷26, 「行道章」, "自一氣而生三氣, 三氣生九氣, 九氣生萬氣. 三氣之主, 一氣之尊, 元始上帝也. 九氣之祖, 靑童道君(東霞木公上相靑童道君)也. 萬氣之母, 西方王母也." 참조.

서왕모를 '금모'라고 하는 것은 바로 오행에서 서쪽을 금으로 규정한 것과 관련이 있다. 도기道氣가 분화되어 형성된 동왕목공과 서왕모라는 두 가지 신이 행하는 공능성과 관련된 천지 양육과 만물 도균陶鈞의 의미를 여러 가지 차원에서 기술하는 점을 음양론과 연계하여 보자. 동화東華, 양화陽和 등으로 일컬어지는 동목공을 동왕부라고 하는데, 동목공에서의 '목'은 오행에서 동쪽을 상징한다. 당연히 부가 양의 속성이라면 모는 음의 속성에 해당한다. 서화西華, 통음洞陰, 태무太無는 서쪽을 상징하는 금모의 속성 및 본질에 해당한다. 두광정은 이런 점을 구체적으로 '일음일양─陰─陽'하는 자연의 변화 및 원리에 적용하여 목공과 금모에 대한 지위를 밝히고 있다.

> 또 일음일양하는 도의 묘용에 의해 만물을 재성裁成하고 군형群形을 잉육孕育하니, 낳고 낳음이 멈춤이 없이 새롭고 새로운 것이 서로 이어진다. 이 때문에 하늘은 덮고 땅은 실어, 청한 기운과 탁한 기운이 그 공을 같이한다. 해가 비추고 달이 임하여 주야에 그 작용을 가지런히 한다. 이 두 가지 상을 빌려 나의 삼재를 이룬다. 그러므로 목공(동쪽의 동왕공)은 진방震方에서 주인이 되고, 금모는 태택兌澤에서 존경을 받아 남진男眞과 여선女仙의 지위가 다스려지는 바가 밝게 드러난다.[40]

---

39) 杜光庭, 『墉城集仙錄』, 「西王母傳」, "西王母者, 九靈太妙龜山金母也, 一號太靈九光龜臺金母, 亦號曰金母元君, 乃西華之至妙, 洞陰之極尊. 在昔道氣凝寂, 湛體無爲, 將欲啟迪玄功, 生化萬物, 先以東華至眞之氣, 化而生木公焉. 木公生於碧海之上, 蒼靈之墟, 以主陽和之氣, 理於東方, 亦號曰王公焉. 又以西華至妙之氣, 化而生金母焉. 金母生於神洲伊川, 厥姓緱氏. 生而飛翔, 以主陰靈之氣, 理於西方, 亦號王母, 皆挺質太無, 毓神玄奧, 於西方眇莽之中, 分大道純精之氣, 結氣成形. 與東王木公共理二氣, 而育養天地, 陶鈞萬物矣. 體柔順之本, 爲極陰之元, 位配西方, 母養群品. 天上天下, 三界十方, 女子之登仙者得道者, 咸所隸焉."

40) 杜光庭, 『墉城集仙錄』, 「敍」, "又一陰一陽, 道之妙用, 裁成品物, 孕育群形, 生生不停, 新新相續. 是以天覆地載, 清濁同其功, 日照月臨, 晝夜齊其用. 假彼二象, 成我三才, 故木公主於震方, 金母尊於兌澤, 男眞女仙之位, 所治照然."

동쪽의 동왕공인 목공을 진방에 적용한 것은 문왕文王의 '후천팔괘'에서
볼 때 진방이 동쪽에 해당하기 때문이다. 서쪽의 서왕모인 금모를 '태택'에
적용한 것은 문왕의 '후천팔괘'에서 볼 때 서쪽에 해당하기 때문이다. 일음일양
하는 자연의 현상과 그 질적 차이를 각각 해와 달 및 '긍정적'인 청한 기운과
'부정적'인 탁한 기운에 적용하고 있는 점에 주목하자. 일음일양하는 과정에
담긴 생생生生하는 이치의 측면을 품물을 재성裁成하고, 군형群形을 잉육孕育한다
는 내용을 통해 규정하지만 청과 탁이란 관점이 적용되면 음과 양은 차별화될
수밖에 없기 때문이다. 특히 남성을 혈연의 중심으로 보는 종법제가 실시됨과
동시에 형성된 남성 위주의 가부장제 사회에서는 여신이나 여선의 경우도 '양선
음악과 '양주음종陽主陰從'이란 적용을 피할 수 없게 된다.

동아시아 신화에서 여신 혹은 여선에 대한 규정 중 주목할 것은 여신과
여선에 관한 '음유지미陰柔之美'를 통한 미에 대한 기술이다. '양강지미陽剛之美'는
주로 남신과 관련된 남성성, '음유지미'는 주로 여신과 관련된 여성성으로 규정
할 수 있는데, 서왕모의 경우는 특히 음유지미와 관련하여 장식미인이란 점을
강조한다는 데 그 특징이 있다. 이런 점을 절세미인이되 특히 장식미인의 특징
을 보이는 서왕모의 용모와 관련하여 살펴보고자 한다.

4. 절세미인 서왕모의 음유지미陰柔之美

앞서 기술한 서왕모의 이상과 같은 언급에서 주목할 것은 무시무시한 반인
반수의 서왕모가 '머리꾸미개'를 하고 있다는 이른바 '여성성과 관련된 것이다.
전통적으로 중국문화에서 미인을 말할 때 사용하는 용어들이 많다. 앞서 본
바와 같이 '우윳빛 피부의 엉긴 기름'(凝脂), '방정한 매미 이마와 초승달 모양처

럼 길게 굽은 누에 눈썹'(蠶首蛾眉), '붉은 입술과 흰 이'(丹脣皓齒) 등이 그것이다.
다시 한 번 『시경詩經』 「석인碩人」이란 시를 보자.

    삘기의 하얀 새싹같이 고운 손에, 기름 엉긴 것이 눈 같은 살결
    희고 긴 굼벵이 같은 목덜미에, 가지런한 박씨 같은 흰 이
    매미 같은 방정한 이마에 초생달 같은 나비 눈썹
    어여쁜 웃음에 오목 보조개, 아름다운 눈매에 검은 눈동자.[41]

유가에서는 진정한 미인의 조건으로 외적 형식미 차원에서 몸매가 갖추어
지고 얼굴이 예뻐야 하지만 보다 더 근본적인 것은 내적 내용 차원에서 마음이
고와야 한다는 것을 강조한다. 그 마음이 곱다는 것은 학식과 인품이 동시에
갖추어진 것을 의미한다. 이처럼 '회사후소繪事後素'[42]로 상징되는 '백색 미인'[43]
은 서왕모가 서쪽을 상징하는 차원의 백색과는 다른 차원에 속한다.
    다음 내면의 반영으로서 미적인 것을 규정하지만 외적인 옷차림새도 미적
차원에서 매우 중요한 의미를 지닌다. 유가는 계신공구戒愼恐懼를 요구하는 신독
愼獨과 관련해 '성중형외誠中形外'[44] 사유를 말하면서 항상 몸가짐을 단정히 하라
는 경외敬畏적 몸가짐과 마음상태를 견지한다. 동시에 극기복례克己復禮와 관련

---

41) 『詩經』, 「衛風·碩人」, "手如柔荑, 膚如凝脂. 領如蝤蠐, 齒如瓠犀, 蠶首蛾眉. 巧笑倩兮, 美
   目盼兮."
42) 『論語』, 「八佾」, "子夏問曰, 巧笑倩兮, 美目盼兮, 素以爲絢兮. 何謂也. 子曰, 繪事後素. 曰,
   禮後乎. 子曰, 起予者商也. 始可與言詩已矣." 참조.
43) 「碩人」에서 미의 특징으로 거론하는 것은 백색이란 점이다. 「碩人」의 미에 대한 朱熹
   의 注, "荑之始生曰荑. 言柔而白也. 凝脂, 脂寒而凝者, 亦言白也. 領, 頸也. 蝤蠐, 木蟲之白
   而長者. 瓠犀, 瓠中之子, 方正潔白而比次整齊也. 蠶, 如蟬而小, 其額, 廣而方正. 蛾, 蠶蛾也.
   其眉細而長曲, 倩, 口輔之美也. 盼, 黑白分明也." 참조.
44) 『大學』 6章, "所謂誠其意者, 毋自欺也, 如惡惡臭, 如好好色, 此之謂自謙(慊), 故君子必愼其
   獨也.……此謂誠於中, 形於外. 故君子必愼其獨也. 富潤屋, 德潤身, 心廣體胖. 故君子必誠其
   意." 참조.

된 외적 차원의 '제외양중制外養中'45), '제외안내制外安內'46) 등을 강조한다. 외적인 몸가짐의 단정함과 행동거지의 정제엄숙함은 내면의 마음가짐을 반영함과 동시에 외적 행동을 단속한다. 이런 점에서 외적 옷차림을 통해서 '나는 이런 사람'이란 것을 보여 준다는 점에서 '옷은 인격'이란 말도 한다. 이처럼 의복은 단순 신체를 보호하는 실용성을 넘어선 철학적, 수양론적 의미가 있다.47) 이런 점을 상기하면서 후대 절대미인으로 규정된 서왕모의 장식화된 미에 대한 형용을 보자.

머리를 장식하고 다듬는 것으로 남성에게는 갓이 있다면 여성에게는 '머리꾸미개'(勝)란 것이 있다. 남성의 갓은 정제됨 몸가짐을 하기 위한 도구지만 여성의 '승'은 한 걸음 더 나아가 자신의 외모를 꾸며 아름다움을 더하기 위한 장식이란 면이 있다. 이에 『산해경』의 서왕모에 관한 또 다른 기록을 보자.

> 서왕모는 작은 안석에 기대어 있는데 '머리꾸미개'(勝)를 하고 있다. 남쪽에는 세 마리 푸른 까마귀(靑鳥)가 있는데 서왕모를 위해 음식을 마련한다. 곤륜허崑崙虛의 북쪽에 있다.48)

> 다시 서쪽으로 350리를 가면 옥산玉山이란 곳인데, 이는 서왕모가 거처하는 곳이다. 서왕모는 그 형상이 사람 같지만, 호랑이 이빨에 표범 꼬리를 하고서 '휘파람'(嘯)을 잘 분다. 더부룩한 머리에 머리꾸미개(勝)를 꽂고 있다. 그녀는 하늘의 재앙과 형벌을 주관하고 있다.49)

---

45) 『近思錄』, 「克己」, "四者, 身之用也, 由乎中而應乎外, 制於外, 所以養中也." 참조.
46) 程頤의 「心箴」, "箴曰, 心兮本虛, 應物無迹. 操之有要, 視爲之則. 蔽交於前, 其中則遷, 制之於外, 以安其內, 克己復禮, 久而誠矣." 참조.
47) 『禮記』, 「表記」, "是故君子服其服, 則文以君子之容, 有其容, 則文以君子之辭, 逢其辭, 則實以君子之德. 是故, 君子恥服其服而無其容, 恥有其容而無其辭, 恥有其辭而無其德, 恥有其德而無其行, 是故, 君子袞經則有哀色, 端冕則有敬色, 甲冑則有不可辱之色." 참조.
48) 『山海經』, 「海內北經」, "西王母梯几而戴勝杖, 其南有三靑鳥, 爲西王母取食, 在崑崙虛北."

이상 서왕모에 관한 두 가지 기술에서 공통적으로 '옥玉으로 만든'[50] 머리꾸미개를 하고 있다는 것을 확인할 수 있다. 다른 점이라면 이곳 두 번째 기술에서는 '더부룩한 머리'에 머리꾸미개를 하고 있다고 하여 더부룩한 머리를 강조하는 것이다. 이 밖에 두 가지 기술 중 전자의 경우는 서왕모를 모시는 청오靑鳥가, 후자의 경우에는 서왕모가 '휘파람'(嘯)을 잘 분다는 것이 첨가되어 있다. 이곳에서는 일단 더부룩한 머리에 머리꾸미개를 꽂고 있다는 기술에 주목하고자 한다. 이런 정황과 관련해서는 두 가지 판단이 가능하다. 하나는 더부룩한 머리를 묶기 위해서 했을 수도 있다는 것이고, 다른 하나는 자신을 꾸미기 위해 했을 수도 있다는 것이다. 본고에서는 후자에 초점을 맞추고자 한다. 남성의 경우 더부룩한 머리라도 일반적으로 머리꾸미개를 통해 머리를 묶지 않는다는 점을 감안한다면 이렇게 추측할 수 있다.

서왕모의 머리꾸미개는 장식화된 인위적 장식미인의 서막을 알리는 장치라고 본다. 머리꾸미개는 표범 꼬리와 호랑이 이빨이 주는 남성성의 무서운 양강陽剛 이미지와 반대되는 유약柔弱한 음유적 여성 이미지에 해당한다.[51] 머리꾸미개를 계절에 적용했을 때는, 화사한 봄의 이미지와 연결하여 이해한다. 『예기』「월령月令」에서는 모춘暮春 시절의 새[2]를 '대승戴勝'이라 한다. 이후 머리꾸미개는 진대晉代에서 유행하고, 당대에 이르면 여성들의 용모를 꾸미는 도구로 사용된다.

49) 『山海經』,「西次三經」, "又西三百五十里, 曰玉山, 是西王母所居也. 西王母其狀如人, 豹尾虎齒而善嘯, 蓬髮戴勝, 是司天之厲及五殘."
50) 郭璞, 『山海經注』, "勝, 玉勝也." 참조.
51) 여성의 '머리꾸미개'(勝)는 '花彩'라고도 하는데, 蔡俊生은 『山海經』에서 머리꾸미개를 한 인물인 西王母는 수령이고 최소한 한 집단의 대표 인물이라고 추측한다. 蔡俊生, 「神話與現實: 中國史前時代兩性關係的投影」, 閔家胤 主編, 『陽剛與陰柔的變奏: 兩性關係和社會模式』(中國社會科學院出版社, 1995), p.40.
52) 『禮記』,「月令」, "是月也, 命野虞無伐桑柘. 鳴鳩拂其羽, 戴勝降于桑. 具曲植籧筐, 后妃齊戒親東鄉躬桑, 禁婦女毋觀, 省婦使, 以勸蠶事. 蠶事旣登, 分繭稱絲效功, 以共郊廟之服, 無有敢惰. 是月也, 命工師令百工審五庫之量. 金鐵, 皮革筋, 角齒, 羽箭幹脂膠丹漆, 毋或不良." 참조.

半人半獸의 표범 꼬리를 하고 있는 蓬髮의 西王母
상상도.

머리를 머리꾸미개(勝)로 장식한 西王母.

두광정의 『용성집선록』 「서왕모전」은 서왕모의 변천을 이해하는 데 중요한
의미가 있다. 서왕모는 『산해경』에 나오는 반인반수의 모습에서 벗어나 인간화
와 더불어 절대미인이라는 반전이 일어나기 때문이다.[53] 서왕모가 봉발에 머리
꾸미개를 하고 있고 호랑이 이빨을 하면서 휘파람을 잘 분 것은 서왕모의 사신
인 백방의 백호이지 서왕모의 '진형眞形'은 아니라는[54] 점에서 서왕모의 외모와
관련된 장식화된 미인의 전형을 기술하는 것이 그것이다.

---

53) 杜光庭, 『墉城集仙錄』, 「西王母傳」, "戴華勝, 佩靈章, 左侍仙女, 右侍羽童, 寶蓋沓映, 羽旗蔭
庭. 軒砌之下, 植以白環之樹, 丹剛之林, 空靑萬條瑤幹. 千尋無風, 而神籟自韻, 瑯然皆九奏八
會之音也. 神洲在昆侖之東南, 故爾雅云西王母日下是矣. 又云王母蓬髮戴勝, 虎齒善嘯者, 此
乃王母之使金方白虎之神, 非王母之眞形也."

54) 杜光庭, 『墉城集仙錄』, 권1, 「金母元君」, "又雲, 王母蓬髮戴勝, 虎齒善嘯者, 此乃王母之使,
金方白虎之神, 非王母之眞形也." 송대 陳景元도 『南華眞經章句音義』 「大宗師·得道妙」에
서 "山海經雲北海之渚有神, 人面烏身, 珥兩靑蛇, 踐兩赤蛇, 名禺强, 北極山名, 西王母. 西王
母傳雲, 西王母者, 姓維氏, 字婉衿, 九靈太妙龜山金母也. 乃西華至妙洞陰之極尊, 戴勝, 佩
虎章, 昆侖山穴名曰少廣, 王母常居焉. 不復生死, 莫知始終. 曰蓬髮戴勝, 虎齒善嘯者, 此乃王
母之使金方白虎之神, 非王母之眞形也"라고 하여 『山海經』의 半人半獸로서의 西王母에 대
한 기술은 西王母의 眞形이 아니라는 것을 수록하고 있다.

『장자』「대종사」에서는 "서왕모는 도를 얻어 소광산少廣山에 거처하는데, 언제 태어났는지 언제 죽었는지 알 수 없다"[55]라고 하여 서왕모를 도의 체득자로 묘사한다. 『장자』에는 『산해경』처럼 서왕모를 반인반수의 모습으로 형상해 공포감을 준다거나 혹은 죽음과 형벌을 관장하는 이미지로 나타낸 것이 전혀 없다. '시작도 알 수 없고 그 끝도 알 수 없다'는 사유를 다른 관점으로 본다면 서왕모가 상징하는 불사의 관념으로 이해가 된다. 이런 서왕모의 불사 관념은 다른 차원에서 보면, 『한무내전漢武內傳』에서는 20~30대 정도의 젊은 여인으로 묘사하는 것으로 나타난다. 나이가 들었지만 젊음을 유지하고 있다는 예로는 『장자』「소요유逍遙遊」에서 막고야산藐姑射山의 신인神人이 처녀와 같은 아름다움과 피부를 유지하고 있다는 것[56]을 들 수 있다. 여기서 막고야산에 사는 신인이 여성인가 남성인가에 대한 논란이 있을 수 있는데, 비유하는 전반적인 것을 보면 여성으로 보는 것이 타당하다. 나이가 들었지만 피부색 등이 처녀와 같다는 표현은 남성에게 거의 쓰지 않기 때문이다.[57] 『장자』「대종사大宗師」에는 남백자규南伯子葵가 도는 배울 수 있는가 하는 질문을 하는 대상으로 설정된[58] 여우女偊[59]가 나이가 들었음에도 불구하고 피부 색깔이 처자 같다는 것도 하나

---

55) 『莊子』,「大宗師」, "西王母得之, 坐乎少廣. 莫知其始, 莫知其終."
56) 『莊子』,「逍遙遊」, "肩吾問於連叔曰, 聞言於接輿, 大而無當, 往而不返. 吾驚怖其言, 猶河漢而無極也. 大有逕庭, 不近人情焉. 連叔曰, 其言謂何哉. 曰, 藐姑射之山, 有神人居焉, 肌膚若冰雪, 綽約若處子."
57) '姑'라는 용어는 주로 여성신 등을 거론할 때 주로 사용한다. 麻姑, 鮑姑, 花姑, 徐仙姑, 緱仙姑 및 何仙姑 등이 그 예다. 이 우화에서 藐姑射山의 신인을 남성이 아닌 여성으로 볼 수 있다면, 여신으로의 위대한 역량을 대지를 가진 것으로 강조한 寓言으로 이해된다. 남신이 아닌 여신이란 점을 통해 여신의 위대함을 강조한 장자가 강조하는 萬物齊同의 사유와 합치되는 면이 있다.
58) 『莊子』,「大宗師」, "南伯子葵問乎女偊曰, 子之年長矣, 而色若孺子, 何也. 曰, 吾聞道矣. 南伯子葵曰, 道可得學邪."
59) 女偊에 대해 송대 陳景元은 『南華眞經章句音義』「大宗師·才道相胥」에서 "옛날 도를 지니고 있었던 여인"(古之有道女人也)이라고 풀이한다.

의 예다. 여우의 피부 색깔이 처자 같다는 것은 섭생攝生을 잘한 결과다.[60]

그럼 이처럼 나이가 들었지만 여전히 젊음을 유지하고 있다는 서왕모 외모와 관련된 기술을 보자. 두광정이 묘사한 서왕모의 형상은 장식화된 여인상이다.

> 자운紫雲의 연輦을 타고, 아홉 가지 반린斑麟을 몰면서, 천진天眞의 채찍을 허리에 두르고 금강의 신령한 옥새 노리개를 차고, 황금 비단의 옷을 입은 모습이 문채가 선명하고 금빛 광채가 혁혁한 모습의 서왕모는 허리에는 경색景色의 검을 나누어 차고, 나는 구름 모양(飛雲)의 큰 띠를 매고, 머리 위에는 화계華髻를 하고, 태진太眞의 별모양의 끈이 달린 관을 쓰고, 네모난 옥에 봉황 무늬가 있는 신을 신고 있는데, 나이는 20여 세 정도 된다. 천연의 자태는 농염하고 영묘한 얼굴은 절세미인이니 참으로 신령한 사람이다.[61]

'자운紫雲'은 상서로움을 의미한다는 점에서 도교 색채가 깃들어 있다. '9마리'의 '9'는 황제를 상징하듯이 지존至尊의 경지를 의미한다. 타고 있는 수레를 형용하는 것, 몰고 있는 용, 들고 있는 채찍, 차고 있는 옥쇄 노리개, 입고 있는 황금 의복, 허리에 차고 있는 경색의 검, 비운飛雲 모양의 큰 띠, 머리를 장식하는 머리꾸미개와 쓰고 있는 관, 더 나아가 신발까지 봉황 무늬가 있는 외모와 장식은 그 어느 것 하나 속된 것이 없는 고귀하면서도 존엄한 신분임을 보여 준다. 이런 형상은 최상층 신분의 전형적인 꾸밈새로서 장식미인의 절대 표본에 해당한다. 주목할 것은 이 같은 외적 장식적 요소에서 한 걸음 더 나아가 얼굴이 매우 아름답고 20여 세 정도 되는 절세미인이란 여성관에 담긴 유미주의 요소다.

---

60) 『莊子』, 「大宗師」 위 문장에 대한 成玄英 疏, "女偶, 古之懷道人也. 孺子, 猶稚子也. 女偶久聞至道, 故能攝衛養生, 年雖老, 猶有童顏之色, 駐彩之狀. 旣異凡人, 是故子葵問其何以致此也." 참조.

61) 杜光庭, 『墉城集仙錄』, 「西王母傳」, "王母乘紫雲之輦, 駕九色斑龍, 帶天眞之策, 佩金剛靈璽, 黃錦之服, 文彩鮮明, 金光奕奕, 腰分景色之劍, 結飛雲大綬, 頭上華髻, 戴太眞晨纓之冠, 躡方瓊鳳文之履, 可年二十許. 天姿奄藹, 靈顏絶世, 眞靈人也."

이 같은 절세미인의 서왕모는 남성이라면 황제를 비롯한 그 어떤 남성이라도 함께하고자 하는 여선으로 변한다. 더 나아가 도연명 같은 경우는 서왕모를 장수와 더불어 술을 마음껏 먹을 수 있게 부탁하는 대상으로 여긴다.[62] 송정화는 『목천자전』에서 서왕모가 『산해경』의 반인반수 형태에서 벗어나 인간화되기는 했지만 그녀의 외모는 큰 관심의 대상이 되지 못한 점에 주목하고, 아울러 도연명陶淵明은 『독산해경讀山海經』에서 서왕모의 아름다운 미모를 부각하고 있다고 진단한다.[63] 한 걸음 더 나아가 교태를 머금은 아름다운 여인과 연관하여 이해하는 경향도 있다.[64] 이 같은 서왕모에 담긴 변천은 음양론 관점에서 볼 때 남성이 요구하는 여성상의 한 면모를 잘 보여 준다.

이 밖에 절대미인으로 형상화된 서왕모가 제왕을 비롯하여 문인들에게 사랑을 받은 또 다른 이유는 서왕모가 휘파람(嘯)을 잘 불었다는 것과 관련된 음악적 요소라고 본다. 휘파람은 도교 차원에서는 연기鍊氣에 속하는 방법이다.[65] 장소長嘯[66] 혹은 서소舒嘯[67] 등으로 구분되는 휘파람은 주로 흥이 일어났을 때 부는 경우가 많지만, 이 밖에 다양한 정황에서도 휘파람을 분다. 탈속적이고 은일적인 삶을 영위하는 가운데 흥이 일어났을 때, 혹은 세상을 질시하는 비분강개함, 울분이나 자신의 원대한 포부를 실현하지 못하는 울적한 마음과

---

62) 陶淵明,「讀山海經」(其五), "翩翩三靑鳥, 毛色奇可憐. 朝爲王母使, 暮歸三危山. 我欲因此鳥, 其向王母言. 在世無所須, 唯酒與長年."

63) 송정화, 『중국여신연구』, p.283.

64) 丁澤,「上元日夢王母獻白玉環」(『全唐詩』281권 所收), "서리를 보는 듯 하얀 자태에 달을 보는 듯한 광채와 곡선"(似見霜姿白, 如看月彩彎) 및 劉復,「遊仙」(『全唐詩』, 305권 所收), "왕모는 어찌 그리 그윽하고 고운지 옥같이 맑고도 부드럽네"(王母何窈眇, 玉質淸且柔) 등과 같은 시들은 西王母의 친밀한 여성성을 더욱 강조한 것에 속한다. 자세한 것은 김금남,「돈황사를 통해 본 당·오대 서북지역의 중원문화 수용」, 『中國文學硏究』 제51집(한국중문학회, 2013) 참조.

65) 잔스추앙 지음, 안동준·김영수 옮김, 『도교와 여성』, p.241.

66) 王維,「竹裏館」, "獨坐幽篁裏, 彈琴復長嘯, 深林人不知, 明月來相照."

67) 陶淵明,「歸去來辭」, "登東臯以舒嘯, 臨淸流而賦詩."

비운을 한탄할 때 휘파람을 분다. 때론 거만함과 고고함 및 광태로 내재된 영혼을 표출하는 방식, 혹은 마음속에 있는 큰 뜻을 '장소'에 붙여서 행하는 행위부호, 혹은 소쇄자족瀟灑自足한 생명상태, 생명부호에 해당하기도 한다.(68)

일단 서왕모가 불었던 휘파람은 호랑이가 포효하듯 무엇인가 위력과 위협을 의미하는 소리 혹은 강력한 기운의 소리로 이해된다.(69) 이런 휘파람이 음악적 요소와도 관련이 있음에 주목하자. 서왕모를 '악신樂神'으로 보는 것은 바로 이 휘파람을 잘 부는 것과 관련이 있기 때문이다.(70) 악기가 자연의 본질과 거리가 먼 인공 조탁彫琢의 의미가 있다면 휘파람은 자유자재하면서 질박한 자연 본성과 자신의 개성과 마음 상태를 자유자재로 표현할 수 있는 '자연의 지음至音'에 해당한다.(71) 서진西晉 성공수成公綏가 「소부嘯賦」에서 '장소長嘯의 기묘함은 성음의 지극한 것임을 알겠다'라고 한 것을 참조하면(72) 휘파람이 음악과 밀접한 관련이 있는 것으로 이해했음을 알 수 있다.

『한무제내전漢武帝內傳』(혹은 『한무내전』)(73)에서도 서왕모의 절세 용안容顏에 대한 유사한 기술이 나오는데,(74) 이런 장식미인이면서 유미주의적 서왕모에

---

68) 특히 『世說新語』에 나타난 당시 위진 명사들의 '吟嘯', '諷嘯', '長嘯' 등은 당시 암울한 현실에 대한 그들의 저항심리와 비분강개함을 표현한 행위부호 혹은 瀟灑自足한 생명 상태, 생명부호에 해당한다.

69) 孫廣, 「嘯旨」, 「深溪虎章」 第三, "深溪虎者, 古之善嘯者, 聽溪中處聲而寫之也. 雄之余, 怒之末, 中商之初, 壯逸寬恣, 略不屈撓. 若當夏郁蒸華果四合, 特宜爲之. 始於內激, 旣藏又含, 外激而沈, 終於五少而五太, 則深溪虎之音備矣." 참조.

70) 蕭兵, 『楚辭與神話』(江蘇古籍出版社, 1987) 중 「西王母以猿猴爲圖騰考」 부분 참조.

71) 成公綏, 「嘯賦」(『文選』, 卷18), "曲旣終而響絶, 餘遺玩而未已, 良自然之至音, 非絲竹之所擬. 是故聲不假器, 用不借物, 近取諸身, 役心禦氣. 動唇有曲, 發口成音, 觸類感物, 因歌隨吟."

72) 成公綏, 「嘯賦」, "知長嘯之奇妙, 蓋亦音聲之至極."

73) 명청대에 漢의 班固 혹은 晉의 葛洪이 지었다는 설이 있었는데, 정확한 근거는 없고, 후인이 僞托한 것이라고 본다.

74) 『漢武帝內傳』, "王母上殿東向坐, 著黃金褡䙱, 文采鮮明, 光儀淑穆. 帶靈飛大綬, 腰佩分景之劍, 頭上太華髻, 戴太眞晨嬰之冠, 履玄璃鳳文之舃. 視之可年三十許, 修短得中, 天姿掩藹, 容顏絶世, 眞靈人也." 참조.

대한 미적 관념은 유가의 경전인 『시경』 「관저關雎」에서 말하는 요조숙녀窈窕淑女
가 '군자호구君子好逑'라는 차원의 여성상75), 「도요桃夭」에서 말하는 가실家室을
화목하게 하는 결혼적령기에 도달한 복숭아 같은 여성상76)과 다르다. 특히
「석인碩人」에서 말하는 '회사후소' 차원의 백색 미인과 다르다. 아울러 초楚 시인
인 송옥宋玉이 「고당부高堂賦」에서 말하는 '천지 사이'(陰陽)의 다양한 장식을 통해
농염한 미색을 한 몸에 갖춘 절대미인이면서 농염한 아름다움을 자랑하는 '무산
巫山의 미녀77)와도 다른 점이 있다. 서왕모가 절세미인의 여선으로 변화할 수밖
에 없는 이유는 동양문명권에서는 여신도 여성으로 읽히기 때문에 그 시대에
요구되는 음적인 음유지미陰柔之美 차원의 여성적인 이미지 확보의 여부에 따라
그 사활이 결정되기 때문이다.78) 이처럼 남성이 바라는 음유지미의 전형을
보인 절대미인이면서 음악적 재능이 있는 서왕모는 불사 관념을 제외하고도
제왕과 역대 문인사대부 및 일반 대중들도 함께하면서 사랑을 받을 수 있는
다양한 요소를 지닌 여선이 될 수 있었다.

5. 나오는 말

유가는 공자가 '괴력난신怪力亂神'79)을 배제한 사유의 영향을 받아 신화가

---

75) 『詩經』, 「國風·周南」의 「關雎」, "關關雎鳩, 在河之洲. 窈窕淑女, 君子好逑."
76) 『詩經』, 「國風·周南」의 「桃夭」, "桃之夭夭, 灼灼其華. 之子于歸, 宜其室家."
77) 宋玉, 「高堂賦」, "須臾之間, 美貌橫生. 曄兮如華, 溫乎如瑩. 五色並馳, 不可殫形, 詳而視之,
奪人目精. 其盛飾也, 則羅紈綺繢盛文章, 極服妙采照萬方. 振繡衣, 被袿裳, 穠不短, 纖不長,
步裔裔兮曜殿堂. 忽兮改容, 婉若遊龍乘雲翔. 嫷披服, 倪薄裝. 沐蘭澤, 含若芳. 夫何神女之姣
麗兮, 含陰陽之渥飾."
78) 송정화, 『중국여신연구』, p.154의 주24) 참조.
79) 『論語』, 「述而」, "子不語怪, 力, 亂, 神."

깃들일 공간을 제한하였다. 상대적으로 도가와 도교는 신화 혹은 '괴력난산'을 통해 유가와 다른 철학과 미학을 전개하는 특징을 보였다. 특히 장자는 우언寓言형식을 통한 다양한 신화80) 및 신인神人에 관한 기술81)을 통해 비문명화된 세계의 자연의 원형을 이해할 수 있는 사유를 제공하고, 아울러 불사 혹은 생사에서 자유로운 조물자와 함께하는 인간상을 제시하여 유가와 다른 차원의 우주론과 인간관을 피력하고 있다. 이런 점에서 불사를 상징하는 서왕모 신화는 일정 정도 노장 혹은 도교와 밀접한 관련이 있다. 하지만 서왕모가 계층을 가리지 않고 두루 사랑을 받을 수 있었던 것은 따로 있었다.

서왕모를 절대미인으로 보는 사유는 오늘날 양성평등사회에서 본다면 매우 성차별적이면서 불편한 점이 담겨 있다. 그런데 이런 점을 동아시아 신화와 여성이란 주제에 적용하면 그 불편함과 차별성은 그다지 크게 부각되지 않는다. 그 하나의 예로 제왕은 물론 문인사대부로부터 일반 서민들에 이르기까지 광범위한 사랑을 받았던 서왕모에 대한 인식 변천을 들 수 있다. 주목왕周穆王과 서왕모의 사랑을 그린 『목천자전穆天子傳』에서는 서왕모가 여선으로서 주목왕과 함께 시를 나누고 재회의 소망을 피력하는 것82)을 통해 '여성으로서 남성과 교감이 가능한 대상'83)으로 변한다. 『산해경』에서 최초의 야성적이고 중성적인 이미지는 이제 사라지고 인간의 이상적 미의 동경에 부합하는 여신의 이미지가

---

80) 『莊子』, 「應帝王」의 '混沌' 우화가 그것이다. 『莊子』, 「應帝王」, "南海之帝爲儵, 北海之帝爲忽, 中央之帝爲渾沌. 儵與忽時相與遇於渾沌之地, 渾沌待之甚善. 儵與忽謀報渾沌之德, 曰, 人皆有七竅, 以視聽食息, 此獨無有, 嘗試鑿之. 日鑿一竅, 七日而渾沌死."
81) 앞서 본 『장자』 「소요유」의 막고야산의 신인 우화가 그것이다.
82) 『穆天子傳』(欽定四庫全書本), 卷三, "吉日甲子, 天子賓于西王母. 乃執白圭玄璧以見西王母, 好獻錦組百純, 素組三百純, 西王母再拜受之. 乙丑, 天子觴西王母于瑤池之上. 西王母爲天子謠曰, 白雲在天, 山陵自出. 道里悠遠, 山川間之. 將子無死, 尙能復來. 天子答之曰, 予歸東土, 和治諸夏. 萬民平均, 吾顧見汝. 比及三年, 將復而野."
83) 박혜경, 「唐詩 속의 西王母 이미지의 기원과 활용」, 『東洋學』第61輯(檀國大學校 東洋學研究院, 2015), p.24 참조.

「瑤池宴圖」. 西王母가 崑崙山 연못 瑤池에 周穆王을 초대해 연회를 베푸는 모습.

형성되게 된다. 그것은 서왕모가 이제 가부장제 사회에서 요구하는 여성상의 하나로 자리매김된 것을 의미한다. 이 과정에서 주목할 것은『목천자전』의 주인공이 서주西周의 주목왕84)이라는 것이다. 서주시대는 종법제에 의한 가부 장제의 확립이 이루어진 시대로서, 주周 문왕文王의 「후천팔괘도後天八卦圖」가 상징하듯 음양관의 차별화가 적용된 시대에 해당하기 때문이다.

　인류 창조 신화에 남신이 출현하는 것은 바로 부계씨족 시대의 남녀 양성의 사회적 지위의 변화를 반영한다.85) 즉 모계사회에서 부계사회로의 변화는 신화 속 여신에 대한 인식 변화와 관련이 있다. 양강지미陽剛之美를 잘 보여 주는 영웅으로서의 황제黃帝를 비롯하여 복희(包犧) 등의 남성신들은 백성들을 보호하 고 농경사회에 이로움을 주는 인물로 기록된다.86) 이런 점에 비하여 여신에

---

84) 周穆王(BC.1001~947)은 西周 5대 왕이다.
85) 이에 관한 자세한 논의는 蔡俊生, 「神話與現實: 中國史前時代兩性關係的投影」, 閔家胤 主 編, 『陽剛與陰柔的變奏: 兩性關係和社會模式』, pp.30~32 참조.
86) 『周易』, 「繫辭下傳」, “古者包犧氏之王天下也, 仰則觀象於天, 俯則觀法於地, 觀鳥獸之文, 與 地之宜, 近取諸身, 遠取諸物. 於是始作八卦, 以通神明之德, 以類萬物之情. 作結繩而爲罔罟, 以佃以漁, 蓋取諸離.” 참조.

대한 관념은 시대가 흐름에 따라 변화를 겪는데, 그 변화의 중심에는 음양론이 작동하게 된다. 구체적으로 서왕모의 경우 여신에서 여선으로 변화하고 그 과정에서 절대미인으로 규정되거나 혹은 사랑의 대상으로 변모하게 되는데,[87] 이런 변화에는 남성이 바라는 여성상과 시선이 담겨 있다. 남성과 함께하면서 즐길 수 있는 여성상의 한 단면을 서왕모가 차지하게 되었다는 것이다.

결론적으로 말하면, 『산해경』의 서왕모는 하늘의 재앙과 형벌을 주관하는 반인반수의 공포감을 주는 형상이지만, 한대에는 벽사闢邪와 기복祈福의 대상으로 신앙화되고, 위진남북조의 지괴소설志怪小說에서는 장생불사를 주관하는 여선女仙으로 변모한다.[88] 서왕모에 대한 이 같은 인식 변화를 음양론 관점에서 본다면 주대 종법제에 의한 가부장제 확립과 더불어 이후 형성된 음양론에서의 양 위주의 사유 및 남성 위주의 시선이 작동하고 있다.[89] 이에 동아시아 신화와 여성에 대한 음양론적 이해에는 동아시아 신화와 여성의 특징이 담겨 있음을 알 수 있다.

---

87) 西王母 신화에 담긴 不死 관념의 약화는 당대 이후 三世說을 주장하는 불교 유입이 영향을 끼친 것은 아닌지 하는 추측을 해 본다.

88) 특히 西王母의 궁궐 옆에 있는 아름다운 호수(瑤池)와 복숭아밭(蟠桃園)에서 벌인 잔치는 후대 회화 소재가 되기도 하였다. 자세한 것은 김정은, 「조선 후기 「瑤池宴圖」에 표현된 생명관: 道敎的 생명관을 중심으로」(성균관대 박사논문, 2020); 박본수, 「조선 후기 요지연도의 현황과 유형」, 『한국민화』 제7호(한국민화학회, 2016) 등 참조.

89) 구체적으로 말하면, 주나라를 세운 文王은 음과 양의 관계에서 음양 차별적인 사유를 기초로 한 가부장제를 기본으로 한 宗法制를 확립한다. 이 같은 가부장제에 입각한 남녀 차별적 사유는 『禮記』에서 음양론을 적용한 남녀 차별적인 사유로 공고화되는데, 西王母에 대한 음양론적 이해에는 이 같은 사유가 담겨 있다.

14장

AI시대와 풍수, 명리, 한의학의 미래 모색

1. 들어가는 말

다산茶山 정약용丁若鏞은 『목민심서牧民心書』에서 고을을 다스릴 때 물리쳐야
할 부류들에 대해 다음과 같이 말한다.

> 풍수風水, 두수斗數, 간상看相, 추명推命, 복서卜筮, 파자破字 등 가지가지 요괴妖
> 怪하고 허탄虛誕한 술책을 가진 자가 수령과 인연을 맺어, 작게는 정사를 문란
> 하게 하고 크게는 화를 취하게 되니, 천 리 밖으로 물리쳐서 얼씬도 하지 못
> 하도록 해야 한다.[1]

4차산업 혁명시대 진입이 예상되는 오늘날에도 선거철만 되면 바로 명리학
의 계절이라는 말이 무색하지 않게 각 후보들은 천묘遷墓, 천장遷葬한다든지
혹은 명리가를 찾아가 미래를 묻고는 한다. 과거 인류 역사를 보면 이 같은
행태가 국가의 존망을 좌우한 역사도 있었다.[2]

정약용이 지방관이 목민牧民하는 데 배척해야 할 것으로 풍수風水, 두수斗數,

---

1) 丁若鏞, 『牧民心書』, 「律紀4조 · 屛客」[凡邑人及鄰邑之人, 不可引接. 大凡官府之中, 宜肅肅
   淸淸], "又如風水斗數看相推命卜筮破字種種妖誕之術, 皆能締結官長, 小則亂政, 大則取禍,
   宜斥絶千里, 毋近影響."
2) 과거 고려의 辛旽의 행태를 비롯하여 무속인의 정책 결정이 국가 안위 자체에 문제를
   일으켰다는 것을 동서양 역사를 통해 확인할 수 있다.

간상看相, 추명推命, 복서卜筮, 파자破字 등의 해악을 거론하는 것에는 풍수와 명리를 비롯한 기타의 것들이 갖는 긍정적 측면이 있음을 무시한 편향된 시각이 없지 않다. 하지만 정약용이 그런 주장을 한 것에 이유가 있다고 여긴다면, 오늘날에는 풍수와 명리가 혹세무민한다는 비판에서 벗어나 학문적으로 제대로 그 기능을 발휘할 수 있는 방안이 무엇인지를 고민해야 한다.

최근 알파고가 등장한 이후 다양한 분야에 AI가 활약하고 있다. 의료 분야는 물론 인간의 창의성이 요구되는 예술 분야까지 넘보고 있다. 이런 정황에서 조만간 도래할지도 모르는 AI 풍수가와 AI 명리가 및 AI 한의사는 인간 풍수가와 인간 명리가 및 인간 한의사를 이길 수 있을까 하는 질문을 던질 필요가 있다. 왜냐하면 이 세 가지는 실제 AI가 관여할 수 있는 대표적인 학문 분야 및 영역에 속하기 때문이다. 풍수에 초점을 맞춘 것이지만, 이런 점에 대해 안영배가 「알파고는 풍수 대가도 이길 수 있을까」라는 글을 통해 언급한 적이 있다.3) 안영배는 인공지능이 제아무리 뛰어나도 풍수에서의 핵심인 생기生氣와 관련된 측면은 넘볼 수 없는 영역이라고 규정하는데,4) 이런 지적은 옳다고 본다. 생기는 말 그대로 땅의 살아 있는 기운이므로 단순히 기존 자료 집적으로만 해결될 수 없는 영역이 있기 때문이다.

본고에서는 조만간 도래할지도 모르는 AI 풍수가와 AI 명리가 및 AI 한의사

---

3) 『동아일보』, 문화, 「안영배 전문기자의 풍수와 삶 알파고는 풍수대가도 이길 수 있을까」(안영배 전문기자, 입력 2016-04-06). 안영배는 인공지능이 풍수를 습득하려면 形勢派와 理氣派의 이론과 실제를 섭렵해야 하지만 그것은 매우 쉽다고 본다. 즉 풍수도 최첨단의 과학기술과 매체를 이용해 인공지능의 경우 형세파 풍수는 이미 기존에 다양한 자료가 있다는 점에서 절대적으로 필요한 빅데이터를 쉽게 축적할 수 있고, 주역 팔괘, 북두칠성, 음양오행 등을 이용해 길한 방위를 찾아내는 리기파는 그 자체의 법칙과 규칙성이 있다는 점에서 인공지능이 이를 익히는 것은 식은 죽 먹기라고 진단한다.
4) 안영배, 「안영배 전문기자의 풍수와 삶 알파고는 풍수대가도 이길 수 있을까」, 『동아일보』(2016-04-06 입력).

가 인간 풍수가와 인간 명리가 및 인간 한의사를 이길 수 있을까 하는 질문과 더불어, 풍수와 명리가 사술邪術로서 혹세무민하다는 비판에서 벗어나려면 어떤 것을 고민해야 할 것인지를 특히 풍수와 명리의 철학화·미학화라는 점에 초점을 맞추어 논의하기로 한다.

2. '독만권서讀萬卷書, 행만리로行萬里路'와 '궁리窮理'

먼저 풍수와 명리는 어떤 사유의 결과물인지에 대한 것을 철학 측면에서 규명해 보자.

동양철학에서의 우주자연의 변화 및 이법理法과 관련된 인식과 해석 방식은 크게 두 가지다. 하나는 도가에서 주로 말하는 '말은 뜻을 다 표현할 수 없다'라는 '언부진의言不盡意' 사유이고, 다른 하나는 유가에서 주로 '말하는 상을 세워 뜻을 다한다'라는 '입상이진의立象以盡意' 사유이다.

『노자』 1장에서 "도를 말로 할 수 있는 것이라면 자연의 항상됨을 담아낼 수 있는 도가 아니다. 이름을 이름 할 수 있는 것이라면 자연의 항상됨을 담아낼 수 있는 이름이 아니다"5)라는 것은 '언부진의' 사유를 단적으로 보여 준다. 아울러 『노자』 41장에서는 "큰 형상은 형이 없다. 도는 숨어서 이름이 없다"6)라고 하여 도를 형상화하고 언어화할 수 없는 것을 말한다. 왕필王弼은 『노자』 1장에 대해, "말로 할 수 있는 도(可道之道)와 이름 할 수 있는 이름(可名之名)은 일을 가리키는 것(指事)이고 형태로 만든 것(造形)이다. 그러므로 (자연의 항상됨을 의미하는 상도와 상명은) 말할 수 없고 이름할 수 없다"7)라고 주석한다.

---

5) 『老子』 1章, "道可道, 非常道, 名可名, 非常名."
6) 『老子』 41章, "大象無形, 道隱無名."

'가도지도'와 '가명지명'을 의미하는 '지사'와 '조형'은 모두 인간의 의지와 해석이 가미된 인위의 결과물로서,8) 이 같은 취상비류取象比類 차원의 사물과 현상인식은 일정 정도 '입상이진의'와 관련이 있다.

언어가 제아무리 불완전한 존재라 해도 인간은 언어를 떠나서는 살 수가 없다는 점에서 볼 때 노자의 '언부진의' 사유가 갖는 문제점은 세계 인식의 제한됨이다. 인간은 언어 문자를 통해 자신이 체인體認한 세계를 기술하고 의사 소통하고 사물을 이해하면서 지식을 전달할 수밖에 없기 때문이다. 이런 점을 간파한 공자는 '언言'과 '의意'의 간극을 '상象'을 통해 정리한다.

> 공자가 말하길, 글로는 말을 다할 수 없고, 말로는 뜻을 다할 수 없다. 그렇다 면 성인의 뜻을 볼 수 없다는 것인가. (공자가 말하길) 성인이 상을 세워서 뜻을 다하며, 괘를 베풀어서 참되고 거짓됨을 다하며, 풀이하는 말을 달아 그 말을 한다.9)

공자의 이런 사유에 대해 서진西晉의 구양건歐陽建은 『언진의론言盡意論』에서 언어에 대한 사유를 "고금에 이름을 바로잡으려 힘쓰고, 성현이 말을 능히 떠나지 못한 것은 그 까닭이 무엇인가? 진실로 이치를 마음에서 얻어도 말이 아니면 펼 수가 없고, 사물을 말에 고정시켜도 이름이 아니면 구분할 수 없다"라 고 총체적으로 정리한다.10) 이황李滉은 「진성학십도차進聖學十圖箚」에서 "도에는

---

7) 王弼, 『老子』 1章, "道可道, 非常道, 名可名, 非象名"에 대한 注, "可道之道, 可名之名, 指事 造形, 非其常也. 故不可道, 不可名也."
8) 북송대 程俱는 可道와 可名에 대해 "可道之道, 以之制行, 可名之名, 以之立言"이라 하여 실제 삶에서의 행위와 학술 차원에서 제기된 이론을 적용하여 풀이하고 있다.
9) 『周易』, 「繫辭上傳」, 12章, "子曰, 書不盡言, 言不盡意. 然則聖人之意, 其不可見乎. 子曰, 聖人立象以盡意, 設卦以盡情僞, 繫辭焉以盡其言." 뒤의 '子曰'은 혼히 衍文으로 본다.
10) 『藝文類聚』, 卷十九, 「人部三・言語」, "晉歐陽建言盡意論曰.……古今務於正名, 聖賢不能去 言, 其故何也. 誠以理得於心, 非言不暢, 物定於彼, 非名不辯."

형상이 없고 천은 언어가 없다. 하도河圖와 낙서洛書가 나오면서부터 성인이 그것을 근거로 하여 괘卦와 효爻를 만드니, 도가 비로소 천하에 나타났다"[11] 라고 하여 괘와 효를 통해 무형상의 도와 무언어의 천의 본질을 알 수 있다고 말한다. 문제는 구양건이나 이황의 견해를 받아들인다고 해도 여전히 언, 의, 상의 관계에는 간극이 존재한다는 것이다. 주희가 "말이 전하는 것은 얕고, 상이 보여 주는 것은 깊다"[12]라고 하듯이 언과 상에는 층차가 있다는 것이다. 이런 점을 왕필은 '상을 얻으면 그 상을 표현하고자 한 도구인 언어를 잊고, 뜻을 얻으면 그 뜻을 전달하고자 한 도구인 상을 잊어라'(得象忘言, 得意忘象)[13]라는 사유를 통해 정리한다.

이상 본 바와 같은 언, 상, 의의 관계에서 우리가 세계를 인식할 때 '언부진 의' 사유와 '입상이진의' 사유 이 두 가지 중에서 어떤 것을 취하느냐에 따라 이해의 정도가 달라짐을 알 수 있다. 그럼 이런 점을 풍수와 명리에 적용해보자. 풍수와 명리는 기본적으로 음양오행을 근간으로 한다. 이 같은 음양오행은 노자가 말하는 무형무상無形無象이면서 황홀恍惚한 도[14] 혹은 주자학에서 말하는 무성무취無聲無臭인 형이상의 리理, 태극太極[15] 등이 현상적으로 들어난 것이다. 즉 풍수와 명리에 공통적으로 적용되는 음양론, 팔괘, 오행은 모두 '입상이진의'

---

11) 李滉,『退溪文集』, 卷七,「進聖學十圖箚」, "道無形象, 天無言語. 自河洛圖書之出, 聖人因作 卦爻, 而道始見於天下矣."

12) 朱熹,『周易本義』, "言之所傳者, 淺也. 象之所示者, 深." 朱熹,『周易本傳』(『朱子全書』, 上海: 上海古籍出版社, 2002, 冊一), p.134.

13) 전후 문맥은 다음과 같다. 王弼,『周易略例』,「明象」, "夫象者, 出意者也, 言者, 明象者也. 言生於象, 故可尋言以觀象. 象生於意, 故可尋象以觀意. 意以象盡, 象以言著. 故言者所以明 象. 得象而忘言. 象者所以存意, 得意而忘象. ……得意在忘象, 得象在忘言. 故立象以盡意, 而 象可忘也." 참조.

14)『老子』21章, "道之爲物, 惟恍惟惚."

15) 周敦頤,「太極圖說」의 '無極而太極'에 대한 朱熹의 해석, "上天之載, 無聲無臭, 而實造化之 樞紐, 品彙之根柢也. 故曰, 無極而太極. 非太極之外, 復有無極也."

의 결과물이다. 당대와 송대 사이에 틀을 갖춘 '팔자명리학'이 현재 두 시간의
간격을 '하나의 시진時辰'으로 보고서 팔자의 구조에 위치를 정해 놓은 것도
마찬가지다.

문제는 공자 같은 성인이 '입상이진의'한 결과가 100%의 정확성을 가지고
있다고 해도 그것을 다시 해석하는 것은 인간마다 다를 수 있다는 것이다.
『주역』에서는 이미 "한 번은 음하게 하고, 한 번은 양하게 한다"(一陰一陽之謂道)[16]
라는 것에 대해 "인자한 자는 이를 보고 인仁이라 이르고, 지혜로운 자는 이를
보고 지知라고 이른다"[17]라고 하여 이미 동일한 원리에 대한 해석의 다양성을
말하고 있다. 이런 점에서 풍수와 명리에서는 어떻게 확률을 높이고 오류를
최소화할 수 있을 것인가를 고민할 필요가 있다. 특히 현대 명리학자인 양상윤
梁湘潤의 "과거 명리대가들은 명리가 본래 100%의 정확성이 없음을 알았다고
생각한다.…… 명리는 대략 60~70%의 확률만을 지니고 있을 뿐이다"[18]라는
진단은 이런 점을 더욱 부추긴다.

이런 정황에서 풍수와 명리에서도 일단 빅데이터 운용 및 과학기술을 운용
한 매체[19]를 통해 확률 가능성을 높일 필요가 있다. 그런데 이런 점보다 더
중요한 것은 '입상이진의'한 것에 대한 이해와 해석의 정확도를 높이는 것일
것이다. 그 방법론의 하나로 동양의 문인화 창작이론에서 좋은 작품을 창작하
기 위한 조건으로 기교의 숙련을 강조하는 것 이외에, 명대 동기창董其昌이 말하

---

16) "一陰一陽之謂道"에 대한 해석은 朱熹가 "陰陽迭運者, 氣也. 其理, 則所謂道也"라고 한
    해석을 따른 것이다.
17) 『周易』, 「繫辭上傳」, 5章, "一陰一陽之謂道, 繼之者善也, 成之者性也. 仁者見之謂之仁, 知者
    見之謂之知."
18) 梁湘潤, 『命略本紀』上(臺灣行卯出版社), p.108. 루즈지(陸致極) 지음, 김연재 옮김, 『명
    리학의 이해』 I (사회평론, 2018), p.41 再引用.
19) 인공위성이나 비행기 혹은 드론 및 컴퓨터를 통해 풍수지리에 관한 자료를 분석하고
    파악하는 것이 과거의 도보와 눈대중을 통한 풍수지리보다 효율적인 정보를 얻을
    수 있다는 것이다.

는 '독만권서讀萬卷書, 행만리로行萬里路'20)를 강조하는 사유를 떠올릴 필요가 있다. 주희는 독서의 효용성을 궁리窮理 차원에서 이해하고,21) 아울러 독서를 통해 성현의 본의를 알고 더 나아가 자연의 이치를 볼 수 있다고 말한다.22) 회화 창작의 경우 '독만권서, 행만리로'는 기교의 숙련이나 형사形似 차원에서 사물을 닮게 그리는 것과 전혀 관련이 없다. 하지만 '독만권서, 행만리로'를 통해 우주 자연의 생기生氣와 이법理法 및 많은 경험 축적을 통해 다양한 인간 삶에 대한 이해와 해석의 폭을 넓힐 수 있는 여건23)이 조성된다. 즉 우주자연의 생기와 이법을 제대로 표현하는 이른바 '기운이 생동하는 작품 창작'의 가능성은 더욱 높아진다는 것이다.

'언부진의'를 인정하지만 방편적으로 성인이 세계 이해를 위해 취한 '입상이 진의' 사유에서 요구되는 것은 '상'이 갖는 의미에 대한 올바른 해석이다. '상'에 대한 의미 해석의 정확성은 우주자연의 생기와 이법理法에 대한 이해뿐만 아니라 인간세계의 다양한 삶에 대한 해석 여부와 관련이 있기 때문이다. 이런 점에서 '상'이 갖는 의미를 해석하는 풍수가와 명리가의 개인적 자질과 능력이 문제가 된다. 실제 풍수와 명리 현장에서 전혀 도움을 주지 못할 것 같은 '독만권서, 행만리로'가 갖는 풍수와 명리의 철학화·미학화의 의미다. 아울러 이런 사유를 확장하면 인간을 우주자연의 축소판으로 이해하는 한의학에도 그대로 적용되는 면이 있다.

---

20) 董其昌, 『畫禪室隨筆』, 卷二, 「畫訣中」, "讀萬卷書, 行萬里路, 胸中脫去塵濁, 自然丘壑內營, 立成鄞鄂." 杜甫는 「奉贈韋左丞丈二十二韻」에서 "讀書破萬卷, 下筆如有神"이라 읊은 적도 있다.

21) 朱熹, 『朱文公文集』, 卷14, 「行宮便殿奏札」, "爲學之道, 莫先於窮理, 窮理之要, 必在於讀書."

22) 『性理大全』, 卷53, 「讀書法 1」, "讀書須是優游玩味, 徐觀聖賢立言本義所向."; "問伊川說讀書當觀聖人所以作經之意, 與聖人所以用心一條. 曰, 此條程先生說讀書最爲親切."; "讀書以觀聖賢之意, 因聖賢之意以觀自然之理." 등 참조.

23) 李日華는 이런 점에 대해 『竹嬾墨君題語』에서 "繪事必須多讀書, 多讀書, 見古今事變多, 不狃狹劣見聞, 自然胸次廓徹, 山川靈奇, 透入性地時一灑落. 何患不臻妙境"이라 말한다.

3. 풍수의 철학화를 통한 미래 모색

풍수와 명리가 철학과 미학 차원에서 인정을 받으려면 우선 과거 유학자들이 제기한 의문에 대한 답을 제시해야 한다. 먼저 다산茶山 정약용丁若鏞의 풍수론에 대한 문제 제기 및 비판을 보자.

어버이를 장사葬事 지내는 사람들은 거개 지사地師를 맞아다가 길지吉地를 가려 묏자리를 정하고 있다. 이에 대해 정자丁子(정약용이 자신을 가리킨 말)는 이렇게 말한다. "이는 예禮에 맞는 처사가 아니다. 어버이를 매장하면서 복福을 바라는 것은 효자의 마음이 아니다." 이런 반론도 있을 수 있다. "그렇기는 하지만 그럴 만한 이치가 있기에 그런 예禮가 있는 것이 아니겠는가." 이 반론에 대해서 나는 이렇게 생각한다. "절대로 그럴 만한 이치가 없다. 주공周公이 족장법族葬法을 만들 적에 소목昭穆의 순서로 장사지내게 하고 영역塋域을 지정하여 주었으나, 산의 맥을 뚫으면 기가 흩어진다는 금기는 없었다. 북방에 장사지내면 머리를 북쪽으로 향하게 하였을 뿐, 특별히 방위나 좌향坐向을 달리 지정하여 주지는 않았다. 그랬어도 이때에는 경卿은 대대로 경이 되었고, 대부는 세록世祿을 받았으며, 자손의 번성과 영달도 전과 같았다. 기주冀州나 연주兗州의 들판은 끝없이 넓어 언덕이라고는 없다. 그래서 지금도 장사지내는 사람들은 모두 묘 주위에 담을 둘러쌓아 경계를 만들고 『주례周禮』에 의거하여 소목을 바로 하기만 할 뿐이다. 용호龍虎나 사각砂角의 경관은 없어도 이들의 부귀는 전과 같으니, 길지를 구할 필요가 뭐 있겠는가. 영웅호걸은 총명과 위엄과 재능이 일세를 통솔하고 만민을 부리기에 충분한 사람들이다. 이들이 살아서 명당 위에 앉아 있을 때에도 오히려 자기 자손을 비호할 수가 없어서, 자손들이 요절하는 경우도 있고 폐질廢疾(不治病)에 걸리는 경우도 있었다. 죽은 이후의 말라비틀어진 무덤 속의 뼈가 아무리 산하의 좋은 형세를 차지하고 있다 하더라도 단지 자기의 후손을 잘되게 할 수 있겠는가."[24]

---

24) 丁若鏞, 『茶山詩文集』, 권11, 「風水論 一」, "葬親者, 率延地師, 相吉地以定其宅兆, 丁子曰非

중국의 기주나 연주의 들판은 끝없이 넓어 언덕이라고는 없는 정황, 이른바 풍수라는 차원에서 접근할 수 없는 정황에서 선택한 묏자리였지만 후대에 복록을 받고 자손이 번성하고 영달도 전과 같았다는 발언은 풍수에서 길지에 해당하는 묏자리를 선택했을 때의 자손 번영 등과 같은 발복 차원이 과연 올바른 것인가 하는 것을 의문시하게 한다. 이런 점과 관련해 심수경沈守慶도 다음과 같은 문제점을 제기한 것을 보자.

지리풍수설은 아득하고 거짓말이므로 족히 믿을 것이 못 된다. 더러는 그 말에 얽매여 그 어버이의 장사할 시기가 지나도 장사를 지내지 않는 자가 있고, 혹은 먼 선조의 묘를 파서 이장하는 자도 있으니, 극히 당치 않는 일이다. 세종 때의 재상 어효첨魚孝瞻이 상소하여 극력 풍수설의 잘못된 점을 진술하였는데 명백하고 성대하였다.[25] 그는 그 부모를 가원家園 옆에 장사지냈고, 그 아들인 정승 어세겸魚世謙도 그 부모를 장사지내는 데 땅을 가리지 않았다. 그 집안의 법도가 이러하였으니, 진실로 탄복할 일이다. 고려 때의 모든 왕릉도 모두 같은 산에 썼으며, 중국에서도 역대의 여러 능을 같은 산에 썼으니, 반드시 정견定見이 있으리라.[26]

禮也. 蓰其親以徼福, 非孝子之情也. 雖然有此理, 斯有此禮, 亦唯曰無此理也. 周公制族葬之法, 葬之以昭穆, 授之以塋域, 無鑿脈破氣之忌. 葬於北方北首, 無方位坐向之殊, 此時卿世卿大夫世祿, 子孫榮鬯, 固自如也. 冀兗之野, 曠無陵阜, 今之葬者, 皆周垣爲域, 正昭穆如周禮, 無龍虎砂角之觀, 其富貴固自如也. 奚爲而求吉地也. 英豪桀特之人, 聰明威能, 足以馭一世而役萬民者, 生而坐乎明堂之上, 猶不能庇其子孫, 或殤焉或廢疾焉. 塚中槁骨, 雖復據山河形勢之地, 顧何以澤其遺胤哉."

25) 魚孝瞻에 관한 기사는『國朝寶鑑』제7권, 세종조(3), 26년(갑자, 1444)에 나오는데, 유학의 입장에서 행한 풍수설에 대한 비판의 전형에 해당한다.
26) 沈守慶,『遺閑雜錄』, "地理風水之說, 杳然虛誕, 不足取信. 而或有拘於其說過時不葬其親者, 或有久遠祖先之墓掘而遷葬者, 極爲無謂. 世宗朝, 宰相魚孝瞻上疏極陳風水之非, 明白正大. 葬其父母於家園之側, 其子政丞世謙葬其父母亦不擇地. 其家法如此, 誠可歎服也. 高麗代諸陵, 皆用一山, 中朝歷代諸陵, 亦用一山, 其必有定見矣."

세종 때 풍수하는 자가 궁성宮城의 북쪽 길을 막고 성 안에다 가산假山을 만들어 지맥을 보충하게 하기를 청하고, 집현전 수찬 이현로李賢老도 풍수설을 가지고 도성 내에 흐르는 개울물에 오물을 집어넣지 못하게 하여 명당수明堂水를 맑게 하기를 청하였다. 이에 집현전 교리 어효첨魚孝瞻은 국운이 길고 짧은 것과 국가가 화를 받고 복을 받는 것은 모두 천명과 인심이 떠나고 떠나지 않는 데에 달린 것이지 사실 지리설과는 무관한 것이라고 상소한 것이다. 이것은 유학의 입장에서 행한 풍수설에 대한 비판의 전형에 해당한다. 풍수에 대한 심수경의 논지는 정약용과 크게 다를 바가 없다.

정약용이 특히 "죽은 이후의 말라비틀어진 무덤 속의 뼈가 아무리 산하의 좋은 형세를 차지하고 있다 하더라도 어떻게 자기의 후손을 잘되게 할 수 있겠는가"라고 하면서 길지 선택과 관련된 발복의 문제점을 제기한 것은 풍수에서 말하는 동기감응론을 통째로 부정하는 발언에 해당한다. 총명과 위엄과 재능이 일세를 통솔하고 만민을 부리기에 충분한 영웅호걸이 살아서 명당 위에 앉아 있을 때에도 오히려 자기 자손을 비호할 수가 없어서 자손들이 요절하거나 폐질에 걸리는 경우도 있었다는 것에 대해 그 영웅호걸의 부모를 발복지에 장사지내지 않았기 때문이라는 답변을 할 수 있다. 이런 점에 대해 정약용은 이 같은 풍수를 신봉한 사람들이 과연 자신을 포함한 후손이 발복했는가 하는 점과 관련해 전혀 그렇지 않았다는 것을 예로 들어 풍수의 발복 논리를 비판한다.

곽박郭璞은 죄 없이 참형斬刑을 당한 뒤 시체는 물속에 던져졌으며, 도선道詵과 무학無學 등은 모두 중이 되어 자신의 종사宗祀를 끊었으며, 이의신李義信과 담종湛宗은 일점의 혈육도 없다. 지금도 이런 자들과 생각을 같이하는 사람들은 거의 모두가 일생토록 빌어먹고 사는가 하면 자손들도 번창하지 못한다. 이것은 무슨 이치인가. 지사地師의 아들이나 손자로서 홍문관교리弘文館校理나 평안도관찰사平安道觀察使가 된 사람을 몇 명이나 볼 수 있는가. 사람의 마음은 다 같은 것이다. 내 땅에 발복될 수 있는 묘지가 있는 것을 알았는데, 이를 한 꿰미의 돈 때문에 눈이 어두워 남에게 선뜻 내어 줄 사람이 있을 수 있겠는가. 재상으로서 풍수술에 빠져 여러 번 부모의 묘를 옮긴 사람치고 자손 있는 사람이 거의 없고, 사서인土庶人으로서 풍수술에 빠져 여러 번 부모의 묘를 옮긴 사람치고 괴이한 재앙을 받지 않은 사람이 없다.…… 이런데도 어째서 깨닫지 못하는가. 사물의 이치에 널리 통달했다고 하는 사람은 이런 말을 한다. "풍수의 이치는 꼭 있다고도 할 수가 없고 그렇다고 꼭 없다고도 할 수가 없다." 아, 쟁론을 이런 식으로 판결하는 사람이라면 그는 선비가 되기도 어렵다.[27]

풍수의 경전급에 해당하는 『장서藏書』(錦囊經)를 지었다는 동진東晉의 곽박과 이의신, 담종 등의 예는 길지 선택과 발복 논리가 전혀 관계가 없음을 말해 준다는 것이다. 특히 일점의 혈육이 없다는 것은 유가의 효 관념 중에서 '무후無後'를 가장 큰 불효[28]로 여기는 입장에서 볼 때 무엇보다도 큰 문제가 된다. 이에 정약용은 묏자리를 선택하는 데 방위의 상충과 상합을 통한 길흉 판단과 관상법을 통째로 부정한다.

이른바 풍수서란 것을 보니, 가성佳城(무덤)과 길지를 그림으로 그려 놓고, 방위는 자子 · 오午 · 묘卯 · 유酉 또는 건乾 · 곤坤 · 간艮 · 손巽이라 분별하여 놓고, 입수박환入首剝換이니 용호사각龍虎砂角이니 득수파수得水破水이니 하는 것에

---

27) 丁若鏞, 『茶山詩文集』, 권11, 「風水論 五」(a281_247c), "郭璞以非罪誅, 身埋水中, 道詵無學之等, 皆身爲斃覆其宗祀, 李義信湛宗無血胤. 今之滔滔者, 皆終身丐乞, 而其子孫不昌, 斯何理也. 幾見地師之子若孫, 爲弘文館校理平安道觀察使者乎. 人情一也. 我有地可以發福, 我旣知之矣. 有爲一緡錢所賣, 輕以予人者乎. 宰相惑於風水, 累遷其父母之墓者, 多無子姓, 土庶人惑於風水, 累遷其父母之墓者, 多奇禍怪變.……不悟矣. 有爲曠達之論者, 曰, 風水之理, 曰有則不可, 曰無亦不可. 嗚呼, 折訟如此, 其亦難乎其爲士矣."
28) 『孟子』, 「離婁上」, "孟子曰, 不孝有三, 無後爲大. 舜不告而娶, 爲無後也, 君子以爲猶告也." 참조.

대한 설명은 모두가 이 방위에 상충하느냐 상합되느냐에 따라 재앙과 상서祥
瑞를 구분하고 있다. 때문에 지사가 남의 집 족보에 그려져 있는 선조의 묘지
를 보고는 단번에 길흉을 판단해 낸다. 아, 이야말로 꿈속에서 꿈꾸고 속이는
속에서 또 속이는 연극이다. 사람치고 두정골頭頂骨은 둥글고 눈썹은 나란히
붙어 있고 눈은 둘이고 코는 얼굴 중앙에 있고 광대뼈는 좌우에 있어 입을
협보夾輔하고 있지 않은 이가 없다. 그런데 이들 가운데 장수한 이도 있고
단명한 이도 있고, 귀한 이도 있고 천한 이도 있고, 부자도 있고 가난뱅이도
있다. 따라서 어떻게 면목의 방위가 규격에 맞아 어긋남이 없는 것을 가지고
그 사람의 길흉을 판단해 낼 수 있단 말인가. 사람의 골격骨格과 풍신風神에
대해서는 말이나 글로는 실물과 똑같게 묘사해 낼 수 없는 것이다. 이렇게
살펴보건대, 저들이 자·오·묘·유니 또는 건·곤·간·손이니 하는 것으로
구차스럽게 의기宜忌를 살피는 것은 이것이야말로 기문奇門과 육임六壬에 의
거해서 귀신과 만나기를 바라는 것과 같다. 참으로 어리석기 그지없는 일이
다.29)

심수경이나 정약용은 역사적 실증을 통해 현실에 적용한 풍수지리설이
맞지 않는 문제점을 지적하는데 이런 지적은 타당한 점이 있다. 특히 "사람의
골격과 풍신에 대해서는 말이나 글로는 실물과 똑같게 묘사해 낼 수 없다"는
것은 '언부진의言不盡意' 사유가 담겨 있는 철학적 판단이다. 정약용의 이 같은
풍수에 대한 전반적인 문제 제기는 풍수의 순기능을 무시한 역기능 측면만을
역사적 실례를 통해 제기한 것이란 비판이 가능한데,30) 이런 점에서 혹세무민

---

29) 丁若鏞, 『茶山詩文集』, 권11, 「風水論 三」(a281_247a), "觀所謂風水之書, 圖繪佳城吉地, 辨
  其方位, 日子午卯酉, 曰乾坤艮巽, 乃所謂入首剝換之勢, 龍虎砂角之形, 與所謂得水破者, 無不
  以其方位之所相衝相合, 而辨其災祥. 故地師見人家譜牒, 有繪其先祖之墓地者, 皆一見縣斷其
  吉凶. 嗟乎. 此夢之中又夢, 罔之中又罔也. 人莫不圓其顱列其眉雙其目中其鼻左右顴以夾輔其
  口者. 然其中有壽者短促者貴者賤者富者貧者, 豈以其面目方位之合規度無歪衃, 而縣斷其吉
  凶哉. 將唯其骨格神韻, 有不可以言語文字形容其勢髴者. 由是觀之, 彼唯子午卯酉乾坤艮巽,
  屑屑焉察其宜忌者, 是又學奇門六壬之邪術, 而執方位以求其交鬼者也. 愚哉愚哉."
30) 박정해는 "다산의 동기감응론의 비판은 일편 일리가 있으나 풍수가 가지는 다양한

의 비판을 면하려면 풍수가 갖는 미학적 차원의 순기능을 제대로 밝힐 수 있는 다양한 접근방법이 요구된다.

　오늘날도 여전히 발복을 목적으로 행해지고 있는 천장遷葬은 풍수가 갖는 동양 전통문화에서의 순기능과 긍정적인 면을 송두리째 폄하하는 대표적인 사례에 속한다. 이런 정황에서 풍수가 동양문화와 예술 차원에서 긍정적으로 기여한 분야가 무엇이 있는지를 고민할 필요가 있다. 그 하나의 예로 예술풍수31) 분야에 대한 풍수의 외연 확장 등은 매우 중요하다고 본다. 남북조의 사혁謝赫이 「육법六法」에서 회화의 기운생동氣韻生動을 가장 우선적으로 강조한 바 있듯이,32) 동양의 산수에 대한 인식은 서양과 다르다. 그 다름은 회화 창작에도 영향을 준다. 동양은 비덕比德 차원에서 인간이 산수를 닮고자 하고 그 산수와 친구가 될 것도 말한다.33) 아울러 산수에서 사는 은일적 삶을 동경하는데, 북송대 곽희郭熙는『임천고치林泉高致』에서 인간이 산수를 대하는 것으로 '가행可行', '가망可望', '가유可遊', '가거可居' 네 가지를 든 적이 있다. 이 중에서 최종적으로 산수에 가서 '노닐고 살 만한'(可遊可居) 공간을 선택할 것을 말하는데, 이런 사유는 당연히 풍수 논리가 적용된다. 곽희는 이런 점에서 그림에도 '상법相法'이 있음을 말한다.34) 원대 황공망黃公望은 「사산수결寫山水訣」에서 "그림 속에도

장점과 방향성을 단지 음택풍수를 통한 길흉화복론에 집중하는 우를 범하고 있다.
　　즉, 풍수가 마치 음택을 통한 발복론만을 추구하는 것으로 매도하고 있으며 일정한 순기능적인 측면은 도외시하고 있으며 한 부분의 문제를 마치 전체적인 문제인 양 호도하는 측면도 있다"고 하여 정약용의 풍수론에 대한 비판을 풍수입장에서 비판한다. 박정해, 「조선 유학자들의 동기감응론에 대한 인식」,『한국민족문화』 41집(부산대학교 한국민족문화연구소, 2011).
31) 이런 점과 관련된 자세한 것은 딩시위안(丁羲元) 저, 이화진 역,『예술풍수』(일빛, 2010)를 참조할 것
32) 張彦遠,『歷代名畫記』, 권1, 「論畫六法」, "昔謝赫云, 畫有六法. 一曰氣韻生動, 二曰骨法用筆, 三曰應物象形, 四曰隨類賦彩, 五曰經營位置, 六曰傳移模寫."
33) 石濤, 「黃山圖」의 題詩, "黃山是我師, 我是黃山友."
34) 전후 문맥은 다음과 같다. 郭熙,『林泉高致』, 「山水訓」, "世之篤論, 謂山水有可行者, 有可

풍수가 존재한다"(畫亦有風水存焉)[35]라고 하여 풍수와 산수와는 밀접한 관련이 있음을 말한 적이 있는데, 이 같은 사유는 회화사적으로 볼 때 내력이 있다.

동진東晉시기 종병宗炳은 최초의 산수화론으로 알려진 「화산수서畵山水序」에서 "산과 수는 도를 아름답게 표현한 것이다"[36]라고 하여 산수는 단순히 시각 차원의 풍경화가 아닌 음양의 이치가 담긴 도를 표현한 철학적 그림이라고 규정한다. 이런 점에서 회화 창작은 자연의 생기를 다양하게 표현해야 한다.[37] 풍수의 용맥龍脈 원리를 산수화에 응용한 청대 왕원기王原祁는 「화중용맥설畵中龍脈說」에서 체용론體用論을 통해 회화에서의 풍수론 적용을 가장 잘 제시한다. 용맥은 유형의 세계 배후에 숨어 있는 잠재적 기세와 천지 속 생명체가 개합開闔하고 기복起伏하는 잠재적 운동감(율동, 생명)을 표현한다. 체體(본체, 형상의 근본)는 창조정신, 생명의 발동을 의미하고, 용用(작용, 표현된 형상)은 외부의 산봉우리, 길의 회전, 기복, 날아오름, 모여들거나 담담히 흩어지는 형식을 의미한다. 이에 왕원기는 예술의 외재적 형식은 반드시 내재적 본체의 기세를 표현해야 함을 강조한다.[38]

望者, 有可遊者, 有可居者. 畫凡至此, 皆入妙品. 但可行可望不如可居可遊之爲得, 何者. 觀今山川, 地占數百裏, 可遊可居之處十無三四, 而必取可居可遊之品. 君子之所以渴慕林泉者, 正謂此佳處故也. 故畫者當以此意造, 而鑒者又當以此意窮之, 此之謂不失其本意. 畫亦有相法, 李成子孫昌盛, 其山腳地面皆渾厚闊大, 上秀而下豐, 合有後之相也, 非特謂相兼, 理當如此故也."

35) 전후 문맥은 다음과 같다. 黃公望, 「寫山水訣」(陶宗儀, 『南村輟耕錄』, 권8 所在), "李成畫坡腳, 須要數層, 取其濕厚. 米元章論李光丞有後代兒孫昌盛, 果出爲官者最多. 畫亦有風水存焉."

36) 宗炳, 「畵山水序」, "山水以形媚道."

37) 唐志契, 『繪事微言』, 「氣韻生動」, "氣韻生動與烟潤不同, 世人妄指烟潤爲生動, 殊爲可笑. 蓋氣者, 有筆氣, 有墨氣, 有色氣, 而又有氣勢, 有氣度, 有氣機, 此間卽謂之韻, 而生動處則又非韻之可代矣. 生者, 生生不窮, 深遠難盡. 動者, 動而不板, 活潑迎人. 要皆可默會而不可名言……至如烟潤不過點墨無痕迹, 皴法不生澁而已, 豈可混而一之哉." 등이 그 예에 속한다.

38) 王原祁, 『雨窗漫筆』, 「畫中龍脈說」, "畫中龍脈, 開合, 起伏. 古法雖備, 未經標出. 石谷(王翬)闡明, 後學知所衿式. 然愚意, 以爲不參體用二字, 學者終無入手處. 龍脈爲畫中氣勢源頭. 有斜有正, 有渾有碎, 有斷有續, 有隱有現, 謂之體也. 開合從高至下, 賓主歷然. 有時結聚, 有時澹蕩, 峰回路轉, 雲合水分, 俱從此出. 起伏由近及遠, 向背分明, 有時高聳, 有時平修, 欹側照應, 山頭巾腹, 山足銖兩. 悉稱者謂之用也." 참조.

조선조 정약용을 비롯한 유학자들이 길지 선택과 관련된 발복 차원의 풍수론을 비판한 것은 타당성이 있다. 그 비판에 대해 동양문화에서 풍수가 갖는 순기능과 관련된 풍수 차원의 설득력 있는 답변을 예술풍수론 등과 같은 사유를 통해 제시하였다. 이 같은 풍수의 순기능에 대한 철학적·미학적 해석을 통해 오늘날에 적용될 수 있는 다양한 '신풍수론'이 요청되는 이유다.

4. 명리의 철학화를 통한 미래 모색

명리도 철학 차원에서 보다 폭넓게 논의되려면 우선 조선조 유학자들의 명리에 대한 의문점에 대해 철학적·미학적 답변을 해야 한다. 특히 인품론과 기질변화론을 통한 인성교육적 측면을 강조하는 동양 서화예술이 갖는 사유와 지혜를 명리 차원에 적용함으로써 명리가 갖는 긍정적인 점을 밝힐 필요가 있다. 왜냐하면 후천적인 수양과 학습을 통한 기질변화를 모색하는 인성교육 측면은 사람의 운명을 바꿀 수 있다는 가능성이 있기 때문이다.

주지하는 바와 같이 명리학은 흔히 추명학推命學이라고도 하는데, 사람이 태어난 연年·월月·일日·시時의 네 간지干支인 사주四柱를 기초로 운명과 길흉화복吉凶禍福을 예견하는 점법을 이른다. 현대 학자인 루즈지陸致極는 팔자의 명리학이 전통적 명리학의 정통성을 확보할 수 있고 학술의 전당으로 들어갈 수 있는 자격을 지닌 까닭은 그것이 경험적 법칙을 총정리만 하는 측면을 넘어서 이미 완전한 이론의 유형과 일련의 추리의 체계를 지니고 있기 때문이라고 진단한다.39) 김창협金昌協은 이 같은 추명학에 대해 다음과 같이 이론적인 비판

---

39) 루즈지 지음, 김연재 옮김, 『명리학의 이해』 I, p.14.

을 가한다.

　　운명의 이치는 미묘하여 말하기 어렵더라도 태어나면서 처음 품부 받은 것이
지 오늘날 옮길 수 있는 것이 아니라면 주자가 『논어집주』에서 진실로 분명
하게 말하였다.[40] 그러나 추명가推命家가 사람의 생년월일 때에 만난 오행의
상생상극으로써 그 수요壽夭·귀천·빈부·길흉을 미룬다면 그 연고에 알기
어려운 점이 있다. 대저 오행은 천지 사이에서는 승강하고 운행하고 착종하
고 변화하는 것으로 어느 한때에 구속되는 것은 아니다. 장재張載가 이른바
'흩어진 기운이 분요紛擾하다고 한 것'[41]이 그것이다. 이것은 일일과 일시 중
에서 피차의 원근과 청탁과 후박에 진실로 만 가지로 다른 것이 있다는 것인
데, 사람이 만난 것이 무엇으로써 제일齊一할 수 있는가는 지금도 그 정황을
묻지 않는다. 그러나 그 일시를 논하면 이것은 알 수 없는 것의 하나다. 또한
천하가 큰 것으로써 고금의 멀리 떨어진 것을 계산하면 인간의 연·월·일
및 때가 같은 자는 기천만 인이 되는지 모른다. 이런 사람들로 하여금 그 수
요·귀천·빈부·길흉에 어느 것 하나도 같지 않은 것이 없다고 한다면 조화
가 된 것은 또한 쉽게 궁하게 될 것이다. 그러나 고금에 부귀와 수록壽祿으로
써 한때에 이름을 날린 자가 동시에 동명同命했다는 것은 절대 들리지 않는
다. 이것이 그것을 의심하는 두 번째다.…… 사람이 어찌 일진日辰 간지干支의
오행이 스스로 천지간에 유행하는 오행과 더불어 서로 관련이 없다고 할 수
있는 것인가? 아직 잘 모르겠다.[42]

---

40) 『論語』, 「顔淵」, "子夏曰, 商聞有之矣, 死生有命, 富貴在天"에 대해 朱熹가 "命稟於有生之初,
　　非今所能移, 天莫之爲而爲, 非我所能必, 但當順受而已"라고 주석한 것이 그것이다.
41) 張載, 『正蒙』, 「太和篇」, 卷1, "游氣紛擾, 合而成質者, 生人物之萬殊, 其陰陽兩端循環不已者,
　　立天地之大義."
42) 金昌協, 『農巖集』, 卷32, 「雜識·內篇二」(a162_343a), "命之理, 雖微妙難言, 然其稟於有生
　　之初而非今所能移, 則朱子於論語集註, 固明言之矣. 然推命家, 以人生年月日時所値五行生剋,
　　推其壽夭貴賤貧富吉凶, 則其故有難知者. 夫五行之在天地間, 升降運行, 錯綜變化, 非可以時
　　處拘. 張子所謂游氣紛擾者也. 是雖一日一時之中, 而彼比遠近淸濁厚薄, 固應有萬之不同, 人
　　之所値, 何能以齊一, 今也不問其地. 但論其時, 此其不可知者一也. 且以天下之大, 古今之
　　遠計之, 人之同年月日時者, 不知其幾千萬人. 使此人者, 其壽夭貴賤貧富吉凶, 無一之不同, 則
　　爲造化者, 亦易窮矣. 然而古今以貴富壽祿名於一時者, 絶不聞有同時而同命者. 此其可疑者二

유학에서는 실리實理라는 입장에서 천도를 이해한다. 예를 들면 이이李珥가 「신선책神仙策」에서 제기한 "천지의 이치는 실리일 뿐이다. 사람과 만물의 생성함은 실리에 의하지 않음이 없으니, 실리 이외의 설은 사물의 이치를 궁구하여 깨닫는 군자가 믿을 만한 바가 아니다"[43]라는 사유가 그것이다. 김창협은 전통적인 성리학의 리기론[44]을 통해 "오행은 천지 사이에서는 승강과 운행하고 착종과 변화하는 것으로 어느 한때에 구속되는 것은 아니다"라고 하여 명리의 오행 불변 사유를 통한 정명定命적 사유를 비판한다. 천도를 실리라는 차원에서 이해하는 경우 인간의 일진과 간지의 오행은 천지간에 유행하는 오행과 동일해야 한다는 입장에서 명리학의 논지를 비판하는 것은 당연하다. 동년·동월·동일 시에 태어난 사람들의 명리가 동일하다는 문제 제기도 타당한 면이 있다. 오늘날 명리학이 탄생했던 과거에 비해 인구도 10배 이상 늘어난 것과 각 국가마다 적용하고 있는 표준시 적용에 따른 다양성[45]을 감안하면 더욱 그렇다고 할 수 있다. 이런 점에서 당대와 송대 사이에 틀을 갖춘 팔자의 명리학은 현재 두 시간의 간격을 하나의 시진時辰으로 보고서 팔자의 구조에 위치를 정해 놓은 것이 갖는 확률이 과연 얼마나 되는지도 엄밀히 검토할 필요가 있다.[46]

철학 차원에서 명리학의 시조 격으로 알려진 한대 왕충王充은 기품론氣稟論을 통해 생명이 탄생할 때 인간의 평생 명운이 결정된다고 하는데,[47] 그것의

也.……人豈日辰干支之五行, 自與天地間流行之五行, 有不相干者耶. 未可曉也."

43) 李珥, 『栗谷全書拾遺』, 卷五, 「雜著·神仙策」(a045_550c), "對: 天地之理, 實理而已. 人物之生, 莫不依乎實理, 則理外之說, 非格物君子之所可信也."

44) 張載의 '游氣紛擾'를 리기론 입장에서 분석한 것은 黎靖德 編, 『朱子語類』, 卷九十八, 「張子之書一」, "問, 游氣紛擾一段, 是說氣與理否. 曰, 此一段專是說氣, 未及言理. 游氣紛擾, 合而成質者, 生人物之萬殊, 此言氣. 到此已是渣滓粗濁者, 去生人物, 蓋氣之用也. 其動靜兩端, 循環不已者, 立天地之大義, 此說氣之本." 참조.

45) 예를 들면 중국은 매우 넓은 땅이지만 표준시는 북경 표준시를 채택하는 문제점이 있다는 것이다.

46) 루즈지 지음, 김연재 옮김, 『명리학의 이해』 I, p.43.

또 다른 근거는 음양론이다.[48] 왕충은 아울러 원기자연론元氣自然論을 통해 삶과 죽음, 장수와 요절과 관련된 '수명壽命'과 빈부와 귀천과 관련된 '녹명祿命'이란 두 가지 관점에서 파악하면서[49], 몸의 건강 및 장수와 요절을 기의 악강渥强과 박약薄弱으로 귀결한다[50]. 특히 부모가 기를 주는 과정에서 한 인간의 길흉이 주어진다고 한다.[51] 일종의 자연정명론自然定命論 혹은 운명결정론을 주장하는 데, 이런 사유를 그대로 받아들이면 명리의 철학화는 제한될 수밖에 없다. 이런 점에서 인간의 출생 시간과 운명 사이의 상관성을 극복하고자 한 우화이원(吳懷雲)이 말한 다음과 같은 발언에 주목할 필요가 있다.

> 원래 인간의 운명은 선천적 운명과 개인의 의식적 반응의 결정 이외에도 여전히 수많은 후천적 요소들의 영향을 받는다. 여기에는 다음과 같은 몇 가지 요소를 포함한다. 첫째 지리적 환경, 둘째 종족의 차이, 셋째 풍속과 관습, 넷째 정치제도, 다섯째 조상의 업적(가풍), 여섯째 교육의 정도, 일곱째 품성과 덕의 수양, 여덟째 체격과 용모, 아홉째 돌연변이이다.[52]

이 아홉 가지 요소 중에서 특히 인간의 후천적인 노력 여하에 따라 선천적인

---

47) 王充, 『論衡』, 「無形」, "人稟元氣於天, 各受壽夭之命, 以立長短之形, 猶陶者用土爲簋廉, 冶者用銅爲柈杅矣. 器形已成, 不可小大. 人體已定, 不可減增. 用氣爲性, 性成命定, 體氣與形骸相抱, 生死與期節相須. 形不可變化, 命不可減益. 以陶冶言之, 人命短長, 可得論也."

48) 王充, 『論衡』, 「訂鬼」, "夫人所以生者, 陰陽氣也. 陰氣主爲骨肉, 陽氣主爲精神. 人之生也, 陰, 陽氣具, 故骨肉堅, 精氣盛. 精氣爲知, 骨肉爲强, 故精神言談, 形體固守. 骨肉精神, 合錯相持, 故能常見而不滅亡也."

49) 王充, 『論衡』, 「幸偶」, "俱稟元氣, 或獨爲人, 或爲禽獸. 並爲人, 或貴或賤, 或貧或富. 富或累金, 貧或乞食. 貴至封侯, 賤至奴僕. 非天稟施有左右也, 人物受性有厚薄也."

50) 王充, 『論衡』, 「氣壽」, "夫稟氣渥則其體强, 體强則其命長. 氣薄則其體弱, 體弱則命短, 命短則多病壽短. 始生而死, 未產而傷, 稟之薄弱也. 渥强之人, 不卒其壽."

51) 王充, 『論衡』, 「命義」, "凡人受命, 在父母施氣之時, 已得吉凶矣. 夫性與命異, 或性善而命凶, 或性惡而命吉. 操行善惡者, 性也. 禍福吉凶者, 命也. 或行善而得禍, 是性善而命凶. 或行惡而得福, 是性惡而命吉也."

52) 吳懷雲, 『命理點睛』, p.103. 루즈지 지음, 김연재 옮김, 『명리학의 이해』 I , p.28 再引用.

운명을 바꿀 수 있다는 여섯 번째와 일곱 번째에 주목할 필요가 있다. 이런 점은 자연정명론 이론의 변경 가능성을 인정하기 때문이다. 이런 점에서 귀곡자鬼谷子가 쓴 것으로 전해지는 『이허중명서李虛中命書』에 나오는 아래와 같은 발언이 갖는 의미에 주목할 필요가 있다.

오행 밖으로 나온 사람은 삶과 죽음이 자신에게 달려 있지만, 맑음과 흐름 안에 머문 사람은 생존과 멸망이 운수에 따른다.53)

주석: 덕을 닦고 본성을 함양하여 거짓됨을 교정하고 진실함을 지키며 영험함이 내부에서 고요하고 돌이켜 회복하여 원으로 돌아가면 신묘함이 육합의 밖에서 노닐고 반드시 오행에 앞서 이루어진다. 그렇다면 살고자 하는 것과 죽고자 하는 것, 감추고자 하는 것과 나타내고자 하는 것이 모두 나에게서 나온다. 이러한 사람을 신선과 진인眞人이라 말한다. 사람이 어찌 천지 귀신, 때의 운수 때문에 구속되겠는가? 이는 사람이 스스로 수양하도록 해야지 전적으로 명에만 얽매이면 안 된다는 것이다.54)

명리가 갖는 운명론에서 벗어날 수 있다는 이런 발언에 대한 논의는 명리의 철학화와 미학화에 일조를 할 수 있다. 즉 동양예술에서 인품론을 강조하는 사유와 연계하여 명리가 갖는 미학적 측면에 대한 긍정적인 측면을 밝힐 필요가 있다. 아울러 명리가 기의 강약후박과 관련된 점이 있다면 후천적 수양을 통한 '기질변화의 가능성'(矯氣質)을 인정하는 것도 명리가 철학화와 미학화하는 데 일조를 할 수 있다. 예술을 통한 기질변화론이나 인성교육적 측면을 고려하면

---

53) [傳] 鬼谷子, 『李虛中命書』, 卷中, 「通理物化」, "出五行之外者, 生死在乎我, 居淸濁之內者, 存亡從數焉."
54) [傳] 鬼谷子, 『李虛中命書』, 卷中, 「通理物化」, "注釋: 凡修德養性煉假守眞, 靈台內靜反復還元, 神游六合之外必造五行之先, 則欲生欲死欲隱欲顯, 皆由乎我, 是謂神仙眞人矣. 豈由天地鬼神時數所拘哉. 此欲人之自修, 不可專滯乎命."

그렇다는 것이다. 이런 점은 AI 명리가가 전혀 예측하고 접근할 수 없는 영역에 속한다.

이 밖에 명리의 철학화를 위해서는 명리학의 외연을 확장할 필요가 있다. 예를 들면 명리학과 한의학韓醫學(중국의 경우는 中醫學)이 동일한 근원을 가지고 있다는 사유 등을 통한 외연 확장 모색이 그것이다.

> 사람의 병에는 백 가지 단서가 있지만 그 이치는 두 가지가 아니다. 보고 듣고 묻고 맥을 짚는 것은 바로 의사의 오묘한 활동이다. 생겨나고 이기고 억제하고 변화하는 것은 술사의 현묘한 비법이다. 만약 그 근원을 탐구할 수 있다면 표본은 방법을 벗어나지 않을 것이다.[55]

만민영萬民英이 『삼명통회三命通會』에서 오장육부의 질병과 간지(天干地支)의 관계를 말한 이러한 언급과 관련된 분야는 AI 명리가가 접근하기 쉽지 않은 영역이다. 설령 접근한다고 해도 매우 제한적일 수밖에 없다. 이런 점에서 후천적 수양과 학문을 통해 성인이 될 수 있는 가능성을 제기하는[56] 유가의 사유에서 볼 때 김창협의 문제 제기는 타당한 것에 해당한다.

장자는 "인간의 삶은 기가 모여 이루어진 것으로, 기가 모이면 살고, 흩어지면 죽는다.…… 천하는 통틀어 일기一氣일 뿐이다"[57]라고 하여 기의 취산을 통해 인간 생사의 원리를 규정한 바가 있는데, 이런 점과 관련해 길지 선택에 의한 발복과 관련된 동기감응론同氣感應論이 보다 설득력을 얻을 수 있는 방안 모색에 대한 철학화도 요구된다. 예를 들면 동기감응론의 기가 영원 불멸성의

---

55) 萬民英, 『三命通會』, 권7, 「論疾病先知五臟六腑所屬干支」, "噫, 人病百端, 理無二焉. 望問聞切, 乃醫家之妙用. 生克制化, 爲術士之玄微. 若能參究根源, 標本不離斯法."

56) 張載, 『通書』, 「聖學」, "聖可學乎. 曰, 可. 有要乎. 曰, 有. 請問焉. 曰, 一爲要, 一者, 無欲也."

57) 『莊子』, 「知北遊」, "人之生, 氣之聚也, 聚卽爲生, 散卽爲死.……通天下一氣耳."

논리에 입각한 것인지 아닌지의 여부 및 '기불멸론'이라고 해도 조상의 기가 사후에 영원히 흩어지지 않고 있다가 길지를 선택한 자손에게만 발복을 해 주는 것인지 하는 것을 중국철학사에 나타난 '신멸론神滅論' 및 '신불멸론神不滅論' 등과 연계하여 이해할 필요가 있다는 것이다. 이 밖에 유학에서 말하는 기질변 화를 인정하고 아울러 최종적으로 후천적 노력을 통해 성인이 될 수 있다는 가능성 및 오균吳筠58)이 말하는 불로장생의 신선 되기와 관련하여 '배움을 통해 신선에 도달할 수 있다'는 '신선가학론神仙可學論' 등에 대한 명리 차원의 답변도 요구된다. 이런 점들은 명리에서 강조하는 수양론을 통한 인간 기질 변화 및 인성교육적 측면과 함께 명리의 철학화·미학화를 모색하는 데 고민해야 할 것에 속한다.

5. '심의心醫' 차원의 한의학 미래 모색

장사를 오래 해 본 분들은 매장에 들어오는 손님의 얼굴 표정과 행동거지를 보면 그 손님이 물건을 구매할지의 여부를 '대강' 안다는 말을 한다. 근거 없는 허황한 말 같지만 그들의 말을 전적으로 무시할 수 없다. 왜냐하면 그들이 내린 판단은 오랜 세월 장사를 하면서 체득한 '축적된 경험'을 근거로 한 것이기 때문이다. 이 같은 상인의 정황을 확대하여 말하면, 한의사들이 병자의 몸 상태 를 판단하는 것에도 적용할 수 있다. 즉 뛰어난 최고의 한의사는 들어오는 병자의 얼굴 표정과 행동거지를 보면 몸에 무슨 나쁜 증상이 있어서 온 것인지

---

58) 吳筠, 『宗玄先生文集』, 卷中, 「神仙可學論」, "洪範向用五福, 其一曰壽, 延命至於期頤, 皇天 猶以爲景福之最, 況神仙度世, 永無窮乎. 然則長生大法, 無等倫以儔擬, 當代之人, 忽而不尙者 何哉.……神仙可學, 炳炳如此, 凡百君子, 胡不勉之哉."(『正統道藏』, 「太玄部」 參照)

를 한눈에 알 수 있다는 것이다.

서양의학과 비교할 때 한의학이 갖는 장점 중 하나는 인간 몸의 각 구성 요소를 부분으로 이해하지 않고 전체적이면서 유기적 맥락에서 이해하는, 이른바 홀리즘(holism)으로 이해하는 것이다. 따라서 진료 방법도 신체 내부 변화에 따른 기맥의 흐름과 기세의 차이점을 통해 몸 건강 상태의 유무와 이상 징후를 파악하는 '진맥診脈'의 의료진단법을 사용하고 있다. 그런데 전통적으로 최고의 한의사라고 일컬어지는 경우는 진맥과 관련된 '과학적' 의료진단법과 다른 차원에서 말해진다.

병자의 몸에 나타난 이상 징후를 파악하는 경지와 관련하여 『황제팔십일난 경黃帝八十一難經』「육십일난六十一難」에서 다음과 같이 말한 것을 보자.

보아서 아는 것을 신묘하다고 하고, 듣고서 아는 것을 성스럽다 하고, 물어서 아는 것을 교묘하다고 하고, 진맥을 통해 아는 것을 기교가 뛰어나다고 한다.[59]

한의사가 병자를 보고 판단하는 경지의 고하를 '신묘한 경지', '성스런 경지', '교묘한 경지', '기교가 뛰어난 경지' 등으로 구분하는데, 최고 경지의 한의사는 병자를 보는 순간 바로 몸의 이상 징후를 알 수 있으며, 실제 의료 현장에서 행하는 진맥을 통해 병자 몸 상태를 진단하는 것은 가장 낮은 단계에 속한다는 것이다.

물론 누구나 단순히 오랜 경험을 쌓는다고 '척 보면 압니다'라는 최고 경지가 가능해지는 것은 아니다. 짧은 시간에 몸 전체 상태를 꿰뚫어 볼 수 있는 탁월한 심안心眼과 형안炯眼이 있어야만 가능하다. 어찌되었든 경험의 축적을

---

59) 扁鵲, 『黃帝八十一難經』, 「六十一難」, "望而知之謂之神, 聞而知之謂之聖, 問而知之謂之工, 切脈而知之謂之巧."

근거로 한 '보아서 아는 경자'에서 인간의 질병 여부를 판가름하는 것을 만약 '과학'이란 잣대를 가지고 시비를 가린다면 당연히 문제시될 부분이 있다. 하지만 왜 한의학에서는 이런 비과학적이면서 신비적인, 때론 황당한 것 같은 발언을 하는 것일까 하는 점을 생각해 보자. 아울러 이런 질문을 통해 미래 한의학은 어떠한 차원의 한의학이어야 하는지를 상상해 보자.

'척 보면 압니다'라는 신묘한 경지는 보이지 않는 인간 내면의 마음 상태 혹은 병적 징후를 겉으로 드러난 얼굴색이나 몸짓을 통해 정확하게 이해할 수 있다는 사유와 관련이 있다. 구체적으로 '관색론觀色論' 즉 얼굴은 몸 안의 상태를 반영한다는 것을 통해 규명할 수 있다. 이런 점과 관련해 유학에서는 '인간의 마음속에 기운이 쌓임이 있으면 자신이 의도하지 않아도 표정으로 표현된다'라고 말한다. 예컨대 『대학大學』 6장에서 말하는 '마음속에 성실한 기운이 쌓이게 되면(誠於中) 그 쌓인 기운은 몸의 다양한 표정으로 나타난다(形於外)'라는 것이 그것이다.(준말로 誠中形外) 『관자管子』에서는 내와 외가 서로 부합하는 사고방식에 해당하는 '성중형외' 사유를 "온전한 마음이 안에 있으면 숨길 수 없어 밖의 형용에 나타나니 안색顏色에서 알 수 있다"[60]라고 말한다. 이상과 같은 발언을 이제 '내면에 어떤 마음가짐을 갖고 있는가를 본다'(視中)는 것과 '외적으로 드러난 얼굴색을 보고 내면의 마음을 안다'(觀色)는 관점과 연계하여 보자.

물론 사람은 자신의 마음을 감출 수도 있고 아울러 밖으로 드러난 얼굴색을 꾸며 얼마든지 타인을 속일 수가 있다. 하지만 명민한 관찰자는 그런 가식을 꿰뚫어 보고 심지어는 생각마저도 엿볼 수 있다. 그 하나의 예를 보자. 왕충王充의 『논형論衡』 「지실知實」에는 제나라 환공桓公이 재상 관중管仲과 거莒를 공격하고

---

60) 『管子』, 「心術下」, "金心在中不可匿. 外見於形容, 可知於顏色."

자 모의한 일이 있었는데, 그 계획을 공표하기 전에 원정이 임박했다는 소문이 퍼진 일이 실려 있다. 이에 관중은 "나라에 '성인聖人'이 있는 것이 틀림없다. 오직 성인만이 공표되지도 않은 계획을 미리 알 수 있다"라고 여겼다. 이에 동곽아東郭牙를 의심한 관중은 그를 불러 물어보았다. 동곽아는 관중의 얼굴을 관찰함으로써 그 계획을 알 수 있었다고 대답한다. 동곽아는 평소 관중의 마음이 얼굴 표정으로 드러나는 것을 유심히 관찰하였고, 그 결과 관중이 말하지 않고 마음속으로만 품고 있었던 계획을 알아차릴 수 있었던 것이다.[61] 왕충의 『논형』「지실」에는 날카로운 눈을 가진 순우곤淳于髡이 양혜왕梁惠王의 생각을 읽어 냄으로써 그를 놀라게 한 이야기도 실려 있다. 왕충은 이 사건에 대해 "의도는 가슴속에 숨겨져 있었지만 곤은 그것을 알 수 있었다. 어떻게 그럴 수 있었을까? 그는 얼굴 표정을 관찰하여(觀色) 마음을 들여다볼 수 있었다(窺心)"[62]라고 결론 내린다. 이 같은 '관색'='규심'이란 사유는 '성중형외' 사유가 작동한 것이다.

『대대례기大戴禮記』「문왕관인文王官人」에서는 '마음속을 보는 것'(視中)과 '얼굴색을 보는 것'(觀色)에 관련된 사유를 보다 구체적으로 말한다. '시중'에 관한 것을 보자.

세 번째는 "성실함이 마음속에 있으면 그것은 밖으로 나타난다"(誠在其中, 此見

---

61) 관련된 전후 문맥은 다음과 같다. 王充, 『論衡』, 「知實」, "齊桓公與管仲謀伐莒, 謀未發而聞於國. 桓公怪之, 問管仲曰, 與仲甫謀伐莒, 未發, 聞於國, 其故何也. 管仲曰, 國必有聖人也. 少頃, 當東郭牙至, 管仲曰, 此必是已. 乃令賓延而上之, 分級而立.……管仲曰, 我不言伐莒, 子何以意之. 對曰, 臣聞君子有三色. 驩然喜樂者, 鍾鼓之色. 愁然淸淨者, 衰絰之色. 怫然充滿, 手足者, 兵革之色. 君口垂不唫, 所言莒也. 君擧臂而指, 所當又莒也. 臣竊虞國小諸侯不服者, 其唯莒乎. 臣故言之."

62) 관련된 전후 문맥은 다음과 같다. 王充, 『論衡』, 「知實」, "客有見淳于髡於梁惠王者, 再見之, 終無言也. 惠王怪之, 以讓客曰, 子之稱淳于生, 言管晏不及. 及見寡人, 寡人未有得也, 寡人未足爲言邪. 客謂髡, 曰, 固也. 吾前見王志在遠, 後見王志在音, 吾是以默然. 客具報, 王大駭, 曰, 嗟乎. 淳于生誠聖人也.……觀色以窺心, 皆有因緣以准的之."

於外)는 것이다. 보이는 것으로 숨은 것을 헤아리고, 작은 것으로 큰 것을 헤아리고, 소리로 기가 어떠한지를 정한다. 태초의 기가 만물을 생성하게 하는데, 생겨난 만물에는 소리가 있다. 소리에는 굳센 것과 부드러운 것이 있고, 둔탁하고 맑은 것이 있고, 좋은 것과 싫은 것이 있으니, 모두 소리로 발한 것이다.…… 소리를 듣고 기운에 처하여 하는 바를 생각하고, 말미암는 것을 보고 편안해하는 것을 살핀다. 앞에 있는 것으로 뒤를 헤아리고, 보이는 것으로 숨은 것을 헤아리고, 작은 것으로 큰 것을 헤아리는 것을 일러 "마음속을 본다"(視中)고 한다.63)

이상 거론한 다양한 감정의 표출은 모두 자신이 속일 수 없는, 마음속에 담겨진 진실된 것을 드러낸 예에 속한다. 다음 '관색론觀色論'을 보자.

네 번째는 백성에게 다섯 가지 성품이 있으니, 기쁨(喜)과 성냄(怒)과 슬퍼함(哀)과 두려움(懼)과 근심(憂)이다. 기쁜 마음을 속에 쌓으면 그것을 숨기고자 하여도 기쁨이 밖으로 '반드시'(必) 보인다. 성난 기운을 속에 쌓으면(內畜) 그것을 숨기고자 하여도(隱) 성냄이 밖으로 '반드시' 보인다.…… 다섯 가지 기운은 '마음에 성실하면 그 모양이 밖으로 나타나게 되는 것이니, 백성이 감정을 숨기지 않았기 때문이다.…… 이것을 표정을 살피는 '관색'이라 한다.64)

희·노·애·구·우와 관련된 기운의 '내축內畜'에서 '축'은 '쌓임'(積)과 동일한 의미다. 즉 내면에 어떤 기운이라도 가득 쌓이면 아무리 숨기고자 하여도 그것은 '반드시'(必) 밖의 표정(色)으로 드러날 수밖에 없다는 것은 안에 '쌓임'이

---

63) 『大戴禮記』, 「文王官人」, "三曰誠在其中, 此見於外. 以其見占其隱, 以其細占其大, 以其聲處其氣. 初氣主物, 物生有聲. 聲有剛有柔, 有濁有清, 有好有惡. 咸發於聲也.……聽其聲, 處其氣, 考其所爲. 觀其所由, 察其所安. 以其前占其後, 以其見占其隱, 以其小占其大. 此之謂視中也."
64) 『大戴禮記』, 「文王官人」, "四曰民有五性, 喜怒欲懼憂也. 喜氣內畜, 雖欲隱之, 陽喜必見. 怒氣內畜, 雖欲隱之, 陽怒必見.……五氣誠於中, 發形於外, 民情不隱也.……此之謂觀色也."

있기 때문이다. 당연히 욕망도 모르는 사이에 표현되게 된다. 때론 '숨긴다'(隱)라는 '은' 자를 통해 내면에 쌓은 기운을 인위적으로 숨기고자 하지만, 이 같은 인위적인 감춤도 결국은 드러날 수밖에 없다고 본다.

이상 거론한 자료에서 '반드시'(必)라고 표현한 것에는 '경험의 축적'에 대한 100% 확신이 담겨 있고, 아울러 '모든 인간은 선할 수밖에 없다'는 낙관적 성선설性善說이 깔려 있다. 철학적으로 보면, '시중'과 '관색' 이론에서 보이는 경험 축적을 통한 판단의 확실성을 의미하는 '필' 자에는 유학에서 말하는 진리 인식과 관련된 이른바 '격물치지格物致知' 이후에 '활연관통豁然貫通'에 이른다는 사유가 작동하고 있다.[65]

한의학 차원에서 격물치지 사유를 인간 몸에 적용하여 이해하면, '격물'은 개개 인간 몸의 각 부분에 내재 된 생리를 직접 접촉함으로써 이해하는 과정이고, '치자'는 이 같은 격물을 통해 체득한 신체의 온 정황을 유기적으로 파악하여 '아! 이런 원리에 의해 몸이 작동되는구나' 하는 것을 안다는 것으로 이해할 수 있다. 즉 이런 격물과 치지의 과정을 거쳐 몸의 각 부분에 대한 개별 지식의 축적 과정을 거치면 어느 날인가 몸에 내재 된 전체적인 원리를 알게 되는, 이른바 활연하게 관통하는 경지에 오르게 된다. 이런 활연관통의 경지에 오르면 한의학 차원에서는 '척 보면 압니다'라는 것이 가능하게 된다. 물론 이런 경지는 '나의 도는 하나로 꿰뚫고 있다'(吾道, 一以貫之)고 말한 공자와 같은 성인이라야 가능하겠지만, 이런 경험의 축적에 의한 인식 과정을 거쳐 체득한 활연관통의 경지를 단순히 신비적인 것으로 격하해서는 안 된다. 아울러 '관색'과 관련된 사유는 서양에도 있었던 것을 상기할 필요가 있다. 『성경』의 다음 구절을 보자.

---

65) 불교 차원에 대비하면 말하면, 격물치지는 漸修 과정이고, 활연관통의 경지는 頓悟에 해당한다.

사람의 마음은 그것이 선한 것이든 악한 것이든, 안색으로 나타나게 마련이다. 즐거운 마음은 생기 있는 안색을 만든다. 생기 있는 안색은 마음이 풍요롭다는 증거다.[66]

『성경』이 갖는 진리 차원의 무오류성을 인정한다면『성경』의 '안색에 마음이 나타난다'는 이 발언과 함께『대학』에서 말한 '성중형외' 사유도 진리에 해당한다.『성경』에서는 한 걸음 더 나아가 관상학적 차원에서 안색뿐만 아니라 외모로도 그 사람을 알 수 있다고 한다.

외모로 그 사람을 알 수 있다. 내가 그를 만났을 때 그의 표정만으로도 그가 어떤 사람인지를 알 수 있다. 옷차림, 지나친 웃음과 걸음걸이가 그를 말해준다.[67]

외모를 통해 사람의 속내를 꿰뚫어 볼 수 있는 특별한 형안과 심안을 갖지 않은 경우 이상과 같은 발언은 매우 제한적일 수 있다. 하지만 몸이 모든 경험의 핵심이고 아울러 습관, 의식의 흐름, 정서 등이 총체적으로 '안색에 반영된다고 하는 점을 인정한다면 한의학에서 '척 보면 압니다'라는 발언도 설득력이 있게 된다.

문제는 진맥 과정에 오류가 없고, 병리적 차원에서 인간의 신체 리듬에 대한 전반적인 데이터 및 '관색'과 관련된 다양한 데이터를 내장한 AI 한의사가 출현한다면 '척 보면 압니다'라는 차원의 최고 한의사는 AI 한의사에게 양보할 수밖에 없다는 것이다. 이제 한의학이 인간만의 고유한 영역인가? 인간 한의사보다 훨씬 더 정확하게 진맥할 수 있는 AI 한의사와 차별화될 수 있는 것은

---

66)『전도서』8: 25~26.
67)『전도서』19: 29~30.

무엇인가? 하는 질문을 던질 필요가 있다. 이에 한의학 차원에서는 '심의心醫'에 대한 재인식이 요구된다.

인간 몸이 하나로 획일화될 수 없는 다양성을 가지고 있다면, 인간 한의사의 경우 '척 보면 압니다'라는 판단에는 오차가 있을 수 있지만, AI 한의사는 더 정확한 판단을 내릴 수 있다. 최근 AI가 인간 의사보다 오진율이 적었다는 기사는 이런 점을 입증해 준다. 제한적이지만 '인공수술 로봇'도 등장하고 있다. 따라서 미래 이야기일 수 있지만, AI 한의사가 넘볼 수 없는 한의학의 영역이 무엇인가를 고민할 필요가 있다. 이런 점에서 최근 첨단 기술이 발전할수록 역설적으로 사람의 따뜻한 감성이 더욱 중요하다는 '휴먼터치'를 강조하는 것을 떠올리자. 인공지능이 무한히 발전하더라도 '사람의 따뜻함과 관련된 인간의 공감 능력'만은 모방하기 어려운 영역으로 남는다는 것이다.

6. 나오는 말

조선의 잡과에는 오늘날 외교관에 해당하는 역과譯科, 법조인에 해당하는 율과律科, 의사에 해당하는 의과醫科와 더불어 천문학·지리학·명과학 관련된 음양과陰陽科가 있었다. 음양과를 제외하면 나머지 세 과는 오늘날 사회적 지위가 높은 선망하는 전문 직종으로 자리매김되고 있다. 이에 비해 풍수지리와 관련이 있는 음양과는 조선조 유학자들에게 때론 사술邪術, 미신 혹은 혹세무민하는 것으로 폄하되거나 배척당했던 것이 현실이었고, 오늘날에도 부정적 인식이 여전하다. 그런데 풍수와 명리에 대한 이런 폄하는 역설적으로 풍수와 명리가 그만큼 인간의 현실적 삶에 강력한 영향력을 발휘할 수 있음을 말해 준다. 아울러 미학적 환경에서 보다 편안한 삶을 살고자 하는 바람이 담겨 있다.

이런 점에서 잡과라고 할 때의 '잡雜'이란 용어에 주목해 보자.

과거 학문의 순수부잡성純粹不雜性과 예법禮法 및 윤리지상주의를 내세운 유가사상을 중심으로 한 평가인 '잡'이란 용어가 갖는 폄하된 시각을 배제하고 말하면, '잡'이란 글자에는 어느 한 분야에만 국한되지 않는 다양함과 융복합적 사유가 담겨 있음을 주목할 필요가 있다. 최원석은 풍수의 학문 영역의 광범위함은 분야별로 볼 때 철학, 미학, 문학, 역사학, 민속학, 종교학, 지리학, 건축한, 생태학, 환경학 등에 걸쳐 있고, 연구 영역으로는 환경, 건축, 문화생태, 취락 입지, 공간 민속, 경관 미학 등이 복합화되어 있어 학제적 차원에서 종합적으로 조명해야 할 대상에 해당한다고 진단한다.[68] '잡雜'이란 용어가 갖는 긍정적 의미다. 이제 이 같은 다양한 분야와 연계된 풍수의 융복합적 차원의 연구가 요청된다. 명리도 마찬가지다.

시대가 변했지만 오늘날에도 여전히 풍수와 명리는 그 힘을 잃지 않고 거대한 힘을 발휘하고 있다. 최근 명리에서 AI 명리가는 아니지만 기존에 있었던 자료 집적을 통한 사주카페 등과 같은 운세 판단 사업이 활발하다. 스타트업 '운칠기삼'은 컴퓨터 알고리즘 기반 사주 서비스를 실시하여 해외에서 많은 인기를 끌고 있다.[69] 인터넷상의 사주카페의 숫자를 감안할 때 AI 풍수가와 AI 명리가가 활동한다면 더 큰 타격을 받을 분야는 정해진 도식과 통계학 및 수학적 논증이 적용되는 명리 쪽일 것이다. 인간의 기억력이 아무리 뛰어나도 AI 명리가에게 주어진 자료의 방대함과 그것을 분석하는 능력을 따라갈 수 없기 때문이다. 아울러 풍수에는 AI 풍수가가 쉽게 넘볼 수 없는 생기生氣라는

---

68) 최원석, 『사람의 지리: 우리 풍수의 인문학』(한길사, 2018), p.526.
69) 스타트업 '운칠기삼'에서는 생년월일 등 정보를 입력하면 2,000만 개가 넘는 사주 조합을 알고리즘이 자동으로 분석해 풀이해 주는 서비스 '포스텔러'를 만들어, 현재 해외 이용자가 140만 명에 이른다.
https://www.chosun.com/economy/smb-venture/2022/04/21/

요소가 있지만, 명리는 AI 명리가와 차별화되는 것이 제한적이란 점도 있다. 이에 AI 풍수가와 AI 명리가가 도래하는 이즈음에서 명리는 풍수보다 더 심각하게 자신의 정체성과 활로를 모색할 필요가 있다. 그 방법의 하나로 본고는 풍수와 명리에 철학화와 미학화가 필요하다는 것을 밝힌 것이다.

궁극적으로는 풍수와 명리는 둘이면서 하나다. 루즈지(陸致極)는 명리학의 이론적 근거는 천인합일론과 왕충王充의 기일원론이고, 도구적 분석은 음양오행의 간지부라고 하면서 가정과 국가가 동일한 구조를 가진 봉건적 질서가 명리학이 탄생하는 역사적 토양을 제공했음을 말한다.[70] 과거의 신분제 사회가 아닌 '개천에서 용이 나고' 진승陳勝이 말한 '왕후장상의 씨가 따로 있느냐(王侯將相寧有種乎) 하는 외침이 설득력을 갖는 오늘날은 과거 봉건적 질서와 다른 삶을 살고 있다. 이런 점에서 본고에서는 논하지 않았지만 의료 기술과 약품 발달에 의한 질병 치료 및 수명연장 가능성을 비롯하여, 풍수와 명리가 특히 사계절 순환반복에 의한 농경적 삶 속에서의 적전積澱의 결과물이라고 한다면 고려할 것이 많다. 예를 들면 오늘날 기후변화에 따른 음양 가운의 변화, 인간의 인위적 의학 기술인 인공수정에 의한 태아 탄생, 다양한 유전자 조작에 의한 생명체 탄생, 도시 공간 아파트 환경의 차경借景적 꾸밈, 길지와 상관없는 사자死者에 대한 화장문화 성행 등에 대한 풍수와 명리 차원의 철학적 · 미학적 답변도 요구된다. 이 밖에 '인간의 진정한 행복이란 무엇인가'에 관한 현대인의 삶의 질 향상을 위한 풍수와 명리적 차원의 접근방식도 요구된다. 오늘날 현대사회는 과거 봉건사회 혹은 사 · 농 · 공 · 상이란 직업 차별적 차원에서 인간의 행복이나 재부를 규정했던 사회와는 다른 모습이기 때문이다.

이상과 같은 점에 대한 인식은 풍수와 명리의 철학화와 미학화는 오늘날에

---

70) 루즈지 지음, 김연재 옮김, 『명리학의 이해』 II(사회평론, 2018)의 제17장 「전통적 명리학과 전통적 사유」 부분 참조.

▲ AI와 3D프린터로 탄생한 넥스트 렘브란트
〈이미지: The Next Rembrandt〉
▶ 인공지능이 그린 그림의 세 가지 예다.

(이상 그림의 출처: 명견만리 블로그)

인공지능이 그린 그림, 모두 맞추셨나요?

이제 인공지능은 단순히 사진을 따라 그리는 수준을 넘어
주입된 정보를 통해 새로운 작품을 만드는 경지에 이르렀습니다

살아 있는 풍수와 명리가 되어야 한다는 당위성과 관련이 있다. 따라서 과거의
풍수와 명리를 무조건 불변의 진리라고 믿는 묵수적 법고法古 태도를 재고할
필요가 있다. 이에 기본적으로 오늘날 변화된 시대에 맞는 풍수와 명리 이론을
확립하기 위해서는 노자가 말한 '도가도道可道, 비상도非常道'의 발언이 갖는 함의
를 통한 '신풍수와 명리론'의 필요성이 제기된다. 즉 "'과거의 풍수와 명리라고
일컬을 수 있는 풍수와 명리'(왕필이 말하는 可道之道 차원의 풍수와 명리의 도)는 이
시대에도 여전히 적용될 수 있는 '올바른 풍수와 명리'(常道 차원의 풍수와 명리의
도)가 아니다"라는 차원의 철학적·미학적 접근과 해석이 요청된다는 것이다.
특히 회화에서 강조하는 '독만권서, 행만리로'를 통한 '상도常道 차원의 풍수와
명리'에 대한 체인은 아무리 강조해도 지나치지 않는다. 풍수에 제한하여 말하
면, 동시에 금수강산이란 토양 속에서 세계적으로 통용될 수 있는 철학적·미학
적 'K풍수'와 이 시대에 맞는 '신풍수론'이 가능한지의 여부도 고민할 필요가
있다.

최근 여러 분야에서 AI가 인간의 판단과 예측보다 더 뛰어난 면을 보이고
있다. 이제 AI는 인간의 고유 영역이면서 인간 창의성의 최종 보루라는 예술
영역까지 넘보고 있다. 구글의 '딥 드림'(Deep Dream), '넥스트 렘브란트'(The Next

Rembrandt) 프로젝트 등의 회화 결과물에서 보듯, 이제 'AI 화가'는 우리 곁에서 멀리 있지 않다. 이런 현상은 '예술 창작은 인간만의 고유한 영역인가?' '예술의 본질이란 무엇인가'라는 질문으로 이어지는데, 이런 질문을 한의학에도 적용할 수 있다.

동양의 한의학이 서양의학과 다른 것 중 하나로 흔히 심리치료라는 점을 거론하곤 한다. 한자로 '약藥' 자는 '풀 초'(艸)와 '즐거울 락'(樂) 자가 결합된 글자인데, 이 '약' 자에는 풀이란 식물이 갖는 약효 차원의 치료 가능성과 더불어 심리적 즐거움이 갖는 치료 가능성 측면이 동시에 담겨 있다. 병자의 몸 상태를 인간보다 과학적으로 더 잘 파악할 수 있는 최고 경지에 오른 AI 한의사라고 해도 의사와 병자 사이의 교감을 통한 심리치료 부분은 여전히 인간의 몫일 것이다. 한의학에서 말하는 병자의 마음과 몸 안의 기운을 편안하게 하는 심의 心醫는 AI 한의사가 넘볼 수 없는 경지에 속한다는 인식이 더욱 필요한 시점이다. 더불어 보다 폭넓은 차원의 '한의인문학'도 요구된다.

나오는 말

주로 관료적 삶과 은일 지향적 삶, 경외적 삶과 쇄락적 삶의 경계선 상에서 살았던 중국 고대 문인을 포함한 사대부들은 하루의 삶을 어떻게 지냈을까 하는 상상을 해 보자. 관료적 삶을 사는 경우에는 명도구세明道救世의 마음가짐을 견지하면서 천자와 더불어 천하를 책임진다는 사명감을 가지고 적극적으로 현실정치에 임하는 삶을 살게 된다. 문제는 이런 관료적 삶은 음풍농월吟風弄月이나 욕기영귀浴沂詠歸가 상징하는 쇄락灑落적 삶을 영위하기에는 일정 정도 제한이 있었다. 하지만 마음속으로는 그런 삶을 포기한 것은 아니었다.

관료적 삶이 아닌 은사隱士로서의 삶을 사는 경우에는 때론 강호에 자신의 몸을 맡겨야 하는 경우 자신이 사는 삶의 영역을 벗어나야 한다는 문제점이 있었다. 이에 인경人境에 살지만 궁벽한 공간에 사는 것처럼 조용하고 한가로운 삶을 살 수 있다는 도연명陶淵明의 '심원心遠' 추구의 삶은 송대 이후의 많은 문인사대부들에게 매력적으로 다가왔다. 유가적 현실을 떠나지 않으면서도 은일 지향의 삶을 동시에 추구하고자 한 이른바 '유가와 도가의 상호 보완적인 삶'은 문예 차원에서 많은 성과를 낼 수 있었다.

이 같은 유가와 도가의 상호 보완 차원의 은일지향적 삶은 많은 장점이 있다. 먼저 학문 영역에서는 그동안 관료적 삶을 살면서 잠시 손을 놓았던 다양한 분야의 책을 볼 수 있고 동시에 자신의 사상을 심층적으로 연구할 수 있는 기회를 얻을 수 있었다. 문예 차원에서는 보다 많은 소득을 얻을 수 있었다. 기교 습득에 많은 시간이 요구되는 서예와 회화 및 금琴에 대해 시간을 투자할 수 있었고, 이에 다양한 예술 장르에 탁월한 장기를 획득할 수 있었다. 때론 정자 등과 같은 공간에서 음풍농월, 욕기영귀의 풍취를 통해 자연과 호흡하고 자연과 하나가 되는 쇄락적 삶을 누릴 수 있었다.

다시 은일지향적 삶을 추구한 문인들의 하루 동안의 삶으로 돌아가 보자. 문인들은 기본적으로 독서인이기 때문에 아침에 일어나면 큰일이 없는 경우를 제외하면 독서를 한다. 그런데 이런 독서는 출세를 위한 독서와 차원이 다르다. 독서를 하다가 싫증이 나면 서화에 탐닉하는 시간을 보낸다. 송대 이전 문인 가운데 왕유王維를 제외하면 회화에 장기를 보인 인물이 별로 없었지만, 송대에 오면 소식을 비롯한 많은 인물들이 회화에도 장기를 보인다. 서화에 장기를 보인다는 것은 그만큼 서화 자체가 문인문화에서 의미가 있다는 것이다. 동시에 서화에 탐닉한 것은 송대와 송대 이전의 문인문화의 다름을 가름할 수 있는 요소다. 사의寫意 차원의 그림이나 심화心畵 차원의 글씨에는 그림을 그리고 글씨를 쓴 인물들의 예술성은 물론이고 철학도 담겨 있다. 구체적으로 말하면, 주자학을 존숭하느냐 양명학을 존숭하느냐, 유가사상을 존숭하느냐 도가사상을 존숭하느냐에 따라 그림과 글씨체가 다르게 나타났다. 이제 문인들에게 서화는 자신들의 예술정신과 철학을 표현하는 도구가 되었고, 이런 점에서 동양문화에서의 문인들의 서화는 독특한 위상이 있다.

이런 문인들의 삶의 과정에서 등장하는 중요한 식품이 다茶이다. 다는 송대에 오면 다의 색色·향香·미味를 따지는 등 전환점을 맞는다. 다는 단순 음료 차원에서 벗어나 문인들이 지향하는 우아함과 한가로운 삶의 상징이 된다. 특히 은일지향적 삶의 한 요소가 된다. 다를 한 잔 마시고 다시 독서를 한다든지 아니면 밖으로 산보를 나간다. 산보 갔다 온 뒤 대강 허기를 해결하고 또 한 잔의 다를 끓여 마신다. 다를 한 잔 마신다는 것은 한가로운 시간을 보낸다는 의미가 있다. 이 밖에 만약 강가나 호수에서 사는 경우에는 낚시를 가거나 배를 타고 즐기는 시간을 보낸다. 이 같은 다양한 행위를 하면서 시간을 보내다가 밤에는 '음풍농월吟風弄月'을 통한 쇄락한 즐거움을 누린다. 이럭저럭 세속적인 것에 거리를 둔 소요자재逍遙自在한 한가로운 하루가 간다.

문인들의 이 같은 하루 삶에 공통적으로 적용되는 것은 바로 '우아함'(雅)에 대한 숭상과 추구다. 하나의 예를 들면, '일상다반사日常茶飯事'라는 말이 있을 정도로 중국인들에게 다茶는 빼놓을 수 없는 음료였지만 문인들은 다를 한 잔 마셔도 일반 사람들과 차별화를 시도하였다. 이런 점은 회화에서 이른바 화원화와 구분되는 '문인화'라는 장르를 통해 화원화가와 다른 사의寫意 화풍을 전개하고자 하고, 서예의 경우는 '마음의 그림'(心畫)이라 하면서 초경사抄經士나 사자관寫字官들과 다른 차원의 서풍을 펼친 것으로 나타났다. 문인들의 이 같은 예술창작적 정신과 의식 속에는 공통적으로 문인 자신들이 일반인들과는 다르다는 이른바 '구별짓기'(distinction) 사유가 담겨 있다. 이 같은 '구별짓기'는 기본적으로 문인들의 삶과 예술 속에 깃든 우아함을 추구하고자 하는 사유가 담겨 있다.

이 책은 이처럼 동양 문인들이 숭상한 우아함 및 구별짓기와 관련된 다양한 경우를 14가지 주제를 통해 살펴본 것으로, 이 같은 14가지 주제에 대한 심도 있는 이해가 있으면 동양 문인들의 일상적 삶에 깃든 예술성과 철학을 제대로 이해할 수 있을 것이다.

참고문헌

1. 총서류 및 원전

A)

『經書』(論語・孟子・大學・中庸), 서울: 성균관대 大東文化硏究院, 1999.

『道藏』(36冊), 上海: 上海書店, 1988.

『淵閣四庫全書』(影印文), 臺北: 臺灣商務印書館股份有限公司, 1986.

『十三經經注疏』, 臺北: 中華書局, 1980.

『新編諸子集成』(7冊), 臺北: 世界書局, 1978.

王謨, 『(增訂)漢魏叢書』(6冊), 西南師範大學出版社, 2011.

王伯敏・任道斌・胡小偉 主編, 『書學集成』(3冊), 石家莊: 河北美術出版社, 2002.

兪劍華 編著, 『中國古代畵論類編』, 北京: 人民美術出版社, 2000.

秦弘燮 編著, 『韓國美術史資料集成』(8冊), 서울: 一志社, 1996.

崔爾平 選編 點校, 『歷代書法論文選續編』, 上海: 上海書畵出版社, 1993.

胡經之 主編, 『中國古典美學叢編』, 南京: 鳳凰出版社, 2009.

黃簡 責任編輯, 『歷代書法論文選』, 上海: 上海書畵出版社, 1979.

黃賓虹, 鄧實 編, 『美術叢書』(3冊), 南京: 江蘇古籍出版社, 2000.

B)

葛洪, 『抱朴子』(外篇), 北京: 中華書局, 1985.

高濂, 『遵生八箋』, 北京: 中華書局, 2013.

郭慶藩, 『莊子集釋』(4冊), 臺北: 中華書局, 1978.

郭熙, 『林泉高致』, 齊南: 山東畵報出版社, 2010.

羅大經, 『鶴林玉露』, 臺北: 中華書局, 2008.

屠隆, 『考槃餘事』, 北京: 金城出版社, 2012.

萬民英, 『三命通會』, 北京: 中醫古籍出版社, 2008.

方健 匯編校證, 『中國茶書全集校證』(全 7冊), 中州古籍出版社, 2014.

徐上瀛 著, 徐樑 編著, 『溪山琴況』, 北京: 中華書局, 2013.

蘇軾, 『蘇東坡全集』, 北京: 中國書店, 1986.

黎靖德 篇, 『朱子語類』, 北京: 中華書局, 1986.

王守仁, 『王陽明全集』(上・下), 上海: 古籍出版社, 1992.

李漁, 『閒情偶寄』(上・下), 北京: 中華書局, 2014.

張應文, 『淸秘藏』, 上海: 上海古籍出版社, 1993.

鄭培凱・朱自振, 『中國歷代茶書匯編校注本』(全 2冊), 香港: 商務印書館, 2015.

程顥・程頤, 『二程集』, 王孝魚 點校, 臺北: 漢京文化事業有限公司, 1981.

曹昭, 『格古要論』, 北京: 中華書局, 2012.

趙希鵠, 『洞天清錄』, 臺北: 臺灣商務, 1983.

朱熹, 『朱子大全』, 臺北: 中華書局, 1964.

____, 『四書章句集注』, 臺北: 中華書局, 1983.

____, 『朱子大全』(3冊), 서울: 보경문화사, 1985.

____, 『朱子語類』, 臺北: 中華書局, 1986.

朱熹・呂祖謙 編, 『近思錄』, 臺北: 商務印書館, 1996.

蕉竑, 『老子翼・莊子翼』, 東京: 富山房 漢文大系本, 1980.

c) 한국문집총간본(한국고전번역원 간행)

權尙夏, 『寒水齋集』, 한국문집총간본 a151.

奇大升, 『高峯集』, 한국문집총간본 a040.

奇正鎭, 『蘆沙集』, 한국문집총간본 a310.

金履萬, 『鶴臯文集』, 한국문집총간본 b065.

金正喜, 『阮堂全集』, 한국문집총간본 a301.

金祖淳, 『楓臯集』, 한국문집총간본 a289.

金昌協, 『農巖集』, 한국문집총간본 a161.

白文寶, 『淡庵逸集』, 한국문집총간본 a003.

成海應, 『研經齋全集續集』, 한국문집총간본 a279.

成俔, 『虛白堂文集』, 한국문집총간본 014.

宋秉珣, 『心石齋集』, 한국문집총간본 b143.

安鼎福, 『順菴文集』, 한국문집총간본 a230.

梁慶遇, 『霽湖集』, 한국문집총간본 a073.

吳道一, 『西坡集』, 한국문집총간본 a152.

柳致明, 『定齋集』, 한국문집총간본 a297.

李健命, 『寒圃齋集』, 한국문집총간본 a177.

李南珪, 『修堂遺集』, 한국문집총간본 a349.

李象靖, 『大山集』, 한국문집총간본 a227.

李穡, 『牧隱文庫』, 한국문집총간본 a005.

李㴻, 『弘道遺稿』, 한국문집총간본 b054.

李書九, 『惕齋集』, 한국문집총간본 a270.

李彦迪, 『晦齋集』, 한국문집총간본 a024.

李珥, 『栗谷全書』, 한국문집총간본 a044.

李瀷, 『星湖全集』, 한국문집총간본 a199.

李夏鎭, 『六寓堂遺稿』, 한국문집총간본 b039.

李弘有, 『遯軒文集』, 한국문집총간본 b023.
李滉, 『退溪集別集』, 한국문집총간본 a031.
林泳, 『滄溪集』, 한국문집총간본 a159.
張錫英, 『晦堂文集』, 한국문집총간본 b148.
張維, 『谿谷集』, 한국문집총간본 a092.
張顯光, 『旅軒文集』, 한국문집총간본 a060.
田愚, 『艮齋文集』, 한국문집총간본 a335.
鄭道傳, 『三峯集』, 한국문집총간본 a005.
崔岦, 『簡易集』, 한국문집총간본 a049.
崔益鉉, 『勉菴文集』, 한국문집총간본 a325.
洪暹, 『忍齋集』, 한국문집총간본 a032.
洪良浩, 『耳溪集』, 한국문집총간본 a241.
黃胤錫, 『頤齋遺藁』, 한국문집총간본 a246.
黃玹, 『梅泉集』, 한국문집총간본 a348.

2. 한국어 문헌

김영원, 『조선시대도자기』, 서울: 서울대 출판부, 2003.
류건집, 『송대 다서의 주해』(상·하), 서울: 이른아침, 2012.
박연호, 『인문학으로 누정 읽기』, 청주: 충북대출판부, 2018.
방병선, 『조선후기 도자사연구』, 서울: 일지사, 2000.
_____, 『백자: 순백으로 빚어낸 조선의 마음』, 서울: 돌베개, 2002.
_____, 『왕조실록을 통해본 조선도자사』, 서울: 고려대학교출판부, 2005.
송정화, 『중국여신연구』, 서울: 민음사, 2007.
윤용이, 『한국도자사연구』, 서울: 문예출판사, 1993.
정양모, 『한국의 도자기』, 서울: 문예출판사, 1991.
정재서, 『산해경과 한국문화』, 서울: 민음사, 2019.
조민환, 『중국철학과 예술정신』, 서울: 예문서원, 1997,
_____, 『동양 예술미학 산책』, 서울: 성균관대 출판부, 2018.
_____, 『동양의 광기와 예술』, 서울: 성균관대 출판부, 2020.
조선미, 『초상화연구』, 서울: 문예출판사, 2010.
최성철, 『강유위의 정치사상』, 서울: 일지사, 1988.
최원석, 『사람의 지리: 우리 풍수의 인문학』, 서울: 한길사, 2018.
한병철, 『피로사회』, 서울: 문학과지성사, 2012.

康有爲 저, 이성애 역, 『대동서』, 서울: 을유문화사, 2006.

김관도 저, 하세봉 역, 『중국사의 시스템이론적 분석』, 서울: 신서원, 1997.

노르베르트 엘리아스, 박미애 옮김, 『문명화과정』(Ⅰ·Ⅱ), 서울: 한길사, 1996·1999.

딩시위안(丁羲元) 저, 이화진 역, 『예술풍수』, 서울: 일빛, 2010.

루즈지(陸致極) 지음, 김연재 옮김, 『명리학의 이해』(Ⅰ·Ⅱ), 서울: 사회평론, 2018.

류수 저, 홍희 역, 『예의 정신』, 서울: 동문선, 2012.

마르셀 그라네 저, 신하령 등 역, 『중국의 고대 축제와 가요』, 서울: 살림출판사, 2005.

宋民 저, 곽노봉 역, 『중국서예미학』, 서울: 동문선, 1998.

야나기 무네요시(柳宗悅) 지음, 심우성 옮김, 『조선을 생각한다』, 서울: 학고재, 1996.

에이사이(榮西) 저, 류건집 주해, 『喫茶養生記 주해』, 서울: 이른아침, 2011.

우런수(巫仁恕) 지음, 김의성 외 옮김, 『사치의 제국: 명말 사대부의 사치와 유행의 문화사』,
　　서울: 글항아리, 2019.

陸羽 지음, 유건집 주해, 『茶經 주해』, 서울: 이른아침, 2016.

李穆 저, 류건집 주해, 『茶賦 주해』, 서울: 이른아침, 2009.

이인상 지음, 박희병 역, 『능호집』, 서울: 돌베개, 2016.

任繼愈 주편, 琴章泰·安琉鏡 譯, 『유교는 종교인가』(1·2), 서울: 지식과 교양, 2011.

잔스추앙 지음, 안동준·김영수 옮김, 『도교와 여성』, 서울: 여강, 1993.

張家驥 지음, 심우경·이창호 옮김, 『중국의 전통조경문화』, 서울: 문운당, 2008.

張源 저, 유건집·신미경 주해, 『茶錄 주해』, 서울: 이른아침, 2015.

조민환 역주, 『玉洞 李漵 『筆訣』』, 서울: 미술문화원, 2012.

주량즈 지음, 신원봉 옮김, 『미학으로 동양인문학을 꿰뚫다』, 서울: 알마, 2013.

＿＿＿＿＿＿, 서진희 옮김, 『인문정신으로 동양예술을 탐하다』, 서울: 알마, 2015.

주희·여조겸 편저, 엽채 집해, 이광호 譯註, 『근사록집해』, 서울: 아카넷, 2006.

艸衣 저, 류건집 주해, 『東茶頌 주해』, 서울: 이른아침, 2009.

피에르 부르디외, 최종철 옮김, 『구별짓기: 문화와 취향의 사회학』(상·하), 서울: 새물결, 2006.

허버트 핑가레트 저, 송영배 역, 『공자의 철학: 서양에서 바라본 예에 대한 새로운 이해』(Conf
　　ucius: the Secular as Sacred), 서울: 서광사, 1991.

許次紓 저, 유건집 주해, 『茶疏 주해』, 서울: 이른아침, 2015.

G. W. F. 헤겔 지음, 권기철 옮김, 『역사철학강의』, 서울: 동서문화사, 2016.

3. 외국어 문헌

閔家胤 主編, 『陽剛與陰柔的變奏: 兩性關係和社會模式』, 北京: 中國社會科學院出版社, 1995.

蕭兵, 『楚辭與神話』, 上海: 江蘇古籍出版社, 1987.

王耀珠, 『谿山琴況探賾』, 北京: 中國音樂學院叢書出版社, 2008.

柳肅, 『禮的精神: 禮樂文化與中國政治』, 長春: 吉林敎育出版社, 1990.

任繼愈 主編, 『儒敎問題爭論集』, 北京: 宗敎文化出版社, 2000.

張懋鎔,『書畫與文人畫風』, 西安: 陝西人民出版社, 2002.

鄭志明 主編,『西王母信仰』, 桃園: 南華管理學院出版, 1997.

朱良志,『扁舟一葉: 理學與中國畫學研究』, 合肥: 安徽教育出版社, 1999.

＿＿＿,『曲院風荷: 中國藝術論十講』, 北京:中華書局, 2014.

秦家懿,『秦家懿自選集』, 齊南: 山東教育出版社, 2005.

陳寶良 著,『明代士大夫的精神世界』, 北京: 北京師範大學出版社, 2017.

蔡中德,『中國音樂美學史』, 北京: 人民音樂出版社, 2003.

許健 編著,『琴史新編』, 北京: 中華書局, 2012.

岡田武彦,『宋明哲學の本質』, 東京: 木耳社, 1984.

今道友信,『東洋の美學』, 東京: TBSブリタニカ, 1980.

大西克禮,『東洋的藝術精神』, 東京: 弘文堂, 1988.

福永光司,『藝術論集』(中國文明選 第14卷), 東京: 朝日新聞社, 昭和46.

笠原仲二,『古代中國人の美意識』, 東京: 有朋書籍, 1979.

＿＿＿＿,『中國人の自然觀と美意識』, 東京: 創文社, 1982.

中嶋隆藏,『中國の文人像』, 東京: 硏文出版, 2006.

何惠鑑, 「元代文人畫序說」, 洪再辛 選編,『海外中國畫研究文選(1950-1987)』, 上海: 上海人民出版社, 1992.

4. 한국어 논문

금종현, 「전통 孝 사상의 논리적 구조와 이념적 성격에 대한 연구」,『한국철학논집』 65집, 한국철학사상연구회, 2020.

김문준, 「『論語集註』에 내재한 朱子의 孝思想」,『한국사상과문화』 68권, 한국사상문화학회, 2013.

金炳基, 「書畫同源說에 대한 비판적 연구」,『中國學論叢』 제1집, 忠淸中文學會, 1992.

김정은, 「조선 후기『瑤池宴圖』에 표현된 생명관: 道敎的 생명관을 중심으로」, 성균관대박사논문, 2020.

김현수, 「葛洪의 '神仙可學論'과 '仙命定論'의 관계에 대한 고찰 인용」,『중국학보』 82집, 2017.

민주식, 「樓亭문화의 미의식에 관한 고찰」,『동양예술』 17집, 동양예술학회, 2011.

박본수, 「조선후기 요지연도의 현황과 유형」,『한국민화』 제7호, 한국민화학회, 2016.

박정해, 「조선 유학자들의 동기감응론에 대한 인식」,『한국민족문화』 41집, 부산대학교 한국민족문화연구소, 2011.

박혜경, 「唐詩 속의 西王母 이미지의 기원과 활용」,『동양학』 제61輯, 단국대학교 동양학연구원, 2015.

464

성해준·한탁철, 「과거와 현대의 '孝' 고찰」, 『교불연논집』 23집, 사단법인한국교수불자연합회, 2017.

송영배, 「康有爲 仁의 철학과 大同 유토피아」, 『철학연구』 48집, 고려대 철학연구소, 2013.

오금덕, 「당대 중국 고대 음악미학사상 연구 현황」, 『음악과 민족』 24호, 민족음악학회, 2002.

王亞楠, 「韓國對雪菴李溥光의 認識與接受一考」, 『한국학연구』 63집, 고려대학교 한국학연구소, 2017.

유강하, 「西王母의 神格에 대하여—漢代 文獻과 文物을 통한 西王母의 神格 탐색」, 『중국어 문학지』 25권, 중국어문학회, 2007.

이상익, 「조선후기 明德論爭과 그 의의」, 『동양철학연구』 39권, 동양철학연구회, 2004.

이용주, 「神仙可學: 갈홍 신선론의 논리와 한계」, 『종교와 문화』 6권, 서울대학교 종교문제연 구소, 2000.

이진용, 「葛洪『抱朴子內篇』과 『神仙傳』의 神仙사상 연구」, 『철학논총』 45집, 세한철학회, 2006.

장세호, 「공자의 효사상」, 『인문학논총』 28호, 경성대학교 인문과학연구소, 2012.

정상봉, 「유학에서의 孝와 그 현대적 의의」, 『인문과학논총』 34집, 건국대학교 인문학연구원, 2000.

정재서, 「한국의 西王母 수용과 그 要因」, 『한국언어문화』 73권, 한국언어문화학회, 2020.

조민환, 「書畵同源論에 관한 연구」, 『동아시아문화와사상』 11권, 동아시아문화포럼, 2004.

_____, 「徐上瀛『谿山琴況』의 音樂美學的 硏究」, 『道敎文化硏究』 第37輯, 도교문화학회, 2012.

_____, 「退溪 李滉의 理發重視的 書藝認識」, 『韓國思想과 文化』 64집, 한국사상문화학회, 2012.

_____, 「姜甑山과 大巡思想의 毋自欺에 관한 연구」, 『한국사상과문화』 78집, 한국사상문화 학회, 2015.

_____, 「季氏 僭越 행위에 대한 儒家 禮樂論的 考察」, 『퇴계학보』 144호, 퇴계학연구원, 2018.

_____, 「馬嘉善 「二十四茶品」의 미학적 고찰」, 『동양예술』 41집, 동양예술학회, 2018.

_____, 「바다에 관한 동양철학적 고찰」, 『동양예술』 49권, 한국동양예술학회, 2020.

_____, 「曾點의 '浴沂詠歸'에 대한 조선조 유학자들의 견해와 수용」, 『동양예술』 47집, 한국 동양예술학회, 2020.

_____, 「마음의 도자기(心磁): 동양 文人磁器에 대한 철학적 고찰」, 『유교사상문화연구』 84권, 유교학회, 2021.

_____, 「동양 문인들의 놀이문화 試探」, 『동양예술』 57집, 동양예술학회, 2022.

_____, 「儒家 經典에 나타난 효 관념 연구」, 『韓國思想과 文化』, 한국사상문화학회, 2022.

_____, 「음양론 관점에서 본 西王母 인식 변화 고찰」, 『대순사상논총』 42권, 대순사상학술원, 2022.

_____, 「亭子 문화에 관한 철학적 試探」, 『유학연구』 61집, 충남대 유학연구소, 2022.

_____, 「조선조 사대부의 초상화 존숭의 종교성 고찰」, 『양명학』 66집, 양명학회, 2022.

_____, 「조선조 유학자들의 신선문화에 관한 연구」, 『유학연구』 58집, 충남대 유학연구소, 2022.

_____, 「風水와 命理의 철학화·미학화 斷想」, 『동양예술』 55집, 동양예술학회, 2022.

조송식, 「臥遊 사상의 형성과 그 예술적 실현」, 서울대 박사논문, 1998.

허호익, 「슐라이어마허의 '경건'과 퇴계의 '持敬'에 관한 연구」, 『한국조직신학논총』 33집, 한국조직신학회, 2012.

황정연, 「19세기 조선의 書畵收藏과 중국서화의 유입」, 『奎章閣』 38집, 서울대학교 규장각한국학연구원, 2011.

5. 외국어 논문

高娟, 「『溪山琴況』的意境審美觀」, 『貴州大學學報』 藝術版 22卷, 2008年 4期.

龔勳, 「樓亭情趣與中國古代文人的人文理想」, 『解放軍外語學院學報』 1990年 1期.

羅敏, 「北宋亭記研究」, 四川大學 碩士論文, 2005.

修平, 「『溪山琴況』研究」, 山東大學 碩士論文, 2006.

岳曉灿, 「宋代咏茶詩詞的審美研究」, 南京師範大學 碩士論文, 2012.

李海杰, 「中國禪茶文化的淵源與流變」, 陝西師範大學 碩士論文, 2007.

張法, 「『谿山琴況』美學思想體系之新解」, 『人文雜誌』 2007年 第5期.

張曉華, 「『谿山琴況』中的音樂表演心理思想簡析」, 『星海音樂學院學報』, 2009年 9月 3期.

粘振和, 「元末楊維楨「淸苦先生傳」的茶文化意蘊」, 『成大歷史學報』 第37號, 成功大學歷史學系, 2009年 12月.

趙玉靜, 「『溪山琴況』審美價値論簡析」, 『交響—西安音樂學院學報』 2003年 第22卷 第2期.

朱海燕, 「中國茶美學研究: 唐宋茶美學思想與當代茶美學建設」, 湖南農業大學 博士論文, 2008.

陳東峰, 「唐代茶詩與文士意趣」, 南昌大學 碩士論文, 2010.

陳望衡, 「『溪山琴況』的美學思想」, 『衡陽師范學院學報』 29卷 1期, 2008.

蔡定益, 「明代茶書研究」, 安徽大學 博士論文, 2015.

焦德明, 「朱子的敬齋箴」, 『中國哲學史』 2019年 02期.

6. 인터넷 사이트

https://ctext.org (中國哲學書電子化計劃)

https://sou-yun.cn/eBookIndex (影印古籍資料)

http://www.guoxuedashi.com/ (國學大師)

http://www.bookinlife.net/book (古籍網)

http://db.itkc.or.kr (인터넷 한국고전번역원 사이트) 외.

찾아보기

조민환曺玟煥

성균관대 유학과를 졸업하고 동 대학교 대학원에서 석사 및 박사(철학박사) 학위를 받았다. 현재 성균관대 동아시아학과 교수 겸 유학대학원장으로 있다. 풍수명리철학회 회장, 동양예술학회 회장, 도가철학회 회장, 도교문화학회 회장, 서예학회 회장, 간재학회 회장, 한국연구재단 책임전문위원(인문학) 등을 역임하였다. 철학연구회 논문상과 원곡 서예학술상을 수상하였다.

저서로는 『조선조 서예미학』, 『동양의 광기와 예술』, 『동양예술미학산책』, 『중국철학과 예술정신』, 『유학자들이 보는 노장철학』, 『노장철학으로 동아시아 문화를 읽는다』가 있다. 공저로는 『강좌 한국철학』 등 20여 권이 있다. 역서로는 『道德指歸』, 『이서 筆訣 역주』, 『太玄經』 등이 있다. 학술논문으로는 「노장의 미학사상에 관한 연구」, 「주역의 미학사상 연구」 등 150여 편이 있고, 서화 잡지에 실린 100여 편의 서화 평론글이 있다.

동양의 그림과 글씨 및 유물·유적에는 유가철학과 도가철학이 담겨 있다는 점에 착안하여 동양철학과 동양예술의 경계 허물기에 주력하면서 예술작품을 철학적으로 이해하는 새로운 눈을 제시하고 있다.

예문서원의 책들

역학총서

주역철학사 (周易研究史) 廖名春·康學偉·梁韋弦 지음, 심경호 옮김, 944쪽, 45,000원
송재국 교수의 주역 풀이 송재국 지음, 380쪽, 10,000원
송재국 교수의 역학담론 -하늘의 빛 正易, 땅의 소리 周易 송재국 지음, 536쪽, 32,000원
소강절의 선천역학 高懷民 지음, 곽신환 옮김, 368쪽, 23,000원
다산 정약용의 『주역사전』, 기호학으로 읽다 방인 지음, 704쪽, 50,000원
주역과 성인, 문화상징으로 읽다 정병석 지음, 440쪽, 40,000원
주역과 과학 신정원 지음, 344쪽, 30,000원
주역, 운명과 부조리 그리고 의지를 말하다 주광호 지음, 352쪽, 30,000원
다산 정약용의 역학서언, 주역의 해석사를 다시 쓰다 -고금의 역학사를 종단하고 동서 철학의 경계를 횡단하다 방인 지음, 736쪽, 65,000원
정현의 주역 林忠軍 지음, 손흥철, 임해순 옮김, 880쪽, 56,000원
주역의 기호학-퍼스 기호학으로 보는 괘의 재현과 관계 박연규 지음, 352쪽, 32,000원

한국철학총서

조선 유학의 학파들 한국사상사연구회 편저, 688쪽, 24,000원
조선유학의 개념들 한국사상사연구회 지음, 648쪽, 26,000원
유교개혁사상과 이병헌 금장태 지음, 336쪽, 17,000원
쉽게 읽는 퇴계의 성학십도 최재목 지음, 152쪽, 7,000원
홍대용의 실학과 18세기 북학사상 김문용 지음, 288쪽, 12,000원
남명 조식의 학문과 선비정신 김충열 지음, 512쪽, 26,000원
명재 윤증의 학문연원과 가학 충남대학교 유학연구소 편, 320쪽, 17,000원
조선유학의 주역사상 금장태 지음, 320쪽, 16,000원
심경부주와 조선유학 홍원식 외 지음, 328쪽, 20,000원
퇴계가 우리에게 이윤희 지음, 368쪽, 18,000원
조선의 유학자들, 켄타우로스를 상상하며 理와 氣를 논하다 이향준 지음, 400쪽, 25,000원
퇴계 이황의 철학 윤사순 지음, 320쪽, 24,000원
조선유학과 소강절 철학 곽신환 지음, 416쪽, 32,000원
되짚어 본 한국사상사 최영성 지음, 632쪽, 47,000원
한국 성리학 속의 심학 김세정 지음, 400쪽, 32,000원
동도관의 변화로 본 한국 근대철학 홍원식 지음, 320쪽, 27,000원
선비, 인을 품고 의를 걷다 한국국학진흥원 연구부 엮음, 352쪽, 27,000원
실학은 實學인가 서영이 지음, 264쪽, 25,000원
선사시대 고인돌의 성좌에 새겨진 한국의 고대철학 윤병렬 지음, 600쪽, 53,000원
사단칠정론으로 본 조선 성리학의 전개 홍원식 외 지음, 424쪽, 40,000원
국역 주자문록 -고봉 기대승이 엮은 주자의 문집 기대승 엮음, 김근호·김태년·남지만·전병욱·홍성민 옮김, 768쪽, 67,000원
최한기의 기학과 실학의 철학 김용헌 지음, 560쪽, 42,000원

성리총서

송명성리학 (宋明理學) 陳來 지음, 안재호 옮김, 590쪽, 17,000원
주희의 철학 (朱熹哲學研究) 陳來 지음, 이종란 외 옮김, 544쪽, 22,000원
양명 철학 (有無之境一王陽明哲學的精神) 陳來 지음, 전병욱 옮김, 752쪽, 30,000원
정명도의 철학 (程明道思想研究) 張德麟 지음, 박상리·이경남·정성희 옮김, 272쪽, 15,000원
송명유학사상사 (宋明時代儒學思想の研究) 구스모토 마사쓰구(楠本正繼) 지음, 김병화·이혜경 옮김, 602쪽, 30,000원
북송도학사 (道學の形成) 쓰치다 겐지로(土田健次郎) 지음, 성현창 옮김, 640쪽, 3,200원
성리학의 개념들 (理學範疇系統) 蒙培元 지음, 홍원식·황지원·이기훈·이상호 옮김, 880쪽, 45,000원
역사 속의 성리학 (Neo-Confucianism in History) Peter K. Bol 지음, 김영민 옮김, 488쪽, 28,000원
주자어류선집 (朱子語類抄) 미우라 구니오(三浦國雄) 지음, 이승연 옮김, 504쪽, 30,000원
역학과 주자학 -역학은 어떻게 주자학을 만들었는가? 주광호 지음, 520쪽, 48,000원

불교(카르마)총서

유식무경, 유식 불교에서의 인식과 존재 한자경 지음, 208쪽, 7,000원
박성배 교수의 불교철학강의: 깨침과 깨달음 박성배 지음, 윤원철 옮김, 313쪽, 9,800원
불교 철학의 전개, 인도에서 한국까지 한자경 지음, 252쪽, 9,000원
인물로 보는 한국의 불교사상 한국불교원전연구회 지음, 388쪽, 20,000원
은정희 교수의 대승기신론 강의 은정희 지음, 184쪽, 10,000원
비구니와 한국 문학 이향순 지음, 320쪽, 16,000원
불교철학과 현대윤리의 만남 한자경 지음, 304쪽, 18,000원
유식삼십송과 유식불교 김명우 지음, 280쪽, 17,000원
유식불교, 『유식이십론』을 읽다 효도 가즈오 지음, 김명우·이상우 옮김, 288쪽, 18,000원
불교인식론 S. R. Bhatt & Anu Mehrotra 지음, 권서용·원철·유리 옮김, 288쪽, 22,000원
불교에서의 죽음 이후, 중음세계와 육도윤회 허암 지음, 232쪽, 17,000원
선사상사 강의 오가와 다카시(小川隆) 지음, 이승연 옮김, 232쪽, 20,000원
깨져야 깨친다 -불교학자 박성배 교수와 제자 심리학자 황경열 교수의 편지글 박성배·황경열 지음, 640쪽, 50,000원
감산의 『백법논의』·『팔식규구통설』 연구와 유식불교 허암(김명우)·구자상 지음, 400쪽, 36,000원

동양문화산책

주역산책(易學漫步) 朱伯崑 외 지음, 김학권 옮김, 260쪽, 7,800원
동양을 위하여, 동양을 넘어서 홍원식 외 지음, 264쪽, 8,000원
서원, 한국사상의 숨결을 찾아서 안동대학교 안동문화연구소 지음, 344쪽, 10,000원
안동 풍수 기행, 와혈의 땅과 인물 이완규 지음, 256쪽, 7,500원
안동 풍수 기행, 돌혈의 땅과 인물 이완규 지음, 328쪽, 9,500원
영양 주실마을 안동대학교 안동문화연구소 지음, 332쪽, 9,800원
예천 금당실·맛질 마을 ―정감록이 꼽은 길지 안동대학교 안동문화연구소 지음, 284쪽, 10,000원
터를 안고 仁을 펴다 ―퇴계가 굽어보는 하계마을 안동대학교 안동문화연구소 지음, 360쪽, 13,000원
안동 가일 마을 ―풍산들가에 의연히 서다 안동대학교 안동문화연구소 지음, 344쪽, 13,000원
중국 속에 일떠서는 한민족 ―한겨레신문 차한필 기자의 중국 동포사회 리포트 차한필 지음, 336쪽, 15,000원
신간도견문록 박진관 글·사진, 504쪽, 20,000원
선양과 세습 사라 알란 지음, 오만종 옮김, 318쪽, 17,000원
문경 산북의 마을들 ―서중리, 대상리, 대하리, 김룡리 안동대학교 안동문화연구소 지음, 376쪽, 18,000원
안동 원촌마을 ―선비들의 이상향 안동대학교 안동문화연구소 지음, 288쪽, 16,000원
안동 부포마을 ―물 위로 되살려 낸 천년의 영화 안동대학교 안동문화연구소 지음, 440쪽, 23,000원
독립운동의 큰 울림, 안동 전통마을 김희곤 지음, 384쪽, 26,000원
학봉 김성일, 충군애민의 삶을 살다 한국국학진흥원 기획, 김미영 지음, 144쪽, 12,000원

중국철학총서

공자의 인, 타자의 윤리로 다시 읽다 伍曉明 지음, 임해순·홍린 옮김, 536쪽, 50,000원
중국사상, 국학의 관점에서 읽다 彭富春 지음, 홍원식·김기주 옮김, 584쪽, 55,000원
유가철학, 감정으로 이성을 말하다 蒙培元 지음, 주광호, 임병식, 홍린 옮김, 800쪽, 70,000원
중국유학의 정신 郭齊勇 지음, 고성애 옮김, 672쪽, 40,000원
중국철학의 기원과 전개 丁爲祥 지음, 손흥철, 최해연 옮김, 904쪽, 55,000원
중국사상의 지혜 郭齊勇 지음, 고성애 옮김, 624쪽, 38,000원

중국학총서

중국문화정신 張岱年·程宜山 지음, 장윤수·한영·반창화 옮김, 544쪽, 50,000원
중국, 문화강국을 꿈꾸다 許嘉璐 지음, 홍린 옮김, 536쪽, 33,000원
춘추공양학사 상 曾亦 郭曉東 지음, 김동민 옮김, 768쪽, 47,000원
춘추공양학사 하 曾亦 郭曉東 지음, 김동민 옮김, 752쪽, 46,000원

노장총서

不二 사상으로 읽는 노자 ―서양철학자의 노자 읽기 이찬훈 지음, 304쪽, 12,000원
김항배 교수의 노자철학 이해 김항배 지음, 280쪽, 15,000원
서양, 도교를 만나다 J. J. Clarke 지음, 조현숙 옮김, 472쪽, 36,000원
중국 도교사 ―신선을 꿈꾼 사람들의 이야기 牟鐘鑒 지음, 이봉호 옮김, 352쪽, 28,000원
노장철학과 현대사상 정세근 지음, 384쪽, 36,000원
도가철학과 위진현학 정세근 지음, 464쪽, 43,000원
장자와 곽상의 철학 康中乾 지음, 황지원, 정무 옮김, 736쪽, 45,000원

남명학연구총서

남명사상의 재조명 남명학연구원 엮음, 384쪽, 22,000원
남명학파 연구의 신지평 남명학연구원 엮음, 448쪽, 26,000원
덕계 오건과 수우당 최영경 남명학연구원 엮음, 400쪽, 24,000원
내암 정인홍 남명학연구원 엮음, 448쪽, 27,000원
한강 정구 남명학연구원 엮음, 560쪽, 32,000원
동강 김우옹 남명학연구원 엮음, 360쪽, 26,000원
망우당 곽재우 남명학연구원 엮음, 440쪽, 33,000원
부사 성여신 남명학연구원 엮음, 352쪽, 28,000원
약포 정탁 남명학연구원 엮음, 320쪽, 28,000원
죽유 오운 남명학연구원 엮음, 368쪽, 35,000원
합천지역의 남명학파 남명학연구원 엮음, 400쪽, 38,000원

예문동양사상연구원총서

한국의 사상가 10人 ―원효 예문동양사상연구원/고영섭 편저, 572쪽, 23,000원
한국의 사상가 10人 ―지눌 예문동양사상연구원/이덕진 편저, 644쪽, 26,000원
한국의 사상가 10人 ―퇴계 이황 예문동양사상연구원/윤사순 편저, 464쪽, 20,000원
한국의 사상가 10人 ―율곡 이이 예문동양사상연구원/황의동 편저, 600쪽, 25,000원
한국의 사상가 10人 ―하곡 정제두 예문동양사상연구원/김교빈 편저, 432쪽, 22,000원
한국의 사상가 10人 ―다산 정약용 예문동양사상연구원/박홍식 편저, 572쪽, 29,000원
한국의 사상가 10人 ―수운 최제우 예문동양사상연구원/오문환 편저, 464쪽, 23,000원

경북의 종가문화

사당을 세운 뜻은, 고령 점필재 김종직 종가 정경주 지음, 203쪽, 15,000원
지금도 「어부가」가 귓전에 들려오는 듯, 안동 농암 이현보 종가 김서령 지음, 225쪽, 17,000원
종가의 멋과 맛이 넘쳐 나는 곳, 봉화 충재 권벌 종가 한필원 지음, 193쪽, 15,000원
한 점 부끄럼 없는 삶을 살다, 경주 회재 이언적 종가 이수환 지음, 178쪽, 14,000원
영남의 큰집, 안동 퇴계 이황 종가 정우락 지음, 227쪽, 17,000원
마르지 않는 효제의 샘물, 상주 소재 노수신 종가 이종호 지음, 303쪽, 22,000원
의리와 충절의 400년, 안동 학봉 김성일 종가 이해영 지음, 199쪽, 15,000원
충효당 높은 마루, 안동 서애 류성룡 종가 이세동 지음, 210쪽, 16,000원
낙중 지역 강안학을 열다, 성주 한강 정구 종가 김학수 지음, 180쪽, 14,000원
모원당 회화나무, 구미 여헌 장현광 종가 이종문 지음, 195쪽, 15,000원
보물은 오직 청백뿐, 안동 보백당 김계행 종가 최은주 지음, 160쪽, 15,000원
은둔과 화순의 선비들, 영주 송설헌 장말손 종가 정순우 지음, 176쪽, 16,000원
처마 끝 소나무에 갈무리한 세월, 경주 송재 손소 종가 황위주 지음, 256쪽, 23,000원
양대 문형과 직신의 가문, 문경 허백정 홍귀달 종가 홍원식 지음, 184쪽, 17,000원
어질고도 청빈한 마음이 이어진 집, 예천 약포 정탁 종가 김낙진 지음, 208쪽, 19,000원
임란의병의 힘, 영천 호수 정세아 종가 우인수 지음, 192쪽, 17,000원
영남을 넘어, 상주 우복 정경세 종가 정우락 지음, 264쪽, 23,000원
선비의 삶, 영덕 갈암 이현일 종가 장윤수 지음, 224쪽, 20,000원
청빈과 지조로 지켜 온 300년 세월, 안동 대산 이상정 종가 김순석 지음, 192쪽, 18,000원
독서종자 높은 뜻, 성주 응와 이원조 종가 이세동 지음, 216쪽, 20,000원
오천칠군자의 향기 서린, 안동 후조당 김부필 종가 김용만 지음, 256쪽, 24,000원
마음이 머무는 자리, 성주 동강 김우옹 종가 정병호 지음, 184쪽, 18,000원
문무의 길, 영덕 청신재 박의장 종가 우인수 지음, 216쪽, 20,000원
형제애의 본보기, 상주 창석 이준 종가 서정화 지음, 176쪽, 17,000원
경주 남쪽의 대종가, 경주 잠와 최진립 종가 손숙경 지음, 208쪽, 20,000원
변화하는 시대정신의 구현, 의성 자암 이민환 종가 이시활 지음, 248쪽, 23,000원
무로 빚고 문으로 다듬은 충효와 예학의 명가, 김천 정양공 이숙기 종가 김학수, 184쪽, 18,000원
청백정신과 팔련오계로 빛나는, 안동 허백당 김양진 종가 배영동, 272쪽, 27,000원
학문과 충절이 어우러진, 영천 지산 조호익 종가 박학래, 216쪽, 21,000원
영남 남인의 정치 중심 돌밭, 칠곡 귀암 이원정 종가 박인호, 208쪽, 21,000원
거문고에 새긴 외금내고, 청도 탁영 김일손 종가 강정화, 240쪽, 24,000원
대를 이은 문장과 절의, 울진 해월 황여일 종가 오용원, 200쪽, 20,000원
차사의 삶, 안동 경당 장흥효 종가 장윤수, 240쪽, 24,000원
대의와 지족의 표상, 영양 옥천 조덕린 종가 백순철, 152쪽, 15,000원
군자불기의 임청각, 안동 고성이씨 종가 이종서, 216쪽, 22,000원
소학세가, 현풍 한훤당 김굉필 종가 김훈식, 216쪽, 22,000원
송백의 지조와 지란의 문향으로 일군 명가, 구미 구암 김취문 종가 김학수, 216쪽, 22,000원
백과사전의 산실, 예천 초간 권문해 종가 권경열, 216쪽, 22,000원
전통을 계승하고 세상을 비추다, 성주 완석정 이언영 종가 이영춘, 208쪽, 22,000원
영남학의 맥을 잇다, 안동 정재 류치명 종가 오용원, 224쪽, 22,000원
사천 가에 핀 충효 쌍절, 청송 불훤재 신현 종가 백운용, 216쪽, 22,000원
옛 부림의 땅에서 천년을 이어오다, 군위 경재 홍로 종가 홍원식, 200쪽, 20,000원
16세기 문향 의성을 일군, 의성 회당 신원록 종가 신해진, 296쪽, 30,000원
도학의 길을 걷다, 안동 유일재 김언기 종가 김미영, 216쪽, 22,000원
실천으로 꽃핀 실사구시의 가풍, 고령 죽유 오운 종가 박원재, 208쪽, 21,000원
민족고전 「춘향전」의 원류, 봉화 계서 성이성 종가 설성경, 176쪽, 18,000원

기타

다산 정약용의 편지글 이용형 지음, 312쪽, 20,000원
유교와 칸트 李明輝 지음, 김기주·이기훈 옮김, 288쪽, 20,000원
유가 전통과 과학 김영식 지음, 320쪽, 24,000원
조선수학사 ―주자학적 전개와 그 종언 가와하라 히데키 지음, 안대옥 옮김, 536쪽, 48,000원
중국수학사 李儼·杜石然 지음, 안대옥 옮김, 384쪽, 38,000원